張大可 韓兆琦 等 注譯

新譯資治通鑑

（十六）

晉紀三十八—四十
宋紀一—五

三民書局 印行

國家圖書館出版品預行編目資料

新譯資治通鑑(十六) / 張大可,韓兆琦等注譯.——
初版一刷.——臺北市: 三民, 2017
冊;　公分.——(古籍今注新譯叢書)
ISBN 978-957-14-6234-9　(平裝)
1. 資治通鑑 2. 注釋

610.23　　105022866

 新譯資治通鑑(十六)

注譯者	張大可　韓兆琦等
責任編輯	陳榮華
美術設計	李唯綸
發行人	劉振強
著作財產權人	三民書局股份有限公司
發行所	三民書局股份有限公司
	地址　臺北市復興北路386號
	電話　(02)25006600
	郵撥帳號　0009998-5
門市部	(復北店) 臺北市復興北路386號
	(重南店) 臺北市重慶南路一段61號
出版日期	初版一刷　2017年1月
編號	S 034180

行政院新聞局登記證局版臺業字第○二○○號

ISBN　978-957-14-6234-9　(平裝)

http://www.sanmin.com.tw　三民網路書店
※本書如有缺頁、破損或裝訂錯誤,請寄回本公司更換。

新譯資治通鑑 目次

第十六冊

卷第一百十六 晉紀三十八 西元四一一至四一四年……一
卷第一百十七 晉紀三十九 西元四一五至四一六年……七五
卷第一百十八 晉紀四十 西元四一七至四一九年……一三三
卷第一百十九 宋紀一 西元四二〇至四二三年……二〇五
卷第一百二十 宋紀二 西元四二四至四二七年……二七九
卷第一百二十一 宋紀三 西元四二八至四三〇年……三六一
卷第一百二十二 宋紀四 西元四三一至四三五年……四三一
卷第一百二十三 宋紀五 西元四三六至四四一年……五〇七

卷第一百十六

晉紀三十八

起重光大淵獻（辛亥　西元四一一年），盡閼逢攝提格（甲寅　西元四一四年），凡四年。

【題　解】本卷寫晉安帝義熙七年（西元四一一年）至十年共四年間的東晉與各國的大事。主要寫了劉裕部將劉藩、孟懷玉破殺徐道覆於始興，盧循南攻番禺，被孫處與沈田子內外夾攻，大破之；繼而又追擊大破盧循於蒼梧、鬱林，盧循逃入交州；交州刺史杜慧度大破盧循於龍編，盧循自殺，送首建康，多年的國內戰亂從此平息；寫了劉毅為荊州刺史，為報舊時受辱之仇而陵虐江州刺史庾悅至死，又打擊報復劉敬宣；劉毅由不服劉裕，發展到拉幫結派，陰謀倒劉裕；劉裕先殺了劉毅一黨的劉藩、謝混，以王鎮惡、蒯恩為先行，統兵討劉毅；王鎮惡等假冒劉藩西上，迅速攻入了江陵城，劉毅逃到牛牧寺，自殺，荊州被劉裕所據。劉裕入江陵後，對荊州實行了一系列安民措施，荊人悅之；寫了劉裕自江陵返回京城，在其親信劉穆之等人的協助下狡猾而又極其虛偽地殺了諸葛長民與其親屬；寫了朱齡石奉劉裕之命西取成都，叛賊譙縱城破自殺，部將譙道福被巴民俘獲送斬於軍門，西蜀遂告平定；寫了荊州刺史司馬休之與劉裕的矛盾尖銳，前景眼看不妙；寫了秦主姚興寵幸其子姚弼，姚弼結黨於朝，以傾太子姚泓；姚弼乘姚興生病圖謀作亂，餘子姚裕、姚懿、姚諶等欲起兵討之；姚興病好，諸子皆進言姚弼奸惡事，姚興遲遲不予處理；寫了西秦主乞伏乾歸被其子乞伏公府所弒，太子熾磐討殺乞伏公府，即位稱河南王；乞伏熾磐攻破休官族，多次大破吐谷渾，秦將又以隴西降之，勢力強大，乘南涼主禿髮傉檀出兵討伐乙弗諸部之隙，乘虛襲破其京城樂都，滅其國；禿髮傉檀所率外出之軍自行潰散，禿髮傉檀歸降於乞伏熾磐，被乞伏熾磐所殺，南涼自此被滅，乞伏熾磐又自稱秦王；此外還寫了夏主赫連勃勃的勢力強大，為人殘暴，建築統萬城極其堅固，製造器械又極其精良，以及北涼主沮渠蒙遜遷都於姑臧，自稱河西王等等。

安皇帝辛

義熙七年（辛亥　西元四一一年）

春，正月己未❶，劉裕還建康。

秦廣平公弼❷有寵於秦王興，為雍州刺史，鎮安定❸。姜紀諂附於弼，勸弼結興左右以求入朝❹。興徵弼為尚書令、侍中、大將軍。弼遂傾身結納朝士，收采名勢，以傾東宮❺。國人惡之。會興以西北多叛亂，欲命重將鎮撫之。隴東❻太守郭播請使弼出鎮。興不從，以太常索稜❼為太尉、領隴西內史❽，使招撫西秦。西秦王乾歸遣使送所掠守宰❾，謝罪請降。興遣鴻臚拜乾歸都督隴西、嶺北、匈奴[1]、雜胡諸軍事、征西大將軍、河州牧❿、單于、河南王，太子熾磐為鎮西將軍、左賢王、平昌公。

興命羣臣搜舉⑪賢才。右僕射梁喜曰：「臣累⑫受詔而未得其人⑬，可謂世之乏才。」興曰：「自古帝王之興，未嘗取相於昔人⑭，待將於將來⑮，隨時任才⑯，皆能致治。卿自識拔不明，豈得遠誣四海⑰乎？」羣臣咸悅。

秦姚詳屯杏城⑱，為夏王勃勃所逼，南奔大蘇⑲。勃勃遣平東將軍鹿弈干追斬之，盡俘其眾。勃勃南攻安定，破尚書楊佛嵩于青石⑳北原，降其眾四萬五千。進攻東鄉㉑，下之，徙三千餘戶于貳城㉒。秦鎮北參軍王買德奔夏，夏王勃勃問以滅秦之策，買德曰：「秦德雖衰，藩鎮猶固，願且蓄力以待之。」勃勃以買德為軍師中郎將㉓。秦王興遣衛大將軍常山公顯㉔迎姚詳，弗及，遂屯杏城。

劉藩帥孟懷玉等諸將追盧循至嶺表，二月壬午㉕，懷玉克始興，斬徐道覆。

河南王乾歸徙鮮卑僕渾部三千餘戶于度堅城㉖，以子敕勃為秦興太守以鎮之。

焦朗㉗猶據姑臧。沮渠蒙遜攻拔其城，執朗而宥㉘之，以其弟挐為秦州刺史，鎮姑臧。遂伐南涼，圍樂都，三旬不克。南涼王傉檀以子安周為質，乃還。

吐谷渾樹洛干㉙伐南涼，敗南涼太子虎臺㉚。

南涼王傉檀欲復伐沮渠蒙遜，邯川護軍㉛孟愷諫曰：「蒙遜新并姑臧，凶勢方盛，不可攻也。」傉檀不從，五道俱進，至番禾㉜、苕藋㉝，掠五千餘戶而還。將軍屈右曰：「今既獲利，宜倍道㉞旋師，早度險阨。蒙遜善用兵，若輕軍猝至，大敵外逼，徙戶內叛，此危道也。」衛尉㉟伊力延曰：「彼步我騎，勢不相及。今倍道而歸則示弱，且捐棄資財，非計也。」俄而昏霧風雨，蒙遜兵大至，傉檀敗走。蒙遜進圍樂都，傉檀嬰城固守，以子染干為質以請和，蒙遜乃還。

三月，劉裕始受太尉、中書監㊱。以劉穆之為太尉司馬，陳郡殷景仁為行參軍㊲。裕問穆之曰：「孟昶參佐誰堪入我府者？」穆之舉前建威中兵參軍㊳謝晦。晦，安兄據之曾孫也，裕即命為參軍。裕嘗訊囚㊴，其旦，刑獄參軍㊵有疾，以晦代之。於車中一覽訊牒㊶，催促便下㊷。相府多事，獄繫殷積㊸，晦隨問酬辨㊹，曾無違謬。裕由是奇之，即日署刑獄賊曹㊺。晦美風姿，善言笑，博贍多通㊻，裕深加賞愛。

盧循行收兵㊼至番禺，遂圍之。孫處拒守二十餘日。沈田子㊽言於劉藩曰：「番禺城雖險固，本賊之巢穴，今循圍之，或有內變。且孫季高㊾眾力寡弱，不能持久，若使賊還據廣州，凶勢復振矣。」夏，四月，田子引兵救番禺，擊循，破之，所殺萬餘人。循走，田子與處共追之，又破循於蒼梧㊿、鬱林(51)、寧浦(52)。

會處病，不能進，循奔交州[53]。

初，九真[54]太守李遜作亂，交州刺史交趾杜瑗[55]討斬之。瑗卒，朝廷以其子慧度為交州刺史。詔書未至，循襲破合浦[56]，徑向交州。慧度帥州府文武拒循於石碕[57]，破之。循餘眾猶三千人，李遜餘黨李脫等結集俚獠[58]五千餘人以應循。庚子[59]，循晨至龍編南津[60]，慧度悉散家財以賞軍士，與循合戰，擲雉尾炬[61]焚其艦，以步兵夾岸射之，循眾艦俱然[62]，兵眾大潰。循知不免，先鴆妻子，召妓妾問曰：「誰能從我死者？」多云：「雀鼠貪生，就死實難。」或云：「官[63]尚當死，某豈願生？」乃悉殺諸辭死者，因自投于水。慧度取其尸斬之，并其父子及李脫等，函七首送建康。

初，劉毅在京口，貧困，與知識[64]射於東堂[65]。庾悅為司徒右長史[66]，後至，奪其射堂[67]。眾人皆避之，毅獨不去。悅廚饌[68]甚盛，不以及毅。毅從悅求子鵝炙[69]，悅怒不與，毅由是銜之。至是，毅求兼督江州[70]，詔許之，因奏稱：「江州內地，以治民為職，不當置軍府彫耗[71]民力，宜罷軍府[72]移鎮豫章[73]；而尋陽接蠻，可即州府[74]千兵以助郡戍[75]。」於是解悅都督、將軍官，以刺史鎮豫章。毅以親將趙恢領千兵守尋陽，悅府文武三千悉入毅府，符攝嚴峻[76]。悅忿懼，至豫章，疽[77]發背卒。

河南王乾歸徙羌句豈[78]等部眾五千餘戶于疊蘭城[79]，以兄子阿柴為興國[80]太守以鎮之。五月，復以子木奕干為武威太守，鎮嵻崀城[81]。

丁卯[82]，魏主嗣謁金陵[83]，山陽侯奚斤居守[84]。昌黎王慕容伯兒謀反。己巳[85]，奚斤并其黨收斬之。

秋，七月，燕王跋以太子永領大單于[86]，置四輔[87]。

柔然可汗斛律遣使獻馬三千匹於跋，求娶跋女樂浪公主。跋命羣臣議之。遼西公素弗曰：「前世皆以宗女妻六夷[88]，宜許以妃嬪之女，樂浪公主不宜下降非類[89]。」跋曰：「朕方崇信殊俗[90]，柰何欺之？」乃以樂浪公主妻之。

跋勤於政事，勸課[91]農桑，省傜役，薄賦斂；每遣守宰[92]，必親引見，問為政之要，以觀其能。燕人悅之。

河南王乾歸遣平昌公熾磐及中軍將軍審虔伐南涼。審虔，乾歸之子也。八月，熾磐兵濟河[93]，南涼王傉檀遣太子虎臺逆戰於嶺南[94]。南涼兵敗，虜牛馬十餘萬而還。

沮渠蒙遜帥輕騎襲西涼。西涼公暠曰：「兵有不戰而敗敵者，挫其銳也。蒙遜新與吾盟[95]，而遽來襲我，我閉門不與戰，待其銳氣竭而擊之，蔑不克[96]矣。」頃之，蒙遜糧盡而歸。暠遣世子歆帥騎七千邀擊[97]之，蒙遜大敗，獲其將沮渠百年。

河南王乾歸攻秦略陽[98]太守姚龍於柏陽堡，克之。冬，十一月，進攻南平[99]太守王憬於水洛城，又克之，徙民三千餘戶於譚郊[100]。遣乞伏審虔帥眾二萬城譚郊[101]。十二月，西羌彭利髮[102]襲據枹罕[103]，自稱大將軍、河州牧，乾歸討之，不克。

是歲，并州刺史劉道憐為北徐州刺史，移鎮彭城。

【章旨】以上為第一段，寫晉安帝義熙七年（西元四一一年）一年間的大事。主要寫了劉裕部將劉藩、孟懷玉破殺徐道覆於始興，盧循南攻番禺不下，被孫處與沈田子內外夾攻，大破之；繼而又追擊大破盧循於蒼梧、鬱林，盧循逃入交州；交州刺史杜慧度大破盧循於龍編，盧循自殺，送首建康，多年的國內戰亂從此平息；寫了劉裕始受太尉之職，以劉穆之為太尉司馬，以謝晦為參軍；寫了劉毅為荊州刺史，為報舊時受辱之仇而陵虐江州刺史庾悅至死；寫了夏主赫連勃勃攻殺秦將姚詳，又破殺秦將楊佛嵩；西秦主乞伏乾歸攻取秦之略陽、南平；寫了秦主姚興治下的姚弼攬權，以傾太子姚泓，為以後的內亂埋下伏筆；此外還寫了北涼主沮渠蒙遜攻得姑臧，又大破禿髮傉檀，圍南涼之樂都，取質而歸；柔然可汗送馬求婚於北燕主馮跋，馮跋勤於政事，燕人悅之等等。

【注釋】❶正月己未　正月十二。❷廣平公弼　即姚弼，姚興之子。❸安定　郡名，郡治在今甘肅涇川縣北，這裡也是後秦雍州的州治所在地。❹入朝　其意在於篡取政權。❺東宮　指太子姚泓。❻隴東　郡名，郡治涇陽，在今甘肅平涼西北。

❼太常索稜　為太常之職者姓索名稜。太常是朝官名，也稱「奉常」，九卿之一，掌管朝廷禮儀。❽領隴西內史　兼任隴西郡的內史。隴西是諸侯國名，級別相同於郡，郡治在今甘肅隴西縣東南，當時屬乞伏乾歸的西秦。內史是諸侯國的行政長官，級別相當於郡太守。❾所掠守宰　指去年破南安、略陽、隴西三郡所擄去的郡太守與所屬縣的縣令。❿河州牧　河州刺史。河州的州治枹罕，在今甘肅臨夏東北。⓫搜舉　尋求、推薦。⓬累　屢次。⓭未得其人　找不到您所需要的良才。⓮取相於昔人　往古代去找宰相。⓯待將於將來　等到日後有了良將再任用。⓰隨時任才　根據現時的需要擇人而用。⓱遠誣四海　指梁喜所說的「世之乏才」。⓲杏城　在今陝西黃陵西南。⓳大蘇　在今陝西黃陵南。⓴青石　即青石原，又名青石嶺，在當時的安定（今甘肅涇川縣）城北。㉑東鄉　約在安定附近。㉒貳城　在今陝西黃陵西。㉓軍師中郎將　既是軍師，又是侍衛軍的長官。㉔常山公顯　即姚顯，姚興之弟。㉕二月壬午　二月初五。㉖度堅城　在乞伏乾歸前所退守的度堅山上，在今甘肅榆中。㉗焦朗　魏安（今甘肅武威東南）人，禿髮傉檀為沮渠蒙遜之逼，由姑臧南遷樂都後，當地人遂推焦朗為首，據姑臧自立。事見本書卷一百十五義熙六年。㉘宥　寬赦。㉙樹洛干　人名，吐谷渾部落的首領。㉚虎臺　禿髮傉檀之子。㉛邯川護軍　邯川地區的軍事長官。邯川在今青海貴德、尖扎二縣之間。護軍，朝廷所派的監督該地軍隊的官員。㉜番禾　郡名，郡治即今甘肅永昌。㉝苕藋　地名，在今甘肅張掖東。㉞倍道　猶言「兼程」，一天走兩天的路。㉟衛尉　護衛皇宮的部隊長。㊱中書監　中書省的最高長官，負責給帝王起草文件、制定條例。㊲行參軍　暫時充當太尉劉裕的參謀。行，臨時充當，正式任命前的試用階段。㊳建威中兵參軍　建威將軍的中兵參軍。孟昶自殺前任建威將軍。㊴訊囚　審問罪犯。這裡指到關押犯人的地方視察。㊵刑獄參軍　劉裕手下分管刑獄的人員。㊶訊牒　指有關犯人的案卷。㊷催促便下　立刻拿出處理意見。催促，猶言「倉促」、「立即」，極言其處理問題之快。㊸獄繫殷積　指上報的案卷和關押的人犯眾多。㊹隨問酬辨　劉裕問到什麼，謝晦都能立即回答，並隨即分別處理妥當。㊺刑獄賊曹　即負責審問盜賊的刑獄參軍。㊻博贍多通　學問淵博，知道的事多。㊼行收兵　一面前進，一面擴大隊伍。㊽沈田子　劉裕的部將，正受命進兵嶺南，追擊盧循。㊾孫季高　即孫處，字季高。㊿蒼梧　郡名，郡治即今廣西梧州。(51)鬱林　郡名，郡治在今廣西桂平西。(52)寧浦　郡名，郡治在今廣西橫縣南。(53)交州　州治龍編，在今越南河內東北。(54)九真　郡名，郡治在今越南河內以南的清化西。(55)交阯杜瑗　交阯郡人杜瑗。交阯郡的郡治即在龍編。(56)合浦　郡名，郡治在今廣西合浦東北。(57)石碕　約在廣西與越南交界一帶。(58)俚獠　當地的少數民族名。(59)庚子　四月二十四。(60)南津　水名，流經當時的龍編南，今越南河內北。(61)雉尾炬　束草之一頭裹有重物，另一頭散乍如雉尾，點燃以投燒敵人。(62)然　同「燃」。(63)官　或稱「官家」，南北朝及唐宋時代用以稱皇帝，這裡即指稱盧循。(64)知

識　彼此認識的人。65射於東堂　在東堂猜拳喝酒。射，猶如今之猜拳。東堂，在司徒府，即當時的所謂「東府」中。66庾悅為司徒右長史　庾悅是庾亮的後代，為司馬道子任高級僚屬。當時司馬道子任司徒。67奪其射堂　搶佔了他們的飲酒之處。68廚饌　指酒食。69子鵝炙　猶今之所謂「烤鵝仔」。70兼督江州　兼督江州之軍事。71彫耗　消耗；耗費。72罷軍府　撤掉江州都督府。73移鎮豫章　將江州刺史的治所由尋陽遷往豫章（今南昌），當時庾悅任江州刺史。74州府　指原來的江州都督府。75以助郡戍　以加強九江郡的軍事據點。九江郡的郡治即尋陽。76符攝嚴峻　劉毅下達給庾悅的文書、命令都很嚴厲。符，命令。攝，約束。據《晉書・劉毅傳》，劉毅是先剝奪了庾悅的江州都督之職，由他兼任，於是接管了庾悅的舊部文武。隨後又讓只剩了刺史一職的庾悅由尋陽遷治所到豫章。接著劉毅又加了都督荊、寧、秦、雍、交、廣等州軍事，成了雄霸長江中上游及南方的方面大員，庾悅遂成了他的地方屬官，於是便「符攝嚴峻」地公報私仇。77疽　毒瘡。78羌句豈　羌族部落的頭領名叫句豈，於去年投降乞伏乾歸。79疊蘭城　在今甘肅臨夏東南。80興國　郡名，郡治在今甘肅天水市東。81嵻峎城　在今甘肅臨夏東南。82丁卯　五月二十二。83金陵　拓跋珪的墳墓，在盛樂，今內蒙古和林格爾北。84奚斤居守　奚斤是拓跋魏的名將。傳見《魏書》卷二十九。居守，留守平城，今山西大同。85己巳　五月二十四。86領大單于　兼任大單于，管理北方少數民族的事務。87四輔　四個輔佐官員，類似宰相、太傅之類。88六夷　泛指各少數民族。馮跋是漢族人，舊籍河北冀縣，故對柔然如此稱呼。89下降非類　下嫁給不是同一種族的人。非類，不是同一個血統。90崇信殊俗　提高信義於其他民族的人。崇信，提高信義。91勸課　鼓勵、督促。92守宰　太守、縣令。93濟河　渡過黃河。94嶺南　洪池嶺以南，洪池嶺在今西寧北的青海與甘肅交界處。95新與吾盟　沮渠蒙遜打敗西涼，兩國結盟事見本書卷一百十五義熙六年。96蔑不克　不可能不勝利。97邀擊　半路伏擊。98略陽　郡名，郡治在今甘肅天水市東。99南平　後秦郡名，郡治即在水洛城，今甘肅莊浪。100譚郊　在今甘肅臨夏西北。101城譚郊　在譚郊築城。102彭利髮　人名，西羌的部落首領。103枹罕　地名，在今甘肅臨夏東北，當時為河州的州治所在地。

【校　記】1匈奴　原無此二字。據章鈺校，甲十一行本、乙十一行本、孔天胤本皆有此二字，張敦仁《通鑑刊本識誤》同，今據補。

【語　譯】安皇帝辛

義熙七年（辛亥　西元四一一年）

春季，正月十二日己未，劉裕返回京師建康。

後秦廣平公姚弼深受其父後秦王姚興的寵愛，姚興任命姚弼為雍州刺史，鎮守安定。善於諂媚的智囊人物姜紀依附於姚弼，他勸說姚弼結交秦王姚興身邊的當權人物，以謀求回朝篡奪朝政大權。後秦王於是將姚弼徵調回京師長安，任命姚弼為尚書令、侍中、大將軍。姚弼遂費盡心機結交朝廷大小官員，樹立自己的聲譽，培植自己的勢力，企圖壓倒東宮太子姚泓。朝廷內外官員都很厭惡他。正遇上秦國的西北部發生了多起叛亂事件，姚興想派一名有聲望的將領前去鎮壓叛亂、安撫民眾。擔任隴東太守的郭播遂請求派姚弼到西北部鎮守。姚興不同意，他任命擔任太常的索稜為太尉，兼任隴西郡內史，令索稜招撫西秦。西秦王乞伏乾歸派遣使者把去年攻破南安、略陽、隴西時所俘虜的郡守、縣令送回後秦，並向後秦道歉，請求投降。姚興派擔任鴻臚的官員前往西秦的都城苑川，任命乞伏乾歸為都督隴西、嶺北、匈奴、雜胡諸軍事、征西大將軍、河州牧、單于、河南王，任命西秦太子乞伏熾磐為鎮西將軍、左賢王、平昌公。

後秦王姚興命令群臣為朝廷搜求人才、舉薦賢能。擔任右僕射的梁喜說：「我已經多次接受詔命，卻始終沒有找到您所需要的良才，看來當今之世缺少人才。」姚興批駁說：「自古以來，帝王的興起，從來不可能從古人當中挑選宰相，也不會等到日後有了良將再任用，而是根據現時的需要擇人而用，都能使國家得到治理。你自己缺乏識別人才的頭腦，怎能汙蔑四海之內沒有人才呢？」群臣都很悅服。

後秦安遠將軍姚詳率軍駐紮在杏城，他不堪忍受夏王劉勃勃的軍事壓力，遂向南撤退到大蘇堡。夏王劉勃勃派遣平東將軍鹿弈干率軍追趕，將姚詳斬首，姚詳的部眾全部被夏軍俘虜。劉勃勃乘勝率軍南下攻取安定，在青石北原擊敗了後秦擔任尚書的楊佛嵩所率領的後秦軍，楊佛嵩的四萬五千名部眾向夏王投降。劉勃勃繼續率軍攻打東鄉，將東鄉攻克，把東鄉的三千多戶居民遷移到貳城。後秦擔任鎮北參軍的王買德投奔了夏國，夏王劉勃勃向王買德詢問如何才能滅掉後秦，王買德說：「後秦的國力雖然有些衰落，然而藩鎮的實力仍然很強大，希望能夠積蓄力量，等待時機。」劉勃勃任命王買德為軍師中郎將。後秦王姚興派遣擔任衛大將軍的常山公姚顯迎接安遠將軍姚詳，卻晚到一步，姚顯於是留在杏城防守。

劉藩率領孟懷玉等諸將追趕叛將盧循，一直追到五嶺以南，二月初五日壬午，孟懷玉率軍攻克了始興，將徐道覆斬首。

河南王乞伏乾歸將鮮卑族僕渾部落的三千多戶遷徙到度堅城，乞伏乾歸任命自己的兒子乞伏敕勃為秦興太守，鎮守度堅山。

焦朗仍然佔據著姑臧城。北涼張掖公沮渠蒙遜率軍攻佔了姑臧，活捉了焦朗，後來又將焦朗釋放，任命自己的弟弟沮渠拏為秦州刺史，鎮守姑臧。沮渠蒙遜趁勢攻伐南涼，包圍了南涼的都城樂都，一連攻打了三十天，也沒有攻克。南涼王禿髮傉檀把自己的兒子禿髮安周送給北涼充當人質，北涼才解除了對樂都的包圍，撤軍而回。

吐谷渾慕容樹洛干率軍討伐南涼，打敗了南涼太子禿髮虎臺。

南涼王禿髮傉檀想再次出兵討伐北涼沮渠蒙遜，擔任邯川護軍的孟愷勸阻說：「沮渠蒙遜剛剛吞併了姑臧，兇猛的勢頭正在旺盛階段，不可以去攻打他。」禿髮傉檀沒有接受孟愷的勸告，他兵分五路，同時向前推進，一直推進到番禾、苕藋，劫掠了五千多戶居民而回。將軍屈右說：「今天已經獲得勝利，就應該倍道兼程班師回國，早點度過險要。沮渠蒙遜很善於用兵作戰，如果他率領輕裝部隊突然趕到，我軍外面受到敵軍的逼迫，擄掠的居民在內部叛變，那可就非常危險了。」擔任衛尉的伊力延說：「沮渠蒙遜的軍隊是步兵，而我軍是騎兵，無論如何他們也追不上我們。如果倍道兼程撤軍，就等於向他們示弱，而且還要丟棄許多財物，這不是好主意。」不久，天色便昏暗下來，而且風雨大作，沮渠蒙遜的大軍隨後追到，禿髮傉檀兵敗逃回。沮渠蒙遜乘勝率軍包圍了南涼的都城樂都，禿髮傉檀趕緊在四周布防堅守，他把自己的兒子禿髮染干送到北涼作人質，請求與北涼講和，沮渠蒙遜這才撤軍而回。

三月，劉裕開始接受晉安帝司馬德宗封任的太尉、中書監職務。劉裕任命劉穆之為太尉司馬，任命陳郡人殷景仁暫時充當參謀。劉裕向劉穆之詢問說：「孟昶身邊的那些僚佐，有誰可以到我的太尉府任職？」劉穆之遂向劉裕舉薦了在前建威將軍孟昶手下擔任中兵參軍的謝晦。謝晦，是謝安哥哥謝據的曾孫，劉裕立即任命謝晦為參軍。劉裕曾經親自提審囚犯，當天早上，擔任刑獄參軍的人生了病，劉裕就讓謝晦臨時代替刑獄參軍的職務。謝晦在前往法庭的途中，在車上把所有有關犯人的案卷看過一遍之後，立即就能拿出處理意見。宰相府的事務性工作很多，上報的案卷和關押的犯人都很多，劉裕問到什麼，謝晦都能立即回答，並隨即分別處置妥當，竟然沒有發生任何差錯。劉裕對此感到非常驚奇，當天就任命謝晦為負責審問盜賊的刑獄賊曹。謝晦長得很帥氣，很有風度，又喜歡談笑，學問淵博，知道的事情很多，劉裕對他越來越欣賞和喜愛。

東晉叛將盧循一面向南撤退一面招集人馬，到達番禺之後，便把番禺團團包圍。東晉建威將軍孫處在番禺城內已經堅守了二十多天。振武將軍沈田子對兗州刺史劉藩說：「番禺城雖然很險要、堅固，但原本是叛賊盧循的老窩，如今盧循將番禺包圍，恐怕會引發番禺城內的變亂。而且孫處的部眾人少力弱，不能堅持很久，如果讓叛賊盧循再度佔據了廣州，其兇惡的氣焰就會再次囂張起來。」夏季，四月，沈田子率軍救援番禺，向盧循軍發起攻擊，將盧循擊敗，殺死了盧循一萬多人。盧循逃走，沈田子與孫處一同出兵追擊，又在蒼梧、鬱林、寧浦等地多次擊敗盧循。然而，因為孫處此時患病，不能率軍繼續前進，盧循因此得以逃脫，投奔交州。

當初，東晉九真太守李遜起兵作亂，擔任交州刺史的交趾人杜瑗率軍討伐，將李遜斬首。後來杜瑗去世，朝廷便任命杜瑗的兒子杜慧度為交州刺史。朝廷任命的詔書還沒有到達交州，逃到交州的盧循便攻破了合浦，逕直殺奔交州。杜慧度率領交州的文武官員在石碕抵抗盧循的進攻，將盧循打敗。盧循此時手下的殘兵敗將還有三千人，李遜的餘黨李脫等人聚集了五千多名當地的少數民族起兵響應叛將盧循。四月二十四日庚子，盧循率領殘部在早晨抵達龍編南郊的南津，杜慧度把自己家中的全部財產全都拿出來犒賞軍士，然後與盧循開戰，杜慧度製造了很多用草和鐵鏃製成的「雉尾炬」，準備射到盧循的艦船之上，焚燒盧循的艦船，他指揮步兵從兩岸一齊向盧循的艦船發射「雉尾炬」，瞬時之間，所有的艦船幾乎同時燃燒起來，盧循的兵眾立即崩潰。盧循知道自己已經無法逃脫，於是便先用毒酒殺死了妻子，又把所有的小妾、歌舞伎等叫到面前詢問說：「誰願意跟我一塊死？」大多數人都說：「就連麻雀、老鼠這樣的小動物，都尚且希望活下去，讓我們跟你一起去死，確實是太難了。」有的人說：「官人都要死了，我豈能貪生怕死？」盧循就把那些不願意殉死的女人全部殺死，自己也跳入水中。杜慧度把盧循的屍體打撈上來，斬下他的首級，連同他的父親和兒子，再加上李遜的餘黨李脫等，一共是七顆人頭，被分別裝在七個木匣子裡，送往京師建康。

當初，東晉後將軍劉毅家住京口，生活很貧困，他經常與一些相識在東堂猜拳喝酒。庾悅當時擔任司徒右長史，他是最晚來到東堂的，卻強迫劉毅等讓出東堂給他用。眾人都懼怕庾悅的勢力，於是全都躲開了，只有劉毅一個人不肯走。庾悅所攜帶的酒食非常豐盛，他自己只管盡情享用，卻不理會旁邊的劉毅。劉毅向庾悅索要一隻烤鵝仔，庾悅非常惱火，便一口拒絕，劉毅因此對庾悅懷恨在心。現在，劉毅向朝廷提出要求兼任督江州之軍事，晉安帝司馬德宗下詔批准了劉毅的請求，劉毅趁機上奏章給晉安帝司馬德宗說：「江州，屬於國家的腹地，應該以治理人民為主要職責，而不應當設置軍府，耗費民財民力，應該撤掉設在江州的都督府，同時把江州刺史的治所從尋陽遷移到豫章；尋陽靠近蠻人，可以把原來江州都督府的一千名士兵就地移交給尋陽政府，以加強九江郡的防務。」於是解除了江州刺史庾悅的都督、將軍職務，僅以江州刺史的身分隨同鎮所遷移到豫章。劉毅令自己的親信將領趙恢率領一千名士卒駐守尋陽，庾悅都督府的三千名文武官員全部併入劉毅的都督府，劉毅不斷給鎮守豫章的江州刺史庾悅下達各種命令，嚴加統攝。庾悅既憤恨又懼怕，到了豫章後，竟因背上生毒瘡而去世。

被後秦王封為河南王的乞伏乾歸把羌族部落首領句豈屬下的五千多戶居民遷移到疊蘭城，並設置興國郡，任命自己哥哥乞伏國仁的兒子乞伏阿柴為興國太守，負責鎮守疊蘭城。五月，乞伏乾歸又任命自己的兒子乞伏木弈干為武威太守，鎮守嵻峎城。

五月二十二日丁卯，北魏皇帝拓跋嗣前往盛樂的金陵祭告自己的父親拓跋珪，留下山陽侯奚斤守衛京師平城。昌黎王慕容伯兒謀反。二十四日己巳，山陽侯奚斤逮捕了昌黎王慕容伯兒及其黨羽，並把他們全部處死。

秋季，七月，北燕天王馮跋令太子馮永兼任管理北方少數民族事務的大單于，並為他設置左輔、右輔、前輔、後輔四位輔政大臣。

柔然藹豆蓋可汗郁久閭斛律派遣使者向北燕天王馮跋貢獻三千匹馬，請求娶馮跋的女兒樂浪公主為妻。北燕天王馮跋下令群臣就此事進行商議。遼西公馮素弗說：「從前的君主都把宗室的女兒嫁給夷族，現在應該把嬪妃生的女兒許配給柔然可汗，而不應該把樂浪公主下嫁給不是同一種族的人。」馮跋說：「我目前正準備取信於少數民族，怎能欺騙柔然可汗呢？」於是便把樂浪公主許嫁給柔然藹豆蓋可汗郁久閭斛律為妻。

北燕天王馮跋對於國家政務勤勤懇懇，他督促、鼓勵農民種田養蠶，減輕人民的賦稅和徭役；每次為各郡派遣郡守，為各縣派遣縣令，都要親自接見，向他們詢問施政的綱要，以此來考察他們的能力。燕國人因此都很擁護他。

被後秦王姚興封為河南王的西秦王乞伏乾歸派平昌公乞伏熾磐與擔任中軍將軍的乞伏審虔率軍討伐南涼。乞伏審虔，是乞伏乾歸的兒子。八月，西秦平昌公乞伏熾磐率軍渡過黃河，南涼王禿髮傉檀趕緊派太子禿髮虎臺前往嶺南迎戰西秦軍。結果被乞伏熾磐所率領的西秦軍打得大敗，西秦軍掠走了南涼十多萬頭牛馬。

北涼張掖公沮渠蒙遜率領輕騎兵襲擊西涼。西涼公李暠說：「軍事行動，有時可以不用在戰場上交鋒就能將敵人打敗，那就是先挫敗敵人的銳氣。沮渠蒙遜剛剛與我們訂立友好盟約，就突然來襲擊我們，我關閉城門不與他交戰，等到沮渠蒙遜的軍隊銳氣衰竭的時候再出兵攻擊他們，就沒有不成功的道理。」過了不久，沮渠蒙遜所攜帶的軍糧已經吃光，只得撤退。李暠派自己的世子李歆率領七千名騎兵在半路伏擊，將沮渠蒙遜打得大敗，並活捉了北涼的將領沮渠百年。

河南王乞伏乾歸率軍攻打後秦略陽太守姚龍所據守的柏陽堡，將柏陽堡攻克。冬季，十一月，乞伏乾歸又進攻後秦南平太守王憬所鎮守的水洛城，水洛城也被攻陷。乞伏乾歸把水洛城的三千多戶居民強行遷徙到譚郊。乞伏乾歸派自己的兒子、擔任中軍將軍的乞伏審虔率領二萬名兵眾修築譚郊城。十二月，西羌部落首領彭利髮率領自己的部眾襲擊枹罕，將枹罕城佔領，便自稱大將軍、河州牧。河南王乞伏乾歸率軍討伐彭利髮，沒能取勝。

這一年，東晉擔任并州刺史的劉道憐被改任為北徐州刺史，將鎮所遷移到彭城。

八年（壬子　西元四一二年）

春，正月，河南王乾歸復討彭利髮，至奴葵谷❶。利髮棄眾南走，乾歸遣振威將軍乞伏公府❷追至清水❸，斬之，收羌戶一萬三千，以乞伏審虔為河州刺史，鎮枹罕而還。

二月丙子❹，以吳興❺太守孔靖為尚書右僕射。

河南王乾歸徙都譚郊，命平昌公熾磐鎮苑川。乾歸擊吐谷渾阿若干於赤水❻，降之。

夏，四月，劉道規以疾求歸，許之。道規在荊州累年，秋毫無犯。及歸，府庫帷幕，儼然若舊。隨身甲士二人遷席於舟中❼，道規刑之於市。

以後將軍豫州刺史劉毅為衛將軍、都督荊・寧・秦・雍四州諸軍事、荊州刺史。毅謂左衛將軍劉敬宣曰：「吾忝西任❽，欲屈卿❾為長史南蠻❿，豈有見輔⓫意乎？」敬宣懼，以告太尉裕。裕笑曰：「但令⓬老兄平安，必無過慮。」

毅性剛愎，自謂建義⓭之功與裕相埒⓮，深自矜伐，雖權事推裕⓯而心不服。

及居方岳⑯，常怏怏不得志。裕每柔而順之⑰，毅驕縱滋甚，嘗云：「恨不遇劉、項⑱，與之爭中原！」及敗於桑落⑲，知物情⑳去已[1]，彌復憤激。裕素不學，而毅頗涉文雅，故朝士有清望者㉑多歸之，與尚書僕射謝混㉒、丹楊尹郗僧施㉓，深相憑結㉔。僧施，超之從子㉕也。毅既據上流，陰有圖裕之志，求兼督交、廣二州，裕許之。毅又奏以郗僧施為南蠻校尉、後軍司馬㉖，毛脩之為南郡㉗太守，裕亦許之，以劉穆之代僧施為丹楊尹。毅表求至京口㉘辭墓，裕往會之於倪塘㉙。寧遠將軍胡藩言於裕曰：「公謂劉衛軍㉚終能為公下乎？」裕默然久之，曰：「卿謂何如？」藩曰：「連百萬之眾，攻必取，戰必克，毅固[2]以此服公；至於涉獵傳記，一談一詠㉛，自許以為雄豪㉜。以是搢紳白面之士㉝輻湊歸之㉞。恐終不為公下，不如因會取之。」裕曰：「吾與毅俱有克復之功㉟，其過未彰，不可自相圖也。」

乞伏熾磐攻南涼三河太守吳陰于白土㊱，克之，以乞伏出累代之。

六月，乞伏公府弒河南王乾歸㊲，并殺其諸子十餘人，走保大夏㊳。平昌公熾磐遣其弟廣武將軍智達、揚武將軍木弈干帥騎三千討之；以其弟曇達為鎮東[3]將軍，鎮譚郊㊴，驍騎將軍婁機鎮苑川。熾磐帥文武及民二萬餘戶遷于枹罕。

秦人多勸秦王興乘亂取熾磐，興曰：「伐人喪，非禮也。」夏王勃勃欲攻熾磐，軍師中郎將王買德諫曰：「熾磐，吾之與國[40]，今遭喪亂，吾不能恤，又恃眾力而伐之，匹夫猶且恥為，況萬乘乎！」勃勃乃止。

閏月庚子[41]，南郡烈武公[42]劉道規卒。

秋，七月己巳朔[43]，魏主嗣東巡，置四廂大將[44]、十二小將，以山陽侯斤、元城侯屈行左、右丞相。庚寅[45]，嗣至濡源[46]，巡西北諸部落。

乞伏智達等擊破乞伏公府於大夏，公府奔疊蘭城，就其弟阿柴。智達等攻拔之，斬阿柴父子五人。公府奔嵻峎南山，追獲之，并其四子，轘[47]之於譚郊。

八月，乞伏熾磐自稱大將軍、河南王，大赦，改元「永康」。葬乾歸於枹罕，諡曰「武元王[4]」，廟號「高祖」。

皇后王氏[48]崩。

庚戌[49]，魏主嗣還平城。

九月，河南王熾磐以尚書令武始翟勍[50]為相國，侍中、太子詹事趙景為御史大夫；罷尚書令、僕、尚書六卿、侍中等官。

癸酉[51]，葬僖皇后[52]于休平陵[53]。

劉毅至江陵，多變易守宰，輒割[54]豫州文武、江州兵力萬餘人以自隨。會毅疾篤，郗僧施等恐毅死，其黨危，乃勸毅請從弟兗州刺史藩以自副[55]，太尉裕偽許之。藩自廣陵[56]入朝，己卯[57]，裕以詔書[58]罪狀毅，云與藩及謝混共謀不軌，收藩及混賜死。

初，混與劉毅款昵[59]，混從兄澹常以為憂，漸與之疏，謂弟璞及從子瞻曰：「益壽[60]此性，終當破家。」澹，安之孫也。

庚辰[61]，詔大赦，以前會稽內史司馬休之為都督荊・雍・梁・秦・寧・益六州諸軍事、荊州刺史；北徐州刺史劉道憐為兗、青二州刺史，鎮京口[62]。使豫州刺史諸葛長民監太尉留府事[63]。裕疑長民難獨任，乃加劉穆之建武將軍，置佐吏，配給資力以防之[64]。

壬午[65]，裕帥諸軍發建康，參軍王鎮惡[66]請給百舸為前驅。丙申[67]，至姑孰，以鎮惡為振武將軍，與龍驤將軍蒯恩將百舸前發。裕戒之曰：「若賊可擊，擊之；不可者，燒其船艦，留屯水際[68]以待我。」於是鎮惡晝夜兼行，揚聲言劉兗州上[69]。

冬，十月己未[70]，鎮惡至豫章口[71]，去江陵城二十里，捨船步上。蒯恩軍居前，鎮惡次之。舸留一二人，對舸岸上立六七旗，旗下置鼓，語所留人：「計我將至城，便鼓嚴[72]，今若後有大軍狀。」又分遣人燒江津[73]船艦。鎮惡徑前襲城，語前軍士[74]：「有問者，但云劉兗州至。」津戍[75]及民間皆晏然[76]不疑。未至城五、六里[77]，逢毅要將[78]朱顯之欲出江津[79]，問：「劉兗州何在？」軍士曰：「在後。」顯之至軍後，不見藩，而見軍人擔彭排戰具[80]，望江津船艦已被燒，鼓嚴之聲甚盛，知非藩上，便躍馬馳去告毅，行令[81]閉諸城門。鎮惡亦馳進，門未及下關，軍人因得入城。衛軍長史謝純入參承[82]毅，出聞兵至，左右欲引車歸。純叱之曰：「我，人吏[83]也，逃將安之？」馳還入府。純，安兄據之孫也。鎮惡與城內兵鬬，且攻其金城[84]。自食時[85]至中晡[86]，城內人敗散。鎮惡穴其金城而入，遣人以詔及赦文并裕手書示毅，毅皆燒不視，與司馬毛脩之等督士卒力戰。城內人猶未信裕自來，軍士從毅自東來者，與臺軍多中表親戚[87]，且鬬且語，知裕自來，人情離駭。逮夜，聽事[88]前兵皆散，斬毅勇將趙蔡，毅左右兵猶閉東西閤拒戰。鎮惡慮闇中自相傷犯，乃引軍出圍金城，開其南面。毅慮南有伏兵，夜半，帥左右三百許人開北門突出。毛脩之謂謝純曰：「君但隨僕去[89]。」純不從，為人所殺。毅夜投牛牧佛寺[90]。

初，桓蔚[91]之敗也，走投牛牧寺僧昌[92]，昌保藏之，毅殺昌。至是，寺僧拒之曰：「昔亡師容桓蔚，為劉衛軍所殺；今實不敢容異人。」毅歎曰：「為法自弊，一至於此[93]！」遂縊而死。明日，居人以告，乃斬首於市，并子姪皆伏誅。毅兄模奔襄陽，魯宗之斬送之。

初，毅季父鎮之閒居京口，不應辟召[94]，常謂毅及藩曰：「汝輩才器，足以得志[95]，但恐不久耳。我不就爾求財位，亦不同爾受罪累。」每見毅、藩導從[96]到門，輒詬之。毅甚敬畏，未至宅數百步，悉屏儀衛[97]，與白衣[98]數人俱進。及毅死，太尉裕奏徵[99]鎮之為散騎常侍[100]、光祿大夫[101]，固辭不至。

仇池公楊盛叛秦[102]，侵擾祁山[103]。秦王興遣建威將軍趙琨為前鋒，立節將軍姚伯壽繼之，前將軍姚恢出鷲峽[104]，秦州刺史姚嵩出羊頭峽[105]，右衛將軍胡翼度出汧城[106]，以討盛。興自雍赴之，與諸將會于隴口[107]。

天水太守王松怱言於嵩曰：「先帝[108]神略無方[109]，徐洛生[110]以英武佐命[111]，再入仇池[112]，無功而還。非楊氏智勇能全[113]也，直[114]地勢險固耳。今以趙琨之眾，使君[115]之威，準之先朝[116]，實未見成功。使君具悉形便[117]，何不表聞？」嵩不從。盛帥眾與琨相持，伯壽畏懦不進，琨眾寡不敵，為盛所敗。興斬伯壽而還。

興以楊佛嵩為雍州刺史，帥嶺北見兵[118]以擊夏。行數日，興謂羣臣曰：「佛嵩每見敵，勇不自制，吾常節其兵不過五千人。今所將既多，遇敵必敗，行已遠，追之無及，將若之何？」佛嵩與夏王勃勃戰，果敗，為勃勃所執，絕亢[119][5]而死。

秦立昭儀齊氏為后。

沮渠蒙遜遷于姑臧。

十一月己卯[120]，太尉裕至江陵，殺郗僧施。初，毛脩之雖為劉毅僚佐，素自結於裕，故裕特宥之。賜王鎮惡爵漢壽子[121]。裕問毅府諮議參軍申永曰：「今日何施[122]而可？」永曰：「除其宿釁[123]，倍其惠澤[124]，貫敘門次[125]，顯擢才能[126]，如此而已。」裕納之，下書寬租省調[127]，節役原刑[128]，禮辟名士[129]。荊人悅之。

諸葛長民驕縱貪侈，所為多不法，為百姓患，常懼太尉裕按之[130]。及劉毅被誅，長民謂所親曰：「『昔年醢彭越，今年殺韓信[131]。』禍其至矣！」乃屏人問劉穆之曰：「悠悠之言[132]，皆云太尉與我不平[133]，何以至此？」穆之曰：「公泝流遠征[134]，以老母稚子委節下[135]。若一豪不盡[136]，豈容如此邪？」長民意乃小安。

長民弟輔國大將軍黎民說長民曰：「劉氏[137]之亡，亦諸葛氏之懼也，宜因裕未還而圖之。」長民猶豫未發，既而歎曰：「貧賤常思富貴，富貴必履危機[138]。今日欲為丹徒布衣[139]，豈可得邪！」因遺冀州刺史劉敬宣書曰：「盤龍[140]狠戾專恣，自取夷滅。異端將盡，世路方夷[141]，富貴之事，相與共之[142]。」敬宣報曰：「下官自義熙以來[143]，忝三州、七郡[144]，常懼福過災生，思避盈居損[145]。富貴之旨，非所敢當。」且使以書呈裕，裕曰：「阿壽[146]故為不負我[147]也。」

劉穆之憂長民為變，屏人問太尉行參軍東海何承天曰：「公今行濟否[148]？」承天曰：「荊州不憂不時判[149]，別有一慮耳。公昔年自左里還入石頭[150]，甚脫爾[151]；今還，宜加重慎[152]。」穆之曰：「非君，不聞此言。」

裕在江陵，輔國將軍王誕白裕求先下[153]，裕曰：「諸葛長民似有自疑心，卿詎宜便去[154]？」誕曰：「長民知我蒙公垂盼[155] [6]，今輕身單下，必當以為無虞[156]，乃可以少安其意[157]耳。」裕笑曰：「卿勇過賁、育[158]矣。」乃聽先還。

沮渠蒙遜即河西王位，大赦，改元「玄始」，置官僚如涼王光[159]為三河王故事[160]。

太尉裕謀伐蜀，擇元帥而難其人[161]。以西陽太守朱齡石[162]既有武幹，又練吏職[163]，欲用之。眾皆以為齡石資名[164]尚輕，難當重任，裕不從。十二月，以齡石為益州刺史，帥寧朔將軍臧熹、河間太守蒯恩、下邳太守劉鍾等伐蜀，分大軍之半二萬人以配之。熹，裕之妻弟，位居齡石之右，亦隸焉。

裕與齡石密謀進取[165]，曰：「劉敬宣往年出黃虎[166]，無功而退。賊謂我今應從外水[167]往，而料我當出其不意猶從內水[168]來也。如此，必以重兵守涪城[169]以備內道。若向黃虎，正墮其計。今以大眾自外水取成都，疑兵出內水，此制敵之奇也。」而慮此聲先馳，賊審虛實，別有函書封付齡石，署函邊曰「至白帝乃開[170]」，諸軍雖進，未知處分所由[171]。

毛脩之固請行[172]，裕恐脩之至蜀，必多所誅殺，土人[173]與毛氏有嫌[174]，亦當以死自固，不許。

分荊州十郡置湘州[175]。○加太尉裕太傅[176]、揚州牧。

丁巳[177]，魏主嗣北巡，至長城[178]而還。

【章旨】以上為第二段，寫晉安帝義熙八年（西元四一二年）一年間的大事。主要寫了劉毅為荊州刺史，打擊報復劉敬宣；寫了劉毅由不服劉裕，發展到拉幫結派，陰謀倒劉裕；劉裕先殺了劉毅一黨的劉藩與謝混，留劉穆之監督諸葛長民，自己統兵討劉毅；劉裕以王鎮惡、蒯恩為先行，假稱是劉藩，迅速燒掉了江津的船隻，攻入江陵城，劉毅逃到牛牧寺，自殺；荊州被劉裕所據，劉裕入江陵後，對荊州實行了一系列安民措施，荊人悅之；寫了身在建康的諸葛長民見劉毅被殺，自感不安，劉裕的心腹劉穆之等麻痹穩定之，並為劉裕回京收拾諸葛長民準備了必要手段；寫了劉裕派部將朱齡石為平蜀元帥，與之商定破蜀方略後，大軍起行；寫了西秦的乞伏乾歸被其姪子乞伏公府所弒，太子熾磐討殺乞伏公府，即位稱河南王；寫了仇池公楊盛叛秦，秦主姚興親自統兵討之，被楊盛大破之；又派楊佛嵩北討赫連勃勃，被赫連勃勃所擒，自殺而死，以見後秦的勢力漸弱；寫了沮渠蒙遜遷都於姑臧，自稱河西王等等。

【注釋】❶奴葵谷　在今甘肅清水縣西。❷乞伏公府　乞伏國仁之子，乞伏乾歸之姪。❸清水　縣名，縣治在今甘肅清水縣西。❹二月丙子　二月初五。❺吳興　郡名，郡治即今浙江湖州。這句話的主語是東晉。❻赤水　縣名，縣治在今青海共和東南。❼遷席於舟中　將劉道規在官府中使用的座墊移到了船上。❽忝西任　我今天西來當了荊州刺史。忝，謙詞，猶言慚愧，這裡是劉毅故意示威。西任，西來任荊州刺史。❾屈卿　想任命您。屈，讓您屈才來任此職。❿長史南蠻　給南蠻校尉當長史，南蠻校尉歸劉毅管轄。⓫見輔　給我幫忙。⓬但令　猶言「管保」。⓭建義　起義，指討伐桓玄。⓮相埒　相等。⓯權事推裕　偶爾的臨時讚揚一兩句劉裕。權，臨時制宜。⓰居方岳　成了一方諸侯的首領，即大州刺史之任。⓱柔而順之　自作謙卑地順著他。⓲不遇劉項　沒有生活在劉邦、項羽對立打天下的時代。劉毅這話的意思是，憑他的能力，如能像劉邦、項羽那樣相互比試一下，還不定誰比誰強呢？⓳敗於桑落　被盧循打敗於桑落洲。事見本書卷一百十五義熙六年。桑落洲在九江東北的長江中。⓴物情　猶今之所謂「威望」、「人心歸向」。㉑有清望者　文雅而名望清高的人。㉒謝混　謝琰之子，謝安之孫。傳見《晉書》七十九。㉓郗僧施　郗超之姪。郗超為桓溫僚屬，曾鼓勵桓溫篡權稱帝。郗超、郗僧施皆傳見《晉書》卷六十七。㉔深相憑結　緊密勾結。憑結，相互依靠；相互勾結。㉕從子　姪子。㉖南蠻校尉後軍司馬　既任南蠻校尉，又給劉毅任司馬之職。當時劉毅為後將軍。㉗南郡　劉毅治下的郡名，郡治江陵。㉘京口　即今江蘇鎮江市，劉毅的故鄉。㉙倪塘　在當時的建康城東南二十五里。㉚劉衛軍　以稱劉毅。劉毅前曾為衛軍將軍，桑落洲之敗後降為後將軍。㉛一談一詠　指清談、作詩等當時上流社會的「風雅」活動。㉜以為雄豪　以為超過您，在您之上。㉝搢紳白面之士　指當時上流社會的貴族與士人。這些人講究服藥，皮膚分外「潔白」，劉裕出身低微，被他們瞧不起。㉞輻湊歸之　像車輪的輻條歸向車轂一樣地歸附於他。㉟俱有克復之功　指滅掉桓玄，恢復東晉的統治秩序。袁俊德《歷史綱鑑補》曰：「裕不遽除毅，非真謂毅有克復之功，不自相圖也。蓋是時毅從弟藩方鎮廣陵，恐激變則合謀舉事，釁生肘腋耳。觀裕殺諸葛長民及襲司馬休之，其鷙毒可概見矣。」㊱白土　縣名，縣治在今青海樂都南，當時為三河郡的郡治所在地。㊲弒河南王乾歸　以未得繼父之位，故行弒逆。㊳大夏　郡名，郡治在今甘肅臨夏東。㊴譚郊　今甘肅臨夏西北，是乞伏氏的都城。㊵與國　同盟國。㊶閏月庚子　閏六月初一。㊷南郡烈武公　劉道規的封爵是南郡公，烈武是其謚。㊸七月己巳朔　七月初一是己巳日。㊹四廂大將亦猶三國曹魏的四征（征東、征西、征南、征北）、四鎮（鎮東、鎮西、鎮南、鎮北）之類。45庚寅　七月二十二。46濡源　地名，因濡水的源頭而得名，在今內蒙古多倫與正藍旗一帶。47轘　車裂。48皇后王氏　晉安帝的皇后王氏，名神愛，大書法家王獻之的女兒。49庚戌　八月十二日。50武始翟勍　武始郡人翟勍。武始郡的郡治即今甘肅臨洮。51癸酉　九月初六。52僖皇后　即上文所說的「皇后王氏」，謚曰僖。53休平陵　晉安帝日後的陵墓。54輒割　即「強行帶走」。割，取。劉毅原任豫州都督，又兼任江州都督，今西去荊州，就把原豫州、江州的大量官員士兵強行帶到江陵。55以自副　以之作為自己的副手。56廣陵　即今揚州。57己卯　九月十二。58以詔書　假藉皇帝的名義，實際上是劉裕按照自己的意思誅除反對者。59款昵　感情親密。60益壽　謝混的小字。61庚辰　九月十三。62鎮京口　劉道憐是劉裕之弟，令其駐兵京口（今江蘇鎮江市），以加強劉裕在朝的實力。63監太尉留府事　為劉裕太尉府的留守長官，當劉裕不在京城期間處理太尉府的一應事務。64配給資力以防之　胡三省曰：「是時劉裕已有殺長民之心矣。」65壬午　九月十五。66王鎮惡　苻堅的謀士王猛之孫，於義熙五年投歸劉裕部下。見本書卷一百十五。67丙申　九月二十九。68水際　這裡指江邊。69揚聲言劉兗州上　劉兗州即兗州刺史劉藩，劉毅之弟。實際上這時劉藩已被劉裕所殺。70十月己未　十月二十二。71豫章口　在江陵城東二十里。72鼓嚴　擂鼓聚眾。73江津　地名，在江陵城東南的長江上，是當時守衛江陵的重要駐兵點。74語前軍士　告訴走在前邊的士兵。75津戍　渡口的守軍。76晏然　安然；放心。77未至城五六里　行至離江陵城還有五、六里的時候。78要將　心腹親近的部將。79欲出江津　想要到江津渡口去。80擔彭排戰具　扛著攻城用的各種器械物資。擔，扛；抬著。彭排，盾牌之類的防箭之物。81行令　一邊走，一邊下令。82參承　猶後世之所謂「參見」，指下屬進見長官。83人吏　給人家作下屬。84金城　城內軍事衙門的圍牆。85食時　指吃早飯的時候。86中晡　正申時，約當於今下午四時。87中表親戚　中親指兄弟叔姪等關係，表親指表兄弟甥舅等關係。88聽事　衙門裡的正堂，長官會見吏民、處理政務的地方。89君但隨僕去　你只管跟我走。僕，謙稱自己。90牛牧佛寺　在江陵城北二十里。91桓蔚　桓玄的堂兄弟。桓蔚隨桓玄叛亂被劉毅討平事，見本書卷十四義熙元年。92僧昌　和尚名昌。93為法自弊二句　言制定法律，最後害到了自己頭上。《史記．商君列傳》寫商鞅被政變分子所追，日暮投宿時，因無身分證，旅店不准其住宿，並說：「商君之法，舍人無驗者坐之。」商君歎道：「為法自弊，一至此哉！」此處乃學《史記》之文。94不應辟召　不應朝廷的聘請出來為官。辟，聘。95得志　實現個人的願望。96導從　前導者與後從者，指當時大官僚的儀仗、侍從人員。97儀衛　儀仗隊員及護衛人員。98白衣　指沒有官職的平民人士，這裡指穿便服侍衛人員。99徵　召；聘任。100散騎常侍　帝王身邊的參謀顧問人員，雖不握實權，但比較顯要。101光祿大夫　原是郎中令下的屬官，在帝王跟前充當參謀顧問之用，魏晉時期經常作為一種榮譽性的加官。102楊盛叛秦　楊盛是世代佔據在仇池一帶的氐族頭領，因力量不足，曾於義熙元年降秦，今又叛之。103祁山　山名，在今甘肅祁縣東。104鷲峽　在當時的仇池城東，今甘肅成縣西。105羊頭峽　地址不詳，約在今寶雞西的陝西、甘肅交界處。106汧城　縣名，縣治在今陝西隴縣南。107隴口　隴東與隴西的穿越隴山之口，在今陝西隴縣西的六盤山上。108先帝　指姚萇。109無方　變化不定，高深莫測。110徐洛生　姚萇的部將。111佐命　幫著姚萇創立國家。112再入仇池　兩次進攻仇池。仇池在今甘肅成縣西。姚萇進攻仇池事，歷史記載不詳。113能全　能夠守住仇池。114直　就；就因為。115使君　古代對太守、刺史的尊稱，此稱姚嵩。116準之先朝　與以前的姚萇攻仇池相比較。117具悉形便　清楚地瞭解仇池的地理形勢。118嶺北見兵　指嶺北五郡的現有兵力。嶺北五郡指安定、新平、平涼等。雍州的州治在安定(今甘肅涇川縣北)。119絕亢　自己割斷或扭斷喉管。120十一月己卯　十一月十三。121漢壽子　爵級為子爵，封地在漢壽。漢壽是縣名，縣治在今湖南常德東北。122何施　實行什麼政策。123除其宿釁　忘掉與人的舊仇。宿釁，舊有的怨仇。124倍其惠澤　意即該賞賜的加倍賞賜。125貫敘門次　任用人們為官時，要以他們的門第高下為次序。126顯擢才能　表彰、提拔那些有才幹的人。127寬租省調　減輕百姓的各種稅收。租、調，都是租賦之類。128節役原刑　減少徭役、放寬刑罰。129禮辟名士　對當地的名士以禮相招。130按之　審查；查辦。131昔年醢彭越二句　語出《史記・黥布列傳》。黥布造反時，滕嬰問薛公黥布為什麼造反，薛公說：「往年殺彭越，前年殺韓信，此三人者，同功一體之人也，自疑禍及身，故反耳。」這裡指諸葛長民以黥布的地位自居。132悠悠之言　指外面人們的沒有根據的傳言。133不平　不和睦。134公泝流遠征　劉裕逆長江而上，西討劉毅。135委節下　委託於你。節下，猶言「麾下」，敬稱諸葛長民。時諸葛長民為劉裕任太尉府留後。136若一豪不盡　如果有一絲一毫的不滿意。盡，盡意；滿意。137劉氏　指劉毅。138必履危機　一定會遭到危難。139欲為丹徒布衣　想回丹徒當個普通百姓。諸葛長民當時家居丹徒。《史記・李斯列傳》寫李斯被趙高所殺前曾說：「吾欲與若復牽黃犬，俱出上蔡東門逐狡兔，豈可得乎?」此處仿效《史記》語。140盤龍　劉毅的小字。141世路方夷　世道就要太平了。142富貴之事二句　其意思是含蓄地約劉敬宣一同造劉裕的反。143義熙以來　指劉裕消滅桓玄，扶晉安帝復位事。這一年晉安帝改年號為「義熙」。144忝三州七郡　指先後曾擔當過三個州的刺史，七個郡的太守。忝，謙詞，意指擔當。145避盈居損　避免驕傲，盡量謹慎。《尚書・大禹謨》有所謂「滿招損，謙受益」之語，此化用其意。146阿壽　劉敬宣字萬壽，故親昵地稱之為「阿壽」。147故為不負我　本來就不會辜負我。負，虧待；辜負。148濟否　可以成功嗎。149不憂不時判　不擔心那裡的形勢不分明。判，分；分明。指勝利。150自左里還入石頭　當年劉裕在左里大破盧循後返回石頭城。見本書卷一百十五義熙六年。左里，盧循修築的城名，在今江西都昌西北的左蠡鎮。(151)甚脫爾　很是簡易隨便，沒有嚴格的戒備防衛。(152)宜加重慎　應該嚴加防範。(153)求先下　請求先順流而下，指先回建康，查看虛實。王誕是劉裕的心腹。(154)詎宜便去　豈能就這個樣子的回去。詎，豈；怎能。(155)蒙公垂盼　受到您的重視。(156)無虞　不擔心；不憂慮。(157)少安其意　以麻痺他的思想。少，同「稍」。(158)勇過賁育　比當年的孟賁、夏育兩個大勇士還要勇敢。(159)涼王光　即呂光，後涼政權的建立者。其後世呂隆因無法抵抗沮渠蒙遜、禿髮傉檀等的攻擊而投降後秦。事見本書〈晉紀〉三十五元興二年。(160)為三河王故事　呂光為三河王事，見本書〈晉紀〉二十九太元十四年。故事，舊例。(161)難其人　找不到合適的人選。(162)朱齡石　劉裕的部將。傳見《宋書》卷四十八。(163)練吏職　善於處理行政事務。練，熟悉。吏職，行政事務。(164)資名　資歷、名望。(165)密謀進取　暗中籌劃如何進攻作戰的問題。(166)出黃虎　經由黃虎，在今四川三臺北。劉敬宣伐譙縱，敗於黃虎事，見本書卷一百十四義熙四年。(167)外水　即今四川的岷江。(168)內水　即今四川的涪江，經黃虎南流匯入嘉陵江。(169)涪城　縣名，縣治在今四川三臺北，離黃虎很近。(170)至白帝乃開　到白帝城再打開看。白帝城在今重慶市奉節東。袁俊德《歷史綱鑑補》曰：「千里襲人，機事不密，敵早為之備。緘書別函，至期開視，可謂有卓識。」(171)未知處分所由　不知道安排的是走哪條路。處分，安排。所由，走哪條路。(172)毛脩之固請行　毛脩之，字敬文，滅桓玄事件中建有大功。其父毛瑾，伯父毛璩，在四川一帶任刺史。譙縱在四川叛亂，毛瑾、毛璩被殺，故脩之志在復仇。(173)土人　指四川的當地人。(174)有嫌　有怨仇。(175)湘州　州治即今湖南長沙。晉成帝咸和三年，省湘州入荊州，今復置。(176)太傅　晉時用為加官，地位在「太尉」之上。(177)丁巳　十二月二十一日。(178)長城　指秦朝築的長城，西起甘肅臨洮，北行至內蒙古的黃河後套，東行至呼和浩特，再東到瀋陽，南折至朝鮮平壤北的清川江入海口。這裡拓跋嗣的「北巡」，大約即到呼和浩特以東的卓資、集寧一帶。

【校　記】[1]去已　原作「已去」。據章鈺校，甲十一行本、乙十一行本、孔天胤本二字皆互乙，今從改。[2]固　原無此字。據章鈺校，甲十一行本、乙十一行本、孔天胤本皆有此字，張敦仁《通鑑刊本識誤》同，今據補。[3]東　原作「京」。嚴衍《通鑑補》改作「東」，今據改。按，北朝將軍號，皆未見有名「鎮京」者，又據《晉書・乞伏熾磐載記》，作「鎮東曇達」。[4]王　原無此字。據章鈺校，甲十一行本、乙十一行本、孔天胤本皆有此字，張敦仁《通鑑刊本識誤》同，今據補。按，《晉書・乞伏乾歸載記》作「武元王」。[5]亢　據章鈺校，孔天胤本作「吭」。[6]盼　據章鈺校，甲十一行本、乙十一行本皆作「眄」。

【語　譯】八年（壬子　西元四一二年）

春季，正月，河南王乞伏乾歸再次率軍討伐彭利髮，大軍抵達奴葵谷。彭利髮率領部眾向南撤走，乞伏乾歸派擔任振威將軍的乞伏公府率軍追趕到清水，終於將彭利髮斬首，俘虜了羌族居民一萬三千戶。乞伏乾歸任命擔任中軍將軍的乞伏審虔為河州刺史，負責鎮守枹罕，然後班師。

二月初五日丙子，東晉朝廷任命擔任吳興太守的孔靖為尚書右僕射。

河南王乞伏乾歸將都城從苑川遷往譚郊，令平昌公乞伏熾磐鎮守苑川。乞伏乾歸率軍攻打吐谷渾阿若干所鎮守的赤水，阿若干兵敗後向乞伏乾歸投降。

夏季，四月，東晉擔任荊州刺史的劉道規因為身體有病，遂向朝廷請求返回京師建康。朝廷批准了劉道規的請求。劉道規在荊州刺史任上很多年，對民眾秋毫無犯。當他返回京師建康的時候，荊州的府庫、帷幕仍然像舊時一樣。跟隨他的兩名軍士，把劉道規在官府中使用的一塊坐墊搬到了船上，劉道規就把他二人綁到鬧市中斬首。

東晉朝廷任命擔任豫州刺史的後將軍劉毅為衛將軍、都督荊・寧・秦・雍四州諸軍事、荊州刺史。劉毅對擔任左衛將軍的劉敬宣說：「我今天來到西部擔任荊州刺史，想委屈你擔任南蠻長史，助我一臂之力，你願意不願意？」劉敬宣非常害怕，就將此事告訴了太尉劉裕。劉裕笑著說：「我保證讓你平安無事，你不要過分擔憂。」

劉毅為人剛愎自用，自認為當年討伐桓玄、興復晉室時所建立的功勞與太尉劉裕不相上下，因此特別自我誇耀，雖然偶爾也讚揚劉裕一兩句，而心裡其實很不服氣。等到朝廷任命自己擔任鎮守一方的軍政長官，心中便感到很不得志，經常悶悶不樂。劉裕對他往往採取忍讓的態度自作謙卑地順著他，劉毅就更加驕傲放縱，他常說：「遺憾的是沒有生活在劉邦、項羽爭霸的時代，否則也要與他們爭個勝負，奪取中原！」等到後來在桑落洲被叛將盧循打敗，知道人心向背離他遠去，心中就更加惱怒激憤。劉裕一向不喜好讀書，而劉毅則是一個廣泛涉獵文史的知識型將領，所以朝廷中那些文雅而名望清高的人大多都傾向於劉毅，劉毅與擔任尚書僕射的謝混、擔任丹楊尹的郗僧施緊密勾結，互相依靠。郗僧施，是郗超的姪子。劉毅已經佔據了長江上游地區，暗中便有除掉劉裕的想法，他向朝廷請求兼任都督交、廣二州諸軍事，劉裕批准了他的請求。劉毅又奏請朝廷任命郗僧施為南蠻校尉，同時為後將軍劉毅擔任司馬，任命毛脩之為南郡太守，劉裕也批准了他，遂任命劉穆之代替郗僧施為丹楊尹。劉毅又上表請求前往京口向祖先墓辭行，劉裕便親自前往倪塘會見劉毅。擔任寧遠將軍的胡藩對劉裕說：「你認為衛軍將軍劉毅會甘心居於你的下位嗎？」劉裕沉默不語，過了很長時間，劉裕才說：「你認為如何？」胡藩回答說：「統領百萬大軍，攻必取，戰必勝，在這方面劉毅固然佩服你；至於在涉獵文史百家，談吐風雅，吟詩作賦方面，則自認為是天下的雄豪。所以那些面皮白嫩的上流社會貴族與士大夫都像車輪上的輻條湊向車轂一樣歸附劉毅。恐怕他終久不會甘心居於你之下，不如趁著與他會晤的機會逮捕他。」劉裕說：「我與劉毅全都為攻敗桓玄、復興晉室建立了功勳，現在劉毅的過錯還沒有明顯地暴露出來，所以我們不能自相圖謀。」

西秦平昌公乞伏熾磐率軍進攻南涼三河太守吳陰所據守的白土城，將白土城佔領，遂任命乞伏出累代替吳陰，擔任了三河郡太守。

六月，西秦擔任振威將軍的乞伏公府弒殺了自己的叔父河南王乞伏乾歸，同時還殺死了乞伏乾歸的十幾個兒子，然後逃往大夏據守。平昌公乞伏熾磐派自己的弟弟廣武將軍乞伏智達、揚武將軍乞伏木弈干率領三千名騎兵前往大夏城討伐乞伏公府；又任命自己的弟弟乞伏曇達為鎮東將軍，鎮守都城譚郊，令擔任驍騎將軍的乞伏婁機鎮守苑川。乞伏熾磐率領文武百官以及二萬多戶居民遷往枹罕。

後秦有許多人勸說後秦王姚興趁西秦內亂之機攻取乞伏熾磐，姚興說：「趁別人有喪事的時候攻打，不合乎禮義。」夏王劉勃勃準備出兵攻打乞伏熾磐，擔任軍師中郎將的王買德勸阻說：「乞伏熾磐，是與我們結盟的國家，如今發生內亂，西秦王乞伏乾歸被殺，我們不能伸出援手，反倒仗恃自己人多勢眾而進行攻伐，即使是一介平民尚且不屑於這樣做，何況是擁有萬乘兵車的大國之君呢！」劉勃勃才沒有出兵。

閏六月初一日庚子，東晉南郡烈武公劉道規去世。

秋季，七月初一日己巳，北魏皇帝拓跋嗣東下巡視，設置了四廂大將、十二位小將，任命山陽侯奚斤為代理左丞相，元城侯拓跋屈為代理右丞相。二十二日庚寅，拓跋嗣抵達濡源，巡視西北各部落。

西秦廣武將軍乞伏智達等率軍在大夏城擊敗了乞伏公府，乞伏公府逃往疊蘭城，投奔自己的弟弟、擔任興國太守的乞伏阿柴。乞伏智達等攻破了疊蘭城，殺死了乞伏阿柴父子五人。乞伏公府又從疊蘭城逃往嵻崀南山，被乞伏智達等追上、逮捕，連同他的四個兒子，全部押送譚郊，施以車裂的酷刑。

八月，西秦平昌公乞伏熾磐自稱大將軍、河南王，實行大赦，改年號為「永康」。將故河南王乞伏乾歸安葬在枹罕城，上謚號為「武元王」，廟號「高祖」。

東晉安皇帝司馬德宗的皇后王氏去世。

八月十二日庚戌，北魏皇帝拓跋嗣返回都城平城。

九月，西秦大將軍、河南王乞伏熾磐任命擔任尚書令的武始人翟勍為相國，任命擔任侍中、太子詹事的趙景為御史大夫；取消了尚書令、僕、尚書六卿、侍中等官職。

九月初六日癸酉，東晉將僖皇后王氏安葬於休平陵。

劉毅抵達江陵任所之後，便大批更換荊州各郡的太守、各縣的縣令，還把豫州、江州的文武官員和一萬多名軍士強行帶往江陵。其實此時的劉毅已經身患重病，而且病勢沉重，郗僧施等擔心一旦劉毅死去，劉毅的黨羽將會陷入危險的處境，於是勸說劉毅請求朝廷讓擔任兗州刺史的堂弟劉藩做自己的副手，太尉劉裕假裝答應了劉毅的要求。劉藩從廣陵來到京師建康朝見皇帝，九月十二日己卯，劉裕以晉安帝司馬德宗的名義發布詔書，宣布劉毅的各條罪狀，說劉毅與劉藩以及謝混等人一起陰謀叛亂，遂將劉藩以及謝混逮捕，並命他們自殺而死。

當初，謝混與劉毅關係親密，謝混的堂兄謝澹常常為此感到擔憂，便漸漸地與謝混關係疏遠，他對自己的弟弟謝璞以及姪子謝瞻說：「益壽這樣的性格，最終一定會導致家破人亡。」謝澹，是謝安的孫子。

九月十三日庚辰，東晉朝廷下詔發布大赦令，任命前會稽內史司馬休之為都督荊·雍·梁·秦·寧·益六州諸軍事、荊州刺史；任命擔任北徐州刺史的劉道憐為兗、青二州刺史，鎮守京口。派擔任豫州刺史的諸葛長民擔任劉裕太尉府的留守長官。劉裕疑心諸葛長民難以獨自擔當此任，遂加授劉穆之為建武將軍，為劉穆之設置將軍府，遴選僚佐，給他調配人力物力，用以防範諸葛長民。

九月十五日壬午，東晉太尉劉裕率領各路大軍從京師建康出發，擔任參軍的王鎮惡請求撥給一百艘輕型艦船，願意為大軍充當先鋒。二十九日丙申，劉裕所帥大軍抵達姑孰，任命參軍王鎮惡為振武將軍，與擔任龍驤將軍的蒯恩一同率領一百艘艦船率先出發。臨行前，劉裕告誡他們說：「如果認為能夠擊敗逆賊，就攻擊他；如果沒有必勝的把握，就把他的艦船全部燒毀，然後將軍隊駐紮在江邊等我。」於是，王鎮惡率軍日夜兼行，聲言是兗州刺史劉藩西上荊州。

冬季，十月二十二日己未，王鎮惡率軍抵達豫章口，距離江陵城還有二十里，他令軍隊棄船上岸步行。蒯恩率軍走在前面，王鎮惡率軍緊隨其後。每艘船上只留下一、二個人看守，在停靠艦船的岸邊豎立六、七面旗幟，旗幟下面設置有戰鼓，對留守的人說：「估計我們到達江陵城下的時候，就擂響戰鼓，招集人眾，讓人聽出好像後面還有大軍的樣子。」又分別派人燒毀停泊在江津的船艦。王鎮惡率軍逕直向前去攻擊江陵城，他告訴走在前面的軍士說：「如果有人詢問，就說是兗州刺史劉藩率軍到來。」渡口的守軍以及民間百姓都認為是劉藩來了，都很放心，沒有任何人表示懷疑。在距離江陵城五、六里遠的時候，遇到了劉毅的心腹將領朱顯之，正準備前往江津渡口，他詢問說：「兗州刺史劉藩在哪裡？」軍士回答說：「在後面。」朱顯之來到後軍仍然看不見劉藩，卻看見軍人身上都攜帶著盾牌以及各種攻城用的器械，再看看江津，船艦已經全部被燒毀，擂鼓聚眾的聲音非常大，知道來的人不是兗州刺史劉藩，於是調轉馬頭，快馬加鞭，飛速跑回江陵城內報告劉毅，他一邊跑一邊下令關閉江陵城各城門。而王鎮惡也打馬飛奔，在後緊追，幾乎與朱顯之同時衝入江陵城，城門還沒有來得及關閉，王鎮惡的軍隊已經衝進城內。在劉毅手下擔任衛軍長史的謝純參見過劉毅之後，從劉毅那裡出來，聽到朝廷大軍入城的消息，他身邊的人就要駕車返回。謝純斥責他們說：「我，是別人屬下的官員，能逃到哪裡去呢？」遂飛速返回州府。謝純，是謝安哥哥謝據的孫子。王鎮惡率軍與江陵城內的守軍展開戰鬥，並攻擊江陵城內的金城。從吃早飯的時候一直戰鬥到下午四點左右，江陵城內的守軍才被打敗、逃散。王鎮惡把金城鑿開一個洞穴，由此進入內城，他派人把晉安帝司馬德宗的詔書、赦書連同劉裕的親筆信函拿給劉毅看，劉毅連看也不看就全部燒掉，與擔任司馬的毛脩之等督促士卒拼死力戰。城內的人到現在還不相信是劉裕親自率領朝廷軍到來，而劉毅從東部帶來的那些官兵，與王鎮惡所率領的朝廷軍，有很多都是中表親戚，他們一邊交手，一邊對話，這才知道劉裕親自率軍前來，於是人心惶恐，軍心動搖。到了夜間，劉毅衙門裡正堂的守軍全部逃散，朝廷軍斬殺了劉毅的勇將趙蔡，而劉毅的左右親信仍然關閉了東西兩閣，頑強抵抗。王鎮惡擔心在黑暗之中自己人與自己人互相殘殺，於是便率軍退出內城，只把金城團團包圍起來，但在包圍圈的南面留出一條供人逃跑的通道。劉毅擔心南面設有伏兵，遂在半夜時分，率領著自己身邊的三百來人，打開北門突出包圍。毛脩之對謝純說：「先生只管跟我走。」謝純沒有聽從他，結果被朝廷軍殺死。劉毅在深夜中投奔了牛牧佛寺。

當初，桓玄的堂弟桓蔚在潰敗時，逃奔了牛牧佛寺中的僧人昌，僧人昌將桓蔚隱藏起來，劉毅因此殺死了僧人昌。現在劉毅前來投奔，寺中的僧人拒絕說：「從前，我們亡故的師傅因為收留了桓蔚，結果被衛軍將軍劉毅殺死；現在實在不敢再收留外人。」劉毅歎了一口氣說：「自己制定的法律，最後害到了自己的頭上！」於是便上吊自殺了。第二天，當地的居民將此事報官，於是將劉毅的屍體拉到鬧市中斬首，連同劉毅的兒子、姪子全部殺死。劉毅的哥哥劉模逃往襄陽，被雍州刺史魯宗之斬首，將他的首級送往京師建康。

當初，劉毅的叔父劉鎮之在京口閒居，拒不接受朝廷的徵聘，他常常對劉毅與劉藩說：「憑你們二人的才能和氣度，完全可以實現自己的願望，所擔心的是不能長久。我不會向你們要求錢財和職位，也不受你們的連累而犯罪。」於是每次看見劉毅、劉藩帶著儀仗和隨從來到門口，劉鎮之就破口詬罵。劉毅對這位叔父非常尊敬，也很畏懼，所以在離家數百步遠的地方，就讓全部儀仗、衛隊停在一旁等候，只帶著幾名身穿平民服裝的侍從一同走進家門。等到劉毅被殺，擔任太尉的劉裕奏請晉安帝徵召劉鎮之為散騎常侍、光祿大夫，劉鎮之還是堅決推辭，不肯就職。

世代佔據仇池的氐族首領仇池公楊盛背叛了後秦，率領部眾侵擾祁山。後秦王姚興派擔任建威將軍的趙琨為前鋒，派擔任立節將軍的姚伯壽率軍隨後，派擔任前將軍的姚恢從鸞峽出兵，擔任秦州刺史的姚嵩從羊頭峽出兵，擔任右衛將軍的胡翼度從汧城出兵，各路大軍分頭去討伐背叛後秦的楊盛。後秦王姚興率軍從雍城趕赴仇池，與諸將在隴口會合。

後秦擔任天水太守的王松怱對秦州刺史姚嵩說：「先帝姚萇的英明謀略，高深莫測，部將徐洛生憑藉自己的英明勇武，輔佐先帝創立大業，然而兩次進攻仇池，都是無功而返。這並不是楊氏憑藉自己的智慧和勇敢保全了仇池，而是因為仇池的地勢險要堅固。現在憑藉趙琨的兵眾，加上使君的威勢，但要與前朝先帝姚萇進攻仇池時相比，確實看不出可以取得勝利的優勢。使君完全熟悉仇池的地理形勢，為何不上表奏聞秦王？」姚嵩沒有聽從天水太守王松怱的建議。仇池公楊盛率領自己的部眾與趙琨相持，而後秦立節將軍姚伯壽膽小怕事，畏敵不前，趙琨因為寡不敵眾，最後被楊盛軍打敗。後秦王姚興將姚伯壽斬首，然後撤軍而回。

後秦王姚興任命楊佛嵩為雍州刺史，率領九嵕山以北安定、新平、平涼等五個郡現有的兵力攻擊夏國。楊佛嵩走了幾天之後，姚興對群臣說：「楊佛嵩每當看見敵人，就勇猛得無法控制自己，所以我常常節制他，撥給他的軍隊從來不超過五千人。如今率領的軍隊卻很多，遇到敵人肯定會失敗，現在大軍已經走得很遠，將他追回恐怕來不及了，該怎麼辦？」楊佛嵩與夏王劉勃勃交戰，果然失敗，被劉勃勃活捉，楊佛嵩便自己割斷喉管而死。

後秦王姚興冊立昭儀齊氏為王后。

北涼張掖公沮渠蒙遜把都城從張掖遷往姑臧。

十一月十三日己卯，東晉太尉劉裕抵達江陵，殺死了郗僧施。當初，南郡太守毛脩之雖然是劉毅的僚佐，卻一向主動結交劉裕，所以劉裕特別赦免了毛脩之。封振武將軍王鎮惡為漢壽子爵。劉裕向在劉毅府擔任諮議參軍的申永詢問說：「現在應該怎樣做才好？」申永說：「忘掉往日的仇怨，該賞賜的加倍賞賜，根據門第高下的次序授予官職，表彰、提拔那些有才能的人，僅此而已。」劉裕採納了申永的意見，於是下發公文，減少田租賦稅，減輕人民的傜役，放寬刑罰，以禮徵聘當地有名望、有影響力的人士。於是得到了荊州人的擁護。

諸葛長民傲慢驕橫，貪婪奢侈，做了許多違法亂紀之事，成為百姓的一大禍患，他常常擔心太尉劉裕將他依法查辦。等到劉毅被誅滅，諸葛長民便對自己的親信說：「『往年殺彭越，今年殺韓信。』我就要大禍臨頭了！」於是將侍從人等支走，然後向劉穆之詢問說：「外面的人都在紛紛議論，說太尉劉裕跟我不和，怎麼會是這樣呢？」劉穆之回答說：「劉太尉率領大軍逆流而上，遠征叛賊，臨行之前把自己的老母親和年幼的兒子託付給你。假如對你稍微有些不滿意，豈能如此？」諸葛長民這才稍微放點心。

諸葛長民的弟弟、擔任輔國大將軍的諸葛黎民對諸葛長民說：「劉毅的滅亡，我們諸葛家族應該戒慎恐懼，現在應該趁劉裕沒有返回的機會，搶先動手除掉他。」諸葛長民因為猶豫不決而沒有動手，稍後，不禁歎口氣說：「人在貧賤的時候，常常想要富貴，而富貴之後必定會遭到危難。今天即使想回到丹徒做一個平民百姓，也是不可能的了！」於是便寫信給擔任冀州刺史的劉敬宣說：「劉毅兇狠暴戾，專權任性，自取滅亡。與自己政見不同的人即將被殺光，天下就要太平了，榮華富貴，應該共同享有。」劉敬宣寫信回覆他說：「我自從義熙以來，已經歷任三個州的刺史，七個郡的太守，我常常擔心榮華富貴過後，災禍就會發生，因而常想避免驕傲，盡量謹慎。所以你信中所提及的同享榮華富貴，我確實不敢當。」劉敬宣還把諸葛長民的信件呈遞給太尉劉裕，劉裕說：「劉敬宣原本就不會辜負我。」

劉穆之擔心諸葛長民會發動叛亂，於是便避開人祕密地向擔任太尉行參軍的東海人何承天詢問說：「太尉這次出兵能否成功？」何承天回答說：「現在不用擔心荊州不能馬上平定，值得擔心的是另外一個地方。劉太尉當年在左里大敗盧循後返回石頭的時候，非常灑脫隨便，毫不戒備；這次班師回來，就應該加倍小心謹慎。」劉穆之說：「不是你，我聽不到這樣的話。」

東晉太尉劉裕在江陵，擔任輔國將軍的王誕向劉裕稟告，請求順流東下，先行返回京師建康，劉裕對王誕說：「監太尉留府事的諸葛長民好像自己已經起了疑心，你豈能就這個樣子回去？」王誕說：「諸葛長民知道我一向受到您的厚愛，如今我獨自一人輕裝返回，他必定以為您對他沒有戒心，才可以讓他麻痺大意。」

劉裕笑著說：「你的勇敢超過了孟賁、夏育。」遂同意王誕先回建康。

北涼張掖公沮渠蒙遜在姑臧即位為河西王，實行大赦，改年號為「玄始」，設置文武百官，完全按照後涼王呂光稱三河王時的先例。

東晉擔任太尉的劉裕策劃討伐西蜀的成都王譙縱，但任命誰為元帥，卻一時找不到合適的人選。他認為自己的部將、擔任西陽太守的朱齡石既有軍事才能，又善於處理行政事務，所以就準備任用朱齡石為征伐西蜀的元帥。而眾人都認為朱齡石的資歷、名望都不夠，很難當此重任，劉裕沒有被眾人的意見所左右。十二月，劉裕任命朱齡石為益州刺史，率領寧朔將軍臧熹、河間太守蒯恩、下邳太守劉鍾等討伐西蜀，從自己所率領的大軍中分出二萬人配給朱齡石。臧熹，是劉裕的小舅子，官位在朱齡石之上，但也成了朱齡石的部屬，歸朱齡石指揮。

劉裕與朱齡石暗中謀劃如何進攻作戰的問題，劉裕說：「往年冀州刺史劉敬宣率軍攻到黃虎，結果無功而返。譙縱逆賊一定認為照理說我們這次會接受上次的教訓，必然會從外水攻入成都；然而為了出其不意、攻其無備，我們還會從內水攻入。所以，譙縱必然用重兵把守涪城，嚴密防守內水一線。我們如果向黃虎方向進攻，就正好落入譙縱為我們設計好的圈套。今天我們的主力部隊沿著外水直取成都，而派出一部分軍隊充作疑兵走內水，這才是克敵制勝的奇謀妙計。」為了避免這個軍事機密走漏風聲，被逆賊掌握了虛實，於是便另外寫了一封書信，封好之後交給朱齡石，在信函的旁邊寫上「到白帝再打開」，諸路大軍雖然繼續向前挺進，卻沒有人知道這次攻蜀的進軍路線。

東晉擔任南郡太守的毛脩之堅決要求跟隨大軍伐蜀，劉裕擔心毛脩之進入蜀地之後，一定會殺戮很多人，而蜀地的人因為與毛家有仇怨，也必定會拼死固守，因此沒有同意毛脩之的請求。

東晉從荊州劃分出十個郡，設置為湘州。〇東晉加授太尉劉裕為太傅、揚州牧。

十二月二十一日丁巳，北魏皇帝拓跋嗣前往北方巡視，到達長城後返回。

九年（癸丑　西元四一三年）

春，二月庚戌❶，魏主嗣如高柳川❷。甲寅❸，還宮。

太尉裕自江陵東還，駱驛❹遣輜重兼行而下，前刻至日❺，每淹留❻不進。諸葛長民與公卿頻日❼奉候於新亭❽，輒差其期❾。乙丑晦❿，裕輕舟徑進，潛入東府。三月丙寅朔旦⓫，長民聞之，驚趨至門⓬。裕伏壯士丁旿於幔中，引長民卻人間語⓭，凡平生所不盡者皆及之⓮，長民甚悅。丁旿自幔後出，於座拉殺之，輿尸付廷尉⓯。收其弟黎民，黎民素驍勇，格鬭而死。并殺其季弟大司馬參軍幼民、從弟寧朔將軍秀之。

庚午⓰，秦王興遣使至魏修好。

太尉裕上表曰：「大司馬溫⓱以『民無定本，傷治為深⓲』，庚戌土斷⓳以一其業⓴。于時財阜㉑國豐，實由於此。自茲迄今，漸用頹弛㉒，請申前制㉓。」於是依界土斷㉔，唯徐、兗、青三州居晉陵㉕者，不在斷例㉖，諸流寓郡縣多所併省。

戊寅，加裕豫州刺史。裕固讓太傅、州牧。◯林邑范胡達㉗寇九真㉘，杜慧度擊斬之。

河南王熾磐遣鎮東將軍曇達、平東將軍王松壽將兵東擊休官㉙權小郎、呂破胡於白石川㉚，大破之，虜其男女萬餘口，進據白石城㉛。顯親㉜休官權小成、呂奴迦等二萬餘戶據白阬不服，曇達攻斬之，隴右休官悉降。秦太尉索稜㉝以隴西降熾磐，熾磐以稜為太傅。

夏王勃勃大赦，改元「鳳翔」。以叱干阿利㉞領將作大匠㉟，發嶺北夷、夏十萬人築都城於朔方水㊱北、黑水㊲之南。勃勃曰：「朕方統一天下，君臨萬邦，宜名新城曰統萬㊳。」阿利性巧而殘忍，蒸土築城，錐入一寸，即殺作者而并築之㊴。勃勃以為忠，委任之。凡造兵器成，呈之，工人必有死者，射甲不入則斬弓人，入則斬甲匠。又鑄銅為一大鼓，飛廉㊵、翁仲㊶、銅駝、龍虎之屬，飾以黃金，列於宮殿之前。凡殺工匠數千，由是器物皆精利。

勃勃自謂其祖從母姓為劉㊷，非禮也。古人氏族無常㊸，乃改姓赫連氏，言帝王係天為子，其徽赫㊹與天連也。其非正統㊺者，皆以「鐵伐」為氏㊻，言其剛銳如鐵，皆堪伐人也。

夏，四月乙卯㊼，魏主嗣西巡，命鄭兵將軍㊽[1]奚斤、鴻飛將軍尉古真、都將閭大肥㊾等擊越勤部㊿於跋那山(51)。大肥，柔然人也。

河南王熾磐遣安北將軍烏地延、冠軍將軍翟紹擊吐谷渾別統句旁(52)于泣勤川(53)[2]，大破之。

河西王蒙遜立子政德為世子，加鎮衛大將軍、錄尚書事。南涼王傉檀伐河西王蒙遜，蒙遜敗之於若厚塢(54)，又敗之於若涼(55)；因進圍樂都，二旬不克。南涼湟河(56)太守文支以郡降于蒙遜，蒙遜以文支為廣武(57)太守。蒙遜復伐南涼，傉檀以太尉俱延為質，乃還。蒙遜西如苕藋(58)，遣冠軍將軍伏恩將騎一萬襲卑和、烏啼(59)二部，大破之，俘二千餘落而[3]還。

蒙遜寢于新臺，閹人王懷祖擊蒙遜，傷足，其妻孟氏禽斬之。◯蒙遜母車氏卒。

五月乙亥(60)，魏主嗣如雲中(61)舊宮。丙子(62)，大赦。西河胡(63)張外等聚眾為盜，乙卯(64)，嗣遣會稽公長樂劉絜(65)等屯西河招討之。六月，嗣如五原(66)。

朱齡石等至白帝發函書，曰：「眾軍悉從外水取成都，臧熹從中水(67)取廣漢(68)，老弱乘高艦十餘，從內水向黃虎。」於是諸軍倍道兼行。譙縱果命譙道福將重兵鎮涪城，以備內水。

齡石至平模(69)，去成都二百里。縱遣秦州刺史侯暉、尚書僕射譙詵帥眾萬餘屯平模，夾岸築城以拒之。齡石謂劉鍾曰：「今天時盛熱，而賊嚴兵固險[70]，攻之未必可拔，祇增疲困。且欲養銳息兵以伺其隙，何如？」鍾曰：「不然。前揚聲言大眾向內水，譙道福不敢捨涪城。今重軍猝至，出其不意，侯暉之徒已破膽矣。賊阻兵守險者，是其懼不敢戰也。因其兇懼，盡銳攻之，其勢必克。克平模之後，自可鼓行而進，成都必不能守矣。若緩兵相守，彼將知人虛實。涪軍忽來，并力拒我，人情[71]既安，良將[72]又集，此[73]求戰不獲，軍食無資，二萬餘人悉為蜀子虜[74]矣。」齡石從之。

諸將以水北城地險兵多，欲先攻其南城。齡石曰：「今屠南城，不足以破北；若盡銳以拔北城，則南城不麾[75]自散矣。」秋，七月，齡石帥諸軍急攻北城，克之，斬侯暉、譙詵；引兵迴趣南城，南城自潰。齡石捨船步進。譙縱大將譙撫之屯牛脾[76]，譙小苟塞打鼻[77]。臧熹擊撫之，斬之；小苟聞之，亦潰。於是縱諸營屯望風相次奔潰。

戊辰[78]，縱棄成都出走，尚書令馬耽封府庫以待晉師。壬申[79]，齡石入成都，誅縱同祖之親，餘皆按堵[80]，使復其業。縱出成都，先辭墓，其女曰：「走必不免，祇取辱焉。等死[81]，死於先人之墓可也。」縱不從。譙道福聞平模不守，自涪引兵入赴，縱往投之。道福見縱，怒曰：「大丈夫有如此功業而棄之，將安歸乎？人誰不死，何怯之甚也？」因投縱以劍，中其馬鞍。縱乃去，自縊死，巴西[82]人王志斬其首以送齡石。道福謂其眾曰：「蜀之存亡，實係於我，不在譙王。今我在，猶足一戰。」眾皆許諾。道福盡散金帛以賜眾，眾受之而走[83]。道福逃於獠[84]中，巴[85]民杜瑾執送之，斬于軍門[86]。齡石徙[87]馬耽於越巂[88]，耽謂其徒曰：「朱侯不送我京師，欲滅口也，吾必不免。」乃盥洗而臥，引繩而死。須臾，齡石使至，戮其尸。詔以齡石進監梁、秦州六郡諸軍事，賜爵豐城縣[89]侯。

魏奚斤等破越勤於跋那山西，徙二萬餘家於大寧[90]。

河西胡[91]曹龍等擁部眾二萬人來入蒲子[92]，張外[93]降之，推龍為大單于。

丙戌[94]，魏主嗣如定襄大洛城[95]。

河南王熾磐擊吐谷渾支旁[96]于長柳川[97]，虜旁及其民五千餘戶而還。

八月癸卯[98]，魏主嗣還平城。○曹龍請降于魏，執送張外，斬之。○丁丑[99]，魏主嗣如豺山宮。癸未[100]，還。

九月，再命太尉裕為太傅、揚州牧，固辭。

河南王熾磐擊吐谷渾別統掘逵於渴渾川[101]，大破之，虜男女二萬三千。冬，十月，掘逵帥其餘眾降于熾磐。

吐京胡與離石胡出以眷[102]叛魏，魏主嗣命元城侯屈[103]督會稽公劉絜、永安侯魏勤以討之。丁巳[104]，出以眷引夏兵邀擊絜，禽之，以獻於夏；勤戰死。嗣以屈亡二將，欲誅之，既而赦之，使攝[105]并州刺史。屈到州，縱酒廢事，嗣積其前後罪惡，檻車徵還[106]，斬之。

十一月，魏主嗣遣使請昏於秦[107]，秦王興許之。

是歲，以敦煌索邈為梁州刺史[108]，苻宣乃還仇池[109]。初，邈寓居漢川[110]，與別駕[111]姜顯有隙，凡十五年[112]而邈鎮漢川，顯乃肉袒迎候[113]，邈無慍色，待之彌厚。退而謂人曰：「我昔寓此[114]，失志多年，若讎姜顯，懼者不少[115]。但服之自佳[116]，何必逞志[117]？」於是闔境聞之皆悅。

【章　旨】以上為第三段，寫晉安帝義熙九年（西元四一三年）一年間的大事。主要寫了劉裕自江陵返回京城，狡猾而極其虛偽地殺了諸葛長民與其親屬，寫了劉裕重新明確實行桓溫實行過的土斷政策；寫了朱齡石奉劉裕之命西取成都，譙縱城破逃走自殺，部將譙道福被巴民俘獲送斬於軍門；寫了朱齡石的縱兵搶掠，並殺害封府庫投降的蜀官馬耽；寫了西秦主乞伏熾磐攻破休官族，多次大破吐谷渾，秦將以隴西降之，勢力頗大；寫了赫連勃勃為人殘暴，築統萬城極其牢固，製造器械極其精良；寫了北涼主沮渠蒙遜大破南涼主禿髮傉檀，圍其樂都，取質而還；以及魏將拓跋屈被匈奴與夏主赫連勃勃所破，拓跋屈被魏主所殺等等。

【注　釋】❶二月庚戌　二月十五。❷高柳川　在高柳城（今山西陽高）附近。❸甲寅　二月十九。❹駱驛　同「絡繹」。相連不絕。❺前刻至日　事先說好的到達建康的時間。刻，約定。❻淹留　逗留；故意不走。❼頻日　一連幾天。❽新亭在建康西南的長江邊。❾輒差其期　總是到期不來。❿乙丑晦　二月三十這天是「乙丑」日。晦，每個月的最後一天。⓫三月丙寅朔旦　丙寅日，也就是三月初一的早晨。⓬驚趨至門　驚訝地趕到劉裕的門前。趨，小步疾行，這是臣子、部下在君父、長官跟前走路的一種特定姿勢。⓭卻人間語　打發開別人，兩人個別談話。⓮平生所不盡者皆及之　一輩子沒說過的事情今天全說到了，極言劉裕的善於作假、騙人。⓯輿尸付廷尉　廷尉是全國最高的司法長官。先把人殺死，然後再交法官「審判」，可保萬無一失。⓰庚午　三月初五。⓱大司馬溫　即桓溫，桓玄之父。東晉後期的權臣。傳見《晉書》卷九十八。⓲民無定本二句　百姓沒有固定的居住地點，就有損於國家的安定。此指當時許多北方士族逃到江南，到處設有僑郡僑縣，管理混亂。⓳庚戌土斷　指晉哀帝興寧二年三月初一（庚戌）所下的讓流亡人口一律在現所居地落戶，編入當地戶籍的詔書。土斷，按居住地點登記戶籍。⓴一其業　指將這些流亡人口的生活、職業固定下來。㉑財阜　財富豐饒。阜，豐；盛多。㉒漸用頹弛　漸漸放鬆，沒人管理。㉓申前制　重申過去實行的《庚戌》詔書的規定。㉔依界土斷　即在哪個郡縣的人就把戶籍定在那個郡縣。㉕晉陵　郡名，郡治即今江蘇鎮江市。㉖不在斷例　因為徐、兗、青三州實地有些還被北方諸國所佔，而這三個州的刺史治所都在晉陵，所以暫不實行土斷政策。㉗林邑范胡達　林邑的國王范胡達。林邑，也叫占婆，即古代的越南國，舊址在今越南國的中南部。㉘九真　郡名，郡治晉浦，在今越南清化西北，當時屬東晉管轄。㉙休官　奚族的部落名。㉚白石川　在今甘肅清水縣西。㉛白石城　在今甘肅清水縣西北。㉜顯親　縣名，縣治在今甘肅秦安西北。㉝索稜　姚興的將領，義熙七年姚興派索稜駐守隴西，以招撫乞伏氏。㉞叱干阿利　姓叱干，名阿利。㉟將作大匠　官名，主管城市與宮殿的建築。㊱朔方水　又名奢延水，即今之無定河，流經今陝西靖邊西、橫山縣北，綏德東南入黃河。㊲黑水　朔方水的支流。㊳統萬　後世稱岩綠，即今內蒙古烏審旗南的白城子。㊴并築之　連人一起築進城牆。㊵飛廉　殷紂的勇士，此泛指勇士雕像。㊶翁仲　石雕或銅鐵鑄的侍從人像。㊷從母姓為劉　赫連勃勃是匈奴劉淵的後代，匈奴在西漢時與漢王朝通婚，娶漢代帝室之女為妻，故劉淵自稱姓劉，赫連勃勃開始也叫劉勃勃。㊸無常　指生活習慣、典章制度沒有一定。㊹徽赫　猶言「輝煌」，光明盛大的樣子。㊺非正統　不是嫡系，不是赫連氏一脈相傳的人。㊻皆以鐵伐為氏　都讓他們姓「鐵伐」。㊼四月乙

卯　四月二十一。(48)鄭兵將軍　《北史》作「都兵將軍」。(49)閭大肥　柔然人，本姓「郁久閭」，今從簡稱「閭」。(50)越勤部　少數民族部落名。(51)跋那山　在今河北張家口以北。(52)吐谷渾別統句旁　吐谷渾族的另一個部落的統領，名叫句旁。(53)泣勤川　方位不詳。(54)若厚塢　方位不詳。(55)若涼　具體方位不詳，應距今青海樂都不遠。(56)湟河　郡名，郡治白土，在今青海西寧東南。(57)廣武　郡名，郡治在今甘肅永登東南。(58)苕藋　在今甘肅張掖東。一說在今永昌西。(59)卑和烏啼　羌族的部落名，居住在今青海省青海湖附近。(60)五月乙亥　五月十一。(61)雲中　郡名，郡治在今內蒙古托克托東北，當時拓跋魏舊京盛樂的西北。(62)丙子　五月十二。(63)西河胡　指居住在今山西、陝西交界處的黃河流域的匈奴人。(64)乙卯　五月乙丑朔，無乙卯。胡三省以為應作「己卯」，己卯是五月十五。(65)長樂劉絜　長樂郡人劉絜。長樂郡的郡治即今河北冀州。(66)五原　郡名，郡治九原，在今內蒙古包頭西北，烏拉特前旗東。(67)中水　指今四川之沱江。由綿竹流來，經簡陽、內江，到瀘州匯入長江。(68)廣漢　郡名，郡治雒縣，在今四川廣漢北，成都之東北。(69)平模　在成都西南的岷江上。(70)嚴兵固險　嚴密地派兵固守險要之處。(71)人情　指譙縱方面的將士之心。(72)良將　指譙道福。(73)此　我，自指朱齡石的軍隊。(74)悉為蜀子虜　都將成為四川土人的俘虜。(75)不麾　不用進攻。麾，將軍的指揮旗，這裡用如動詞，即指揮進攻。(76)牛脾　胡三省以為當作「牛鞞」，牛鞞是縣名，縣治即今四川簡陽。(77)譙小苟塞打鼻　「譙小苟」是人名。塞打鼻，即控制著打鼻山的通道。打鼻山在今四川彭山縣南的岷江邊，是成都城南的江防要地。(78)戊辰　七月初五。(79)壬申　七月初九。(80)按堵　各就各位，各安其職。(81)等死　反正都是死。(82)巴西　郡名，郡治在今四川綿陽東北。(83)走　指各自四散而去。(84)獠　當時四川的少數民族名。(85)巴　郡名，郡治即今重慶市。(86)斬于軍門　譙縱自義熙元年叛亂，至此被滅，前後共歷九年之久。(87)徙　流放。(88)越巂　郡名，郡治在今四川西昌東南。馬耽封府庫以待朱齡石，朱齡石猶如此加害馬耽，乃由於朱齡石進城後，掠奪府庫，此馬耽所知也。(89)豐城縣　在今江西南昌南。(90)大寧　縣名，縣治即今河北張家口。(91)河西胡　居住在今陝西北部黃河西岸的匈奴人。(92)蒲子　縣名，縣治在今山西隰縣東北。(93)張外　人名，魏國的守將。(94)丙戌　七月二十三。(95)定襄大洛城　定襄郡的大洛城，即漢代的雒縣，在今內蒙古清水河縣西南。(96)支旁　吐谷渾的部落首領名。(97)長柳川　在今青海省的東南部。(98)八月癸卯　八月十一。(99)丁丑　八月初一是「癸巳」，本月中無「丁丑」日，疑字有誤。(100)癸未　八月中亦無「癸未」日，疑字有誤。或魏主此行是在「九月」。(101)渴渾川　在今青海省青海湖附近。(102)吐京胡與離石胡出以眷　住在吐京縣與離石縣的匈奴族頭領名叫出以眷。吐京，也叫土軍，即今山西石樓。離石，即今山西離石。(103)元城侯屈　即拓跋屈，被封為元城侯。(104)丁巳　十月二十六。(105)攝　臨時代理。(106)檻車徵還　裝入囚車，押回京城。(107)請昏於秦　向秦國請求通婚。昏，同「婚」。(108)以敦煌索邈句這句的主語是「東晉」。梁州，州治即今陝西漢中。(109)苻宣乃還仇池　苻宣是氐王楊盛的將領，義熙元年，譙縱亂蜀，漢中一帶，局勢反覆不定，義熙三年楊盛派苻宣率兵進駐漢中，東晉任苻宣行秦州刺史。今東晉正式任命索邈為梁州刺史，故苻宣返回仇池。(110)漢川　郡名，即漢中，不同朝代的稱呼不同。(111)別駕　官名，州刺史的高級僚屬，因其隨刺史外出時能獨自另乘一輛車，故名。(112)凡十五年　總共過了十五年。(113)肉袒迎候　脫衣露背，表示請罪地迎接刺史來臨。(114)寓此　流落寄居於此。(115)懼者不少　意謂像姜顯這樣與索邈有過矛盾的人為數尚多，都會惶恐不安。(116)但服之自佳　只要能自己服氣就很好。(117)何必逞志　何必追求自己的出氣。

【校　記】1軍　據章鈺校，甲十一行本、乙十一行本、孔天胤本皆無此字。2泣勤川　張敦仁《通鑑刊本識誤》作「涇勤川」。3而　據章鈺校，孔天胤本作「西」。

【語　譯】九年（癸丑　西元四一三年）

春季，二月十五日庚戌，北魏皇帝拓跋嗣前往高柳川。十九日甲寅，由高柳川返回平城皇宮。

東晉太尉劉裕從江陵順流東下，返回京師建康，他先派人陸續把輜重倍道兼程順長江東下運往京師，又與朝廷約定好自己到達建康的日期，然而，每天都故意逗留而不能準時到達。監太尉留府事的諸葛長民與朝廷公卿大臣一連幾天都到新亭迎候，卻總是因為延誤日期而沒有接到。二月最後一天三十日乙丑，劉裕乘坐著輕型快艇逕直駛向京師建康，祕密地進入東府。三月初一日丙寅，這天早晨諸葛長民得到太尉劉裕已經回府的消息，不覺大吃一驚，趕緊來到劉裕的門前求見。劉裕已經令大力士丁旿埋伏在幔帳之後，劉裕摒退從人，留下諸葛長民坐下閒話家常，一輩子沒有提到過的事情，今天全說到了，諸葛長民非常高興，完全放鬆了警惕。大力士丁旿此時從帳幔後面出來，就在座位上把諸葛長民拉出去殺死了，劉裕令人把諸葛長民的屍體交付給廷尉審理定罪。又派人逮捕諸葛長民的弟弟諸葛黎民，諸葛黎民一向驍勇善戰，格鬥拒捕，被殺死。受牽連被殺死的還有擔任大司馬參軍的諸葛長民的弟弟諸葛幼民、擔任寧朔將軍的堂弟諸葛秀之。

三月初五日庚午，後秦王姚興派使者前往北魏進行友好訪問。

東晉太尉劉裕上表給晉安帝司馬德宗說：「大司馬桓溫認為『人民沒有固定的住所，對於社會的穩定危害是很嚴重的』，基於這種見解，朝廷頒布了《庚戌》土斷詔書，規定：不論是江南原有住民，還是從北方流亡到江南的僑民，一律按照現在的居住地登記戶籍；使這些流亡人口的生活、職業固定下來。那時國家財富豐饒就是因為這個原因。從那時到現在，法令逐漸鬆弛，請重新申明《庚戌》土斷的詔令。」於是根據現在所居住的行政區劃，重新確定戶籍，只有徐州、兗州、青州人居住在晉陵的，不在土斷規定的範圍之內，於是不少僑郡、僑縣或被合併，或被撤銷。

三月十三日戊寅，東晉朝廷加授太尉劉裕為豫州刺史。劉裕堅決辭去了上次朝廷加授的太傅、揚州牧的職務。○東晉南部的林邑王范胡達率軍侵犯東晉的九真郡，東晉交州刺史杜慧度率軍反擊，殺死了林邑王范胡達。

西秦河南王乞伏熾磐派遣擔任鎮東將軍的曇達、擔任平東將軍的王松壽率軍東下攻擊休官部落首領權小郎、呂破胡所據守的白石川，西秦軍將休官部落打得大敗，俘虜了休官部落男女一萬多口，乘勝進駐白石城。顯親地區的休官部落首領權小成、呂奴迦等二萬多戶居民據守白阬，堅決不投降，被西秦鎮東將軍曇達擊敗、斬首，於是隴右地區的休官部落全部向西秦軍投降。後秦擔任太尉的索稜獻出隴西，投降了西秦河南王乞伏熾磐，乞伏熾磐任命索稜為太傅。

夏王劉勃勃實行大赦，改年號為「鳳翔」。任命叱干阿利兼任將作大匠，從九嵕山以北地區的夷人、漢人中徵調了十萬人到朔方水以北、黑水以南修築都城。劉勃勃說：「我正要統一天下，做萬邦之君，所以應該給新建的都城取名為統萬。」將作大匠叱干阿利心靈手巧，然而卻生性兇暴殘忍，築城用的泥土都要上鍋蒸過，在檢查築城質量的時候，只要哪段城牆能用鐵錐扎進去一寸，就立即把那段築城的人殺死，然後把他的屍體築入城牆。劉勃勃認為叱干阿利很忠誠，於是便把修建、製造方面的事務全部委託給他全權負責。當兵器打造好之後，都要呈交給叱干阿利驗收，製造兵器的人中肯定會被他處死一個，箭如果射不透鎧甲，就要把製造弓箭的工匠斬首；如果箭能夠射入鎧甲，就把製造鎧甲的工匠斬首。又令人用銅鑄造大鼓，以及飛廉、翁仲、銅駝、龍、虎之類，上面鍍上黃金，排列在宮殿之前。製造這些東西，總計殺死的工匠有數千人，因此，製造的這些器物、兵器等都非常精緻鋒利。

夏王劉勃勃認為自己的祖先跟隨母親而姓劉氏，是不合禮法的。又認為，古代的人姓什麼並沒有一定，於是便把劉氏皇族改姓赫連氏，意思是說，世上的帝王都是上天的兒子，他的輝煌顯赫都與上天相連。不屬於皇族的其他貴族，都要姓鐵伐氏，象徵著他們的剛強、銳利像鋼鐵一樣，全都能夠擔當得起攻伐的重任。

夏季，四月二十一日乙卯，北魏皇帝拓跋嗣前往魏國西部巡視，他命令擔任鄭兵將軍的奚斤、擔任鴻飛將軍的尉古真、擔任都將的閭大肥等率軍前往跋那山攻擊越勤部落。閭大肥，是柔然人。

西秦河南王乞伏熾磐派遣擔任安北將軍的烏地延、擔任冠軍將軍的翟紹率軍攻打吐谷渾王國中句旁部落所據守的泣勤川，烏地延等將句旁部落打得大敗。

北涼河西王沮渠蒙遜冊立自己的兒子沮渠政德為世子，加授沮渠政德為鎮衛大將軍、錄尚書事。

南涼王禿髮傉檀出兵討伐北涼河西王沮渠蒙遜，沮渠蒙遜在若厚塢將禿髮傉檀所率領的南涼軍打得大敗，又在若涼打敗禿髮傉檀；並趁勢進軍，包圍了南涼的都城樂都，圍攻了二十多天，沒有將樂都攻克。南涼擔任湟河太守的文支將湟河郡獻給北涼，投降了沮渠蒙遜，沮渠蒙遜任命文支為廣武太守。沮渠蒙遜再次出兵討伐南涼，禿髮傉檀派擔任太尉的俱延到北涼充當人質，沮渠蒙遜才將軍隊撤回。

北涼河西王沮渠蒙遜西行前往苕藋，他派遣擔任冠軍將軍的伏恩率領一萬名騎兵襲擊卑和、烏啼二個部落，將兩個部落打得大敗，俘虜了二千多落而後返回。

沮渠蒙遜在新臺就寢，一個名叫王懷祖的太監攻擊沮渠蒙遜，擊傷了沮渠蒙遜的腳部，沮渠蒙遜的妻子孟氏將王懷祖抓獲、斬首。○沮渠蒙遜的母親車氏去世。

五月十一日乙亥，北魏皇帝拓跋嗣前往雲中郡的舊宮殿。十二日丙子，北魏實行大赦。居住在西河郡的匈奴部落首領張外等聚集部眾，四處搶劫，乙卯日，拓跋嗣派遣會稽公長樂人劉絜等率軍屯駐在西河郡招降張外等，如果拒不投降，就出兵討伐。六月，拓跋嗣前往五原。

東晉益州刺史朱齡石等討伐西蜀，大軍等行進到白帝城時打開了太尉劉裕臨別時所封的信函，信函上寫道：「眾軍全都從外水進軍，攻取成都，寧朔將軍臧熹率軍從中水奪取廣漢，老弱病殘乘坐十餘艘高大的船艦，從內水奪取黃虎。」於是諸路人馬按照劉裕的部署，倍道兼行。西蜀成都王譙縱果然派遣輔國將軍譙道福率領重兵鎮守涪城，防禦晉軍從內水進攻西蜀。

朱齡石率軍抵達平模，這裡距離成都還有二百里。成都王譙縱派遣擔任秦州刺史的侯暉、擔任尚書僕射的譙詵率領一萬多名部眾屯駐在平模，他們在岷江兩岸築起堡壘抵抗晉軍的進攻。朱齡石對下邳太守劉鍾說：「現在天氣炎熱，而賊寇嚴密地固守險要，即使我們發動進攻，也未必能夠攻克，只會使我軍更加疲憊。我想暫時讓士卒休息一下，以培養他們的精銳士氣，等抓住有利時機再發動進攻，你認為如何？」劉鍾說：「不對。此前我們曾經大張旗鼓地宣傳說各路大軍全部從內水方向攻入，所以西蜀輔國將軍譙道福才不敢放棄涪城。如今我們的主力部隊突然出現在平模，完全出乎他們的意料，侯暉等人早已被嚇破了膽。賊兵所以堅守險要，阻住去路，是他們心懷畏懼不敢出來交戰。現在應該趁著他們正在驚慌失措的機會，出動全部精銳展開進攻，一定能夠攻破平模。平模攻破之後，我們就可以擂動戰鼓，奮勇向前，成都肯定堅守不住。如果我們行動遲緩，守在這裡不動，敵人就會探知我們的虛實。譙道福必定會放棄涪城，很快率領守軍趕來救援，一旦他們與此地的守軍會合，必定齊心協力抵抗我軍，蜀軍的情緒就會由現在的恐懼變為安定，蜀地的良將譙道福等又都聚集在這裡，到那時，我軍求戰不能，軍中糧草又沒有供應，我們的二萬多人就完全成了蜀人的俘虜了。」朱齡石聽從了劉鍾的意見。

東晉諸將領都認為岷江北岸的城堡地勢險要、守軍眾多，所以都想先攻取岷江南岸的城堡。朱齡石說：「現在即使屠滅了南岸的城堡，也不足以攻破北岸的城堡；如果把所有的精銳全部投入攻打北岸的城堡，只要北岸的城堡被攻破，則南岸的城堡不等我們進攻，就會自行潰散。」秋季，七月，朱齡石率領各路大軍向岷江北岸的城堡發起猛攻，很快便將北岸的城堡攻克，殺死了侯暉、譙詵；朱齡石率軍回過頭來攻打南岸的城堡，南岸的城堡果然不攻自破。朱齡石遂棄舟登岸，率軍步行前進。譙縱手下的大將譙撫之率軍屯駐在牛脾，譙小苟率軍控制著打鼻山的通道。寧朔將軍臧熹率軍攻擊譙撫之，將譙撫之斬首；譙小苟得知譙撫之戰敗被殺的消息，手下的士卒立即四散奔潰。從此以後，譙縱部署的各路守軍只要望見晉軍的影子，便立即奔潰。

七月初五日戊辰，成都王譙縱放棄成都逃走，擔任尚書令的馬耽封存了府庫，等待東晉大軍到來接管。初九日壬申，東晉伐蜀主帥朱齡石率軍進入成都，誅殺了與成都王譙縱同祖的親屬，其他人都安居如常，朱齡石令他們恢復正常生產。譙縱逃出成都之後，先到祖先的墳墓辭行，譙縱的女兒說：「逃走也免不了被殺，只會受到更多的侮辱。同樣是死，死在先人的墳墓前不是更好。」譙縱沒有聽從女兒的意見。輔國將軍譙道福聽說平模已經失守，便從涪城率軍趕來救援，譙縱遂前往投奔譙道福。譙道福看見譙縱，不禁大怒說：「男子漢大丈夫擁有如此大的功業，你竟然把它白白放棄，你準備逃到哪裡去呢？人，誰能不死，你為什麼這樣膽小怕死？」遂將一把佩劍投向譙縱，正好刺中譙縱的馬鞍。譙縱撥馬離去，因為無處可去，只好上吊自殺。巴西人王志砍下譙縱的人頭送給朱齡石。譙道福對自己的部眾說：「蜀國的存亡，關鍵在我，而不在譙王。現在我還在，還完全能與晉軍決一死戰。」部眾全都滿口答應。譙道福將自己的金銀布帛全部拿出來賞賜給自己的部眾，然而，那些部眾接受了譙道福的賞賜之後，回過身就四散而去。譙道福無奈之下，也只好逃命，他逃入獠族人中，被巴郡人杜瑾捉獲，送給晉軍統帥朱齡石，朱齡石在軍營門口將譙道福斬首。朱齡石把西蜀擔任尚書令的馬耽流放到越巂，馬耽對自己的部屬說：「朱齡石不把我送往京師建康，是想殺我滅口，我肯定難逃一死。」於是沐浴盥洗之後，躺在床上，自縊而死。不久，朱齡石派來的使者就來到馬耽的家中，砍下他的人頭。東晉安帝司馬德宗下詔，提升朱齡石為監梁、秦二州六郡諸軍事，賜爵為豐城縣侯。

北魏擔任都兵將軍的奚斤等在跋那山西擊敗了越勤部落，把越勤部落的二萬多家遷徙到大寧。居住在黃河西岸的匈奴部落首領曹龍等帶著二萬名部眾侵入蒲子，張外投降了曹龍，推戴曹龍為大單于。

七月二十三日丙戌，北魏皇帝拓跋嗣前往定襄的大洛城。

西秦河南王乞伏熾磐出兵攻擊吐谷渾部落首領支旁所據守的長柳川，俘虜了支旁和支旁的五千多戶部眾，然後班師。

八月十一日癸卯，北魏皇帝拓跋嗣返回京師平城。〇曹龍向北魏請求投降，並把張外捉獲，送給北魏，北魏將張外斬首。〇丁丑日，北魏皇帝拓跋嗣從平城前往犲山宮。癸未日，返回京師。

九月，東晉安帝司馬德宗再次下詔任命太尉劉裕為太傅、揚州牧。劉裕還是堅決推辭了。

西秦河南王乞伏熾磐出兵攻擊吐谷渾另一部落首領掘逵所佔有的渴渾川，將掘逵打得大敗，俘虜了男女二萬三千人。冬季，十月，吐谷渾別部首領掘逵率領自己的餘部投降了西秦河南王乞伏熾磐。

居住在吐京縣與離石縣的匈奴部落首領出以眷背叛了北魏，北魏皇帝拓跋嗣命令元城侯拓跋屈和會稽公劉絜、永安侯魏勤率軍討伐。十月二十六日丁巳，匈奴部落首領出以眷率領夏國兵在半路襲擊了會稽公劉絜所率領的北魏軍，將劉絜活捉，獻給了夏王赫連勃勃；永安侯魏勤則戰死疆場。北魏皇帝拓跋嗣因為元城侯拓跋屈損失了二員大將，就想殺死拓跋屈，後來又把拓跋屈赦免，令他做代理并州刺史。拓跋屈到了并州任所，便每天酗酒，荒廢公務，拓跋嗣就把拓跋屈前後的罪惡加起來算總帳，派人用囚車把他押回京師平城，斬首。

十一月，北魏皇帝拓跋嗣派使者前往後秦的都城長安，向後秦王姚興請求通婚，後秦王姚興答應了北魏的請求。

這一年，東晉朝廷任命敦煌人索邈為梁州刺史，令苻宣仍舊回到仇池。當初，索邈僑居於漢川的時候，曾經與擔任梁州別駕的姜顯結下仇怨，歷經十五年之後，索邈做了梁州刺史，鎮守漢川，姜顯懼怕索邈的報復，於是便坦露著上身，親自在道旁迎候，索邈沒有露出一點惱怒的神色，對姜顯反而更加厚待。回到自己的私宅，索邈對人說：「我過去僑居於此，多年不得志，如果仇恨姜顯，將會有很多人心懷恐懼。只要他畏服就可以了，何必非要進行報復，使自己心滿意足呢？」於是整個梁州境內知道此事的人都很高興。

十年（甲寅　西元四一四年）

春，正月辛酉❶，魏大赦，改元「神瑞」。○辛巳❷，魏主嗣如繁時❸。二月戊戌❹，還平城。

夏王勃勃侵魏河東蒲子❺。

庚戌❻，魏主嗣如豺山宮❼。○魏并州❽刺史婁伏連[1]襲殺夏所置吐京護軍❾及其守兵。

司馬休之在江陵，頗得江、漢民心。子譙王文思❿在建康，性凶暴，好通輕俠，太尉裕惡之。三月，有司奏文思擅捶殺國吏⓫，詔誅其黨而宥文思。休之上疏謝罪，請解所任，不許。裕執文思送休之，令自訓厲⓬，意欲休之殺之。休之但表廢⓭文思，并與裕書陳謝。裕由是不悅，以江州刺史孟懷玉兼督豫州六郡⓮以備之。

夏，五月辛酉⓯，魏主嗣還平城。

秦後將軍斂成討叛羌，為羌所敗，懼罪，出奔夏。

秦王興有疾，妖賊李弘與氐仇常⓰反於貳城⓱，興輿疾往討之，斬常，執弘而還。

秦左將軍姚文宗有寵於太子泓，廣平公弼惡之，誣文宗有怨言。秦王興怒，賜文宗死，於是羣臣畏弼側目⑱。弼言於興，無不從者，以所親天水尹沖為給事黃門侍郎⑲，唐盛為治書侍御史⑳，與左右掌機要者，皆其黨也。右僕射梁喜、侍中任謙、京兆尹尹昭承間言於興曰：「父子之際，人所難言㉑；然君臣之義，不薄於父子，故臣等不得默然。廣平公弼，潛有奪嫡㉒之志，陛下寵之太過，假㉓其威權，傾險無賴之徒輻湊附之㉔。道路皆言陛下將有廢立之計㉕，信㉖有之乎？」興曰：「豈有此邪？」喜等曰：「苟無之，則陛下愛弼，適所以禍之。願去其左右，損其威權。如此，非特安弼，乃所以安宗廟社稷。」興不應。大司農竇溫[2]、司徒左長史王弼皆密疏勸興立弼為太子，興雖不從，亦不責也。

興疾篤，弼潛聚眾數千人，謀作亂。姚裕㉗遣使以弼逆狀告諸兄在藩鎮者。於是姚懿㉘治兵於蒲阪㉙，鎮東將軍、豫州牧洸㉚治兵於洛陽，平西將軍諶㉛治兵於雍㉜，皆欲赴長安討弼。會興疾瘳㉝，見羣臣，征虜將軍劉羌泣以告興。梁喜、尹昭請誅弼，且曰：「苟陛下不忍殺弼，亦當奪其權任。」興不得已，免弼尚書令，使以將軍、公㉞還第。懿等各罷兵。

懿、洸、諶與姚宣皆入朝，使裕入白興，求見。興曰：「汝等正欲論弼事耳，吾已知之。」裕曰：「弼苟有可論，陛下所宜垂聽；若懿等言非是，便當寘之刑辟，柰何逆拒㉟之？」於是引見懿等於諮議堂。宣流涕極言，興曰：「吾自處之，非汝曹所憂。」撫軍東曹屬㊱姜虬上疏曰：「廣平公弼，釁成㊲逆著㊳，道路皆知之。昔文王之化，刑于寡妻㊴；今聖朝之亂，起自愛子。雖欲含忍掩蔽，而逆黨扇惑不已，弼之亂心何由可革㊵？宜斥散凶徒，以絕禍端。」興以虬表示梁喜曰：「天下人皆以吾兒為口實，將何以處之？」喜曰：「信如虬言，陛下宜早[3]裁決。」興默然。

唾契汗、乙弗㊶等部皆叛南涼，南涼王傉檀欲討之，邯川㊷護軍孟愷諫曰：「今連年饑饉，南逼㊸熾磐，北逼蒙遜，百姓不安。遠征雖克，必有後患。不如與熾磐結盟通糴㊹，慰撫雜部，足食繕兵，俟時而動。」傉檀不從，謂太子虎臺曰：「蒙遜近去㊺，不能猝來，旦夕所慮，唯在熾磐。然熾磐兵少易禦㊻，汝謹守樂都，吾不過一月必還矣。」乃帥騎七千襲乙弗，大破之，獲馬牛羊四十餘萬。

河南王熾磐聞之，欲襲樂都，羣臣咸以為不可。太府主簿㊼焦襲曰：「傉檀不顧近患㊽而貪遠利，我今伐之，絕其西路㊾，使不得還救。則虎臺獨守窮城，可坐禽也。此天亡之時，必不可失。」熾磐從之，帥步騎二萬襲樂都。虎臺憑城拒守，熾磐四面攻之。

南涼撫軍從事中郎[50]尉肅言於虎臺曰：「外城廣大難守，殿下不若聚國人[51]守內城，肅等帥晉人[52]拒戰於外，雖有不捷，猶足自存。」虎臺曰：「熾磐小賊，旦夕當走，卿何過慮之深？」虎臺疑晉人有異心，悉召豪望[53]有謀勇者閉之於內[54]。孟愷泣曰：「熾磐乘虛內侮[55]，國家危於累卵。愷等進欲報恩，退顧妻子[56]，人思效死，而殿下乃疑之如是邪！」虎臺曰：「吾豈不知君之忠篤，懼餘人脫生慮表[57]，以君等安之[58]耳。」

一夕，城潰，熾磐入樂都，遣平遠將軍捷虔帥騎五千追傉檀[59]。以鎮南將軍謙屯為都督河右[60]諸軍事、涼州刺史，鎮樂都；禿髮赴單為西平太守，鎮西平[61]；以趙恢為廣武[62]太守，鎮廣武；曜武將軍王基為晉興太守，鎮浩亹[63]；徙虎臺及其文武百姓萬餘戶于枹罕。赴單，烏孤之子也。

河間[64]人褚匡言於燕王跋曰：「陛下龍飛遼、碣[65]，舊邦族黨[66]，傾首朝陽[67]，以日為歲[68]，請往迎之。」跋曰：「道路數千里，復隔異國[69]，如何可致？」匡曰：「章武[70]臨海，舟楫可通，出於遼西臨渝[71]，不為難也。」跋許之，以匡為游擊將軍、中書侍郎，厚資遣之。匡與跋從兄買、從弟睹自長樂帥五千餘戶歸于和龍。契丹[72]、庫莫奚[73]皆降於燕。跋署[74]其大人為歸善王。跋弟丕避亂在高句麗，跋召之，以為左僕射，封常山公。

柔然可汗斛律(75)將嫁女於燕，斛律兄子步鹿真謂斛律曰：「幼女遠嫁憂思，請以大臣樹黎等女為媵(76)。」斛律不許。步鹿真出，謂樹黎等曰：「斛律欲以汝女為媵，遠適他國。」樹黎恐，與步鹿真謀使勇士夜伏於斛律穹廬(77)之後，伺其出而執之，與女皆送於燕，立步鹿真為可汗而相之。

初，社崙之徙高車(78)也，高車人叱洛侯為之鄉導以併諸部，社崙德之(79)，以為大人(80)。步鹿真與社崙之子社拔共至叱洛侯家，淫其少妻，妻告步鹿真曰：「叱洛侯欲奉大檀為主。」大檀者，社崙季父僕渾之子也，領別部鎮西境，素得眾心。步鹿真歸而發兵圍叱洛侯，叱洛侯自殺。遂引兵襲大檀，大檀逆擊，破之，執步鹿真及社拔，殺之，自立為可汗，號牟汗紇升蓋(81)可汗。

斛律至和龍，燕王跋賜斛律爵上谷侯，館之遼東(82)，待以客禮，納其女為昭儀(83)。斛律上書請還其國，跋曰：「今棄國萬里，又無內應，若以重兵相送，則饋運(84)難繼；兵少則不足成功，如何可還？」斛律固請，曰：「不煩重兵，願給三百騎，送至敕勒(85)，國人必欣然來迎。」跋乃遣單于前輔萬陵(86)[4]帥騎三百送之。陵憚遠役(87)，至黑山(88)，殺斛律而還。大檀亦遣使獻馬三千匹、羊萬口于燕。

六月，泰山太守劉研等帥流民七千餘家，河西胡酋劉遮等帥部落萬餘家，皆降於魏。

戊申[89]，魏主嗣如豺山宮。丁亥[90]，還平城。

樂都之潰也，南涼安西將軍樊尼自西平奔告南涼王傉檀，傉檀謂其眾曰：「今妻子皆為熾磐所虜，退無所歸，卿等能與吾藉乙弗之資[91]，取契汗[92]以贖妻子乎？」乃引兵西。眾多逃還，傉檀遣鎮北將軍段苟追之，苟亦不還。於是將士皆散，唯樊尼與中軍將軍紇勃、後軍將軍洛肱、散騎侍郎陰利鹿不去。傉檀曰：「蒙遜、熾磐昔皆委質於吾[93]，今而歸去，不亦鄙乎？四海之廣，無所容身，何其痛也？與其聚而同死，不若分而或全。樊尼，吾長兄[94]之子，宗部所寄[95]。吾眾在北者戶垂一萬[96]，蒙遜方招懷士民，存亡繼絕[97]，汝其從之。紇勃、洛肱亦與尼俱行。吾年老矣，所適不容[98]，寧見妻子而死！」遂歸于熾磐，唯陰利鹿隨之。傉檀謂利鹿曰：「吾親屬皆散，卿何獨留？」利鹿曰：「臣老母在家，非不思歸；然委質為臣，忠孝之道，難以兩全。臣不才，不能為陛下泣血求救於鄰國[99]，敢離左右乎？」傉檀歎曰：「知人固未易。大臣親戚皆棄我去，今日忠義終始不虧者，唯卿一人而已！」

傉檀諸城皆降於熾磐，獨尉賢政[100]屯浩亹，固守不下。熾磐遣人謂之曰：「樂都已潰，卿妻子皆在吾所，獨守一城，將何為也？」賢政曰：「受涼王厚恩，為國藩屏。雖知樂都已陷，妻子為禽，先歸獲賞，後順受誅。然不知主上存亡，未敢歸命[101]；妻子小事，豈足動心？若貪一時之利，忘委付之重者，大王亦安用之？」熾磐乃遣虎臺以手書諭之，賢政曰：「汝為儲副[102]，不能盡節，面縛[103]於人，棄父忘君，墮[104]萬世之業。賢政義士，豈效汝乎？」聞傉檀至左南[105]，乃降。

熾磐聞傉檀至，遣使郊迎，待以上賓之禮。秋，七月，熾磐以傉檀為驃騎大將軍，賜爵左南公。南涼文武，依才銓敘[106]。歲餘，熾磐使人鴆傉檀，左右請解之，傉檀曰：「吾病豈宜療邪？」遂死[107]，諡曰「景王」。虎臺亦為熾磐所殺。傉檀子保周、賀，俱延子覆龍，利鹿孤孫副周，烏孤孫承鉢，皆奔河西王蒙遜；久之，又奔魏。魏以保周為張掖王，覆龍為酒泉公，賀西平公，副周永平公，承鉢昌松公。魏主嗣愛賀之才，謂曰：「卿之先與朕同源[108]。」賜姓源氏。

八月戊子[109]，魏主嗣遣馬邑侯陋孫[110]使於秦。辛丑[111]，遣謁者于什門使於燕，悅力延使於柔然。于什門至和龍，不肯入見，曰：「大魏皇帝有詔，須馮王出受，然後敢入。」燕王跋使人牽逼令入，什門見跋不拜。跋使人按其項，什門曰：「馮王拜受詔，吾自以賓主致敬，何苦見逼邪？」跋怒，留什門不遣，什門數眾辱之(112)。左右請殺之，跋曰：「彼各為其主耳。」乃幽執(113)什門，欲降之，什門終不降。久之，衣冠弊壞略盡，蟣蝨流溢。跋遺之衣冠，什門皆不受。

魏主嗣以博士王諒為平南參軍(114)，使以平南將軍、相州刺史尉太真書與太尉裕相聞(115)。太真，古真(116)之弟也。

九月丁巳朔(117)，日有食之。

冬，十月，河南王熾磐復稱秦王(118)，置百官。

燕王跋與夏連和，夏王勃勃遣御史中丞烏洛孤如燕涖盟(119)。

十一月壬午(120)，魏主嗣遣使者巡行諸州，校閱守宰資財(121)，非家所齎者(122) [5]，悉簿為贓(123)。

西秦王熾磐立妃禿髮氏(124)為后。

十二月丙戌朔(125)，柔然可汗大檀侵魏。丙申(126)，魏主嗣北擊之。大檀走，遣奚斤等追之，遇大雪，士卒凍死及墮指者什二、三。

河內(127)人司馬順宰自稱晉王，魏人討之，不克。

燕遼西公素弗卒，燕王跋比葬七臨之(128)。

是歲，司馬國璠[129]兄弟聚眾數百，潛渡淮，夜入廣陵城[130]。青州刺史檀祗領廣陵相[131]，國璠兵直上聽事[132]，祗驚出，將禦[133]之，被射傷而入，謂左右曰：「賊乘闇得入，欲掩[134]我不備。但擊五鼓[135]，彼懼曉，必走矣。」左右如其言，國璠兵果走，追殺百餘人[6]。

魏博士祭酒[136]崔浩為魏主嗣講易及洪範[137]，嗣因問浩天文、術數[138]，浩占決[139]多驗，由是有寵，凡軍國密謀皆預之。

夏王勃勃立夫人梁氏為王后，子璝為太子。封子延為陽平公，昌為太原公，倫為酒泉公，定為平原公，滿為河南公，安為中山公。

【章旨】以上為第四段，寫晉安帝義熙十年（西元四一四年）一年間的大事。主要寫了秦主姚興寵幸其子姚弼，姚弼結黨於朝，以傾太子姚泓；姚興病，姚弼謀作亂，餘子姚裕、姚懿、姚諶等欲起兵討姚弼；姚興病好，諸子遂罷兵，皆進言姚弼奸惡事，姚興遲遲不予處理；寫了南涼主禿髮傉檀出兵討伐反南涼之乙弗諸部，西秦主乞伏熾磐乘虛襲其京城樂都，破之，滅其國；禿髮傉檀所率外出之軍自行潰散，禿髮傉檀單身歸降於乞伏熾磐，後來被乞伏熾磐所殺，禿髮傉檀之諸子先逃於沮渠蒙遜之北涼，後又改投於魏，南涼自此被滅，乞伏熾磐又自稱秦王；寫了柔然國內亂，其可汗斛律被送於北燕馮跋，斛律被馮跋的部將所殺；原可汗社崙之姪大檀為可汗；寫了北燕主馮跋派部將自海道遷其故鄉長樂郡（今河北冀州）民五千戶於和龍；寫了魏主嗣校閱其守宰資財，凡不是由自家帶出者一律以貪汙論處；寫了劉裕與荊州刺史司馬休之的矛盾尖銳，司馬休之的前景不妙；寫了投歸後秦之司馬國璠兄弟引秦兵侵晉，竟然夜入廣陵城等等。

【注　釋】❶正月辛酉　正月初一。❷辛巳　正月二十一。❸繁時　縣名，縣治在今山西應縣東，當地有魏國的祭天臺。❹二月戊戌　二月初九。❺蒲子　縣名，縣治即今山西隰縣。❻庚戌　二月二十一。❼豺山宮　在今山西右玉境內的豺山上。❽并州　州治晉陽，在今山西太原西南。❾吐京護軍　吐京縣的駐軍軍官。吐京，即今山西土軍。護軍，官名，原本意同於監軍，此處即指該地的駐軍頭目。❿譙王文思　即司馬文思，司馬休之的長子，譙王司馬尚之之姪。司馬尚之死於桓玄之亂，安帝反正後，以司馬文思繼司馬尚之為譙王，以奉其祭祀。⓫國吏　譙國的下屬官員。⓬訓厲　訓斥；管教。⓭表廢　上表請求廢除其封爵，取消其特權，令其在家為民。⓮豫州六郡　即宣城、襄城、淮南、廬江、安豐、歷陽。⓯五月辛酉　五月初三。⓰氐仇常　氐族人姓仇名常。⓱貳城　在今陝西黃陵西。⓲側目　指不敢正視。⓳給事黃門侍郎　官名，在帝王身邊備參謀顧問之用。⓴治書侍御史　即後代的御史中丞，負責監察百官，侍奉在帝王左右。㉑人所難言　意即別人不好多說。㉒奪嫡　奪取太子地位。㉓假　給予；授予。㉔輻湊附之　如輻條之集中於車轂，極言其歸附者之多。㉕廢立之計　廢掉舊接班人，另立新接班人的想法。㉖信　的確；當真。㉗姚裕　姚興的少子。㉘姚懿　姚興之子。㉙蒲阪　在今山西永濟西。㉚豫州牧洸　即姚洸，姚興之子。㉛平西將軍諶　即姚諶，姚興之子。㉜雍　州名，州治在今甘肅涇川縣北。㉝瘳　病癒。㉞將軍公　時姚弼為大將軍、廣平公。㉟逆拒　預先拒絕。㊱撫軍東曹屬　撫軍將軍的東曹官屬。當時太子姚泓任撫軍將軍。㊲釁成　作亂已成事實。㊳逆著　叛逆的罪行明顯。㊴刑于寡妻　《詩經・思齊》：「刑于寡妻，至于兄弟，以御于家邦。」刑，同「型」。寡妻，諸侯的正妻。意思是周文王能首先給妻子作榜樣，接著推及到自己的弟兄，而後推廣到整個國家。㊵革　改變；改正。㊶唾契汗乙弗　都是當時的少數民族部落名，活動於今青海湖以北的青海與甘肅交界處。㊷邯川　河水名，在今青海樂都東南。㊸逼　靠近。當時乞伏熾磐的都城在枹罕，今甘肅臨夏東北。㊹通糴　進行糧食貿易，互通有無。糴，買入糧食。㊺近去　剛剛退去。㊻易禦　容易對付。禦，抵抗；應付。㊼太府主簿　太府是掌管國家錢財貨物的機關。主簿是官名，猶今之祕書長。㊽近患　指沮渠蒙遜。㊾西路　禿髮傉檀自乙弗回樂都的通路。㊿撫軍從事中郎　撫軍將軍的高級僚屬，禿髮虎臺當時為撫軍將軍。(51)國人　指以禿髮氏為首的鮮卑人。(52)晉人　指漢族人。(53)豪望　有勢力、有名望的人。(54)閉之於內　使之作為人質。(55)內侮　前來入侵我們。(56)退顧妻子　退一步說又是為保全老婆孩子。(57)脫生慮表　突然發生想不到的事情，指叛變投敵。脫，突然。(58)以君等安之　扣押你們是為了讓你們部下的人死心塌地。(59)追傉檀　追擊禿髮傉檀西行往襲乙弗的部隊。(60)河右　黃河以西，此指今青海西寧一帶地區。(61)西平　即今西寧。(62)廣武　郡名，郡治在今甘肅永登東南。(63)浩亹　縣名，縣治在今青海民和北。(64)河間　郡名，郡治即今河北獻縣。(65)龍飛遼碣　在遼水、碣石山一帶登基稱帝。龍飛，喻稱人之稱帝。遼、碣，遼水、碣石山。遼水流經今內蒙古東南部與遼寧西部，碣石山在今河北東北角的昌黎、樂亭一帶。(66)舊邦族黨　意即故鄉的親友。馮跋的故鄉是長樂郡的信都，即今河北冀州。(67)傾首朝陽　意即盼著早日見到你。朝陽，以喻帝王。(68)以日為歲　猶今之所謂「度日如年」，極言其盼望之心切。(69)隔異國　自河北冀州到遼寧的朝陽，中間隔著拓跋氏的魏國。(70)章武　縣名，縣治在今河北滄州東，地臨渤海。(71)出於遼西臨渝　經由遼西臨渝縣。臨渝縣，漢屬遼西郡，縣治在今河北秦皇島市西。以上幾句是說，馮跋的老家是長樂（今河北冀州），屬拓跋氏統治。如果從長樂東北行至章武海邊，再乘船到臨渝，那就進入了馮跋統治的北燕地面了。(72)契丹　少數民族名，當時活動在今內蒙古東部與吉林西部一帶。(73)庫莫奚　少數民族名，當時活動在今內蒙古赤峰、克什克騰旗一帶。(74)署　委任，加封並賜予稱號。(75)柔然可汗斛律　柔然民族的頭領名叫斛律。可汗，北方一些民族用以稱其首領，猶如中原地區的皇帝。(76)媵　陪嫁。(77)穹廬　帳篷。(78)社崘之徙高車　指柔然的首領社崘因被魏軍打敗，北襲高車之地而居之。見本書卷一百十二元興元年。高車是北方的少數民族部落名，以其喜乘高輪車而稱之。(79)德之　感念他的好處。(80)大人　頭領。(81)牟汗紇升蓋　鮮卑語的意思是「制勝」。(82)館之遼東　安置在遼東郡居住。館，安置住宿。遼東，遼水以東。當時這一帶已屬高句麗。(83)昭儀　妃嬪的稱號名，地位僅次於皇后。(84)饋運　後勤供應，指運送糧草。(85)敕勒　即前所謂「高車」，當時活動在今蒙古國的烏蘭巴托東北。(86)單于前輔萬陵　馮跋的太子馮永的輔佐官，名叫萬陵。馮永當時為大單于，有前後左右四輔。(87)憚遠役　害怕出遠差。(88)黑山　也叫殺虎山，在今內蒙古呼和浩特東南。(89)戊申　六月二十。(90)丁亥　六月初一是「己丑」，本月無「丁亥日」，疑字有誤。(91)藉乙弗之資　趁著打敗乙弗所取得的勝利。(92)取契汗　活捉契汗。契汗即上文所說的「唾契汗」。禿髮傉檀已破乙弗部，擬再破唾契汗。(93)委質於吾　意即向我納質稱臣。沮渠蒙遜曾稱臣於禿髮利鹿孤，見本書卷一百十二隆安五年。乞伏熾磐投歸禿髮利鹿孤，見本書卷一百十一隆安四年。(94)長兄　即禿髮烏孤。(95)宗部所寄　家族與部落的主心骨，眾心所歸。烏孤是南涼政權的建立者，樊尼是烏孤之子，故稱他是宗部所寄。(96)戶垂一萬　差不多有上萬戶。(97)存亡繼絕　意即優待、憐恤已經亡國的貴族。孔子語：「存滅國，繼絕世。」將已滅亡的國家重新建立起來，使已斷絕的血統再延續下去。孔子認為這是聖明帝王的行為。(98)所適不容　投奔誰也不會有人要。(99)泣血求救於鄰國　像申包胥那樣求救於鄰國。春秋末年，楚國被吳國所滅，楚臣申包胥求救於秦，「依於庭牆而哭，日夜不絕聲，勺飲不入口七日。」秦哀公受感動，為之出兵擊吳，恢復了楚國。(100)尉賢政　人名，禿髮傉檀的部將。(101)歸命　這裡即指投降。(102)儲副　帝王的太子，政權的接班人。(103)面縛　雙手反縛，前頭只見其面。即指束手投降。(104)墮　同「隳」。毀棄。(105)至左南　也到左南縣來歸降。左南縣治在今青海樂都東南。(106)銓敘　選拔任用。(107)遂死　南涼政權自禿髮烏孤創立，經禿髮利鹿孤，至禿髮傉檀滅亡，共歷十九年。(108)同源　指同是鮮卑人，同一祖先。(109)戊子　八月初一。(110)馬邑侯陋孫　馬邑侯拓跋陋孫，漢化後又稱「元陋孫」。(111)辛丑　八月十四。(112)數眾辱之　多次當眾辱罵馮跋。(113)幽執　即囚於監牢。(114)為平南參軍　給平南將軍尉太真做參軍。(115)以平南將軍句　以平南將軍、相州刺史尉太真的名義與東晉的劉裕互相通信往來。書，寫信。相聞，互通信息。(116)古真　尉古真，拓跋魏的開國將領。傳見《魏書》卷二十六。(117)九月丁巳朔　九月初一是丁巳日。(118)復稱秦王　乞伏乾歸曾稱秦王，後去王號稱臣於姚興，後乞伏熾磐又稱河南王，今併南涼復稱秦王。(119)如燕涖盟　前往北燕參加定盟儀式。胡三省曰：「春秋之時，列國釋仇通好，兩君不及相見而盟，必使其臣涖盟。」涖，通「蒞」。臨。(120)十一月壬午　十一月二十七。(121)校閱守宰資財　清點各地方官的資產。校閱，如今之所謂「清查」。守宰，太守與縣令，郡縣兩級的行政長官。(122)非家所齎者　凡不是從家裡帶出來的。(123)悉簿為贓　一律算做貪汙進行登記。(124)禿髮氏　禿髮傉檀之女。(125)十二月丙戌朔　十二月初一是丙戌日。(126)丙申　十二月十一。(127)河內　郡名，郡治即今河南沁陽。(128)比葬七臨之　在馮素弗從死到埋葬的這幾天裡，馮跋曾七次前往其家哭喪。根據禮法，帝王哭大臣最多只能三次。馮跋哭其弟竟至七次，見其關係密切。(129)司馬國璠　司馬懿之弟司馬孚的後代，襲其父祖之位為河間王，桓玄篡亂時，與其弟司馬叔璠、叔道等逃向秦國，後一直不歸，且經常領秦兵來搔擾淮河流域，已有十年之久。(130)廣陵城　在今江蘇揚州西北。(131)領廣陵相　兼任廣陵國的行政長官，職同郡太守。(132)聽事　行政長官處理政務、會見僚屬的正堂。(133)禦　抵抗。(134)掩　突然襲擊。(135)但擊五鼓　只要一擊五更鼓，使之誤以為天已將亮，不能再乘黑暗作亂，就會迅速逃去。(136)博士祭酒　在諸博士之中居領頭地位。祭酒，官名。(137)洪範　《尚書》中的一篇。(138)天文術數　有關天文、星象方面的一些迷信說法。(139)占決　占卜、推算。

【校　記】[1]婁伏連　嚴衍《通鑑補》改作「樓伏連」。[2]竇溫　原作「寶溫」。據章鈺校，甲十一行本、乙十一行本、孔天胤本皆作「竇溫」，熊羅宿《胡刻資治通鑑校字記》同，今據改。[3]宜早　據章鈺校，甲十一行本、乙十一行本、孔天胤本二字皆互乙。[4]萬陵　據章鈺校，孔天胤本作「高陵」，張敦仁《通鑑刊本識誤》同。[5]者　原無此字。據章鈺校，甲十一行本、乙十一行本、孔天胤本皆有此字，今據補。⑥迫殺百餘人　原無此五字。據章鈺校，甲十一行本、乙十一行本、孔天胤本皆有此五字，張瑛《通鑑校勘記》同，今據補。

【語　譯】十年（甲寅　西元四一四年）

春季，正月初一日辛酉，北魏實行大赦，改年號為「神瑞」。〇二十一日辛巳，北魏皇帝拓跋嗣前往繁時。二月初九日戊戌，回到平城。

夏王赫連勃勃出兵侵犯北魏河東郡的蒲子縣。

二月二十一日庚戌，北魏皇帝拓跋嗣前往豺山宮。〇北魏擔任并州刺史的婁伏連率軍襲擊並殺死了夏王赫連勃勃所任命的吐京護軍以及吐京的守軍。

東晉擔任荊州刺史的司馬休之在江陵任上，非常受到長江、漢水之間民眾的擁護。司馬休之的長子、譙王司馬文思在建康卻是性情兇狠暴戾，喜好與江湖上的豪俠結交，擔任太尉的劉裕非常討厭他。三月，有關部門奏報司馬文思擅自捶殺了自己封國之內的官吏，晉安帝司馬德宗下詔誅殺了司馬文思的黨羽，卻赦免了司馬文思。荊州刺史司馬休之為此上疏給晉安帝司馬德宗，請求治自己管教不嚴之罪，同時請求解除自己荊州刺史的職務，晉安帝司馬德宗下詔不准。太尉劉裕把譙王司馬文思抓起來送給司馬休之，讓司馬休之親自嚴厲訓誡，其實是想讓司馬休之殺死司馬文思。而司馬休之只是上表請求廢黜司馬文思的王爵，將其削職為民，同時寫信給劉裕，向劉裕謝罪。劉裕因此很不高興，便令擔任江州刺史的孟懷玉兼任督豫州六郡諸軍事，加強對司馬休之的戒備。

夏季，五月初三日辛酉，北魏皇帝拓跋嗣從豺山宮回到平城。

後秦擔任後將軍的斂成率軍討伐叛變的羌人，結果反被羌人打敗，因為懼怕被朝廷治罪，便逃奔了夏王赫連勃勃。

後秦王姚興身體有病，妖賊李弘與氐族部落首領仇常在貳城聚眾造反，姚興帶病坐車前往討伐，將仇常斬首，將李弘活捉，而後返回長安。

後秦擔任左將軍的姚文宗很受太子姚泓的寵愛，廣平公姚弼很厭惡姚文宗，就誣陷姚文宗對朝廷心懷不滿，口出怨言。秦王姚興非常憤怒，就下詔令姚文宗自殺，於是群臣全都懼怕姚弼，連正眼看他一眼都不敢。姚弼向秦王姚興所提的任何建議，無一不被採納，於是姚弼的親信天水人尹沖被任命為給事黃門侍郎，另一親信唐盛被任命為治書侍御史，姚興身邊負責掌管機要的都是姚弼的黨羽。擔任右僕射的梁喜、擔任侍中的任謙、擔任京兆尹的尹昭都找機會對秦王姚興說：「對於父子之間，外人很難多說什麼；然而君臣之間的關係並不比父子之間的關係薄，所以我們做臣子的不能沉默不語。廣平公姚弼，暗中有奪取太子之位的志向，陛下對他寵愛得有些過分，賜給他很大的權力，造成他的威勢，那些敢於冒險的無賴之徒全都圍繞在他的周圍。路上的行人都傳說陛下將要廢掉太子，立姚弼為太子，確實是這樣的嗎？」姚興說：「哪裡有這樣的事情？」右僕射梁喜等都說：「如果真沒有這樣的事情，那麼陛下對姚弼的寵愛，卻足以給姚弼帶來災禍。希望陛下清除他身邊的人，貶損他的威勢和權力。如此一來，不只能夠保證姚弼平安無事，更重要的是安定了宗廟、社稷。」姚興沒有作聲。擔任大司農的竇溫、擔任司徒左長史的王弼都祕密上疏請求秦王姚興立姚弼為太子，姚興雖然沒有答應，但也沒有責備他們。

後秦王姚興病勢沉重，廣平公姚弼暗中聚集了數千名部眾，陰謀作亂。姚弼的弟弟姚裕派使者把姚弼準備搞政變的情況告訴了鎮守各地的諸位兄長。於是，擔任并州牧的姚懿在蒲阪整頓兵馬，擔任鎮東將軍、豫州牧的姚洸在洛陽整頓兵馬，擔任平西將軍的姚諶在雍城整頓兵馬，都做好了奔赴長安討伐姚弼的準備。所幸的是秦王姚興的病情逐漸好轉，他召見群臣，擔任征虜將軍的劉羌流著眼淚把姚興病重期間各方面的情況向姚興做了彙報。右僕射梁喜、京兆尹尹昭請求秦王姚興殺掉姚弼，並且說：「如果陛下不忍心殺死姚弼，也應該奪取他的權力和官職。」姚興迫不得已，免去了姚弼尚書令的職務，讓他以大將軍、廣平公爵的身分回家賦閒。并州牧姚懿等才各自罷兵。

姚懿、姚洸、姚諶以及姚宣全都回到京師長安，他們派姚裕入宮稟告姚興，請求拜見。姚興說：「你們都想向我談論姚弼的事情，我已經知道了。」姚裕說：「如果姚弼確實有讓人談論的地方，陛下正應該認真地聽一聽；如果姚懿他們說的不是事實，就應當對他們嚴加處罰，為什麼預先料定他們要說什麼，而加以拒絕呢？」於是姚興在諮議堂召見了姚懿等人。姚宣痛哭流涕、直言無隱地說了一番，姚興說：「我自會處理此事，這不是你們應該擔憂的事情。」擔任撫軍東曹屬的姜虬上疏給秦王姚興說：「廣平公姚弼作亂已經成為事實，謀逆的罪行非常明顯，就連道路上的人都知道。過去周文王為了推行教化，能首先給自己的妻子做出表率，接著推及到自己的弟兄，進而推廣到整個國家；如今國家的禍亂卻源自君王的愛子。雖然陛下想要忍隱、掩蓋，然而逆黨的煽動和蠱惑並沒有停止，姚弼的叛逆之心怎麼能改變呢？應該斥退、驅逐圍繞在姚弼周圍的那些兇惡的黨徒，以杜絕災禍的發生。」姚興把撫軍東曹屬姜虬的奏章拿給右僕射梁喜看，姚興說：「天下的人都把我的兒子姚弼當做話柄，我該如何處理這件事？」梁喜回答說：「確實像姜虬奏章中所說的那樣，陛下應該早點下決心裁決此事。」姚興默然無語。

南涼所屬的唾契汗、乙弗等部落全都背叛了南涼，南涼王禿髮傉檀就想發兵對他們進行討伐，擔任邯川護軍的孟愷勸諫說：「現在一連幾年遭遇天災，糧食蔬菜全部歉收，我國南部靠近西秦河南王乞伏熾磐，北部靠近北涼河西王沮渠蒙遜，百姓已經每天惶恐不安。如果出兵遠征唾契汗、乙弗，雖然能夠平息他們的叛亂，但必定還會留有後患。不如與西秦河南王乞伏熾磐締結盟約，互通糧食貿易，安撫各少數民族部落，等到糧食充足、武器修繕完好，等有利時機到來之後再採取軍事行動。」禿髮傉檀沒有聽從孟愷的規勸，他對太子禿髮虎臺說：「北涼河西王沮渠蒙遜不久之前才率軍撤離我國，不可能再對我國發動突然襲擊，我每天所憂慮的只有西秦河南王乞伏熾磐。而乞伏熾磐兵力很少，容易對付，你要謹慎地守好京師樂都，我用不了一個月就一定能夠返回。」於是率領七千名騎兵襲擊叛變的乙弗部落，將乙弗部落打得大敗，繳獲了馬牛羊四十多萬頭。

西秦河南王乞伏熾磐聽到南涼王禿髮傉檀率軍襲擊乙弗部落，就準備發兵突襲南涼的都城樂都，群臣全都認為不可以這樣做。擔任太府主簿的焦襲說：「南涼王禿髮傉檀不顧及近處的憂患而貪圖遠處的小利，我國現在出兵前去討伐，切斷他從西部返回樂都的道路，讓他無法回師救援。而南涼太子禿髮虎臺獨自守衛一座孤城，我們可以毫不費力地將他擒獲。這正是上天滅亡他的時候，這個機會千萬不要錯過。」乞伏熾磐接受了焦襲的意見，遂率領二萬名步兵、騎兵前往襲擊南涼的都城樂都。南涼太子禿髮虎臺據城堅守，乞伏熾磐指揮軍隊從四面攻打。

南涼擔任撫軍從事中郎的尉肅對太子禿髮虎臺說：「樂都的外城太大，很難堅守，殿下不如把鮮卑人全部集中到內城堅守，我等率領漢人堅守外城，即使外城失守，內城還可以自保。」禿髮虎臺說：「乞伏熾磐不過是一個小毛賊，早晚就會逃走，你何必如此憂心忡忡呢？」禿髮虎臺懷疑漢人跟自己不一心，就把漢人中的豪門望族以及有勇有謀的人，全部召入內城充當人質。邯川護軍孟愷痛哭流涕地說：「西秦乞伏熾磐趁我國內部兵力空虛的機會率軍入侵，國家目前危如累卵。我等都想上報國恩，退一步說也是為了保全自己的老婆孩子，人人都希望獻出自己的生命以效忠國家，而殿下竟然對我等如此的不信任！」禿髮虎臺說：「我難道不瞭解你的忠心耿耿，只是擔心其他的人會做出意想不到的事情來，所以才將你們扣押起來，以使你們的部下死心塌地為魏國效命。」

一天晚上，樂都城被西秦軍攻破，河南王乞伏熾磐進入南涼的都城樂都，他派遣擔任平遠將軍的乞伏捷虔率領五千名騎兵追擊南涼王禿髮傉檀所率領的西行征討乙弗部落的軍隊。任命鎮南將軍乞伏謙屯為都督河右諸軍事、涼州刺史，鎮守樂都；任命禿髮赴單為西平太守，鎮守西平；任命趙恢為廣武太守，鎮守廣武；任命曜武將軍王基為晉興太守，鎮守浩亹；將南涼太子禿髮虎臺以及南涼的文武百官等一萬多戶遷移到西秦的都城枹罕。禿髮赴單，是禿髮烏孤的兒子。

河間人褚匡向北燕天王馮跋進言說：「陛下在遼水、碣石一帶登上燕王寶座，遠在長樂郡信都的親族朋黨，全都仰首向東方眺望，盼望能夠見到陛下，他們每天度日如年，請陛下允許我去迎接他們。」馮跋說：「長樂距離和龍城有數千里，中間又隔著不同的國家，如何能把他們接到龍城呢？」褚匡說：「章武郡緊靠東方的大海，船舶可以通行，先從陸路到遼西郡的臨渝，然後改走海路，並不困難。」馮跋同意了褚匡的意見，於是，任命褚匡為游擊將軍、中書侍郎，為他提供了一筆豐厚的旅費，便派他上路了。褚匡與北燕天王馮跋的堂兄馮買、堂弟馮睹，從長樂率領五千多戶返回和龍，契丹族、庫莫奚部落全都投降了北燕。北燕天王馮跋任命他們的首領為歸善王。馮跋的弟弟馮丕當初為躲避戰亂而流亡到高句麗，馮跋將馮丕召回，任命馮丕為左僕射，封為常山公。

柔然藹豆蓋可汗郁久閭斛律準備把自己的女兒嫁給北燕天王馮跋，郁久閭斛律的姪子郁久閭步鹿真對藹豆蓋可汗說：「把幼小的女兒嫁到遙遠的燕國，肯定會讓人擔憂思念，請讓大臣樹黎等人的女兒陪同嫁給燕王做妾。」藹豆蓋可汗沒有同意。郁久閭步鹿真從斛律那裡出來後，就對樹黎等人說：「郁久閭斛律準備把你們的女兒作為陪嫁的妾，遠嫁到別的國家。」樹黎等非常恐懼，就與郁久閭步鹿真密謀，派勇士夜間埋伏在郁久閭斛律的帳篷後面，等到郁久閭斛律出來的時候，將他捉住，連同他的女兒全都送往北燕，然後擁立郁久閭步鹿真為柔然可汗，樹黎擔任宰相。

當初，柔然豆代可汗郁久閭社崙攻佔了高車之後，高車人叱洛侯為郁久閭社崙充當嚮導，兼併了其他部落，郁久閭社崙很感激叱洛侯，便任命叱洛侯為高車部落大人。郁久閭步鹿真與郁久閭社崙的兒子郁久閭社拔一塊跑到叱洛侯的家裡，與叱洛侯年輕的妻子私通，叱洛侯的妻子告訴郁久閭步鹿真說：「叱洛侯準備擁戴郁久閭大檀為可汗。」郁久閭大檀，是豆代可汗郁久閭社崙的小叔父郁久閭僕渾的兒子，正在率領自己的部眾鎮守柔然西部邊境，一向得到眾人的擁護。郁久閭步鹿真從叱洛侯的家中返回後，就立即發兵包圍了叱洛侯的家，叱洛侯自殺而死。郁久閭步鹿真遂率軍前往西部襲擊郁久閭大檀，郁久閭大檀率領自己的部眾對郁久閭步鹿真給以迎頭痛擊，將步鹿真打得大敗，活捉了郁久閭步鹿真和郁久閭社拔，將他二人全都殺死，郁久閭大檀遂自立為可汗，號稱牟汗紇升蓋可汗。

柔然藹豆蓋可汗郁久閭斛律被送到北燕的都城和龍，北燕天王馮跋封給郁久閭斛律的爵位是上谷侯，把他安置在遼東，當做賓客一樣對待，並娶了他的女兒，封為昭儀。郁久閭斛律上疏給燕王馮跋，請求回自己的國家柔然，馮跋對斛律說：「如今你距離自己的國家有萬里之遙，國內又沒有人做內應，如果我派重兵護送你回國，則一路之上的糧草供應很難保證；派去的兵力太少，又沒有成功的把握，你怎麼能回去呢？」郁久閭斛律堅持返回柔然，他說：「不需要派大軍相送，希望能給我三百名騎兵，只要能把我護送到敕勒，我的部眾必然會高高興興地前來迎接我。」馮跋於是派擔任單于前輔的萬陵率領三百名騎兵護送郁久閭斛律可汗回國。而萬陵懼怕路途遙遠，擔心沒法返回，到了黑山，便殺死了郁久閭斛律，然後返回北燕。郁久閭大檀也派使者向北燕進獻了三千匹馬、一萬頭羊。

六月，東晉擔任泰山太守的劉研等率領七千多戶難民，河西匈奴部落首領劉遮等率領自己的一萬多戶部眾，全都投降了北魏。

六月二十日戊申，北魏皇帝拓跋嗣前往豺山宮。丁亥日，從豺山宮返回平城。

南涼都城樂都被西秦軍攻陷的時候，南涼擔任安西將軍的禿髮樊尼從西平跑去告訴南涼王禿髮傉檀，禿髮傉檀對自己的部眾說：「如今我們的妻子兒女全部被西秦王乞伏熾磐俘虜，已經無家可歸，完全沒有了退路，你們願不願意跟隨我，利用這次從乙弗部落那裡獲取的人力物力，攻取唾契汗，以贖回我們的妻子兒女？」遂率軍西進。而手下的部眾則紛紛逃回，禿髮傉檀派擔任鎮北將軍的段苟去追趕逃兵，段苟也是一去不回。於是將士全部逃散，只剩下安西將軍禿髮樊尼、中軍將軍紇勃、後軍將軍洛肱、散騎侍郎陰利鹿沒有離去。禿髮傉檀說：「北涼沮渠蒙遜、西秦乞伏熾磐過去都曾經向我納質稱臣，現在回去向乞伏熾磐俯首稱臣，不也太可恥了嗎？天地如此之大，竟然沒有了我的容身之地，內心是何等的悲痛？我們大家與其聚在一起而死，還不如分散開，或許還可以保全性命。禿髮樊尼，是我長兄的兒子，是我們宗族、部眾的主心骨，眾望所歸。我們在北方的部眾還有將近一萬戶，北涼王沮渠蒙遜正在安撫部眾，招攬人才，優待、撫恤已經亡國的貴族，你去投奔他吧。紇勃、洛肱也跟樊尼一塊去。我年紀已經老了，到哪裡去都不會有人收留，我寧願再看一眼我妻子兒女而死！」於是投降了西秦河南王乞伏熾磐，只有陰利鹿一個人跟隨著他。禿髮傉檀對陰利鹿說：「我所有的親屬都逃散了，你何必還要獨自一人留在我的身邊呢？」陰利鹿說：「我的老母親還在家鄉，我不是不想回家；然而我既然獻身做了陛下的臣子，忠孝就難以兩全。我沒有才能，不能像申包胥那樣為了陛下到鄰國磕頭出血求來救兵，又怎敢離開陛下呢？」禿髮傉檀歎了一口氣說：「瞭解一個人原本就不是一件容易的事情。我的那些大臣、親戚全都拋棄我走了，今天能夠堅守忠義、始終如一的，只有你一個人了！」

南涼禿髮傉檀管轄之下的各城全都投降了西秦王乞伏熾磐，只有尉賢政所屯守的浩亹，一直在頑強堅守，沒有被西秦攻克。西秦河南王乞伏熾磐派人對尉賢政說：「你們的都城樂都已經陷落，你的妻子兒女都在我們的手裡，你獨自堅守一座城池，今後準備怎麼辦呢？」尉賢政回答說：「我深受涼王禿髮傉檀的厚恩，身為國家重臣。雖然我已經知道都城樂都被攻破，我的妻子兒女已經被你們俘虜，搶先歸降會得到獎賞，而最後歸順就會被誅殺。然而我不知道主上現在是存是亡，所以不敢歸降；妻子兒女相比之下是件小事，豈能因為他們而動搖我的決心？如果我貪圖一時的好處，忘記了主上託付的重任，對於這樣的人大王用他做什麼呢？」乞伏熾磐便令南涼太子禿髮虎臺親筆寫信給尉賢政，勸他投降，尉賢政回覆禿髮虎臺說：「你作為國家的儲君，不能堅守節操，竟然反綁雙手，向敵人投降，拋棄了父親、忘記了國君，毀棄南涼萬代的基業。我尉賢政是一個忠義之人，怎麼會像你一樣呢？」當尉賢政得知南涼王禿髮傉檀已經到達左南城，這才打開浩亹城，向乞伏熾磐投降。

西秦河南王乞伏熾磐聽到南涼王禿髮傉檀到來的消息，立即派使者到郊外迎接，用上賓之禮接待他。秋季，七月，乞伏熾磐任命禿髮傉檀為驃騎大將軍，賜爵為左南公。南涼的那些文武官員全都依照才能加以錄用。過了一年多，乞伏熾磐派人給禿髮傉檀喝下了毒酒，禿髮傉檀身邊的人都請他讓人趕緊配製解藥化解毒性，禿髮傉檀說：「我的病豈能救治呢？」遂中毒而死，給他的諡號是「景王」。南涼太子禿髮虎臺也被乞伏熾磐殺死。禿髮傉檀的兒子禿髮保周、禿髮賀，太尉俱延的兒子覆龍，南涼康王禿髮利鹿孤的孫子禿髮副周，南涼烈祖禿髮烏孤的孫子禿髮承鉢，全都逃往北涼，投奔了河西王沮渠蒙遜；過了一段時間，又從北涼逃奔北魏。北魏任命禿髮保周為張掖王，覆龍為酒泉公，禿髮賀為西平公，禿髮副周為永平公，禿髮承鉢為昌松公。北魏皇帝拓跋嗣很欣賞禿髮賀的才華，他對禿髮賀說：「你的祖先和我的祖先都是鮮卑人，是同一個祖先。」賜給他姓源氏。

八月初一日戊子，北魏皇帝拓跋嗣派馬邑侯拓跋陋孫為使者出使後秦。十四日辛丑，又派擔任謁者的于什門為使者出使北燕，派悅力延出使柔然。于什門到達北燕的都城和龍之後，不肯入朝拜見北燕天王馮跋，他說：「大魏皇帝頒布詔書，必須燕王馮跋親自出來受詔，然後我才敢入宮。」燕王馮跋派人強行把于什門拉進來，于什門看見燕王馮跋之後，不肯下跪拜見，馮跋就令人按住他的脖子，于什門說：「燕王馮跋如果跪拜接受魏王的詔書，我定會按照賓主的禮節致敬，你們何必如此苦苦相逼呢？」馮跋大怒，就將于什門扣留，不准他返回北魏，于什門多次當眾辱罵燕王馮跋。馮跋身邊的人都請求殺死于什門，馮跋說：「他也是為了自己的主人才如此。」於是便把于什門關入監牢，想讓他投降燕國，而于什門始終不肯投降。過了很久，于什門的衣服鞋帽全都壞得不成樣子了，渾身的蟣蝨往外亂爬。馮跋贈送給他衣服鞋帽，于什門一概不受。

北魏皇帝拓跋嗣任命博士王諒為平南參軍，讓他以平南將軍、相州刺史尉太真的名義寫信給東晉太尉劉裕，致以問候。尉太真是北魏鴻飛將軍尉古真的弟弟。

九月初一日丁巳，發生了日蝕。

冬季，十月，西秦河南王乞伏熾磐再次改稱秦王，並設置文武百官。

北燕天王馮跋與夏王赫連勃勃聯合，夏王赫連勃勃派遣擔任御史中丞的烏洛孤前往北燕參加締結盟約儀式。

十一月二十七日壬午，北魏皇帝拓跋嗣派使者到全國各州巡視，審查核對各郡守、縣令的私家財產，如果不是從自己家中帶出來的，一律當做貪汙的贓物進行登記造冊。

西秦王乞伏熾磐立妃子禿髮氏為王后。

十二月初一日丙戌，柔然牟汗紇升蓋可汗郁久閭大檀率軍入侵北魏。十一日丙申，北魏皇帝拓跋嗣出兵向北反擊郁久閭大檀。郁久閭大檀兵敗逃走，拓跋嗣派遣擔任左丞相的奚斤等率軍追擊，遇到天降大雪，士卒被凍死、凍掉手指的佔了十分之二、三。

北魏河內郡人司馬順宰自稱晉王，北魏出兵討伐，沒有成功。

北燕遼西公馮素弗去世，在下葬之前，北燕天王馮跋先後七次到馮素弗的靈前哀悼祭奠。

這一年，司馬國璠兄弟聚集了數百人，偷偷地渡過淮河南下，在夜間偷襲了廣陵城。擔任青州刺史的檀祗此時兼任廣陵相，司馬國璠的兵眾直接衝入衙署的正堂，檀祗慌亂之下出來察看，正要準備率人抵抗，就被叛軍的亂箭射中，只好退回，對左右的人說：「叛賊趁黑夜潛入城中，就是想趁我們沒有防備，攻我們一個措手不及。只要敲響五更鼓，他們懼怕天亮後無法脫身，一定會馬上撤走。」左右的人按照檀祗的吩咐敲響了五更鼓，司馬國璠果然率眾逃走，追擊殺死有百餘人之多。

北魏擔任博士祭酒的崔浩為北魏皇帝拓跋嗣講授《易經》以及〈洪範〉，拓跋嗣趁機向崔浩詢問有關天文、星象等方面的問題，崔浩所做的占卜，有很多後來都得到驗證，因此得到拓跋嗣的寵信，凡是有關軍國大事，拓跋嗣都與崔浩祕密商量，讓他做出預測。

夏王赫連勃勃立夫人梁氏為王后，兒子赫連璝為太子。封其他幾個兒子：赫連延為陽平公，赫連昌為太原公，赫連倫為酒泉公，赫連定為平原公，赫連滿為河南公，赫連安為中山公。

【研　析】本卷寫晉安帝義熙七年（西元四一一年）至十年共四年間的各國大事，其中引人思索的主要有以下幾點：

其一，本卷寫了爆發於東晉後期的孫恩、盧循農民大起義的最後失敗。這次大起義自晉安帝隆安三年（西元三九九年）開始，至義熙六年（西元四一〇年）結束，共歷時十二年，初起的時候曾破殺會稽內史王凝之，一時之間，「八郡俱起，殺長吏以應之，旬日之中，眾數十萬」，恰如陳涉秦末反秦之勢。後來孫恩敗死，盧循繼起，攻佔廣州，號平南將軍，率軍北下，取盧陵、豫章諸郡；又順江東下，破殺了劉裕的名將何無忌，又大破劉裕的名將劉毅於桑落洲，繼而進攻建康，嚇得東晉王朝準備向江北逃跑。後來由於盧循的猶豫怯懦，被劉裕打敗。在孫恩、盧循起義十二年的過程中，最令人感興趣的人物是徐道覆。徐道覆勸盧循趁劉裕北伐南燕之際，北出奪取東晉政權，盧循不聽，錯過了大好時機；徐道覆為了給日後組建龐大船隊而伐木於南康山中，積蓄了大量船材，到舉兵應用時，「乃并力裝之，旬日而辦」；盧循想攻取荊州為根據地，徐道覆勸他：「請并力攻京都，若克之，江陵非所憂也。」當劉裕馳援建康，徐道覆「欲乾沒一戰，請於新亭至白石，焚舟而上，數道攻之」。盧循又不聽。徐道覆傷心地歎息說：「我終為盧公所誤，事必無成。使我得為英雄驅馳，天下不足定也。」最後隨著盧循的失敗，徐道覆也兵敗被殺。讀著徐道覆的事跡，不由得使我們想起了漢代吳楚七國之亂時吳王劉濞屬下的吳祿伯、桓將軍，尤其是周丘。如何進攻漢王朝，吳祿伯、桓將軍都提出過很好的建議，吳王濞不聽，於是很輕易地被周亞夫打敗了。這裡我們單看周丘其人：「諸賓客皆得為將、校尉、候、司馬，獨周丘不得用。周丘上謁說王曰：『臣以無能，不得待罪行間。臣非敢求有所將，願得王一漢節，必有以報王。』王乃予之。周丘得節，夜馳入下邳。下邳時聞吳反，皆城守。至傳舍，召令。令入戶，使從者以罪斬令。遂召昆弟所善豪吏告曰：『吳反兵且至，至，屠下邳不過食頃。今先下，家室必完，能者封侯矣。』出乃相告，下邳皆下。周丘一夜得三萬人，使人報吳王，遂將其兵北略城邑。比至城陽，兵十餘萬，破城陽中尉軍。聞吳王敗走，自度無與共成功，即引兵歸下邳。未至，疽發背死。」這就叫做「生不逢時」，如果讓這些人生在陳涉、吳廣的時代，「萬戶侯豈足道哉？」袁俊德《歷史綱鑑補》評價徐道覆說：「徐道覆為盧循畫策無不善者，使循能用之，亦劉裕之勍敵也。然道覆長於料敵，而不能料主，循不足與有為而強為之謀，豈惟不知能策主，亦不能處己矣。是時劉裕方匡晉室，亦一世之雄也，道覆為之驅馳，豈不什佰於事循哉？然則道覆雖能謀善戰，直一賊耳。」這樣說話，我覺得徐道覆不能心服。孫恩、盧循、徐道覆之所以造反，不就是由於晉王朝太壞，人們不願再受它的統治了麼？你說讓徐道覆投靠劉裕，劉裕當時正為腐朽的東晉保駕護航，投了劉裕不就是又回到東晉的治下麼？盧循是差勁，但他畢竟是反抗者，不是東晉王朝的奴才，所以英雄儘管失敗而死，怎麼著也不能投降劉裕。劉道覆的確是「賊」，但「賊」也要有「賊」的骨氣。這就如同當年的王猛，他見到了桓溫，但他沒有跟著桓溫回東晉。東晉王朝算什麼東西，值得大英雄為它效力麼？王猛後來幫著苻堅做出的功業，桓溫能做得出麼？王猛所以不動心，就因為他對晉王朝與桓溫通通看不上。與其跟著他去南方受罪，還不如在北方心平氣和地靜觀其變。

其二，本卷寫了劉毅的為人，以及他被劉裕迅速收拾的過程。劉毅少有大志，與劉裕合謀起兵討桓玄也有大功，但為人小肚雞腸，氣量狹窄。庾亮的後人庾悅當年曾對貧賤的劉毅有過不禮貌，劉毅發達後就對之一再侵陵、排擠，直到「疽發背卒」。劉牢之的兒子劉敬宣得意時曾說過職位尚低的劉毅的某種性格缺陷，劉毅掌權後就對之肆意陵辱，使之充當自己部下的部下。他對劉裕由不服氣發展到拉幫結派，與之對立。但這些還都是在醞釀之中，還遠沒有說是要對劉裕怎麼樣，但劉裕就迫不及待地對他下手了。王夫之《讀通鑑論》說：「劉裕之篡，劉穆之導之也；其殺劉毅，胡藩激之也。」劉裕首先毫不遲疑地殺了平定盧循有功的劉毅的堂弟劉藩與其朋友謝混；而後派其謀士王鎮惡統兵逆江而上，以襲取劉毅。王鎮惡是當年苻堅的心腹王猛之孫，幾年前投歸劉裕，從而使劉裕如虎添翼。王鎮惡率領一百艘小船，打著劉藩的旗號，晝夜兼程而上。「鎮惡至豫章口，去江陵城二十里，捨船步上。……舸留一二人，對舸岸上立六七旗，旗下置鼓，語所留人：『計我將至城，便鼓嚴，令若後有大軍狀。』又分遣人燒江津船艦。鎮惡徑前襲城，語前軍士：『有問者，但云劉兗州至。』津戍及民間皆晏然不疑。」就這樣，劉毅在江陵城裡還沒有弄清外面出了什麼情況，王鎮惡便已將劉毅排在江中的戰船燒毀，率領的小部隊已經衝入了江陵的城門。於是劉毅逃到牛牧寺前，自殺而死。王鎮惡不愧是王猛之孫，計謀之高，取劉毅如戲嬰兒。其中所安排的「計我將至城，便鼓嚴，令若後有大軍狀」，這一點太重要了，衝進城的只是一股小中隊，而城外鼓聲甚急，若有千軍萬馬蜂擁而至，所以劉毅根本無法集合隊伍，進行有效抵抗。

其三，魏主拓跋嗣懲治官員貪汙。本卷寫魏主拓跋嗣為倡廉肅貪而「遣使者巡行諸州，校閱守宰資財，非家所齎，悉簿為贓」。凡不是從自家帶出來的東西，一律登記，按貪汙處理。這是古代少數民族政權為懲治貪汙使用的辦法，與我們現在所實行的官員收入申報制大體相同，奇怪的是魏主實行這種辦法，沒見魏國的太守與縣令們群起抗議，而我們今天的官員實行財產申報制卻困難重重，一直難以貫徹執行。與此同時，本書也寫了東晉王朝的一位清廉官吏劉道規，說他「在荊州累年，秋毫無犯。及歸，府庫帷幕，儼然若舊。隨身甲士二人遷席於舟中，道規刑之於市」云云，這完全是靠著個人的修養，嚴格自律的結果。至於說到身邊的衛兵把他平時在衙署辦公使用的坐墊拿到船上，供他繼續使用，他為此竟把兩個衛兵公開在市場治罪，這就未免太做作，太不近人情了。而且你怎麼知道，等你在船上用過之後，衛兵就不能再把它送回原處呢？但不管怎麼說，有這種人總是好的，值得後世傳頌。

其四，本卷寫了夏主赫連勃勃在建築統萬城時所表現出的殘虐。文載夏王勃勃：「以叱干阿利領將作大匠，發嶺北夷、夏十萬人築都城於朔方水北、黑水之南。勃勃曰：『朕方統一天下，君臨萬邦，宜名新城曰統萬。』阿利性巧而殘忍，蒸土築城，錐入一寸，即殺作者而并築之。勃勃以為忠，委任之。凡造兵器成，呈之，工人必有死者，射甲不入則斬弓人，入則斬甲匠。又鑄銅為一大鼓，飛廉、翁仲、銅駝、龍虎之屬，飾以黃金，列於宮殿之前。凡殺工匠數千，由是器物皆精利。」描寫一個人的殘暴要使用一些形容詞，舉一些誇張的事例都是必要的。但不能說得太過分，說「蒸土築城，錐入一寸，即殺作者而并築之」，這還勉強可信；如果說「射甲不入則斬弓人，入則斬甲匠」，這將使人怎麼活呢？偶爾講故事說這麼一句，是可以的，公開寫入歷史，只能增加讀者的懷疑。

卷第一百一十七

晉紀三十九

起旃蒙單閼（乙卯 西元四一五年），盡柔兆執徐（丙辰 西元四一六年），凡二年。

【題　解】本卷寫晉安帝義熙十一年（西元四一五年）、十二年共兩年間的東晉與各國的大事。主要寫了劉裕起兵討伐荊州刺史司馬休之，而雍州刺史魯宗之與其子魯軌出兵與司馬休之相應；寫了司馬休之的部下有人看風使舵脫離司馬休之往投劉裕，而錄事參軍韓延之嚴厲拒絕劉裕的利誘勸降，批駁痛斥了劉裕不顧事實、誅除異己的罪惡行徑；寫了劉裕派檀道濟、朱超石自襄陽，徐逵之率蒯恩、沈淵子等自夏口兩路進攻江陵，開始兩路均遭挫敗，後劉裕親自指揮胡藩、沈林子等進攻荊州軍，荊州軍失敗，司馬休之、魯宗之等北投姚興，荊州遂為劉裕所取；寫了劉敬宣的部下乘劉裕攻司馬休之之際，在廣固發動事變，襲殺了劉敬宣；寫了劉裕留劉穆之總攬內外，大舉出兵伐秦，先鋒王鎮惡、檀道濟等攻秦之項城、許昌、倉垣皆下，又攻取洛陽，守將姚洸投降；寫了晉王朝先是給劉裕加官晉爵，使其「劍履上殿，入朝不趨，贊拜不名」；劉裕又向朝廷討「九錫」，至朝廷正式賜之，劉裕又假意推辭不受；寫了姚興疾篤，其子姚弼的黨羽發動叛亂，攻打宮城，姚興力疾賜姚弼死，其黨姚愔、尹元、尹沖等被殺；寫了姚興死，姚泓即位，姚泓之弟姚懿叛亂稱帝，姚紹、姚成都等擊殺之；寫了夏主赫連勃勃攻秦，取上邽，又取安定，又取雍縣、郿縣，被秦將姚紹所敗；此外還寫了魏主拓跋嗣派叔孫建討平劉虎之胡人部落；擊燕，殺燕之幽州刺史、征北將軍；魏將張蒲與長孫道生擊平丁零人翟猛雀於白澗山之作亂等等。

安皇帝壬

義熙十一年（乙卯　西元四一五年）

春，正月丙辰❶，魏主嗣還平城❷。

太尉裕收司馬休之次子文寶、兄子文祖，並賜死，發兵擊之。詔加裕黃鉞，領荊州刺史。庚午❸，大赦。

丁丑❹，以吏部尚書謝裕為尚書左僕射。

辛巳❺，太尉裕發建康。以中軍將軍劉道憐監留府事❻，劉穆之兼右僕射❼。事無大小，皆決於穆之。又以高陽內史❽劉鍾❾領石頭戍❿事，屯冶亭⓫。休之府司馬張裕、南平⓬太守檀範之聞之，皆逃歸建康。裕，邵⓭之兄也。雍州刺史魯宗之自疑不為太尉裕所容，與其子竟陵太守軌起兵應休之。二月，休之上表罪狀裕，勒兵拒之。

裕密書招休之府錄事參軍南陽韓延之，延之復書曰：「承⓮親帥戎馬，遠履西畿[15]，闔境士庶，莫不惶駭。辱疏[16]，知[17]以譙王前事[18]，良增歎息[19]。司馬平西[20]體國忠貞[21]，款懷待物[22]。以公有匡復之勳，家國蒙賴，推德委誠[23]，每事詢仰[24]。譙王往以微事見劾[25]，猶自表遜位；況以大過[26]，而當嘿然[27]邪？前已表奏廢之，所不盡者命耳[28]。推寄相與[29]，正當如此[30]。而遽興兵甲[31]，所謂『欲加之罪，其無辭乎[32]？』劉裕足下，海內之人，誰不見足下此心，而復欲欺誑國士[33]？來示云『處懷期物，自有由來[34]』，今伐人之君[35]，啗人以利[36]，真可謂『處懷期物，自有由來』者乎？劉藩死於閶闔之門[37]，諸葛斃於左右之手[38]，甘言詫方伯[39]，襲之以輕兵[40]；遂使席上靡款懷之士[41]，閫外無自信諸侯[42]，以是為得算[43]，良可恥也！貴府將佐及朝廷賢德，寄命過日[44]。吾誠鄙劣，嘗聞道於君子，以平西之至德，寧可無授命之臣[45]乎？必未能自投虎口[46]，比迹郗僧施之徒[47]明矣。假令天長喪亂[48]，九流渾濁[49]，當與臧洪遊於地下[50]，不復多言。」裕視書歎息，以示將佐曰：「事人當如此矣！」延之以裕父名翹，字顯宗，乃更其字曰顯宗，名其子曰翹，以示不臣劉氏。

琅邪[51]太守劉朗帥二千餘家降魏。

庚子[52]，河西胡[53]劉雲等帥數萬戶降魏。

太尉裕使參軍檀道濟、朱超石將步騎出襄陽。超石，齡石之弟也。江夏[54]太守劉虔之將兵屯三連[55]，立橋[56]聚糧以待。道濟等積日不至，魯軌襲擊虔之，殺之。裕使其壻振威將軍東海徐逵之統參軍蒯恩、王允之、沈淵子為前鋒，出江夏口[57]。逵之等與魯軌戰於破冢[58]，兵敗，逵之、允之、淵子皆死，獨蒯恩勒兵不動。軌乘勝力攻之，不能克，乃退。淵子，林子[59]之兄也。

裕軍於馬頭[60]，聞逵之死，怒甚。三月壬午[61]，帥諸將濟江。魯軌、司馬文思將休之兵四萬，臨峭岸置陳，軍士無能登者。裕自被甲欲登，諸將諫，不從，怒愈甚。太尉主簿謝晦前抱持裕，裕抽劍指晦曰：「我斬卿！」晦曰：「天下可無晦，不可無公！」建武將軍胡藩領游兵在江津[62]，裕呼藩使登，藩有疑色。裕命左右錄[63]來，欲斬之。藩顧曰：「正欲擊賊，不得奉教[64]。」乃以刀頭穿岸，劣容足指[65]，騰之而上，隨之者稍多。既登岸，直前力戰。休之兵不能當，稍引卻。裕兵因而乘[66]之，休之兵大潰，遂克江陵。休之、宗之俱北走，軌留石城[67]。裕命閬中侯下邳趙倫之、太尉參軍沈林子攻之；遣武陵內史王鎮惡以舟師追休之等。

有羣盜數百夜襲冶亭，京師震駭，劉鍾討平之。

秦廣平公弼譖姚宣[68]於秦王興，宣司馬權不至長安，興責以不能輔導，將誅之；不懼，誣宣罪惡以求自免。興怒，遣使就杏城[69]收宣下獄，命弼將三萬人鎮秦州[70]。尹昭曰：「廣平公與皇太子不平，今握彊兵於外，陛下一旦不諱，社稷必危。『小不忍，亂大謀[71]』，陛下之謂也[72]。」興不從。

夏王勃勃攻秦杏城，拔之，執守將姚逵，阬士卒二萬人。秦王興如北地[73]，遣廣平公弼及輔國將軍斂曼嵬向新平[74]，興還長安。

河西王蒙遜攻西秦廣武郡[75]，拔之。西秦王熾磐遣將軍乞伏魋尼寅[76]邀蒙遜於浩亹[77]，蒙遜擊斬之；又遣將軍折斐等帥騎一萬據勒姐嶺[78]，蒙遜擊禽之。

河西饑胡相聚於上黨[79]，推胡人白亞栗斯為單于，改元「建平」，以司馬順宰[80]為謀主[81]，寇魏河內[82]。夏，四月，魏主嗣命公孫表等五將討之。

青、冀二州刺史劉敬宣參軍司馬道賜，宗室之疏屬也。聞太尉裕攻司馬休之，道賜與同府[83]辟閭道秀[84]、左右小將王猛子謀殺敬宣，據廣固[85]以應休之。乙卯[86]，敬宣召道秀，屏人語，左右悉出戶，猛子逡巡[87]在後，取敬宣備身刀殺敬宣。文武佐吏即時討道賜等，皆斬之。

己卯[88]，魏主嗣北巡。

西秦王熾磐子元基自長安逃歸[89]，熾磐以為尚書左僕射。

五月丁亥[90]，魏主嗣如大甯[91]。

趙倫之、沈林子破魯軌於石城，司馬休之、魯宗之救之不及，遂與軌奔襄陽，宗之參軍李應之閉門不納。甲午[92]，休之、宗之、軌及譙王文思、新蔡王道賜[93]、梁州刺史馬敬、南陽太守魯範俱奔秦。宗之素得士民心，爭為之衛送出境。王鎮惡等追之，盡境[94]而還。

初，休之等求救於秦、魏，秦征虜將軍姚成王及司馬國璠引兵至南陽[95]，魏長孫嵩至河東[96]，聞休之等敗，皆引還。休之至長安，秦王興以為揚州刺史，使侵擾襄陽。侍御史唐盛言於興曰：「據符讖之文[97]，司馬氏當復得河、洛。今使休之擅兵於外，猶縱魚於淵也，不如以高爵厚禮，留之京師。」興曰：「昔文王卒免羑里[98]，高祖不斃鴻門[99]，苟天命所在[100]，誰能違之？脫如符讖之言[101]，留之適足為害。」遂遣之。

詔加太尉裕太傅、揚州牧，劍履上殿[102]，入朝不趨[103]，贊拜不名[104]。以兗、青二州刺史劉道憐為都督荊・湘・益・秦・寧・梁・雍七州諸軍事、驃騎將軍、荊州刺史。道憐貪鄙，無才能，裕以中軍長史[105]晉陵太守謝方明[106]為驃騎長史、南郡相[107]，命[1]道憐府中眾事皆諮決於方明。方明，沖之子也。

益州刺史朱齡石遣使詣河西王蒙遜，諭以朝廷威德。蒙遜遣舍人黃迅詣齡石，且上表言：「伏聞車騎將軍裕欲清中原，願為右翼[108]，驅除戎虜。」

夏王勃勃遣御史中丞烏洛孤與蒙遜結盟，蒙遜遣其弟湟河太守漢平蒞盟[109]于夏。

西秦王熾磐率眾三萬襲湟河[110]，沮渠漢平拒之，遣司馬隗仁夜出擊熾磐，破之。熾磐將引去，漢平長史焦昶、將軍段景潛召熾磐，熾磐復攻之，昶、景因說漢平出降。仁勒壯士百餘據南門樓，三日不下，力屈，為熾磐所禽。熾磐欲斬之，散騎常侍武威段暉[111]諫曰：「仁臨難不畏死，忠臣也，宜宥[112]之以厲事君[113]。」乃囚之。熾磐以左衛將軍匹達為湟河太守，擊乙弗窟乾[114]，降其三千餘戶而歸。以尚書右僕射出連虔為都督嶺北[115]諸軍事、涼州刺史，以涼州刺史謙屯為鎮軍大將軍、河州牧。隗仁在西秦五年，段暉又為之請，熾磐免之，使還姑臧。

戊午[116]，魏主嗣行如濡源[117]，遂至上谷[118]、涿鹿[119]、廣寗[120]。秋，七月癸未[121]，還平城。

西秦王熾磐以秦州刺史曇達為尚書令，光祿勳王松壽為秦州刺史。

辛亥晦[122]，日有食之。

八月甲子[123]，太尉裕還建康，固辭太傅、州牧，其餘受命。以豫章公世子義符[124]為兗州[125]刺史。〇丁未[126]，謝裕[127]卒，以劉穆之為左僕射。

九月己亥[128]，大赦。

魏比歲霜旱[129]，雲、代[130]之民多飢死。太史令王亮、蘇坦言於魏主嗣曰：「按讖書，魏當都鄴[131]，可得豐樂。」嗣以問羣臣，博士祭酒崔浩、特進[132]京兆周澹曰：「遷都於鄴，可以救今年之饑，非久長之計也。山東[133]之人，以國家[134]居廣漠[2]之地[135]，謂其民畜無涯[136]，號曰『牛毛之眾』。今留兵守舊都[137]，分家南徙，不能滿諸州之地，參居郡縣[138]，情見事露[139]，恐四方皆有輕侮之心；且百姓[140]不便水土，疾疫死傷者必多。又，舊都守兵既少，屈丐[141]、柔然將有窺窬[142]之心，舉國而來，雲中、平城必危[143]。朝廷隔恆、代千里之險[144]，難以赴救，此則聲實俱損[145]也。今居北方，假令山東有變，我輕騎南下，布濩林薄之間[146]，孰能知其多少？百姓望塵懾服，此國家所以威制諸夏也。來春草生，湩酪[147]將出，兼以菜果，得及秋熟，則事濟矣。」嗣曰：「今倉廩空竭，既無以待來秋，若來秋又饑，將若之何？」對曰：「宜簡[148]飢貧之戶，使就食[3]山東[149]；若來秋復饑，當更圖之，但方今不可遷都耳。」嗣悅，曰：「唯二人與朕意同。」乃簡國人[150]尤貧者詣山東三州[151]就食，遣左部尚書[152]代人周幾帥眾鎮魯口以安集[153]之。嗣躬耕藉田[154]，且命有司勸課農桑[155]。明年，大熟，民遂富安。

夏赫連建將兵擊秦，執平涼太守姚周都[4]，遂入新平[156]。廣平公弼與戰於龍尾堡[157]，禽之。

秦王興藥動[158]，廣平公弼稱疾不朝，聚兵於第。興聞之，怒，收弼黨唐盛、孫玄等殺之。太子泓請曰：「臣不肖，不能緝諧[159]兄弟，使至於此，皆臣之罪也。若臣死而國家安，願賜臣死；若陛下不忍殺臣，乞退就藩[160]。」興惻然憫之，召姚讚、梁喜、尹昭、斂曼嵬與之謀，囚弼，將殺之，窮治黨與。泓流涕固請，乃并其黨赦之。泓待弼如初，無忿恨之色。

魏太史奏：「熒惑在匏瓜中[161]，忽亡不知所在。於法[162]當入危亡之國[163]。先為童謠妖言[164]，然後行其禍罰[165]。」魏主嗣召名儒十餘人使與太史[166]議熒惑所詣[167]，崔浩對曰：「按春秋左氏傳『神降于莘』[168]，以其至之日推知其物[169]。庚午之夕，辛未之朝[170]，天有陰雲[171]，熒惑之亡，當在二日[172]。庚之與未[5]，皆主於秦[173]，辛為西夷[174]。今姚興據長安，熒惑必入秦[175]矣。」眾皆怒曰：「天上失星，人間安知所詣！」浩笑而不應。後八十餘日，熒惑出東井[176]，留守句己[177]，久之乃去。秦大旱，昆明池[178]竭，童謠訛言[179]，國人不安，間一歲而秦亡[180]。眾乃服浩之精妙[181]。

冬，十月壬子[182]，秦王興使散騎常侍姚敞等送其女西平公主于魏，魏主嗣以后禮納之。鑄金人不成[183]，乃以為夫人，而寵遇甚厚。

辛酉[184]，魏主嗣如沮洳城[185]。癸亥[186]，還平城。十一月丁亥[187]，復如豺山宮[188]。庚子[189]，還。

西秦王熾磐遣襄武侯曇達等將騎一萬，擊南羌彌姐、康薄[190]于赤水[191]，降之。以王孟保為略陽[192]太守，鎮赤水。

燕尚書令孫護之弟伯仁為昌黎尹，與其弟叱支乙拔皆有才勇，從燕王跋起兵有功[193]，求開府[194]不得，有怨言，跋皆殺之。進護開府儀同三司、錄尚書事，以慰其心，護怏怏不悅，跋酖殺之。遼東太守務銀提[195]自以有功，出為邊郡，怨望，謀外叛，跋亦殺之。

林邑[196]寇交州[197]，州將擊敗之。

【章 旨】以上為第一段，寫晉安帝義熙十一年（西元四一五年）一年間的大事。主要寫了劉裕殺了司馬休之在京的兒子、姪子，起兵討伐荊州刺史司馬休之，而雍州刺史魯宗之與其子魯軌出兵與司馬休之相應；寫了司馬休之的部下有人看風使舵脫離司馬休之往投劉裕，而錄事參軍韓延之嚴厲拒絕劉裕的利誘勸降，批駁痛斥了劉裕不顧事實、誅除異己的罪惡行徑，《晉書》與《通鑑》都全文收入了這篇書信，表現了歷史家對司馬休之與韓延之的深切同情；寫了劉裕派檀道濟、朱超石自襄陽，徐逵之率蒯恩、沈淵子等自夏口兩路進攻江陵，開始兩路均遭挫敗，後劉裕親自指揮胡藩、沈林子等進攻魯軌與司馬文思的軍陣，江陵軍失敗，司馬休之、魯宗之等北投姚興；寫了東晉朝廷劉裕加官晉爵，並使其「劍履上殿，入朝不趨，贊拜不名」等等，逐步向篡奪政權靠近；寫了劉敬宣的部下乘劉裕攻司馬休之之際，在廣固發動事變，襲殺了劉敬宣；寫了秦主姚興又病，姚弼圖謀不軌，被姚興所囚，並欲盡誅其黨，太子姚泓為之求情，并其黨皆赦之，為日後秦國之亂埋下伏筆；寫了夏王勃勃破秦坑士卒兩萬人，北涼主沮渠蒙遜攻取秦之廣平郡，又擊破西秦主乞伏熾磐之部將多人；以及魏國崔浩藉天文星變預言不久秦國將有禍變的故弄玄虛等等。

【注　釋】❶正月丙辰　正月初二。❷還平城　指從伐柔然的前線返回平城。❸庚午　正月十六。❹丁丑　正月二十三。❺辛巳　正月二十七。❻監留府事　照管太尉府留守處的一切事務，實指劉裕所管的朝廷的一切政務。❼右僕射　職同副宰相。❽高陽內史　高陽王國的內史。高陽國的都城西晉時在河北蠡縣，這裡指南渡後的僑居地。❾劉鍾　劉裕的得力將領，彭城的同鄉。❿石頭戍　即石頭城，在當時建康城（今南京）的西北角，這裡指整個建康的防務。⓫屯冶亭　屯兵於冶亭。冶亭，今謂之東冶亭，在半山寺後，自建康東門往蔣山，至此半道，因以為名。⓬南平　郡名，郡治江安（今湖北公安西北），在江陵城南的長江上。⓭邵　即張邵，劉裕任揚州刺史時，張邵任其主簿。當時劉毅為衛將軍，廣招賓客，人多趨附，獨張邵忠於劉裕，不與劉毅結交。⓮承　承蒙您；聽說您。這裡是諷刺語。⓯遠履西畿　大老遠地到我們西方來，實際是來打我們。履，走；跋涉。西畿，西方的諸侯之地，即指荊州。《周禮》有所謂「王畿千里之外曰侯畿、甸畿」云云。⓰辱疏　猶言「承蒙來信相告」。辱，謙詞，讓你受辱。⓱知　告知；告知我。⓲譙王前事　指司馬休之之子司馬文思行為不端，捶殺國吏的事，劉裕將司馬文思交給司馬休之處置，意思是希望司馬休之殺他，結果司馬休之只是將他罷職家居。事見本書卷一百十六義熙十年。司馬文思所以稱「譙王」，是因為他被過繼於譙王司馬尚之門下，承繼為譙王之後。⓳良增歎息　實在是令人感歎。良，甚；很。⑳司馬平西　指司馬休之，當時任平西將軍。㉑體國忠貞　為國家忠貞無二。體國，以身許國。㉒款懷待物　猶言「真誠待人」。㉓推德委誠　因感恩而推心置腹。㉔詢仰　猶今所謂「請示」、「彙報」。㉕譙王往以微事見劾　尋前後文，似乎司馬文思在「捶殺國吏」前就曾犯過罪責，已曾使司馬休之為之向朝廷上表請罪。㉖大過　指近來所發生的「捶殺國吏」事。由於胡三省注將「往以微事見劾」指為「捶殺國吏」，故而此句之「大過」遂不知所云。若依本書上卷的文字所說：「有司奏文思擅捶殺國吏，詔誅其黨而宥文思。休之上疏謝罪，請解所任，不許。裕執文思送休之，令自訓厲，意欲休之殺之，休之但表廢文思，並與裕書陳謝。裕由是不悅」，則前後只是一事。是朝廷將司馬文思赦免，而劉裕揪住不放，非欲置文思於死地。是韓延之這段文字的敘事不清。㉗嘿然　同「默然」。默不作聲，指不認罪、不請罪。㉘不盡者命耳　猶言「所差的就是沒有殺死他啦」。㉙推寄相與　推心置腹的彼此交往。㉚正當如此　就應該這樣有事商量著辦。㉛遽興兵甲　而您卻是立刻就派兵進行討伐。遽，立即。㉜欲加之罪二句　如果一定要加罪於人，難道還怕找不到理由嗎。這是春秋時晉臣里克被晉惠公所殺時臨死前說的話。見《左傳》僖公十年。㉝而復欲欺誑國士　還想拿來欺騙我。國士，一國中的傑出之士，用以自指，以表示對劉裕的不屈服。㉞處懷期物二句　「虛心待人，從來如此」，這是劉裕向韓延之這樣自誇。處懷，據《晉書・司馬休之傳》當作「虛懷」。㉟伐人之君　討伐我們的長官司馬休之。當時僚屬對其長官稱「君」。㊱啗人以利　而對被討伐者的下屬給以小恩小惠。啗，餵，這裡指引誘。㊲閶闔之門　皇宮的大門，這裡指朝廷。劉裕捏造「謀反」的罪名殺死劉藩，事見本書卷一百十六義熙八年。㊳諸葛斃於左右之手　諸葛長民被劉裕的侍從丁旿拉殺。事見本書卷一百十六義熙九年。㊴甘言詑方伯　以花言巧語哄騙劉毅。詑，哄騙。方伯，一方的諸侯之長，指劉毅任荊州刺史。所謂「甘言哄騙」是指劉裕在出兵襲擊劉毅前，對劉毅的請求百依百順。㊵襲之以輕兵　劉裕派王鎮惡假託劉藩以偷襲劉毅事，見本書卷一百十六義熙八年。㊶席上靡款懷之士　受你招待的人裡頭沒有一個人對你說真話。席，座席。靡，無；沒有。款懷，這裡指能交心，敢說實話。㊷閫外無自信諸侯　各地區的方面大員沒有一個人能踏踏實實地自保太平無事。閫外，京城的大門以外。閫，門坎，這裡指都門。自信，能自保無事。㊸得算　得意；得計。㊹寄命過日　如同判了死刑的人過一天算一天。㊺授命之臣　指能為其效死的部下。授命，臨危不懼，願為之效死，此韓延之自指。㊻自投虎口　指歸降劉裕。㊼比迹郗僧施之徒　做一個像郗僧施那樣毫無作為、束手被殺的人。比迹，與……的行為一樣。郗僧施原為丹楊尹，後為劉毅屬下的南蠻校尉，與劉毅親厚，無所作為地被劉裕所殺。事見本書卷一百十六義熙八年。㊽天長喪亂　老天爺助長壞人，幫著壞人陰謀得逞。㊾九流渾濁　以比喻山河變色，晉代滅亡。九流，即九河，泛指國內的各條大河。㊿當與臧洪遊於地下　意即甘願犧牲，做一個與臧洪品格相同的人。臧洪，字子源，東漢末年人，忠於漢室，拒絕袁紹勸降，城破被殺。事見本書卷六十一興平二年。(51)琅邪　郡名，郡治在今山東臨沂北。當時屬東晉。(52)庚子　二月十六。(53)河西胡　今陝西北部黃河西岸一帶的匈奴人。(54)江夏　郡名，郡治即今武漢。(55)三連　即三連戍，在今武漢北安陸南。(56)立橋　搭建橋樑。(57)江夏口　漢水與長江的匯口，在今武漢內。(58)破冢　地名，在江陵城東南。(59)林子　即沈林子，劉裕的部將，時為劉裕參軍。(60)馬頭　古城名，在今湖北公安北，與長江中的江津戍隔水相對，也在江陵城南。(61)三月壬午　三月二十九。(62)江津　即江津戍。(63)錄　拘捕。(64)不得奉教　不能聽你的招呼；不能讓你處置我。(65)劣容足指　剛剛能夠藉以登踩。劣，同「略」。僅僅。(66)乘　攻逼，猶今之所謂「壓過去」。(67)石城　即今湖北鍾祥。(68)譖姚宣　說姚宣的壞話。姚宣是姚興之子，前入朝曾力言姚弼之罪。(69)杏城　在今陝西黃陵西南。(70)秦州　姚興的秦州州治即今甘肅天水市。(71)小不忍二句　孔子語，見《論語．衛靈公》。(72)陛下之謂也　您現在就是這種情況。(73)北地　郡名，姚興的北地郡治即今陝西耀縣。(74)新平　郡名，姚興的新平郡治即今陝西彬縣。(75)廣武郡　西秦的廣武郡治在今甘肅永登東南。(76)乞伏魋尼寅　姓乞伏，名魋尼寅。(77)浩亹　縣名，縣治在今青海民和北。(78)勒姐嶺　在今青海西寧東，是當時勒姐羌居住的地方。(79)河西饑胡相聚於上黨　原住在陝西北部一帶的匈奴人，因饑荒先南下到了蒲子（今山西隰縣東北），今又匯聚到上黨一帶地區。上黨，郡名，郡治即今山西長治。(80)司馬順宰　河內（今河南沁陽）人，於義熙十年十二月在河內自稱晉王，據城以守。(81)謀主　專為人籌謀劃策的人。(82)寇魏河內　進攻魏國的河內郡。(83)同府　猶言「同僚」，都是劉敬宣的僚屬。(84)辟閭道秀　姓辟閭，名道秀。(85)廣固　即今山東青州。(86)乙卯　四月初三。(87)逡巡　意同「徘徊」，這裡是故意逗留。(88)己卯　四月二十七。(89)自長安逃歸　乞伏元基前與乞伏熾磐一道入朝於秦，留在長安，今乃逃回。(90)五月丁亥　五月初五。(91)大甯　即今河北張家口。(92)甲午　五月十二。(93)新蔡王道賜　此司馬道賜與剛在廣固殺害劉敬宣，被劉敬宣左右殺掉的司馬道賜不是一個人。(94)盡境　一直追到國境線上。(95)南陽　郡名，郡治即今河南南陽。(96)河東　郡名，郡治在今山西運城東北。(97)符讖之文　即所謂「讖文」或「讖語」，即陰謀家或騙子為蠱惑人心達到某種目的，而編造的一種迷信預言。符，指天降的「瑞應」。讖，即對未來的一種預言。(98)文王卒免羑里　殷紂王暴虐無道，把西伯姬昌（即日後的周文王）囚於羑里（今河南湯陰北），但姬昌最後還是被周國的群臣贖出了。事見《史記．周本紀》。(99)高祖不斃鴻門　范增與項羽安排好要在鴻門宴上殺劉邦，但劉邦最終還是逃走了。事見本書卷九高祖元年。(100)苟天命所在　如果註定了他日後要做皇上。(101)脫如符讖之言　如果真像符讖所說，該是姓司馬的來收拾天下，而且這個人就是司馬休之。(102)劍履上殿　可以佩帶寶劍，穿著靴子上殿見皇帝。(103)入朝不趨　在進入朝門以後不用使用小步急走的那種規定禮節。趨，小步疾行，這是古代臣子在君父跟前走路的一種特定姿勢。(104)贊拜不名　在叩見皇帝的時候，司儀的官員不用高唱這位權臣的姓名。以上三項都是君主對大臣特加的禮遇，也是歷代臣子篡位前的必經階段。(105)中軍長史　中軍將軍劉裕的長史。(106)謝方明　謝沖之子，謝安的姪孫。時任晉陵太守，又為劉裕的中軍長史。(107)南郡相　南郡封國的相，職同郡守。南郡的郡治也在江陵。為了讓他給劉道憐當長史，故任以為南郡相。(108)願為右翼　劉裕北清中原，出兵的方向是由南向北，沮渠蒙遜在西方，應說「願為左翼」，此處「右」字疑誤。(109)莅盟　前往參加定盟儀式。按，簽訂盟約應是帝王親行，如果不能，則派特使以帝王的名義前往參加。(110)湟河　郡名，郡治白土，在今青海樂都東南。(111)武威段暉　武威人段暉，此與當年南燕慕容超手下的段暉不是一個人。(112)宥　寬恕。(113)以厲事君　以鼓勵那些侍候人的人。厲，磨鍊，這裡是鼓勵、給人作楷模的意思。(114)乙弗窟乾　乙弗部落的首領，名叫窟乾。當時乙弗部落活動在今西寧以北的青海與甘肅交界處。(115)嶺北　胡三省以為此指洪池嶺以北。洪池嶺在今甘肅武威東南。(116)戊午　六月初七。(117)濡源　地名，因濡水的源頭而得名，在今內蒙古多倫與正藍旗一帶。濡水，即後來之所謂灤河。(118)上谷　郡名，拓跋魏的上谷郡治即今北京市之延慶。(119)涿鹿　城名，在今河北涿鹿東南。(120)廣甯　郡名，郡治即今河北涿鹿。(121)七月癸未　七月初二。(122)辛亥晦　七月的最後一天是辛亥日。(123)八月甲子　八月十三。(124)豫章公世子義符　劉裕的嫡子劉義符。豫章公是劉裕的爵號，封地為豫章郡。世子，諸侯的太子，未來的接班人。(125)兗州　此指南兗州，其州治在今江蘇鎮江市。(126)丁未　八月初一是「壬子」，本月中無「丁未」，疑字有誤。(127)謝裕　劉裕的高級僚屬，當時在朝任尚書右僕射，職同副宰相。(128)九月己亥　九月十九。(129)比歲霜旱　連年既有霜凍又有乾旱。(130)雲代　二郡名，雲中郡的郡治即盛樂，拓跋政權的舊都，在今內蒙古和林格爾北，代郡郡治即平城，在今山西大同東北。(131)都鄴　以鄴城為國都。當時的鄴城在今河北臨漳西南。前後曾為石勒、慕容德的都城。(132)特進　高級官僚的榮譽加官名，位在三公之下。(133)山東　崤山以東，泛指今之河南大部、山東西部、河北南部、安徽、江蘇北部一帶地區。(134)國家　自指拓跋魏政權。(135)廣漠之地　指遼闊的平原地區。(136)無涯　無際，多得沒法數。(137)舊都　指平城。(138)參居郡縣　分散開住到各郡各縣。(139)情見事露　意謂實力之大小一下子就被人看清了。情，真實情況。見，同「現」。(140)百姓　此指拓跋氏的鮮卑人。(141)屈丐　即建都統萬（今內蒙古烏審旗南的白城子）的赫連勃勃，夏政權的頭領。(142)窺窬　窺伺空隙，意即尋找機會發動進攻。(143)雲中平城必危　舊都盛樂、新都平城就將同時告急。雲中，此指雲中郡的首府，即盛樂舊都。(144)朝廷隔恒代千里之險　到那時遷到鄴城去的朝廷與盛樂、平城遠隔恒山、代郡，有千里之遙。恒，恒山，在今河北曲陽西北。代，代郡，今山西大同東北至河北蔚縣一帶地區。自恒山至代，中有飛狐口、倒馬關、夏屋、廣昌、五迴諸險塞。(145)聲實俱損　名聲上不好聽，事實上又的確受害。(146)布濩林薄之間　布置在叢林草澤之中。布濩，散布；布置。林薄，叢林、草澤。(147)湩酪　馬奶，這裡即指各種牲畜之奶可供人飲用者。(148)簡　挑選。(149)就食山東　到崤山以東地區找飯吃。(150)國人　指拓跋氏本部落的人。(151)山東三州　指定州、相州、冀州。定州的州治中山，即今河北定州；相州的州治鄴城，在今河北臨漳西南；冀州的州治信都，即今河北冀州。(152)左部尚書　當時魏國將其領土由京城向八方輻射分成八個地區，稱為八部，其長官稱八部大人，後又設東、西、南、北、前、後、左、右八尚書。(153)安集　安撫、保護。(154)躬耕藉田　帝王親自「耕種」藉田，以表示其重農親民，為民表率。藉田，以稱古代帝王為表示其對農業、農耕的關心，而親自耕種的那片特定的地塊。(155)勸課農桑　鼓勵、督促農民認真從事種地養蠶。(156)遂入新平　接著攻進了新平郡，新平郡的郡治即今陝西彬縣。(157)龍尾堡　即今陝西岐山縣。(158)藥動　服五石散的藥性發作。(159)緝諧　和睦，這裡用如動詞，意即「團結」。(160)乞退就藩　請求退出太子的位置，回到自己的封地上去。(161)熒惑在匏瓜中　即熒惑星運行到了匏瓜星座的位置。熒惑，即今之火星。匏瓜，星座名，《晉書·天文志》：「匏瓜在天津之南，天漢分流夾之。」(162)於法　按照一般的法則。(163)當入危亡之國　應該是進入了該當滅亡的那個國家的星空分野。(164)先為童謠妖言　先出現一些兒歌、謠言，在這些兒歌、謠言中顯露出有關災禍的消息。(165)然後行其禍罰　然後老天爺才給這個地區降下災難，以表示對人類的懲罰。(166)太史　太史令，主管觀察天文星象與祭祀的官員。(167)議熒惑所詣　分析天空上的熒惑星究竟到哪裡去了。(168)春秋左氏傳神降于莘　《春秋左氏傳》的莊公三十二年有所謂「秋七月，有神降于莘。」莘，地名，在當時的虢國境內，即今河南三門峽市城西的莘原。(169)以其至之日推知其物　根據「熒惑消失在匏瓜中」的時間來分析推測這個事體。(170)庚午之夕二句　八十日以後的「庚午」日，也就是十二月二十一的夜晚，和第二天「辛未」日，也就是十二月二十二的早晨。(171)天有陰雲　因為有陰雲，所以人們才看不見「熒惑」（火星）到哪裡去了。(172)熒惑之亡二句　所謂「熒惑的消失」，就發生在十二月的二十一與二十二兩天裡。(173)庚之與未二句　《晉書·天文志》：「自東井十六度至柳八度為鶉首，於辰在未，秦之分野。自柳九度至張十六度為鶉火，於辰為午，周之分野。」時姚興佔據關中、洛陽，兼有秦、周之地，故云「皆主於秦」。(174)辛為西夷　庚辛皆指西方，也是姚秦的方向，故曰「西夷」。(175)入秦　進入了秦國的分野，也就是進入了對應秦國的星空區域。(176)熒惑出東井　熒惑星運行到了東井的位置。東井即井宿，古天文學劃之為秦國的分野。恰中崔浩所言。(177)留守句己　停留、環繞在井宿的周圍。句己，同「鉤己」。去而復來，不肯離去的樣子。《晉書·天文志》曰：「熒惑為亂，為賊、為疾、為喪、為饑、為兵，所居國受殃，環繞鉤己，芒角動搖變色，乍前乍後，乍左乍右，其殃愈甚。」(178)昆明池　古長安城西的湖水名，漢武帝時所造。(179)童謠訛言　童謠中唱出了很多險惡的訊息。(180)間一歲而秦亡　又過了一年姚氏的秦國就被滅亡了。(181)眾乃服浩之精妙用「神降于莘」作為虢國將被晉國滅亡的先兆，這本來就是《左傳》作者騙人的鬼話，而崔浩用來類比與推測「熒惑消失在匏瓜」這件天文怪事，並結論為要倒楣的一定是秦國，這顯然都是事情過後一些人的編造，也許就是崔浩自己的編造。(182)十月壬子　十月初二。(183)鑄金人不成　拓跋魏立皇后時，令候選女子手鑄金人，鑄不成則不能為皇后。前拓跋珪立皇后，令二女鑄金人事見本書卷一百十一隆安四年。(184)辛酉　十月十一。(185)如沮洳城　前往沮洳城。沮洳城在內蒙古興和西北。(186)癸亥　十月十三。(187)十一月丁亥　十一月初八。(188)豺山宮　在今山西右玉境內的豺山上。(189)庚子　十一月二十一。(190)彌姐康薄　南羌部落的兩個頭領名。南羌當時活動在今甘肅、四川的交界處。(191)赤水　也叫赤亭水，由東南流來，在今甘肅隴西縣東南入渭水。(192)略陽　郡名，郡治在今甘肅天水市東。(193)起兵有功　指殺慕容熙，擁立馮跋。事見本書卷一百十四義熙三年。(194)開府　開建府署，設置僚屬。漢代以此為對國家三公和大將軍的一種禮遇，魏晉以後對州刺史、督軍稱為「開府儀同三司」，再往後遂漸成為一種榮譽稱號。(195)務銀提　馮跋的佐命元勳，自以為功在孫護之上。(196)林邑　越南中部的古代小國名，也稱「占城」、「占婆」，約在今之廣義、歸仁一帶地區。(197)交州　州治龍編，在今越南河內東北，當時屬東晉。

【校　記】①命　原無此字。據章鈺校，甲十一行本、乙十一行本、孔天胤本皆有此字，張敦仁《通鑑刊本識誤》同，今據補。②廣漠　原作「廣漢」。胡三省注云：「據《北史・崔浩傳》作『廣漠』，當從之。漠，大也。」據章鈺校，乙十一行本作「廣漠」，今據改。③食　據章鈺校，甲十一行本、乙十一行本、孔天胤本皆作「穀」。④姚周都　原作「姚軍都」。據章鈺校，甲十一行本、乙十一行本、孔天胤本皆作「姚周都」，張瑛《通鑑校勘記》同，今據改。⑤未　原作「午」。嚴衍《通鑑補》改作「未」，今據以校正。

【語　譯】安皇帝壬

義熙十一年（乙卯　西元四一五年）

春季，正月初二日丙辰，北魏皇帝拓跋嗣從討伐柔然的前線返回京師平城。

東晉太尉劉裕將司馬休之留在京師建康的次子司馬文寶、司馬休之的姪子司馬文祖全都抓起來，並下令讓他們自殺，同時發兵西上攻打司馬休之。晉安帝司馬德宗下詔將代表征伐大權的黃鉞授予太尉劉裕，任命劉裕兼任荊州刺史。正月十六日庚午，實行大赦。

正月二十三日丁丑，東晉任命擔任吏部尚書的謝裕為尚書左僕射。

正月二十七日辛巳，東晉太尉兼荊州刺史的劉裕率軍從京師建康出發。他任命擔任中軍將軍的劉道憐為監留府事，主管太尉府留守事宜，任命劉穆之兼任右僕射。朝廷中的各種事務，不論大小，全部由劉穆之裁決。劉裕又任命擔任高陽內史的劉鍾兼任主管京師建康整個防務的石頭戍事，率軍屯駐在冶亭。在司馬休之荊州刺史府擔任司馬的張裕、擔任南平太守的檀範之聽到太尉劉裕親自率軍前來討伐的消息，全都逃回了京師建康。張裕，是張邵的哥哥。擔任雍州刺史的魯宗之懷疑太尉劉裕最終也容不下自己，於是便與自己的兒子、擔任竟陵太守的魯軌起兵響應司馬休之。二月，司馬休之一面上表給晉安帝司馬德宗，揭露太尉劉裕的各種罪行，一面部署軍隊，積極應對劉裕的進攻。

劉裕祕密寫信給在司馬休之荊州刺史府擔任錄事參軍的南陽人韓延之，要他棄暗投明，歸降自己，韓延之回信給劉裕說：「承蒙閣下親自率領兵馬，經過長途跋涉來到這遙遠的西部荊楚，荊楚境內無論是官僚仕宦、知識分子，還是普通的庶民百姓，無不惶恐驚駭。承蒙閣下寫信，將譙王司馬文思捶殺國吏之事告訴於我，確實令人感歎。平西將軍司馬休之對國家忠貞不二，他待人誠實懇切，虛懷若谷，禮賢下士。因為閣下有消滅叛黨、復興晉室的功勞，朝廷對閣下十分仰仗和依賴，所以也對閣下心存感激而推心置腹，每件事情都要徵詢閣下的意見。譙王司馬文思以前因為一點小過失遭到彈劾的時候，作為父親的平西將軍司馬休之尚且親自上表給皇帝，請求辭去自己的爵位；何況是譙王司馬文思犯下擅自殺死國吏的大罪，司馬休之豈能保持沉默？此前他上表請求廢黜司馬文思的王爵，唯一做得不夠的是他沒有將司馬文思殺死而已。彼此之間推心置腹地交往，就應該這樣有事商量著辦。而閣下卻馬上出動大軍前來征討，正所謂『欲加之罪，何患無辭？』劉裕先生閣下，全國之人，有誰看不出閣下的這種政治用心，而閣下反倒拿來欺騙我這樣的傑出人士？閣下在來信中說『虛心待人，從來如此』，如今您率軍前來攻伐我的長官，還用小恩小惠來收買被討伐者的屬下，在這方面還可以說得上是『虛心待人，從來如此』嗎？兗州刺史劉藩死在京師建康的閶闔門，豫州刺史諸葛長民死在閣下的親信丁旿之手，您一方面用花言巧語欺騙擔負一方重任的刺史，一面卻派遣輕裝部隊突然前來襲擊；閣下的所作所為，導致了在您的座席之上沒有了暢述胸懷的誠信忠貞之士，都門之外缺少了自信可以保全性命的諸侯，您還以為自己的計謀已經得逞，確實是可恥啊！在貴府工作的將佐以及朝廷中那些賢德的大臣，都在數著天數過日子，因為他們不知道哪一天就會被您殺掉。我確實見識鄙陋膚淺，然而也曾經從有道德的君子那裡聽到過一些做人的道理，像平西將軍司馬休之那樣具有崇高品行的人，怎麼可以沒有為他效死的部屬呢？我肯定不能自投虎口，做一個像郗僧施那樣毫無作為、卻束手被殺的人，這是再明確不過的了。假使上天想要助長壞人，令壞人的陰謀得逞，使晉室的山河變色、國家滅亡，我將追隨東漢末年的臧洪，與他一同遨遊於地下，就此擱筆，不再多言。」劉裕看了韓延之的覆信，不禁連連歎息，他把此信拿給自己的將佐和僚屬觀看，劉裕說：「做人家的部屬就應該像韓延之這個樣子！」韓延之因為劉裕的父親名叫劉翹，字顯宗，於是便把自己的字改為顯宗，給自己兒子取名叫韓翹，以此表示自己絕不臣服於劉氏的決心。

東晉擔任琅邪太守的劉朗率領二千多家居民投降了北魏。

二月十六日庚子，居住在北涼境內黃河以西地區的匈奴部落首領劉雲等率領數萬戶居民投降了北魏。

東晉太尉劉裕派擔任參軍的檀道濟、朱超石率領著一支步騎兵從雍州的襄陽出發。朱超石，是朱齡石的弟弟。擔任江夏太守的劉虔之率領江夏軍屯紮在三連戍，他搭建橋樑，聚積糧草，等待與檀道濟所率領的朝廷軍會師。然而一連幾天也不見檀道濟等到來，魯軌向劉虔之所駐守的三連戍發動襲擊，將劉虔之殺死。太尉劉裕派自己的女婿、擔任振威將軍的東海人徐逵之統領參軍蒯恩、王允之、沈淵子為前鋒，出兵攻打江夏口。徐逵之等與魯軌在破冢展開大戰，徐逵之等所率領的朝廷軍被魯軌打敗，徐逵之、王允之、沈淵子全部戰死，只有參軍蒯恩約束軍隊，原地不動。魯軌乘勝拼力攻擊蒯恩，不能取勝，遂率軍退走。沈淵子，是沈林子的哥哥。

劉裕將軍隊駐紮在馬頭，當他聽到自己的女婿徐逵之戰死的消息，憤怒到了極點。三月二十九日壬午，便率領諸將向北渡過長江。竟陵太守魯軌、司馬休之的長子司馬文思率領著司馬休之屬下的四萬人馬沿著陡峭的江岸設防，劉裕的軍士沒有人能夠登上陡峭的崖岸。劉裕於是便身披鎧甲，想要親自率軍往上攀登，諸將雖然極力勸阻，劉裕就是不從，而且更加憤怒。擔任太尉主簿的謝晦上前抱住劉裕不讓他上，劉裕抽出身上的佩劍指著謝晦說：「我要砍下你的腦袋！」謝晦說：「天下可以沒有我謝晦，卻不能沒有主公！」擔任建武將軍的胡藩當時正率領著一支游擊部隊駐紮在江津戍，劉裕呼喚胡藩，讓胡藩率軍攻擊設在峭壁上的荊州守軍，胡藩露出畏難的神色。劉裕立即命令左右將胡藩捆起來，準備將胡藩殺死。胡藩回過頭來說：「我正要率軍攻擊逆賊，請寬恕我不能遵從你的命令。」說完之後，便用刀尖在峭壁上戳出一個小洞，僅僅能夠容納一個腳尖，然後便登踩著騰空而上，於是跟隨他躍上峭岸的人逐漸增多。胡藩登上陡峭的崖岸之後，逕直向前，奮力拼殺。司馬休之的軍隊抵擋不住，逐漸地向後退卻。劉裕所率的朝廷軍遂趁機而上，司馬休之被打得大敗，士卒四散奔潰，劉裕遂攻克了江陵。司馬休之、魯宗之全都向北逃走，魯軌留守石城。劉裕命令閬中侯下邳人趙倫之、太尉參軍沈林子率軍攻打石城；又派擔任武陵內史的王鎮惡率領水軍追趕司馬休之等。

東晉有數百人聚集在一起趁黑夜襲擊了冶亭，京師建康為此感到震驚和恐懼，劉鍾率軍將其消滅。

後秦廣平公姚弼在後秦王姚興面前說姚宣的壞話，姚宣的司馬權丕從姚宣的鎮所杏城回到長安奏事，後秦王姚興便責備權丕，說權丕沒有輔佐好姚宣，要將權丕殺死；權丕害怕自己被殺，於是便以各種罪名誣陷姚宣，以求自己免禍。姚興非常憤怒，立即派使者前往杏城，就地逮捕姚宣，將姚宣關入監獄，同時命令廣平公姚弼率領三萬人鎮守秦州。擔任京兆尹的尹昭對後秦王姚興說：「廣平公姚弼與太子姚泓不和睦，如今讓廣平公在外手握重兵，陛下一旦去世，國家可就危險了。『小不忍，亂大謀』，陛下現在就是這種情形。」姚興沒有接受尹昭的意見。

夏王赫連勃勃率軍攻打後秦的杏城，將杏城攻佔，活捉了杏城守將姚逵，坑殺了杏城的二萬居民。後秦王姚興前往北地郡巡視，他派遣廣平公姚弼與輔國將軍斂曼嵬率軍前往新平，姚興返回都城長安。

北涼河西王沮渠蒙遜率軍進攻後秦所屬的廣武郡，將廣武郡佔領。西秦王乞伏熾磐派部將乞伏魋尼寅在浩亹攔擊河西王沮渠蒙遜，乞伏魋尼寅被沮渠蒙遜擊敗、殺死；乞伏熾磐又派將軍折斐等率領一萬名騎兵據守勒姐嶺，結果折斐又被沮渠蒙遜活捉。

北涼河西地區飢餓的匈奴人全都聚集到上黨，共同推舉匈奴人白亞栗斯為單于，改年號為「建平」，任用自稱晉王的司馬順宰為出謀劃策之人，率領部眾進犯北魏的河內郡。夏季，四月，北魏皇帝拓跋嗣令公孫表等五員將領率軍討伐匈奴人的叛亂。

東晉青、冀二州刺史劉敬宣的參軍司馬道賜，在宗室當中與皇帝司馬德宗的血緣關係比較疏遠。他聽到太尉劉裕率領大軍討伐平西將軍司馬休之，遂與劉敬宣的另一位僚屬辟閭道秀、劉敬宣身邊的下級官吏王猛子一起密謀殺死劉敬宣，佔據廣固城以響應司馬休之。四月初三日乙卯這一天，劉敬宣召見辟閭道秀，劉敬宣屏退了從人，與辟閭道秀祕密談話，劉敬宣身邊的侍從全部退出門外，只有王猛子慢慢騰騰地走在最後，王猛子突然回身奪取了劉敬宣的防身佩刀，將劉敬宣殺死。劉敬宣屬下的文武僚佐立即反擊司馬道賜等，把司馬道賜等全部殺死。

四月二十七日己卯，北魏皇帝拓跋嗣離開平城前往魏國北部巡視。

西秦王乞伏熾磐的兒子乞伏元基從後秦的都城長安逃回枹罕，乞伏熾磐遂任命乞伏元基為尚書左僕射。

五月初五日丁亥，北魏皇帝拓跋嗣前往大甯。

東晉閬中侯趙倫之、太尉參軍沈林子奉太尉劉裕之命，攻破了竟陵太守魯軌所佔據的石城，平西將軍司馬休之、雍州刺史魯宗之來不及救援，遂與魯軌一起逃奔雍州治所襄陽，魯宗之的參軍李應之緊閉襄陽城門，拒絕魯宗之等入城。五月十二日甲午，司馬休之、魯宗之、魯軌以及譙王司馬文思、新蔡王司馬道賜、梁州刺史馬敬、南陽太守魯範全部投奔了後秦。魯宗之一向得到雍州士民的擁護，於是都爭相護衛著他逃出國境。武陵內史王鎮惡等率軍追趕，一直追到國境線上，沒有追上，只好返回。

當初，司馬休之等向後秦、北魏請求出兵相救，後秦擔任征虜將軍的姚成王以及早些時從東晉投奔後秦的司馬國璠率軍抵達南陽，北魏南部大人長孫嵩率軍抵達河東，他們聽到司馬休之等已經失敗的消息，遂各自率軍返回本國。司馬休之來到後秦的京師長安，後秦王姚興任命司馬休之為揚州刺史，令他率領後秦軍侵擾東晉的襄陽。後秦擔任侍御史的唐盛對姚興說：「根據預言傳說，司馬氏還能再次收復河、洛一帶。現在讓司馬休之率軍在外，就如同把游魚放回深淵，不如封給他一個很高的爵位和豐厚的待遇，把他留在京師長安。」姚興說：「過去周文王終於能夠從羑里的監獄中被釋放出來，漢高祖劉邦也沒有死於項羽擺設的鴻門宴，假使天命確實還眷顧著司馬氏，誰又能違背得了天命呢？如果真像預言所說的那樣，把司馬休之留在我們的京師長安，恰好足以成為我們的禍害。」遂派司馬休之率軍出征，攻打襄陽。

東晉安帝司馬德宗下詔加授太尉劉裕為太傅、揚州牧，可以佩戴寶劍、穿著鞋子上殿，進入朝門以後，不必使用小步快走的禮節，叩見皇帝的時候，司儀不用高唱姓名。任命擔任兗、青二州刺史的劉道憐為都督荊‧湘‧益‧秦‧寧‧梁‧雍七州諸軍事、驃騎將軍、荊州刺史。劉道憐為人貪婪，人格低下，沒有什麼才能，劉裕令擔任中軍長史的晉陵太守謝方明為驃騎長史、南郡相，命劉道憐驃騎將軍府中的各種事務都要先諮詢於謝方明才能進行裁決。謝方明，是謝沖的兒子。

東晉擔任益州刺史的朱齡石派使者前往北涼的都城姑臧，向河西王沮渠蒙遜宣揚東晉朝廷的威信和恩德。沮渠蒙遜也派舍人黃迅為使者前往朱齡石所在的益州進行回訪，並且上表給東晉皇帝司馬德宗說：「聽說車騎將軍劉裕準備肅清中原，我願意為他充當右翼，驅逐戎虜。」

夏王赫連勃勃派遣擔任御史中丞的烏洛孤前往北涼的都城姑臧，參加與河西王沮渠蒙遜的結盟儀式，北涼河西王沮渠蒙遜派自己的弟弟、擔任湟河太守的沮渠漢平到夏國參加盟約簽訂儀式。

西秦王乞伏熾磐率領三萬人襲擊北涼的湟河郡，沮渠漢平率軍進行抵抗，同時派擔任司馬的隗仁利用黑夜作掩護，出兵襲擊乞伏熾磐，將乞伏熾磐打敗。乞伏熾磐正準備率軍撤退，沮渠漢平手下的長史焦昶、將軍段景暗中勾結乞伏熾磐，於是乞伏熾磐再次率軍進攻湟河，焦昶、段景趁機勸說沮渠漢平出城投降了乞伏熾磐。北涼擔任司馬的隗仁率領一百多名勇士據守南門樓，乞伏熾磐指揮軍隊連續攻打了三天都沒有攻下，後來力量全部耗盡，遂被乞伏熾磐擒獲。乞伏熾磐想要殺掉隗仁，散騎常侍武威人段暉勸阻說：「隗仁面對危難，不懼怕死亡，這是一位忠臣，應該寬恕他，用以激勵臣屬，令他們知道應該如何侍奉君主。」乞伏熾磐遂沒有殺掉隗仁，而是把他囚禁起來。西秦王乞伏熾磐任命擔任左衛將軍的匹達為湟河郡太守，然後率軍攻擊乙弗部落首領窟乾，俘虜了三千多戶居民而後返回。乞伏熾磐任命擔任尚書右僕射的出連虔為都督嶺北諸軍事、涼州刺史，任命擔任涼州刺史的乞伏謙屯為鎮軍大將軍、河州牧。北涼隗仁在西秦被囚禁了五年之後，段暉又替他向西秦王乞伏熾磐求情，乞伏熾磐才將他赦免，讓他返回北涼的都城姑臧。

六月初七日戊午，北魏皇帝拓跋嗣前往濡源，又從濡源抵達上谷、涿鹿、廣甯。秋季，七月初二日癸未，拓跋嗣返回平城。

西秦王乞伏熾磐任命擔任秦州刺史的曇達為尚書令，任命擔任光祿勳的王松壽為秦州刺史。

七月最後一天三十日辛亥，發生日蝕。

八月十三日甲子，東晉太尉劉裕從江陵回到京師建康，他依然堅決推辭了太傅、揚州牧的職位，其他待遇則全部接受。任命豫章郡公劉裕的世子劉義符為兗州刺史。〇丁未日，東晉尚書左僕射謝裕去世，任命劉穆之為尚書左僕射。

九月十九日己亥，東晉實行大赦。

北魏連續幾年遭受霜災、旱災，雲中、代郡一帶的居民餓死了很多。擔任太史令的王亮、蘇坦對北魏皇帝拓跋嗣說：「按照預言家所說的，我們魏國應當把都城建在鄴城，才能使國家富強，百姓安樂。」拓跋嗣向群臣徵求意見，擔任博士祭酒的崔浩、位在特進的京兆人周澹都說：「如果把都城遷往鄴城，雖然可以暫時解決今年糧荒的問題，卻不是長久之計。崤山以東的人都認為我們佔有遼闊的平原地區，人民和牲畜多得沒有辦法統計，所以形容我們『民眾多如牛毛』。如果我們留下一部分兵力守衛平城，分出一部分向南遷移，則民眾不能遍布各州之地，只能分散開住到各郡縣，我們實力的大小一下子就被別人看透了，恐怕四周的國家都會因此而輕視我們；再加上百姓遷移之後，不服水土，疾病、死亡，一定會很多。還有，舊都平城的守軍一旦減少，赫連勃勃、柔然就會尋找機會發動進攻，如果他們出動全國的兵力前來進犯，盛樂、平城必定會陷入險境而向鄴城告急。而遠在鄴城的朝廷與盛樂、平城之間有恆山、代郡之間的險要阻隔，很難及時趕回救援，這將使我們在聲望、實力兩個方面都遭受嚴重的損害。而現在我們定都北方，假使崤山以東有什麼變故，我們率領輕裝騎兵迅速南下，布置在叢林草莽之間，誰能知道我們有多少人馬？百姓望見塵土飛揚就會感到震驚害怕而向我們屈服，這就是我們國家用來威懾中原地區那些漢人的法寶。等到來年春天，春草萌發，家畜興旺，馬奶、奶酪就會多起來，再加上青菜、水果，堅持到秋季莊稼成熟，則難關就算過去了。」拓跋嗣說：「如今我們的倉廩之中，一點糧食儲備都沒有，靠什麼來堅持等到明年秋天，如果明年秋天又是一個饑荒年景，我們該怎麼辦？」崔浩等回答說：「應該挑選出最貧窮的人家，送他們到山東一帶謀生；如果來年秋季還是災荒年景，到那時再另想辦法，但現在就是不能遷都。」拓跋嗣聽後非常高興地說：「只有你們二人跟我的想法相同。」遂從鮮卑人中挑選出最貧困的人家前往山東的定州、相州、冀州謀生，同時派遣擔任左部尚書的代郡人周幾率領部眾鎮守魯口，負責安頓照顧這些前來謀生的饑民。北魏皇帝拓跋嗣親自到藉田耕作，並且命令有關部門的官員鼓勵、督促農戶種田植桑。第二年便獲得了農業大豐收，民眾逐漸富裕、安定下來。

夏國將軍赫連建率軍攻擊後秦，活捉了後秦擔任平涼太守的姚周都，遂進入新平。後秦廣平公姚弼在龍尾堡抗擊赫連建，將赫連建活捉。

後秦王姚興服食五石散後藥性發作，廣平公姚弼假稱有病不肯入宮探望，卻在自己的府第之中聚集兵馬。姚興得知消息之後，非常生氣，就把姚弼的黨羽擔任治書侍御史的唐盛以及孫玄等殺死。太子姚泓向後秦王姚興請求說：「我沒有才能，不能使兄弟之間和睦相處，以致到了今天的這種地步，這都是我的罪過。如果我死了能使國家安定，希望陛下馬上令我自殺；如果陛下不忍心殺死我，就請廢黜我的太子之位，讓我回到我的封國去。」姚興不禁動了惻隱之心，於是便把姚讚、右僕射梁喜、京兆尹尹昭以及輔國將軍斂曼嵬召來共同商議，遂將廣平公姚弼逮捕關入監牢，準備將姚弼殺死之後，徹底肅清他的黨羽。太子姚泓痛哭流涕地替姚弼向姚興求情，姚興便把姚弼、連同姚弼的黨羽全部赦免。姚泓仍然像過去那樣對待姚弼，就連一點怨恨的神色都沒有。

北魏的太史官向北魏皇帝拓跋嗣奏報說：「熒惑星運行到了匏瓜星座的位置，卻突然不知去向。按照星象運轉的法則，應該是進入了即將滅亡的國家的星空分野。熒惑星所在的國家首先會出現一些兒歌、謠言，在這些兒歌、謠言當中顯露出有關災禍的一些信息，然後上天才會給這個國家降下災禍，以示對人類的懲罰。」北魏皇帝拓跋嗣於是招集了十幾位有名的儒家學者，讓他們與太史令一同分析熒惑星的去向，擔任博士祭酒的崔浩回答說：「《春秋左氏傳》記載『有神降於虢國境內的莘原』，現在我們也根據『熒惑消失在匏瓜中』的時間來分析推測這個事體。庚午的晚上和辛未的早晨，天空被陰雲覆蓋，熒惑星的失蹤，應該是在這兩天之中。庚與未都是古代秦國的分野，而辛的分野也是指西方的夷族。如今後秦姚興佔據著長安，熒惑星一定是進入了秦國的分野。」眾人都憤怒地說：「天上的星辰失去所在，人間怎能知道它的去向！」崔浩只是笑了笑，沒有回答。此後過了八十多天，熒惑之星突然出現在東井星座的旁邊，若隱若現，環繞、停留在井宿的周圍，過了很長時間才離去。後秦發生很嚴重的旱災，昆明池中的水已經枯竭，童謠中唱出了很多險惡的訊息，秦國之內，人心不安，隔了一年之後，後秦便滅亡了。眾人這才佩服崔浩推測的精妙。

冬季，十月初二日壬子，後秦王姚興讓擔任散騎常侍的姚敞等護送自己的女兒西平公主前往北魏的都城平城，北魏皇帝拓跋嗣用迎娶皇后的盛大禮節將西平公主接入皇宮。拓跋嗣按照魏國的傳統，讓西平公主親手鑄造金人，結果沒有成功，拓跋嗣因此不能立西平公主為皇后，遂封西平公主為夫人，然而對西平公主卻極為寵幸。

十月十一日辛酉，北魏皇帝拓跋嗣從平城前往沮洳城。十三日癸亥，拓跋嗣從沮洳城返回平城。十一月初八日丁亥，拓跋嗣又前往豺山宮。二十一日庚子，返回平城。

西秦王乞伏熾磐派遣襄武侯曇達等率領一萬名騎兵前往赤水，攻打南羌的部落首領彌姐和康薄，彌姐、康薄都向曇達等投降。西秦任命王孟保為略陽郡太守，鎮守赤水。

北燕尚書令孫護的弟弟孫伯仁擔任昌黎尹，孫伯仁與自己的弟弟叱支乙拔都很有才能和勇力，因為跟隨北燕天王馮跋起兵奪權有功，遂向燕王馮跋請求開府儀同三司，因為馮跋沒有同意，遂口出怨言，馮跋便將他二人殺死。為了安撫孫護，遂提升孫護為開府儀同三司、錄尚書事，然而孫護依然怏怏不快，馮跋便用毒酒毒死了孫護。擔任遼東太守的務銀提也自認為有功，卻被任命為邊郡太守，因此心懷怨望，遂密謀叛逃別國，事情洩露，馮跋將務銀提殺死。

林邑國出兵進犯東晉所屬的交州，被交州守將擊敗，退走。

十二年（丙辰　西元四一六年）

春，正月甲申❶，魏主嗣如豺山宮。戊子❷，還平城。

加太尉裕兗州刺史、都督南秦州❸，凡❹都督二十二州❺。以世子義符❻為豫州❼刺史。

秦王興使魯宗之將兵寇襄陽，未至而卒。其子軌引兵入寇，雍州❽刺史趙倫之擊敗之。

西秦王熾磐攻秦洮陽公彭利和於漒川❾，沮渠蒙遜攻石泉❿以救之。熾磐至沓中⓫，引還。二月，熾磐遣襄武侯曇達救石泉，蒙遜亦引去。蒙遜遂與熾磐結和親。

秦王興如華陰⓬，使太子泓監國⓭，入居西宮⓮。興疾篤，還長安，黃門侍郎尹沖謀因泓出迎而殺之。興至，泓將出迎，宮臣⓯諫曰：「主上疾篤，姦臣⓰在側，殿下今出，進不得見主上，退有不測之禍。」泓曰：「臣子聞君父疾篤而端居⑰不出，何以自安？」對曰：「全身以安社稷，孝之大者也。」泓乃止。尚書姚沙彌謂尹沖曰：「太子不出迎，宜奉乘輿⑱幸廣平公第⑲。宿衛將士⑳聞乘輿所在，自當來集，太子誰與守㉑乎？且吾屬以廣平公之故，已陷名逆節㉒，將何所自容㉓？今奉乘輿以舉事㉔，乃杖大順㉕，不惟救廣平之禍㉖，吾屬前罪亦盡雪㉗矣。」沖以興死生未可知，欲隨興入宮作亂，不用沙彌之言。

興入宮，命太子泓錄尚書事，東平公紹㉘及右衛將軍胡翼度典兵禁中㉙，防制內外㉚。遣殿中上將軍斂曼嵬收弼第中甲仗㉛，內之武庫㉜。

興疾轉篤，其妹南安長公主問疾，不應。幼子耕兒出，告其兄南陽公愔曰：「上已崩矣，宜速決計！」愔即與尹沖帥甲士攻端門㉝，斂曼嵬、胡翼度等勒兵閉門拒戰。愔等遣壯士登門，緣屋而入，及于馬道㉞。泓侍疾在諮議堂，太子右衛率姚和都率東宮兵入屯馬道南。愔等不得進，遂燒端門。興力疾㉟臨前殿，賜弼死。禁兵見興，喜躍，爭進赴賊，賊眾驚擾。和都以東宮兵自後擊之，愔等大敗。愔逃于驪山㊱，其黨建康公呂隆㊲奔雍㊳，尹沖及弟泓來奔㊴。興引東平公紹及姚讚、梁喜、尹昭、斂曼嵬入內寢，受遺詔輔政。明日，興卒㊵，泓祕不發喪，捕南陽公愔及呂隆、大將軍尹元等，皆誅之，乃發喪，即皇帝位，大赦，改元「永和」。泓命齊公恢[41]殺安定太守呂超[42]，恢猶豫久之，乃殺之。泓疑恢有貳心，恢由是懼，陰聚兵謀作亂。泓葬興于偶陵，諡曰「文桓皇帝」，廟號「高祖」。

初，興徙李閏羌[43]三千戶於安定。興卒，羌酋党容[44]叛，泓遣撫軍將軍姚讚討降之，徙其酋豪[45]于長安，餘遣還李閏。北地[46]太守毛雍據趙氏塢[47]以叛，東平公紹討禽之。時姚宣[48]鎮李閏，參軍韋宗聞毛雍叛，說宣曰：「主上新立，威德未著，國家之難，未可量也，殿下不可不為深慮。邢望[49]險要，宜徙據之，此霸王之資也。」宣從之，帥戶三萬八千，棄李閏，南保邢望。諸羌據李閏以叛，東平公紹進討破之。宣詣紹歸罪，紹殺之。

三月[1]，加太尉裕中外大都督。裕戒嚴[50]將伐秦，詔加裕領司、豫二州刺史，以其世子義符為徐、兗二州[51]刺史。琅邪王德文請啟行戎路[52]，脩敬山陵[53]，詔許之。

夏，四月壬子[54]，魏大赦，改元「泰常」[55]。

西秦襄武侯曇達等擊秦秦州刺史姚艾於上邽，破之，徙其民五千餘戶於枹罕。

五月癸巳[56]，加太尉裕領北雍州[57]刺史。

六月丁巳[58]，魏主嗣北巡。

并州胡[59]數萬落叛秦，入于平陽[60]，推匈奴曹弘[61]為大單于，攻立義將軍姚成都于匈奴堡[62]。征東將軍姚懿[63]自蒲坂[64]討之，執弘，送長安，徙其豪右[65]萬五千落于雍州。

氐王楊盛攻秦祁山[66]，拔之，進逼秦州[67]。秦後將軍姚平救之，盛引兵退，平與上邽守將姚嵩追之。夏王勃勃帥騎四萬襲上邽，未至，嵩與盛戰於竹嶺[68]，敗死。勃勃攻上邽二旬，克之，殺秦州刺史姚軍都及將士五千餘人，因毀其城；進攻陰密[69]，又殺秦將姚良子及將士萬餘人，以其子昌為雍州刺史，鎮陰密。征北將軍姚恢棄安定，奔還長安，安定人胡儼等帥戶五萬據城降於夏。勃勃使鎮東將軍羊苟兒將鮮卑五千鎮安定，進攻秦鎮西將軍姚諶[70]于雍城，諶委鎮[71]奔長安。勃勃據雍，進掠郿城[72]。秦東平公紹及征虜將軍尹昭等將步騎五萬擊之，勃勃退趨安定，胡儼閉門拒之，殺羊苟兒及所將鮮卑，復以安定降秦。紹進擊勃勃於馬鞍阪[73]，破之，追至朝那[74]，不及而還。勃勃歸杏城。楊盛復遣兄子倦擊秦，至陳倉[75]，秦斂曼嵬擊卻之。夏王勃勃復遣兄子提南侵泄陽[76]，秦車騎將軍姚裕等擊卻之。

涼司馬索承明[77]上書勸涼公暠伐河西王蒙遜。暠引見，謂之曰：「蒙遜為百姓患，孤豈忘之？顧勢力未能除耳。卿有必禽之策，當為孤陳之；直唱大言[78]，使孤東討，此與言『石虎小豎，宜肆諸市朝[79]』者何異！」承明慚懼而退。秋，七月，魏主嗣大獵於牛川[80]，臨殷繁水[81]而還。戊戌[82]，至平城。八月丙午[83]，大赦。○寧州[84]獻琥珀枕[85]於太尉裕。裕以琥珀治金創[86]，得之大喜，命碎擣分賜北征將士。

裕以世子義符為中軍將軍，監太尉留府事[87]。劉穆之為左僕射，領[88]監軍、中軍二府軍司[89]，入居東府[90]，總攝內外。以太尉左司馬東海徐羨之[91]為穆之之副，左將軍朱齡石守衛殿省[92]，徐州刺史劉懷慎守衛京師，揚州別駕從事史[93]張裕任留州事[94]。懷慎，懷敬[95]之弟也。

劉穆之內總朝政，外供軍旅，決斷如流，事無擁滯[96]。賓客輻湊，求訴百端，內外諮稟，盈階滿室，目覽辭訟，手答牋書，耳行聽受，口並酬應，不相參涉[97]，悉皆贍舉[98]。又喜賓客，言談賞笑，彌日無倦。裁有[99]閒暇，手自寫書，尋覽校定。性奢豪，食必方丈[100]，旦輒為十人饌[101]，未嘗獨餐。嘗白裕曰：「穆之家本貧賤，贍生多闕[102]。自叨忝[103]以來，雖每存約損[104]，而朝夕所須，微為過豐[105]。自此外，一毫不以負公[106]。」中軍諮議參軍張邵言於裕曰：「人生危脆[107]，必當遠慮。穆之若邂逅不幸[108]，誰可代之？尊業[109]如此，苟有不諱[110]，處分云何[111]？」裕曰：「此自委穆之及卿耳。」

丁巳[112]，裕發建康，遣龍驤將軍王鎮惡、冠軍將軍檀道濟將步軍自淮、淝[113]向許、洛[114]；新野[115]太守朱超石、寧朔將軍胡藩趨陽城[116]；振武將軍沈田子、建威將軍傅弘之趨武關[117]；建武將軍沈林子、彭城內史劉遵考將水軍出石門[118]，自汴入河[119]；以冀州[120]刺史王仲德督前鋒諸軍，開鉅野入河[121]。遵考，裕之族弟也。劉穆之謂王鎮惡曰：「公今委卿以伐秦之任，卿其勉之！」鎮惡曰：「吾不克關中，誓不復濟江[122]！」

裕既行，青州[123]刺史檀祗[124]自廣陵輒率眾至涂中[125]掩討亡命。劉穆之恐祗為變，議欲遣軍。時檀韶為江州刺史，張邵曰：「今韶據中流[126]，道濟為軍首[127]，若有相疑之跡[128]，則大[2]府[129]立危，不如逆遣慰勞[130]以觀其意，必無患也。」穆之乃止。

初，魏主嗣使公孫表討白亞栗斯[131]，曰：「必先與秦洛陽戍將相聞[132]，使備河南岸(133)，然後擊之。」表未至，胡人廢白亞栗斯，更立劉虎(134)為率善王。表以胡人內自攜貳(135)，勢必敗散，遂不告秦將而擊之，大為虎所敗，士卒死傷甚眾。

嗣謀於羣臣曰：「胡叛踰年，討之不克，其眾繁多，為患日深。今盛秋不可復發兵，妨民農務，將若之何？」白馬侯崔宏曰：「胡眾雖多，無健將御之(136)，終不能成大患。表等諸軍，不為不足，但法令不整，處分失宜，以致敗耳。得大將素有威望者將數百騎往攝表軍(137)，無不克矣。相州刺史叔孫建前在并州，為胡、魏[3]所畏服，諸將莫及，可遣也。」嗣從之，以建為中領軍，督表等討虎。九月戊午(138)，大破之，斬首萬餘級，虜及司馬順宰皆死，俘其眾十萬餘口。

太尉裕至彭城，加領徐州刺史，以太原王玄謨(139)為從事史(140)。

初，王廞之敗(141)也，沙門曇永(142)匿其幼子華，使提衣襆自隨(143)，津邏(144)疑之。曇永呵華曰：「奴子何不速行！」棰之數十，由是得免。遇赦，還吳，以其父存亡不測，布衣蔬食，絕交遊不仕十餘年。裕聞華賢，欲用之，乃發廞喪(145)，使華制服(146)。服闋(147)，辟(148)為徐州主簿。

王鎮惡、檀道濟入秦境，所向皆捷。秦將王苟生以漆丘(149)降鎮惡，徐州(150)刺史姚掌以項城降道濟，諸屯守皆望風款附(151)。惟新蔡(152)太守董遵不下，道濟攻拔其城，執遵，殺之。進克許昌[153]，獲秦潁川[154]太守姚垣[4]及大將楊業。沈林子自汴入河，襄邑[155]人董神虎聚眾千餘人來降。太尉裕板[5]為參軍。林子與神虎共攻倉垣[156]，克之，秦兗州[157]刺史韋華降。神虎擅還襄邑，林子殺之。

秦東平公紹言於秦主泓曰：「晉兵已過許昌，安定孤遠，難以救衛。宜遷其鎮戶[158]，內實京畿，可得精兵十萬，雖晉、夏交侵，猶不亡國。不然，晉攻豫州，夏攻安定，將若之何？事機已至，宜在速決。」左僕射梁喜曰：「齊公恢[159]有威名，為嶺北[160]所憚，鎮人已與勃勃深仇[161]，理應守死無貳，勃勃終不能越安定遠寇京畿。若無安定，虜馬必至於郿[162]。今關中兵足以拒晉，無為豫自損削[163]也。」泓從之。吏部郎懿橫[164]密言於泓曰：「恢於廣平之難[165]，有忠勳[166]於陛下。自陛下龍飛紹統[167]，未有殊賞以答其意。今外則置[6]之死地[168]，內則不豫[169]朝權；安定人自以孤危逼寇，思南遷者十室而九。若恢擁精兵數萬，鼓行而向京師，得不為社稷之累乎？宜徵還朝廷以慰其心。」泓曰：「恢若懷不逞之心[170]，徵之適所以速禍[171]耳。」又不從。

王仲德水軍入河，將逼滑臺[172]。魏兗州刺史尉建畏懦，帥眾棄城，北渡河。仲德入滑臺，宣言曰：「晉本欲以布帛七萬匹假道於魏[173]，不謂[174]魏之守將棄城遽去[175]。」魏主嗣聞之，遣叔孫建、公孫表自河內向枋頭[176]，因引兵濟河，斬尉建於城下[177]，投尸于河。呼仲德軍人，問以侵寇之狀。仲德使司馬竺和之對曰：「劉太尉使王征虜[178]自河入洛[179]，清掃山陵[180]，非敢為寇於魏也。魏之守將自棄滑臺去，王征虜借空城以息兵，行當西引[181]，於晉、魏之好無廢也。何必揚旗鳴鼓以曜威乎？」嗣使建以問太尉裕，裕遜辭謝之曰：「洛陽，晉之舊都，而羌[182]據之，晉欲修復山陵久矣；諸桓宗族[183]、司馬休之、國璠兄弟[184]、魯宗之父子[185]，皆晉之蠹也，而羌收之以為晉患[186]。今晉將伐之，欲假道於魏，非敢為不利也。」魏河內鎮將于栗磾有勇名，築壘於河上以備侵軼[187]。裕以書與之，題曰「黑矟公[188]麾下[189]」。栗磾好操黑矟以自標[190] [7]，故裕以此目之。魏因拜栗磾為「黑矟將軍」。

冬，十月壬戌[191]，魏主嗣如豺山宮。

初，燕將庫傉官斌[192]降魏，既而復叛歸燕。魏主嗣遣驍騎將軍延普渡濡水[193]擊斌，斬之；遂攻燕幽州刺史庫傉官昌、征北將軍庫傉官提，皆斬之。

秦陽城、滎陽[194] [8] 二城皆降，晉兵進至成皋[195]。秦征南將軍陳留公洸[196]鎮洛陽，遣使求救於長安。秦主泓遣越騎校尉閻生帥騎三千救之，武衛將軍姚益男將步卒一萬助守洛陽。又遣并州[197]牧姚懿南屯陝津[198]，為之聲援。寧朔將軍趙玄言於洸曰：「今晉寇益深，人情駭動，眾寡不敵，若出戰不捷，則大事去矣。宜攝[199]諸戍之兵，固守金墉[200]，以待西師之救。金墉不下，晉必不敢越我而西，是我不戰而坐收其弊[201]也。」司馬[202]姚禹陰與檀道濟通，主簿閻恢、楊虔，皆禹之黨也，共嫉玄，言於洸曰：「殿下以英武之略，受任方面[203]，今嬰城[204]示弱，得無[205]為朝廷所責乎？」洸以為然，乃遣趙玄將兵千餘南守柏谷塢[206]，廣武將軍石無諱東戍鞏城[207]。玄泣謂洸曰：「玄受三帝[208]重恩，所守正有死耳[209]。但明公不用忠臣之言，為姦人所誤，後必悔之。」既而成皋、虎牢[210]皆來降，檀道濟等長驅而進，無諱至石關[211]，奔還。龍驤司馬滎陽毛德祖與玄戰於柏谷，玄兵敗，被十餘創，據地[212]大呼。玄司馬蹇鑒冒刃抱玄而泣，玄曰：「吾創已重，君宜速去！」鑒曰：「將軍不濟[213]，鑒去安之？」與之皆死。姚禹踰城奔道濟。甲子[214]，道濟進逼洛陽。丙寅[215]，洸出降。道濟獲秦人四千餘人，議者欲盡阬之以為京觀[216]。道濟曰：「伐罪弔民[217]，正在今日！」皆釋而遣之。於是夷、夏感悅，歸之者甚眾。閻生、姚益男未至[218]，聞洛陽已沒，不敢進。

己丑[219]，詔遣兼司空高密王恢之[220]脩謁五陵[221]，置守衛。太尉裕以冠軍將軍毛脩之為河南、河內二郡太守，行司州事[222]，戍洛陽。

西秦王熾磐使秦州刺史王松壽鎮馬頭[223]，以逼秦之上邽。

十一月甲戌[224]，魏主嗣還平城。

太尉裕遣左長史王弘[225]還建康，諷[226]朝廷求九錫[227]。時劉穆之掌留任，而旨從北來，穆之由是愧懼[228]發病。弘，珣之子也。十二月壬申[229]，詔以裕為相國、總百揆[230]、揚州牧，封十郡為宋公，備九錫之禮，位在諸侯王上，領征西將軍、司·豫·北徐·雍四州刺史如故。裕辭不受[231]。

西秦王熾磐遣使詣太尉裕，求擊秦以自効。裕拜熾磐平西將軍、河南公。

秦姚懿司馬孫暢說懿使襲長安，誅東平公紹，廢秦主泓而代之。懿以為然，乃散穀以賜河北夷、夏[232]，欲樹私恩。左常侍張敞、侍郎[233]左雅諫曰：「殿下以母弟居方面[234]，安危休戚[235]，與國同之。今吳寇[236]內侵，四州[237]傾沒。西虜擾邊，秦、涼覆敗[238]，朝廷之危，有如累卵。穀者，國之本也，而殿下無故散之，虛損國儲，將若之何？」懿怒，笞殺之。

泓聞之，召東平公紹，密與之謀。紹曰：「懿性識鄙淺，從物推移[239]，造此謀者，必孫暢也。但馳使徵暢[240]，遣撫軍將軍讚[241]據陝城，臣向潼關[242]為諸軍節度[243]。若暢奉詔而至，臣當遣懿帥河東見兵[244]共禦晉師；若不受詔命，便當聲其罪而討之。」泓曰：「叔父之言，社稷之計也。」乃遣姚讚及冠軍將軍司馬國璠、建義將軍蛇玄屯陝津[245]，武衛將軍姚驢屯潼關。

懿遂舉兵稱帝，傳檄州郡，欲運匈奴堡穀以給鎮人[246]。寧東將軍姚成都拒之[247]，懿卑辭誘之，送佩刀為誓，成都不從。懿遣驍騎將軍王國帥甲士數百攻成都，成都擊禽之，遣使讓[248]懿曰：「明公以至親當重任，國危不能救，而更圖非望[249]，三祖[250]之靈，其肯佑明公乎！成都將糾合[251]義兵，往見明公於河上[252]耳。」於是傳檄諸城，諭以逆順，徵兵調食以討懿。懿亦發諸城兵，莫有應者，惟臨晉[253]數千戶應懿。成都引兵濟河，擊臨晉叛者，破之。鎮人安定郭純等起兵圍懿。東平公紹入蒲阪，執懿，誅孫暢等。

是歲，魏衛將軍安城孝元王叔孫俊[254]卒。魏主嗣甚惜之，謂其妻桓氏曰：「生同其榮[255]，能沒同其戚[256]乎？」桓氏乃縊而祔[257]焉。

丁零翟猛雀[258]驅掠[9]吏民，入白澗山[259]為亂，魏內都大官[260]河內張蒲與冀州刺史長孫道生討之。道生，嵩[261]之從子也。道生欲進兵擊猛雀，蒲曰：「吏民非樂為亂，為猛雀所迫脅耳。今不分別，并擊之，雖欲返善，其道無由，必同心協力，據險以拒官軍，未易猝平[262]也。不如先遣使諭之，以不與猛雀同謀者皆不坐[263]，則必喜而離散矣。」道生從之，降者數千家，使復舊業。猛雀與其黨百餘人出走，蒲等追斬猛雀首；左部尚書264周幾窮討餘黨，悉誅之。

【章　旨】以上為第二段，寫晉安帝義熙十二年（西元四一六年）一年間的大事。主要寫了姚興疾篤，其子姚弼的黨羽發動叛亂，攻打宮城，姚興賜姚弼死，其黨姚愔、尹元、尹沖等被殺；姚興死，姚泓即位；姚泓之弟姚懿叛亂稱帝，姚紹、姚成都等擊殺之；寫了夏主赫連勃勃攻秦，取上邽，又取雍縣、郿縣，被秦將姚紹所敗；寫了劉裕留劉穆之總攬內外，大舉出兵伐秦，先鋒王鎮惡、檀道濟等攻秦之項城、許昌、倉垣皆下，獲秦將姚垣、楊業等；檀道濟攻取洛陽，守將姚洸投降；寫了劉裕自己向朝廷討「九錫」，至朝廷正式賜之，劉裕又假意推辭不受；以及魏主拓跋嗣派叔孫建討平劉虎之胡人部落；擊燕，殺燕之幽州刺史、征北將軍；魏將張蒲與長孫道生擊平丁零人翟猛雀於白澗山之作亂等等。

【注　釋】❶正月甲申　正月初六。❷戊子　正月初十。❸都督南秦州　指總管南秦州這個地區的軍事。都督，總管；總監。南秦州，州治即今陝西漢中。❹凡　總共；共計。❺二十二州　指徐州、南徐州、豫州、南豫州、兗州、南兗州、青州、冀州、幽州、并州、司州、郢州、荊州、江州、湘州、雍州、梁州、益州、寧州、交州、廣州、南秦州。❻世子義符　即劉義符，劉裕的嫡長子。世子，義同「太子」。❼豫州　當時豫州的州治在歷陽，即今安徽和縣。❽雍州　東晉的雍州州治在襄陽，即今湖北襄樊之襄陽區。❾澆川　郡名，約在今青海東南部與甘肅臨近處。❿石泉　此石泉應在今甘肅蘭州西北。⓫沓中　地區名，在今甘肅臨潭西。⓬華陰　縣名，縣治在今陝西華陰東。⓭監國　負責一切留守的事務。⓮西宮　姚興所居的宮殿。太子原來居於東宮，今來居西宮，據繼位稱帝更近了一步。⓯宮臣　指東宮跟過來的侍從官。胡三省曰：「凡東宮官屬皆曰『宮臣』。」⓰姦臣　指尹沖等姚弼的黨羽。⓱端居　猶今之所謂「穩坐」，像無事人一樣。⓲乘輿　皇帝的車駕，這裡即隱指皇帝。⓳幸廣平公第　到姚弼的府上去。幸，臨幸，這裡即指前往。廣平公第，姚弼的府第，姚弼被封為廣平公。廣平是郡名，姚弼的封地。⑳宿衛將士　保衛宮廷、保衛皇帝的將士。宿衛，值勤與保衛。㉑太子誰與守　太子還能與誰去一起守國。誰與，與誰；和誰一道。㉒已陷名逆節　已經有了個叛逆分子的名聲。㉓何所自容　哪裡是我們的存身之地。㉔奉乘輿以舉事　即通常之所謂「挾天子以令諸侯」。奉乘輿，挾持著皇帝姚興。㉕乃杖大順　是有了最好的藉口、最名正言順的理由。㉖不惟救廣平之禍　不僅是解救了姚弼的災難。㉗吾屬前罪亦盡雪　我們這些人所頂著的謀反的罪名也就可以完全洗淨了。㉘東平公紹　即姚紹，姚興之弟。㉙典兵禁中　在宮中掌管兵權。典，主管。㉚防制內外　防範宮裡宮外的一切變化。防制，防範、制止。㉛甲仗　鎧甲、兵器。㉜內之武庫　收歸國家的武器倉庫。內，同「納」。收歸。㉝端門　宮廷的第一道正門。㉞馬道　登上宮牆的梯道。㉟力疾　強支撐著病體。㊱驪山　在今陝西臨潼南，當時長安城的東南方。㊲呂隆　即昔日的後涼皇帝，建都姑臧。晉安帝元興二年被姚興所滅。呂隆投降後，被姚興封為建康公。事見本書卷一百十三。㊳雍　縣名，縣治在今陝西寶雞東北，春秋時代秦國的都城。㊴來奔　指來投奔東晉。㊵興卒　姚興死時年五十一歲。㊶齊公恢　即姚恢，姚興的族人，當時駐兵安定，今甘肅涇川縣北。㊷呂超　呂隆之弟。隨呂隆投降姚興後，被封為安定太守，與其兄呂隆都黨附姚弼。㊸李閏羌　居住在李閏一帶的羌族人。李閏城在今陝西大荔北。㊹羌酋党容　羌族部落的頭領姓党，名容。㊺酋豪　少數民族中有身分、有名望的人物。㊻北地　郡名，郡治即今甘肅寧縣。㊼趙氏塢　在今陝西銅川市附近。㊽姚宣　姚興之子，姚泓之弟。㊾邢望　在今陝西大荔附近。㊿戒嚴　進行軍事動員，進入緊急狀態。(51)徐兗二州　東晉徐、兗二州的州治都在今江蘇鎮江市。劉義符本任豫州刺史，今朝廷既將司、豫二州都「加」給了劉裕，故另封劉義符為徐、兗二州刺史。(52)啓行戎路　在前邊給大軍開路，打頭陣。《詩經．六月》有所謂「元戎十乘，以啟戎行」，這裡借用其語。(53)脩敬山陵　對在洛陽的西晉諸帝的陵墓表示一分敬意。(54)四月壬子　四月初五。(55)改元泰常　在此之前拓跋嗣所用的年號叫「神瑞」。(56)癸巳　五月十七。(57)北雍州　西晉時州治在長安。因當時東晉在今湖北襄陽已立有雍州，故把行將攻取的舊雍州稱「北雍州」。(58)六月丁巳　六月十一。(59)并州胡　居住在并州的匈奴人。并州的州治晉陽，在今山西太原西南。(60)平陽　郡名，郡治在今山西臨汾的西南部。(61)曹弘　匈奴右賢王曹轂的後代。(62)匈奴堡　約在今山西臨汾西南，當時為匈奴人集居之地。(63)姚懿　姚興之子，姚泓之弟。(64)蒲坂　即蒲州，在今山西永濟西。(65)豪右　有身分、有威望的人。(66)祁山　古代軍事要地，在今甘肅祁縣東北。(67)秦州　州治即今甘肅天水市。(68)竹嶺　在今甘肅天水市西南。(69)陰密　縣名，縣治在今甘肅涇川縣南。(70)姚諶　姚興之子，姚泓之弟。(71)委鎮　拋棄軍府所在地，即雍城。(72)郿城　在今陝西眉縣東北渭水上。(73)馬鞍阪　在今甘肅涇川縣西北。(74)朝那　縣名，縣治在今寧夏固原東南。(75)陳倉　縣名，在今陝西寶雞東。(76)泄陽　《晉書．載記》作「池陽」。池陽即今陝西涇陽。(77)涼司馬索承明　西涼公李暠的司馬，姓索名承明。當時的西涼公李暠建都於今甘肅酒泉。(78)直唱大言　光說大話。直，只。(79)石虎小豎二句　石虎這個小豎子，應該殺了他，暴其屍於街頭。這是過去石虎統治下的人們對石虎統治不滿的漫罵語，但光罵沒用，石虎還是照舊進行著他的殘暴統治。石虎，後趙的皇帝，石勒之姪。石勒死後，殺石勒子石弘而自立為帝，荒淫殘暴，在位十五年。傳見《晉書》卷一百七。小豎，即小豎子，罵人語，猶今之所謂「小奴才」。肆諸市朝，指將人殺死後，擺在街頭示眾。(80)牛川　地區名，在今內蒙古呼和浩特西南。(81)殷繁水　在今河北懷來東南。(82)戊戌　七月二十三。(83)丙午　八月初一。(84)寧州　州治晉寧，在今雲南晉寧東北，當時屬於東晉。(85)琥珀枕　琥珀製成的枕頭。琥珀是松樹脂的化石，是一種名貴材質。(86)以琥珀治金創　因為琥珀粉可以治療刀槍的創傷。以，因為。金創，刀槍的創傷。(87)監太尉留府事　管理太尉府的一切留守事宜。監，監督；管理。(88)領　兼任。(89)監軍中軍二府軍司　指劉義符所承當的「監太尉留府」與「中軍將軍」兩個軍府的軍務參贊。軍司，軍府的協管人員，主官的親密參贊。(90)入居東府　住在東府裡辦公。東府是劉裕太尉府所在地，在當時建康城的東部，四周有城牆。(91)徐羨之　字宗文，東海郡人，劉裕的佐命元勳。傳見《宋書》卷四十三。(92)殿省　指皇帝居住的宮殿與大臣辦公的首腦機關，即所謂臺省。(93)別駕從事史　州刺史的高級僚屬，隨刺史出門時，因其單獨另坐一輛車，故稱「別駕」。(94)留州事　揚州刺史府的留守事宜。(95)懷敬　即劉懷敬，字真道，劉裕的表兄弟。懷敬幼時，其母曾斷其乳以哺劉裕。傳見《宋書》卷四十七。(96)擁滯　同「壅滯」。此指耽擱、廢置。(97)不相參涉　一碼對一碼，絕無錯亂混淆。參涉，錯亂混淆。(98)悉皆贍舉　都獲得完滿解決。贍，滿足。(99)裁有　剛有一點。裁，同「才」。剛剛。(100)方丈　意謂一丈見方的桌子上擺滿了酒菜。(101)旦輒為十人饌　每天動不動地就擺出十個人吃的一大桌，喊些人來一起吃。輒，就；動不動地。(102)贍生多闕　維持生活的必需經常短缺。闕，同「缺」。(103)叨忝　叨光，自從受聘為您做事以來。忝，忝任，對現任此職的自謙語。(104)每存約損　每天都想著儉樸一點，節省一點。存，念；想著。約損，降低生活標準。(105)微為過豐　享用的標準還是偏高了點。(106)一毫不以負公　一點對不起您的地方也沒有。意即絕沒有貪汙盜竊、化公為私的行為。(107)人生危脆　意指很容易衰老死亡。(108)邂逅不幸　指突然死亡。邂逅，偶然遭遇。(109)尊業　您的大事業。(110)苟有不諱　如果您一旦有個三長兩短，隱指劉裕死。(111)處分云何　日後的事情如何安排。處分，處理；安排。(112)丁巳　八月十二。(113)淮淝　淮河、淝水，指今之合肥、壽州一帶。(114)許洛　許昌、洛陽。淮、淝二水相通，逆淮水的支流穎水可以上達許昌，逆另一支流睢水可以上通黃河直達洛陽。(115)新野　縣名，即今河南新野。(116)陽城　古縣名，縣治即今河南登封東南之告城鎮。(117)武關　在今陝西丹鳳東南。(118)石門　在今江蘇、河南交界一帶的汴河上。(119)自汴入河　從汴水進入黃河。汴水自今河南滎陽北由黃河分出，東南經開封、徐州入泗水，再往東南，在今江蘇清江市西入淮水。(120)冀州　東晉當時的冀州州治在今山東濟南。(121)開鉅野入河　由鉅野澤開掘水道通連黃河。鉅野是湖泊名，舊地在今山東巨野北，今已乾涸。當時的鉅野澤北距黃河不遠，又有濟水可通至今長清西南，那裡有溝通濟水與黃河的渠道。(122)不復濟江　意即不再活著渡江回來。(123)青州　東晉的青州州治廣陵，在今江蘇揚州西北。(124)檀祗　檀韶的二弟，檀道濟之二哥，三人在《宋書》中都有傳。(125)涂中　地區名，即今江蘇六合一帶的滁河流域。(126)中流　指揚州一帶的長江流域。(127)軍首　檀道濟時任北伐的先鋒官。(128)若有相疑之跡　一旦表現出太尉府對他們不信任。(129)大府　劉裕的太尉府留守處，實指整個建康。(130)逆遣慰勞　迎頭派出一個慰問團。檀祗由廣陵西來，這裡由建康東上。(131)白亞栗斯　匈奴人，於上年游動到今山西上黨一帶，被推為單于，率眾進攻拓跋魏的河內郡，郡治即今河南沁陽。(132)相聞　通知他們，通報消息，因為當時魏與秦是同盟國。(133)備河南岸　在黃河南岸做好防備。因洛陽與河內郡只有一河之隔。(134)劉虎　匈奴人，與前趙劉聰時代的劉虎同名。(135)內自攜貳　內部相互猜疑、相互背叛。攜，離。(136)無健將御之　沒有好的將軍統率他們。御，駕御；統領。(137)往攝表軍　前去統領公孫表的軍隊。攝，收拾；統領。(138)九月戊午　九月初一是「乙亥」，本月中無「戊午」，疑字有誤。(139)太原王玄謨　太原郡人王玄謨，字彥德，劉宋前期大言無實的將領。傳見《宋書》卷七十六。(140)從事史　州刺史的高級僚屬。(141)王廞之敗　王廞是王導之孫。隆安元年，王恭起兵討伐王國寶時，任王廞為吳國內史，令其在東方起兵以助聲勢。王國寶被殺後，王恭收兵回京口，又免了王廞的職，王廞大怒，舉兵反王恭，被王恭打敗，下落不明。事見本書卷一百九。(142)沙門曇永　當時有名的高僧。(143)使提衣襆自隨　讓王華手提一個包袱跟在身後。衣襆，衣包。襆，包袱皮。(144)津邏　渡口上的哨兵。(145)乃發廞喪　於是為王廞舉辦喪事。(146)制服　按禮制穿喪服。(147)服闋　穿喪服期滿。(148)辟　聘；聘任。(149)漆丘　縣名，縣治在今河南商丘東北。(150)徐州　姚秦的徐州州治項城，即今河南淮陽。(151)款附　猶今之所謂「投誠」。(152)新蔡　郡名，郡治即今河南新蔡。(153)許昌　縣名，縣治在今河南許昌東。(154)潁川　郡名，郡治即今河南許昌。(155)襄邑　縣名，即今河南睢縣。(156)倉垣　縣名，縣治在今河南開封西北。(157)兗州　當時姚秦的兗州州治即在倉垣。(158)鎮戶　指安定一帶的居民。當時安定為姚秦的軍事重鎮，故稱其民為「鎮戶」。(159)齊公恢　即姚恢，姚興之子，姚泓之弟。(160)嶺北　九嵕嶺以北，即安定、北地等一帶地區。九嵕嶺在今陝西禮泉東北。(161)與勃勃深仇　因夏人屢次來侵，鎮人的父兄與之作戰死傷眾多。(162)郿　縣名，縣治在今陝西眉縣東北的渭河北岸。(163)豫自損削　過早地把自己的力量想得過低。(164)懿橫　姓懿名橫，時為吏部郎，即日後的吏部尚書。(165)廣平之難　在削平廣平公姚弼叛亂的事情上。(166)忠勳　指殺死姚弼的黨羽安定太守呂超。(167)龍飛紹統　指繼位為帝。(168)置之死地　派在一個經常與敵人發生戰鬥、隨時有可能犧牲的地方。

(169)不豫　不參與；不過問。(170)若懷不逞之心　如果他真要是不得志，不滿意，心裡想要造反。(171)速禍　促成災禍的提前爆發。(172)滑臺　昔日南燕慕容德的都城，後為魏國兗州的州治所在地，在今河南滑縣東南。(173)假道於魏　向魏國借道。假，借。(174)不謂　沒想到。(175)棄城遽去　就這樣棄城撤走了。(176)枋頭　當時的黃河渡口，在今河南浚縣西南，離滑臺很近。(177)城下　枋頭城下。(178)王征虜　即王仲德，當時為征虜將軍。(179)自河入洛　由黃河進入洛水，到達洛陽。(180)清掃山陵　祭祀西晉諸帝陵墓。(181)行當西引　馬上就要向西開拔。西引，引兵西行。(182)羌　指姚秦政權。姚氏是羌族人。(183)諸桓宗族　指桓謙諸人，於義熙元年桓玄被討伐身死後，逃到西秦。(184)國璠兄弟　指司馬國璠與其弟叔璠、叔道，因不滿劉裕勢大，於義熙六年逃到西秦。(185)魯宗之父子　指魯宗之與其子魯軌，於義熙十一年司馬休之被打敗後，與司馬休之一起逃到西秦。(186)以為晉患　義熙六年桓謙曾引秦軍入寇，十一年秦使司馬休之等將兵擾襄陽，司馬國璠更多次引秦軍擾邊。(187)侵軼　猶言侵襲。軼，衝擊。(188)黑矟公　使用黑色長矛的先生。公，對男人的敬稱。(189)麾下　猶言「閣下」、「足下」。「麾」是大將的指揮旗。(190)自標　顯示自己的奇特。(191)十月壬戌　十月十八。(192)庫傉官斌　姓庫傉官，名斌。(193)濡水　即今之灤河，發源於內蒙古赤城東北，流經內蒙古多倫、河北承德，南流至樂亭入渤海。(194)滎陽　郡名，郡治即今河南滎陽東北的古滎鎮。(195)成皋　舊址在今河南滎陽西北的大伾山上。(196)陳留公洸　即姚洸，姚興之子，姚泓之弟。(197)并州　姚秦的并州州治在蒲阪，今山西永濟西。(198)陝津　陝縣的黃河渡口。陝縣在今河南三門峽市城西。(199)攝　約束；收縮。(200)金墉　當時洛陽城內西北角上的一座小城。這裡即泛指洛陽。(201)坐收其弊　坐等其疲憊而收拾之。弊，也寫作「敝」，即疲憊，戰鬥力衰退。(202)司馬　與下文的「主簿」都是征南將軍姚洸的僚屬。姚洸是姚興之子，姚泓之弟。(203)受任方面　受命獨當一個方面，指為征南將軍。(204)嬰城　環城而守。(205)得無　豈不；難道。(206)柏谷塢　在今河南偃師南，洛陽城的東南方。(207)鞏城　鞏縣縣城，當時的鞏縣在今河南鞏義西南，洛陽城東。(208)三帝　指姚萇、姚興、姚泓。(209)所守正有死耳　我所堅持的只有為國捐軀這一項。正，意思同「止」，只有。(210)虎牢　關名，在今河南滎陽的西北方，其西側即成皋城。(211)石闕　在洛陽城東，偃師西。(212)據地　兩手撐地。(213)不濟　不成；不保。(214)甲子　十月二十。(215)丙寅　十月二十二。(216)京觀　將敵人的屍體堆積一起，蒙土於上，叫作「京觀」。京是高大的意思。觀，高臺；大丘。(217)伐罪弔民　討伐有罪者，以安慰黎民百姓。弔，慰；安慰。(218)未至　尚未到達。(219)己丑　十月初一是「乙巳」，本月中無「己丑」日，疑字有誤。(220)高密王恢之　即司馬恢之，晉安帝的族叔，被封為高密王。(221)五陵　司馬懿的高原陵、司馬師的峻平陵、司馬昭的崇陽陵、司馬炎的峻陽陵、司馬衷的太陽陵。(222)行司州事　代行司州刺史的職權。(223)馬頭　在今甘肅天水市西的神馬山上。(224)十一月甲戌　十一月初一。(225)王弘　王導的曾孫，王珣之子。王珣曾受知於桓溫，後為孝武帝倚重。王弘，字休元，劉裕的開國元勳之一。傳見《晉書》卷四十二。226諷　吹風示意；隱約地提出。227九錫　帝王賞賜臣下的九種特殊榮寵。即：一車馬、二衣服、三樂則、四朱戶、五納陛、六虎賁、七弓矢、八鈇鉞、九秬鬯。大臣至此，已在為篡位做準備。228愧懼　慚愧自己沒有及早地想到提出，還得讓劉裕自己費心思。229十二月壬申　十二月二十九。230總百揆　即總理國家的一切大事。百揆，指各種政務。百揆也可以釋作「百官」。231裕辭不受　是自己提出要求的，朝廷不敢不給；等到給他了，又假惺惺地「辭不受」，劉裕這一套把戲非常可惡，比起曹操還要虛偽。232河北夷夏　河北是秦國的郡名，郡治在今山西風陵渡。夷指少數民族，夏指漢族人。233侍郎　常侍與侍郎都是帝王身邊的參謀侍從人員。姚懿當時為公爵，也設有這種官位。234居方面　任獨當一面之職，指當時姚懿任征東將軍而言。235休戚　猶言「苦樂」、「享福與受罪」。休，福；美。236吳寇　指劉裕統率的東晉部隊。237四州　指姚秦的徐州、兗州、豫州、荊州。238秦涼覆敗　指秦州州治上邽被赫連勃勃所取，涼州姑臧被沮渠蒙遜所佔。239從物推移　隨著別人的主意變。240徵暢　調孫暢進京。241撫軍將軍讚　即姚讚，任撫軍將軍之職。242潼關　關塞名，在今陝西潼關縣東北。243為諸軍節度　充當各路人馬的總指揮。244見兵　現有兵力。見，同「現」。245陝津　陝縣的黃河渡口。246鎮人　指蒲阪一帶的人，當時姚懿任征東將軍，鎮蒲阪。247姚成都拒之　當時姚成都正以寧東將軍的身分鎮守匈奴堡，在今山西臨汾西南。248讓　責備。249非望　不應有的幻想，指稱帝而言。250三祖　指姚秦的始祖姚弋仲、太祖姚萇、高祖姚興。251糾合　集合。糾，集聚。252往見明公於河上　意即去黃河邊上討伐你。河上，黃河邊，指蒲阪。253臨晉　縣名、關塞名，縣治在今陝西大荔東。254安城孝元王叔孫俊　安城王是叔孫俊的封號，孝元是諡。255生同其榮　他活著的時候，你與他一起享受榮耀。256沒同其戚　現在他死了，你也應該陪著他一起受到哀悼，意即陪著他一道死。戚，哀。257祔　配祭。把桓氏的靈牌與其夫的靈牌放在一起享受祭祀。按，拓跋嗣之所以特別傷心叔孫俊的死，以至於逼著桓氏殉葬，是因為在他上臺時叔孫俊建有大功。事見本書卷一百十五義熙四年。258丁零翟猛雀　丁零族的部落頭領名叫翟猛雀。當時活動在今山西南部與河北、河南交界的太行山區。259白澗山　在今山西陽城境內。260內都大官　當時魏有內都大官、外都大官、都坐大官，合稱「三都大官」。261嵩　即長孫嵩，拓跋魏建國初期名將。傳見《魏書》卷五十二。262猝平　迅速平定。猝，突然；很快地。263不坐　不受株連。坐，因……而牽連獲罪。264左部尚書　當時魏國全境分八大區，各個地區設一個「大人」，總稱「八部大人」。朝廷又設有東、西、南、北、前、後、左、右「八部尚書」。

【校　記】1三月　原作「二月」。張敦仁《通鑑刊本識誤》改作「三月」，今據改。2大　據章鈺校，乙十一行本作「太」。

3魏 嚴衍《通鑑補》改作「醜」。4姚垣 據章鈺校，孔天胤本作「姚坦」，張敦仁《通鑑刊本識誤》同。5板 據章鈺校，甲十一行本作「扳」，張瑛《通鑑校勘記》同；孔天胤本誤作「拔」。6置 據章鈺校，甲十一行本、乙十一行本、孔天胤本皆作「致」。7標 據章鈺校，甲十一行本、乙十一行本皆作「摽」。8滎陽 據章鈺校，甲十一行本、乙十一行本、孔天胤本皆作「榮陽」。9掠 據章鈺校，甲十一行本、乙十一行本、孔天胤本皆作「略」。

【語　譯】十二年（丙辰　西元四一六年）

春季，正月初六日甲申，北魏皇帝拓跋嗣從京師平城前往豺山宮。初十日戊子，返回平城。

東晉朝廷加授太尉劉裕為兗州刺史、都督南秦州，總計掌管徐、南徐、豫、南豫、兗、南兗、青、冀、幽、并、司、郢、荊、江、湘、雍、梁、益、寧、交、廣、南秦二十二個州的軍事。任命劉裕的世子劉義符為豫州刺史。

後秦王姚興派東晉降將魯宗之率領後秦軍入侵東晉的襄陽，魯宗之在奔赴襄陽的途中去世。魯宗之的兒子魯軌率領後秦軍入侵東晉，被東晉擔任雍州刺史的趙倫之擊敗。

西秦王乞伏熾磐出兵攻打後秦洮陽公彭利和所據守的漒川城，北涼河西王沮渠蒙遜出兵攻打西秦的石泉，以救援洮陽公彭利和。乞伏熾磐率軍抵達沓中，得知北涼出兵的消息，便率軍退回。二月，乞伏熾磐派襄武侯曇達率軍救援石泉，沮渠蒙遜也率軍退走。沮渠蒙遜與乞伏熾磐最後以聯姻的方式和解。

後秦王姚興前往華陰，令太子姚泓留守京師長安，太子姚泓住進秦王所住的西宮。姚興因為病勢沉重，返回長安，廣平公姚弼的親信、擔任給事黃門侍郎的尹沖密謀趁太子姚泓出城迎接秦王姚興的機會刺殺姚泓。後秦王姚興回到長安，太子姚泓就準備出城迎接，從太子宮跟過來的一名侍從官勸阻姚泓說：「主上病危，奸臣就在身邊，殿下如果此時出去迎接，恐怕進不能見到父親，退則有不可預測的災禍。」姚泓說：「作為臣子，聽到既是君主又是父親的人病勢沉重，卻像沒事人一樣端坐在這裡不出去迎接，怎麼能夠心安？」侍從官說：「保全自己，安定社稷，才是最大的孝順。」姚泓因此沒有出城去迎接秦王姚興。擔任尚書的姚沙彌對尹沖說：「太子不出來迎接，我們就應該護送秦王的車駕臨幸廣平公姚弼的私宅。宮中的宿衛將士聽到秦王在廣平公的府第，自然都會聚集到廣平公這裡來，太子姚泓還與誰去一起守國呢？再說我們這些人因為追隨廣平公的緣故，已經背上了一個叛逆分子的名聲，哪裡會容得下我們？如今趁著奉迎秦王車駕的機會起事，乃是名正言順之事，這樣做，不僅救了廣平公，我們以前的罪名也就洗刷乾淨了。」尹沖不知道此時秦王姚興是死是活，遂準備跟隨入宮謀亂，因此沒有接受姚沙彌的建議。

後秦王姚興回到皇宮，他令太子姚泓為錄尚書事，任命東平公姚紹與擔任右衛將軍的胡翼度在宮中掌管兵權，嚴密防範皇宮內外的一切變化。又派擔任殿中上將軍的斂曼嵬收繳了廣平公姚弼府第中的所有鎧甲兵器，存放到皇家的武庫之中。

後秦王姚興的病勢越來越沉重，他的妹妹南安長公主前來探問的時候，姚興已經不能說話。姚興最小的兒子姚耕兒出宮，告訴自己的哥哥南陽公姚愔說：「主上已經駕崩了，應該趕緊拿出計策！」姚愔立即與尹沖一起率領武裝軍隊進攻皇城的端門，殿中上將軍斂曼嵬、右衛將軍胡翼度下令關閉了宮門，率領禁衛軍進行抵抗。姚愔等派強壯勇敢的士兵登上城門，順著屋頂進入宮城，登上宮牆的梯道。太子姚泓此時正在諮議堂侍奉秦王姚興，擔任太子右衛率的姚和都率領東宮衛隊在馬道南面據守。姚愔等因此無法進入，便燒毀了端門。秦王姚興勉強支撐著病體來到前殿，下詔令姚弼自殺。禁衛軍看見秦王姚興還活著，都歡喜若狂，歡呼雀躍，爭先恐後地向叛賊衝殺過去，姚愔的部眾因為驚恐而亂了陣腳。姚和都率領東宮士兵從姚愔軍背後衝殺過來，姚愔等於是大敗。姚愔逃往驪山，他的黨羽建康公呂隆逃往雍州，尹沖和他的弟弟尹泓逃往東晉。秦王姚興領著東平公姚紹、撫軍將軍姚讚、右僕射梁喜、京兆尹尹昭、殿中上將軍斂曼嵬進入自己的寢宮，令他們接受遺詔輔佐朝政。第二天，姚興去世。太子姚泓封鎖了姚興的死訊，以秦王姚興的名義發兵逮捕了南陽公姚愔、建康公呂隆、大將軍尹元等，全部處死之後，這才對外發布後秦王姚興的死訊，太子姚泓即位為後秦皇帝，實行大赦，改年號為「永和」。後秦皇帝姚泓下令齊公姚恢殺死安定太守呂超。姚恢猶豫了很久才把呂超殺死。姚泓遂疑心姚恢對自己有二心，姚恢因此心中惶恐不安，便暗中招兵買馬陰謀作亂。姚泓將秦王姚興安葬在偶陵，上諡號為「文桓皇帝」，廟號「高祖」。

當初，後秦高祖姚興把李閏一帶的三千戶羌人遷移到安定郡。姚興去世之後，羌人首領党容率眾背叛了後秦，後秦皇帝姚泓派撫軍將軍姚讚率兵討伐，党容於是又向姚讚投降，後秦朝廷遂把他們當中的頭面人物遷移到京師長安，而把其餘的羌人遣回李閏。北地太守毛雍佔據了趙氏塢，發動叛亂，被東平公姚紹率軍擊敗，毛雍被活捉。當時常山公姚宣正在鎮守李閏，在他手下擔任參軍的韋宗聽到北地太守毛雍叛變的消息之後，就勸告姚宣說：「主上剛剛即位為皇帝，威望和恩德還沒有建立起來，國家所面臨的災難還很難預料，殿下不能不作更深入的考慮。邢望地勢險要，應該遷移到那裡據守，這才是建立霸業的資本。」姚宣聽從了參軍韋宗的建議，遂率領三萬八千戶居民，放棄了李閏，向南遷移到邢望。那些羌族人遂佔據了李閏，背叛了後秦，東平公姚紹率領軍隊進入李閏討伐羌人叛軍，將叛亂平息。常山公姚宣親自到東平公姚紹的軍中晉見姚紹，向姚紹請罪，姚紹趁機將姚宣殺死。

三月，東晉加授太尉劉裕為中外大都督。劉裕下令軍隊整裝待發，準備出兵討伐後秦，晉安帝司馬德宗下詔加授劉裕兼任司、豫二州刺史，任命劉裕的世子劉義符為徐、兗二州刺史。琅邪王司馬德文向朝廷請求允許自己在前面給大軍開路，到洛陽修繕先帝的陵墓，晉安帝司馬德宗下詔批准。

夏季，四月初五日壬子，北魏實行大赦，改年號為「泰常」。

西秦襄武侯曇達等率軍攻擊後秦秦州刺史姚艾所據守的上邽，將上邽守軍打得大敗，曇達將上邽的五千多戶居民強行遷移到西秦的都城枹罕。

五月十七日癸巳，東晉加授太尉劉裕兼任北雍州刺史。

六月十一日丁巳，北魏皇帝拓跋嗣前往魏國的北方巡視。

後秦所屬并州境內的數萬落匈奴人背叛了後秦，進入平陽，他們推戴匈奴部落首領曹弘為大單于，曹弘率軍攻打後秦立義將軍姚成都所據守的匈奴堡。後秦擔任征東將軍的姚懿從蒲坂率軍前往匈奴堡進行討伐，活捉了曹弘，並將曹弘押送京師長安，將匈奴部落中的一萬五千落豪門大族遷徙到雍州安置。

氐王楊盛出兵攻打後秦的祁山，將祁山攻克，遂乘勝進攻秦州。後秦擔任後將軍的姚平率軍趕往秦州增援，楊盛率軍退走。姚平與上邽守將姚嵩率軍隨後追擊。夏王赫連勃勃率領四萬名騎兵襲擊上邽尚未到達，上邽守將姚嵩與氐王楊盛在竹嶺交戰，姚嵩戰敗，被氐王楊盛殺死。赫連勃勃率軍攻打上邽，一連攻打了二十天，才將上邽攻克，他們殺死了後秦秦州刺史姚軍都和五千多名守衛上邽的將士，並趁機毀壞了上邽城；而後繼續進軍，攻打後秦的陰密，又殺死了後秦的將領姚良子以及一萬多名將士，赫連勃勃任命自己的兒子赫連昌為雍州刺史，鎮守陰密。後秦征北將軍姚恢放棄了雍州治所安定，逃回了京師長安，安定人胡儼等率領安定的五萬戶佔據安定，投降了夏王赫連勃勃。赫連勃勃令擔任鎮東將軍的羊苟兒率領五千名鮮卑人鎮守安定，自己則率領其餘人馬進攻後秦鎮西將軍姚諶所據守的雍城，姚諶放棄雍城逃回了京師長安。赫連勃勃遂又佔據了雍城，進而掠奪郿城。後秦東平公姚紹與征虜將軍尹昭等率領五萬名步兵、騎兵迎戰夏王赫連勃勃，赫連勃勃率軍退回安定，胡儼關閉了安定城門拒絕赫連勃勃入城，並殺死了羊苟兒以及他所率領的五千名鮮卑人，獻出安定城，重又回歸後秦。後秦東平公姚紹率軍向馬鞍阪進軍，攻打赫連勃勃，將赫連勃勃打敗，一直追擊到朝那，沒有追上才率軍而回。夏王赫連勃勃返回杏城。氐王楊盛再次派自己的姪子楊倦率軍襲擊後秦，當楊倦率軍抵達陳倉的時候，被後秦殿中上將軍斂曼嵬率軍打退。夏王赫連勃勃又派自己的姪子赫連提率軍向南入侵後秦的池陽，後秦車騎將軍姚裕等率軍將赫連提擊退。

西涼擔任司馬的索承明上疏給西涼公李暠，勸說他出兵攻伐北涼河西王沮渠蒙遜。李暠召見索承明，李暠對索承明說：「沮渠蒙遜成為我國百姓的一大禍患，我豈能忘記？但我們現在還沒有把他消滅的軍事實力。你如果有將他擒獲的把握，就請你仔細地說給我聽聽；如果只是說一些大話、空話，慫恿我出兵東討沮渠蒙遜，這與過去那個說『石虎這小子，應該把他逮捕起來，押到集市上去斬首示眾』的人沒有什麼兩樣！」索承明聽了李暠的一番話，既羞愧又恐懼地退了出去。

秋季，七月，北魏皇帝拓跋嗣在牛川舉行大規模的狩獵活動，一直到達殷繁水才興盡而返。二十三日戊戌，拓跋嗣回到平城。

八月初一日丙午，東晉實行大赦。○東晉寧州有人獻給太尉劉裕一個琥珀枕。劉裕因為琥珀可以用來治療刀槍的創傷，所以得到這個琥珀枕之後非常高興，便立即令人將這個琥珀枕搗碎，分別賞賜給北征的將士。

東晉太尉劉裕任命自己的世子劉義符為中軍將軍，負責主管太尉府的一切留守事務。任命劉穆之為左僕射，兼任世子劉義符所承當的監太尉留府與中軍將軍府兩個軍府的軍司，入住東府辦公，總理朝廷內外各種事務。任命擔任太尉左司馬的東海人徐羨之充作劉穆之的副手，令左將軍朱齡石負責率軍守衛宮廷與大臣辦公的臺省，令擔任徐州刺史的劉懷慎率軍守衛京師建康，令擔任揚州別駕從事史的張裕擔任負責揚州刺史府留守事宜的留州事。劉懷慎，是劉懷敬的弟弟。

劉穆之對內總理朝廷軍國大事，對外為北征後秦的大軍供應各種軍需物資，他對事務的判斷和裁決，快速得如同流水一樣，從不拖延耽擱。各類賓客就像車輪上的輻條湊向車軸一樣聚集在他的身邊，向他提出各式各樣的請求，朝廷內外各種諮詢以及請求批示的文件，堆得臺階上、屋子裡到處都是，劉穆之一邊用眼睛看著詞訟，一邊用手書寫批示，耳朵聽著別人說話，嘴裡則在回答、應酬著另一些人，卻絕對不會發生混淆、錯亂，各種事務全都獲得完滿解決。劉穆之又十分喜歡與賓客一起高談闊論、詼諧歡笑，即使從早上談論到晚上也不會感到疲倦。剛剛得到一點閒暇，便親自動手寫書，尋找資料、閱覽書籍、校正錯誤。劉穆之性情奢侈豪放，吃飯的時候一定要用一張一丈見方的大餐桌，上面擺滿了酒菜，每天動不動就擺出十個人吃的一大桌，喊些人來一起吃飯，從來沒有單獨一人進過餐。他曾經向太尉劉裕稟報說：「我的家庭原本貧窮卑賤，用來維生的衣食等常常缺乏。自從跟隨主公以來，雖然每天心裡都想著要儉樸一點、節省一點，然而每天從早到晚的消費，還是稍微奢侈、靡費了一些。除此以外，就沒有什麼地方對不起您了。」擔任中軍諮議參軍的張卲對劉裕說：「人生在世，其實是很脆弱的，必須要有深謀遠慮才行。如果劉穆之偶然遭遇什麼不幸，有誰可以接替他呢？您的宏偉大業，百年之後，應該如何安排？」劉裕說：「這個自然要委託給劉穆之和你了。」

八月十二日丁巳，東晉太尉劉裕從京師建康出發，他派遣擔任龍驤將軍的王鎮惡、擔任冠軍將軍的檀道濟率領一支步兵從淮水、淝水進攻許昌和洛陽；擔任新野太守的朱超石、擔任寧朔將軍的胡藩率軍進攻陽城；

派振武將軍沈田子、建威將軍傅弘之進攻武關；派建武將軍沈林子、彭城內史劉遵考率領水軍攻擊後秦的石門，從汴水進入黃河；令擔任冀州刺史的王仲德率領各軍的前鋒，由鉅野澤開掘水道，直通黃河。劉遵考，是劉裕的堂弟。劉穆之對龍驤將軍王鎮惡說：「太尉把討伐後秦的重任委託給你，你要好好幹！」王鎮惡回答說：「如果攻不下關中，我發誓絕不活著渡江返回！」

劉裕出發之後，擔任青州刺史的檀祇從廣陵率軍前往涂中討伐那些亡命之徒。劉穆之擔心檀祇趁機謀亂，便商議派軍進行戒備。當時檀韶擔任江州刺史，中軍諮議參軍張卲說：「如今江州刺史檀韶佔據著長江中游，冠軍將軍檀道濟擔任北伐後秦的首領，如果我們露出一點懷疑檀祇的痕跡，則太尉府立即就會陷入危險的境地，不如主動派使者迎上前去慰勞，趁機觀察他的動向，這樣做絕對不會招來什麼後患。」劉穆之才沒有派兵。

當初，北魏皇帝拓跋嗣派遣固安子爵公孫表率軍討伐自稱單于的匈奴人白亞栗斯，拓跋嗣對公孫表說：「你一定要先通知後秦洛陽的守將，讓他們在黃河南岸設防之後，你再出兵攻打白亞栗斯。」公孫表還沒有到達洛陽，匈奴人就廢掉了他們所推舉的單于白亞栗斯，另立劉虎為率善王。公孫表因為匈奴人內部已經相互猜疑，相互背叛，勢必會失敗，所以在沒有通知後秦守將的情況下便出兵攻打匈奴叛軍，結果被劉虎打得大敗，士卒死傷了很多。

北魏皇帝拓跋嗣與群臣商議說：「匈奴人的叛亂已經超過了一年，派兵前去討伐又沒有成功，他們的部眾必定會越來越多，造成的危害也會越來越嚴重。現在正是秋收大忙季節，不可以再出兵，否則會妨礙人民耕種，你們認為該怎麼辦？」白馬侯崔宏說：「匈奴叛軍的部眾雖然很多，卻沒有勇敢善戰的將領來統帥他們，所以肯定不會造成太大的災患。公孫表等人所率領的各軍，不是兵力不足，只是軍隊紀律不嚴整，指揮失當，所以才導致失敗。如果派一員素有威望的將領率領數百名騎兵前去統領公孫表的軍隊，就沒有不能取勝的道理。擔任相州刺史的叔孫建以前在并州的時候，匈奴人和漢人就都很懼怕他，其他諸將誰也比不上他，可以派他去。」拓跋嗣於是任命相州刺史叔孫建為中領軍，督促公孫表等討伐劉虎。九月戊午日，大敗劉虎軍，斬殺了劉虎的部眾一萬多名，劉虎與司馬順宰全都戰死，叔孫建等俘虜了劉虎十萬多名部眾。

東晉太尉劉裕抵達彭城的時候，朝廷又加授劉裕兼任徐州刺史，劉裕任命太原人王玄謨為徐州從事史。

當初，王廞起兵失敗後，佛門和尚曇永將王廞的小兒子王華隱藏起來，讓他裝扮成自己的奴僕，提著衣服包裹跟隨在自己身邊，在渡口擔任巡邏任務的哨兵對此感到有些懷疑。曇永便大聲地斥責王華說：「你這個小奴才，為什麼不快點走！」並用棍子捶打了王華幾十下，因此王華才沒有被識破。遇到朝廷實行大赦，王華返回吳地，因為不知道自己的父親王廞是死是活，王華遂身穿布衣，只吃素食，從不結交朋友，也不出來做官，就這樣一直堅持了十多年。太尉劉裕聽說王華很賢明，就準備任用他，於是為王廞發喪，令王華按照禮制為自己的父親穿孝服守喪。穿喪服期滿，劉裕徵聘王華為徐州主簿。

東晉龍驤將軍王鎮惡、冠軍將軍檀道濟率領一支步兵從淮水、淝水進入後秦國境內，所向披靡，無不告捷。後秦將領王苟生獻出漆丘，投降了東晉龍驤將軍王鎮惡，後秦擔任徐州刺史的姚掌獻出項城，投降了東晉冠軍將軍檀道濟，其餘各處重鎮駐紮的軍隊全都望風歸降。只有擔任新蔡太守的董遵不肯向東晉投降，檀道濟指揮晉軍攻克了新蔡，活捉了新蔡太守董遵，將董遵殺死。又乘勝進軍，一舉攻克了許昌，活捉了後秦擔任潁川太守的姚垣以及大將楊業。建武將軍沈林子率領東晉水軍船艦從汴水進入黃河，後秦襄邑人董神虎招集了一千多人前來投降沈林子。太尉劉裕立即任命他為參軍。建武將軍沈林子與擔任了參軍的董神虎一同率軍攻打倉垣，將倉垣攻克，後秦擔任兗州刺史的韋華向東晉投降。董神虎擅自率軍返回襄邑，沈林子遂將董神虎殺死。

後秦東平公姚紹對後秦皇帝姚泓說：「東晉的軍隊已經越過了許昌，安定已經成為一座孤城，距離遙遠，很難派兵前往救援。應該把安定城內的居民遷移到長安郊區，以充實京師地區的人口，這樣我們就可以得到十萬名精兵，即使東晉、夏國同時入侵，我們也不會亡國。不然的話，東晉的軍隊攻打豫州，夏國赫連勃勃出兵攻打安定，我們將如何應付？事情已經到了關鍵時刻，應該趕快作出決定。」擔任左僕射的梁喜說：「齊公姚恢一向威名素著，嶺北的人都很懼怕他，安定的人已經與夏王赫連勃勃結下了血海深仇，他們一定會浴血奮戰，對朝廷沒有二心，夏王赫連勃勃肯定不能越過安定而進犯遠方的京師長安。如果沒有安定作為屏障，賊虜的戰馬必定到達鄜城。如今關中地區的兵力完全可以抵抗得住晉軍的進攻，就不要過早地把自己的力量估計得過低。」後秦皇帝姚泓聽從了梁喜的意見。擔任吏部尚書的懿横祕密地對姚泓說：「齊公姚恢在廣平公姚弼作亂時，有功於陛下。陛下自從登基當上皇帝以來，還沒有用特別的獎賞來回報他。如今對外而言，是把他安置在一個經常與敵人發生戰鬥、隨時都有可能犧牲的地方，對內來說，又不讓他參與朝廷決策；安定人認為自己處在一種孤立無援的境地，外受賊寇的逼迫，因此希望向南遷移的，十戶當中就有九戶。如果齊公姚恢率領數萬名精兵，擂起戰鼓，殺向京師，豈不是國家的一大災禍？應該將齊公姚恢召回朝廷，作為對他的一種安慰。」姚泓說：「齊公姚恢如果懷有背叛之心，將他召回朝廷，將會使災禍提前爆發。」也沒有聽從。

東晉冀州刺史王仲德率領水軍船艦進入黃河，即將逼近北魏所屬的滑臺。北魏擔任兗州刺史的尉建膽小怯懦，竟然放棄了滑臺，率領部眾向北渡過黃河。王仲德遂進入滑臺，他揚言說：「我們晉國本來想用七萬匹布帛向魏國借道，沒有料到北魏的守將尉建竟然棄城而去。」北魏皇帝拓跋嗣聽到消息以後，立即派遣中領軍叔孫建、固安子爵公孫表率軍從河內趕赴枋頭，又率軍從枋頭向南渡過黃河，把兗州刺史尉建帶到滑臺城下斬首，將屍體扔入黃河。他們向王仲德的軍中喊話，責問為什麼要侵佔魏國領土。東晉冀州刺史王仲德令擔任司馬的竺和之答覆說：「我們晉國太尉劉裕派征虜將軍王仲德從黃河進入洛水，到達洛陽，為的是灑掃祭祀皇家祖先的陵墓，而不敢進犯魏國。是魏國滑臺守將尉建自己主動放棄滑臺，我們的征虜將軍王仲德暫時借用這座空城休息兵馬，我們馬上就要離開滑臺，率軍西進，對於晉國與魏國的友好關係沒有什麼損害。你們何必要揮舞軍旗、擂動戰鼓，向我們耀武揚威呢？」北魏皇帝拓跋嗣令叔孫建再去責問東晉太尉劉裕，劉裕謙遜地向北魏道歉說：「洛陽，原本是晉國的舊都，卻被羌人姚氏所佔據，我們晉國早就想修復先皇的陵墓了；桓氏宗族、司馬休之、司馬國璠兄弟、魯宗之父子，都是晉國的蠹蟲，而羌人卻全部把他們收留，成為晉國的禍患。如今晉國準備討伐後秦，想向魏國借用一下道路，絕對不敢有不利於魏國的行為。」北魏鎮守河內的將領于栗磾一向以勇武著稱，他在黃河岸邊修築營壘，防備晉國軍隊的侵略。東晉太尉劉裕便寫信給于栗磾，稱呼他「黑矟公麾下」。于栗磾喜歡使用黑矟來顯示自己的奇特，所以劉裕才這樣稱呼他。北魏於是便封于栗磾為「黑矟將軍」。

冬季，十月十八日壬戌，北魏皇帝拓跋嗣前往豺山宮。

當初，北燕將領庫傉官斌投降了北魏，不久就又背叛北魏回到了北燕。北魏皇帝拓跋嗣派擔任驍騎將軍的延普率軍渡過濡水攻擊庫傉官斌，將庫傉官斌斬首；遂趁機進攻北燕擔任幽州刺史的庫傉官昌、征北將軍庫傉官提，將二人全部斬首。

後秦陽城、滎陽二座城全都向東晉軍投降，東晉軍遂順利挺進到成皋。後秦擔任征南將軍的陳留公姚洸鎮守洛陽，他派使者前往京師長安求取救兵。後秦皇帝姚泓遂派遣擔任越騎校尉的閻生率領三千名騎兵前往洛陽救援姚洸，擔任武衛將軍的姚益男率領一萬名步兵幫助防守洛陽。又派擔任并州牧的姚懿率軍屯駐在陝津，作為洛陽的聲援。後秦擔任寧朔將軍的趙玄對陳留公姚洸說：「如今東晉的軍隊已經越來越深入我國境內，民心驚恐動搖，我們兵少，寡不敵眾，如果出城與晉軍交戰失敗，則大事將一去不返。現在就應該把各處的守軍集中起來，堅守金墉，等待朝廷從西部派來救兵。晉軍攻不下金墉城，就不敢越過金墉西進，這樣我們雖然不出城與晉軍作戰，卻能坐等晉軍疲憊之時而出兵收拾他。」擔任司馬的姚禹暗中勾結東晉的冠軍將軍檀道濟，而擔任主簿的閻恢、楊虔，都是姚禹的同黨，他們全都嫉恨寧朔將軍趙玄，於是便對陳留公姚洸說：「殿下憑藉著自己的英明勇武和謀略，擔負著鎮守一方的重任，如果現在堅守城池，不敢出城與晉軍交戰，就等於向晉軍示弱，豈不是要受到朝廷的責備？」姚洸認為他們說得有道理，於是便派遣寧朔將軍趙玄率領一千多名士卒到南邊去守衛柏谷塢，派廣武將軍石無諱到東面去戍守鞏城。趙玄流著眼淚對陳留公姚洸說：「我趙玄蒙受秦國三代君主的厚恩，我只有與我所守衛的地方共存亡，這沒話可說。只是殿下不能採用忠臣的意見，而被奸佞小人所誤導，以後必定後悔無及。」不久，成皋、虎牢的守將全都來向晉軍投降，東晉冠軍將軍檀道濟等遂率軍長驅直入，後秦廣武將軍石無諱率軍向鞏城進發，剛到達石關就逃了回去。在王鎮惡的龍驤將軍府擔任司馬的滎陽人毛德祖率軍與後秦的寧朔將軍趙玄在柏谷交戰，趙玄兵敗，身上受了十多處重傷，兩手撐地，他痛苦地大聲呼喊。趙玄的司馬騫鑒冒著晉軍的刀劍殺身之險上前抱住趙玄哭泣，趙玄說：「我的傷勢已經很重，你要趕緊離開這裡！」騫鑒說：「將軍如果活不了，我又能到哪裡去呢？」於是與趙玄一同被晉軍殺死。後秦司馬姚禹從洛陽城中翻越城牆前來投奔東晉的冠軍將軍檀道濟。十月二十日甲子，冠軍將軍檀道濟率軍逼近洛陽。二十二日丙寅，後秦洛陽守將陳留公姚洸出城向晉軍投降。檀道濟俘虜了後秦四千多人，有人便建議將他們全部活埋，然後築起一座大丘，用以顯示戰功。檀道濟說：「討伐有罪、安撫百姓，正是今天最需要我們去做的！」遂把這四千多名俘虜全部釋放。於是不論是夷人還是漢人都非常感激，非常高興，主動前來歸附的人非常多。閻生和姚益男率領援軍還沒有到達洛陽，就聽到了洛陽已經陷落的消息，於是不敢再繼續前進。

己丑日，東晉安帝司馬德宗下詔，派遣兼任司空的高密王司馬恢之前往洛陽，整修、祭拜皇家的五座先皇陵墓，並設置守衛。太尉劉裕任命擔任冠軍將軍的毛脩之為河南、河內二郡太守，代行司州刺史職權，率軍戍守洛陽。

西秦王乞伏熾磐令擔任秦州刺史的王松壽鎮守馬頭，對後秦秦州治所上邽造成軍事壓力。

十一月初一日甲戌，北魏皇帝拓跋嗣從豺山宮返回京師平城。

東晉太尉劉裕派擔任左長史的王弘返回京師建康，暗示朝廷，請求為劉裕加授九錫。當時劉穆之在東府總理朝政，而請求加授九錫的旨意卻是從北方劉裕那裡發出，劉穆之因為自己沒有預先想到這些而深感愧疚，又擔心劉裕會因此不再信任自己，百感交集，遂病倒在床。王弘，是王珣的兒子。十二月二十九日壬申，晉安帝司馬德宗下詔，任命太尉劉裕為相國、總百揆、揚州牧，封給他十個郡，爵位是宋公，加授九錫，職位在諸侯王之上，兼任征西將軍、司·豫·北徐·雍四州刺史依舊保留不變。劉裕堅決推辭，不肯接受。

西秦王乞伏熾磐派遣使者到東晉太尉劉裕軍前，請求出兵攻打後秦，以此表示願意為東晉效勞。劉裕於是任命西秦王乞伏熾磐為平西將軍、河南公。

在後秦鎮守蒲阪的并州牧姚懿屬下擔任司馬的孫暢勸說姚懿，煽動姚懿率軍襲擊都城長安，誅殺東平公姚紹，廢黜現任皇帝姚泓，自己取而代之。姚懿認為孫暢說得有道理，於是便將倉庫中儲存的糧食散發給河北的夷人和漢人，想藉此讓百姓對自己感恩戴德。擔任左常侍的張敞、擔任侍郎的左雅全都勸阻姚懿說：「殿下是當今皇帝的同母兄弟，擔負著獨當一面的重任，自己的苦樂與國家的安危存亡是完全一致的。如今東晉的侵略軍已經深入國內，徐州、兗州、豫州、荊州已經被東晉攻陷。西方的少數民族不斷地侵擾西部邊境，秦州、涼州已經全部丟失，國家所面臨的危機如同累卵。糧食，是國家的根本，而殿下卻無緣無故地將糧食散發出去，使國家府庫中的糧食儲備白白地損失掉，殿下準備幹什麼？」姚懿非常憤怒，就用皮鞭把二人活活的打死。

後秦皇帝姚泓聽到有關姚懿的報告，就趕緊召見東平公姚紹，祕密地與姚紹商議對策。姚紹說：「姚懿性情愚昧，見識短淺，很容易被別人牽著鼻子走，鼓動姚懿這樣做的，一定是那個孫暢。只要派使者火速將孫暢調回京師，然後派遣撫軍將軍姚讚率軍據守陝城，我則前往潼關充當各路人馬的總指揮。如果孫暢奉詔回到長安，我就立即派遣姚懿率領河東地區現有的兵力共同抵禦東晉的軍隊；如果孫暢不肯接受詔命，就應當公開宣布他的罪狀，出兵進行討伐。」姚泓說：「叔父說的話，全是為國家社稷考慮。」於是派遣撫軍將軍姚讚、冠軍將軍司馬國璠、建義將軍虵玄率軍屯紮在陝津，派武衛將軍姚驢屯駐在潼關。

後秦并州牧姚懿起兵對抗朝廷，自稱皇帝，同時向各州郡發布公告，並準備將匈奴堡的糧食運到自己的治所蒲阪供應屬下的兵眾。擔任寧東將軍的姚成都反對姚懿稱帝，姚懿便用最謙卑的言辭誘騙他，並送給他一把佩刀作為盟誓的信物，姚成都不肯接受。姚懿便派遣驍騎將軍王國率領數百名全副武裝的勇士去攻打姚成都，姚成都將姚懿的軍隊擊敗，並活捉了驍騎將軍王國，姚成都派使者責備姚懿說：「你是與當今皇帝血緣關係最親近的人，所以才派你擔任守衛一方的重任，國家面臨亡國的危難，你沒有能力去拯救，反倒要謀取非分的利益，三位先祖的在天之靈會保佑你嗎！我姚成都要招集義兵，前往黃河岸邊討伐你。」於是一面向各處城邑發布文告，向民眾講明什麼是叛逆，什麼是正義，一面徵集軍隊、調集糧食，為討伐姚懿做準備。

姚懿也動員各城出兵，卻沒有一個城邑響應他，只有臨晉的數千戶人家響應姚懿的號召。姚成都率軍渡過黃河，攻擊臨晉響應姚懿的叛逆者，將追隨姚懿叛亂的數千戶擊敗。姚懿所鎮守的蒲阪的居民、安定人郭純等起兵包圍了姚懿。東平公姚紹率軍進入蒲阪，活捉了姚懿，誅殺了為姚懿出謀劃策的孫暢等。

這一年，北魏擔任衛將軍的安城孝元王叔孫俊去世。北魏皇帝拓跋嗣對叔孫俊的去世感到非常惋惜，於是便對叔孫俊的妻子桓氏說：「叔孫俊活著的時候，您與他同享榮華富貴，現在他死了，您難道不能與他一同受到哀悼嗎？」桓氏上吊自殺，遂把桓氏的靈牌與她丈夫叔孫俊的靈牌放在一起享受祭祀。

在北魏境內的丁零部落首領翟猛雀脅迫吏民反抗朝廷，率領部眾進入白澗山，北魏擔任內都大官的河內人張蒲與擔任冀州刺史的長孫道生一同率軍討伐。長孫道生，是長孫嵩的姪子。長孫道生準備率軍進入白澗山攻打翟猛雀，內都大官張蒲說：「那些跟隨翟猛雀的吏民並不是真心想要造反，而是被翟猛雀等脅迫，不得已才參與了叛亂。如今不加區別，就要一同消滅他們，那些吏民即使想回頭向善，但因為沒有了出路，也一定會與翟猛雀同心合力，佔據險要以抵抗官軍，到那時，要想迅速平息叛亂就不容易了。不如先派遣使者前去向他們宣傳，只要不是翟猛雀的同謀者，就不受株連，那些吏民一定很高興，自然就會離散。」長孫道生聽從了張蒲的意見，果然，主動前來投降的就有數千家，長孫道生等令他們返回自己家中，重新操持自己的生業。翟猛雀帶領自己的一百多名黨羽離開白澗山，準備逃往別處，張蒲等率軍追趕，將翟猛雀等人斬首；擔任左部尚書的周幾率人嚴密追查翟猛雀的餘黨，將其餘黨全部消滅。

【研　析】本卷寫晉安帝義熙十一年(西元四一五年)、十二年共兩年間的各國大事，最重要的大事主要有三：

其一是寫劉裕討平了荊州刺史司馬休之與雍州刺史魯宗之。這場戰爭的性質是劉裕為徹底摧毀司馬氏集團的勢力而進行的。司馬休之是司馬懿之弟司馬孚的後代，司馬休之的祖輩、父輩以及自身在為保衛晉王朝皇室利益，在與王敦、蘇峻、桓溫、桓玄的鬥爭中都是堅強不屈的；魯宗之更是在與北方民族鬥爭中為保衛東晉政權做出過貢獻的名將。他們的存在是劉裕篡奪東晉皇位的重大障礙，更何況司馬休之任荊州刺史，位居建康的上游，魯宗之為雍州刺史，駐節於襄陽，與司馬休之的地勢相接，呼吸與共。所以劉裕在篡位前要徹底掃蕩這股勢力是必然的。仗打得相當艱苦，文中說道，劉裕的女婿徐逵之與將軍王允之、沈淵子皆戰死，司馬休之的部將「魯軌、司馬文思將休之兵四萬，臨峭岸置陳，軍士無能登者。裕自被甲欲登，諸將諫，不從，怒愈甚。太尉主簿謝晦前抱持裕，裕抽劍指晦曰：『我斬卿！』晦曰：『天下可無晦，不可無公！』建武將軍胡藩領遊兵在江津，裕呼藩使登，藩有疑色。裕命左右錄來，欲斬之。藩顧曰：『正欲擊賊，不得奉教。』乃以刀頭穿岸，劣容足指，騰之而上，隨之者稍多。既登岸，直前力戰。休之兵不能當，稍引卻。裕兵因而乘之，休之兵大潰，遂克江陵」。

在進討荊州的同時，劉裕給司馬休之的僚佐韓延之致書，招之使降，韓延之回信，痛斥劉裕給司馬休之強加罪名、進行討伐的無理，表明自己甘心忠於司馬休之，要做一個像反對曹操、忠於漢獻帝的臧洪一樣的人。為表明與劉裕勢不兩立的思想，他用劉裕父親的名字給自己的兒子命名，把劉裕父親的字作為自己的字，其氣節實在令人敬佩。

司馬休之等人兵敗後，逃入後秦；下卷中寫道後秦被滅後，他們又逃入北魏，不論逃到哪裡，都一直堅持與劉裕對抗。司馬休之與王慧龍、刁雍等成為了魏國守衛南部邊疆、治理南部邊郡的重要將領與地方官。這些問題的形成都與劉裕缺乏良好的政治謀略，簡單地放任一己的報復私仇相關。司馬光寫《資治通鑑》全文錄入了韓延之給劉裕的回信，表現了歷史家對於司馬休之等人的同情與對劉裕行事的憎惡。

其二，本卷寫了秦主姚興死，其子姚泓繼位，秦國的國勢轉入衰微，因而招致了劉裕的起兵討伐。後秦是羌人姚萇在關中地區建立的國家，姚萇在位八年，於晉孝武帝太元八年去世；其子姚興為帝，在位二十三年。歷史上對姚興的評價是很高的，范文瀾《中國歷史簡編》說：「姚興是苻堅以後有作為的皇帝，他下令境內，凡平民因荒亂自賣為奴隸的人，一概釋免為良人。簡省法令，謹慎斷獄，獎勵清廉的官吏，嚴懲貪汙。」又說：「姚興的政治是比較清明的，因之在武功方面也有一定成就。當他即位的第一年，便滅了苻登的前秦；四〇〇年，擊敗西秦，西秦降服；四〇三年，滅後涼。在姚興統治的二十餘年中，後秦成為西方的強國。」

司馬光《稽古錄》也指出姚興的缺點說「興承父之志，奄有關中，涼夏諸豪，靡不率服。然處攻戰之世，不能收羅英俊，以治國訓兵，而專率臣民譯經拜佛。及泓繼世，骨肉內離，寇敵外侵，遂亡其族。雖泓器業之不肖，亦興貽謀之未遠也。」在姚興病重的時候，他的一個受寵的兒子姚弼想乘機篡奪太子姚泓的地位，其他兒子不服，於是引起諸子之間的矛盾紛爭。最後姚弼雖然被賜死，太子姚泓繼承了皇帝之位，但國內的勢力分散，已經大大削弱。當晉將王鎮惡、檀道濟等攻入關中時，姚興的另一個兒子姚懿又發動叛亂，自稱皇帝，兄弟之間動起刀兵。這時儘管秦國還有幾個忠誠的老臣如東平公姚紹等與東晉作戰，但後秦的滅亡已成為定局。有意思的事情是，當劉裕與姚泓相互爭奪關中的時候，旁邊還有兩支力量在冷眼旁觀，坐山觀虎鬥。一支是建都平城的鮮卑人拓跋氏，其謀臣崔浩對其主拓跋嗣說：「裕克秦而歸，必篡其主。關中華、戎雜錯，風俗勁悍；裕欲以荊、揚之化施之函、秦，此無異解衣包火，張羅捕虎。雖留兵守之，人情未洽，趨尚不同，適足為寇敵之資耳。願陛下按兵息民以觀其變，秦地終為國家之有，可坐而守也。」另一支是建都於統萬的匈奴人，其主赫連勃勃謂群臣曰：「姚泓非劉裕敵也。且其兄弟內叛，安能拒人？裕取關中必矣。然裕不能久留，必將南歸，留子弟及諸將守之，吾取之如拾芥耳。」（皆見下卷）後來事實竟果然如同他們之所說。這可真像是古人所說的「螳螂捕蟬，黃雀在後」了。

其三，本卷寫了劉裕集團內部的一些趣事：一個是寫了劉裕的心腹幫手劉穆之其人的本事才幹。文中說：「劉穆之內總朝政，外供軍旅，決斷如流，事無擁滯。賓客輻湊，求訴百端，內外諮稟，盈階滿室，目覽辭訟，手答牋書，耳行聽受，口並酬應，不相參涉，悉皆贍舉。」關於劉穆之的才幹前文〈晉紀〉三十五已經說過：「裕始至建康，諸大處分皆委於劉穆之，倉猝立定，無不允愜。裕遂託以腹心，動止諮焉。穆之亦竭節盡誠，無所遺隱。時晉政寬弛，綱紀不立，豪族陵縱，小民窮蹙；重以司馬元顯政令違舛，桓玄雖欲釐整，而科條繁密，眾莫之從。穆之斟酌時宜，隨方矯正。裕以身範物，先以威禁，內外百官皆肅然奉職，不盈旬日，風俗頓改。」現在又說「目覽辭訟，手答牋書，耳行聽受，口並酬應」云云，丁南湖對於這種描寫提出異議說：「耳目手口，各一其用，而統之者心也，心無二用，則耳必不能兼目，手必不能兼口矣。故離婁善視，師曠善聽，倉頡善書，宰我、子貢善言，夫以五賢之才敏，而終身之所肆者亦唯各精於一，凡以心無二用故也。史稱劉穆之『耳聽口應，目覽手書，不相參涉，悉皆贍舉』，是以一心四用，雖聖人亦難能矣。而穆之何以能此哉？大抵史氏勝質之文，所謂『不如無書』者也。」的確可笑。但對於這種問題，我們可以「得魚忘筌」，「師其意不師其詞」可也。第二個是史官寫劉裕的故事，說劉裕率軍伐秦時，「寧州獻琥珀枕於太尉裕，裕以琥珀治金創，得之大喜，命碎擣分賜北征將士。」用語不多，但精彩動人。恰如古書所說，某大將率兵出征，獲得大勝，皇帝給他送去一罈好酒，他從一條河的上游把酒倒入河內，於是休息在河邊的十萬將士飲此河水，就可以都喝到皇帝所賜的御酒了。氣概果然豪邁。第三個是寫劉裕每逢立了大功，皇帝給加官進爵時，他總是一讓再讓，甚至躲到某個地方不出來。待到這次率軍北伐後秦時，他忽然派王弘還建康，「諷朝廷求九錫」。此事出於劉穆之的意外，「時劉穆之掌留任，而旨從北來，穆之由是愧懼發病」。按理說，即使一時沒有想到，沒有預先向朝廷提出，這又有什麼太大的關係呢？而劉穆之居然被嚇得「愧懼發病」，以至於十來個月以後就死去了。劉穆之怎麼就會被嚇成這種樣子呢？可怪的是，等到「十二月壬申，詔以裕為相國、總百揆、揚州牧，封十郡為宋公，備九錫之禮，位在諸侯王上，領征西將軍、司・豫・北徐・雍四州刺史如故」，劉裕竟然還是「辭不受」。這劉裕究竟是出於何種心理，玩弄的是什麼手段呢？他的心腹劉穆之已經被他折騰死了，他居然還在繼續玩弄不休。《歷史綱鑑補》引胡致堂的看法說：「夫心欲得之，又諷而求之；既與之，復辭之，古之人嘗以此惡夫『飾偽而干名』者。裕素輕狡，又不知書，故安於行詐，謂可以籠綱世人，不料人之視己如見肺腹也。故君子惟誠之為貴耳。」

卷第一百十八

晉紀四十

起強圉大荒落(丁巳 西元四一七年),盡屠維協洽(己未 西元四一九年),凡三年。

【題 解】本卷寫晉安帝義熙十三年(西元四一七年)至晉恭帝元熙元年(西元四一九年)共三年間的東晉與各國的大事。主要寫了劉裕的前軍將領王鎮惡、檀道濟、沈林子等在河曲、潼關打敗了秦國大將姚紹的抵抗;沈田子率軍由武關進入,大破秦主姚泓的大軍於嶢柳;劉裕率後續部隊逆黃河西上,魏軍於黃河北岸進行騷擾,劉裕為卻月陣以擊敗之;王鎮惡、毛德祖等溯渭水上攻長安,大破秦軍於渭橋,攻入城內,姚泓投降,後秦被滅;寫了劉裕曾想以長安為根據地進一步經營西北,但「諸將多不欲留」,又值其在朝的心腹謀士劉穆之死,於是決心返回建康,留其次子劉義真與王鎮惡等眾將戍守長安,而在安排留守人事上表現了劉裕對王鎮惡的不信任,埋下了關中諸將相互殘殺的禍根;寫了沈田子編造謠言,以「謀反」罪襲殺了王鎮惡,王脩又以沈田子擅殺大將而殺了沈田子;劉義真左右譖毀王脩於劉義真,慫恿劉義真殺了王脩;於是人情離駭,莫相統一;寫了劉裕明知關中未來的形勢險惡,而置全軍將士於不顧,自私地獨召其子劉義真回京;而劉義真使部下大掠關中的貨寶、子女重載而歸,被夏將赫連璝、王買德追敗於青泥,劉義真的護從將領蒯恩、傅弘之、毛脩之等被俘,段宏束劉義真於背單馬逃回建康;寫了長安守將朱齡石被長安百姓所驅逐,東逃到蒲阪；夏軍追擊，大破晉軍於蒲阪，晉將朱齡石、朱超石、王敬先等盡被赫連勃勃所擒殺，赫連勃勃積人頭為京觀，號「髑髏臺」。夏主赫連勃勃遂輕而易舉地取得了長安，即皇帝位；寫了劉裕接受朝廷給他的相國、宋公、九錫之命，不久又進號為宋王，劉裕以孔靖、王弘、傅亮、蔡廓、謝晦、鄭鮮之、殷景仁為群官，搭就了劉宋朝廷的班底；寫了劉裕以其子劉義隆為荊州刺史，以到彥之、張卲、王曇首等為之部屬，成為日後劉義隆政權之班底；接著劉裕縊死了晉安帝司馬德宗，改立了另一個傀儡司馬德文。寫了司馬楚之因劉裕大肆殘殺宗室之有才望者，聚眾於汝、潁間以反劉裕；此外還寫了西涼公李暠死，其子李歆繼位，因用刑過嚴，又好治宮室，部下張顯、氾稱等相勸，李歆不聽，為西涼之滅亡埋下伏筆，以及魏主拓跋嗣進攻北燕，燕主馮跋嬰城固守，魏虜其民而歸等等。

安皇帝癸

義熙十三年（丁巳　西元四一七年）

春，正月甲戌朔❶，日有食之。

秦主泓朝會百官於前殿，以內外危迫❷，君臣相泣。征北將軍齊公恢❸帥安定鎮戶三萬八千，焚廬舍，自北雍州❹趨長安，自稱大都督、建義大將軍，移檄❺州郡，欲除君側之惡。揚威將軍姜紀帥眾歸之，建節將軍彭完都棄陰密❻奔還長安。恢至新支❼，姜紀說恢曰：「國家重將大兵皆在東方，京師空虛，公亟引輕兵襲之，必克。」恢不從，南攻郿城❽。鎮西將軍姚諶❾為恢所敗，長安大震。

泓馳使徵東平公紹⑩，遣姚裕⑪及輔國將軍胡翼度屯澧[1]西⑫。扶風⑬太守姚儁等皆降於恢。東平公紹引諸軍西還，與恢相持於靈臺⑭，姚讚留寧朔將軍尹雅為弘農太守，守潼關，亦引兵還。恢眾見諸軍四集，皆有懼心，其將齊黃等詣大軍降。恢進兵逼紹，讚自後擊之，恢兵大敗，殺恢及其三弟。泓哭之慟，葬以公禮。

太尉裕引水軍發彭城，留其子彭城公義隆⑮鎮彭城。詔以義隆為監徐・兗・青・冀四州諸軍事、徐州刺史。

涼公暠寢疾⑯，遺命長史宋繇曰：「吾死之後，世子猶卿子也，善訓導之。」二月，暠卒，官屬奉世子歆為大都督、大將軍、涼公、領涼州牧。大赦，改元「嘉興」。尊歆母天水尹氏為太后。以宋繇錄三府事⑰。諡暠曰「武昭王」，廟號「太祖」。

西秦安東將軍木弈干擊吐谷渾樹洛干，破其弟阿柴於堯杆川⑱，俘五千餘口而還。樹洛干走保白蘭山⑲，慚憤發疾，將卒，謂阿柴曰：「吾子拾虔幼弱，今以大事付汝。」樹洛干卒，阿柴立，自稱驃騎將軍、沙州⑳刺史。諡樹洛干曰「武王」。阿柴稍用兵侵併其傍小種㉑，地方數千里，遂為彊國。

河西王蒙遜遣其將襲烏啼部㉒，大破之；又擊卑和部㉓，降之。

王鎮惡進軍澠池[24]，遣毛德祖襲尹雅於蠡吾城[25]，禽之；雅殺守者而逃。鎮惡引兵徑前，抵潼關。○檀道濟、沈林子自陝[26]北渡河[27]，拔襄邑堡[28]，秦河北[29]太守薛帛奔河東[30]。又攻秦并州刺史尹昭於蒲阪，不克。別將攻匈奴堡，為姚成都所敗。

辛酉[31]，滎陽守將傅洪以虎牢[32]降魏。

秦主泓以東平公紹為太宰、大將軍、都督中外諸軍事，假黃鉞，改封魯公，使督武衛將軍姚鸞等步騎五萬守潼關，又遣別將姚驢救蒲阪。

沈林子謂檀道濟曰：「蒲阪城堅兵多，不可猝拔，攻之傷眾，守之引日[33]。王鎮惡在潼關，勢孤力弱，不如與鎮惡合勢并力，以爭潼關。若得之，尹昭不攻自潰矣。」道濟從之。

三月，道濟、林子至潼關。秦魯公紹引兵出戰，道濟、林子奮擊，大破之，斬獲以千數。紹退屯定城[34]，據險拒守，謂諸將曰：「道濟等兵力不多，懸軍[35]深入，不過堅壁以待繼援。吾分軍絕其糧道，可坐禽也。」乃遣姚鸞屯大路[36]以絕道濟糧道。

鸞遣尹雅將兵與晉戰於關南[37]，為晉兵所獲，將殺之。雅曰：「雅前日已當死，幸得脫㊳至今，死固甘心。然夷、夏雖殊，君臣之義一也。晉以大義行師，獨不使秦有守節之臣乎？」乃免之。

丙子㊴夜，沈林子將銳卒襲鸞營，斬鸞，殺其士卒數千人。紹又遣東平公讚屯河上以斷水道，沈林子擊之，讚敗走，還定城。薛帛據河曲㊵來降。

太尉裕將水軍自淮、泗入清河㊶，將泝河西上㊷，先遣使假道於魏㊸；秦主泓亦遣使請救於魏。魏主嗣使羣臣議之，皆曰：「潼關天險，劉裕以水軍攻之，甚難。若登岸北侵㊹，其勢便易。裕聲言伐秦，其志難測。且秦，婚姻之國㊺，不可不救也。宜發兵斷河上流，勿使得西。」博士祭酒㊻崔浩曰：「裕圖秦久矣。今姚興死，子泓懦劣，國多內難。裕乘其危而伐之，其志必取。若遏其上流，裕心忿戾，必上岸北侵，是我代秦受敵也。今柔然寇邊，民食又乏，若復與裕為敵，發兵南赴則北寇愈深，救北則南州㊼復危，非良計也。不若假之水道，聽㊽裕西上，然後屯兵以塞其東㊾。使裕克捷，必德我之假道；不捷，吾不失救秦之名。此策之得者也。且南北異俗，借使㊿國家棄恆山以南(51)，裕必不能以吳、越之兵與吾爭守(52)河北之地(53)，安能為吾患乎？夫為國計(54)者，惟社稷是利，豈顧一女子乎？」議者猶曰：「裕西入關，則恐吾斷其後，腹背受敵。北上，則姚氏必不出關助我，其勢必聲西而實北也。」嗣乃以司徒長孫嵩督山東[55]諸軍事，又遣振威將軍娥清、冀州刺史阿薄干將步騎十萬屯河北岸。

庚辰[56]，裕引軍入河，以左將軍向彌為北青州[57]刺史，留戍碻磝[58]。

初，裕命王鎮惡等：「若克洛陽，須[59]大軍到俱進。」鎮惡等乘利徑趨潼關[60]，為秦兵所拒，不得前。久之，乏食，眾心疑懼，或欲棄輜重還赴大軍。沈林子按劍怒曰：「相公[61]志清六合[62]，今許、洛已定，關右[63]將平，事之濟否，繫於前鋒。柰何沮乘勝之氣[64]，棄垂成之功[65]乎？且大軍尚遠，賊眾方盛，雖欲求還，豈可得乎？下官授命不顧[66]，今日之事，當自為將軍辦之[67]，未知二三君子[68]將何面以見相公之旗鼓邪？」鎮惡等遣使馳告裕，求遣糧援[69]。裕呼使者，開舫北戶，指河上魏軍以示之曰：「我語令勿進，今輕佻[70]深入。岸上如此，何由得遣軍[71]？」鎮惡乃親至弘農[72]，說諭百姓，百姓競送義租[73]，軍食復振。

魏人以數千騎緣河隨裕軍西行。軍人於南岸牽百丈[74]，風水迅急，有漂渡北岸者，輒為魏人所殺略[75]。裕遣軍擊之，裁登岸則走[76]，退則復來[77]。夏，四月，裕遣白直隊主[78]丁旿帥仗士[79]七百人、車百乘，渡北岸，去水百餘步，為卻月陣[80]，兩端抱河[81]，車置七仗士，事畢，使豎一白毦[82]。魏人不解其意，皆未動。裕先命寧朔將軍朱超石戒嚴[83]，白毦既舉，超石帥二千人馳往赴之[84]，齎大弩百張，一車益[85]二十人，設彭排[86]於轅上。魏人見營陣既立，乃進圍之。長孫嵩帥三萬騎助之，四面肉薄[87]攻營，弩不能制[88]。時超石別齎大鎚及矟[89]千餘張，乃斷矟長三四尺[90]，以鎚鎚之[91]，一矟輒洞貫三四人。魏兵不能當，一時奔潰，死者相積。臨陳斬阿薄干，魏人退還畔城[92]〔2〕。超石帥寧朔將軍胡藩、寧遠將軍劉榮祖追擊，又破之，殺獲千計。魏主嗣聞之，乃恨不用崔浩之言。

秦魯公紹遣長史姚洽、寧朔將軍安鸞、護軍姚墨蠡、河東太守唐小方帥眾二〔3〕千屯河北之九原[93]，阻河為固[94]，欲以絕檀道濟糧援[95]。沈林子邀擊，破之，斬洽、墨蠡、小方，殺獲殆盡。林子因啓太尉裕曰：「紹氣蓋關中，今兵屈於外，國危於內，恐其凶命先盡[96]，不得以膏齊斧[97]耳。」紹聞洽等敗死，憤恚，發病嘔血，以兵屬東平公讚而卒。讚既代紹，眾力猶盛，引兵襲林子，林子復擊破之。

太尉裕至洛陽，行視城塹[98]，嘉毛脩之[99]完葺[100]之功，賜衣服玩好，直二千萬[101]。

丁巳[102]，魏主嗣如高柳[103]。壬戌[104]，還平城。

河西王蒙遜大赦。遣張掖太守沮渠廣宗詐降，以誘涼公歆，歆發兵應之。蒙遜將兵三萬伏於蓼泉[105]，歆覺之，引兵還。蒙遜追之，歆與戰於解支澗[106]，大破之，斬首七千餘級。蒙遜城建康[107]，置戍[108]而還。

五月乙未[109]，齊郡[110]太守王懿降於魏，上書言：「劉裕在洛，宜發兵絕其歸路，可不戰而克。」魏主嗣善之。

崔浩侍講在前，嗣問之曰：「劉裕伐姚泓，果能克乎？」對曰：「克之。」嗣曰：「何故？」對曰：「昔姚興好事虛名而少實用，子泓懦而多病，兄弟乖爭[111]。裕乘其危，兵精將勇，何故不克！」嗣曰：「裕才何如慕容垂？」對曰：「勝之。垂藉父兄[112]之資，修復舊業[113]，國人歸之，若夜蟲之就火，少加倚仗，易以立功。劉裕奮起寒微，不階尺土[114]，討滅桓玄，興復晉室[115]，北禽慕容超[116]，南梟盧循[117]，所向無前，非其才之過人，安能如是乎！」嗣曰：「裕既入關，不能進退，我以精騎直擣彭城[118]、壽春[119]，裕將若之何？」對曰：「今西有屈丐[120]，北有柔然，窺伺國隙。陛下既不可親御六師[121]，雖有精兵，未睹良將。長孫嵩長於治國，短於用兵，非劉裕敵也。興兵遠攻，未見其利，不如且安靜以待之。裕克秦而歸，必篡其主。關中華、戎雜錯[122]，風俗勁悍[123]；裕欲以荊、揚之化[124]施之函、秦[125]，此無異解衣包火，張羅捕虎[126]。雖留兵守之，人情未洽[127]，趨尚[128]不同，適足為寇敵之資[129]耳。願陛下按兵息民以觀其變，秦地終為國家之有，可坐而守[130]也。」嗣笑曰：「卿料之審[131]矣！」浩曰：「臣嘗私論近世將相之臣：若王猛[132]之治國，苻堅之管仲[133]也；慕容恪[134]之輔幼主，慕容暐之霍光[135]也；劉裕之平禍亂，司馬德宗之曹操[136]也。」嗣曰：「屈丐何如？」浩曰：「屈丐國破家覆[137]，孤子一身，寄食姚氏，受其封殖[138]。不思讎恩報義，而乘時徼利[139]，盜有一方[140]，結怨四鄰[141]。撅豎[142]小人，雖能縱暴一時，終當為人所吞食耳。」嗣大悅，語至夜半，賜浩御縹醪[143]十觚[144]，水精鹽一兩，曰：「朕味卿言，如此鹽酒，故欲與卿共饗其美。」然猶命長孫嵩、叔孫建各簡精兵，伺裕西過，自成皋濟河，南侵彭、沛[145]；若不時過[146]，則引兵隨之[147]。

魏主嗣西巡至雲中[148]，遂濟河[149]，畋于大漠。○魏置天地四方六部大人[150]，以諸公[151]為之。

秋，七月，太尉裕至陝。沈田子、傅弘之入武關[152]，秦戍將皆委城走，田子等進屯青泥[153]。秦主泓使給事黃門侍郎姚和都屯嶢柳[154]以拒之。

西秦相國翟勍卒。八月，以尚書令曇達為左丞相，左僕射元基為右丞相，御史大夫麴景為尚書令，侍中翟紹為左僕射。

太尉裕至閿鄉[155]。沈田子等將攻嶢柳。秦主泓欲自將以禦裕軍，恐田子等襲其後，欲先擊滅田子等，然後傾國東出。乃帥步騎數萬，奄至青泥。田子本為疑兵[156]，所領裁千餘人，聞泓至，欲擊之。傅弘之以眾寡不敵止之，田子曰：「兵貴用奇，不必在眾。且今眾寡相懸，勢不兩立，若彼結圍既固，則我無所逃矣。不如乘其始至，營陳未立，先薄[157]之，可以有功。」遂帥所領先進，弘之繼之。秦兵合圍數重。田子撫慰士卒曰：「諸君冒險遠來，正求今日之戰，死生一決，封侯之業於此在矣！」士卒皆踴躍鼓譟，執短兵奮擊。秦兵大敗，斬馘[158]萬餘級，得其乘輿服御物[159]，秦王泓奔還灞上[160]。

初，裕以田子等眾少，遣沈林子將兵自秦嶺[161]往助之；至則秦兵已敗，乃相與追之，關中郡縣多潛送款[162]於田子。

辛丑[163]，太尉裕至潼關，以朱超石為河東[164]太守，使與振武將軍徐猗之會薛帛於河北[165]，共攻蒲阪。秦平原公璞[166]與姚和都[167]共擊之，猗之敗死，超石奔還潼關。東平公讚遣司馬國璠引魏兵以躡[168]裕後。

王鎮惡請帥水軍自河入渭以趨長安，裕許之。秦恢武將軍姚難自香城[169]引兵而西，鎮惡追之。秦王泓自灞上引兵還屯石橋[170]以為之援，鎮北將軍姚彊與難合兵屯涇上[171]以拒鎮惡。鎮惡使毛德祖進擊，破之，彊死，難奔長安。

東平公讚退屯鄭城[172]，太尉裕進軍逼之。泓使姚丕守渭橋[173]，胡翼度屯石積[174]，

東平公讚屯灞東[175]，泓屯逍遙園[176]。

鎮惡泝渭而上，乘蒙衝[177]小艦，行船者皆在艦內。秦人見艦進而無行船者，皆驚以為神。壬戌旦[178]，鎮惡至渭橋，令軍士食畢，皆持仗登岸，後登者斬。眾既登，渭水迅急，艦皆隨流，倏忽不知所在。時泓所將尚數萬人。鎮惡諭士卒曰：「吾屬並家在江南，此為長安北門，去家萬里，舟楫、衣糧皆已隨流。今進戰而勝，則功名俱顯；不勝，則骸骨不返，無他歧[179]矣。卿等勉之！」乃身先士卒，眾騰踊爭進，大破姚丕於渭橋。泓引兵救之，為丕敗卒所蹂踐，不戰而潰。姚諶等皆死，泓單馬還宮。鎮惡入自平朔門[180]，泓與姚裕等數百騎逃奔石橋。東平公讚聞泓敗，引兵赴[181]之，眾皆潰去。胡翼度降於太尉裕。

泓將出降，其子佛念，年十一，言於泓曰：「晉人將逞其欲[182]，雖降必不免，不如引決[183]。」泓憮然不應。佛念登宮牆自投而死。癸亥[184]，泓將妻子、羣臣詣鎮惡壘門請降，鎮惡以屬吏[185]。城中夷、晉六萬餘戶，鎮惡以國恩撫慰[186]，號令嚴肅，百姓安堵[187]。

九月，太尉裕至長安，鎮惡迎於灞上。裕勞之曰：「成吾霸業者，卿也！」

鎮惡再拜謝曰：「明公之威，諸將之力，鎮惡何功之有？」裕笑曰：「卿欲學馮異[188]邪？」鎮惡性貪，秦府庫盈積，鎮惡盜取不可勝紀。裕以其功大，不問。或譖[189]諸裕曰：「鎮惡藏姚泓偽輦，將有異志。」裕使人覘[190]之，鎮惡剔取其金銀，棄輦於垣側[191]，裕意乃安。

裕收秦彝器[192]、渾儀[193]、土圭[194]、記里鼓[195]、指南車送詣建康。其餘金玉、繒帛、珍寶，皆以頒賜將士。秦平原公璞、并州刺史尹昭以蒲阪降，東平公讚帥宗族百餘人詣裕降，裕皆殺之。送姚泓至建康，斬於市[196]。裕以薛辯為平陽[197]太守，使鎮捍北道[198]。

裕議遷都洛陽，諮議參軍王仲德曰：「非常之事，固非常人所及[199]，必致駭動。今暴師日久，士卒思歸，遷都之計，未可議也。」裕乃止。

羌眾十餘萬口西奔隴上[200]，沈林子追擊至槐里[201]，俘虜萬計。

河西王蒙遜聞太尉裕滅秦，怒甚。門下校郎[202]劉祥入言事，蒙遜曰：「汝聞劉裕入關，敢研研然[203]也！」遂斬之。

初，夏王勃勃聞太尉裕伐秦，謂羣臣曰：「姚泓非裕敵也。且其兄弟內叛，安能拒人？裕取關中必矣。然裕不能久留，必將南歸，留子弟及諸將守之，吾取之如拾芥耳。」乃秣馬礪兵[204]，訓養士卒，進據安定[205]，秦嶺北郡縣鎮戍[206]皆降之。裕遣使遺勃勃書，約為兄弟。勃勃使中書侍郎皇甫徽為報書而陰誦之[207]，對裕使者[208]口授舍人[209]使書之。裕讀其文，歎曰：「吾不如也！」

廣州刺史謝欣卒，東海人徐道期聚眾攻陷州城[210]，進攻始興[211]，始興相彭城劉謙之討誅之。詔以謙之為廣州刺史。

癸酉[212]，司馬休之、司馬文思、司馬國璠、司馬道賜、魯軌、韓延之、刁雍[213]、王慧龍及桓溫之孫道度、道子、族人桓謐、桓璲、陳郡袁式等皆詣魏長孫嵩降[214]。秦匈奴鎮將[215]姚成都及弟和都舉鎮降魏。

魏主嗣詔民間得姚氏子弟送平城者賞之。冬，十月己酉[216]，嗣召長孫嵩等還。司馬休之尋卒於魏。魏賜國璠爵淮南公，道賜爵池陽子，魯軌爵襄陽公。刁雍表求南鄙[217]自效，嗣以雍為建義將軍。雍聚眾於河、濟[218]之間，擾動徐、兗[219]，太尉裕遣兵討之，不克。雍進屯固山[220]，眾至二萬。

詔進宋公爵為王，增封十郡，辭不受。

西秦王熾磐遣左丞相曇達等擊秦故將姚艾[221]，艾遣使稱藩[222]，熾磐以艾為征東大將軍、秦州牧。徵[223]王松壽為尚書左僕射。

十一月，魏叔孫建等討西山丁零[224]翟蜀洛支[225]等，平之。

辛未[226]，劉穆之卒。太尉裕聞之，驚慟哀惋者累日。始，裕欲留長安經略西北[227]，而諸將佐皆久役思歸，多不欲留。會穆之卒，裕以根本無託[228]，遂決意東還。

穆之之卒也，朝廷恇懼，欲發詔，以太尉左司馬徐羨之[229]代之。中軍諮議參軍張邵曰：「今誠急病[230]，任終在徐[231]；然世子無事命[232]，宜須諮之[233]。」裕欲以王弘[234]代穆之，從事中郎謝晦曰：「休元輕易[235]，不若羨之。」乃以羨之為吏部尚書、建威將軍、丹楊尹，代管留任[236]。於是朝廷大事常決於穆之者，並悉北諮[237]。

裕以次子桂陽公義真為都督雍・梁・秦三州諸軍事、安西將軍、領雍・東秦二州[238]刺史。義真時年十二。以太尉諮議參軍京兆王脩為長史，王鎮惡為司馬、領馮翊[239]太守，沈田子、毛德祖皆為中兵參軍，仍以田子領始平[240]太守，德祖領秦州[241]刺史、天水太守，傅弘之為雍州治中從事史。

先是，隴上流戶寓關中者，望因兵威[242]得復本土；及置東秦州，知裕無復西略[243]之意，皆歎息失望。

關中人素重王猛，裕之克長安，王鎮惡功為多，由是南人皆忌之[244]。沈田子自以嶢柳之捷，與鎮惡爭功不平。裕將還，田子及傅弘之屢言於裕曰：「鎮惡家在關中，不可保信[245]。」裕曰：「今留卿文武將士精兵萬人，彼若欲為不善，正足自滅耳。勿復多言。」裕私謂田子曰：「鍾會[246]不得遂其亂[247]者，以有衛瓘[248]故也。語曰：『猛獸不如羣狐』，卿等十餘人，何懼王鎮惡？」

臣光曰：「古人有言：『疑則勿任，任則勿疑。』裕既委鎮惡以關中，而復與田子有後言，是鬬之使為亂[249]也。惜乎！百年之寇[250]，千里之土[251]，得之艱難，失之造次[252]，使豐、鄗之都[253]復輸寇手。荀子曰：『兼并[254]易能也，堅凝[255]之難。』信哉！」

三秦父老聞裕將還，詣門流涕訴曰：「殘民[256]不霑王化[257]，於今百年，始覩衣冠[258]，人人相賀。長安十陵[259]是公家[260]墳墓，咸陽宮殿[261]是公家室宅，捨此欲何之[262]乎？」裕為之愍然，慰諭之曰：「受命朝廷，不得擅留。誠多[263]諸君懷本之志[264]，今以次息[265]與文武賢才共鎮此境，勉與之居[266]。」十二月庚子[267]，裕發長安，自洛入河，開汴渠[268]而[4]歸。

氐豪[269]徐駭奴、齊元子等擁部落三萬在雍[270]，遣使請降於魏。魏主嗣遣將軍王洛生、河內太守楊聲等西行以應之。

閏月壬申[271]，魏主嗣如大甯長川[272]。

秦[5]、雍人[273]千餘家推襄邑令上谷寇讚[274]為主，以降於魏，魏主嗣拜讚魏郡[275]太守。久之，秦、雍人流入魏之河南、滎陽、河內者，戶以萬數。嗣乃置南雍州，以讚為刺史，封河南公，治洛陽，立雍州郡縣以撫[276]之。讚善於招懷[277]，流民歸之者，三倍其初。

夏王勃勃聞太尉裕東還，大喜，問於王買德曰：「朕欲取關中，卿試言其方略。」買德曰：「關中形勝[278]之地，而裕以幼子守之，狼狽而歸，正欲急成篡事耳，不暇復以中原為意。此天以關中賜我，不可失也。青泥、上洛[279]，南北之險要，宜先遣遊軍斷之；東塞潼關，絕其水陸之路；然後傳檄三輔[280]，施以威德，則義真在網罟之中[281]，不足取[282]也。」勃勃乃以其子撫軍大將軍璝[283]都督前鋒諸軍事，帥騎二萬向長安；前將軍昌[284]屯潼關，以買德為撫軍右長史，屯青泥，勃勃將大軍為後繼。

是歲，魏都坐大官章安侯封懿[285]卒。

【章旨】以上為第一段，寫晉安帝義熙十三年（西元四一七年）一年間的大事。主要寫了劉裕部將王鎮惡率軍破澠池，西攻潼關；檀道濟渡河攻蒲阪，初戰皆不利，多虧沈林子堅持奮鬥，鼓舞眾心，艱苦卓絕地擊敗了秦國的大將姚紹，諸軍攻入關中；寫了劉裕率軍逆黃河西上，魏軍於黃河北岸進行騷擾，劉裕為卻月陣以擊敗之，魏軍退；寫了沈田子率軍由武關進入陝西，破秦主姚泓大軍於嶢柳；寫了王鎮惡、毛德祖溯渭水上攻長安，大破秦軍於渭橋，攻入城內，姚泓投降，後秦被滅；寫了劉裕曾想建議遷都洛陽，也曾想以長安為根據地進一步經營西北，但「諸將多不欲留」，又值其在朝的心腹謀士劉穆之死，於是置關中百姓的誠摯請留而不顧，決心返回建康，留其次子劉義真與王鎮惡等眾將戍守長安，而在安排留守人事上表現了劉裕對王鎮惡的不信任，舉措極其荒悖而不可解；寫了魏國謀士崔浩分析劉裕之未來形勢極其準確精到；寫了夏王赫連勃勃之料定劉裕取關中之後的舉措極其精確；此外還寫了西涼公李暠之死，以及原已投降秦國的司馬休之等改投魏國，而刁雍自請願在邊境堅持反劉裕的戰爭等等。

【注釋】❶正月甲戌朔　正月初一是甲戌日。❷內外危迫　內有姚弼、姚懿之亂，外有劉裕、赫連勃勃之攻。❸齊公恢　即姚恢，姚興之子，姚泓之弟。❹北雍州　姚秦的北雍州州治在安定，即今甘肅涇川縣。❺移檄　給各郡縣發布討伐檄文。❻陰密　縣名，縣治在今甘肅靈臺西南。❼新支　約在今陝西麟遊西。❽郿城　在今陝西眉縣東北的渭水北岸。❾姚諶　姚興之子，姚泓之弟。❿東平公紹　即姚紹，姚興之弟，姚泓之叔。⓫姚裕　姚興之子，姚泓之弟。⓬灃西　即灃水之西。灃水發源於陝西戶縣南，北流至咸陽西南匯入渭水。⓭扶風　郡名，郡治在今陝西乾縣南。⓮靈臺　周朝的舊建築，在今陝西長安西，阿房宮舊址南。⓯彭城公義隆　即劉義隆，劉裕之子，日後的宋文帝。此時被封為彭城公。⓰寢疾　臥病。⓱錄三府事　總管大都督、大將軍府，涼公府，涼州刺史三府的軍政大事。錄，總管。⓲堯杆川　約在今青海省青海湖的南側。⓳白蘭山　在今青海省青海湖之西南側。⓴沙州　吐谷渾的沙州約在今青海湖東南的貴德、貴南一帶。㉑小種　其他少數民族的小部落。㉒烏啼部　少數民族部落名，當時居住在今甘肅山丹西。㉓卑和部　羌族的一個部落名，當時居住在今青海省青海湖西。㉔澠池　縣名，縣治在今河南澠池縣西。㉕蠡吾城　胡三省以為應作「蠡城」，當是。蠡城在今河南澠池縣西南，當時秦將尹雅為弘農太守。弘農郡的郡治即在蠡城。㉖陝　縣名，在今河南三門峽市西，黃河南岸。㉗北渡河　向北渡過黃河。㉘襄邑堡　在今山西芮城北。㉙河北　郡名，郡治大陽，在今山西平隆西南。㉚河東　郡名，郡治在今山西運城東北。㉛辛

西　二月十九。㉜虎牢　虎牢關，在今河南滎陽西南，古成皋城的南側。㉝引日　拖延時間；曠日持久。㉞定城　在潼關城東三十里，渭水南岸。㉟懸軍　指遠離大本營，孤軍深入敵區。㊱大路　自澠池西入潼關有南北二路，南路經回谿阪，即春秋時晉、秦崤之戰的舊地，後曹操西征又開北路，人稱為「大路」。㊲關南　此指潼關以南。㊳脫　拖延。㊴丙子　三月初四。㊵河曲　指今山西西南角的黃河轉彎處。㊶清河　即指濟水。此水自今河南滎陽城北之黃河分出，東流經開封，至山東之濟南市北，東北入渤海。㊷泝河西上　由濟水入黃河，再由黃河逆流西上。㊸假道於魏　假道，借道。當時黃河岸邊的黎陽、沁陽一帶都屬拓跋魏，今劉裕逆河而西，故須向魏國借道。㊹登岸北侵　指轉頭向北攻取魏國的黃河以北地區，即今山西的西南部，當時稱作「河東郡」。㊺婚姻之國　姚興送其女為拓跋嗣夫人事，見本書卷一百十七義熙十一年。㊻博士祭酒　博士是國家太學裡的教官，博士祭酒是教官之長。㊼南州　指拓跋魏相州治下的南邊臨河諸郡。㊽聽　任；允許。㊾以塞其東　指在今河南中部的黃河上駐紮重兵，做出一種截斷劉裕順河返回的姿態。㊿借使　假如。51恆山以南　指今之河北石家莊以南地區。恆山，五嶽中的北嶽，在今河北曲陽西北。52爭守　爭奪、固守。53河北之地　指今河南北部、山西東南部一帶的黃河以北地區。54為國計　為國家考慮問題。55山東　崤山以東，泛指今河南與山西東南部一帶地區。56庚辰　三月初八。57北青州　東晉在今江蘇揚州設有青州，劉裕滅慕容超後，又在廣固（今山東青州）設北青州。今又設一北青州。58碻磝　古黃河上的渡口名，在今山東茌平西南，即新設北青州的州治所在地。59須　等候；等待。60乘利徑趨潼關　趁著有利的形勢，（沒等大軍來到）就逕直地殺向了潼關。徑，一直。61相公　敬稱劉裕。62志清六合　下決心掃清妖孽，統一全國。六合，在天地與東西南北四方之中，即指天下、全國。63關右　潼關以西。64沮乘勝之氣　破壞乘勝前進的氣勢。沮，渙散；瓦解。65垂成之功　眼看就要完成的任務。66授命不顧　意即豁出性命幹到底。授命，獻出生命。《論語・子張》：「士見危授命。」不顧，不回頭；不改變。67自為將軍辦之　我自己來替你做這件事情。辦，完成；解決。68二三君子　指王鎮惡等準備回去向劉裕請援的人。69糧援　糧食及援兵。70輕佻　輕易、隨便。71何由得遣軍　我怎麼能夠派兵去幫你。何由，怎能。72弘農　郡名，郡治在今河南三門峽市西南。73義租　「自願」交納的糧餉。74百丈　指拉船的縴繩。胡三省曰：「百丈者，所以挽船。今南人用麻繩，北人以竹為之。陸游曰：『蜀人百丈，以巨竹四破為之，大如人臂。』」75殺略　殺死或俘虜去。略，意思同「掠」、「虜」。76裁登岸則走　東晉的士兵一登岸，魏國的士兵立刻跑走。77退則復來　東晉士兵一旦退到船上，魏國士兵立刻就又追了回來。78白直隊主　從平民壯丁中選來的值勤衛士的隊長。對於這種士兵只管飯，不發餉。胡三省引杜佑曰：「白直無月給之數。」隊主，即隊長。79仗士　持有長兵器的士兵。80卻月陣　月牙式的陣形。81兩端抱河兩頭聯到河邊，中間向北突出。82 白毦　插有白色羽毛的長竿。毦，用牛尾置於竿上為飾。83 戒嚴　下令做好進攻準備。84 馳往赴之　飛快地進入卻月陣。85 益　增加。86 彭排　盾牌。87 肉薄　同「肉搏」。完全靠著人的勇敢壓了過去。88 弩不能制　靠強弩射箭不能阻止魏兵進攻。89 矟　長矛。90 斷矟長三四尺　將矛的長桿截短，做成一批長三四尺的大箭。91 以鎚鎚之　用鐵錘擊短矛使出，如同今之開炮。92 畔城　在今山東聊城境內。93 河北之九原　約在今山西平陸附近。當時後秦有河北郡，郡治在今平陸西。94 阻河為固　憑藉險要的黃河進行固守。95 絕檀道濟糧援　當時檀道濟在今永濟、蒲阪一帶，而姚紹派出的秦軍佔據了今山西之平陸一帶，在蒲阪以東，截斷了檀道濟與劉裕大軍的聯繫，故曰「絕檀道濟糧援」。96 凶命先盡　先自己死掉。凶命，凶人之命，凶人指姚紹。97 不得以膏齊斧　不能讓我們把他明正典刑。齊斧，利斧；征討的大斧。98 行視城塹　巡行視察洛陽的城牆與護城河。行，巡行。塹，濠溝，這裡即護城河。99 嘉毛脩之　稱讚毛脩之。毛脩之是劉裕的名將，於上年攻克洛陽後，被任命為河南、河內二郡太守，行司州事，戍洛陽。100 完葺　修補。101 直二千萬　相當於兩千萬銅錢的價值。直，同「值」。102 丁巳　四月十六。103 高柳　郡名，郡治即今山西陽高。104 壬戌　四月二十一。105 蓼泉　在今甘肅張掖西北。106 解支澗　胡三省引《晉書》，以為當作「鮮支澗」。鮮支澗，約在今甘肅高臺西南。107 建康　郡名，郡治在今甘肅酒泉東南。108 置戍　建立防守據點。109 五月乙未　五月二十四。110 齊郡　郡治在今山東青州西北，自劉裕滅南燕以來一直屬晉。111 兄弟乖爭　指姚弼、姚懿等篡亂紛爭。112 父兄　慕容垂的父親是慕容皝，慕容垂的哥哥是慕容恪，都是前燕的傑出人物。113 修復舊業　指重建被苻堅滅掉的燕國，改稱「後燕」。114 不階尺土　沒有尺寸的領土作為起事的根基。階，以之為階；以之為基礎。115 討滅桓玄二句　事見本書卷一百十三元興三年。116 北禽慕容超　即滅南燕。事見本書卷一百十五義熙五年、六年。117 南梟盧循　事見本書卷一百十五義熙六年、七年。梟，將人頭懸掛高竿示眾。118 彭城　即今江蘇徐州。119 壽春　即今安徽壽州。120 屈丐　即赫連勃勃。胡三省引《北史》曰：「明元改赫連勃勃名曰屈丐。北方言『屈丐』者，卑下也。」121 親御六師　親自統率大軍。這句是客氣話。御，統領。六師，也稱「六軍」，古代稱天子的軍隊。122 華戎雜錯　指漢人與少數民族錯雜而居。123 勁悍　指強勁、好戰。124 荊揚之化　指治理長江流域的章程辦法。荊州州治江陵，揚州州治建康（東晉的首都）。125 函秦　函谷關以西的古秦國，即今陝西渭水流域一帶，當時是姚秦的領土。126 張羅捕虎　用逮鳥的網子去捕捉老虎。127 人情未洽　人心不融洽、不滿意。128 邀尚　要求、想法。129 為寇敵之資　為其他寇盜提供資本。130 坐而守　像懶農夫守株待兔似地可以坐著等來。131 料之審　考慮得周密；分析得精確。132 王猛　苻堅的謀士。傳見《晉書》卷一百十四。133 管仲　齊桓公的宰相，協助齊桓公九合諸侯，一匡天下。事見《左傳》與《史記·齊太公世家》。134 慕容恪　前燕慕容儁之弟，慕容儁死後，輔佐慕容儁之子慕容暐，忠心耿耿，德才兼備。傳見《晉書》卷一百十一。[135]霍光 漢武帝時大臣，受遺命輔佐年幼的漢昭帝，為輔佐幼主的名臣。事詳《漢書・霍光傳》。[136]曹操 東漢末年漢獻帝的宰相，挾天子以令諸侯，為其子曹丕的篡漢建魏準備了一切條件。事詳《三國志・太祖紀》。[137]國破家覆 指赫連勃勃的父親劉衛辰被拓跋珪所滅事。見本書卷一百七太元十六年。[138]寄食姚氏二句 劉衛辰被殺後，赫連勃勃曾投奔姚興的屬下沒弈干，娶沒弈干之女為妻。被姚興封為驍騎將軍、奉車都尉等官，「寵遇愈於勳舊」。封殖，指封官賜土。[139]乘時徼利 指殺死沒弈干背叛姚興而去。[140]盜有一方 指建立夏政權於統萬。以上事見本書卷一百十四義熙三年。[141]結怨四鄰 指先後和魏、秦、涼諸國開戰。[142]撅豎 猶言「突然冒起」。[143]御縹醪 御用美酒。[144]觚 飲器，一觚可容三升。[145]彭沛 彭城、沛郡。彭城即今徐州，沛郡郡治在今江蘇蕭縣西北。[146]若不時過 如果未能及時地過黃河。[147]引兵隨之 引兵跟在劉裕軍隊的後面。[148]雲中 郡名，郡治在今內蒙古托克托東北。[149]濟河 指向西渡過黃河，進入今內蒙古的伊克昭盟。[150]六部大人 拓跋魏原設有「八部大人」，分掌八個地區，今又置「六部大人」。[151]諸公 指身居公位，或享受公位待遇者。[152]武關 陝西東南部的關塞名，在丹鳳縣東南，是河南南部、湖北北部進入關中地區的重要通道。[153]青泥 即今陝西西安東南的藍田。[154]嶢柳 在今藍田北。[155]閿鄉 縣名，縣治在今河南靈寶西北。[156]疑兵 聲東擊西，迷惑敵人的小部隊。[157]薄 逼近，即對之發動進擊。[158]斬馘 斬敵後削敵之耳，用以為回營報功之證物。[159]乘輿服御物 指帝王的車馬及其穿的衣服、使用的東西等等。[160]灞上 也作「霸上」，在今西安東，當時的長安城東南，以其地處灞水之西而得名。[161]秦嶺 陝西南部東西走向的大山，此處所指在今西安東南。[162]潛送款 暗中送信投降。[163]辛丑 八月初二。[164]河東 郡名，郡治在今山西夏縣西北，轄境為今山西南部的黃河以東地區。[165]河北 郡名，郡治大陽，在今山西平陸西。[166]平原公璞 即姚璞，姚泓之弟。[167]姚和都 胡三省曰：「蓋青泥既敗而奔蒲阪也，或曰『和都』當作『成都』。」按，疑後者為是。姚成都是秦國名將。[168]躡 跟蹤。[169]香城 在今陝西大荔東南、孟源車站東北的黃河邊上。[170]石橋 在當時長安城北面東頭第一門洛門東北。[171]涇上 涇水兩岸，涇水從西北的彬縣方向流來，在長安東北匯入渭水。[172]鄭城 即今陝西華縣。[173]渭橋 也叫中渭橋，在當時長安城北的渭水河上。[174]石積 在當時的長安城東北，今臨潼東。[175]灞東 灞水以東。灞水自藍田方向流來，經長安城東，北流至長安東北匯入渭水。[176]逍遙園 在當時的長安城西北。[177]蒙衝 上有篷蓋的戰船。[178]壬戌旦 八月二十三早晨。[179]無他岐 再沒有任何其他出路。[180]平朔門 當時長安城的北門。[181]赴 前往救援。[182]逞其欲 猶今所謂「為所欲為」。[183]引決 自殺。[184]癸亥 八月二十四。[185]屬吏 交給手下專人看管。[186]以國恩撫慰 以東晉朝廷的名義安慰這些投降的人。[187]安堵 各安其位，不受驚擾。[188]馮異 東漢劉秀的開國元勳，有平定關中之大功，為人謙和，當他人紛紛炫耀自己的功勞時，馮異倚大樹而立，默然無語，人稱「大樹將軍」。事見《後漢書·馮異傳》。[189]譖　說人壞話。[190]覘　暗中探看。[191]垣側　院牆邊。[192]彝器　祭器。[193]渾儀　渾天儀，測量天文的儀器。[194]土圭　觀測日影，確定四時節氣的儀器。[195]記里鼓　測定前進里程的鼓車。[196]斬於市　姚萇於孝武帝太元十一年創建後秦，中經姚興，至此姚泓滅亡，共歷三十四年。[197]平陽　郡名，郡治即今山西臨汾。[198]鎮捍北道　防禦北部邊界，以保障伐秦大軍北翼的安全。[199]非常人所及　不是一般人所能理解的。意即必將引起很多人的反對。[200]隴上　隴山、隴阪之上。隴山、隴阪在今陝西隴縣西南。後秦是羌族人建立的政權，今姚泓被滅，故其部眾西奔。[201]槐里　縣名，縣治在今陝西武功東北。[202]門下校郎　官名，負責監察群臣。胡三省曰：「自曹操、孫權置校事司察群臣，謂之校郎，後世因之。」[203]研研然　喜形於色、侃侃而談的樣子。沮渠蒙遜見劉裕平定關中，害怕西秦治下的漢族人民趁機反他，故強加罪名，殺人立威。[204]秣馬礪兵　猶言「餵馬磨刀」，即準備作戰。[205]安定　郡名，郡治高平，即今寧夏固原。[206]嶺北郡縣鎮戍　九嵕嶺以北的郡縣與各大小駐兵點。大駐兵點稱「鎮」，小駐兵點稱「戍」。[207]陰誦之　暗地裡背熟。[208]對裕使者　當著劉裕使者的面。[209]口授舍人　他嘴裡念著，讓文祕人員寫下來。舍人，此指中書舍人，中書省的屬官，低於中書侍郎，主管起草文件。[210]州城　指廣州州城。[211]始興　諸侯國名，都城曲江，在今廣東韶關市西南。[212]癸酉　九月初四。[213]刁雍　刁暢之子，刁逵之姪。劉裕滅桓玄，刁氏曾因得罪過劉氏，被挾私滅門。刁雍被救送後秦，今又奔魏。[214]皆詣魏長孫嵩降　姚秦既滅，司馬休之等懼為裕所誅，故皆降魏。[215]匈奴鎮將　鎮守匈奴堡軍事基地的將領。匈奴堡在今山西臨汾西南。[216]十月己酉　十月十一。[217]南鄙　南部邊境的小鄉邑。「表求南鄙」是想找靠近晉王朝的地方繼續與劉裕尋釁。[218]河濟　黃河、濟水。「河濟之間」是指今河南東北、山東西北部一帶地區。[219]徐兗　二州名，約當於今江蘇北部及山東西南部一帶地區。[220]固山　縣名，縣治在今山東長清東南。[221]姚艾　當時為姚泓鎮守上邽（今甘肅天水市）。[222]稱藩　即稱臣，承認人家是帝王，自己是替人家守土。[223]徵　謂之入朝。義熙十二年乞伏熾磐派王松壽屯兵馬頭，以逼後秦的上邽。今上邽已降，遂令其撤回。[224]西山丁零　西山即今河北、山西交界處的太行山。丁零是少數民族名。[225]翟蜀洛支　人名，當時西山丁零人的頭領。[226]辛未　十一月初三。[227]經略西北　經營、開拓今甘肅、寧夏一帶地區，即征討乞伏熾磐、沮渠蒙遜、赫連勃勃等人。[228]根本無託　後方政權沒有可靠的人足以維持。根本，指後方的朝廷政權。無託，無人可託付。[229]徐羨之　字宗文，劉宋初期的重要謀臣。傳見《宋書》卷四十三。[230]今誠急病　事情的確是緊急。急病，猶如今之「緊迫」。[231]任終在徐　最後應該任命的也可能就是徐羨之。[232]世子無專命　但接班人「不能自作主張」。世子，指劉裕的嫡子劉義符。[233]宜須諮之　應該請示一下。[234]王弘　字休元，王導的曾孫，劉裕的佐命元勳之一。傳見《宋書》

卷四十二。(235)休元輕易　王弘辦事「不穩重」、「沉不住氣」。輕易，輕率。(236)留任　留守處的一切事務。(237)並悉北諮　一律向北方前線去請示劉裕。(238)雍東秦二州　劉裕的雍與東秦二州的州治都在長安。(239)馮翊　郡名，郡治即今陝西大荔。(240)始平　郡名，郡治在今陝西咸陽西。(241)秦州　州治上邽，即今甘肅天水市。當時尚屬西秦，故此時只能是遙領。(242)望因兵威　想趁著劉裕向西方進兵的機會。(243)無復西略　不會再向西方進攻。(244)南人皆忌之　王鎮惡是王猛之孫，其祖曾佐苻堅稱勝一時，關中地區素敬王猛，今其孫又收復關中有大功，故深受北方人敬重，而為南方人所忌妒。(245)不可保信　不可信任，不能擔保無事。(246)鍾會　字士季，三國時魏人，與鄧艾共同率軍平定西蜀後，因擁兵反魏，失敗被殺。(247)不得遂其亂　作亂之所以不能成功。遂，完成；實現。(248)衛瓘　字伯玉，鍾會、鄧艾伐蜀，衛瓘任監軍。滅蜀後，先與鍾會合誣鄧艾謀反，殺了鄧艾。鍾會擁兵造反時，衛瓘分化瓦解鍾會的部下，又殺了鍾會。事見本書卷七十八咸熙元年。(249)鬭之使為亂　挑動他們彼此爭鬥。(250)百年之寇　指關中地區自劉淵以來先後被劉曜、苻堅、姚氏等所佔據，已上百年。(251)千里之土　指關中地區沃野千里，自古人稱「天府之國」。(252)失之造次　極言喪失的容易與時間之短暫。造次，匆忙；倉猝。(253)豐鄗之都　都是西周初期的都城。豐是文王所築，鄗也作「鎬」，是武王所築，都在今陝西西安西。鄗在豐的東北，兩城緊挨著。(254)兼并　拼合在一起。(255)堅凝　牢固地凝結成一體。(256)殘民　猶言「遺民」。(257)不霑王化　指得不到晉朝政權的管轄。(258)靚衣冠　指從劉裕統率的軍隊身上又看到了當年西晉時的服飾。(259)長安十陵　指西漢時高祖、惠帝、文帝、景帝、武帝、昭帝、宣帝、元帝、成帝、哀帝、平帝十一人的墳墓，言「十陵」是舉其成數。(260)公家　猶言「您家」。因劉裕是劉邦之弟楚元王劉交的後代，故人們如此相稱。(261)咸陽宮殿　這裡指長安諸宮。(262)捨此欲何之　你們丟下不管，究竟是想到哪裡去呢。何之，去哪裡。(263)誠多　實在感謝。多，讚賞，這裡是「感謝」的意思。(264)懷本之志　懷念故國、祖國的心意。(265)次息　次子，排行第二的兒子，指劉義真。(266)勉與之居　猶今之所謂「請你們多多與他們合作」。(267)十二月庚子　十二月初三。(268)開汴渠　重修舊日的汴渠。汴渠舊稱「鴻溝」，在今河南滎陽北由黃河分出，東行經開封，南折入淮水。(269)氐豪　氐族的部落首領。(270)雍　縣名，春秋時代秦國的都城，在今陝西寶雞東北。(271)閏月壬申　閏十二月初五。(272)大甯長川　大甯縣的長川。大甯即今河北張家口。(273)秦雍人　秦、雍二州（約今甘肅、陝西一帶）流浪到東方的人。(274)襄邑令上谷寇讚　襄邑縣的縣令上谷郡人寇讚。襄邑縣的縣治即今河南睢縣。上谷郡的郡治沮陽，在今河北懷來東南，今北京市的西北方。(275)魏郡　郡治鄴城，在今河北臨漳西南。(276)撫　安撫、管轄。(277)招懷　招納、感化。(278)形勝　形勢險要。(279)青泥上洛　都在長安的東南方，在武關通往長安的路上，青泥即今藍田，上洛即今商縣，在藍田的東南方。(280)傳檄三輔　給三輔地區發檄文、貼告示，曉諭利害，號召他們歸降。三輔，指京兆尹、左馮翊、右扶風三個郡，即當時的長安城及其周圍諸縣。(281)在網罟之中　猶如身陷網罟，無法再跑的禽獸。(282)不足取　言不用費力即可捕取。(283)撫軍大將軍璝　即赫連璝。(284)前將軍昌　即赫連昌，亦赫連勃勃之子。(285)封懿　字處德，先仕後燕慕容寶為中書令，慕容寶敗後歸魏。傳見《魏書》卷三十。

【校　記】[1]灃　原作「澧」。胡三省注云：「關中無澧水，『澧』當作『灃』。灃水出鄠南灃谷，北過上林苑入渭。」張敦仁《通鑑刊本識誤》作「灃」，今據改。[2]畔城　嚴衍《通鑑補》改作「半城」。[3]二　據章鈺校，甲十一行本、乙十一行本、孔天胤本皆作「三」。[4]而　據章鈺校，甲十一行本、乙十一行本、孔天胤本皆作「以」。[5]秦　據章鈺校，乙十一行本「秦」上有「姚泓滅」三字。

【語　譯】安皇帝癸

義熙十三年（丁巳　西元四一七年）

春季，正月初一日甲戌，發生日蝕。

後秦主姚泓在皇宮的前殿接見文武百官舉行朝會，想到國家所面臨的內有姚弼、姚懿之亂，外有東晉劉裕、夏王赫連勃勃進攻的危險局勢，君臣卻束手無策，不禁相對哭泣。擔任征北將軍的齊公姚恢率領著安定郡的三萬八千戶居民，焚毀了安定的房舍，從北雍州趕往京師長安，自稱大都督、建義大將軍，向各州郡發出通告，號召起兵剷除君主身邊的奸佞之臣。擔任揚威將軍的姜紀率領自己的部眾歸附了姚恢，擔任建節將軍的彭完都放棄了陰密逃往京師長安。姚恢率軍抵達新支，揚威將軍姜紀向姚恢建議說：「國家的重要將領、主力部隊都在東方，目前京師長安兵力空虛，閣下應該趕緊率領輕裝部隊襲擊長安，肯定能夠將長安攻克。」姚恢沒有採納姜紀的意見，而是向南攻打郿城。擔任鎮西將軍的姚諶被姚恢打敗，京師長安大為震動。秦主姚泓急忙派使者騎馬飛速趕往東方徵調東平公姚紹，一面派遣姚裕以及輔國將軍胡翼度屯駐在灃水西岸。擔任扶風郡太守的姚儁等全都投降了姚恢。東平公姚紹接到秦主姚泓的詔令，立即率領各路人馬向西挺進，在靈臺與姚恢展開對峙，擔任撫軍將軍的姚讚留下擔任寧朔將軍的尹雅為弘農太守，率軍守衛潼關，自己也率軍返回。姚恢的部眾看見各路人馬從四面八方向他們集中，心中都很恐懼，部將齊黃等率先向朝廷軍投降。

姚恢率軍向東平公姚紹的軍隊逼近，撫軍將軍姚讚率軍從姚恢的背後發起攻擊，姚恢軍被打得大敗，姚恢和他的三個弟弟全部被殺。後秦主姚泓哭得很悲痛，按照公爵的禮儀將姚恢安葬。

東晉太尉劉裕率領水軍船艦從彭城出發西上，他將自己的兒子彭城公劉義隆留下鎮守彭城。晉安帝司馬德宗下詔任命彭城公劉義隆為監徐、兗、青、冀四州諸軍事、徐州刺史。

西涼公李暠臥病在床，他給擔任長史的宋繇留下遺言說：「我死之後，我的世子李歆，你就把他當成你自己的兒子一樣，要好好的管教他、引導他。」二月，西涼公李暠去世。李暠屬下的官員遂尊奉世子李歆為大都督、大將軍、涼公、兼任涼州牧。實行大赦，改年號為「嘉興」。尊奉涼公李歆的母親、天水郡人尹氏為太后。任命宋繇擔任錄三府事。為涼公李暠上諡號為「武昭王」，廟號「太祖」。

西秦擔任安東將軍的木弈干率軍攻擊吐谷渾王慕容樹洛干，在堯杆川擊敗了慕容樹洛干的弟弟慕容阿柴，俘虜了五千多口而後返回。慕容樹洛干退往白蘭山堅守，因為羞愧和憤怒引發疾病，竟然一病不起，臨死之前，他對自己的弟弟慕容阿柴說：「我的兒子慕容拾虔年紀還小，現在我就把國家大事託付給你。」慕容樹洛干去世，慕容阿柴即位，自稱驃騎將軍、沙州刺史。為慕容樹洛干上諡號為「武王」。慕容阿柴勢力逐漸擴張，他不斷出兵侵擾、吞併其周邊一些少數民族的弱小部落，國土數千里，遂成為一個勢力強大的國家。

北涼河西王沮渠蒙遜派遣屬下將領率軍襲擊烏啼部落，將烏啼部落打得大敗；又出兵襲擊羌族卑和部落，卑和部落向沮渠蒙遜投降。

東晉擔任龍驤將軍的王鎮惡率軍向澠池挺進，他派遣毛德祖率軍攻打後秦寧朔將軍、弘農太守尹雅所據守的蠡吾城，將尹雅活捉；尹雅殺死了看守自己的士兵逃走。王鎮惡率軍逕直向前，進抵潼關。○東晉擔任冠軍將軍的檀道濟、擔任建武將軍的沈林子從陝城向北渡過黃河，攻佔了後秦的襄邑堡，後秦擔任河北郡太守的薛帛逃往河東郡。檀道濟等又率軍攻打後秦并州刺史尹昭所據守的蒲阪，沒有攻克。另外一名將領率軍進攻匈奴堡，被後秦擔任寧東將軍的姚成都擊敗。

二月十九日辛酉，東晉鎮守滎陽的將領傅洪獻出虎牢，投降了北魏。

後秦主姚泓任命東平公姚紹為太宰、大將軍、都督中外諸軍事，並授予姚紹象徵生殺大權的鍍金大斧，改封為魯公，讓他統領武衛將軍姚鸞等與五萬名步兵、騎兵守衛潼關，姚泓又派遣另一位將領姚驢率軍增援蒲阪。

東晉建武將軍沈林子對冠軍將軍檀道濟說：「後秦的蒲阪城城池堅固，守軍很多，不可能在短時間內將其攻克，如果強行進攻，肯定會造成很大傷亡，守在這裡也是白白拖延時間。龍驤將軍王鎮惡目前正在潼關，他形勢孤單，兵力很弱，我們不如與王鎮惡合兵一處，齊心合力進攻潼關。如果將潼關攻克，後秦據守蒲阪的并州刺史尹昭就會不攻自破。」檀道濟聽取了沈林子的意見，遂移兵潼關。

三月，檀道濟、沈林子率軍抵達潼關。後秦鎮守潼關的魯公姚紹率軍出戰，檀道濟、沈林子率領晉軍奮力出擊，將姚紹所率領的後秦軍打得大敗，斬殺、俘虜了上千人。姚紹退出潼關，撤往定城，據守險要，他對屬下的諸將說：「東晉檀道濟等人所率領的軍隊並不多，而且又是孤軍深入我國境內，只不過是堅守營壘等待後面的援軍。我們分出一部分兵力去截斷他們運送糧食的通道，便很容易將他們擒獲。」於是便派遣武衛將軍姚鸞率軍屯駐大路，據守險要以斷絕東晉檀道濟的糧道。

後秦武衛將軍姚鸞派遣弘農太守尹雅率軍與晉軍在潼關以南展開會戰，尹雅被東晉軍活捉，晉軍準備將尹雅殺死。尹雅說：「我前日被捉的時候就應該死，拖延到今天已屬僥倖，我就是死，也死得心甘情願。夷族人和漢人雖然有所不同，然而君臣之間的大義卻是完全一樣的。晉軍為了正義而出兵，難道就唯獨不能讓秦國擁有堅守臣節的臣子嗎？」晉軍遂將尹雅赦免。

三月初四日丙子夜間，東晉建武將軍沈林子率領一支精銳部隊偷襲後秦武衛將軍姚鸞的軍營，斬殺了姚鸞，殺死了姚鸞手下的士卒數千人。姚紹又派遣撫軍將軍、東平公姚讚率軍駐紮在黃河岸邊，以截斷晉軍的水上運輸線，沈林子率軍襲擊姚讚，姚讚戰敗逃走，退回定城。後秦河北郡太守薛帛獻出河曲向晉軍投降。

東晉太尉劉裕親自率領水軍艦船從淮河、泗水進入清河，準備由清河進入黃河，然後逆流西上，他先派使者前往北魏，請求借道；後秦主姚泓也派使者前往北魏請求出兵相救。北魏皇帝拓跋嗣讓群臣商議該怎麼辦，群臣都說：「潼關是一道天然險阻，劉裕率水軍攻打潼關，很難將潼關攻克。如果劉裕在黃河北岸登陸，率軍向北攻取魏國的黃河以北地區，那就容易多了。劉裕雖然對外宣稱討伐後秦，然而他的真正意圖卻很難預料。再說，後秦，與我們是有婚姻關係的國家，不可以不出兵相救。我們應該發兵截斷黃河上游，使晉軍無法西進。」擔任博士祭酒的崔浩說：「東晉劉裕圖謀滅掉後秦已經很久了。如今姚興已經去世，他的兒子姚泓性情愚昧，能力低下，國內又有太多的災難。劉裕趁秦國面臨危機的機會出兵討伐，志在必得。如果我們遏制了黃河上游，劉裕心懷憤怒，一定會棄舟登岸向北入侵，這就等於我們在代替秦國挨打。如今柔然不斷地進犯我國的邊境地區，民眾又缺乏足夠的糧食，如果再與東晉的劉裕為敵，我們出兵南下攻晉，則北方的柔然必定越來越深入地侵入我國境內，到那時，如果回軍救援北方，則南面的州郡又將陷入危險的境地，這不是好辦法。不如將水道借與東晉，允許他們順黃河西進，而我們則派軍隊在東方駐紮，阻斷劉裕順黃河返回的退路。如果劉裕討伐秦國取得了勝利，必定會感謝我們借路給他；如果劉裕不能取勝，我們也擁有救援秦國的美名。這才是兩全其美的好計策。而且南方與北方風俗完全不同，假如我們放棄了恆山以南，劉裕也一定不會出動吳越之兵來與我們爭奪黃河以北之地，又怎麼能成為我國的災禍呢？為國家出謀劃策，必須把國家利益放在第一位，只要對國家有利，難道還會因為一個女子而置國家利益於不顧嗎？」群臣還是堅持說：「東晉劉裕西上進入潼關，一定會擔心我們切斷他的後路，而使自己腹背受敵。如果棄舟登岸，率軍北上，則秦國姚氏肯定不會派兵出關來幫助我國，劉裕勢必會採取聲稱西上伐秦，而實際上率軍北進入侵我國的策略。」北魏皇帝拓跋嗣於是任用擔任司徒的長孫嵩為督山東諸軍事，又派遣擔任振威將軍的娥清、擔任冀州刺史的阿薄干率領十萬名步兵騎兵戍守在黃河北岸。

三月初八日庚辰，劉裕率領水軍船艦進入黃河，他任命擔任左將軍的向彌為北青州刺史，率軍戍守碻磝。

當初，劉裕吩咐龍驤將軍王鎮惡等說：「如果你們攻克了洛陽，必須等到主力大軍全部到齊之後，再一同進軍。」而王鎮惡等卻乘勝逕直進軍潼關，結果遭到後秦軍的頑強抵抗而無法前進。時間一久，軍中缺糧，軍心疑懼恐慌，就有人想要丟棄軍中輜重撤退，等待與後面的主力大軍會合。建武將軍沈林子手按寶劍憤怒地說：「劉裕丞相立志要掃清六合、統一天下，如今許昌、洛陽都已經被我們平定，關右地區也即將平定，事情能否成功，關鍵全在於前鋒。為什麼要敗壞我們乘勝前進的士氣，拋棄即將到手的成功呢？而且我們的主力大軍距離這裡還很遙遠，後秦軍人多氣盛，即使我們想要退回去，又豈能退得回去？我這個下級官吏既然接受了命令，就要豁出性命幹到底，今天的事情，就由我自己率軍去為將軍完成任務，不知你們這幾位君子有什麼臉面回去見劉丞相的軍旗和戰鼓？」龍驤將軍王鎮惡等立即派使者飛馬向劉裕報告，請求派遣軍隊、支援糧草。劉裕把王鎮惡所派的使者叫到面前，然後打開艦船北面的窗戶，指著河北岸邊的魏軍讓使者看，劉裕說：「我告訴你們不要單獨進軍，如今你們卻如此輕率的深入敵境。岸上的情況就是這樣，我怎麼派得出軍隊去增援你們？」王鎮惡於是親自前往弘農，勸說百姓，於是，弘農的百姓爭相為晉軍繳納糧餉，軍隊有了糧食，士氣重新振作起來。

北魏派出數千名騎兵沿著黃河北岸，緊緊跟隨著晉軍的艦船西行。晉軍的士兵在黃河南岸用一百丈長的縴繩拉著艦船逆水西行，風大，水流湍急，有的船隻因為被風浪折斷了縴繩而漂向北岸，就被魏軍誅殺或俘虜。劉裕派軍隊上岸襲擊魏軍，晉軍一上岸，北魏軍就立即撤走，晉軍一回到船上，魏軍就又回來，繼續在岸上跟隨。夏季，四月，劉裕派遣從平民壯丁中選出的值勤衛隊的隊長丁旿率領七百名手持長兵器的士兵、一百輛車，在黃河北岸登陸，在距離黃河一百多步遠的地方構築起一個月牙式的陣形，以河岸作為月弦，兩端聯結到河邊，中間向北突出，每輛戰車有七名手持長兵器的士兵，布置完畢，就豎起一面用白色羽毛做裝飾的長竿。北魏軍面對這樣的陣形，不知道晉軍要做什麼，於是便不敢妄動。劉裕先令擔任寧朔將軍的朱超石做好戰鬥準備，等到白色的羽毛長竿一舉起來，朱超石便率領著二千人飛快地進入卻月形陣地，他們攜帶著一百張強弩，每輛戰車上增加了二十人，在車轅上支起防箭的盾牌。北魏軍看到晉軍已經布好陣，於是便上前圍攻。北魏司徒長孫嵩率領著三萬名騎兵前來增援魏軍，他們從四面八方向卻月陣壓了過來，陣中靠強弩射箭也無法阻止魏軍的進攻。當時朱超石還攜帶著一些大鐵錘以及一千多支丈八長矛，他就把長矛的長桿截短，做成一批長三、四尺的短矛，用鐵錘錘擊短矛，一矛刺出去就能同時刺穿三、四個人。魏軍抵擋不住這種新式兵器的進攻，一時之間潰不成軍，爭相逃命，死者的屍體多得都堆積起來。東晉軍在反擊中斬殺了北魏冀州刺史阿薄干，魏軍撤退到畔城。朱超石率領著寧朔將軍胡藩、寧遠將軍劉榮祖追殺魏軍，再次將魏軍打敗，殺死、俘虜了上千人。北魏皇帝拓跋嗣得知消息以後，這才後悔當初沒有採納博士祭酒崔浩的意見。

後秦魯公姚紹派遣擔任長史的姚洽、擔任寧朔將軍的安鸞、擔任護軍的姚墨蠡、擔任河東郡太守的唐小方率領二千人屯紮在河北郡的九原，依靠黃河天險，想要斷絕向東晉冠軍將軍檀道濟提供糧食援助的通道。建武將軍沈林子率軍出擊，將魏軍打敗，殺死了北魏長史姚洽、護軍姚墨蠡、河東太守唐小方，將二千名魏軍連殺死帶俘虜，幾乎一網打盡。沈林子於是啟奏太尉劉裕說：「後秦魯公姚紹的威勢壓倒關中所有的人，如今他的大軍在外遭遇失敗，國家內部又危機四伏，恐怕他等不到我們攻入長安，用大斧砍下他的人頭，就先自己死掉了。」姚紹聽到姚洽等戰敗陣亡的消息，不由得憤恨交加，竟然因此病倒，口吐鮮血，他把兵權交給東平公姚讚之後，就一命嗚呼了。東平公姚讚接替了姚紹，兵力仍然很強盛，他率軍襲擊東晉建武將軍沈林子，沈林子又把姚讚打得大敗。

東晉太尉劉裕抵達洛陽，巡行視察洛陽的城牆與護城河，嘉獎毛脩之整理修護有功，賞賜給毛脩之的衣服、珍玩等價值二千萬。

四月十六日丁巳，北魏皇帝拓跋嗣前往高柳。二十一日壬戌，從高柳返回京師平城。

北涼河西王沮渠蒙遜實行大赦。他派遣擔任張掖太守的沮渠廣宗向西涼公李歆詐降，誘騙李歆出兵接應，李歆果然出兵接應沮渠廣宗。河西王沮渠蒙遜率領三萬人馬埋伏在蓼泉，西涼公李歆發覺後，率軍返回。沮渠蒙遜率軍追擊，李歆率軍與沮渠蒙遜在解支澗展開激戰，大敗北涼軍，斬殺了北涼軍七千多人。沮渠蒙遜修整建康城，建立了防守據點之後返回姑臧。

五月二十四日乙未，東晉擔任齊郡太守的王懿投降了北魏，他上疏給北魏皇帝拓跋嗣說：「劉裕正在洛陽，應該發兵截斷他的歸路，可以不用打仗就能取勝。」北魏皇帝拓跋嗣認為王懿說得有道理。北魏擔任博士祭酒的崔浩在北魏皇帝拓跋嗣面前為他講解經書，拓跋嗣向他詢問說：「劉裕討伐後秦的姚泓，你認為他能夠成功嗎？」崔浩回答說：「能。」拓跋嗣進一步追問說：「為什麼？」崔浩回答說：「以前，後秦王姚興喜愛虛名，所以做事往往不切合實際，他的兒子姚泓性情懦弱而又體弱多病，兄弟之間為權力而互相爭鬥。劉裕能夠抓住這個機會討伐後秦，而且軍隊精銳，將領勇敢，怎麼能不取得勝利！」拓跋嗣說：「劉裕的才能與後燕主慕容垂比起來，誰的能力更強一些？」崔浩回答說：「劉裕超過慕容垂。慕容垂是靠了自己的父親、哥哥遺留下來的政治資本，重新建立了燕國，鮮卑人歸附於他，就像是夜間的昆蟲追趕光明一樣，依靠了他們，只要稍加努力，就很容易建立功勳。而劉裕崛起於平民階層，沒有一尺土地作為起事的根基，卻能滅掉桓玄，興復晉室，向北征討南燕，擒獲了南燕主慕容超；在南方擊敗亂民首領盧循，將盧循梟首示眾，大軍所向沒有敵手，如果不是他的才智過人，怎麼能夠如此呢！」拓跋嗣說：「劉裕現在進入關中，進不能進，退不能退，我如果率領精銳騎兵直接去攻打東晉的彭城、壽春，劉裕會怎麼樣？」崔浩回答說：「如今我們國家的西部有赫連勃勃建立的夏國，北方有柔然，他們都在窺伺著我們的動靜，尋找有利時機進攻我們。陛下既不能親自統御六軍，御駕親征，雖然擁有精兵，卻沒有優秀的將領統帥全軍。司徒長孫嵩的長處在於治理國家，而不擅長用兵打仗，他肯定不是劉裕的對手。發動軍隊遠征他國，我看不出有任何好處，不如暫且安靜地等待。劉裕滅掉後秦之後返回晉國，一定會篡奪他主人的政權。關中是漢人與少數民族雜居的地區，風俗強悍、好戰；劉裕用治理荊州、揚州那一套辦法來治理函谷關以西的故秦國之地，這與脫下衣服來包火，張開羅網來捕捉老虎沒有什麼兩樣。雖說劉裕肯定會留下軍隊守衛關中，然而關中人心不服，要求、想法各不相同，恰好為其他敵寇提供了資本。希望陛下按兵不動，使人民得到休息，靜觀其變，秦國的疆土最終肯定會歸我國所有，陛下可以坐在這裡守候機會的到來。」拓跋嗣笑著說：「你算是把形勢分析透徹了！」崔浩說：「我曾經私下裡評論近世的一些宰相、將帥：像王猛的治理國家，那簡直就是秦王苻堅的管仲；燕國的慕容恪輔佐幼主，就是燕主慕容暐的霍光；東晉太尉劉裕平定國內外的禍亂，那就是晉安帝司馬德宗的曹操。」拓跋嗣又問：「赫連勃勃這個人怎麼樣？」崔浩回答說：「赫連勃勃在國破家亡的情況下，只剩孑然一身，在後秦姚氏那裡混飯吃，並接受了姚氏的官爵和封地。他不僅不想報答姚氏的大恩大德，卻趁著姚氏危難之時謀求私利，在統萬建立了夏國，又與周圍的鄰國全都結下仇怨。總而言之，赫連勃勃是一個突然冒起的小人，雖然能夠逞暴肆虐於一時，最終仍然免不了被別人所吞併。」拓跋嗣聽了崔浩的一番話，非常高興，與崔浩一直談論到半夜，他把御用的十觚美酒、一兩水精鹽賞賜給崔浩，拓跋嗣說：「我仔細品味你所說的話，就像這些水精鹽、美酒一樣令人回味無窮，所以就想與你共同享用這些美味。」雖然如此，拓跋嗣還是命令擔任司徒的長孫嵩、擔任中領軍的叔孫建各自挑選精銳部隊，等到東晉太尉劉裕率軍西進之後，立即率軍從成皋向南渡過黃河，進犯東晉的彭城、沛郡；如果劉裕沒有按北魏估測的時間通過，則依然像先前一樣，繼續率軍沿著黃河北岸緊緊跟隨晉軍。

北魏皇帝拓跋嗣前往魏國的西部巡視，抵達雲中之後，便向西渡過黃河，到大漠中打獵。○北魏按照天、地、東、西、南、北設置為六個部，六個部的大人都由身居公爵之位或享受公爵待遇的人擔任。

秋季，七月，東晉太尉劉裕率軍抵達陝城，振武將軍沈田子、建威將軍傅弘之率軍進入武關，後秦守將全都棄城逃走，沈田子等沒有遭遇什麼抵抗就順利地挺進到青泥關。後秦皇帝姚泓趕緊派遣擔任給事黃門侍郎的姚和都率軍進駐嶢柳抵抗晉軍。

西秦擔任相國的翟勍去世。八月，西秦王乞伏熾磐任命擔任尚書令的曇達為左丞相，任命擔任左僕射的元基為右丞相，任命擔任御史大夫的麴景為尚書令，任命擔任侍中的翟紹為左僕射。

東晉太尉劉裕率領大軍抵達閿鄉。振武將軍沈田子等準備攻打嶢柳。後秦主姚泓想要親自率軍抵禦劉裕所率領的東晉軍，又擔心沈田子等率軍襲擊自己的後方，於是便準備先消滅沈田子等，然後再出動全國的兵力東下與劉裕決戰。遂率領數萬名步兵騎兵，突然向駐紮在青泥的沈田子等發起攻擊。沈田子所率領的原本是為了虛張聲勢以迷惑敵人的一支小部隊，只有一千多人，他聽到後秦主姚泓親自率軍前來的消息，就想出兵迎戰姚泓。建威將軍傅弘之因為擔心寡不敵眾，所以勸阻沈田子，沈田子說：「用兵打仗，貴在出其不意，而不一定在於人多。再說，目前我軍與姚泓所率領的後秦軍相比，兵力相差懸殊，勢必不能並存，如果等到姚泓建立起牢固的營壘，我們恐怕連逃跑都找不到地方了。不如趁著秦軍剛剛到達，立足未穩，營陣還沒有建立的機會，我們率先出擊，完全可以取得勝利。」於是便率領自己部下的一千多名士兵先行前進，傅弘之也緊隨其後。後秦軍把沈田子等重重包圍起來。沈田子激勵屬下的士兵說：「各位冒著生命危險遠道而來，正是為了今天的這一場戰鬥，生死對決，能不能拜官封侯，就看今天了！」士兵全都歡呼雀躍起來，他們擂起戰鼓，大聲吶喊著，手持短兵器奮勇殺向後秦軍。後秦軍抵擋不住晉軍的猛烈攻擊，很快便敗下陣來，沈田子等僅這一仗就斬殺了後秦軍一萬多人，繳獲了後秦主姚泓的御用車輛、衣服以及各種器物，後秦主姚泓逃回灞上。

當初，劉裕認為沈田子等所率領的軍隊人數太少，就派遣建武將軍沈林子率軍從秦嶺出發，前往青泥增援沈田子等；等到沈林子率軍到達青泥的時候，秦軍已經被沈田子等打敗，於是便與沈田子等一同追擊敗逃的後秦軍，關中有很多郡縣暗中送信向沈田子投降。

八月初二日辛丑，東晉太尉劉裕率軍到達潼關，他任命朱超石為河東太守，令他與擔任振武將軍的徐猗之前往河北會合後秦降將薛帛，一同攻打蒲阪。後秦平原公姚璞與擔任給事黃門侍郎的姚和都一同率軍反擊東晉軍，徐猗之戰敗陣亡，朱超石跑回潼關。後秦東平公姚讚派遣擔任揚州刺史的司馬國璠引領北魏軍緊緊跟隨在劉裕大軍之後。

東晉龍驤將軍王鎮惡向太尉劉裕請求允許自己率領水軍乘坐艦船從黃河進入渭水，直接去攻打後秦的都城長安，劉裕批准了王鎮惡的請求。後秦恢武將軍姚難率軍從香城向西撤退，王鎮惡率軍隨後追擊。後秦主姚泓從灞上率軍返回，屯駐在長安城北面的石橋，作為聲援，後秦擔任鎮北將軍的姚彊與恢武將軍姚難聯合屯駐在涇水河畔，抵抗王鎮惡等所率晉軍的攻擊。王鎮惡令毛德祖率軍進攻後秦的姚彊與姚難，毛德祖將姚彊、姚難打得大敗，姚彊戰死，姚難逃回了京師長安。

後秦東平公姚讚率軍退守鄭城，東晉太尉劉裕率領大軍逼近鄭城。後秦主姚泓令姚丕守衛渭橋，令輔國將軍胡翼度率軍屯紮在石積，令東平公姚讚屯駐在灞水以東，姚泓率軍屯駐在逍遙園。

東晉龍驤將軍王鎮惡率領水軍艦船進入渭水，逆流而上，所有水軍全部乘坐在上有篷蓋的戰船之內。後秦軍只看見艦船在渭水中逆流而上，卻看不見有人划船，感到非常驚奇，以為是神仙下凡。八月二十三日王戌清晨，王鎮惡率領水軍艦船抵達渭橋，他下令軍士吃完早飯，全都手持兵器，立即棄船登岸，行動遲緩的立即斬首。眾軍士登上河岸以後，由於渭水湍急，船上無人，艦船全都隨水漂流，不一會的工夫就不知道漂到哪裡去了。當時，後秦主姚泓屬下還有數萬人。王鎮惡激勵士卒說：「我們這些人的家全都在江南，我們現在所在的地方就是後秦的都城長安的北門，離家已經有萬里之遙，我們所乘坐的船隻、所穿的衣服、所吃的糧食全都順水流走。如果能夠奮勇向前，拼死作戰，取得勝利，就可以建立大功，揚名天下；如果不能取勝，就連屍骨都回不了江南老家，我們已經沒有別的路可走。你們要努力作戰，擊敗敵人！」於是身先士卒殺向敵軍，眾軍士更是奮勇爭先，於是在渭水河橋大敗姚丕的後秦軍。駐紮在逍遙園的後秦主姚泓趕緊率軍來救，卻遭到潰退下來的姚丕軍的衝擊踐踏，沒等與晉軍交戰就自行潰敗。鎮西將軍姚諶等全都陣亡，姚泓單人匹馬逃回皇宮。王鎮惡緊跟著也從平朔門進入長安，姚泓趕緊與姚裕等帶著數百名騎兵逃往石橋。後秦東平公姚讚聽說姚泓已經戰敗，立即率領手下兵眾趕來救援，然而兵眾全部潰逃而去。後秦輔國將軍胡翼度向東晉太尉劉裕投降。

姚泓準備出城向晉軍投降，姚泓的兒子姚佛念，年僅十一歲，他對姚泓說：「東晉的將領一定會為所欲為，即使我們向他們投降也免不了一死，還不如自殺。」姚泓內心非常失落、悲傷，他沒有回答。姚佛念於是登上宮牆然後從宮牆上跳下摔死了。八月二十四日癸亥，姚泓帶著自己的妻子兒女、滿朝的文武官員前往東晉龍驤將軍王鎮惡的營壘門前請求投降，王鎮惡將他們交付給屬下官吏專門看管。長安城中的少數民族、漢人總計有六萬多戶，王鎮惡以東晉朝廷的名義，對他們進行安撫和慰問，軍中號令嚴明，百姓生活沒有受到任何驚擾，依舊安居樂業。

九月，東晉太尉劉裕抵達長安，龍驤將軍王鎮惡前往灞上迎接。劉裕慰勞他說：「是你成就了我的王霸之業！」王鎮惡向劉裕一再磕頭道謝說：「是靠了明公的神威、諸位將領的努力才取得了如此偉大的勝利，我王鎮惡哪有什麼功勞？」劉裕笑著說：「你難道想要學習馮異嗎？」王鎮惡性情貪婪，秦國府庫中財貨堆積，王鎮惡趁機盜取的不可勝數。劉裕因為王鎮惡滅秦功勞巨大，因而沒有追問。有人向劉裕打小報告說：「王鎮惡私藏後秦主姚泓御用的車輦，恐怕將有篡位的野心。」劉裕於是派人前去暗中探查，發現王鎮惡剝取車輦上的金銀後，就把車輦丟棄在院牆邊，劉裕心裡才算踏實下來。

劉裕接收了後秦宗廟中的祭器、渾天儀、觀測日影的土圭、用來測算里程的記里鼓以及指南車等，全部送往東晉的京師建康。其他的金玉、絲綢、珍寶等全部賞賜給有功將士。後秦平原公姚璞、并州刺史尹昭獻出蒲阪向晉軍投降，東平公姚讚帶領著秦國皇室成員一百多人到劉裕面前投降，劉裕把他們全部殺掉。只將後秦主姚泓押送到京師建康，綁縛到鬧市中斬首。劉裕任薛辯為平陽郡的太守，讓他捍衛北方邊界的安全。

東晉太尉劉裕提議將都城遷往洛陽，擔任諮議參軍的王仲德說：「遷都之事，是一件非同一般的大事，原本不是一般人所能理解的，如果一旦宣布遷都，必然引起震驚和騷動。如今軍隊在外面征戰的時間已經很長了，士卒都想盡早返回家鄉，現在不是商議遷都之事的時候。」劉裕只好作罷。

十多萬羌人向西逃往隴上，東晉建武將軍沈林子率軍追擊，一直追到槐里，俘虜了上萬人。

北涼河西王沮渠蒙遜聽到東晉太尉劉裕率軍滅掉了後秦，非常憤怒。擔任門下校郎的劉祥進來向他奏報事情，沮渠蒙遜便斥責他說：「你聽說東晉太尉劉裕已經率軍入關滅掉了秦國，竟敢如此的喜形於色，多嘴多舌！」遂將劉祥斬首。

當初，夏王赫連勃勃聽到東晉太尉劉裕率軍討伐後秦的消息，就對屬下的群臣說：「後秦主姚泓不是東晉劉裕的對手。而且他的兄弟們紛紛在國內搞叛亂，哪裡還有力量抵抗外敵？劉裕肯定能夠奪取關中之地。然而，劉裕在關中肯定不會停留很久，必將很快南歸，他會留下自己的子弟以及諸將鎮守關中，到那時我再去攻取關中，就如同彎下腰從地上拾取一根小草一樣的容易了。」於是餵養馬匹、磨礪兵器，訓練儲備士兵，進駐安定，後秦嶺北地區各郡縣以及軍事據點的守軍全部投降了赫連勃勃。東晉太尉劉裕派使者送給赫連勃勃一封書信，想與赫連勃勃結為兄弟。赫連勃勃令擔任中書侍郎的皇甫徽代寫一封回信，自己先暗暗地默記在心，然後當著劉裕使者的面，嘴裡念著，讓舍人照口授的內容書寫。劉裕讀了赫連勃勃的回信，歎了一口氣說：「我不如赫連勃勃！」

東晉擔任廣州刺史的謝欣去世，東海郡人徐道期聚眾起兵，攻陷了廣州州城，並乘勝進攻始興，擔任始興相的彭城人劉謙之率軍討伐徐道期，將徐道期誅滅。東晉安帝司馬德宗下詔任命劉謙之為廣州刺史。

九月初四日癸酉，司馬休之、司馬文思、司馬國璠、司馬道賜、魯軌、韓延之、刁雍、王慧龍以及桓溫的孫子桓道度、桓道子、族人桓謐、桓璲、陳郡人袁式等全都跑到北魏擔任司徒的長孫嵩那裡投降。後秦鎮守匈奴堡的寧東將軍姚成都與他的弟弟、擔任給事黃門侍郎的姚和都獻出匈奴堡投降了北魏。北魏皇帝拓跋嗣下詔民間，凡是得到後秦姚氏子弟，並將其送往京師平城的，一律有賞。冬季，十月十一日己酉，北魏皇帝拓跋嗣將跟隨東晉軍的司徒長孫嵩等召回平城。投降北魏的司馬休之不久便死在魏國。北魏封司馬國璠為淮南公爵，封司馬道賜為池陽子爵，封魯軌為襄陽公爵。刁雍上表給北魏皇帝拓跋嗣，請求到魏國的南部邊疆效力，拓跋嗣遂任命刁雍為建義將軍。刁雍在黃河、濟水之間集結部眾，不斷侵擾東晉的徐州、兗州，東晉太尉劉裕派兵前去討伐，卻沒能取勝。刁雍繼續向前推進，駐紮在固山，部眾已經發展到二萬人。

東晉安皇帝司馬德宗下詔，晉封擔任太尉的宋公劉裕為宋王，增加十個郡的封地，劉裕推辭沒有接受。

西秦王乞伏熾磐派遣擔任左丞相的曇達等率軍攻擊後秦故將姚艾所鎮守的上邽，姚艾派遣使者前往西秦的都城枹罕晉見西秦王乞伏熾磐，請求做西秦的屬國，西秦王乞伏熾磐任命姚艾為征東大將軍、秦州牧。將擔任秦州刺史的王松壽召回京師，任命王松壽為尚書左僕射。

十一月，北魏征南大將軍叔孫建等率軍討伐佔據西山的丁零部落首領翟蜀洛支等，將翟蜀洛支制服。

十一月初三日辛未，劉穆之去世。太尉劉裕得知消息，非常震驚、哀痛、惋惜，一連幾天心情都不能平靜。劉裕在攻克後秦都城長安的最初日子裡，本來準備留在長安，經營、開拓西北，而屬下的諸位將佐都因為長時間在外統兵打仗，很想回家，多數人都不願意留在長安。正遇上劉穆之逝世，劉裕感到朝廷之中沒有了可以託付大事之人，這才決定率軍返回。

劉穆之去世之後，東晉朝廷非常惶恐，就準備發布詔書，任命太尉劉裕的左司馬徐羨之代替劉穆之的職位。擔任中軍諮議參軍的張邵說：「現在事情的確很緊急，劉穆之所擔任的職務最終會落在徐羨之的身上；然而世子劉義符不能自作主張，還是應該請示太尉劉裕，由劉裕來做出決定。」太尉劉裕想要王弘接替劉穆之，擔任從事中郎的謝晦說：「王弘處事不夠穩重，不如徐羨之。」劉裕遂任命徐羨之為吏部尚書、建威將軍、丹楊尹，代替劉穆之主管留府的一切事務。於是，朝廷中的重大事情過去常由劉穆之裁決的，現在則要全部送往北方前線請示太尉劉裕，由劉裕做出決定。

劉裕任命自己的第二個兒子桂陽公劉義真為都督雍、梁、秦三州諸軍事、安西將軍、兼任雍、東秦二州刺史。當時，劉義真只有十二歲。劉裕任命擔任太尉諮議參軍的京兆人王脩為長史，任命龍驤將軍王鎮惡為司馬、兼任馮翊太守，振武將軍沈田子和毛德祖都被任命為中兵參軍，仍然令沈田子兼任始平太守，毛德祖兼任秦州刺史、天水太守，任命建威將軍傅弘之為雍州治中從事史。

先前，隴上流亡到關中的那些百姓，都希望借助於東晉向西進軍的聲威，得以收復故土；等到劉裕設置了東秦州，知道劉裕已經沒有繼續西征的考慮，都感到非常失望而歎息。

關中的人民一向敬重王猛，東晉太尉劉裕在攻克長安的戰爭中，王猛的孫子王鎮惡功勞最大，因此，原籍江南的人對王鎮惡非常嫉妒。沈田子自認為嶢柳那場勝仗與王鎮惡的戰功不相上下，心中常感憤憤不平。劉裕準備返回建康，沈田子和傅弘之屢次對劉裕說：「王鎮惡家在關中，不能保證他完全可以信賴。」劉裕對他們二人說：「我現在把你們文武官員和一萬名精銳部隊留在關中，王鎮惡如果想要謀反，恰好是他自取滅亡。你們不用再多說了。」劉裕又私下裡對沈田子說：「鍾會當初在蜀地叛變而沒有成功，就是因為有衛瓘的緣故。俗話說：『一隻猛獸比不上一群狐狸』，你們有十多個人，何必懼怕王鎮惡一個人？」

司馬光說：「古人有這樣的話：『對不信任的人，就不要委以重任，既然委以重任，就不要對他心懷猜忌。』劉裕既然把鎮守關中的重任委託給王鎮惡，卻又私下裡對沈田子說了那樣一番話，就是在挑撥他們彼此爭鬥。可惜呀，賊寇佔據了關中長達一百年之久，上千里的國土，收復它是多麼的艱難，卻在轉瞬之間又將它失去，使得豐邑、鄗京再次淪陷於賊寇之手。荀子說：『拼合在一起很容易，而使它堅固地凝聚成一個整體是非常困難的。』確實如此啊！」

三秦的父老聽到劉裕準備返回建康的消息，就跑到劉裕的大營門前痛哭流涕地說：「我們這些晉朝的遺民得不到朝廷的教化，到現在已經有一百年，直到今天才從晉軍的身上看到了當年晉朝的衣冠裝束，人人都在互相慶賀。長安的十座皇家陵墓都是你們劉家漢代的陵墓，長安的宮殿也是你們劉家的住宅，你放棄這些不管，準備到哪裡去呢？」劉裕看到關中父老如此挽留，心中也很傷感，於是便安慰他們說：「我接受了朝廷的詔命，不可以擅自留下來。因為內心實在感激各位懷念故國的心意，所以，我把自己的二兒子劉義真以及一些文武賢能留下來鎮守此地，希望你們能夠好好地與他們合作。」十二月初三日庚子，劉裕從長安出發，經由洛水進入黃河，重新修復舊日的汴渠，然後返回京師建康。

氐族的部落首領徐駭奴、齊元子等手下擁有三萬部落，居住在雍城，他們派遣使者到北魏的都城平城，請求向魏國投降。北魏皇帝拓跋嗣派將軍王洛生、河內太守楊聲等率軍西行，接應徐駭奴、齊元子等。

閏十二月初五日壬申，北魏皇帝拓跋嗣前往大甯長川巡視。

秦州、雍州流落到東方的一千多家推戴擔任襄邑縣令的上谷人寇讚為盟主，投降了北魏，北魏皇帝拓跋嗣任命寇讚為魏郡太守。時間一長，秦州、雍州流亡進入魏國的河南、滎陽、河內的人多達上萬戶。拓跋嗣於是設置南雍州，任命寇讚為南雍州刺史，封寇讚為河南公，南雍州的治所設在洛陽，設立雍州直屬的郡縣，用以安撫從秦、雍流入的難民。寇讚很善於招納、感化，流亡的難民前來歸附的，是當初的三倍。

夏王赫連勃勃得知東晉太尉劉裕已經東還建康，非常高興，他向自己的智囊王買德提問說：「我準備奪取關中，你先說說應該採取什麼樣的策略。」王買德說：「關中的地理形勢非常險要，而劉裕卻派他年幼的兒子劉義真鎮守關中，自己則匆匆忙忙地趕回建康，他是為了急於完成篡奪政權的事情，而不再把中原放在心上。這是上天有意把關中賞賜給我們，這個機會千萬不能錯過。青泥、上洛，是南北的兩大要塞，應該首先派游擊部隊截斷這兩處守軍的糧食補給和退路；東面阻斷潼關，斷絕晉軍的水路、陸路交通；然後向三輔地區發布檄文，張貼告示，曉諭利害，號召他們歸降，然後一面施加軍事壓力，一面廣施恩德，則劉義真就像是落在網的鳥和魚簍中的魚一樣，很容易被我們擒獲。」夏王赫連勃勃遂任命擔任撫軍大將軍的兒子赫連璝為都督前鋒諸軍事，率領二萬名騎兵進攻長安；令擔任前將軍的赫連昌率軍屯駐在潼關，任命智囊王買德為撫軍右長史，率軍屯駐在青泥關，赫連勃勃親統大軍隨後進發。

這一年，北魏擔任都坐大官的章安侯封懿去世。

義熙十四年（戊午　西元四一八年）

春，正月丁酉朔❶，魏主嗣至平城，命護高車中郎將❷薛繁帥高車、丁零❸北略❹，至弱水❺而還。

辛巳❻，大赦❼。

夏赫連璝至渭陽❽[1]，關中民降之者屬路❾。龍驤將軍沈田子將兵拒之，畏其眾盛，退屯劉迴堡❿，遣使還報王鎮惡。鎮惡謂王脩曰：「公以十歲兒付吾屬，當共思竭力；而擁兵不進，虜何由得平？」使者還，以告田子。田子與鎮惡素有相圖之志，由是益忿懼。未幾，鎮惡與田子俱出北地⓫以拒夏兵，軍中訛言⓬：「鎮惡欲盡殺南人，以數十人送義真南還，因據關中反。」辛亥⓭，田子請鎮惡至傅弘之營計事。田子求屏人⓮語，使其宗人沈敬仁斬之幕下，矯稱受太尉令誅之。弘之奔告劉義真，義真與王脩被甲登橫門⓯以察其變。俄而田子帥數十人來，言②鎮惡反。脩執田子，數以專戮，斬之，以冠軍將軍毛脩之代鎮惡為安西司馬⑯。傅弘之大破赫連璝於池陽⑰，又破之於寡婦渡⑱，斬獲甚眾，夏兵乃退。

壬戌⑲，太尉裕至彭城，解嚴⑳。琅邪王德文先歸建康。

裕聞王鎮惡死，表言「沈田子忽發狂易㉑，奄害㉒忠勳」，追贈鎮惡左將軍、青州刺史。

以彭城內史劉遵考為并州刺史、領河東太守，鎮蒲阪；徵荊州刺史劉道憐㉓為徐、兗二州㉔刺史。

裕欲以世子義符鎮荊州，以徐州刺史劉義隆為司州刺史，鎮洛陽。中軍諮議張邵諫曰：「儲貳㉕之重，四海所繫，不宜處外。」乃更以義隆為都督荊．益．寧．雍．梁．秦六州諸軍事、西中郎將、荊州刺史，以南郡太守到彥之為南蠻校尉，張邵為司馬㉖、領南郡相，冠軍功曹㉗王曇首為長史㉘，北徐州從事㉙王華為西中郎主簿㉚，沈林子為西中郎參軍。義隆尚幼，府事㉛皆決於邵。曇首，弘之弟也。裕謂義隆曰：「王曇首沈毅有器度，宰相才也，汝每事諮㉜之。」

以南郡公劉義慶為豫州㉝刺史。義慶，道憐之子也。◯裕解司州㉞，領徐、冀二州刺史。

秦王熾磐以乞伏木弈干為沙州刺史，鎮樂都。

二月，乙弗㉟烏地延㊱帥戶二萬降秦㊲。

三月，遣使聘魏㊳。

夏，四月己巳㊴，魏徙冀、定、幽三州徒河㊵於代都㊶。

初，和龍㊷有赤氣四塞蔽日，自寅至申㊸。燕太史令張穆言於燕王跋曰：「此兵氣也。今魏方彊盛，而執其使者㊹，好命不通㊺，臣竊懼焉。」跋曰：「吾方思之。」五月，魏主嗣東巡，至濡源及甘松㊻，遣征東將軍長孫道生、安東將軍李先、給事黃門侍郎奚觀帥精騎二萬襲燕；又命驍騎將軍延普、幽州刺史尉諾自幽州引兵趨遼西，為之聲勢㊼，嗣屯突門嶺㊽以待之。道生等拔乙連城㊾，進攻和龍，與燕單于右輔古泥㊿戰，破之，殺其將皇甫軌。燕王跋嬰城自守，魏人攻之，不克，掠其民萬餘家而還。

六月，太尉裕始受(51)相國、宋公、九錫之命。赦國中(52)殊死以下(53)，崇(54)繼母蘭陵蕭氏為太妃。以太尉軍諮祭酒孔靖為宋國尚書令，左長史(55)王弘為僕射(56)，領選(57)，從事中郎傅亮、蔡廓皆為侍中，謝晦為右衛將軍，右長史鄭鮮之為奉常(58)，行參軍殷景仁為祕書郎。其餘百官，悉依天朝(59)之制。靖辭不受。亮，咸(60)之孫。

廓，謨(61)之曾孫。鮮之，渾(62)之玄孫。景仁，融(63)之曾孫也。景仁學不為文(64)，敏有思致(65)，口不談義(66)，深達理體(67)；至於國典、朝儀、舊章、記注(68)，莫不撰錄(69)，識者知其有當世之志(70)。

魏天部大人(71)白馬文貞公崔宏(72)疾篤，魏主嗣〔3〕遣侍臣問病，一夜數返(73)。及卒，詔羣臣及附國渠帥(74)皆會葬(75)。

秋，七月戊午(76)，魏主嗣至平城。

九月甲寅(77)，魏人命諸州調民租(78)，戶五十石，積於定、相、冀三州(79)。

河西王蒙遜復引兵伐涼(80)，涼公歆(81)將拒之，左長史張體順固諫，乃止。蒙遜芟(82)其秋稼而還。

歆遣使來告襲位(83)。冬，十月，以歆為都督七郡(84)諸軍事、鎮西大將軍、酒泉公。

姚艾(85)叛秦，降河西王蒙遜，蒙遜引兵迎之。艾叔父儁言於眾曰：「秦王寬仁有雅度，自可安居事之，何為從河西王(86)西遷？」眾咸以為然，乃相與逐艾，推儁為主，復歸於秦。秦王熾磐徵儁為侍中、中書監、征南將軍〔4〕，賜爵隴西公；以左丞相曇達為都督洮・罕(87)以東諸軍事、征東大將軍、秦州牧，鎮南安(88)。

劉義真年少，賜與左右無節，王脩每裁抑之。左右皆怨，譖脩於義真曰：「王鎮惡欲反，故沈田子殺之。脩殺田子，是亦欲反也。」義真信之，使左右劉乞等殺脩。

脩既死，人情離駭，莫相統壹。義真悉召外軍(89)入長安，閉門拒守。關中郡縣悉降於夏。赫連璝夜襲長安，不克。夏王勃勃進據咸陽，長安樵采路絕(90)。

宋公裕聞之，使輔國將軍蒯恩如長安，召義真東歸，以相國右司馬朱齡石為都督關中諸軍事、右將軍、雍州(91)刺史，代鎮長安。裕謂齡石曰：「卿至，可敕義真輕裝速發，既出關，然後[5]可徐行。若關右必不可守，可與義真俱歸。」又命中書侍郎朱超石慰勞河、洛(92)。

十一月，齡石至長安。義真將士貪縱(93)，大掠而東，多載寶貨、子女，方軌(94)徐行。雍州別駕韋華(95)奔夏。赫連璝帥眾三萬追義真。建威將軍傅弘之曰：「公處分亟進(96)，今多將輜重(97)，一日行不過十里，虜追騎且至，何以待之(98)？宜棄車輕行，乃可以免。」義真不從。俄而夏兵大至，傅弘之、蒯恩斷後，力戰連日；至青泥，晉兵大敗，弘之、恩皆為王買德所禽。司馬毛脩之與義真相失，亦為夏兵所禽。義真行在前，會日暮，夏兵不窮追，故得免。左右盡散，獨逃草中。中兵參軍[99]段宏單騎追尋，緣道呼之，義真識其聲，出就之，曰：「君非段中兵邪？身在此[100]，行矣[101]！必不兩全，可刎身頭以南[102]，使家公望絕[103]。」宏泣曰：「死生共之，下官不忍。」乃束義真於背，單馬而歸。義真謂宏曰：「今日之事，誠無算略[104]；然丈夫不經此，何以知艱難？」

夏王勃勃欲降傅弘之，弘之不屈。時天寒[6]，勃勃裸之[105]，弘之叫罵而死。勃勃積人頭為京觀[106]，號曰「髑髏臺」。長安百姓逐朱齡石[107]，齡石焚其宮殿，奔潼關。勃勃入長安，大饗將士，舉觴謂王買德曰：「卿往日之言，一期[108]而驗，可謂算無遺策[109]。此觴所集[110]，非卿而誰？」以買德為都官尚書[111]，封河陽侯。

龍驤將軍王敬先戍曹公壘[112]，齡石往從之。朱超石至蒲阪[113]，聞齡石所在，亦往從之。赫連昌攻敬先壘，斷其水道。眾渴，不能戰，城且陷。齡石謂超石曰：「弟兄俱死異域，使老親何以為心[114]？爾求間道亡歸[115]，我死此，無恨矣。」超石持兄泣曰：「人誰不死，寧忍今日辭兄去乎？」遂與敬先及右軍參軍[116]劉欽之皆被執，送長安，勃勃殺之。欽之弟秀之悲泣不歡燕[117]者十年。欽之，穆之之從兄子也。

宋公裕聞青泥敗，未知義真存亡，怒甚[7]，刻日北伐[118]；侍中謝晦諫以「士卒疲弊，請俟他年[119]」，不從。鄭鮮之上表，以為：「虜聞殿下[120]親征，必併力守潼關。徑往攻之，恐未易可克；若輿駕頓洛[121]，則不足上勞聖躬[122]。且虜雖得志[123]，不敢乘勝過陝[124]者，猶攝服大威[125]，為將來之慮[126]故也。若造洛而反[127]，虜必更有揣量之心[128]，或益生邊患。況大軍遠出，後患甚多。昔歲西征[129]，劉鍾狼狽[130]；去年北討[131]，廣州傾覆[132]。既往之效，後來之鑒也。今諸州大水，民食寡乏，三吳羣盜攻沒諸縣，皆由困於征役故也。江南士庶，引領顒顒[133]以望殿下之返旆；聞更北出，不測淺深之謀[134]，往還之期，臣恐返顧之憂[135]更在腹心[136]也。若慮西虜[137]更為河、洛之患者，宜結好北虜[138]。北虜親則河南[139]安，河南安則濟、泗[140]靜矣。」會得段宏啓，知義真得免，裕乃止；但登城北望，慨然流涕而已。降義真為建威將軍、司州刺史；以段宏為宋臺[141]黃門郎、領太子右衛率[142]。裕以天水太守毛德祖為河東太守，代劉遵考守蒲阪。

夏王勃勃築壇於灞上，即皇帝位，改元「昌武」。

西秦王熾磐東巡。十二月，徙上邽民五千餘戶于枹罕。

彗星出天津[143]，入太微[144]，經北斗，絡紫微[145]，八十餘日而滅。魏主嗣復召諸儒、術士[146]問之曰：「今四海分裂，災咎之應[147]，果在何國？朕甚畏之。卿輩盡言，勿有所隱！」眾推崔浩使對，浩曰：「夫災異之興，皆象人事[148]。人苟無釁[149]，又何畏焉？昔王莽[150]將篡漢，彗星出入正與今同[151]。國家[152]主尊臣卑，民無異望[153]。晉室陵夷[154]，危亡不遠。彗之為異[155]，其劉裕將篡之應乎？」眾無以易其言[156]。

宋公裕以讖[157]云「昌明[158]之後尚有二帝」，乃使中書侍郎王韶之與帝左右密謀酖帝而立琅邪王德文。德文常在帝左右，飲食寢處，未嘗暫離[159]；韶之伺之經時不得間[160]。會德文有疾，出居於外。戊寅[161]，韶之以散衣[162]縊帝於東堂[163]。韶之，廙[164]之曾孫也。裕因稱遺詔[165]，奉德文即皇帝位，大赦。

是歲，河西王蒙遜奉表稱藩[166]，拜涼州刺史[167]。

尚書右僕射袁湛[168]卒。

【章旨】以上為第二段，寫晉安帝義熙十四年（西元四一八年）一年間的大事。主要寫了劉裕部將沈田子編造謠言，以「謀反」罪襲殺了王鎮惡，王脩又以沈田子擅殺大將而殺了沈田子。劉裕回到建康後，聞王鎮惡被殺，表言沈田子是由於「忽發狂易」，以敷衍塞責；劉義真左右又譖毀王脩於劉義真，慫恿劉義真殺了王脩，於是人情離駭，莫相統一；寫了劉裕明知關中形勢險惡，而置關中全軍將士於不顧，自私地獨召其子劉義真回京；劉義真使部下大掠關中的貨寶、子女重載而歸，被夏將赫連璝、王買德追敗於青泥，劉義真的護從將領蒯恩、傅弘之、毛脩之等被俘，段宏束劉義真於背單馬逃回建康；寫了長安守將朱齡石被長安百姓所驅逐，東逃到蒲阪；夏軍追攻晉軍，大破晉軍於蒲阪，晉將朱齡石、朱超石、王敬先等盡被赫連勃勃所擒殺，赫連勃勃積人頭為京觀，號「髑髏臺」，這是劉裕親手造成的後果；寫了夏主赫連勃勃輕而易舉地取得了長安，大餉將士，即皇帝位；寫了劉裕以其子劉義隆為荊州刺史，以到彥之、張卲、王曇首等為之部屬，成為日後劉義隆政權之班底；寫了劉裕接受朝廷給他的相國、宋公、九錫之命，以孔靖、王弘、傅亮、蔡廓、謝晦、鄭鮮之、殷景仁為群官，搭就了未來朝廷的班底；寫了劉裕縊死晉安帝司馬德宗，改立了另一個傀儡司馬德文；此外還寫了魏主拓跋嗣進攻北燕，燕主馮跋嬰城固守，魏虜其民而歸；以及魏主拓跋嗣聽其謀士崔浩因天象異常而大談劉裕將篡奪晉政的預言等等。

【注釋】❶正月丁酉朔　正月初一是丁酉日。❷護高車中郎將　高車是少數民族部落名，當時活動在今內蒙古呼和浩特至二連浩特一帶。護高車中郎將是派駐高車地區，管理該民族事務的武官。❸丁零　少數民族名，這裡所說的丁零人活動在今內蒙古中部地區。❹北略　向北攻擊、開拓。❺弱水　也叫弱洛水，在今蒙古烏蘭巴托西。❻辛巳　正月初一是「丁酉」，本月中無「辛巳」，疑字有誤。❼大赦　這句話的主語是「東晉」。因劉裕滅了後秦，實行大赦以示舉國同慶。❽渭陽　指當時長安城北的渭水北岸。❾屬路　一個接一個地不絕於路。屬，連接；連續。❿劉迴堡　約在當時的長安城西北。⓫北地　此指長安城北地區。⓬訛言　謠言。當然是沈田子等人所散布。⓭辛亥　正月十五。⓮屏人　打發開身邊的人。⓯橫門　長安城北面東頭的第一個門。⓰安西司馬　安西將軍的司馬，時劉義真為安西將軍。⓱池陽　即今西安西北的涇陽縣，當時在長安城西北，涇水北岸。⓲寡婦渡　涇水上流的渡口名。⓳壬戌　正月二十六。⓴解嚴　解除軍事的緊急狀態。㉑狂易　精神病。㉒奄害　襲擊殺害。㉓劉道憐　劉裕之弟。㉔徐兗二州　州治在今江蘇鎮江市。㉕儲貳　候補者；未來的接班人。㉖司馬　此指為劉義隆之司馬。㉗冠軍功曹　冠軍將軍的功曹，時劉裕任冠軍將軍。㉘長史　為劉義隆之長史。㉙從事　即從事史，州刺史的高級僚屬。所謂「北徐州」即劉義隆原任的徐州，與南方鎮江的徐州相對而言，故稱「北徐州」。㉚西中郎主簿　西中郎將的主簿。㉛府事　指刺史府、都督府、西中郎將府的一切事務。㉜諮　詢問；請教。㉝豫州　州治歷陽，即今安徽和縣。㉞司州　州治洛陽，劉裕北伐至洛陽時，曾任司州刺史。㉟乙弗　少數民族部落名。㊱烏地延　乙弗部落的首領名。㊲降秦　此指投降乞伏熾磐的西秦。㊳遣使聘魏　遣使臣訪問魏國。主語是「東晉」。聘，禮節性的訪問。㊴四月己巳　四月初四。㊵徒河　此指原慕容氏的鮮卑族人。因其最早居住在徒河（今遼寧錦州西北），故以此相稱。後隨慕容氏入關，遂散居在今河北各地。(41)代都　即今河北蔚縣東北的代王城。(42)和龍　即龍城，今遼寧朝陽，馮跋的首都。(43)自寅至申　從淩晨的四點前後到下午的四點前後。寅，相當於今淩晨的三—五時；申，相當於今下午的三—五時。(44)執其使者　拓跋魏使者于什門因爭執禮數被北燕扣留事，見本書卷一百十六義熙十年。(45)好命不通　兩國之間不相往來。好命，友好的使命。(46)濡源及甘松　二地名。濡源，濡水的源頭，即今之灤河的源頭。甘松，也叫松漠，即千里松林，在濡源以東，今河北圍場以北至內蒙古的克什騰旗一帶。(47)為之聲勢　為之造聲勢、做聲援。(48)突門嶺　具體地址不詳，約在今內蒙古赤峰市南。(49)乙連城　約在今遼寧建昌與河北青龍之間。(50)單于右輔古泥　單于右輔其人名古泥。義熙七年，馮跋以其子馮永領單于，並為之置前後左右「四輔」。(51)始受　義熙十二年，晉安帝已下詔拜劉裕為相國、宋公、加九錫，劉裕假惺惺地推辭不受，至此時「始受」。(52)國中　指劉裕的「宋國」境內，即今河南之商丘至江蘇徐州一帶地區。(53)殊死以下　死刑犯以外的其他一切犯人。這句的意思是除死刑犯外，其他一律赦免。(54)崇　提高；尊封。(55)左長史　指太尉左長史，劉裕的高級僚屬。(56)僕射　此指劉裕宋國的尚書僕射，位同副丞相。(57)領選　主管官吏的選拔任用。(58)奉常　也叫太常，主管國家的禮樂與祭祀活動。(59)天朝　指東晉朝廷，以區別劉裕的宋國朝廷。(60)咸　即傅咸，西晉初期的直臣。傳見《晉書》卷四十七。(61)謨　即蔡謨，東晉中期主和派的大臣。傳見《晉書》卷七十七。(62)渾　即鄭渾，漢末魏初的良吏。事見本書卷六十六建安十七年。(63)融　即殷融，東晉初期人，曾為庾亮任司馬。事見本書卷九十四咸和三年。(64)學不為文　好學不是為了寫文章。(65)敏有思致　聰明而思路清晰。(66)口不談義　不把「道義」、「義理」掛在嘴頭上。(67)深達理體　深明治理國家的方針大計。理，治。(68)記注　指有關帝王起居、朝事活動的各種記載。(69)撰錄　編寫記錄。(70)當世之志　指輔佐帝王建功立業的大志。當世，現時。(71)天部大人　義熙十三年，魏國設天地四方六部大人，分掌朝事。崔宏任天部大人。(72)白馬文貞公崔宏　白馬公是崔宏的封號，白馬是封地名，文貞是諡。崔宏是魏國的重要文臣。傳見《魏書》卷二十四。(73)數返　幾個來回。(74)附國渠帥　歸附拓跋魏的各少數民族頭領。(75)會葬　指前來參加葬禮。(76)戊午　七月二十四。(77)九月甲寅　九月二十一。(78)調民租　向百姓徵收租稅。(79)定相冀三州　定州的州治即今河北定州，相州的州治鄴縣在今河北臨漳西南，冀州的州治即今河北冀州。(80)涼　此指西涼，建都於今甘肅酒泉。(81)涼公歆　即李歆，李暠之子，繼其父稱「涼公」，稱藩於晉。(82)芟　割取。(83)來告襲位　來晉朝稟告其父死，自己繼承其父之位號，請求天朝照准。(84)七郡　指敦煌、酒泉、晉興、建康、涼興、會稽、廣夏，都在今甘肅西部。(85)姚艾　原是後秦姚泓的將領，駐兵上邽，姚泓被劉裕滅後，姚艾投降乞伏熾磐的西秦，今又叛西秦投降沮渠蒙遜的北涼。(86)河西王　即沮渠蒙遜，自稱「河西王」，建都姑臧，即歷史上所說的「北涼」。稱「河西王」似乎是管轄的地區更大一些。

87 洮罕　臨洮、枹罕，二郡名，臨洮郡的郡治即今甘肅岷縣，枹罕郡的郡治在今甘肅臨夏西北。88 南安　古城名，在今甘肅隴西縣東南。89 外軍　指當時屯紮在蒲阪以防魏，及屯紮在渭北以防夏的軍隊。90 樵采路絕　連出城打柴、採野果的道路都被夏人掐斷。91 雍州　此指北雍州，州治長安。因為當時東晉還有雍州，州治在今湖北襄陽。92 河洛　黃河、洛水，即指今洛陽城與其周邊地區。93 貪縱　貪婪、放縱。94 方軌　兩車並行，極言其不慌不忙的樣子。95 韋華　原是姚氏舊臣，投降東晉後，劉裕用以為雍州別駕。別駕是刺史的高級僚屬。96 公處分亟進　劉裕囑咐我們要快走。公，敬稱劉裕。處分，安排；規定，這裡即指「囑咐」。亟進，快走。97 今多將輜重　如今攜帶著許多東西。輜重，應屬後勤部隊運送的各種物資。98 何以待之　如何對待。待，對付；處理。99 中兵參軍　節鎮都督的僚屬，主管侍衛。100 身在此　我在這裡。晉時人用「身」稱自己，猶如今之所謂「我」。101 行矣　你趕緊跑吧。102 可刎身頭以南　可把我的人頭砍下來帶回南方。103 使家公望絕　讓我的父親不再牽掛。家公，猶言「家父」、「家君」。104 誠無筭略　實在是由於我們的無能。筭略，計畫、謀略。105 勃勃裸之　赫連勃勃扒光了他的衣服。106 京觀　大墳堆，將敵人的大量屍體堆積起來，上面灑些土，以此來顯示自己的武功。107 逐朱齡石　劉裕等不思向西進攻，已令人失望；劉義真撤退時又大量掠奪長安，更激起了長安人的仇恨，故群起逐朱齡石。108 一期　剛過一年。109 筭無遺策　極言其謀劃、預料的精確，萬無一失。110 此觴所集　猶言「這杯酒應首先敬給的人」。集，向；給。111 都官尚書　主管刑獄，猶如漢代之「廷尉」。112 曹公壘　在陝西潼關，為昔日曹操討伐馬超、韓遂時的駐兵之處。113 朱超石至蒲阪　朱超石當時正以中書侍郎的身分宣慰河洛，聞關中亂，到蒲阪就并州刺史劉遵考。114 何以為心　老人的心如何受得了。115 求間道亡歸　尋小路逃回。116 右軍參軍　右將軍朱齡石的參軍。117 不歡燕　不參與歡樂的宴會。118 刻日北伐　訂好日期就要北伐。刻日，訂好日期。119 請俟他年　請換一個別的時間。婉轉勸阻的用語。120 殿下　敬稱劉裕。121 輿駕頓洛　如果您的車駕駐節在洛陽。122 則不足上勞聖躬　那就用不著您親自去。聖躬，敬指劉裕。123 得志　指獲勝。124 乘勝過陝　乘勝攻佔陝縣一帶。陝，陝縣，在今河南三門峽市西，是古代指稱「關中」與「山東」的重要分界地。125 攝服大威　害怕您的威嚴。攝服，同「懾服」。害怕。126 為將來之慮　怕您二次出兵討伐他們。127 造洛而反　打到洛陽就收兵回來。128 更有揣量之心　從中判斷我方的實際力量不過如此。129 昔歲西征　指前幾年的討伐荊州刺史司馬休之。130 劉鍾狼狽　指「羣盜數百」夜襲劉鍾所駐守的治亭。事見本書卷一百十七義熙十一年。131 去年北討　指當年的討伐南燕慕容超。去年，猶言「往年」、「當年」。132 廣州傾覆　此處敘事有誤，廣州被盧循、徐道覆攻陷，是在桓玄作亂，劉裕與桓玄作戰時。劉裕北伐南燕，乃盧循、徐道覆由廣州出兵北犯湘州、江州，又折而東攻建康，非攻陷廣州。133 引領顒顒　伸長脖子盼著見到你們。顒顒，嚮往、歸心的樣子。

(134)不測淺深之謀　猶言「不明白您究竟有什麼打算」。(135)返顧之憂　後顧之憂。(136)更在腹心　就在京城周圍、朝廷之中。(137)西虜　指赫連勃勃的夏政權。(138)結好北虜　與拓跋氏的魏政權搞好關係。(139)河南　泛指今河南洛陽一帶的黃河以南地區。(140)濟泗　濟水、泗水，泛指山東西部及安徽、江蘇北部一帶地區。(141)宋臺　宋公劉裕的政權機構。(142)太子右衛率　太子宮廷警衛軍的頭領，當時的衛率有前、後、左、右、中五人。劉裕一方面讓段宏為他自己的政權做黃門郎，同時又讓他兼任晉太子右衛率，以便於他對晉政權的控制。(143)出天津　經由天津。天津是星名，也叫天潢，有星九顆，都在天河當中。(144)入太微　進入到太微垣的位置。太微是星名，在北斗之南，有星十顆。(145)絡紫微　纏掛在紫微垣。紫微垣是星名，位於北斗的東北，有星十五顆。(146)術士　掌握某種技術、法術的人，如占星、相面、看風水等等。這裡指觀測星象的人。(147)災咎之應　星象所預示的災禍的降臨。(148)皆象人事　都與人間的事情彼此對應。這就是兩漢以來陰陽五行家的所謂「天人感應」，是最荒誕無稽的東西。(149)無釁　沒有縫隙、沒有漏洞，指國家的方針大計沒有失誤。(150)王莽　西漢末年的外戚，先裝作禮賢下士，收買人心，待一切成熟，遂篡漢自立。傳見《漢書》卷九十九。(151)彗星出入正與今同　據《漢書・天文志》，哀帝建平二年有所謂「彗星出牽牛七十餘日」。舊說以為彗星是除舊布新的徵兆，故與權臣篡位、改朝換代相比附。(152)國家　猶言「我們的國家」，指稱自己的魏國。(153)民無異望　百姓們沒有別的想法、打算，意即不想造反、作亂。(154)陵夷　越來越不行，如山丘之日益低下。(155)彗之為異　彗星之所以出現這種變化，指長留天空八十餘日。(156)無以易其言　沒有人可以改變他的說法。易，改變；提出異議。(157)讖　一種預言未來的迷信語，或是由野心家故意編造，以煽動叛亂；或是事後編造，以神化某人。(158)昌明　晉孝武帝司馬曜，字昌明。(159)未嘗暫離　意即時刻不離。(160)伺之經時不得間　好長時間找不到下手的機會。伺，伺機。間，空隙。(161)戊寅　十二月十七。(162)散衣　撕開衣服，用布條子……。(163)縊帝於東堂　時司馬德宗年三十七歲。(164)廙　即王廙，東晉初期大權奸王敦的堂弟，人品較低。傳見《晉書》卷七十六。(165)因稱遺詔　假託已死皇帝的旨意。(166)稱藩　自願做東晉的藩臣。古代諸侯自稱是天子的屏藩。(167)拜涼州刺史　東晉朝廷任之為涼州刺史。涼州的州治即今甘肅武威，當時為沮渠蒙遜北涼的都城。(168)袁湛　字士深，袁耽之孫。傳見《晉書》卷八十三。

【校　記】[1]陽　據章鈺校，甲十一行本、乙十一行本皆無此字。[2]言　據章鈺校，甲十一行本、乙十一行本、孔天胤本此上有「至」字。[3]嗣　原無此字。據章鈺校，甲十一行本、乙十一行本、孔天胤本皆有此字，張瑛《通鑑校勘記》同，今據補。[4]征南將軍　原無此四字。據章鈺校，甲十一行本、乙十一行本、孔天胤本皆有此四字，張瑛《通鑑校勘記》同，今據補。5後　原無此字。胡三省注云：「『然』下當有『後』字。」有「後」字義長，今據嚴衍《通鑑補》校補。6時天寒　原無此三字。據章鈺校，甲十一行本、乙十一行本、孔天胤本皆有此三字，張敦仁《通鑑刊本識誤》同，今據補。7怒甚　原無此二字。據章鈺校，甲十一行本、乙十一行本、孔天胤本皆有此二字，張敦仁《通鑑刊本識誤》、張瑛《通鑑校勘記》同，今據補。

【語　譯】十四年（戊午　西元四一八年）

春季，正月初一日丁酉，北魏皇帝拓跋嗣從大甯長川回到京師平城，他命令擔任護高車中郎將的薛繁率領高車人、丁零人向北拓展地盤，薛繁推進到弱水而回。

辛巳日，東晉實行大赦。

夏國赫連璝率領二萬騎兵抵達渭陽，關中的民眾前來歸降的絡繹不絕。東晉振武將軍沈田子率軍抵抗夏國軍，因為懼怕赫連璝的兵力強盛，遂退守劉迴堡，一面派使者回長安向王鎮惡報告。王鎮惡對擔任長史的王脩說：「宋公劉裕將一個十歲的孩子託付給我們這些人，我們就應當共同盡心竭力；而沈田子手握兵權，卻不肯向前，我擔心照此以往，什麼時候才能將強寇消滅？」沈田子的使者返回之後，將王鎮惡的話告訴了沈田子。沈田子一向容不下王鎮惡，總想置對方於死地，現在就更加憤怒和恐懼。不久，王鎮惡與沈田子同時出兵，前往長安以北地區抵禦赫連璝的進攻，軍中有傳言說：「王鎮惡準備把江南人全部殺掉，然後派幾十個人護送劉裕的兒子桂陽公劉義真回到南方，自己則佔據關中叛變。」正月十五日辛亥，沈田子邀請王鎮惡到建威將軍傅弘之的營中舉行軍事會議。到了傅弘之的大營之後，沈田子請求屏退從人，自己想單獨與王鎮惡對話，當只剩下沈田子與王鎮惡兩個人的時候，沈田子指使自己的族人沈敬仁就在傅弘之的營帳之中突然將王鎮惡斬殺，然後宣稱是奉了太尉劉裕的命令誅殺王鎮惡。傅弘之趕緊跑去告訴劉義真，劉義真披上鎧甲，與長史王脩登上長安北城的橫門觀察事態的變化。不一會兒，沈田子率領數十人前來，訴說王鎮惡謀反之事。王脩逮捕了沈田子，指控他擅自殺死王鎮惡，然後將沈田子斬首，令冠軍將軍毛脩之接替王鎮惡為安西司馬。傅弘之率軍在池陽將赫連璝打得大敗，接著又在寡婦渡再次打敗赫連璝，斬殺、俘虜了很多人，赫連璝率領夏兵退走。

正月二十六日壬戌，東晉太尉劉裕抵達彭城，下令解除緊急軍事狀態。琅邪王司馬德文提前回到京師建康。

劉裕聽到王鎮惡被沈田子殺死的消息，就上表給晉安帝司馬德宗說「沈田子突然發狂，襲殺了建立功勳的忠臣王鎮惡」，遂追贈王鎮惡為左將軍、青州刺史。

東晉任命擔任彭城內史的劉遵考為并州刺史，兼任河東太守，鎮守蒲阪；將擔任荊州刺史的劉道憐召回，令他擔任徐、兗二州刺史。

劉裕準備讓自己的世子劉義符鎮守荊州，遂任命擔任徐州刺史的劉義隆為司州刺史，鎮守洛陽。擔任中軍諮議的張邵勸諫說：「世子是國家未來的接班人，責任重大，牽動著四海民心，不應該把他安置到都城以外。」劉裕聽從了張邵的勸阻，於是將劉義隆改任為都督荊・益・寧・雍・梁・秦六州諸軍事、西中郎將、荊州刺史，任命擔任南郡太守的到彥之為南蠻校尉，任命張邵為劉義隆屬下司馬、兼任南郡相，任命擔任冠軍功曹的王曇首為長史，任命擔任北徐州從事的王華為西中郎主簿，任命建武將軍沈林子為西中郎參軍。劉義隆年紀還很小，其刺史府、都督府、西中郎將府中的一切事務，全都由擔任司馬的張邵裁決。王曇首，是王弘的弟弟。劉裕對劉義隆說：「王曇首為人深沉、剛毅、有氣度，是當宰相的材料，你所做的每件事情，都要向他徵求意見。」

東晉任命南郡公劉義慶為豫州刺史。劉義慶，是劉道憐的兒子。○東晉朝廷解除了太尉劉裕司州刺史的職務，命他兼任徐、冀二州刺史。

西秦王乞伏熾磐任命乞伏木弈干為沙州刺史，鎮守樂都。

二月，乙弗部落首領烏地延率領二萬戶投降了西秦。

三月，東晉派遣使者前往北魏進行禮節性的訪問。

夏季，四月初四日己巳，北魏將留居在冀州、定州、幽州之內的徒河人全部遷往代都。

當初，北燕的都城和龍突然冒出赤色氣體，充滿了四面八方，遮蔽了陽光，從淩晨四點前後一直持續到下午四點前後，北燕擔任太史令的張穆對北燕王馮跋說：「這種氣體預示將有戰爭發生。如今魏國正在逐漸強大起來，而我們卻扣留了他們派來的使者于什門，使兩國之間的友好往來中斷，我私下裡感到非常恐懼。」北燕王馮跋說：「我正在考慮這件事。」五月，北魏皇帝拓跋嗣前往東方巡視，一直抵達濡源及甘松，他派遣征東將軍長孫道生、安東將軍李先、擔任給事黃門侍郎的奚觀率領二萬名精騎兵襲擊北燕；又命擔任驍騎將軍的延普、擔任幽州刺史的尉諾從幽州率軍直奔遼西，為襲擊北燕的大軍製造聲勢，拓跋嗣率軍屯駐在突門嶺等候捷報。征東將軍長孫道生等攻克了乙連城之後，立即進攻北燕的都城和龍，他們與北燕擔任單于右輔的古泥發生激戰，長孫道生等將古泥打敗，殺死了古泥的將領皇甫軌。北燕王馮跋趕緊在龍城四周部署兵力進行防守，北魏軍猛力攻打，卻沒能將和龍攻破，遂俘虜了北燕一萬多戶居民，撤軍而回。

六月，東晉太尉劉裕開始接受晉安帝司馬德宗授予他相國的職位和宋公、加九錫的封賞。下令赦免宋國國內死囚犯以外的其他一切罪犯，尊奉自己的繼母蘭陵人蕭氏為太妃。任命擔任太尉軍諮祭酒的孔靖為宋國尚書令，任命擔任左長史的王弘為僕射，兼任主管選拔、任用官吏的領選，擔任從事中郎的傅亮、蔡廓都被任命為侍中，擔任從事中郎的謝晦被任命為右衛將軍，擔任右長史的鄭鮮之被任命為奉常，擔任行參軍的殷景仁被任命為祕書郎。其餘文武百官的名稱和職責，全部按照東晉朝廷的規定。擔任太尉軍諮祭酒的孔靖沒有接受劉裕的任命。傅亮，是傅咸的孫子。蔡廓，是蔡謨的曾孫。鄭鮮之，是鄭渾的玄孫。殷景仁，是殷融的曾孫。祕書郎殷景仁聰明好學，卻不是為了寫作文章，他反應敏捷，思路清晰，從來不把「道義」、「義理」什麼的掛在嘴邊上，然而卻深明治理國家的方針大計；至於有關皇帝的起居、朝事活動的各種記載，他都進行編寫和記錄，有見識的人都知道他有輔佐帝王建功立業的大志向。

北魏擔任天部大人的白馬文貞公崔宏病勢沉重，北魏皇帝拓跋嗣派侍從之臣前去探望病情，一夜之間就往返數次。等到崔宏去世之後，又下詔令群臣以及歸附北魏的各少數民族頭領全都去參加崔宏的葬禮。

秋季，七月二十四日戊午，北魏皇帝拓跋嗣從突門嶺回到平城。

九月二十一日甲寅，北魏朝廷下令各州向百姓徵收租稅，每戶需要繳納五十石，分別集中到定州、相州和冀州。

北涼河西王沮渠蒙遜再次率軍討伐西涼，西涼公李歆準備親自率軍前去抗擊，擔任左長史的張體順堅決勸阻，李歆這才作罷。沮渠蒙遜率領兵眾把西涼農田裡的秋莊稼割取一空，然後撤回。

西涼公李歆派使者到東晉朝廷，將西涼公李暠去世、自己繼承了父親西涼公的爵位之事稟告給東晉朝廷，請求朝廷批准。冬季，十月，東晉任命李歆為都督七郡諸軍事、鎮西大將軍、酒泉公。

姚艾背叛了西秦，投降了北涼河西王沮渠蒙遜，沮渠蒙遜率軍接應姚艾。姚艾的叔叔姚雋對眾人說：「西秦王乞伏熾磐為人寬厚仁慈，有雅量、有氣度，我們可以安居下來為他效力，何必非要跟隨河西王沮渠蒙遜向西遷移呢？」眾人都認為姚雋說得有道理，遂聯合起來驅逐了姚艾，然後推舉姚雋為首領，又歸附於西秦。西秦王乞伏熾磐將姚雋召回京師枹罕，任命姚雋為侍中、中書監、征南將軍，封為隴西公；任命擔任左丞相的曇達為都督洮、罕以東諸軍事、征東大將軍、秦州牧，鎮守南安。

劉義真因為年紀很小，他經常隨意賞賜身邊的侍從，而且沒有一點節制，擔任長史的王脩往往對他進行限制。劉義真身邊的那些侍從因此都對王脩充滿怨恨，於是就在劉義真面前說王脩的壞話，他們說：「王鎮惡要謀反，所以沈田子把他殺了。而王脩殺死沈田子，這也是謀反。」劉義真竟然相信了他們的話，遂指使身邊的侍從劉乙等殺死了王脩。

王脩突然被劉義真殺死，人們驚恐不安，人心離散，再也沒有人能夠統一他們。劉義真便將長安以外屯紮在蒲阪以防魏，以及屯駐在渭北以防夏的軍隊全部招進長安，然後關閉城門據守。關中的各個郡縣於是全都投降了夏國。赫連璝趁機在夜間率軍襲擊長安，沒有攻克。夏王赫連勃勃親統大軍進駐咸陽，長安陷入重重包圍之中，就連出城砍柴、採摘野菜野果的路都被夏軍封鎖。

東晉宋公劉裕得知消息後立即派擔任輔國將軍的蒯恩前往長安，迎接桂陽公劉義真返回京師，任命擔任相國右司馬的朱齡石為都督關中諸軍事、右將軍、雍州刺史，代替劉義真鎮守長安。劉裕對朱齡石說：「你到了長安之後，告訴劉義真減輕行裝，快速出發，等到出了函谷關之後，才可以放慢行程。如果關中確實守不住，你可以和劉義真一同返回。」又命令擔任中書侍郎的朱超石前往黃河、洛水一帶的洛陽及其周邊地區慰勞軍隊，安撫民心。

十一月，朱齡石抵達長安。桂陽公劉義真手下的將士貪婪放縱，當得知即將東返的消息，便在長安地區大肆搶掠了一番，才上路東歸，他們攜帶著很多的金銀財寶、美女奴僕，兩輛車並軌而行，慢慢地向著東方進發。擔任雍州別駕的韋華投奔了夏國。赫連璝率領三萬人馬追趕劉義真。東晉建威將軍傅弘之對劉義真說：「宋公吩咐要快速前進，如今卻攜帶著這麼多的輜重，一天前進不了十里路，赫連璝的騎兵即將追來，我們靠什麼抵抗他？應該拋棄輜重車，輕裝快行，才可以避免災禍。」劉義真不聽。不一會兒，夏國的軍隊大量湧來，建威將軍傅弘之、輔國將軍蒯恩率人斷後，一連幾天拼死抵抗；行進到青泥的時候，晉軍再也抵抗不住夏軍的進攻，被夏軍打得大敗，傅弘之、蒯恩全都被夏國撫軍長史王買德活捉。擔任司馬的毛脩之與劉義真失散，也被夏國軍活捉。劉義真走在晉軍的最前面，又趕上天色已晚，夏軍沒有窮追不捨，所以免於被擒。然而身邊的侍從全都各自逃命去了，只剩下劉義真一個人，獨自躲藏在草叢之中。擔任中兵參軍的段宏單人獨騎四處尋找桂陽公劉義真，他沿著道路呼喊著劉義真的名字，劉義真聽出是段宏的聲音，就從草叢裡走出來，問：「你是不是中兵參軍段宏？我在這裡，你趕緊跑吧！如果我們兩人一同上路，肯定不能兩全，你可以把我的腦袋砍下來帶到南方去，讓我的父親不要再想念我。」段宏流著眼淚說：「不管是死是活，我們兩人都要在一起，我怎麼忍心砍下你的頭呢。」於是就把劉義真捆在自己的後背上，共騎一匹馬逃回了江南。劉義真對段宏說：「今天的事情，確實因為我們的少謀失算造成的；然而大丈夫如果不經歷這樣的失敗，怎麼會知道人生的艱難？」

夏王赫連勃勃想要讓東晉建威將軍傅弘之投降夏國，傅弘之寧死也不肯屈服。當時天氣嚴寒，赫連勃勃就脫光了傅弘之身上的衣服，傅弘之叫罵而死。赫連勃勃為了炫耀武功，就把晉軍的人頭堆積在一起，在上面封上土，築成一座高大墳冢，稱之為「髑髏臺」。長安的百姓群起驅逐朱齡石，朱齡石於是焚燒了長安城中的宮殿，然後逃往潼關。赫連勃勃率軍進入長安，大擺酒宴犒賞全軍將士，他舉起酒杯對撫軍長史王買德說：「你當初說的話，只一年的時間就完全應驗了，真可以稱得上是算無遺策。這一杯酒所應該敬的，不是你還能是誰？」遂任命王買德為都官尚書，封為河陽侯。

東晉龍驤將軍王敬先戍守曹公壘，朱齡石被逐出長安後，前往曹公壘投靠王敬先。朱超石到達蒲阪，聽說了朱齡石投奔了王敬先，於是也前往曹公壘與朱齡石會合。赫連昌率軍攻擊曹公壘，切斷了通往曹公壘的水源。守衛曹公壘的晉軍由於缺水而失去了戰鬥力，城壘眼看就要被赫連昌攻陷。朱齡石對朱超石說：「我們兄弟二人全都要死在異國他鄉，年老的父母如何承受得了？你去尋找一條偏僻的小道逃回去，我死在這裡也沒有什麼遺憾了。」朱超石拉著哥哥哭著說：「人誰沒有一死，我怎麼忍心辭別哥哥獨自返回呢？」於是，兄弟二人與王敬先以及擔任右軍參軍的劉欽之全都被赫連昌擒獲，送往長安，夏王赫連勃勃把他們全部殺死。劉欽之的弟弟劉秀之為哥哥的死悲傷哭泣了很長時間，十年之內都沒有參加宴飲聚會。劉欽之，是劉穆之的堂姪。

東晉宋公劉裕得到青泥戰敗的消息，卻不知道自己的兒子劉義真是死是活，非常憤怒，於是定好日期，準備出兵北伐；擔任侍中的謝晦勸諫他說「士卒已經疲憊不堪，請等以後時機成熟再出兵」，劉裕不從。擔任奉常的鄭鮮之上表給宋公劉裕，他認為：「賊虜聽到殿下率軍親征的消息，一定會竭盡全力守衛潼關。大軍逕直前往攻擊，恐怕不容易將其攻克；如果殿下的車駕駐於洛陽，則用不著勞動殿下親自前去。而且賊虜雖然獲勝，卻並不敢乘勝攻佔陝縣一帶，看起來還是懼怕殿下的威嚴，擔心殿下會二次出兵討伐他們。如果是到達洛陽就返回，賊虜必定會對我國的實力重新進行判斷，認為我們的力量不過如此，可能會因此而增加邊境的災患。何況是大軍一旦遠征，後方還有很大的憂患。往年大軍西征司馬休之，有盜賊數百人突然夜襲了劉鍾所駐守的治亭，造成劉鍾狼狽迎戰；去年北伐，廣州被徐道覆攻陷。以往的例證，就是後來的借鑑。如今各州發生了大水災，民眾糧食缺乏，三吳地區遍地盜賊，他們攻陷了很多的縣城，都是因為被兵役和差役所困而引起的。長江以南無論是士大夫還是小民百姓都在伸著脖子，期盼著殿下率軍歸來；如果他們聽到又要出兵北伐，他們不瞭解殿下的深謀遠慮，不知道班師的日期，我擔心後顧之憂會在朝廷內部發生。如果擔憂西部的赫連勃勃會給黃河、洛陽一帶造成危害，就應該與北面的魏國搞好關係。與北魏搞好關係，則洛陽一帶的黃河以南地區就會安定，黃河以南安定了，則濟水、泗水流域自然也就安定了。」正好此時接到中兵參軍段宏的報告，知道劉義真已經脫離險境，劉裕遂不再堅持北伐；只是登上建康城樓向北眺望，雖然無限感慨，也只有涕泣流淚而已。將劉義真降職為建威將軍、司州刺史；任命段宏為宋臺黃門郎、兼任太子右衛率。劉裕任命擔任天水太守的毛德祖為河東太守，接替劉遵考守衛蒲阪。

夏王赫連勃勃在灞上修建了一座高臺，即皇帝位，改年號為「昌武」。

西秦王乞伏熾磐前往東方巡視。十二月，將上邽的五千多戶居民遷徙到都城枹罕。

彗星從天津星座穿過，進入太微星垣的位置，又經過北斗星座，然後圍繞著紫微星垣運行，前後八十多天才消逝。北魏皇帝拓跋嗣又將那些儒家學者、觀測星象的術士招集起來，向他們詢問說：「如今四海之內已經分裂成好幾個國家，天象昭示的災禍，到底應驗在哪個國家？我心中非常恐懼。你們這些人要知無不言，不要有所隱瞞！」眾人都推舉博士祭酒崔浩出來回答拓跋嗣的提問，崔浩於是回答說：「災難、異常現象的發生，都與人間的事情彼此相對應。如果國家的大政方針沒有什麼失誤，又何必害怕呢？過去王莽準備篡奪漢朝的政權時，彗星的運行軌跡正好與現在的相同。我們國家的君主地位至高無上，而臣子地位卑微，民眾不會產生非分之想。晉室權力衰微，距離滅亡已經不遠。彗星所以會出現這種異常變化，大概應驗在劉裕要篡奪皇位上吧？」眾人沒有發表與崔浩不同的意見。

東晉宋公劉裕因為預言家所說的「昌明之後還有二位皇帝」，於是便指使擔任中書侍郎的王韶之與晉安帝司馬德宗身邊的侍從密謀，準備用毒酒毒死晉安帝，然後立琅邪王司馬德文為皇帝。而琅邪王司馬德文經常在晉安帝司馬德宗的身邊侍奉，晉安帝的飲食起居，司馬德文從不離開左右，王韶之窺伺了很長時間，都找不到下毒的機會。恰好司馬德文生了病，暫時出外養病。十二月十七日戊寅，王韶之撕碎衣裳，擰成繩索，把晉安帝司馬德宗勒死在東堂。王韶之，是王廙的曾孫。宋公劉裕遂宣稱奉晉安帝遺詔，擁戴琅邪王司馬德文即位為皇帝，實行大赦。

這一年，北涼河西王沮渠蒙遜向東晉呈遞表章，願意做東晉的藩屬國，東晉遂任命沮渠蒙遜為涼州刺史。東晉擔任尚書右僕射的袁湛去世。

恭皇帝❶

元熙元年（己未　西元四一九年）

春，正月壬辰朔❷，改元。○立琅邪王妃褚氏為皇后。后，裒❸之曾孫也。

魏主嗣畋于犢渚❹。

甲午❺，徵宋公裕入朝，進爵為王。裕辭。

癸卯❻，魏主嗣還平城。

庚申❼，葬安皇帝于休平陵。○敕[1]劉道憐以[2]司空出鎮京口❽。

夏將叱奴侯提❾帥步騎二萬攻毛德祖於蒲阪，德祖不能禦，全軍歸彭城。二月，宋公裕以德祖為滎陽❿太守，戍虎牢⓫。

夏主勃勃徵隱士京兆韋祖思。祖思既至，恭懼過甚。勃勃怒曰：「我以國士徵汝⓬，汝乃以非類遇我⓭！汝昔不拜姚興⓮，今何獨拜我？我在，汝猶不以我為帝王；我死，汝曹弄筆，當置我於何地邪？」遂殺之⓯。

羣臣請都長安，勃勃曰：「朕豈不知長安歷世帝王之都，沃饒險固？然晉人僻遠，終不能為吾患。魏與我風俗略同，土壤鄰接，自⑯統萬⑰距魏境裁百餘里，朕在長安，統萬必危；若在統萬，魏必不敢濟河而西⑱，諸卿適未見此耳！」皆曰：「非所及也。」乃於長安置南臺⑲，以赫連璝領大將軍、雍州牧、錄南臺尚書事⑳。勃勃還統萬，大赦，改元「真興」。

勃勃性驕虐，視民如草芥。常居城上，置弓劍於側，有所嫌忿㉑，手自殺之。羣臣忤視㉒者鑿其目，笑者決其脣㉓，諫者先截其舌而後斬之。

初，司馬楚之㉔奉其父榮期之喪㉕歸建康，會宋公裕㉖[3]誅翦宗室之有才望㉗者，楚之叔父宣期、兄貞之皆死，楚之亡匿竟陵蠻㉘中。及從祖休之㉙自江陵奔秦，楚之亡之汝、潁㉚間，聚眾以謀復讎。楚之少有英氣，能折節㉛下士，有眾萬餘，屯據長社㉜。裕使刺客沐謙㉝往刺之，楚之待謙甚厚。謙欲發，未得間，乃夜稱疾，知楚之必往問疾，因欲刺之。楚之果自齎湯藥往視疾，情意勤篤㉞。謙不忍發，乃出匕首於席下，以狀告之曰：「將軍深為劉裕所忌，願勿輕率以自保全。」遂委身事之，為之防衛。

王鎮惡之死也，沈田子殺其兄弟七人，唯弟康得免，逃就宋公裕於彭城，裕以為相國行參軍(35)。康求還洛陽視母，會長安不守，康糾合關中徙民(36)，得百許人，驅帥僑戶(37)七百餘家，共保金墉城(38)。時宗室多逃亡在河南，有司馬文榮者，帥乞活(39)千餘戶屯金墉城南；又有司馬道恭，自東垣(40)帥三千人屯城西；司馬順明帥五千人屯陵雲臺(41)；司馬楚之屯柏谷塢(42)。魏河內鎮將于栗磾遊騎(43)在芒山(44)上，攻逼交至，康堅守六旬。裕以康為河東(45)太守，遣兵救之。平等皆散走(46)。康勸課農桑，百姓甚親賴之。

司馬順明、司馬道恭及平陽太守薛辯(47)皆降於魏，魏以辯為河東太守以拒夏人。

夏，四月，秦征西將軍孔子(48)帥騎五千討吐谷渾覓地(49)於弱水(50)南，大破之，覓地帥其眾六千降於秦[4]，拜弱水護軍。

庚辰(51)，魏主嗣有事于東廟(52)，助祭者(53)數百國。辛巳(54)，南巡至鴈門。五月庚寅朔(55)，魏主嗣觀漁於灅水(56)。己亥(57)，還平城。

涼公歆用刑過嚴，又好治宮室。從事中郎(58)張顯上疏，以為：「涼土三分(59)，勢不支久。兼并之本(60)，在於務農；懷遠之略(61)，莫如寬簡(62)。今入歲已來，陰陽失序，風雨乖和，是宜減膳徹懸(63)，側身(64)脩道；而更繁刑峻法，繕築不止，殆非所以致興隆[65]也。昔文王以百里而興[66]，二世以四海而滅[67]，前車之軌，得失昭然。太祖[68]以神聖之姿，為西夏[69]所推，左取酒泉[70]，右開西域[71]。殿下不能奉承遺志，混壹涼土，侔蹤張后[72]，將何以下見先王乎？沮渠蒙遜，胡夷之傑[73]，內脩政事，外禮英賢，攻戰之際，身均士卒，百姓懷之，樂為之用。臣謂殿下非但不能平殄[74]蒙遜，亦懼蒙遜方為社稷之憂。」歆覽之，不悅。

主簿氾稱[75]上疏諫曰：「天之子愛人主[76]，殷勤至矣[77]。故政之不脩[78]，下災異以戒告之[79]。改者雖危必昌，不改者雖安必亡。元年三月癸卯[80]，敦煌謙德堂[81]陷；八月，效穀[82]地裂；二年元日[83]，昏霧四塞；四月，日赤無光，二旬乃復；十一月，狐上南門；今茲春、夏，地頻五震；六月，隕星于建康[84]。臣雖學不稽古[85]，行年五十有九，請為殿下略言耳目之所聞見，不復能遠論書傳之事也。乃者咸安之初[86]，西平[87]地裂，狐入謙光殿前，俄而秦師奄至，都城不守[88]。梁熙既為涼州[89]，不撫百姓，專為聚斂，建元[90]十九年，姑臧南門崩，隕石於閑豫堂，明年為呂光[91]所殺。段業稱制此方[92]，三年之中，地震五十餘所。既而[93]先王龍興於瓜州[94]，蒙遜篡弒於張掖[95]。此皆目前之成事[96]，殿下所明知也。效穀，先王鴻漸之地[97]；謙德，即尊之室[98]，基陷地裂，大凶之徵也。日者，太陽之精，中國之象[99]；赤而無光，中國將衰。諺曰：『野獸入家，主人將去[100]。』狐上南門，亦變異之大者也。今蠻夷益盛，中國益微，願殿下亟罷宮室之役，止遊畋之娛，延禮[101]英俊，愛養百姓，以應天變、防未然[102]。」歆不從。

秋，七月，宋公裕始受進爵之命[103]。八月，移鎮壽陽[104]，以度支尚書劉懷慎[105]為督淮北諸軍事、徐州刺史，鎮彭城。

辛未[106]，魏主嗣東巡。甲申[107]，還平城。

九月，宋王裕自解揚州牧。

秦左衛將軍匹達[108]等將兵討彭利和[109]于漒川[110]，大破之，利和單騎奔仇池[111]；獲其妻子，徙羌豪三千戶于枹罕，漒川羌三萬餘戶皆安堵如故。冬，十月，以尚書右僕射王松壽為益州刺史，鎮漒川。

宋王裕以河南蕭條，乙酉[112]，徙司州刺史義真為揚州刺史，鎮石頭。蕭太妃[113]謂裕曰：「道憐汝布衣兄弟[114]，宜用為揚州。」裕曰：「寄奴[115]於道憐，豈有所惜？揚州根本所寄[116]，事務至多，非道憐所了[117]。」太妃曰：「道憐年出五十，豈不如汝十歲兒邪？」裕曰：「義真雖為刺史，事無大小，悉由寄奴[118]；道憐年長，不親其事，於聽望不足[119]。」太妃乃無言。道憐性愚鄙而貪縱，故裕不肯用。

十一月丁亥朔(120)，日有食之。

十二月癸亥(121)，魏主嗣西巡至雲中(122)，從君子津(123)西渡河，大獵於薛林山(124)。

辛卯(125)，宋王裕加殊禮(126)，進王太妃(127)為太后，世子(128)為太子。

【章旨】以上為第三段，寫晉恭帝元熙元年（西元四一九年）一年間的大事。主要寫了劉裕進爵為宋王，移其軍政府於壽陽；劉裕因司州殘破蕭條而改任其子劉義真為揚州刺史；夏人攻取晉之蒲阪，晉將毛德祖退戍虎牢；寫了王鎮惡的親屬多被沈田子所殺，王鎮惡之弟王康歸投劉裕，先為晉守金墉城，後為河東太守，皆有良好政績；寫了司馬楚之因劉裕大肆殘殺宗室之有才望者，聚眾於汝、潁間以反劉裕；劉裕派刺客前往行刺，司馬楚之的行為竟感動刺客，轉為之做護衛；寫了涼公李歆用刑過嚴，又好治宮室，部下張顯勸之，李歆不聽；主簿氾稱以五行天變之說勸李歆積極向善，李歆亦不聽，為西涼之滅亡埋下伏筆；此外還寫了夏主赫連勃勃置南臺於長安，仍以統萬為都城，以扼制魏軍的西侵等等。

【注釋】❶恭皇帝　名德文，晉安帝司馬德宗之胞弟。在被立為傀儡皇帝之前為琅邪王。❷正月壬辰朔　正月初一是壬辰日。❸裒　即褚裒，字季野，晉康帝褚皇后的父親，在東晉前期頗有聲望。傳見《晉書》卷九十三。❹犢渚　約在今內蒙古清水河縣一帶。❺甲午　正月初三。❻癸卯　正月十二。❼庚申　正月二十九。❽京口　即今江蘇鎮江市。❾叱奴侯提　人名。❿滎陽　郡名，郡治即今河南滎陽東北之古滎鎮。⓫虎牢　關塞名，舊址在今滎陽西北之氾水鎮。⓬我以國士徵汝　我是把你作為一個卓犖的人物請來的。國士，一國之中的罕有之士，極言其卓犖不凡。徵，聘；聘請。⓭汝乃以非類遇我　你居然不把我看成是與你同一類的人。如果看成同一類的人則應行對等之禮，不宜恭懼過甚。非類，不是同一類的人。遇，對待。⓮不拜姚興　見了姚興不行跪拜之禮。⓯遂殺之　胡三省曰：「勃勃之殺祖思，虐矣；然祖思之恭懼過甚，勃勃以為薄己而殺之，則勃勃為有見，祖思為無所守也。」⓰自　由於；因為。⓱統萬　赫連勃勃的都城，即今內蒙古烏審旗南的白城子。⓲濟河而西　渡過黃河到西方來。按，此黃河指今山西、陝西交界處的黃河，夏都統萬在黃河的西側，魏都平城在黃河的東北側。⑲南臺　留駐南方的「行臺」。「行臺」是中央政權的派出機構，以便就近行使中央職權。⑳錄南臺尚書事　總管南方行臺的一切事宜。錄，總管。南臺尚書，即南方行臺的尚書令。㉑嫌忿　厭惡、生氣。嫌，厭。㉒迕視　以不馴順的眼光相視。㉓決其脣　將其嘴脣割開。㉔司馬楚之　司馬懿之弟司馬馗的八世孫，司馬榮期之子。㉕奉其父榮期之喪　護送其父司馬榮期的靈柩。司馬榮期原為益州刺史，譙縱造反，司馬榮期率軍進討時，被部下叛變分子所殺。事見本書卷一百十四義熙二年。㉖宋公裕　即劉裕，此時已接受封號為「宋公」。㉗才望　有才幹、有聲望。㉘竟陵蠻　竟陵郡的少數民族。竟陵郡郡治即今湖北鍾祥。㉙從祖休之　即司馬休之，司馬懿之弟司馬進的六世孫，司馬楚之的遠房堂祖。司馬休之被劉裕打敗後自江陵奔秦，見本書卷一百十七義熙十一年。㉚汝潁　二水名，此處的「汝、潁間」約當於今河南許昌、周口一帶地區。㉛折節　猶今之所謂「放下架子」。㉜長社　縣名，縣治在今河南長葛東。㉝沐謙　人名，姓沐名謙。東漢有東平太守沐寵，見《風俗通》。㉞勤篤　熱情、厚道。㉟行參軍　試用參軍。猶今之所謂「候補」、「試用」。當時諸公府的參軍有「正參軍」、「行參軍」、「長兼行參軍」等。㊱關中徙民　由關中流浪到洛陽一帶的人。㊲僑戶　外地流落到洛陽一帶僑居的人。㊳金墉城　當時洛陽城西北角上的小城。㊴乞活　因逃荒逃到洛陽來的災民。㊵東垣　縣名，縣治即今洛陽西的新安。㊶陵雲臺　魏文帝所造，在當時的寧陽門外。㊷柏谷塢　在今洛陽東的偃師東南。㊸遊騎　游擊騎兵。㊹芒山　在洛陽城北，故也叫「北芒」。㊺河東　郡名，郡治在今山西夏縣西北。㊻平等皆散走　上文未出現有名喚為「平」者，此疑有訛誤。看文意似指司馬文榮、司馬道恭、司馬順明諸人。㊼平陽太守薛辯　原是姚泓的部將，駐兵河曲，前不久投降了劉裕，今又反戈投魏。平陽郡的郡治在今山西臨汾的西南側。㊽孔子　姓乞伏，名孔子。㊾覓地　吐谷渾部落頭領的名字。㊿弱水　此處所說的「弱水」約即今青海的青海湖。(51)庚辰　四月二十一。(52)有事于東廟　指舉行祭祀東廟的活動。東廟即白登山上的拓跋珪廟。因白登西還有拓跋珪廟，故稱此為「東廟」。(53)助祭者　指出份子並親自來參加祭祀活動的其他民族部落的頭領。(54)辛巳　四月二十二。(55)五月庚寅朔　五月初一是庚寅日。(56)觀漁於灅水　在灅水觀看有關捕魚的一種民俗活動。此風早在《左傳》中就有記載。灅水，即今之桑乾河，發源於今山西寧武南，東北流經今山西應縣西北、河北陽原東南，下游即今北京市西南的永定河。(57)己亥　五月初十。(58)從事中郎　職務與「長史」相同，是當時國家三公與方鎮大員的高級僚屬。(59)涼土三分　在古涼州的地面上如今存在著三個政權，指西涼李氏、北涼沮渠氏、西秦乞伏氏。古涼州約當今之甘肅全境。(60)兼并之本　吞併其他政權所靠的本錢。(61)懷遠之略　要想讓其他地區的人思念你、傾慕你、願意歸附你的辦法。(62)寬簡　指刑罰寬、賦稅少。(63)減膳徹懸　降低膳食規格、撤去音樂不用。是古代帝王在國家遇到嚴重問題時自己做出的一種自責、自慎的姿態。徹，同「撤」。

懸，指樂器、樂隊的排列形式。古禮有所謂「天子宮懸，諸侯軒懸」。宮懸，即四面懸掛樂器。(64)側身　不敢正面而坐，極言其敬慎思過的樣子。(65)殆非所以致興隆　這不是招致國泰民安的辦法。殆，委婉語。恐怕；大概。(66)文王以百里而興　周文王原是西方的小國諸侯，僻居岐山之下，後來逐漸強大，至武王時，遂滅紂建立了周王朝。事見《史記・周本紀》。(67)二世以四海而滅　秦二世胡亥統治著一個龐大的國家，由於殘暴不仁，結果被農民起義推翻了。過程詳見《史記・秦始皇本紀》。(68)太祖　指李暠，字玄盛，西涼政權的創建者。傳見《晉書》卷八十七。(69)西夏　西部中國，此指甘肅西部的各州郡。李暠被甘肅西部諸侯推為敦煌太守事，見本書卷一百十一隆安四年。(70)左取酒泉　向東取得了酒泉郡。見本書卷一百十二隆安五年。(71)右開西域　向西取得了古西域的大片地區，被東晉任為鎮西將軍、都督涼興以西諸軍事。見本書卷一百十一隆安四年。(72)侔蹤張后　建立一個與張氏政權相比美的國家。侔蹤，猶言「比跡」，和某人的事業相仿。張后，張氏家族的歷代君主，指張軌、張重華、張駿等人，當時前涼政權的疆域曾達到了今蘭州以西的甘肅大部地區。(73)胡夷之傑　匈奴民族的傑出人物。沮渠蒙遜是匈奴族人。(74)平殄　平定、消滅。(75)主簿氾稱　李歆的主簿姓氾名稱。主簿是州刺史或大將軍的高級僚屬，猶今之祕書長。(76)天之子愛人主　老天爺對人間帝王的真摯關愛。子愛，像對待兒子一樣地愛護。(77)殷勤至矣　其盡心盡力的程度可以說是到家啦。(78)政之不脩　當人世帝王將國家政事弄得亂套的時候。(79)下災異以戒告之　此陰陽五行家「天人感應」的一貫說法：下政不修，則天降災異；下政修治，則天降祥瑞。(80)元年三月癸卯　李歆元年三月十三。(81)敦煌謙德堂　昔張駿佔據河西時，曾在姑臧（今武威）修謙光殿，表示自己雖專治一方，但不改變尊崇東晉的臣節。李暠佔據敦煌後，仿效謙光殿另起謙德堂，意思與張駿相同。(82)效穀　即今甘肅安西。(83)二年元日　李歆二年的正月初一。(84)隕星于建康　此「建康」指西涼境內的建康郡，郡治在今甘肅酒泉東南。(85)學不稽古　學問不大，不能考查古典，引徵舊文。這裡是客氣的說法。稽古，考查古代文獻。(86)咸安之初　咸安初年。「咸安」是晉簡文帝司馬昱的年號（西元三七一—三七二年），共兩年。(87)西平　郡名，郡治即今青海西寧。(88)秦師奄至二句　指三年後之太元元年，前秦苻堅的軍隊攻入姑臧，張氏的前涼滅亡。(89)梁熙既為涼州　梁熙是苻堅的部下，滅涼後，被苻堅任以為涼州牧。(90)建元　苻堅的年號（西元三六五—三八四年）。其十九年即晉武帝太元八年（西元三八三年），這年苻堅大敗於淝水。(91)呂光　後涼政權的創立者，於太元十九年殺梁熙據姑臧自立。(92)段業稱制此方　段業在這裡稱帝的時候。稱制，將自己的命令稱作「制」，意即稱帝。段業是北涼政權的第一任頭領，安帝隆安元年被沮渠蒙遜等擁立，建都張掖。(93)既而　時間不久。(94)先王龍興於瓜州　李暠在敦煌一帶起而自稱君主。龍興，平民起而稱帝。瓜州，即敦煌郡。(95)蒙遜篡弒於張掖　指沮渠蒙遜在張掖殺掉段業，自立為北涼王。事見本書卷一百十二隆安五年。

96成事　現成的事實。97鴻漸之地　起家、開始創業的地方。鴻，是一種水鳥，牠由水而「漸於干」、「漸於陸」、「漸於木」以比喻帝王事業由低到高，逐步升遷。語出《周易・漸卦》。98即尊之室　登基稱王的房子。99中國之象　是我們西涼國的象徵。中國，自稱其西涼國，乃與周圍的其他少數民族對比而言。100野獸入家二句　賈誼〈鵩鳥賦〉中有所謂「野鳥入處，主人將去」，意思相同。101延禮　恭敬地招納。102應天變防未然　對付天象的變化，防止災難的發生。103始受進爵之命　指假惺惺地拖延到今天才接受了進爵「宋王」的詔命。104移鎮壽陽　劉裕把自己的軍政府遷到了壽陽，今天的安徽壽縣。105度支尚書劉懷慎　度支尚書猶今之財政部長。劉懷慎是劉裕的堂兄弟。傳見《宋書》卷四十五。106辛未　八月十三。107甲申　八月二十六。108匹達　人名。109彭利和　羌族部落頭領。110澆川　在今青海東南部。111仇池　郡名，郡治在今甘肅成縣西北。當時這一帶地區屬氐族頭領楊盛。112乙酉　十月二十八。113蕭太妃　劉道憐的生母，劉裕的繼母。114布衣兄弟　意謂曾一同經歷過貧困平民生活的弟兄。劉道憐是劉裕的二弟。115寄奴　劉裕的小名。對長輩說話自稱小名，以表示尊敬對方。116根本所寄　意謂是全國的中心，國家政權所在地。117非道憐所了　不是劉道憐所能管好的。了，到；辦好。118悉由寄奴　一切都是聽我的。119於聽望不足　讓人看了、聽了不滿意。120十一月丁亥朔　十一月初一是丁亥日。121十二月癸亥　十二月初七。122雲中　郡名，郡治盛樂，在今內蒙古和林格爾北。123君子津　黃河渡口名，在今內蒙古托克托東南，清水河縣西北。124薛林山　在今內蒙古準噶爾旗東。125辛卯　十二月初一是「丁巳」，本月沒有「辛卯」，疑字有誤。126加殊禮　給予他一般大臣不能享受的禮遇。127王太妃　宋王太妃，即上文所說的蕭太妃。128世子　即嫡子劉義符。

【校　記】1敕　原作「刺」。胡三省注云：「『刺』者，『敕』字之誤也。」據章鈺校，乙十一行本作「敕」，張敦仁《通鑑刊本識誤》同，今據改。2以　原無此字。胡三省注云：「『司空』之上又當逸『以』字。」今據嚴衍《通鑑補》校補。3裕　原作「稱」。據章鈺校，甲十一行本、乙十一行本、孔天胤本皆作「裕」，今據改。4秦　據章鈺校，甲十一行本、乙十一行本皆作「夏」。

【語　譯】恭皇帝

元熙元年（己未　西元四一九年）

春季，正月初一日壬辰，東晉改年號為「元熙」。○東晉恭皇帝司馬德文立琅邪王妃褚氏為皇后。褚皇后，是褚裒的曾孫女。

北魏皇帝拓跋嗣前往犢渚打獵。

正月初三日甲午，東晉恭皇帝司馬德文徵召宋公劉裕入朝，晉封劉裕為宋王。劉裕推辭了。

正月十二日癸卯，北魏皇帝拓跋嗣從犢渚返回京師平城。

正月二十九日庚申，東晉將晉安帝司馬德宗安葬在休平陵。○東晉恭皇帝司馬德文下詔，命擔任徐、兗二州刺史的劉道憐以司空的身分出京去鎮守京口。

夏國將領叱奴侯提率領二萬名步兵、騎兵攻擊東晉河東太守毛德祖所鎮守的蒲阪，毛德祖抵擋不住夏軍的進攻，遂放棄蒲阪，率領全軍撤退到彭城。二月，宋公劉裕任命毛德祖為滎陽太守，戍守虎牢。

夏國皇帝赫連勃勃徵聘原籍京兆的隱士韋祖思。韋祖思應詔來到京師長安，在赫連勃勃面前表現得過於恭敬、恐懼。赫連勃勃勃然大怒說：「我是把你看做一國的傑出人才才招聘你，你竟然不把我當成同一類人看待！你過去不向後秦主姚興行跪拜之禮，現在為什麼唯獨向我下拜？我活著的時候，你尚且不把我當皇帝看待；如果我死了，你們這類人舞文弄墨，又會把我寫成什麼樣子呢？」竟因此殺死了韋祖思。

夏國群臣都請求將都城建在長安，赫連勃勃說：「我難道不知道長安是歷代的帝王之都，這裡土地肥沃，又有關山險阻？然而，晉國距離這裡太遙遠，肯定不會成為我們的禍患。而魏國與我們的風俗大體相同，疆土互相連接，且因為統萬城距離魏國的邊境才一百多里，我如果在長安，統萬城一定會有危險；我如果是在統萬，魏國軍隊肯定不敢渡過黃河西進，諸位愛卿恰好沒有看到這一點！」眾臣都說：「陛下的見解，我們確實比不上。」於是在長安設置南臺，任命赫連璝為大將軍、雍州牧、錄南臺尚書事。赫連勃勃返回統萬城，實行大赦，改年號為「真興」。

赫連勃勃生性傲慢暴虐，把民眾看得如同草芥。他常常登上城樓，把弓、劍放在身邊，如果對誰有所厭怒，就親自動手將其殺死。文武百官如果沒有正眼看他，他就將誰的眼球挖出來，如果有人發笑，就用劍豁開他的嘴唇，誰敢對他進行勸阻，他就先割掉誰的舌頭，然後再將他斬首。

當初，東晉司馬楚之護送父親司馬榮期的靈柩返回京師建康，正遇上宋公劉裕誅殺皇室中有才能、有聲望的人，司馬楚之的叔叔司馬宣期、哥哥司馬貞之全都被殺死，司馬楚之遂逃亡、隱藏在竟陵郡境內的少數民族之中。等到堂祖父司馬休之從江陵逃奔後秦之後，司馬楚之遂逃到了汝水、潁川一帶，他聚集部眾，準備為司馬氏報仇。司馬楚之從小就有一股英雄之氣，能夠放下皇室的架子，禮賢下士，擁有部眾一萬多人，屯駐在長社。宋公劉裕派刺客沐謙前往長社刺殺司馬楚之，司馬楚之對待沐謙非常親近、優待。沐謙想要動手殺死司馬楚之，卻一直沒有找到機會，於是就在半夜突然說自己有病，他知道司馬楚之一定會前來探問病情，遂準備利用這個機會刺殺他。司馬楚之果然親自端著湯藥前來探視，情深意切。沐謙不忍心動手，他把匕首從座席之下拿出來，把實情告訴了司馬楚之，沐謙說：「劉裕對將軍非常忌恨，希望將軍以後不要輕易的接近別人，以保證自己的人身安全。」沐謙最後做了司馬楚之的部下，在他身邊擔任保衛。

當初王鎮惡被沈田子殺死以後，沈田子還殺死了王鎮惡的七個兄弟，只有小弟王康逃走，免於被殺，他投奔了停留在彭城的宋公劉裕，劉裕任命王康為相國行參軍。王康向劉裕請假返回洛陽探望自己的母親，正遇上長安失守，王康遂招募那些從關中流浪到洛陽一帶的難民，得到了一百來人，於是便動員僑居於洛陽的七百多戶進入金墉城據守。當時皇室成員大多都逃亡到黃河以南，有一個名叫司馬文榮的人，率領著一千多戶因為逃荒而來到洛陽的難民駐守在金墉城南；還有一個名叫司馬道恭的人，從東垣率領著三千人駐紮在金墉城西；一個叫做司馬順明的人，率領五千人屯駐在陵雲臺；司馬楚之則屯駐在柏谷塢。北魏負責鎮守河內的將領于栗磾率領著一支游擊騎兵出現在芒山之上，不時地向據守金墉城的王康發動進攻，王康一直堅守了六十天。劉裕遂任命王康為河東太守，然後派兵前來救援。平等人後來都散走。擔任了河東太守的王康鼓勵農民種田植桑，百姓都很親近他，信賴他。

司馬順明、司馬道恭以及擔任平陽太守的薛辯全都投降了北魏，北魏皇帝拓跋嗣任命薛辯為河東太守，以抗擊夏國軍隊的入侵。

夏季，四月，西秦擔任征西將軍的乞伏孔子率領五千名騎兵討伐吐谷渾部落首領覓地所佔有的弱水以南地區，將覓地打得大敗，覓地率領自己的六千名部眾投降了西秦，西秦任命覓地為弱水護軍。

四月二十一日庚辰，北魏皇帝拓跋嗣舉行祭祀東廟的活動，前來參加祭祀活動的其他民族部落首領有數百個。二十二日辛巳，拓跋嗣前往魏國的南部巡視，抵達雁門。五月初一日庚寅，拓跋嗣到灅水觀看有關捕魚的民俗活動。初十日己亥，從灅水返回京師平城。

西涼公李歆運用刑罰過分嚴厲殘酷，又大興土木擴建宮室，擔任從事中郎的張顯上疏勸諫說：「涼州的疆土已經被分割成三個國家政權，這種局面肯定支持不了多久。而吞併其他政權所靠的本錢，就在於要搞好農業；要想讓其他地區的人思念你、傾慕你、願意歸附你的辦法，就要政令寬鬆、簡單，賦稅減少。今年以來陰陽失序，風雨不調，君主應該降低膳食規格，撤掉音樂，不敢正面而坐，極其虔誠恭敬地思考自己施政的過失；如今反倒更加崇尚嚴刑峻法，土建工程沒有休止，這樣做，恐怕不是使國家走向興旺的辦法。過去周文王僅有一百里的土地，卻依然能夠興起，秦二世胡亥統治著一個龐大的國家，由於殘暴不仁，結果很快就被農民起義軍推翻了，前面車輛留下的軌跡，成功與失敗的原因非常明顯。太祖李暠憑藉著自己神武聖明的資質，受到中國西部地區人民的擁戴，向東奪取了酒泉郡，向西開拓了古西域的大片地區。殿下不能繼承先王的遺志，使涼州的土地歸於統一，建立一個可以與前涼張氏政權相比美的國家，將有何臉面到地下去見先王呢？北涼沮渠蒙遜，是匈奴民族中的傑出人物，他對內修明政治，對外招納賢才，在作戰的時候，總是身先士卒，把自己當成與普通士卒一樣的人，所以百姓都感激他，樂意為他效力。我認為殿下不僅不能消滅沮渠蒙遜，恐怕沮渠蒙遜正在給我國帶來憂患。」涼公李歆看過張顯的奏疏之後，很不高興。

擔任主簿的氾稱也上疏勸諫西涼公李歆說：「上天對人間帝王的真摯關愛，就像父親對待自己的兒子一樣，其盡心盡力的程度可以說是做到家了。所以當人間帝王將國家政事弄得亂了套的時候，上天就先降下災異以警告人間的帝王。如果人間帝王知道悔改，即使已經面臨著傾覆的危險，也會重新昌盛起來；如果人主不知道悔改，雖然局勢很安定也一定會滅亡。元年三月十三日癸卯，敦煌的謙德堂倒塌；八月，效穀地面開裂；二年正月初一日，昏昏暗暗的大霧瀰漫了四面八方；四月，太陽變成赤紅色，黯淡無光，經過二十天才恢復正常；十一月，狐狸跑上了南面的城樓；今年春天、夏天，一連發生了五次地震；六月，隕星墜落在建康郡境內。我雖然學問不大，不能考查古典，引證舊文，然而我的年齡已經五十九歲了，請允許我把自己耳聞目見的事情疏略地說給殿下聽一聽，而不再談論書籍中所記載的古遠之事。東晉簡文帝司馬昱咸安初年，西平郡發生地裂，野狐狸進入姑臧城的謙光殿前殿，不久之後前秦苻堅的軍隊突然對前涼發動進攻，都城姑臧陷落，張氏所建立的前涼滅亡。前秦梁熙擔任了涼州刺史，鎮守姑臧，他不知道安撫百姓，只是一味地貪汙受賄、聚斂財富，秦王苻堅建元十九年，姑臧城的南門突然崩塌，隕石落在閑豫堂，等二年，梁熙就被呂光殺死。北涼段業在此地稱王的時候，三年之中，發生了五十多處地震。不久先王李暠興起於瓜州，沮渠蒙遜為篡奪政權在張掖殺死了段業。這些都是眼前現成的事例，殿下知道得非常清楚。效穀，是先王李暠開始創業的地方；謙德堂，是先王李暠登基稱王的殿堂，如今謙德堂地基塌陷、土地開裂，這是非常凶險的徵兆。日，是太陽的精華，是我們西涼國的象徵；顏色赤紅、黯淡無光，預示國家即將衰敗。俗話說：『野獸進入家門，主人即將離去。』狐狸登上了南城門樓，也屬於很大的變異。如今夷族日益強盛，漢人日漸衰微，希望殿下趕緊把修建宮室的工程停下來，停止巡遊、打獵等娛樂活動，恭敬地招攬、聘用英俊之才，愛護、休養百姓，以對付天象的變化，防止災難的發生。」李歆還是聽不進去。

秋季，七月，東晉宋公劉裕開始接受晉恭帝司馬德文所晉封的宋王的詔命。八月，將鎮所遷移到壽陽，任命擔任度支尚書的劉懷慎為督淮北諸軍事、徐州刺史，鎮守彭城。

八月十三日辛未，北魏皇帝拓跋嗣前往魏國的東部地區巡視。二十六日甲申，返回京師平城。

九月，東晉宋王劉裕主動辭去了揚州牧的職務。

西秦擔任左衛將軍的乞伏匹達等率軍前往討伐彭利和所據守的漒川，將彭利和打得大敗，彭利和單人匹馬逃奔仇池；乞伏匹達俘虜了彭利和的妻子兒女，將羌族中的豪門大姓三千戶強迫遷往西秦的都城枹罕，漒川地區其餘的三萬多戶羌人則安居如故。冬季，十月，西秦王乞伏熾磐任命擔任尚書右僕射的王松壽為益州刺史，鎮守漒川。

東晉宋王劉裕認為黃河以南地區經濟蕭條，十月二十八日乙酉，將擔任司州刺史的劉義真改任為揚州刺史，鎮所設在石頭城。劉裕的繼母蕭太妃對宋王劉裕說：「道憐是你平民時期一同經歷過貧困的患難兄弟，應該任用他為揚州刺史。」劉裕回答說：「我對道憐難道還有什麼捨不得的嗎？但揚州是國家政權所在地，事務繁多，不是道憐所能勝任得了的。」蕭太妃說：「道憐已經年過五十，難道竟然比不上你那十歲的兒子嗎？」劉裕解釋說：「義真雖然名義上是揚州刺史，然而事情無論大小，都由我來親自主持裁決；道憐年紀已經很大，如果不親自處理政事，在聲望上反倒會受損失。」蕭太妃這才無話可說。劉道憐生性愚昧、見識淺薄，而又貪婪任性，所以劉裕不肯重用他。

十一月初一日丁亥，發生日蝕。

十二月初七日癸亥，北魏皇帝拓跋嗣前往魏國的西部巡視，抵達雲中，從君子津向西渡過黃河，在薛林山進行大規模的狩獵活動。

辛卯日，東晉給與宋王劉裕一般大臣所不能享受的禮遇，晉封宋王劉裕的繼母蕭太妃為宋王太后，世子劉義符為王太子。

【研　析】本卷寫晉安帝義熙十三年（西元四一七年）至晉恭帝元熙元年（西元四一九年）共三年間的各國大事。這一卷的內容極多，文字也生動精彩。其中關係最重大、措置也最為人所不解的，是劉裕費盡千辛萬苦滅了後秦，取得了關中，關中的百姓是那樣地擁護他，而他竟輕易地拋下關中不管，隻身返回建康，去篡取皇帝之位，這劉裕不也太自私、太不顧大局了麼？王志堅《讀史商語》曰：「蘇子由謂宋武有可以取天下之勢而不顧，以求移其君而遂失之。細考當日，亦未必然。此時環秦而伺者，如赫連，如拓跋，皆夷豪也，欲安關中，且盡攘此輩，非大豪傑為之三十年不可。宋武起布衣至此，功名已極，而年亦邁矣。即使留關中，度必不能延年以與諸人爭，則精力不足也。古之用眾者，因其勢而驅之，漢高東向而爭天下，因思歸之士也。帝當日從征將士無不欲東，使強之居關中，誰與同心任事者？則爪牙不足也。有此兩不足，又迫之以禪代，宜其狼狽而歸耳。使如子由之策，不五年武帝殂，恐關中終為他人有，而江南又不知歸何人。究竟兩失所據而已。」王夫之《讀通鑑論》對此說：「劉裕滅姚秦，欲留長安經略西北，不果而歸，而中原遂終於淪沒。史稱『將佐思歸』，裕之飾說也。王、沈、毛、傅之獨留，豈緊不有思歸之念乎？西征之士，一歲而已，非久役也；新破人國，子女玉帛足繫其心，梟雄者豈必故土之安乎？固知欲留經略者，裕之初志；而造次東歸者，裕之轉念也。夫裕欲歸而急於篡，固其情已。然使裕據關中、撫雒陽，捍拓跋嗣而營河北，拒屈丐而固秦雍，平沮渠蒙遜而收隴右，勳愈大，威愈張，晉之天下其將安往？曹丕在鄴，而漢獻遙奉以璽綬，奚必返建康以面受之於晉廷乎？蓋裕之北伐，非徒示威以逼主攘奪，而無志於中原者；青泥既敗，長安失守，登高北望，慨然流涕，志欲再舉，止之者謝晦、鄭鮮之也。蓋當日之貪佐命以弋利祿者，既無遠志，抑無定情，裕欲孤行其志而不得，則急遽以行篡弒，裕之初心亦絀矣。裕之為功於天下，烈於曹操；而其植人才以贊成其大計，不如操遠矣。……裕起自寒微，以敢戰立功名，而雄俠自喜，與士大夫之臭味不親。故胡藩言：『一談一詠，搢紳之士輻湊歸之，不如劉毅。』當時在廷之士，無有為裕心腹者。孤恃一機巧汰縱之劉穆之，而又死矣；傅亮、徐羨之、謝晦，皆輕躁而無定情者也。孤危遠處於外，求以制朝廷而遙授以天下也，既不可得，且有反面相距之憂，此裕所以汔濟濡尾而僅以偏安草竊終也。」

其次，劉裕既然不想牢守關中，那也應該為駐守關中的數萬將士安排好退路，不能自己一走了事，尤其不能挑撥諸將之間的關係，令其相互殺伐，致使關中的全部駐軍盡被夏人所滅，只剩下一個劉義真被段宏背著逃回了建康。劉裕所以能取關中，立首功的無疑是王鎮惡。王鎮惡是當年苻堅的心腹謀士王猛的孫子，在關中地區素有號召力。此人投歸劉裕，恰如為虎生翼。但劉裕卻並不從心裡信任他，其他將佐對王鎮惡也不服氣。當劉裕將離開關中，其舊部向劉裕表示對王鎮惡的不滿時，劉裕說：「猛獸不如羣狐，卿等十餘人，何懼王鎮惡？」這不是公開挑動諸將殺王鎮惡麼？胡致堂對此說：「劉裕真小人哉，以關中人素重王猛，而鎮惡，其孫也，故寵以『龍驤』之號，畀以上將之符，藉其威聲以收西土。及得之，則猜忌生焉。既納田子譖言，且謂之曰『卿等十餘人何懼王鎮惡』，是以南人自為一黨，棄鎮惡而不恤，此何心與？義真年才十二，既不能制御諸將，而沈、傅諸將權均力齊，莫相統一，是裕以辛勤得之，而以猜忌失之，蓋其心不在於有秦，特欲立功於外以協服於內，遂其簒位之志耳。前史以『輕狡無行』目裕，蓋盡之矣。」由於王鎮惡的被殺，接著又引起一連串的諸將之間的殘殺。最後青泥一戰，許多將領被夏人所殺所擒，夏人「積人頭為京觀，號曰『髑髏臺』」。劉裕一生中的荒悖之事非一，而這一樁應列為第一項。

其三，本卷寫了劉裕先殺了晉安帝司馬德宗，又故意立晉安帝之弟司馬德文為帝，是為晉恭帝。下卷寫道，不久之後，「傅亮諷晉恭帝禪位於宋，具詔草呈帝，使書之。帝欣然操筆，謂左右曰：『桓玄之時，晉氏已無天下，重為劉公所延，將二十載；今日之事，本所甘心。』」這樣交接不就很好了麼？但劉裕還不行，還必須將司馬德文殺死。下卷中詳細地寫了劉裕殘忍地殺害晉恭帝的過程：「初，帝以毒酒一罌授前琅邪郎中令張偉，使酖零陵王。偉歎曰：『酖君以求生，不如死！』乃於道自飲而卒。太常褚秀之、侍中褚淡之，皆王之妃兄也。王每生男，帝輒令秀之兄弟方便殺之。王自遜位，深慮禍及，與褚妃共處一室，自煑食於牀前，飲食所資，皆出褚妃，故宋人莫得伺其隙。九月，帝令淡之與兄右衛將軍叔度往視妃，妃出就別室相見。兵人踰垣而入，進藥於王。王不肯飲，曰：『佛教，自殺者不復得人身。』兵人以被揜殺之。」王夫之《讀通鑑論》曰：「晉之必亡也久矣，謝太傅薨，司馬道子父子昏愚以播惡，而繼以飢飽不知之安帝，雖積功累仁之天下，人且去之，況晉以不道而得之，延及百年而亡已晚乎？晉亡決於孝武之末年，人方周爰四顧而思爰止之屋，裕乘其間以收人望，人胥冀其為天子而為之效死，其簒也，時且利其簒焉。所惡於裕者，弒也，簒猶非其大惡也。」又曰：「宋可以有天下者也，而其為神人之所憤怒者，惡莫烈於弒君。簒之相仍自曹氏而已然，宋因之耳。弒則自宋倡之，其後相習，而受奪之主必死於兵與酖。夫安帝之無能為也，恭帝則欣欣然授之宋而無異心，宋抑可以安之矣；而決於弒焉，何其忍也！宋之邪心固有自以萌而不可戢矣。宋武之簒也年已耄，不三載而殂，自顧其子皆庸劣之才，謝晦、傅亮之流抑詭險而無定情，司馬楚之兄弟方挾拓跋氏以臨淮甸，前此者桓玄不忍於安帝，而二劉、何、孟挾之以興，故欲為子孫計鞏固而弭天下之謀以決出於此。嗚呼！躬行弒而欲子孫之得免於弒，躬行弒而欲其臣之弗弒，其可得乎？徐羨之、傅亮、謝晦之刃，已擬其子之脰而俟時以逞耳。」說得很深刻。

其四，本卷寫了夏主赫連勃勃殺害隱士韋祖思的事情，其文曰：「夏主勃勃徵隱士京兆韋祖思。祖思既至，恭懼過甚。勃勃怒曰：『我以國士徵汝，汝乃以非類遇我！汝昔不拜姚興，今何獨拜我？我在，汝猶不以我為帝王；我死，汝曹弄筆，當置我於何地邪？』遂殺之。」王夫之《讀通鑑論》對此說：「赫連勃勃徵隱士韋祖思而殺之，暴人之恆也。祖思之殺，以『恭懼過甚』，而逢勃勃之怒。『恭懼』非死道也。君子之於人也，無所傲，無所徇。風雷之變起於前，而自敦其敬信。敬者自敬也，信者自信也，無論其人之暴與否也。貞敬信者，行乎生死之途而自若，恂慄以居心而外自和，初無與間也。其與暴人也，遠之已夙矣；不可遠，而居正以自持，姚興之與勃勃又奚擇焉？乃若祖思之竊『隱士』之名而無實，則於其行見之矣。一徵於姚興，再徵於勃勃，隨聲而至，既至而不受祿，以隱為顯名厚實之囮，蹠之徒也。」朱熹《通鑑綱目》「發明」說：「韋祖思之居京兆，嘗見禮於姚興，已非避世之士矣；今焉赫連勃勃召之，而乃『恭懼過甚』，遂為所殺。以勃勃之兇暴，固不可責以人理，而祖思之所以處遁者，無乃猶有所未盡乎？」朱熹說話客氣，故說韋祖思的「隱」、「猶有未盡」，其實韋祖思就是一個藉隱求名的假隱士。如果想真隱，真正想潛入人世的下層，那還容易麼？韋祖思既標榜隱士，又一再被當時的統治者所徵辟；既在姚興面前擺過架子，現在到了赫連勃勃跟前卻又「恭懼過甚」，從而讓野蠻的赫連勃勃瞧不起，乾脆給殺掉了，真是活該。

本卷寫劉裕的以「卻月陣」破魏兵、沈林子的潼關之戰、沈田子的嶢柳之戰、王鎮惡的渭橋之戰破秦兵，都寫得精彩生動。

卷第一百十九

宋紀一

起上章涒灘（庚申　西元四二〇年），盡昭陽大淵獻（癸亥　西元四二三年），凡四年。

【題解】本卷寫宋高祖永初元年（西元四二〇年）至營陽王景平元年（西元四二三年）共四年間的劉宋與各國的大事。主要寫了劉裕在其心腹傳亮的安排、導演下，晉恭帝司馬德文親自抄寫「禪讓」詔書，把帝位「讓」給了劉裕，於是東晉滅亡，劉宋王朝正式開始；劉裕即位後的第一件事是宣布「其犯鄉論清議，一皆蕩滌，與之更始」，為其朝廷新貴提高名望，同時也是對舊門閥制度的第一次衝擊；劉裕又殘酷地殺害了已經退位的晉恭帝司馬德文，還假惺惺地「帥百官臨於朝堂三日」；寫了劉裕的心腹功臣謝晦寵遇日隆，賓客輻湊，其兄謝瞻為之不安，以籬笆隔開門庭，與其弟劃清界限，以至於有病而故意不治，希求早死；寫了謝晦的讒毀劉義真，與劉裕既表現出對謝晦不信任而臨終又任之為顧命大臣，與當年對待王鎮惡的態度相似；寫了劉裕死，其子劉義符繼位為帝，徐珮之、王韶之、程道惠等結黨以傾謝晦，由於傳亮反對，故暫時停息，以見宋廷執政大臣間的矛盾尖銳，危機四伏；寫了北涼主沮渠蒙遜假作出兵攻秦，騙得西涼主李歆進犯北涼，結果李氏之西涼政權遂被沮渠蒙遜所破敗消滅，使整個河西地區的割據政權只剩了乞伏熾磐的西秦與沮渠蒙遜的北涼；寫了魏主拓跋嗣因自己多病而立拓跋燾為太子，以長孫嵩、奚斤等六臣分別為「左輔」、「右弼」，又以劉絜、古弼、盧魯元「給侍東宮，分典機要，宣納辭令」的良好政局，預示了魏國政治的日益昌明；魏主乘劉裕死，發兵進攻劉宋，迅即取得滑臺、洛陽、臨淄以及許昌、鍾城，泰山、高平、金鄉諸郡，其中毛德祖之據守虎牢，竺夔、垣苗之據守東陽，戰鬥最為艱苦卓絕；檀道濟因無力分兵，遂決策救東陽，東陽因之獲全；毛德祖因無外援，虎牢遂最後城陷；寫了魏主拓跋嗣死，其子拓跋燾繼位，魏臣崔浩因推崇儒術，不好老莊、不信佛法而被群小所毀，遭新主罷廢，崔浩由此崇信道教，為騙子寇謙之做吹鼓手；此外還寫了北涼主沮渠蒙遜歸服於劉宋，上表稱臣；西秦主乞伏熾磐卻歸附於魏，並為魏主獻伐夏之方略等等。

高祖武皇帝❶

永初元年（庚申　西元四二〇年）

春，正月己亥❷，魏主還宮。

秦王熾磐立其子暮末❸[1]為太子，仍領[2]撫軍大將軍、都督中外諸軍事，大赦，改元「建弘」。

宋王欲受禪而難於發言，乃集朝臣❹宴飲，從容❺言曰：「桓玄篡位，鼎命已移❻。我首唱大義，興復帝室，南征北伐，平定四海，功成業著，遂荷九錫❼。今年將衰暮，崇極如此❽！物忌盛滿，非可久安。今欲奉還爵位❾，歸老京師❿。」羣臣惟盛稱功德，莫諭其意⓫。日晚，坐散。中書令傅亮還外⓬，乃悟，而宮門已閉。亮叩扉請見，王即開門見之。亮入，但曰：「臣暫宜還都⑬。」王解其意，無復他言，直云⑭：「須幾人自送⑮？」亮曰：「數十人可也。」即時奉辭⑯。亮出已夜⑰，見長星竟天⑱，拊髀⑲歎曰：「我常不信天文，今始驗矣⑳。」亮至建康，夏，四月，徵王入輔㉑。王留子義康為都督豫、司、雍、并四州諸軍事、豫州刺史，鎮壽陽。義康尚幼，以相國參軍㉒南陽劉湛為長史，決府、州事㉓。湛自弱年即有宰物㉔之情，常自比管、葛㉕，博涉書史，不為文章，不喜談議，王甚重之。

五月乙酉㉖，魏更諡宣武帝㉗曰道武帝。

魏淮南公司馬國璠、池陽子司馬道賜謀外叛㉘，司馬文思㉙告之。庚戌㉚，魏主殺國璠、道賜，賜文思爵鬱林公㉛。國璠等連引㉜平城豪桀㉝，坐族誅者數十人。章安侯封懿㉞之子玄之當坐，魏主以玄之燕朝舊族㉟，欲宥㊱其一子。玄之曰：「弟子磨奴早孤，乞全其命。」乃殺玄之四子而宥磨奴。

六月壬戌㊲，王至建康㊳。傅亮諷㊴晉恭帝禪位於宋，具詔草㊵呈帝，使書之㊶。帝欣然操筆，謂左右曰：「桓玄之時，晉氏已無天下，重為劉公所延，將二十載㊷。今日之事，本所甘心。」遂書赤紙為詔。

甲子[43]，帝遜于琅邪第[44]，百官拜辭，祕書監徐廣流涕哀慟。

丁卯[45]，王為壇於南郊，即皇帝位。禮畢，自石頭[46]備法駕[47]入建康宮。徐廣又悲感流涕，侍中謝晦[48]謂之曰：「徐公得無小過[49]？」廣曰：「君為宋朝佐命，身[50]是晉室遺老，悲歡之事，固不可同。」廣，邈[51]之弟也。

帝臨太極殿，大赦，改元。其犯鄉論清議[52]，一皆蕩滌[53]，與之更始[54]。

裴子野[55]論曰：「昔重華受終[56]，四凶流放[57]；武王克殷[58]，頑民遷洛[59]。天下之惡一也[60]，鄉論清議，除之過矣[61]！」

奉晉恭帝為零陵王[62]，優崇之禮，皆倣晉初故事[63]。即宮于故秣陵縣[64]，使冠軍將軍劉遵考[65]將兵防衛[66]。降褚后為王妃。

追尊皇考[67]為孝穆皇帝，皇妣趙氏[68]為孝穆皇后；尊王太后蕭氏為皇太后。上事蕭太后素謹[69]，及即位，春秋已高[70]，每旦入朝太后[71]，未嘗失時刻[72]。

詔晉氏封爵[73]，當隨運改[74]，獨置[75]始興、廬陵、始安、長沙、康樂五公[76]，降爵為縣公及縣侯[77]，以奉王導、謝安、溫嶠、陶侃、謝玄之祀。其宣力義熙、豫同艱難[78]者，一仍本秩[79]。

庚午[80]，以司空道憐[81]為太尉，封長沙王；追封司徒道規[82]為臨川王，以道憐子義慶(83)襲其爵。其餘功臣徐羨之(84)等，增位進爵各有差(85)。

追封劉穆之(86)為南康郡公(87)，王鎮惡為龍陽縣侯。上每歎念穆之，曰：「穆之不死，當助我治天下。可謂『人之云亡，邦國殄瘁(88)！』」又曰：「穆之死，人輕易我(89)。」

立皇子桂陽公義真為廬陵王，彭城公義隆為宜都王，義康為彭城王。

己卯(90)，改泰始曆為永初曆(91)。

魏主如翳犢山(92)，遂至馮滷池(93)[3]。聞上受禪，驛召崔浩告之(94)曰：「卿往年之言(95)驗矣，朕於今日始信天道(96)。」

秋，七月丁酉(97)，魏主如五原(98)。

甲辰(99)，詔以涼公歆為都督高昌等七[4]郡諸軍事、征西大將軍、酒泉公(100)；秦王熾磐為安西大將軍(101)。

交州(102)刺史杜慧度擊林邑(103)，大破之，所殺過半。林邑乞降，前後為所鈔掠(104)者皆遣還。慧度在交州，為政纖密(105)，一如治家，吏民畏而愛之，城門夜開，道不拾遺。

丁未(106)[5]，魏主如雲中。

河西王蒙遜欲伐涼，先引兵攻秦浩亹[107]；既至，潛師還屯川巖[108]。

涼公歆欲乘虛襲張掖，宋繇、張體順切諫，不聽。太后尹氏謂歆曰：「汝新造之國，地狹民希[109]，自守猶懼不足，何暇伐人？先王臨終[110]，殷勤戒汝：深慎用兵，保境寧民，以俟天時。言猶在耳，柰何棄之？蒙遜善用兵，非汝之敵[111]，數年以來，常有兼并之志。汝國雖小，足為善政，脩德養民，靜以待之。彼若昏暴，民將歸汝；若其休明[112]，汝將事之[113]。豈得輕為舉動，僥冀非望[114]？以吾觀之，非但喪師，殆將亡國！」亦不聽。宋繇歎曰：「今茲大事去矣！」

歆將步騎三萬東出。蒙遜聞之，曰：「歆已入吾術中，然聞吾旋師，必不敢前。」乃露布西境[115]，云已克浩亹，將進攻黃谷[116]。歆聞之，喜，進入都瀆澗[117]，蒙遜引兵擊之，戰於懷城[118]，歆大敗。或勸歆還保酒泉，歆曰：「吾違老母之言以取敗，不殺此胡，何面目復見我母？」遂勒兵戰於蓼泉[119]，為蒙遜所殺[120]。歆弟酒泉太守翻、新城[121]太守預、領羽林右監密、左將軍眺、右將軍亮西奔敦煌。蒙遜入酒泉，禁侵掠，士民安堵。以宋繇為吏部郎中，委之選舉。涼之舊臣有才望者，咸禮而用之。以其子牧犍[122]為酒泉太守。敦煌太守李恂，翻之弟也，與翻等棄敦煌奔北山。蒙遜以索嗣[123]之子元緒行敦煌太守[124]。

蒙遜還姑臧，見涼太后尹氏[125]而勞[126]之。尹氏曰：「李氏為胡所滅[127]，知復何言[128]？」或謂尹氏曰：「今母子[129]之命在人掌握，柰何傲之？且國亡子死，曾無憂色，何也？」尹氏曰：「存亡死生，皆有天命，柰何更如凡人，為兒女子之悲[130]乎？吾老婦人，國亡家破，豈可復惜餘生，為人臣妾[131]乎？惟速死為幸耳。」蒙遜嘉而赦之，娶其女為牧犍婦。

八月辛未[132]，追謚妃臧氏[133]為敬皇后。癸酉[134]，立王太子義符為皇太子。

閏月壬午[135]，詔晉帝諸陵悉置[6]守衛。

九月，秦振武將軍王基等襲河西王蒙遜胡園戍[136]，俘二千餘人而還。

李恂在敦煌有惠政，索元緒粗險[137]好殺，大失人和。郡人宋承、張弘密信招恂。冬，恂帥數十騎入敦煌，元緒東奔涼興[138]。承等推恂為冠軍將軍、涼州刺史，改元「永建」。河西王蒙遜遣世子政德攻敦煌，恂閉城不戰。

十二月丁亥[139]，杏城羌酋[140]狄溫子帥三千餘家降魏。

是歲，魏姚夫人[141]卒，追謚昭哀皇后。

【章旨】以上為第一段，寫宋高祖永初元年（西元四二〇年）一年間的大事。主要寫了劉裕在其心腹傅亮的安排、導演下，晉恭帝司馬德文親自抄寫「禪讓」的詔書，把帝位「讓」給了劉裕，於是東晉政權滅亡，劉宋王朝正式開始；劉裕即位後的第一件事是宣布「其犯鄉論清議，一皆蕩滌，與之更始」，為其朝廷新貴提高名望，同時也是對舊門閥制度的第一次衝擊；寫了劉裕除繼續保留王導、謝安、溫嶠、陶侃、謝玄五個人的封爵外，其他晉代封爵一概廢除，並同時大封其劉氏兄弟子姪與其佐命功臣為王為公為侯；寫了北涼主沮渠蒙遜假作出兵攻秦，騙得西涼主李歆發兵進犯北涼，結果李氏之西涼政權遂被沮渠蒙遜所破敗消滅，使整個河西地區的割據政權只剩了乞伏熾磐的西秦與沮渠蒙遜的北涼。

【注釋】❶高祖武皇帝　劉裕死後的廟號是「高祖」，諡曰「武皇帝」。國號曰「宋」，為與後來趙匡胤的「宋」相區別，故亦稱之「劉宋」。劉裕所以定國號曰「宋」，是因為他的故鄉彭城（今徐州）在春秋時代屬於宋國，故其進爵為「公」時曰「宋公」，進爵為「王」時曰「宋王」，篡位後稱「大宋皇帝」。❷正月己亥　正月十四。❸暮末　《晉書》作「慕末」，《宋書》作「茂蔓」，皆記音之字。❹朝臣　此指劉裕宋國的朝臣。❺從容　自然地、漫不經心的樣子。❻鼎命已移　國家的命運已經改變，意思是晉朝已滅，朝廷已經稱了「桓」。❼荷九錫　蒙受了「九錫」榮寵。九錫是帝王賜予權臣的九種特殊待遇，即一車馬、二衣服、三樂則、四朱戶、五納陛、六虎賁、七弓矢、八鈇鉞、九秬鬯。大臣到這一步，已離篡位不遠，當初曹丕、司馬炎都是這麼過來的。❽崇極如此　權勢地位之高達到了這種程度。❾奉還爵位　把自己的爵位、權力退回給朝廷。❿歸老京師　退休到京城去當平民。老，退休。當時劉裕的軍政府設在壽陽，故用「歸老京師」字樣。⓫莫諭其意　不明白他說這話是什麼意思。⓬還外　退出宮門。⓭暫宜還都　應該回建康去一趟，意思是回去令晉恭帝退位。⓮直云　只是說。⓯須幾人自送　須要多少人跟你一道去。自送，猶言「跟你一道去」。送，跟從。⓰奉辭　告辭。⓱亮出已夜　傅亮再出宮的時候已經是深夜。⓲長星竟天　一道彗星自天空的這頭直到那頭。舊說彗星出現是除舊布新、改朝換代的徵兆。⓳拊髀　一拍大腿，恍然省悟的樣子。⓴今始驗矣　今天才真的是應驗了。㉑徵王入輔　調劉裕入朝輔佐皇帝。可知傅亮已在起作用。㉒相國參軍　相國劉裕的僚屬。㉓決府州事　處理都督府與豫州刺史的一切事務。㉔宰物　治民；管理人。物，人。㉕管葛　春秋時齊國的宰相管仲與三國時西蜀的宰相諸葛亮。㉖五月乙酉　五月初二。㉗宣武帝　即指拓跋珪。㉘謀外叛　司馬國璠等是晉朝宗室，桓玄作亂時逃到秦國，於姚秦滅亡後投奔拓跋魏事，見本書卷一百十八義熙十三年，現在又想改投別國。㉙司馬文思　司馬休之子，隨其父逃亡在外。㉚庚戌　五月二十七。㉛鬱林公　鬱林郡公，鬱林郡的郡治在今廣西桂平東。㉜連引　故意在供詞中牽連。㉝平城豪桀　拓跋氏都城裡的名流。平城在今山西大同東北。㉞封懿　字處德，原仕於慕容寶，任中書令。慕容寶敗後，歸拓跋珪。拓跋嗣繼位後，為都坐大官。傳見《魏書》卷三十二。㉟燕朝舊族　封懿及其祖、父，皆仕於後燕。㊱宥　赦免；饒過。㊲壬戌　六月初九。㊳王至建康　宋王劉裕由壽陽來到建康。㊴諷　吹風、示意。㊵具詔草　事先準備好了讓位詔書的草稿。㊶使書之　讓司馬德文抄寫了一遍。㊷將二十載　自晉安帝元興元年（西元四〇二年）桓玄篡位，至元熙二年（西元四二〇年）共十九年。㊸甲子　六月十一。㊹遜于琅邪第　退位後回到琅邪王府去住。因晉元帝司馬睿即位前任琅邪王，所以他的後世子孫，退位就回「琅邪第」。東晉自元帝即位（西元三一七年）至此亡國，連頭帶尾共歷一百零三年。㊺丁卯　六月十四。㊻石頭　石頭城，建康城西北部的小城，當時的重要駐兵之地，在今南京城西側的秦淮河畔。㊼法駕　皇帝車駕的一種。《史記・孝文帝本紀》引《漢官儀》云：「天子鹵簿有大駕、法駕。大駕，公卿奉引，大將軍參乘，屬車八十一乘；法駕，公卿不在鹵簿中，唯京兆尹、執金吾、長安令奉引，侍中參乘，屬車三十六乘。」㊽謝晦　劉裕的佐命功臣之一，字玄明。傳見《宋書》卷四十四。㊾得無小過　意思是「悲哀得是否過頭了」。得無，是不是；難道不。㊿身　當時人指稱自己，猶今之所謂「我」。(51)邈　即徐邈，孝武帝時任中書令，深受倚重。事見《晉書・儒林傳》。(52)犯鄉論清議　被當時的「名教」與其所在州郡的品評所不容。大多為出身門第不高的人，因當時的情況是「上品無寒門，下品無士族」。(53)一皆蕩滌　一概廢除過去所加予人才之士的貶抑之辭。因為劉裕本人就因為出身門第不高，而受當時的上流社會所貶斥。(54)與之更始　允許過去受貶斥的人改過自新，從頭開始。(55)裴子野　梁朝人，武帝時為著作郎，清廉正直，著有《宋論》。以下言論即見於《宋論》。(56)重華受終　即虞舜接受唐堯的禪讓。重華是舜的號。受終，接受臨終的任命。《尚書・堯典》有所謂「堯使舜嗣位，正月上日，受終於文祖」。(57)四凶流放　《尚書》中有所謂「流共工於幽州，放驩兜於崇山，竄三苗於三危，殛鯀於羽山」。四凶，有說指四個惡人，也有說指四個民族。(58)武王克殷　周武王滅掉商朝。(59)頑民遷洛　《尚書・畢命》有所謂「毖殷頑民，遷於洛邑」。《史記・周本紀》有所謂「成王使召公營洛邑，遷殷之遺民」云云。頑民，不服管教之民。(60)天下之惡一也　應該憎惡、討厭什麼人，普天下都是一樣的。(61)鄉論清議二句　意思是對「鄉論清議」的那些話加以否定，這是不對的。按，魏晉以來的「鄉論清議」，是為世家豪族服務的輿論，從被壓迫的一方而言，自然是要否定的，這裡有個立場問題。裴子野特別否定劉裕的這一舉措，分明表現了他的腐朽貴族立場。(62)零陵王　封地為零陵郡，零陵郡的郡治即今湖南零陵。(63)倣晉初故事　依照當年司馬炎篡位後對待魏元帝曹奐的辦法。當時的做法是「封魏帝為陳留王，邑萬戶，居於鄴宮」。(64)即宮于故秣陵縣　讓晉恭帝搬到故秣陵縣去住。故秣陵縣在今南京東南的江寧南。宮，用如動詞，意即居住。(65)劉遵考　劉裕的遠房兄弟，隨劉裕討盧循、伐南燕、滅後秦有功，封營浦侯。傳見《宋書》卷五十一。(66)將兵防衛　名曰

「防衛」，實則以武力看管。67皇考　劉裕之父，名翹，祖籍彭城（今徐州），至其祖父時，南遷於今鎮江市東南之丹徒。68皇妣趙氏　劉裕的生母，生下劉裕後即死去，故劉裕由其繼母蕭氏養大。69素謹　一向恭敬謹慎。70春秋已高　劉裕稱帝時年五十八歲。71每旦入朝太后　指給其繼母請安。朝，拜見。72失時刻　遲到或是無故不來。73詔晉氏封爵　命令晉朝時受封的各王侯世族。74當隨運改　應該跟著改朝換代而加以改變。運，運命，即改朝換代。75獨置　只保留。76始興廬陵始安長沙康樂五公　「始興公」的始受封者是王導，「廬陵公」的始受封者是謝安，「始安公」的始受封者是溫嶠，「長沙公」的始受封者是陶侃，「康樂公」的始受封者是謝玄。以上五人的後代仍可繼承其先輩繼續襲爵受封。77降爵為縣公及縣侯　原為郡公的始興、廬陵二公，降為縣公；原為郡公的始安、長沙二公，降為縣侯；原為縣公的康樂，降為縣侯。據《南史》：降始興郡公為華容縣公，降廬陵郡公為柴桑縣公，降始安郡公為荔浦縣侯，降長沙郡公為醴陵縣侯，降康樂縣公為康樂縣侯。78宣力義熙豫同艱難　指義熙元年在消滅桓玄時出過力，和劉裕軍一同奮鬥過的人。79一仍本秩　還享有原來的勳級。秩，等級。80庚午　六月十七。81道憐　即劉道憐，劉裕的二弟，素無才能，貪黷鄙陋。傳見《宋書》卷五十一。82道規　即劉道規，劉裕的三弟，在破桓玄與破盧循中均有大功，後以疾卒。傳見《宋書》卷五十一。83義慶　即劉義慶，劉道憐之子，過繼給其叔父劉道規為後。劉義慶是筆記小說《世說新語》的編撰者。84徐羨之　字宗文，劉裕的佐命元勳。傳見《宋書》卷四十三。85各有差　根據功勞大小各有不同的進封。86劉穆之　劉裕的開國元勳，自劉裕起兵討桓玄便成為劉裕最得力的心腹助手。傳見《宋書》卷四十三。87南康郡公　爵級為郡公，封地在南康郡。南康郡的郡治在今江西贛州。88人之云亡二句　語見《詩經．瞻卬》。意思是這個人的死，是國家的重大損失。89人輕易我　人們會很容易瞧不起我，因為再沒有劉穆之的周密運籌，防漏補隙。輕，隨便；容易。易，輕視；看不起。90己卯　六月二十六。91改泰始曆為永初曆　意即廢除《泰始曆》，改用《永初曆》。《泰始曆》是晉武帝司馬炎篡奪魏國政權後頒行的新曆法，因為司馬炎的第一個年號是「泰始」，故稱晉朝的新曆法為《泰始曆》；現在劉裕又篡奪了司馬氏的政權，故而他也要廢止晉朝的曆法，而頒行它劉宋政權的新曆法。因為劉宋的第一個年號叫「永初」，所以劉宋的新曆法叫《永初曆》。自夏、商、周以來，總是改換一個朝代，就變更一回曆法，歷代如此。92翳犢山　具體方位不詳，大約在今山西大同西，內蒙古包頭東。93馮滷池　即五原鹽地，在今內蒙古包頭西北。94驛召崔浩告之　通過驛站呼崔浩而告之，極言其欲告心情之急切。95往年之言　即預言劉裕行將篡位之事。見本書卷一百十八義熙十四年。96朕於今日始信天道　按，本書於上卷用很長的文字記述崔浩之侈談天道、星變，今又讓魏主嗣進而證實之，足見司馬光之迂腐。如果改讓王安石、歐陽脩寫這些事情，就會是另外一種樣子。97七月丁酉　七月十五。98五原　郡名，郡治在今內蒙古包頭西北。(99)甲辰　七月二十二。(100)詔以涼公歆句　上卷寫到涼州政權的李暠死，其子李歆繼位，東晉王朝曾加封李歆為酒泉公，今劉裕新上臺，故重新予以確認之。高昌，郡名，郡治在今新疆吐魯番東。(101)秦王熾磐為安西大將軍　乞伏熾磐曾被晉王朝封為安西大將軍，今劉裕新上臺，故又重新確認之。(102)交州　州治龍編，在今越南河內東北，當時屬劉宋管轄。(103)擊林邑　林邑也叫占城、占婆，南方小國名，在今越南國的中南部。因其屢次侵犯交州的郡縣，故刺史杜慧度討擊之。(104)鈔掠　同「抄掠」。此指被劫掠去的人。(105)纖密　言其規章、法律條文多，管得嚴。(106)丁未　七月二十五。(107)浩亹　縣名，縣治在今青海民和北。(108)川巖　具體地址不詳，應在今青海西寧北。(109)希　同「稀」。稀少。(110)先王臨終　李暠死於義熙十三年。事見本書卷一百十八。(111)非汝之敵　不是你所對付得了的。(112)休明　美好、光明，指其政治局面而言。(113)汝將事之　你就好好地侍候他，承認他是你的上司。(114)僥冀非望　貪圖僥倖地想要自己不該要的東西。(115)露布西境　向西部邊境公開地宣揚。露布，猶今之所謂「公開通報」。(116)黃谷　具體方位不詳，應在浩亹縣東。(117)都瀆澗　在今甘肅張掖郊區。(118)懷城　地址不詳，應在甘肅酒泉東。(119)蓼泉　在今甘肅高臺東南。(120)為蒙遜所殺　西涼自李暠據敦煌稱王至此滅亡，共歷二十一年。(121)新城　郡名，地址不詳，應在甘肅酒泉周圍。(122)牧犍　即沮渠牧犍。《晉書》作「茂虔」。(123)索嗣　北涼段業的部將，李暠與沮渠男成內外進讒言，索嗣被段業所殺。事見本書卷一百十一隆安四年。(124)行敦煌太守　代理敦煌太守之職。(125)涼太后尹氏　李暠之妻，李歆之母。時被沮渠蒙遜所俘，帶來姑臧。尹氏事跡見《晉書·列女傳》。(126)勞　安慰。(127)為胡所滅　被你們胡人所消滅。胡，指沮渠蒙遜。沮渠蒙遜是匈奴族的盧水胡人，原來活動在今甘肅張掖一帶地區。(128)知復何言　我早就預見到了，還有什麼可說的。(129)母子　指尹氏與其女。(130)為兒女子之悲　像小孩子一樣的哭哭啼啼。(131)為人臣妾　給人家當奴隸、當女僕。(132)八月辛未　八月十九。(133)妃臧氏　劉裕之妻臧氏，前已死。(134)癸酉　八月二十一。(135)閏月壬午　閏八月初一。(136)胡園戍　在今甘肅永登附近。(137)粗險　粗暴、兇狠。(138)涼興　郡名，郡治在今甘肅敦煌東。(139)十二月丁亥　十二月初七。(140)杏城羌酋　居住在杏城的羌族頭領。杏城在今陝西黃陵西南，當時屬夏主赫連勃勃。(141)姚夫人　即姚興之女西平公主，於義熙十一年往嫁拓跋嗣，因鑄金人未成，遂為夫人。

【校　記】[1]暮末　原作「乞伏暮末」。據章鈺校，甲十六行本、乙十一行本、孔天胤本皆無「乞伏」二字，張瑛《通鑑校勘記》、熊羅宿《胡刻資治通鑑校字記》同，今據刪。[2]領　張敦仁《通鑑刊本識誤》改作「兼」。[3]馮滷池　嚴衍《通鑑補》改作「瀉滷池」。[4]七　據章鈺校，孔天胤本作「十」，熊羅宿《胡刻資治通鑑校字記》同。[5]丁未　原作「己未」。據章鈺校，甲十六行本、乙十一行本、孔天胤本皆作「丁未」，張敦仁《通鑑刊本識誤》同，今據改。6置 據章鈺校，甲十六行本、乙十一行本、孔天胤本皆作「署」，熊羅宿《胡刻資治通鑑校字記》同。

【語 譯】高祖武皇帝

永初元年（庚申 西元四二〇年）

春季，正月十四日己亥，北魏皇帝拓跋嗣從魏國西部返回京師平城的皇宮。

西秦王乞伏熾磐立自己的兒子乞伏暮末為太子，做了太子的乞伏暮末依然兼任撫軍大將軍、都督中外諸軍事，實行大赦，改年號為「建弘」。

東晉宋王劉裕想要讓東晉恭皇帝司馬德文將皇帝之位，用禪讓的形式傳給自己，卻又難於出口，於是便招集宋國的群臣一起飲酒歡宴，席間，他裝出一副很自然、漫不經心的樣子對屬下的群臣說：「桓玄篡位的時候，朝廷的命運實際上已經改變。我首先倡導大義，使晉室亡而復興，接著我又南征北討，平定了四海，如今大功已經告成，大業已經建立，所以才蒙受皇帝加授九錫的特殊榮寵。如今我已進入衰邁之年，權勢如此之大，地位如此之高！然而各種事務都忌諱滿盈，如此下去，不可能長久平安。現在我就想把爵位、權力退還給皇上，然後返回京師去當一個普通百姓。」群臣只是極力地對劉裕稱功頌德，並沒有明白劉裕的一番用意。看看天色已晚，群臣全都退出宮門。擔任中書令的傅亮從王宮出來之後，才突然醒悟，此時想要返回，而王宮的大門已經關閉。傅亮立即敲門請求入見劉裕，劉裕立即打開宮門召見傅亮。傅亮來到劉裕面前，只說了一句話：「我想暫時返回京師。」宋王劉裕已經明白了傅亮的意思，便沒有再多說什麼，只是說：「需要多少人跟你一道去？」傅亮說：「有幾十個人就可以了。」說完立即告辭而去。傅亮再出宮時已經是深夜，抬頭仰望，只見一道彗星從天空的這頭一直劃向那頭，傅亮拍了一下大腿，歎息著說：「以前我從來不相信天象，而今天天象已經開始應驗了。」傅亮到達京師建康。夏季，四月，晉恭帝司馬德文下詔徵召宋王劉裕入朝輔政。宋王劉裕遂留下自己的兒子劉義康，任命劉義康為都督豫、司、雍、并四州諸軍事、豫州刺史，鎮守壽陽。劉義康當時年紀還很小，遂又任命擔任相國參軍的南陽人劉湛為長史，全權處理都督府、豫州刺史府的一切事務。劉湛從小就具有管理才能，他常常把自己比作管仲、諸葛亮一流的人物，他學問淵博，廣泛閱覽各種書籍，但不寫作文章，不喜歡高談闊論，宋王劉裕非常器重他。

五月初二日乙酉，北魏將宣武帝拓跋珪的諡號改為道武帝。

北魏淮南公司馬國璠、池陽子爵司馬道賜陰謀叛變外逃，被司馬文思告發。五月二十七日庚戌，北魏皇帝拓跋嗣殺死了司馬國璠和司馬道賜，賜封司馬文思為鬱林郡公。司馬國璠等故意在供詞中牽連出平城內的一些豪強，因此受牽連被滅族的有幾十個人。章安侯封懿的兒子封玄之也被判為死罪，北魏皇帝拓跋嗣因為封玄之是後燕舊族，就準備饒恕他的一個兒子。封玄之說：「我弟弟的兒子封磨奴，很小就成了孤兒，請求保全他的性命。」拓跋嗣便殺死了封玄之的四個兒子，而赦免了封磨奴。

六月初九日壬戌，宋王劉裕應詔抵達建康。中書令傅亮委婉而含蓄地勸說晉恭帝司馬德文將皇位禪讓給宋王劉裕，同時向晉恭帝司馬德文呈上早已準備好的讓位詔書的草稿，讓晉恭帝司馬德文親手照抄一遍。晉恭帝司馬德文很爽快地拿起筆來，他對身邊的侍從說：「桓玄掌權的時候，晉國已經失去了天下，是劉裕使晉國的國運延長到現在，已經將近二十年。今天我將皇位禪讓給他，也算是心甘情願。」於是在紅色的紙上抄寫了傳位的詔書。

六月十一日甲子，晉恭帝司馬德文搬出皇宮，回到他原來的琅邪王府第，朝中的文武官員全都跪在地上，向他叩拜辭別，擔任祕書監的徐廣痛哭流涕，特別哀痛。

六月十四日丁卯，宋王劉裕在建康南郊建立一座高臺，登上了皇帝寶座。典禮儀式完成之後，從石頭城乘坐皇帝所專用的車駕進入建康城中的皇宮。中書監徐廣又是痛哭流涕，擔任侍中的謝晦對徐廣說：「徐先生這樣做，是不是稍微有點過分？」徐廣回答說：「你是宋國的佐命功臣，我是晉國的遺老，悲傷與歡樂的感受自然不一樣。」徐廣，是徐邈的弟弟。

宋武帝劉裕登上太極殿，實行大赦，改年號為「永初」。凡是被當時的名教與其所在州郡的品評所不容的人，以及過去強加於人才之上的貶抑之詞一律廢黜，允許過去受貶斥的人改過自新，從頭開始。

裴子野評論說：「唐堯將帝位禪讓給虞舜，虞舜繼承了帝位之後，首先就將四凶流放；周武王滅掉了殷商，便將殷商那些頑固的遺民遷移到洛陽。天下人對憎惡什麼人、痛恨什麼人，眼光都是一樣的，而劉裕將鄉論清議的那些話全盤加以否定，是一種錯誤的做法！」

宋武帝劉裕封晉恭帝司馬德文為零陵王；對零陵王的尊崇與優待，全部仿效晉朝初年的做法。讓零陵王司馬德文搬到故秣陵縣居住，派遣擔任冠軍將軍的劉遵考率軍駐守秣陵，對零陵王司馬德文進行看管。將褚皇后降為王妃。

宋武帝劉裕追尊自己的父親劉翹為孝穆皇帝，追尊自己的生母趙氏為孝穆皇后；尊奉繼母王太后蕭氏為皇太后。宋武帝劉裕侍奉繼母一向都很恭敬謹慎，等到即位做皇帝的時候，劉裕的年紀已經很大，但依然每天早晨到太后宮中拜見繼母，從不錯過時間。

宋武帝劉裕下詔：東晉時期所封的王侯世族，應該隨著改朝換代而加以改變，唯獨把始興郡公降級為華容縣公、廬陵郡公降級為柴桑縣公、始安郡公降級為荔浦縣侯、長沙郡公降級為醴陵縣侯，康樂縣公降級為康樂縣侯，只有這五位公爵予以保留，用以維持對王導、謝安、溫嶠、陶侃、謝玄的祭祀。凡是在義熙年間起兵反抗桓玄，與劉裕一同出過力、共過患難的人，依舊享有原來的勳級。

六月十七日庚午，宋武帝劉裕任命擔任司空的劉道憐為太尉，封為長沙王；追封曾擔任司徒的劉道規為臨川王，令劉道憐的兒子劉義慶繼承臨川王的爵位。其餘功臣如徐羨之等，全都按照功勞的大小各有不同的封官、進爵。

宋武帝劉裕追封劉穆之為南康郡公，追封王鎮惡為龍陽縣侯。劉裕時常思念劉穆之，往往會歎息著說：「劉穆之如果不死，一定會幫助我治理天下。正像《詩經》上所說的『這個人的去世，是國家的重大損失！』」又說：「劉穆之死後，人們很容易小看我。」

宋武帝劉裕立自己的兒子桂陽公劉義真為廬陵王，彭城公劉義隆為宜都王，劉義康為彭城王。

六月二十六日己卯，廢除《泰始曆》，改用《永初曆》。

北魏皇帝拓跋嗣前往翳犢山，順路又去了馮滷池。他聽到劉裕成功地接受了晉恭帝的禪讓，做了宋國皇帝，立即通過驛站將擔任博士祭酒的崔浩召到行宮，他告訴崔浩說：「你以前說的話已經應驗了，我從現在起開始相信天道。」

秋季，七月十五日丁酉，北魏皇帝拓跋嗣前往五原。

七月二十二日甲辰，宋武帝劉裕下詔，任命西涼公李歆為都督高昌等七郡諸軍事、征西大將軍、酒泉公；任命西秦王乞伏熾磐為安西大將軍。

宋國擔任交州刺史的杜慧度率軍攻打林邑國，把林邑軍打得大敗，將林邑軍殺死了一大半。林邑王遂請求向宋國投降，並將前後侵入中國時所劫掠的人口和財物全部歸還中國。杜慧度在交州擔任刺史，所制定的規章、法律條文很多，處理政務很精細、謹慎，就像治理自己的家庭一樣，交州的官吏和普通百姓對他們的州刺史杜慧度真是既懼怕又愛戴，交州境內社會秩序良好，城門夜間不用關閉，路上丟失的東西也沒有人拾取。

七月二十五日丁未，北魏皇帝拓跋嗣前往雲中。

北涼河西王沮渠蒙遜準備出兵討伐西涼，他先做出一副準備進攻西秦浩亹的架勢；等到率軍抵達浩亹之後，便又祕密回師，進駐川巖。

西涼公李歆準備趁虛出兵襲擊張掖，擔任右長史的宋繇、擔任左長史的張體順全都懇切地進行勸諫，西涼公李歆都不肯聽從。太后尹氏對李歆說：「你的涼國是一個剛剛建立的國家，地方狹小，人民稀少，用來保衛自己尚且擔心力量不足，哪裡有餘力去討伐別人？先王李暠臨終之時，一再地告誡你：對於用兵打仗，一定要非常慎重，要保境安民，等待有利時機。先王的話還在耳邊，你怎麼就把它拋到一邊去了？沮渠蒙遜特別善於用兵，不是你能對付得了的，近幾年來，他一直懷有吞併我們的野心。你的國家地盤雖小，但也足夠你推行善政，你應該修養道德、養育人民，安安靜靜地等待時機。對方如果昏庸殘暴，那裡的民眾自會歸附於你；如果對方政治美好清明，你就應該好好地侍奉他。怎麼能夠隨便地輕舉妄動，希望憑藉僥倖來得到原本不屬於你的東西？讓我看來，你此次出兵，不但會喪失軍隊，恐怕將會滅亡國家！」李歆還是不聽。宋繇歎息地說：「到此地步，大勢已去！」

西涼公李歆率領著三萬名步兵、騎兵從都城酒泉向東進發。北涼河西王沮渠蒙遜聽到消息說：「李歆已經完全進入我的掌控之中，但他如果得知我已經從浩亹回師川巖的消息，一定不敢繼續前進。」於是便在北涼的西部邊境地區公開宣揚說，北涼大軍已經攻克浩亹，將繼續進兵攻擊黃谷。西涼公李歆得知這個消息，非常高興，遂率領大軍進入都瀆澗，沮渠蒙遜率軍襲擊李歆，雙方在懷城展開大戰，李歆軍被打得大敗。於是有人勸說李歆趕緊率軍退回酒泉據守，李歆說：「我違背了老母親的教訓而導致失敗，如果不把沮渠蒙遜這個匈奴人殺掉，我還有什麼臉面再去見我的母親？」於是又聚集兵力在蓼泉與北涼軍展開決戰，結果西涼軍再次遭到慘敗，西涼公李歆被沮渠蒙遜殺死。李歆的弟弟擔任酒泉太守的李翻、擔任新城太守的李預、擔任代理羽林右監的李密、擔任左將軍的李眺、擔任右將軍的李亮全都向西逃往敦煌。

北涼河西王沮渠蒙遜率軍進入西涼的都城酒泉，他下令禁止士卒侵擾百姓、劫掠財物，酒泉地區的民眾安居如故。沮渠蒙遜任命宋繇為吏部郎中，將國家選拔、任免官員之事委託給他。西涼舊臣當中凡是有才能、有聲望的人，沮渠蒙遜全都以禮相待，分別加以錄用。沮渠蒙遜任命自己的兒子沮渠牧犍為酒泉太守。西涼擔任敦煌太守的李恂，是擔任酒泉太守的李翻的弟弟，他與李翻等放棄了敦煌逃往北山。沮渠蒙遜就任用索嗣的兒子索元緒為代理敦煌太守。

北涼河西王沮渠蒙遜返回都城姑臧，見到了被俘虜的西涼太后尹氏，沮渠蒙遜便向她表示慰問。尹氏說：「西涼李氏已經被你們匈奴人滅掉，我早就預見到了，還有什麼話可說？」有人對尹氏說：「如今你們母子的性命全都掌握在人家的手中，你為什麼還要如此傲慢地對待他？再說你的國家已經滅亡、兒子已死，竟然看不出你有一點憂愁的神色，這是什麼緣故？」尹氏回答說：「國家的存亡，人的生死，全都是上天註定的，為什麼倒要像凡人那樣，像個小孩子似的哭哭啼啼？我只是一個年老的婦女，已經國破家亡，又豈能貪戀餘生，而去給別人當奴隸、做女僕呢？讓我快點死，就是我的幸運。」河西王沮渠蒙遜很讚賞尹氏的為人，於是就赦免了她，並為自己的兒子沮渠牧犍娶了尹氏的女兒為妻。

八月十九日辛未，宋武帝劉裕追謚亡妻臧氏為敬皇后。二十一日癸酉，立王太子劉義符為皇太子。

閏八月初一日壬午，宋武帝劉裕下詔：晉朝皇帝的陵墓全部設置守衛。

九月，西秦振武將軍王基等率軍襲擊北涼河西王沮渠蒙遜的胡園軍事據點，俘虜了二千多人，然後返回。

西涼李恂在擔任敦煌太守的時候推行仁政，而新擔任代理敦煌太守的索元緒卻為人粗暴兇狠，專好殺人，因此大失民心。敦煌郡人宋承、張弘便祕密寫信招請逃往北山的李恂。冬季，李恂率領數十名騎兵進入敦煌，索元緒向東逃往涼興。宋承等遂推舉李恂為冠軍將軍、涼州刺史，改年號為「永建」。北涼河西王沮渠蒙遜派自己的世子沮渠政德率軍攻打敦煌，李恂緊閉敦煌城門不與交戰。

十二月初七日丁亥，居住在杏城的羌人首領狄溫子率領三千多家居民投降了北魏。

這一年，北魏皇帝拓跋嗣的夫人姚氏去世，被追謚為「昭哀皇后」。

二年（辛酉　西元四二一年）

春，正月辛酉❶，上祀南郊❷，大赦❸。

裴子野論曰：「夫郊祀天地，修歲事❹也。赦彼有罪，夫何為哉❺？」

以揚州刺史廬陵王義真為司徒❻，尚書僕射❼徐羨之為尚書令❽、揚州刺史，中書令傅亮為尚書僕射。

辛未❾，魏主嗣[1]行如公陽❿。

河西王蒙遜帥眾二萬攻李恂于敦煌。

秦王熾磐遣征北將軍木弈干、輔國將軍元基攻上邽[11]，遇霖雨而還。

三月甲子[12]，魏陽平王熙[13]卒。

魏主發代都[14]六千人築苑[15]，東包白登[16]，周三十餘里。

河西王蒙遜築隄壅水以灌敦煌，李恂乞降，不許。恂將宋承等舉城降。恂自殺。蒙遜屠其城，獲恂弟子寶[17]，囚于姑臧。於是西域諸國[18]皆詣蒙遜[2]稱臣朝貢。

夏，四月己卯朔[19]，詔所在淫祠[20]自蔣子文[21]以下皆除之；其先賢及以勳德立祠者，不在此例。

吐谷渾王阿柴[22]遣使降秦。秦王熾磐以阿柴為征西大將軍、開府儀同三司[23]、安州牧[24]、白蘭王。

六月乙酉[25]，魏主北巡至蟠羊山[26]。秋，七月，西巡至河[27]。

河西王蒙遜遣右衛將軍沮渠鄯善、建節將軍沮渠苟生帥眾七千伐秦。秦王熾磐遣征北將軍木弈干等帥步騎五千拒之，敗鄯善等于五澗[28]，虜苟生，斬首二千而還。

初，帝以毒酒一罌[29]授前琅邪郎中令[30]張偉，使酖零陵王[31]。偉歎曰：「酖君以求生，不如死！」乃於道[32]自飲而卒。偉，卲[33]之兄也。太常[34]褚秀之、侍中褚淡之，皆王之妃兄也。王每生男，帝[35]輒令秀之兄弟方便殺之[36]。王自遜位，深慮禍及，與褚妃共處一室，自煮食於牀前，飲食所資[37]，皆出褚妃，故宋人莫得伺其隙。九月，帝令淡之與兄右衛將軍[38]叔度往視妃，妃出就別室相見。兵人踰垣而入，進藥於王。王不肯飲，曰：「佛教，自殺者不復得人身[39]。」兵人以被掩殺[40]之。帝帥百官臨於朝堂三日[41]。

庚戌[42]，魏主還宮。

冬，十月己亥[43]，詔[44]以河西王蒙遜為鎮軍大將軍、開府儀同三司、涼州刺史。

己亥[45]，魏主如代[46]。

十一月辛亥[47]，葬晉恭帝[3]于沖平陵，帝帥百官瞻送[48]。

十二月丙申[49]，魏主西巡，至雲中[50]。

秦王熾磐遣征西將軍孔子[51]等帥騎二萬擊契汗禿真[52]於羅川[53]。

河西王蒙遜所署晉昌[54]太守唐契據郡叛，蒙遜遣世子政德討之。契，瑤[55]之子也。

上之為宋公也，謝瞻為宋臺中書侍郎，其弟晦為右衛將軍。時晦權遇[56]已重，自彭城[57]還都迎家，賓客輻湊[58]，門巷填咽[59]。瞻在家，驚駭，謂晦曰：「汝名位未多[60]，而人歸趣乃爾[61]！吾家素以恬退為業，不願干豫時事[62]，交遊不過親朋。而汝遂勢傾朝野，此豈門戶之福邪？」乃以籬隔門庭[63]曰：「吾不忍見此。」乃還彭城，言於宋公曰：「臣本素士[64]，父祖位不過二千石[65]。弟年始三十，志用凡近[66]，榮冠臺府[67]，位任顯密。福過災生，其應無遠[68]。特乞降黜[69]，以保衰門[70]。」前後屢陳之。晦或以朝廷密事語瞻，瞻故向親舊陳說[71]，用為戲笑，以絕其言[72]。及上即位，晦以佐命功，位任益重，瞻愈憂懼。是歲，瞻為豫章[73]太守，遇病不療[74]。臨終，遺晦書曰：「吾得啓體幸全[75]，亦何所恨[76]！弟思自勉勵[77]，為國為家[78]。」

【章　旨】以上為第二段，寫宋武帝永初二年（西元四二一年）一年間的大事。主要寫了劉裕又殘酷地殺害了已經退位的晉恭帝司馬德文，還假惺惺地「帥百官臨於朝堂三日」；寫了劉裕的心腹功臣謝晦寵遇日隆，賓客輻湊，其兄謝瞻為之不安，為保全家族起見，一面勸其弟謙退，一面以籬笆隔開門庭，與其弟劃清界限，以至於有病而故意不治，希求早死；此外還寫了北涼主沮渠蒙遜平定敦煌地區的反抗勢力，以致使西域諸國都向其稱臣朝賀等等。

【注釋】❶正月辛酉　正月十二。❷上祀南郊　意即皇帝親自在京城的南郊舉行祭天大典。❸大赦　在南郊祭天的同時宣布大赦令。❹修歲事　祈求豐年。歲事，農業收成之事。古代帝王的祭祀天地，原本是應該對天地賜福於人類的一種報謝活動，但從秦始皇、漢武帝以來很多帝王都變成了祈求天地神靈對帝王家族或帝王個人的保佑，甚至是祈求長生不死的一種活動。❺夫何為哉　（把這兩件事情攪在一起，）是圖個什麼呢。❻為司徒　意即只擔任司徒，而免去其揚州刺史職務。❼尚書僕射　職同副宰相。❽尚書令　職同宰相。❾辛未　正月二十二。❿公陽　具體方位不詳，大約在今山西東北角的陽高附近。⓫攻上邽　進攻魏國的上邽，即今甘肅天水市。上邽是秦州的州治所在地。⓬三月甲子　三月十六。⓭陽平王熙　即拓跋熙，拓跋珪之子，拓跋嗣之弟。傳見《魏書》卷十六。⓮代都　即平城，在今山西大同東北。⓯築苑　建造園林獵場。⓰白登　白登山，在平城東北。⓱恂弟子寶　李恂的姪子李寶。後來李淵父子就自稱是李寶的後代。⓲西域諸國　今新疆境內的諸小國，如車師、焉耆、危須、鄯善等。⓳四月己卯朔　四月初一是己卯日。⓴詔所在淫祠　命令全國各地民間建造的那些烏七八糟的神廟。下詔的主語是皇帝劉裕。淫祠，指隨便亂建的供奉不登大雅之堂的諸「神」的廟宇。㉑蔣子文　東漢人，曾為秣陵（今南京西南）縣尉，為逐捕盜賊而犧牲於山中，孫權建國後，遂稱其所死之山叫「蔣山」（即今之鍾山），並在山上為之立廟。按，劉裕廢除淫祠而獨留蔣子文之廟，大約是為了表彰忠於職守之良吏。㉒吐谷渾王阿柴　吐谷渾是當時活動在青海湖西南側的少數民族名，本是遼西鮮卑族的一個分支，其頭領名吐谷渾。為避免與其親屬發生火併，自動率部西移至今青海湖一帶，後來遂以吐谷渾為部落之名。至晉末宋初時，其部落頭領名叫阿柴（《魏書》寫作「阿豺」）。詳情見《晉書》、《魏書》之〈吐谷渾傳〉。㉓開府儀同三司　當時朝廷對高級官僚的一種加官名，意思是可以開設府署，自聘僚屬，可以使用國家三公（司徒、司馬、司空）的儀仗隊等等。只有榮譽，沒有實權。㉔安州牧　即安州刺史。安州，指當時吐谷渾所居住的今青海湖西南一帶地區。㉕六月乙酉　六月初八。㉖蟠羊山　在今內蒙古察哈爾右翼前旗東南。㉗西巡至河　向西方巡視，直到今內蒙古之烏海、磴口一帶的黃河。㉘五澗　水名，流經今甘肅武威南，北流注入馬城水。㉙罌　小缸子。㉚前琅邪郎中令　從前琅邪王宮的大總管。晉恭帝司馬德文在未被立為傀儡皇帝之前的身分是琅邪王。琅邪郎中令張偉當時在司馬德文手下當差。㉛使酖零陵王　讓張偉去毒死已經退位、後來又被降為零陵王的晉恭帝司馬德文。㉜於道　在由建康前往秣陵的半路上。當時司馬德文被看管在故秣陵縣，今南京東南的江寧南。㉝卲　即張卲，字茂宗，其父曾為桓玄任廷尉，劉裕起兵後，張卲勸其父投歸劉裕，張卲從此成為劉裕的佐命元勳。傳見《宋書》卷四十六。㉞太常　朝官名，主管朝廷的禮儀以及祭祀等事。㉟帝　指劉裕。㊱方便殺之　選擇適當的機會將孩子殺死。㊲飲食所資　一切飲食所用的東西。㊳右衛將軍　帝王的禁衛軍頭領。按，此「右衛將軍」與前「太常」、「侍中」都是晉恭帝昔日未退位時的群臣，不是劉裕王朝的現職官員。(39)不復得人身　即所謂「不能再轉世為人」。(40)掩殺　捂起口鼻將其悶死。(41)臨於朝堂三日　在朝廷正殿上哭弔了三天。(42)庚戌　九月初五。(43)十月己亥　十月二十四。(44)詔　下詔，這句話的主語是皇帝劉裕。(45)己亥　與上句敘事的同一天。按例，此「己亥」二字應削。(46)如代　到代郡的郡治所在地，即今河北蔚縣東北的代王城。(47)十一月辛亥　十一月初七。(48)瞻送　目送。(49)十二月丙申　十二月二十二。(50)雲中　郡名，郡治盛樂，在今內蒙古之和林格爾城北。(51)征西將軍孔子　姓乞伏，名孔子，時任征西將軍。(52)契汗禿真　少數民族部落的頭領名。(53)羅川　縣名，在今甘肅正寧北。(54)晉昌　郡名，郡治在今甘肅安西縣東南。(55)瑤　即唐瑤，原是北涼段業的晉興太守，後叛涼擁立李暠，為李暠的征東將軍。事見本書卷一百十一隆安四年。(56)權遇　權位和受寵信的程度。(57)彭城　即今江蘇徐州，劉裕的故鄉。當時劉裕的宋臺（宋公政府）即設於此。(58)輻湊　從四面八方而來，如同車輪的輻條之歸向於車轂。(59)門巷填咽　門前巷口都擠得滿滿地。填咽，人多而壅塞。(60)名位未多　名望與官位都還不高。未多，不高。(61)歸趣乃爾　趨附於你的樣子竟達到這樣的程度。趣，同「趨」。(62)干豫時事　過問政治。(63)以籬隔門庭　用一道籬笆把院子隔成了兩半。門庭，門內的大庭前。(64)素士　寒門；平民。謝瞻、謝晦與謝安同族，比起謝安一門的貴盛，謝瞻遂自稱「素士」。(65)二千石　郡太守、諸侯國相一級。(66)志用凡近　志趣庸俗；志向不遠大。(67)榮冠臺府　但他在您跟前的受寵卻超過了一切人。臺府，東晉朝廷與宋公府。(68)其應無遠　應驗的時間不會太久。(69)特乞降黜　求您給他降降官，減點寵，別讓他太昏了頭。(70)以保衰門　以保我們家族的平安。(71)故向親舊陳說　故意地對著親戚朋友散布。(72)以絕其言　想用這種辦法使他以後不敢再對自己說。(73)豫章　郡名，郡治即今江西南昌。(74)遇病不療　患病後故意不再治療，希望早點死。(75)啓體幸全　看看自己的整個軀體，所幸的是都還完好無損。《論語・泰伯》：「曾子有疾，召門弟子曰：『啟予足，啟予手！』《詩》云：『戰戰兢兢，如臨深淵，如履薄冰。』而今而後，吾知免矣。』」《孝經・開宗明義》：「孔子曰：『身體髮膚，受之父母，不敢毀傷，孝之始也。』」(76)亦何所恨　還有什麼遺憾的呢。意思是可以到地下向父母交代了。(77)思自勉勵　努力上進，管好自己。(78)為國為家　意即不要由於你的張狂而鬧得國亡家破。

【校　記】[1]嗣　據章鈺校，甲十六行本、乙十一行本、孔天胤本皆無此字，熊羅宿《胡刻資治通鑑校字記》同。[2]詣蒙遜　原「詣」作「請」，「蒙遜」為二空格。據章鈺校，甲十六行本、乙十一行本、孔天胤本皆作「詣蒙遜」，熊羅宿《胡刻資治通鑑校字記》同，今據改。[3]恭帝　據章鈺校，甲十六行本無「恭」字。

【語譯】二年（辛酉 西元四二一年）

春季，正月十二日辛酉，宋武帝劉裕到南郊舉行祭天大典，實行大赦。

裴子野評論說：「到郊外祭祀天地，是每年都要舉行的祈求豐年的典禮。而宋武帝劉裕卻頒布大赦令，赦免那些罪犯，不知是何用意？」

宋武帝劉裕任命擔任揚州刺史的廬陵王劉義真為司徒，任命擔任尚書僕射的徐羨之為尚書令、揚州刺史，任命擔任中書令的傅亮為尚書僕射。

正月二十二日辛未，北魏皇帝拓跋嗣前往公陽。

北涼河西王沮渠蒙遜親自率領二萬名部眾前往敦煌攻打李恂。

西秦王乞伏熾磐派遣征北將軍木弈干、輔國將軍元基率軍攻擊魏國所屬的上邽，遭遇連綿大雨，只得撤軍而回。

三月十六日甲子，北魏陽平王拓跋熙去世。

北魏皇帝拓跋嗣從首都平城徵調了六千人為自己修築苑囿，東面包括白登山在內，周圍三十多里。

北涼河西王沮渠蒙遜修築長堤攔截河水，準備放水淹沒敦煌，李恂向沮渠蒙遜請求投降，沮渠蒙遜不答應。李恂的部將宋承等獻出敦煌投降了沮渠蒙遜。李恂自殺。沮渠蒙遜下令屠城，俘虜了李恂的姪子李寶，押送到姑臧囚禁。於是西域各國全都請求歸附，向沮渠蒙遜稱臣，派使者到北涼的都城姑臧朝見河西王沮渠蒙遜，進獻貢品。

夏季，四月初一日己卯，宋武帝劉裕下詔將全國各地凡是民間建造的那些烏七八糟的神廟，除去蔣子文的祠廟以外，全部廢除；但是祭祀先輩聖賢以及有功勳、有德望的前輩宗祠，不在清除之例。

吐谷渾王慕容阿柴派遣使者向西秦投降。西秦王乞伏熾磐任命慕容阿柴為征西大將軍、開府儀同三司、安州牧、白蘭王。

六月初八日乙酉，北魏皇帝拓跋嗣向北巡視，到達蟠羊山。秋季，七月，拓跋嗣又從蟠羊山繼續向西巡視，抵達黃河岸邊。

北涼河西王沮渠蒙遜派遣擔任右衛將軍的沮渠鄯善、擔任建節將軍的沮渠苟生率領七千名部眾討伐西秦。西秦王乞伏熾磐派遣征北將軍木弈干等率領五千名步兵、騎兵抵抗北涼軍的進攻，在五澗擊敗了沮渠鄯善等，俘虜了北涼建節將軍沮渠苟生，斬殺了北涼二千多人，得勝而回。

當初，宋武帝劉裕把一小缸子毒酒交給從前在琅邪王宮中擔任郎中令的張偉，讓張偉去毒殺已經退位、並被降為零陵王的司馬德文。張偉歎了一口氣說：「毒死君王以求得自己能夠活命，還不如死了好！」於是便在前往秣陵的路上喝下那缸毒酒而死。張偉，是張邵的哥哥。擔任太常的褚秀之、擔任侍中的褚淡之，都是零陵王司馬德文王妃的哥哥。零陵王每當生育一個男孩，宋武帝劉裕就令褚秀之兄弟尋找適當的機會將嬰孩殺死。零陵王司馬德文自從退位以後，非常擔心自己遭到毒手，於是便與褚妃同住在一間屋子裡，親自在床前煮飯吃，一切飲食所必需的東西，都由褚妃親自掌管，所以宋武帝劉裕的人一時找不到下手的機會。九月，宋武帝劉裕令褚淡之與他的哥哥、擔任右衛將軍的褚叔度一同前往探視褚妃，褚妃遂到另一間屋子中與自己的哥哥相見。劉裕所派的軍士趁機跳牆而入，把毒酒送給零陵王司馬德文。零陵王不肯喝，他說：「按照佛教的說法，自殺的人不能再轉世為人。」那些軍士就用被子捂住零陵王司馬德文的口鼻，將零陵王活活悶死了。宋武帝劉裕在零陵王死後，親自率領文武百官，在朝廷正殿上哭弔了三天。

九月初五日庚戌，北魏皇帝拓跋嗣回到平城的皇宮。

冬季，十月二十四日己亥，宋武帝劉裕下詔，任命北涼河西王沮渠蒙遜為鎮軍大將軍、開府儀同三司、涼州刺史。

十月二十四日己亥，北魏皇帝拓跋嗣前往代郡。

十一月初七日辛亥，宋國把晉恭帝司馬德文埋葬在沖平陵，宋武帝劉裕率領文武百官目送。

十二月二十二日丙申，北魏皇帝拓跋嗣前往魏國的西部巡視，抵達雲中郡。

西秦王乞伏熾磐派遣征西將軍乞伏孔子等率領二萬名騎兵前往襲擊少數民族部落首領契汗禿真所佔據的

羅川。

北涼河西王沮渠蒙遜所任命的晉昌太守唐契據守郡城叛變，沮渠蒙遜派自己的世子沮渠政德率軍前往晉昌討伐唐契。唐契，是唐瑤的兒子。

宋武帝劉裕還是東晉宋公的時候，謝瞻擔任宋臺中書侍郎，謝瞻的弟弟謝晦擔任右衛將軍。當時謝晦的權位和受寵幸的程度都很高，他從宋臺的所在地彭城回到京師建康迎接自己的家眷，賓客就像車輪的輻條歸向車轂一樣從四面八方趕到謝晦的家中登門拜訪，車馬盈門塞路。謝瞻當時也在家中，看到這種情形感到非常驚駭，他對謝晦說：「你的名聲不是很高，權位也不是很大，而人們趨附於你竟然達到如此的程度！我們謝家對權勢一向以恬淡、退讓為原則，不願過問政治，所結交往來的也不過是一些親朋好友。而你的權勢竟然傾動朝野，這哪裡是家門的福分呢？」於是就用籬笆從中間把院子隔開，並說：「我不願意看到這種場面。」等到返回彭城，謝瞻便對宋公劉裕說：「我本來出身寒門，我的父親、祖父，官位不過二千石。而我的弟弟謝晦，剛剛年滿三十歲，其志趣、才能都很平庸，但他在您面前受寵信的程度卻超過了任何人，官高位顯。享福太過，必然招致災禍，應驗應該不會很遠。因此特別請求降低謝晦的職位，以保我們這個衰弱的家庭太平無事。」他前後多次陳請。謝晦有時把朝廷中的機密告訴謝瞻，謝瞻就故意地在親友、故交當中進行傳播，並當做嬉笑取樂的資料，想以此令謝晦以後不要再對自己說。等到劉裕登上皇帝寶座，謝晦以輔佐劉裕篡奪皇位的功勞，官位更高，權勢越重，謝瞻就更加憂愁恐懼。這一年，謝瞻擔任豫章太守，生病之後，堅決不肯治療，只希望早點死。臨終之時，他寫信給謝晦說：「我有幸得以保全軀體，也算沒有什麼遺憾了！希望弟弟能夠經常想到要努力上進、管好自己，既是為國，也是為家。」

三年（壬戌　西元四二二年）

春，正月甲辰朔❶，魏主自雲中西巡，至屋竇城❷。

癸丑❸，以徐羨之為司空、錄尚書事，刺史如故；江州刺史王弘為衛將軍、開府儀同三司；中領軍謝晦為領軍將軍兼散騎常侍❹，入直殿省❺，總統宿衛❻。徐羨之起自布衣❼，又無術學❽，直以志力局度❾，一日居廊廟❿，朝野推服，咸謂有宰臣之望。沈密寡言，不以憂喜見色⓫；頗工弈棋⓬，觀戲常若未解⓭，當世倍以此推之。傅亮、蔡廓常言：「徐公曉萬事，安異同⓮。」嘗與傅亮、謝晦宴聚，亮、晦才學辯博⓯，羨之風度詳整⓰，時然後言⓱。鄭鮮之歎曰：「觀徐、傅言論⓲，不復以學問為長⓳。」

秦征西將軍孔子等大破契汗禿真，獲男女二萬口，牛羊五十餘萬頭。禿真帥騎數千西走，其別部樹奚帥戶五千降秦。

二月丁丑⓴，詔分豫州淮以東為南豫州，治歷陽㉑，以彭城王義康為刺史；又分荊州十郡置湘州，治臨湘㉒，以左衛將軍張邵為刺史。

丙戌㉓，魏主還宮。

三月，上不豫㉔，太尉長沙王道憐、司空徐羨之、尚書僕射傅亮、領軍將軍謝晦、護軍將軍檀道濟並入侍醫藥。羣臣請祈禱神祇，上不許，唯使侍中謝方明㉕以疾告宗廟而已。上性不信奇怪，微時㉖多符瑞㉗，及貴，史官審以所聞㉘，上拒而不答。

檀道濟出為鎮北將軍、南兗州刺史，鎮廣陵㉙，悉監淮南諸軍。

皇太子多狎羣小㉚，謝晦言於上曰：「陛下春秋既高，宜思存萬世㉛，神器至重㉜，不可使負荷非才㉝。」上曰：「廬陵㉞何如？」晦曰：「臣請觀焉。」出造廬陵王義真，義真盛欲與談㉟，晦不甚答。還曰：「德輕於才，非人主也。」丁未㊱，出義真為都督南豫、豫、雍、司、秦、并六州諸軍事、車騎將軍、開府儀同三司、南豫州刺史。是後，大州率加都督，多者或至五十州㊲，不可復詳載矣。

帝疾瘳㊳，己未㊴，大赦。

秦、雍㊵流民南入梁州㊶。庚申㊷，遣使送絹萬匹，且漕荊、雍㊸之穀以賑之。

刁逵㊹之誅也，其子彌亡命㊺。辛酉㊻，彌帥數十[1]人入京口㊼[2]，太尉留府司馬㊽陸仲元擊斬之。

乙丑㊾，魏河南王曜㊿卒。

夏，四月甲戌(51)，魏立皇子燾(52)為太平王，拜相國，加大將軍；丕為樂平王，彌為安定王，範為樂安王，健為永昌王，崇為建寧王，俊為新興王。

乙亥[53]，詔封仇池公楊盛為武都王[54]。秦王熾磐以折衝將軍乞伏是辰為西胡校尉，築列渾城於汁羅[55]以鎮之。

五月，帝疾甚，召太子誡之曰：「檀道濟雖有幹略[56]而無遠志，非如兄韶有難御[57]之氣也。徐羨之、傅亮，當無異圖。謝晦數從征伐，頗識機變，若有同異[58]，必此人也。」又為手詔曰：「後世若有幼主，朝事一委宰相，母后不煩[59]臨朝。」司空徐羨之、中書令傅亮、領軍將軍謝晦、鎮北將軍檀道濟同被顧命[60]。癸亥[61]，帝殂[62]於西殿。

帝清簡寡欲，嚴整有法度，被服[63]居處[64]，儉於布素[65]，游宴[66]甚稀，嬪御[67]至少。嘗得後秦高祖從女[68]，有盛寵，頗以廢事。謝晦微諫，即時遣出。財帛皆在外府[69]，內無私藏[70]。嶺南嘗獻入筒細布[71]，一端八丈[72]，帝惡其精麗勞人，即付有司彈太守[73]，以布還之，并制嶺南[74]禁作此布。公主出適[75]，遣送不過二十萬，無錦繡之物。內外奉禁[76]，莫敢為侈靡。

太子[77]即皇帝位，年十七。大赦，尊皇太后曰太皇太后，立妃司馬氏為皇后。后，晉恭帝女海鹽公主也。

魏主服寒食散[78]，頻年藥發[79]，災異屢見[80]，頗以自憂。遣中使[81]密問白馬公崔浩曰：「屬者(82)日食趙、代之分(83)。朕疾彌年不愈，恐一旦不諱(84)，諸子並少，將若之何？其為我思身後之計。」浩曰：「陛下春秋富盛(85)，行就平愈(86)；必不得已(87)，請陳瞽言(88)。自聖代龍興(89)，不崇儲貳(90)，是以永興之始，社稷幾危(91)。今宜早建東宮(92)，選賢公卿以為師傅，左右信臣(93)以為賓友；入總萬機(94)，出撫戎政(95)。如此，則陛下可以優遊無為(96)，頤神養壽。萬歲之後(97)，國有成主(98)，民有所歸，姦宄息望(99)，禍無自生矣。皇子燾年將周星(100)，明叡溫和，立子以長，禮之大經；若必待成人然後擇之，倒錯天倫(101)，則召亂之道也。」魏主復以問南平公長孫嵩(102)，對曰：「立長則順，置賢則人服。燾長且賢，天所命也。」帝從之，立太平王燾為皇太子，使之居正殿臨朝，為國副主；以長孫嵩及山陽公奚斤(103)、北新公安同(104)為左輔，坐東廂，西面；崔浩與太尉穆觀(105)、散騎常侍代人丘堆(106)為右弼(107)，坐西廂，東面。百官總己以聽(108)焉。帝避居西宮，時隱而窺之，聽其決斷，大悅。謂侍臣曰：「嵩宿德(109)舊臣，歷事四世(110)，功存社稷(111)；斤辯捷智謀，名聞遐邇；同曉解俗情(112)，明練於事(113)；觀達於政要(114)，識吾旨趣(115)；浩博聞彊識(116)，精察天人(117)；堆雖無大用，然在公事謹(118)。以此六人輔相(119)太子，吾與汝曹巡行四境，伐叛柔服(120)，足以得志於天下矣。」

嵩實姓拔拔，斤姓達奚，觀姓丘穆陵，堆姓丘敦。是時，魏之羣臣出於代北者[121]，姓多重複[122]，及高祖遷洛[123]，始皆改之[124]。舊史惡其煩[125]雜難知，故皆從後姓以就簡易，今從之。

魏主又以典東西部劉絜[126][3]、門下奏事[127]代人古弼、直郎徒河盧魯元[128][4]忠謹恭勤，使之給侍[5]東宮[129]，分典機要，宣納辭令。太子聰明，有大度；羣臣時奏所疑，帝曰：「此非我所知[130]，當決之汝曹國主[131]也。」

六月壬申[132]，以尚書僕射傅亮為中書監、尚書令，以領軍將軍謝晦領[133]中書令，侍中謝方明為丹陽尹[134]。方明善治郡，所至有能名；承代前人，不易其政，必宜改者，則以漸移變，使無迹可尋。

戊子[135]，長沙景王道憐卒。

魏建義將軍刁雍寇青州[136]，州兵擊破之。雍收散卒，走保大鄉山[137]。

秋，七月己酉[138]，葬武皇帝于初寧陵[139]，廟號「高祖」。

河西王蒙遜遣前將軍沮渠成都帥眾一萬，耀兵嶺南[140]，遂屯五澗[141]。九月，秦王熾磐遣征北將軍出連虔等帥騎六千擊之。

初，魏主聞高祖克長安[142]，大懼，遣使請和，自是每歲交聘[143]不絕。及高祖殂，殿中將軍沈範等奉使在魏，還，及河，魏主遣人追執之，議發兵取洛陽、虎牢、滑臺。崔浩諫曰：「陛下不以劉裕欻起(144)，納其使貢(145)，裕亦敬事陛下。不幸今死，遽乘喪伐之，雖得之，不足為美。且國家今日亦未能一舉取江南也，而徒有伐喪(146)之名，竊為陛下不取。臣謂宜遣人弔祭，存其孤弱(147)，恤其凶災(148)，使義聲布於天下，則江南不攻自服矣。況裕新死，黨與未離，兵臨其境，必相帥拒戰(149)，功不可必。不如緩之，待其彊臣爭權，變難必起，然後命將出師，可以兵不疲勞，坐收淮北(150)也。」魏主曰：「劉裕乘姚興之死而滅之(151)，今我乘裕喪而伐之，何為不可？」浩曰：「不然。姚興死，諸子交爭(152)，故裕乘釁伐之。今江南無釁，不可比也。」魏主不從，假司空奚斤節(153)，加晉兵大將軍(154)、行揚州刺史(155)，使督宋兵將軍、交州刺史周幾，吳兵將軍、廣州刺史公孫表同入寇。

乙巳(156)，魏主如灅南宮(157)，遂如廣甯(158)。◯辛亥(159)，魏人築平城外郭，周圍三十二里。

魏主如喬山(160)，遂東如幽州(161)。冬，十月甲戌(162)，還宮。

魏軍將發(163)，公卿集議於監國(164)之前，以先攻城與先略地。奚斤欲先攻城，崔浩曰：「南人長於守城，昔[6]苻氏攻襄陽，經年不拔(165)。今以大兵坐攻(166)小城，若不時克[167]，挫傷軍勢，敵得徐嚴而來[168]，我怠彼銳[169]，此危道也。不如分軍略地，至淮為限，列置守宰，收斂租穀，則洛陽、滑臺、虎牢更在軍北[170]。絕望南救[171]，必沿河東走；不則為囿中之物[172]，何憂其不獲也？」公孫表固請攻城，魏主從之。於是奚斤等帥步騎二萬，濟河，營於滑臺之東。

時司州刺史毛德祖[173]戍虎牢，東郡太守王景度[174]告急於德祖，德祖遣司馬翟廣等將步騎三千救之。

先是，司馬楚之[175]聚眾在陳留[176]之境，聞魏兵濟河，遣使迎降。魏以楚之為征南將軍、荊州刺史，使侵擾北境[177]。德祖遣長社令王法政將五百人戍邵陵[178]，將軍劉憐將二百騎戍雍丘[179]以備之。楚之引兵襲憐，不克。會臺送軍資[180]，憐出迎之，酸棗民[181]王玉馳以告魏。丁酉[182]，魏尚書滑稽[183]引兵襲倉垣[184]，兵吏悉踰城走，陳留太守馮翊嚴稜[185]詣斤降。魏以王玉為陳留太守，給兵守倉垣。

奚斤等攻滑臺，不拔，求益兵。魏主怒，切責之。壬辰[186]，自將諸國兵五萬餘人南出天關[187]，踰恆嶺[188]，為斤等聲援。

秦出連虔與河西沮渠成都[189]戰，禽之。

十一月，魏太子燾將兵出屯塞上[190]，使安定王彌[191]與安同居守。

庚戌[192]，奚斤等急攻滑臺，拔之。王景度出走；景度司馬陽瓚為魏所執，不降而死。魏主以成皋侯苟兒[193]為兗州刺史，鎮滑臺。

斤等進擊翟廣等於土樓[194]，破之，乘勝進逼虎牢。毛德祖與戰，屢破之。魏主別遣黑矟將軍于栗磾將三千人屯河陽[195]，謀取金墉[196]。德祖遣振威將軍竇晃等緣河拒之。十二月丙戌[197]，魏主至冀州[198]，遣楚兵將軍、徐州刺史叔孫建將兵自平原[199]濟河，徇青、兗[200]。豫州刺史劉粹[201]遣治中高道瑾將步騎五百據項城[202]，徐州刺史王仲德將兵屯湖陸[203]。于栗磾濟河，與奚斤并力攻竇晃等，破之。

魏主遣中領軍代人娥清、期思侯柔然閭大肥[204]將兵七千人會周幾、叔孫建南渡河，軍于碻磝[205]。癸未[206]，兗州刺史徐琰棄尹卯[207]南走，於是泰山、高平、金鄉[208]等郡皆沒於魏。叔孫建等東入青州，司馬愛之、季之[209]先聚眾於濟東[210]，皆降於魏。

戊子[211]，魏兵逼虎牢。青州刺史東莞[212]竺夔鎮東陽城[213]，遣使告急。

己丑[214]，詔南兗州刺史檀道濟[215]監征討諸軍事，與王仲德共救之。廬陵王義真遣龍驤將軍沈叔貍將三千人就劉粹[216]，量宜赴援。

秦王熾磐徵秦州牧曇達為左丞相、征東大將軍。

【章　旨】以上為第三段，寫宋武帝永初三年（西元四二二年）一年間的大事。主要寫了劉裕的重臣徐羨之、傅亮、謝晦各自的個性特徵；寫了謝晦的讒毀劉義真，與劉裕既表現出對謝晦的不信任而臨終又任之為顧命大臣，與當年對待王鎮惡的態度相似；寫了劉裕死與歷史家對劉裕的蓋棺定論，稱道其生性儉樸、不信符瑞災異等奇談怪論；寫了魏主拓跋嗣因自己多病而立拓跋燾為太子，使居正殿為國副主；以長孫嵩、奚斤、安同為左輔，以崔浩、穆觀、丘堆為右弼，使百官總己以聽；又以劉絜、古弼、盧魯元「給侍東宮，分典機要，宣納辭令」的良好政局，預示了魏國政治的日益昌明；寫魏主乘劉裕死，發兵進攻劉宋，取得滑臺及泰山、高平、金鄉諸郡，大兵逼近虎牢、金墉，劉宋的形勢緊急等等。

【注　釋】❶正月甲辰朔　正月初一是甲辰日。❷屋竇城　在今內蒙古準噶爾旗東北的黃河西岸。❸癸丑　正月初十。❹散騎常侍　皇帝的侍從官，在皇帝身邊充當參謀顧問，以及為皇帝起草詔令等等。❺入直殿省　經常到宮殿、到中書省值班。直，同「值」。❻總統宿衛　統領所有的宮廷警衛部隊。宿衛，日夜值勤警衛。❼起自布衣　指不是出身於門閥士族。及文帝元嘉元年又稱傅亮為「布衣諸生」，意思略同。這些「布衣」都不是指平民百姓，只不過不是門閥士族而已。❽無術學　沒有學問，不懂儒家的思想學說。❾直以志力局度　只是靠著個人的才幹氣度。直，只；只憑。❿居廊廟　在朝廷掌權。廊廟，朝廊、宗廟，指國家的決策部門。⓫不以憂喜見色　不把自己的內心活動表現在臉色上。見，同「現」。表現。⓬頗工奕棋　圍棋的水平很高。⓭觀戲常若未解　看別人下棋時總裝出一種根本不懂的樣子。觀戲，觀看別人對弈。⓮安異同　當眾人對某事意見不同時，他能沉得住氣，不輕易表態。⓯才學辯博　博學而善辯。⓰風度詳整　神態安詳而莊重。⓱時然後言　到了該說話的時候才說話。古語云：「時然後言，人不厭其言，樂然後笑，人不厭其笑。」⓲觀徐傅言論　對比徐羨之與傅亮兩個人的談話。⓳不復以學問為長　（使我從此認識到）決定一個人氣質、身分高低的首先不是學問大小了。⓴二月丁丑　二月初四。㉑歷陽　即今安徽和縣。㉒治臨湘　以今湖南長沙為湘州的州治所在地。㉓丙戌　二月十三。㉔不豫　不樂；不舒適，此處即指患病。㉕謝方明　謝惠連之父，晉宋之交的能吏。傳見《宋書》卷五十三。㉖微時　未貴時。㉗多符瑞　有許多關於他的奇異徵兆。舊說有所謂「夜生，神光照室盡明」；又有「遊京口竹林寺，獨臥講堂前，上有五色龍章」；又有所謂「伐荻新洲，遇大蛇，射傷之，明日復至洲裡，聞有杵臼聲，往覘之，見有群兒搗藥。問其故，曰吾主為劉寄奴所傷」

云云。㉘審以所聞　核實那些傳說的東西是真是假。㉙廣陵　即今江蘇揚州。㉚多狎羣小　與許多小人相親近。狎，親昵；不正當的親近。羣小，一些行為、品行不端正的人。㉛思存萬世　考慮留給後世的東西。㉜神器至重　國家政權交給什麼人，這是至關重要的。神器，國家政權。㉝不可使負荷非才　不能讓不成材的人來擔此大任。㉞廬陵　指廬陵王劉義真，劉裕之子，孫修華所生。傳見《宋書》卷六十一。㉟盛欲與談　很想和他好好談談。㊱丁未　三月初五。㊲多者或至五十州　意思是說一個大州刺史，管轄著五十多個州的兵權。㊳疾瘳　病癒。㊴己未　三月十七。㊵秦雍　舊秦州約當今之甘肅東部、陝西西南部一帶地區，舊雍州約當今陝西中部一帶地區。㊶梁州　晉宋時期的州治即今陝西漢中。㊷庚申　三月十八。㊸荊雍　晉宋時的荊州州治即今湖北荊州的荊州區，雍州州治即今湖北襄樊之樊陽區。㊹刁逵　桓玄篡政時任豫州刺史，桓玄失敗後，被劉裕所殺。事見本書卷一百十三元興三年。㊺其子彌亡命　其子刁彌改名換姓逃匿起來。㊻辛酉　三月十九。㊼京口　即今江蘇鎮江市。㊽太尉留府司馬　當時劉道憐以太尉的身分駐兵京口，因臨時到建康為劉裕「入侍醫藥」，故留其司馬陸仲元在京口任太尉府留守。㊾乙丑　三月二十三。㊿河南王曜　即拓跋曜，拓跋珪之子，拓跋嗣之弟。(51)四月甲戌　四月初二。(52)皇子燾　即拓跋燾，日後的魏太武帝。事跡詳見《魏書》卷四。(53)乙亥　四月初三。(54)武都王　封地武都郡，郡治在今甘肅成縣西北。(55)汁羅　即羅川，在今甘肅正寧西北。(56)幹略　才幹、謀略。(57)難御　不好駕御。(58)若有同異　如果有什麼特別舉動，意即謀反。同異，偏義副詞，這裡即指「異」，猶今之所謂「出問題」、「起變化」。(59)不煩　不勞，客氣的說法，實際意思即「不准」、「不允許」。(60)同被顧命　同時接受為「顧命大臣」的重任。顧命，帝王臨終的囑託。(61)癸亥　五月二十一。(62)殂　死。劉裕死時年六十歲，共在位三年。按，自此以後南北朝之君死例皆稱「殂」，不用「崩」字。(63)被服　服飾穿戴。(64)居處　指住房子。(65)儉於布素　比那些布衣、素士還要儉樸。布素，指平民。(66)遊宴　遊畋、宴樂。(67)嬪御　嬪妃與宮女。御，支使；侍候。(68)後秦高祖從女　後秦主姚興的姪女。後秦高祖，姚興的廟號。從女，姪女。(69)外府　國家的倉庫。(70)內無私藏　皇宮裡沒有屬於個人的儲藏。(71)筒細布　一種極精極薄的布。(72)一端八丈　端是古代布帛的長度名，有說一丈六尺為一端，也有說四丈為一端；此則八丈一端，以見其薄。(73)付有司彈太守　把進貢來的筒細布交給有關主管部門，並讓他們彈劾該進貢郡的太守，譴責他的勞民多事。(74)制嶺南　給嶺南地區下命令。制，皇帝的命令，這裡用如動詞。(75)出適　出嫁。適，嫁人。(76)奉禁　遵守禁令。(77)太子　即劉義符，劉裕的長子。(78)寒食散　當時流行的一種養生藥，用硫磺、石粉等合成。因為服藥後不能吃熱食，故稱「寒食散」。(79)頻年藥發　連年藥性發作，輕者腹痛難忍，重者喪命。(80)災異屢見　災難性的奇怪徵兆屢屢出現。災異，災難的徵兆，如日蝕、月蝕、地震、冰雹之類。(81)中使　皇宮裡派出的使者，多為太監。(82)屬者前不久。(83)日食趙代之分　日蝕發生在太陽運行到大梁星，也就是趙、代分野之時。(84)不諱　無法諱言，隱指病死。(85)春秋富盛　指年歲不老。(86)行就平愈　很快地就要好起來。行，即將；馬上。(87)必不得已　如果真的出了那種事情，指一病不起。(88)請陳瞽言　請允許我說說自己的看法。瞽言，謙稱自己的見解，如今之所謂「妄言」。(89)自聖代龍興　指拓跋珪建國稱帝。(90)不崇儲貳　不重視及早地立太子。崇，重視。(91)永興之始二句　指拓跋紹與拓跋嗣不和，弒拓跋珪欲奪嫡。事見本書卷一百十五義熙五年。「永興」是拓跋嗣的年號。拓跋紹弒拓跋珪，與拓跋嗣誅拓跋紹即皇帝位都在永興元年。(92)早建東宮　即早立太子。歷代帝王的太子多居東宮。(93)信臣　忠直守信的臣子。(94)入總萬機　在朝廷的時候協助皇帝日理萬機。(95)出撫戎政　率兵外出的時候總管一切軍中大事。(96)優遊無為　極言其清閒無事的樣子。(97)萬歲之後　隱指老帝王之死。(98)成主　成年、成熟的君主。(99)姦宄息望　想生事作亂的壞人都徹底絕望。息望，絕望；死心。(100)年將周星　快滿十二歲。周星，指十二年，歲星十二年環行一周天。(101)倒錯天倫　指廢長立幼，廢嫡立庶。(102)長孫嵩　姓長孫名嵩，早從拓跋珪時代就是魏國的股肱大臣，被封為南平公。傳見《魏書》卷二十五。(103)奚斤　拓跋珪初期以來的魏國名將。傳見《魏書》卷二十九。(104)安同　拓跋珪初期以來名將，原匈奴族人，被封為北新公。傳見《魏書》卷三十。(105)穆觀　穆崇之子，拓跋嗣時代的名臣。傳見《魏書》卷二十七。(106)丘堆　拓跋嗣時代的名臣，代郡人。傳見《魏書》卷三十。(107)右弼　與「左輔」的意思相同，「弼」，也寫作「拂」，都是「輔佐」的意思。(108)總己以聽　約束自己，恭敬地聽命於人。(109)宿德　年高有德。(110)歷事四世　指先後服務於拓跋什翼犍、拓跋珪、拓跋嗣、拓跋燾。(111)功存社稷　意即「功在國家」。(112)曉解俗情　明白百姓們在想什麼。(113)明練於事　對政務知道怎麼處理。(114)達於政要　知道抓哪些大問題。(115)識吾旨趣　明白我的心思。(116)博聞彊識　學識淵博，記憶力強。(117)精察天人　能準確把握上天與人世的感應關係。(118)在公專謹　一心一意、謙恭謹慎地效忠於國家。(119)輔相　輔佐。相，也是「輔助」的意思。(120)伐叛柔服　對叛亂者討伐之，對歸服者懷柔之。(121)代北者　代郡以北，即今內蒙古一帶地區，指拓跋氏所在的鮮卑部落。(122)重複　指音多不好念、不好記。(123)及高祖遷洛　等後來的孝文帝拓跋宏遷都到洛陽時。高祖，指高祖拓跋宏，也就是孝文帝，拓跋燾的曾孫，西元四七一至四九九年在位。遷洛，將魏國國都由平城遷到洛陽。事在齊明帝建武元年（西元四九五年）。(124)始皆改之　才都改用一個字或兩個字的漢姓。(125)煩　意思同「繁」。(126)典東西部劉絜　魏國在其領土內原分為八部，設「八部大人」以統之。後改分為天、地、東、西、南、北六部，此劉絜則一人兼管兩部。劉絜，北魏拓跋燾時代的名將，先忠後叛。(127)門下奏事　官名，屬門下省，猶如漢代的謁者，負責出納詔命。(128)直郎徒河盧魯元　魏主身邊的侍奉人員徒河人名盧魯元。徒河，少數民族名，指西晉時居住在今遼寧錦州西北一帶的鮮卑人，即歷史上所說的慕容氏。前燕、後萁、西萁、南萁的統治者都是徒河人。(129)給侍東宮　在太子宮中服務。(130)非我所知　非我所管。知，過問。(131)汝曹國主猶言「你們的大王」，指太子拓跋燾。(132)壬申　六月初一。(133)領　代理。(134)丹陽尹　國家都城所在地丹陽縣的縣令。(135)戊子六月十七。(136)刁雍寇青州　刁雍是刁逵之姪，刁逵曾在桓玄屬下為官，劉裕滅桓玄後，挾私報復滅刁逵之族。刁雍被救後北逃入魏，向魏主請求留在魏晉之邊境，以便尋機向劉裕挑釁報仇。事見本書上卷義熙十三年。青州的州治東陽城，前亦曾稱廣固，即今山東青州。(137)大鄉山　在今山東巨野西南。(138)七月己酉　七月初八。(139)初寧陵　在今南京東北的鍾山上。(140)耀兵嶺南　向洪池嶺以南的西秦政權示威。洪池嶺在今甘肅武威東南。(141)五澗　水名，在今武威東。(142)高祖克長安　見本書卷一百十八義熙十三年。(143)交聘　互相派使節往來訪問。(144)欻起　沒有任何憑藉地忽然而起。(145)納其使貢　接受了他所派遣的使節，意即承認了它這個政權的存在。(146)伐喪　趁人有喪事而伐之。這被人認為不合古禮。(147)存其孤弱　慰問他的接班人。(148)恤其凶災　同情他們的不幸。(149)相帥拒戰　聯合起來、團結起來共同抵抗我們。(150)淮北　淮河以北的廣大地區。(151)乘姚興之死而滅之　事見本書卷一百十七義熙十二年。(152)諸子交爭　指姚弼、姚愔等為爭奪繼承權先後作亂，被姚興、姚泓消滅。事見本書卷一百十七義熙十二年。(153)假司空奚斤節　授予司空奚斤旌節，以提高其在軍隊中的地位權力。假，授予。(154)晉兵大將軍　意即「伐晉大將軍」，與下文「宋兵將軍」、「吳兵將軍」義同，都是以大軍所征討的方向命名，如同漢代的「匈河將軍」、「貳師將軍」是也。(155)行揚州刺史　權理揚州刺史，授予其權理敵方首都地區的行政官，以炫耀自己的兵力無敵。下文的「交州刺史」、「廣州刺史」意思相同，都是願望性的「預封」。(156)乙巳　九月初五。(157)灅南宮　具體方位不詳。胡三省曰：「晉愍帝建興元年，猗盧築新平城於灅北，其後築宮於灅南。」灅水，即今之桑乾河，發源於山西寧武南，東北流經平城南，東流入河北。(158)廣甯　即今河北涿鹿，也在灅水邊上。(159)辛亥　九月十一。(160)喬山　在今涿鹿南，舊涿鹿城西。(161)幽州　州治即今北京市。(162)十月甲戌　十月初五。(163)將發　將起兵伐宋。(164)監國　即太子拓跋燾。(165)昔村氏攻襄陽二句　事見本書卷一百四太元三、四年。(166)坐攻　單一地長期地攻打。(167)若不時克　如果不能及時攻下。(168)徐嚴而來　從容、嚴整地殺過來。(169)我怠彼銳　我軍疲憊，敵軍士氣高漲。(170)更在軍北　被我軍隔開，留在我們南下大軍的北面。(171)絕望南救　指望不上南來的救兵。(172)囿中之物　牢籠中的禽獸。(173)毛德祖　晉朝名將毛寶的同族。傳見《晉書》卷八十一。(174)東郡太守王景度　東郡的郡治即在滑臺，王景度率兵據守之。(175)司馬楚之　司馬榮期之子，因不滿劉裕的殘殺晉朝宗室，聚眾於長社縣(今河南長葛東)一帶反劉裕。(176)陳留　郡名，郡治在今河南開封東南，長社東北。(177)北境　指劉裕宋王朝的北部邊境。(178)邵陵　即春秋時之「召陵」，在今河南漯河市東北。(179)雍丘　即今河南開封東南的杞縣。(180)臺送軍資　劉宋朝廷給劉憐送來軍用物資。臺，指朝廷。(181)酸棗民　酸棗縣的百姓。酸棗縣的縣治在今河南延津西北。(182)丁酉　十月二十八。(183)尚書滑稽　尚書郎姓滑名稽。(184)倉垣　古城名，在今河南開封東北。(185)馮翊嚴稜　左馮翊人姓嚴名稜，時為陳留太守。陳留郡的郡治在今開封東，離倉垣不遠。(186)壬辰　十月二十三。(187)天關　在今河北望都西北的太行山上。(188)恆嶺　即恆山，在今河北曲陽西北。胡三省曰：「此即晉孝武太元二十一年燕主垂襲魏平城之路。魏主珪既平中山，自望都鐵關鑿恆嶺至代五百餘里。」(189)沮渠成都　北涼沮渠蒙遜的部將，當時屯兵五澗。(190)塞上　指今平城北，內蒙古豐鎮南的長城一線。(191)安定王彌　即拓跋彌，拓跋嗣之子，拓跋燾之弟。(192)庚戌　十一月十一。(193)成臯侯苟兒　鮮卑人，原姓「若干」，漢化後始改姓「苟」。(194)土樓　在當時的虎牢關東。(195)河陽　縣名，縣治在今河南孟州西。(196)金墉　洛陽城內西北角的小城名，這裡即指洛陽城。(197)丙戌　十二月十八。(198)冀州　州治即今河北冀州。(199)平原　平原津，黃河上的渡口名，在今山東平原縣南的古黃河邊上。(200)徇青兗　掃蕩青、兗二州。當時劉宋的青州州治即今山東青州，轄境為今之山東半島地區，兗州州治在今山東曲阜西，轄境約當今之山東西南部一帶地區。(201)豫州刺史劉粹　此指劉宋的豫州刺史，劉宋豫州的州治在今安徽壽縣。劉粹，劉裕的同族。傳見《宋書》卷四十五。(202)項城　即今河南沈丘。(203)湖陸　縣名，在今山東微山縣西北。(204)期思侯柔然閭大肥　閭大肥的封爵是「期思侯」，出身於柔然族。期思是縣名，縣治在今河南淮濱西。(205)碻磝　黃河渡口名，在今山東茌平西南的古黃河南岸。(206)癸未　十二月十五。(207)尹卯　地名，在今山東東阿東南的古濟水西岸。(208)泰山高平金鄉　皆郡名，泰山郡的郡治在今山東泰安東南，高平郡的郡治在今山東魚臺東北，金鄉郡的郡治即今山東金鄉。(209)司馬愛之季之　晉朝宗室，因不滿劉裕篡權而北逃。(210)濟東　濟水之東，今山東的黃河東南一帶地區。(211)戊子　十二月二十。(212)東莞　縣名，縣治在今山東沂水縣東北，也是郡名，郡治在今山東莒縣。(213)東陽城　即今山東青州，在此之前也叫廣固城。(214)己丑　十二月二十一。(215)檀道濟　劉裕時代的名將與顧命大臣。傳見《宋書》卷四十三。(216)就劉粹　劉粹當時駐兵懸瓠，即今河南汝南縣。當時劉義真駐兵壽陽（今安徽壽縣）。

【校　記】①十　據章鈺校，甲十六行本作「千」。②京口　據章鈺校，乙十一行本作「京口城」，熊羅宿《胡刻資治通鑑校字記》同。③劉絜　據章鈺校，甲十六行本、孔天胤本皆作「劉潔」。按，《魏書・劉潔傳》作「劉潔」。④元　據章鈺校，甲十六行本作「尤」。⑤侍　嚴衍《通鑑補》改作「事」。⑥昔　據章鈺校，甲十六行本、乙十一行本、孔天胤本皆作「若」，熊羅宿《胡刻資治通鑑校字記》同。

【語　譯】三年（壬戌　西元四二二年）

春季，正月初一日甲辰，北魏皇帝拓跋嗣從雲中繼續西行視察，到達屋竇城。

正月初十日癸丑，宋武帝劉裕任命徐羨之為司空、錄尚書事，依舊擔任揚州刺史；任命擔任江州刺史的王弘為衛將軍、開府儀同三司；任命擔任中領軍的謝晦為領軍將軍兼任散騎常侍，輪流到皇宮、中書省值班，統領所有的宮廷警衛部軍。徐羨之既不是出身於門閥世族，也沒有什麼學問，只是憑藉著個人的才幹和氣度，一下子躋身於廊廟之上，於是不論官府和民間都對徐羨之十分的推崇、敬佩，都稱讚他有宰相的聲望。徐羨之為人沉默寡言，從不把自己的內心活動表現在臉色上；他棋藝精湛，但在觀看別人對弈的時候總是裝出一副根本就不懂的樣子，當代人也因此對他倍加推崇。擔任尚書僕射的傅亮和擔任侍中的蔡廓常說：「徐羨之通曉萬事，當眾人對某事爭相發表不同意見的時候，徐羨之卻能沉得住氣，從不輕易表態。」徐羨之曾經和傅亮、謝晦在酒宴上相聚，傅亮、謝晦才學淵博，能言善辯，而徐羨之卻是神態安詳、莊重，到了該說話的時候才說話，擔任奉常的鄭鮮之感歎地說：「對比徐羨之與傅亮兩個人的談話之後，我不再認為學問的大小是決定一個人的氣質、身分高低的首要條件了。」

西秦征西將軍乞伏孔子等在羅川將匈奴部落首領契汗禿真打得大敗，俘獲了二萬多名男女、五十多萬頭牛羊。契汗禿真率領數千名騎兵向西逃走，另一部落首領樹奚率領著五千戶居民投降了西秦。

二月初四日丁丑，宋武帝劉裕下詔，將豫州境內淮河以東地區劃分出來，設置為南豫州，治所設在歷陽，任命彭城王劉義康為南豫州刺史；又從荊州劃分出十個郡設置為湘州，治所設在臨湘，任命擔任左衛將軍的張卲為湘州刺史。

二月十三日丙戌，北魏皇帝拓跋嗣返回皇宮。

三月，宋武帝劉裕患病，擔任太尉的長沙王劉道憐、擔任司空的徐羨之、擔任尚書僕射的傅亮、擔任領軍將軍的謝晦、擔任護軍將軍的檀道濟同時入宮，侍奉湯藥。群臣全都請求向神靈進行祈禱，宋武帝不允許，只是派擔任侍中的謝方明到宗廟中將皇帝的病情祭告祖先而已。宋武帝劉裕一向不相信神仙鬼怪，在他還沒有顯貴的時候就有很多關於劉裕的奇異徵兆，後來劉裕的地位越來越尊貴，當史官向劉裕核實那些傳聞是真是假的時候，劉裕全都拒絕回答。

擔任護軍將軍的檀道濟出任鎮北將軍、南兗州刺史，鎮守廣陵，監淮南諸軍。

宋國皇太子劉義符所親近的大多都是一些行為、品行不端的人，擔任領軍將軍的謝晦對宋武帝劉裕說：「陛下的年事已高，應該考慮留給後世的東西，國家政權交給什麼人，這是至關重要的事情，不能傳給沒有才能來擔負如此大任的人。」宋武帝劉裕問：「廬陵王劉義真怎麼樣？」謝晦說：「請讓我前去觀察他。」謝晦出宮之後就去造訪廬陵王劉義真，劉義真很想與謝晦好好談一談，而謝晦卻不怎麼答話。回來後，謝晦對宋武帝說：「廬陵王的品德低於才能，不是人主的合適人選。」三月初五日丁未，宋武帝劉裕命廬陵王劉義真出任都督南豫、豫、雍、司、秦、并六州諸軍事、車騎將軍、開府儀同三司、南豫州刺史。從此以後一個大州的刺史大多都加授都督之職，所統轄的地區，有的多達五十州，已經沒法詳細地一一列出了。

宋武帝劉裕病情有所好轉，三月十七日己未，實行大赦。

從西秦所屬的秦州、雍州逃難的難民向南進入宋國境內的梁州。三月十八日庚申，宋國朝廷派使者將一萬匹絹送往梁州，同時還從水路將荊州、雍州的米穀漕運到梁州，賑濟那些逃難的災民。

當初，刁逵被誅殺的時候，刁逵的兒子刁彌因為藏匿起來而幸免被殺。三月十九日辛酉，刁彌率領數十人進入京口，被擔任太尉留府司馬的陸仲元斬殺。

三月二十三日乙丑，北魏河南王拓跋曜去世。

夏季，四月初二日甲戌，北魏皇帝拓跋嗣立皇子拓跋燾為太平王，封為相國，加授大將軍；封拓跋丕為樂平王，拓跋彌為安定王，拓跋範為樂安王，拓跋健為永昌王，拓跋崇為建寧王，拓跋俊為新興王。

四月初三日乙亥，宋武帝劉裕下詔，封仇池公楊盛為武都王。

西秦王乞伏熾磐任命擔任折衝將軍的乞伏是辰為西胡校尉，在汁羅修築列渾城，設兵鎮守。

五月，宋武帝劉裕病勢沉重，他召見太子劉義符，告誡說：「檀道濟雖然很有才幹和謀略，然而卻沒有遠大的志向，不像他的哥哥檀韶，有一種難以駕御的氣質。徐羨之、傅亮，應當不會出什麼問題。謝晦多次跟隨我出征作戰，很懂得隨機應變，如果有什麼特別舉動，那一定是謝晦。」又親手寫下詔書說：「後世如果君主年幼，朝廷之事一律託付宰相，不允許皇太后臨朝主政。」擔任司空的徐羨之、擔任中書令的傅亮、擔任領軍將軍的謝晦、擔任鎮北將軍的檀道濟一同接受了宋武帝劉裕臨終的囑託，成為顧命大臣。二十一日癸亥，宋武帝劉裕在西殿逝世。

宋武帝劉裕清靜節儉，生活上欲望很少，為人嚴整有法度，服飾穿戴、住所的裝飾比那些布衣、素士還要簡樸，很少遊獵、飲宴，嬪妃與宮女更是少而又少。曾經得到後秦王姚興的姪女，宋武帝對她非常寵愛，竟因此而耽誤了政事。謝晦稍加勸諫，宋武帝立即將她遣出皇宮。所有的財物都在皇宮之外的國庫中，皇宮之內沒有屬於個人的儲藏。嶺南人曾經進獻一種極其精緻極其輕薄的細布，八丈為一匹，宋武帝嫌它過於精美，耗費人力，立即下令有關部門彈劾進貢這種細布的州刺史，並把細布發還，同時禁止嶺南製作這種細布。公主出嫁，陪送的嫁妝不超過二十萬，此外再也沒有什麼錦繡綢緞等貴重物品。宮內宮外，都嚴格遵守禁令，沒有人敢奢侈浪費。

宋太子劉義符即位為皇帝，年僅十七歲。實行大赦，尊奉皇太后為太皇太后，封太子妃司馬氏為皇后。司馬皇后，是晉恭帝司馬德文的女兒海鹽公主。

北魏皇帝拓跋嗣服食寒食散，連年以來，藥性發作，災難性的奇怪徵兆屢屢出現，拓跋嗣對此深感擔憂。於是他派自己身邊的宦官祕密地去諮詢白馬公崔浩說：「近來，日蝕發生太陽運行到趙、代分野之時，我的疾病多年不見痊癒，我擔心自己一旦去世，幾個兒子年紀還都很小，將怎麼辦？你要為我考慮一下我去世之後的安排。」崔浩回覆說：「陛下正是壯年，身體不久就會康復；如果真的發生了陛下所擔憂的那種情況，就請允許我說說自己的看法。自從聖朝建立以來，一直不太注重及早封立儲君，所以才導致在永興初年發生了幾乎使國家傾覆的宮廷政變。現在應該早一點確立太子，挑選賢明的公卿大臣做太子的師傅，左右那些忠直守信的臣屬做太子的賓客朋友；讓太子在朝廷的時候就協助皇帝日理萬機，率軍外出的時候則總管軍中一切大事。如此的話，陛下就可以身心悠閒，不問政事，頤神養壽。一旦去世，國家已有成熟的君主，人民有所依靠，想趁機生事謀亂的壞人便都會徹底絕望，禍患也就無從產生了。皇子拓跋燾將滿十二歲，聰明睿智，性情溫和，立長子為合法繼承人，是禮教的最高準則，如果一定要等到長大成人之後再進行選擇，就有可能廢長立幼、廢嫡立庶，那將導致國家大亂。」北魏皇帝拓跋嗣又將同樣的問題拿去詢問南平公長孫嵩，長孫嵩回答說：「立長子做接班人，名正言順，立賢能者為接班人，則會使人心服口服。拓跋燾既是長子，又很賢能，立拓跋燾為太子，乃是上天的旨意。」拓跋嗣聽從了他們的意見，於是立太平王拓跋燾為皇太子，讓拓跋燾坐在金鑾殿參與主持朝政，成為國家的副君；任命長孫嵩以及山陽公奚斤、北新公安同為左輔，坐在東廂，面朝西；任命崔浩與擔任太尉的穆觀、擔任散騎常侍的代郡人丘堆為右弼，坐在西廂，面朝東。其餘文武百官各自約束自己，恭敬地聽候差遣。拓跋嗣隱退西宮，但也不時地悄悄出來，在暗中進行觀察，聽聽他們如何裁斷軍國大事，聽後非常高興。他對自己身邊的侍從說：「長孫嵩是一位德高望重的老臣，已經侍奉過四代君主，功在國家；奚斤口才敏捷，足智多謀，名聞遐邇；安同通曉風俗，瞭解民情，對政務精明練達；穆觀知道該抓哪些重大問題，明白我的心意；崔浩學識淵博，記憶力很強，能夠準確地把握上天和人間的感應關係；丘堆雖然沒有太大的才能，然而能夠一心一意、謙恭謹慎地效忠於國家。有這樣的六個人幫助輔佐太子，我與你們這些人只管前往國家的四方邊境進行巡行考察，對叛逆者進行討伐，對歸服者進行安撫，完全可以實現我稱霸天下的願望。」

北魏南平公長孫嵩實際上姓拔拔，山陽公奚斤姓達奚，太尉穆觀姓丘穆陵，散騎常侍丘堆姓丘敦。當時，北魏群臣出身於代郡以北的人，很多人的姓氏音多不好念、不好記，等到高祖拓跋宏把都城遷到洛陽時，才都改用一個字或兩個字的漢姓。舊史學家嫌他們的複姓太繁雜難記，所以即使是在將複姓改成單姓以前的史事，也都按照後來簡便易記的單姓，現在《資治通鑑》也按照這個原則記事。

北魏皇帝拓跋嗣認為擔任典東西部的劉絜、擔任門下奏事的代郡人古弼、擔任直郎的徒河人盧魯元為人忠誠、恭謹、勤勉，所以也把他們派到太子宮侍奉太子，分別掌管朝廷機要、傳達政令、接納奏事等。太子拓跋燾不僅聰明，而且大度；文武官員有時就一些疑難問題向拓跋嗣請示，拓跋嗣總是說：「這些不屬於我管，應該去找你們的國主裁決。」

六月初一日壬申，宋國朝廷任命擔任尚書僕射的傅亮為中書監、尚書令，任命擔任領軍將軍的謝晦為代理中書令，任命擔任侍中的謝方明為丹陽尹。謝方明善於治理地方，所任職的地方，都稱讚他很有才能；凡是繼承前任，一般情況下，他都不改變前任已經實行的政策，至於非改不可的，則慢慢加以改變，不讓人看出改變的痕跡來。

六月十七日戊子，宋國長沙景王劉道憐去世。

北魏擔任建義將軍的刁雍率軍進犯宋國所屬的青州，青州軍將刁雍擊敗。刁雍招集起殘兵散卒，退守大鄉山。

秋季，七月初八日己酉，宋國將宋武帝劉裕安葬在初寧陵，廟號「高祖」。

北涼河西王沮渠蒙遜派遣擔任前將軍的沮渠成都率領一萬人馬，到洪池嶺以南向西秦政權炫耀武力，遂進駐於五澗。九月，西秦王乞伏熾磐派遣征北將軍出連虔等率領六千名騎兵攻擊駐紮於五澗的沮渠成都。

當初，北魏皇帝拓跋嗣聽到宋高祖劉裕攻克了長安，非常懼怕，於是派遣使者前往宋國的都城建康請求講和，從那以後，每年與宋國互派使者進行禮節性拜訪，往來不絕。等到宋高祖劉裕去世，宋國擔任殿中將軍的沈範等奉命出使魏國，返回的時候，走到黃河岸邊，北魏皇帝拓跋嗣派人追趕，將沈範等捉回，然後商議發兵攻取宋國佔領下的洛陽、虎牢、滑臺。白馬公崔浩勸阻說：「陛下沒有因為劉裕是突然崛起，而是接受了他派來進貢的使臣，劉裕對陛下也非常的恭敬。如今劉裕不幸去世，如果我們趁著宋國辦喪事的機會出兵攻取宋國的地盤，即使得到了也不算美事。再說就我國的實力來看，現在也不能一舉攻克江南，卻白落一個『伐喪』的壞名聲，我認為陛下不應該那樣做。而應該派人前去弔喪，安慰他的繼承人，同情他們的不幸，使我們仁義的名聲傳遍天下，如此一來，則江南不用出兵攻伐，自然會向我們屈服。何況劉裕新死，他的黨羽並沒有離散，如果我們兵臨其境，他們必然齊心協力進行抵抗，我們未必能夠獲勝。不如暫且緩一緩，等到宋國的權臣互相爭權奪勢的時候，內部必然發生變亂和災難，到那時再派將出兵，可以不用疲勞士卒，很容易就能奪取淮北之地。」北魏皇帝拓跋嗣說：「劉裕趁後秦王姚興死的時候，出兵滅掉了後秦，現在我趁劉裕之死而攻伐宋國，怎麼就不可以？」崔浩說：「事情不是這樣。後秦王姚興死後，他的幾個兒子互相爭鬥，所以劉裕才趁機將後秦滅掉。而現在，江南並沒有給我們造成可乘之機，所以不能跟劉裕滅後秦作比較。」北魏皇帝拓跋嗣沒有聽從崔浩的勸阻，他加授擔任司空的奚斤假節、晉兵大將軍，兼任揚州刺史，令他統帥擔任交州刺史的宋兵將軍周幾、擔任廣州刺史的吳兵將軍公孫表一同進犯宋國。

九月初五日乙巳，北魏皇帝拓跋嗣前往灅南宮，又從灅南宮前往廣甯。〇十一日辛亥，北魏為首都平城修築外郭，周圍三十二里。

北魏皇帝拓跋嗣前往喬山，又從喬山往東到達幽州。冬季，十月初五日甲戌，返回平城的皇宮。

北魏軍隊即將出發，公卿大臣全都聚集在監國的太子拓跋燾面前，商議是先攻城還是先奪取土地。山陽公奚斤認為應該先攻城，白馬公崔浩發表意見說：「江南之人擅長於守城，過去前秦苻氏出兵攻打襄陽，攻打了一年多都攻打不下。現在率領大軍單一地去攻打一座小城，如果再不能及時地將其攻克，就會挫傷軍隊的士氣，而敵人就可以從容、嚴整地派兵前來增援，到那時我方已經疲憊不堪，而敵方士氣高漲，這是非常危險的。不如分出一部分兵力去擴展地盤，把淮河作為界限，劃分為郡縣，設置太守、縣令，收取賦稅糧食，如此的話，則洛陽、滑臺、虎牢就被我軍隔開，留在了我們南下大軍的北面。當他們對南方派兵救援感到絕望，必定會沿著黃河向東逃走；不然就會成為牢籠中的禽獸，何必擔憂不能將其捕獲？」而公孫表堅決請求攻城，北魏皇帝拓跋嗣遂聽從了公孫表等人的意見。於是奚斤等率領二萬名步兵、騎兵，渡過黃河，駐紮在滑臺以東。

當時宋國擔任司州刺史的毛德祖正在戍守虎牢關，駐紮在滑臺的宋國東郡太守王景度向毛德祖告急求救，毛德祖立即派遣擔任司馬的翟廣等率領三千名步兵、騎兵前往滑臺救援。

先前，東晉逃亡的司馬楚之在宋國境內的陳留聚眾起兵，他聽到北魏的軍隊已經向南渡過黃河，便派遣使者前往迎接、投降。北魏任命司馬楚之為征南將軍、荊州刺史，讓他率領屬下部眾侵擾宋國的北部邊境。

宋國司州刺史毛德祖派遣長社縣令王法政率領五百人戍守邵陵，派將軍劉憐率領二百名騎兵戍守雍丘，防備司馬楚之的進攻。司馬楚之率領部眾襲擊劉憐所據守的雍丘，沒有攻克。正巧遇到宋國朝廷為劉憐送來軍需物資，劉憐出去迎接，酸棗縣的居民王玉飛速將這一消息報告給北魏軍。十月二十八日丁酉，北魏擔任尚書的滑稽率軍襲擊倉垣，倉垣的守軍全部越城逃走，擔任陳留太守的馮翊人嚴稜前往奚斤的軍前投降。北魏任命王玉為陳留太守，撥給他一部分兵力守衛倉垣。

奚斤等率領魏軍進攻滑臺，沒有攻克，遂向北魏皇帝拓跋嗣請求增加兵力。拓跋嗣非常憤怒，嚴厲地斥責了他。十月二十三日壬辰，拓跋嗣親自率領各國聯軍五萬多人向南出天關，跨越恆嶺，聲援奚斤等。

西秦征北將軍出連虔攻擊北涼河西地區的五澗，活捉了北涼五澗守將、前將軍沮渠成都。

十一月，北魏皇太子拓跋燾率軍離開平城，駐紮在塞上，他讓安定王拓跋彌與北新公安同守衛京師。

十一月十一日庚戌，北魏山陽公奚斤等緊急攻打滑臺，終於將滑臺攻克。宋國擔任東郡太守的王景度出城逃走；在王景度手下擔任司馬的陽瓚則被魏軍活捉，他堅決不肯向魏軍投降，遂被殺死。北魏皇帝拓跋嗣任命成皋侯苟兒為兗州刺史，鎮守滑臺。

奚斤等進攻翟廣等所據守的土樓，將土樓攻破，然後乘勝進逼虎牢。宋國司州刺史毛德祖率軍與魏軍交戰，多次將魏軍擊敗。北魏皇帝拓跋嗣另外派遣黑矟將軍于栗磾率領三千人馬屯駐在河陽，陰謀奪取金墉城。毛德祖派遣振威將軍竇晃等沿著黃河南岸設防抵抗。十二月十八日丙戌，北魏皇帝拓跋嗣抵達冀州，他派遣擔任楚兵將軍、徐州刺史的叔孫建率軍從平原津渡過黃河，攻取宋國的青州、兗州。宋國擔任豫州刺史的劉粹派遣擔任治中的高道瑾率領五百名步兵、騎兵據守項城，派徐州刺史王仲德率軍屯駐在湖陸。北魏黑矟將軍于栗磾率軍渡過黃河，與山陽公奚斤合力攻打宋國振威將軍竇晃等，將竇晃的軍隊擊敗。

北魏皇帝拓跋嗣派遣擔任中領軍的代郡人娥清、期思侯柔然人閭大肥率領七千人馬會合周幾、叔孫建向南渡過黃河，駐紮在碻磝。十二月十五日癸未，宋國擔任兗州刺史的徐琰丟棄尹卯向南逃走，於是泰山、高平、金鄉等郡全部陷入北魏。叔孫建等率軍向東進入青州，司馬愛之、司馬季之早先已在濟水以東聚眾起兵，現在則全都投降了魏國。

十二月二十日戊子，北魏軍逼近虎牢。宋國擔任青州刺史的東莞人竺夔鎮守東陽城，他派人向朝廷告急求救。

十二月二十一日己丑，宋國皇帝劉義符下詔令擔任南兗州刺史的檀道濟為監征討諸軍事，會同徐州刺史王仲德一同前去救援。宋國廬陵王劉義真派遣龍驤將軍沈叔貍率領三千人馬前往懸弧向擔任豫州刺史的劉粹靠攏，根據需要及時赴援。

西秦王乞伏熾磐將擔任秦州牧的曇達調回京師枹罕，擔任左丞相、征東大將軍。

營陽王❶

景平元年（癸亥　西元四二三年）

春，正月己亥朔❷，大赦，改元。○辛丑❸，帝祀南郊❹。

魏于栗磾攻金墉。癸卯❺，河南太守王涓之棄城走。魏主以栗磾為豫州刺史，鎮洛陽。○魏主南巡恆嶽❻，丙辰❼，至鄴❽。

己未❾，詔徵❿豫章太守蔡廓⓫為吏部尚書⓬。廓謂傅亮曰：「選事若悉以見付⓭，不論⓮；不然，不能拜⓯也。」亮以語錄尚書徐羡之⓰，羡之曰：「黃、散以下⓱悉以委蔡，吾徒不復措懷⓲；自此以上，故宜共參同異⓳。」廓曰：「我不能為徐干木署紙尾⓴！」遂不拜。干木，羡之小字也。選案黃紙㉑，錄尚書與吏部尚書連名[22]，故廓云然[23]。

沈約論曰[24]：「蔡廓固辭銓衡[25]，恥為志屈[26]，豈不知選、錄同體[27]，義無偏斷[28]乎？良以[29]主闇時難[30]，不欲居通塞之任[31]。遠矣哉[32]！」

庚申[33]，檀道濟軍于彭城。

魏叔孫建入臨淄，所向城邑皆潰。竺夔聚民保東陽城[34]，其不入城者，使各依據山險，芟夷禾稼。魏軍至，無所得食。濟南太守垣苗帥眾依夔[35]。

刁雍[36]見魏主於鄴，魏主曰：「叔孫建等入青州，民皆藏避，攻城不下。彼素服卿威信[37]，今遣卿助之。」乃以雍為青州刺史，給雍騎[38]，使行募兵[39]以取青州。魏兵濟河向青州者凡六萬騎，刁雍募兵得五千人，撫慰士[1]民，皆送租供軍。

柔然寇魏邊。二月戊辰[40]，魏築長城，自赤城[41]西至五原[42]，延袤[43]二千餘里，備置戍卒，以備柔然。

丁丑[44]，太皇太后蕭氏[45]殂。

河西王蒙遜及吐谷渾王阿柴皆遣使入貢。庚辰[46]，詔以蒙遜為都督涼、秦、河、沙[47]四州諸軍事、驃騎大將軍、涼州牧、河西王；以阿柴為督塞表[48]諸軍事、安西將軍、沙州[49]刺史、澆河公[50]。

三月壬子[51]，葬孝懿皇后[52]于興寧陵[53]。

魏奚斤、公孫表等共攻虎牢，魏主自鄴遣兵助之。毛德祖於城內穴地入七丈[54]，分為六道，出魏圍外，募敢死之士四百人，使參軍范道基等帥之，從穴中出，掩襲其後。魏軍〔2〕驚擾，斬首數百級，焚其攻具而還。魏兵雖退散，隨復更合，攻之益急。

奚斤自虎牢將步騎三千，攻潁川太守李元德等於許昌[55]，元德等敗走。魏以潁川人庾龍為潁川太守，戍許昌。

毛德祖出兵與公孫表大戰，從朝至晡[56]，殺魏兵數百。會奚斤自許昌還，合擊德祖，大破之，亡甲士千〔3〕餘人，復嬰城自守。

魏主又遣萬餘人從白沙[57]度河，屯濮陽[58]南。

朝議[59]以項城去魏[60]不遠，非輕軍所抗，使劉粹召高道瑾還壽陽；若沈叔貍已進[61]，亦宜且追[62]〔4〕。粹奏：「虜攻虎牢，未復南向，若遽攝軍[63]捨項城，則淮西諸郡無所憑依[64]。沈叔貍已頓肥口[65]，又不宜遽退。」時李元德帥散卒二百至項，劉粹使助高道瑾戍守，請宥[66]其奔敗之罪，朝議並許之。

乙巳[67]，魏主畋於韓陵山[68]，遂如汲郡[69]，至枋頭[70]。

初，毛德祖在北[71]，與公孫表有舊。表有權略，德祖患之，乃與交通音問[72]，密遣人說奚斤，云表與之連謀[73]。每答表書，多[5]所治定[74]。表以書示斤，斤疑之，以告魏主。先是，表與太史令王亮少同營署[75]，好輕侮亮。亮奏：「表置軍虎牢東，不得便地[76]，故令賊不時滅[77]。」魏主素好術數[78]，以為然，積前後忿，使人夜就帳中縊殺之。

乙卯[79]，魏主濟自靈昌津[80]，遂如東郡、陳留[81]。叔孫建將三萬騎逼東陽城，城中文武纔一千五百人，竺夔、垣苗悉力固守，時出奇兵擊魏，破之。魏步騎繞城列陳十餘里，大治攻具。夔作四重塹[82]，魏人填其三重，為橦車[83]以攻城。夔遣人從地道中出，以大麻絙[84]挽之令折。魏人復作長圍，進攻逾急。歷時寖久，城轉墮[85]壞，戰士多死傷，餘眾困乏，旦暮且陷。檀道濟至彭城，以司、青二州[86]並急，而所領兵少，不足分赴，青州道近，竺夔兵弱，乃與王仲德兼行先救之。

甲子[87]，劉粹遣李元德襲許昌，斬庾龍。元德因留綏撫[88]，并上租糧[89]。

魏主至盟津[90]。于栗磾造浮橋於冶阪津[91]。乙丑[92]，魏主引兵北濟，西如河內[93]。娥清、周幾、閭大肥徇地至湖陸、高平，民屯聚[94]而射之。清等盡攻破高平諸縣，滅數千家，虜掠萬餘口。兗州刺史鄭順之戍湖陸，以兵少不敢出。

魏主又遣并州刺史伊樓拔助奚斤攻虎牢。毛德祖隨方抗拒，頗殺魏兵，而將士稍零落。

夏，四月丁卯[95]，魏主如成皋，絕虎牢汲河[96]之路。停三日，自督眾攻城，竟不能下，遂如洛陽觀石經[97]。遣使祀嵩高[98]。

叔孫建攻東陽，墮其北城三十許步。刁雍請速入，建不許，遂不克。及聞檀道濟等將至，雍又謂建曰：「賊[99]畏官軍突騎[100]，以鎖連車為函陳[101]。大峴[102]已南，處處狹隘，車不得方軌[103]。雍請將所募兵五千據險以邀[104]之，破之必矣。」時天暑，魏軍多疫。建曰：「兵人疫病過半，若相持不休，兵自死盡，何須復戰？今全軍而返，計之上也。」己巳[105]，道濟軍于臨朐[106]。壬申[107]，建等燒營及器械而遁。道濟至東陽，糧盡，不能追。竺夔以東陽城壞，不可守，移鎮不其城[108]。

叔孫建自東陽趨滑臺，道濟分遣王仲德向尹卯。道濟停軍湖陸，仲德未至尹卯，聞魏兵已遠，還就道濟。刁雍遂留鎮尹卯，招集譙、梁、彭、沛[109]民五千餘家，置二十七營以領之。

蠻王梅安帥渠帥[110]數十人入貢于魏。初，諸蠻本居江、淮之間，其後種落滋蔓，布於數州，東連壽春，西通巴、蜀，北接汝、潁[111]，往往有之。在魏世[112]不甚為患；及晉[113]，稍益繁昌，漸為寇暴；及劉、石亂中原[114]，諸蠻無所忌憚，漸復北徙，伊闕[115]以南，滿於山谷[116]矣。

河西世子政德[117]攻晉昌[118]，克之。唐契及弟和、甥李寶同奔伊吾[119]，招集遺民[120]，歸附者至二千餘家，臣於柔然[121]；柔然以契為伊吾王。

秦王熾磐謂其羣臣曰：「今宋雖奄有[122]江南，夏人[123]雄據關中，皆不足與[124]也。獨魏主奕世[125]英武，賢能為用；且讖[126]云『恆代之北當有真人』，吾將舉國而事之。」乃遣尚書郎莫[6]者阿胡[127]等入見于魏，貢黃金二百斤，并陳伐夏方略。

閏月丁未[128]，魏主如河內，登太行[129]，至高都[130]。

叔孫建自滑臺西就奚斤，共攻虎牢。虎牢被圍二百日，無日不戰，勁兵戰死殆盡，而魏增兵轉多。魏人毀其外城，毛德祖於其內更築三重城以拒之；魏人又毀其二重，德祖唯保一城，晝夜相拒，將士眼皆生創。德祖撫之以恩，終無離心。時檀道濟軍湖陸[131]，劉粹軍項城[132]，沈叔貍軍高橋[133]，皆畏魏兵彊，不敢進。丁巳[134]，魏人作地道以洩虎牢城中井，井深四十丈，山勢峻峭，不可得防。城中人馬渴乏，被創者不復出血，重以飢疫，魏仍急攻之。己未[135]，城陷。將士欲扶德祖出走。

德祖曰：「我誓與此城俱斃，義不使城亡而身存也！」魏主命將士：「得德祖者，必生致之。」將軍代人豆代田執德祖以獻。將佐在城中者，皆為魏所虜，唯參軍范道基〔7〕將二百人突圍南還。魏士卒疫死者亦什二、三。

奚斤等悉定司、兗、豫[136]諸郡縣，置守宰以撫之。魏主命周幾鎮河南[137]，河南人安之。

徐羨之、傅亮、謝晦以亡失境土，上表自劾[138]，詔勿問。

徐羨之兄子吳郡[139]太守珮之頗豫政事[140]，與侍中王韶之、程道惠、中書舍人邢安泰、潘盛結為黨友。時謝晦久病，不堪[141]見客，珮之等疑其詐疾，有異圖，乃稱[142]羨之意以告傅亮，欲令亮作詔[143]誅之。亮曰：「我等三人同受顧命，豈可自相誅戮！諸君果行此事，亮當角巾步出掖門[144]耳。」珮之等乃止。

五月，魏主還平城。

六月己亥[145]，魏宜都文成王穆觀[146]卒。○丙辰[147]，魏主北巡，至參合陂[148]。

秋，七月癸酉[149]〔8〕，尊帝母張夫人[150]為皇太后。

魏主如三會屋侯泉[151]。八月辛丑[152]，如馬邑[153]，觀灅源[154]。

柔然寇河西[155]，河西王蒙遜命世子政德擊之。政德輕騎進戰，為柔然所殺，蒙遜立次子興為世子。

九月乙亥(156)，魏主還宮，召奚斤還平城，留兵守虎牢；使娥清、周幾鎮枋頭；以司馬楚之所將戶口置汝南、南陽、南頓、新蔡(157)四郡，以益豫州(158)。

冬，十月癸卯(159)，魏人廣西宮外垣(160)，周二十里。

禿髮傉檀之死(161)也，河西王蒙遜遣人誘其故太子虎臺，許以番禾、西安(162)二郡處之，且借之兵使伐秦，報其父讎，復取故地。虎臺陰許之，事泄而止。秦王熾磐之后，虎臺之妹也，熾磐待之如初。后密與虎臺謀曰：「秦本我之仇讎(163)，雖以婚姻待之，蓋時宜(164)耳。先王之薨，又非天命(165)，遺令不治(166)者，欲全濟(167)子孫故也。為人子者，豈可臣妾於仇讎(168)而不思報復乎？」乃與武衛將軍越質洛城謀弒熾磐。后妹為熾磐左夫人，有寵[9]，知其謀而告之。熾磐殺后及虎臺等十餘人。

十一月，魏周幾寇許昌，許昌潰，潁川(169)太守李元德奔項(170)。戊辰(171)，魏人圍汝陽(172)，汝陽太守王公度亦奔項。劉粹遣其將姚聳夫等將兵助守項城。魏人夷(173)許昌城，毀鍾城(174)，以立封疆(175)而還。

己巳(176)，魏太宗(177)殂。壬申(178)，世祖(179)即位，大赦。十二月庚子(180)，魏葬明元帝于金陵(181)。廟號「太宗」。

魏主追尊其母杜貴嬪為密皇后(182)。自司徒長孫嵩以下普增爵位。以襄城公盧魯元為中書監，會稽公劉絜為尚書令，司衛監(183)尉眷、散騎侍郎劉庫仁(184)等八人分典四部(185)。眷，古真(186)之弟子也。

以河內鎮將代人羅結為侍中、外都大官(187)，總三十六曹(188)事。結時年一百七，精爽(189)不衰，魏主[10]以其忠慤(190)，親任之，使兼長秋卿(191)，監典後宮，出入臥內。年一百一十，乃聽歸老；朝廷每有大事，遣騎訪焉；又十年乃卒。

左光祿大夫崔浩研精經術，練習(192)制度，凡朝廷禮儀，軍國書詔，無不關掌(193)。浩不好老、莊之書，曰：「此矯誣(194)之說，不近人情。老聃習禮(195)，仲尼所師，豈肯為敗法(196)之書以亂先王之治乎？」尤不信佛法，曰：「何為事此胡神(197)？」及世祖即位，左右多毀(198)之。帝不得已，命浩以公歸第(199)。然素知其賢，每有疑議，輒召問之。浩纖妍潔白(200)如美婦，常自謂才比張良(201)，而稽古過之(202)。既歸第，因脩服食養性(203)之術。

初，嵩山道士寇謙之，讚(204)之弟也，修張道陵(205)之術，自言嘗遇老子降(206)，命謙之繼道陵為天師，授以辟穀輕身之術(207)及科戒(208)二十卷，使之清整道教。又遇神人李譜文，云老子之玄孫也，授以圖籙真經[209]六十餘卷，使之輔佐北方太平真君[210]。出天宮靜輪之法[211]，其中數篇，李君[212]之手筆也。謙之奉其書獻於魏主。朝野多未之信。崔浩獨師事之，從受其術，且上書贊明[213]其事曰：「臣聞聖王受命，必有天應。河圖、洛書[214]皆寄言於蟲獸之文[215]，未若今日人神接對[216]，手筆粲然，辭旨深妙，自古無比。豈可以世俗常慮[217]而忽上靈[218]之命？臣竊懼之。」帝欣然，使謁者[219]奉玉帛、牲牢祭嵩嶽，迎致[220]謙之弟子在山中者，以崇奉天師，顯揚新法[221]，宣布天下。起天師道場[222]於平城之東南，重壇五層，給道士百二十人衣食，每月設廚會[223]數千人。

臣光曰：「老、莊之書，大指欲同死生[224]，輕去就[225]。而為神仙者，服餌[226]修鍊以求輕舉[227]，鍊草石為金銀[228]，其為術正相戾[229]矣。是以劉歆七略[230]敘道家為諸子，神仙為方技[231]。其後復有符水、禁咒之術[232]。至謙之遂合而為一[233]，至今循之，其訛甚矣[234]！崔浩不喜佛、老之書而信謙之之言，其故何哉？昔臧文仲祀爰居[235]，孔子以為不智[236]；如謙之者，其為爰居亦大矣[237]。『詩三百[238]，一言以蔽之，曰思無邪[239]。』君子之於擇術，可不慎哉[240]！」

【章 旨】以上為第四段，寫營陽王景平元年（西元四二三年）一年間的大事。主要寫了魏軍伐宋，攻取臨淄、洛陽，並乘勢南侵，毀許昌、鍾城，以立南境封疆，儼然有欲盡佔淮北之勢。其中毛德祖之據守虎牢，竺夔、垣苗之據守東陽，戰鬥最為艱苦卓絕，而形勢俱萬分危急。檀道濟因無力分兵，決策救東陽，東陽因之獲全；毛德祖因無外援，虎牢遂最後城陷。毛德祖的守虎牢，猶如唐代張巡之守睢陽；在此過程中毛德祖用反間殺魏將公孫表，其情節又頗似曹操之間殺韓遂；在此次魏人攻宋中，降魏的晉臣刁雍為魏軍出力甚大，史家書此以見劉裕當年挾私殺人之惡果。與此同時，寫了宋王朝之徐珮之、王韶之、程道惠等結黨以傾謝晦，由於傅亮反對，故暫時停息，以見宋廷執政大臣間的矛盾尖銳，危機四伏；寫了魏主拓跋嗣死，其子拓跋燾繼位，魏臣崔浩因推崇儒術，不好老莊、不信佛法，被群小所毀，遭新主罷廢，崔浩由此崇信道教，為騙子寇謙之做吹鼓手，《史記．封禪書》所寫的欒大、李少君又儼然再世；此外還寫了北涼主沮渠蒙遜歸服於劉宋，上表稱臣；西秦主乞伏熾磐卻歸附於魏，並為之獻伐夏之方略等等。

【注 釋】❶營陽王 名義符，小字車兵，劉裕的長子。❷正月己亥朔 正月初一是己亥日。❸辛丑 正月初三。❹帝祀南郊 皇帝親自到京城的南郊祭天。❺癸卯 正月初五。❻恆嶽 北嶽恆山，五嶽之一，在今河北曲陽西北。❼丙辰 正月十八。❽鄴 鄴城，在今河北臨漳西南。❾己未 正月二十一。❿詔徵 皇帝下令調……到朝廷。⓫蔡廓 晉末宋初的名臣。傳見《宋書》卷五十七。⓬吏部尚書 主管選拔、任命官吏，其地位居各部尚書之首，故人稱「大尚書」。⓭悉以見付 全部交給我負責。意即由我獨立做主，不能受別人控制。⓮不論 不再說什麼，意即可以接受任命。⓯不能拜 不能接受任命。當時傅亮是尚書令，尚書省的最高長官，故蔡廓向其提出這種要求。⓰語錄尚書徐羨之 傅亮把蔡廓的話告訴了徐羨之。按，徐羨之當時任「錄尚書事」，也總管尚書省的一切事務，如同今之所謂「常務副尚書令」。「錄尚書」當作「錄尚書事」。⓱黃散以下 指黃門侍郎、散騎常侍以下官員的任命問題。⓲不復措懷 不再過問。⓳共參同異 共同商量決定。⓴為徐干木署紙尾 陪著你徐羨之做有職無權的簽名畫押。徐干木，徐羨之的小名。㉑選案黃紙 任命官員的黃色文件。㉒錄尚書與吏部尚書連名 通常是由常務副尚書令與吏部尚書兩人連名簽發。當時舊例如此。㉓故廓云然 所以蔡廓提出了這種強人所難的要求。㉔沈約論曰　沈約是齊朝的政治家、文學家，著有《宋書》。此處的所謂「論曰」即《宋書．蔡廓傳》後的「史臣曰」。㉕固辭銓衡　堅決不幹吏部尚書的職務。銓衡，選拔人才，任命官員。㉖恥為志屈　以不能自己做主為羞恥。㉗豈不知選錄同體　難道蔡廓不知道吏部尚書與錄尚書事應對許多大事共同參酌、共同負責。㉘義無偏斷　不能一個人說了算。㉙良以這實在是由於……。㉚主闇時難　君主昏庸，世道艱難，此指晉末的政治形勢。㉛不欲居通塞之任　不想幹這種負責選拔官員的工作。通塞之任，指選拔官員的工作。因古代有所謂「銓衡之任，得其人則賢路通，不得其人則賢路塞」之語。㉜遠矣哉　這個做法真是夠高明的。遠，高明。㉝庚申　正月二十二。㉞聚民保東陽城　把周圍的百姓都集中到東陽城內去一同堅守。㉟帥眾依夔　指率眾離開其郡治歷城（今濟南），到東陽（今山東青州）去投奔竺夔。帥，通「率」。率領。㊱刁雍　刁逵之子，當時正集中一些反劉裕的人，活動在黃河、濟水之間。㊲彼素服卿威信　他們都一向佩服你的威嚴與信義。彼，指「河、濟之間」的百姓。㊳給雍騎　給了刁雍一些騎兵。㊴行募兵　一邊前進，一邊招兵買馬。㊵二月戊辰　二月初一。㊶赤城　即今河北赤城。㊷五原　縣名，在今內蒙古包頭西，烏拉特前旗東。㊸延袤　連延。袤，也是「長」的意思。㊹丁丑　二月初十。㊺蕭氏　劉裕的繼母，劉義符的祖母。㊻庚辰　二月十三。㊼涼秦河沙　四州名，涼州的州治即今甘肅武威，秦州的州治即今天水市，河州的州治枹罕，在今甘肅臨夏東北，沙州的州治即敦煌。㊽塞表　猶言塞外，此指今青海西南部的邊塞以外。㊾沙州　在今青海貴德、貴南一帶。㊿澆河公　封地澆河郡，郡治在今青海貴德西南。(51)壬子　三月十五。(52)孝懿皇后　即劉裕的繼母蕭氏。懿字是謚。(53)興寧陵　劉裕父親劉翹的墳墓，在今鎮江市東南。(54)穴地入七丈　挖地道挖下去七丈深。(55)許昌　在今河南許昌東。(56)晡　申時，即今下午三—五時。(57)白沙　黃河渡口名，在當時的濮陽縣北。(58)濮陽　當時的濮陽在今濮陽南的黃河南岸。(59)朝議　朝廷群臣的看法。(60)去魏　離著魏國的本土。(61)已進　已經向虎牢出發增援。(62)亦宜且追　也應該把他追回來。(63)攝軍　命令軍隊。攝，約束。(64)無所憑依　再沒有別的依靠。(65)已頓肥口　已經進駐到肥水入淮之口，在今安徽壽縣北。頓，屯紮。(66)宥　寬赦。(67)乙巳　三月初八。(68)韓陵山　在當時的鄴縣（今河北臨漳西南）境內。(69)汲郡　郡治在今河南汲縣西南。(70)枋頭　當時的黃河渡口名，在今河南汲縣東北，滑縣西南。(71)毛德祖在北　毛德祖原是滎陽人，父、祖都淪於北方政權，毛德祖兄弟五人南渡投歸於東晉。事見《晉書》卷八十一。(72)交通音問　指書信往來。(73)云表與之連謀　以此作為反間計。(74)多所治定　多有修改。當年曹操離間馬超與韓遂，即用此法，《三國演義》有「曹操抹書間韓遂」一回即寫其事。(75)同營署　在同一個營盤裡當兵。(76)不得便地　沒有布防在要害地段。(77)不時滅　沒有按時地消滅毛德祖。(78)術數　指算卦、相面之類的迷信活動。(79)乙卯　三月十八。(80)濟自靈昌津　從靈昌津渡過黃河。靈昌津是古延津的一部分，即今河南汲縣東南一直到滑縣的那段舊黃河。(81)東郡陳留　二郡名，東郡的郡治白馬，也就是昔日慕容德做過都城的滑臺，在今河南滑縣東南的舊黃河南岸，陳留郡的郡治在今河南開封東南。(82)四重塹　四道壕溝。(83)橦車　即撞車，以撞擊城牆使之坍塌。(84)大麻緪　粗麻繩。(85)墮　同「隳」。毀壞；毀掉。(86)司青二州　司州指毛德祖守衛的虎牢關；青州指竺夔、垣苗守衛的東陽城。(87)甲子　三月二十七。(88)綏撫　安撫；撫慰。(89)上租糧　收取許昌一帶的糧食，送往懸瓠供劉粹軍用。(90)盟津　也作「孟津」，黃河渡口名，在今河南孟州南。(91)冶阪津　黃河渡口名，在今河南洛陽西北，舊河陽縣東南。(92)乙丑　三月二十八。(93)西如河內　河內郡的郡治在今河南沁陽，在盟津東北。今說「西如」，方向有誤。(94)屯聚結集而居，人自為戰。(95)四月丁卯　四月初一。(96)汲河　從黃河中取水。(97)石經　東漢靈帝熹平四年刻石的儒家經典。蔡邕所書，人稱《熹平石經》，立於洛陽太學。(98)祀嵩高　祭祀嵩山。嵩高，即今之中嶽嵩山，漢代以來帝王經常到達的祭天之處，在今洛陽南的登封北。(99)賊　指稱檀道濟的劉宋軍隊。(100)官軍突騎　魏國的勇猛騎兵。官軍，正統帝王的大軍，自稱魏軍。(101)函陳　方陳，四周連結戰車作為防禦工事。(102)大峴　山名，在今山東臨朐南的穆陵關一帶。(103)不得方軌　兩車不能並行，極言其道路之崎嶇狹窄。(104)邀　攔截；伏擊。(105)己巳　四月初三。(106)臨朐　即今山東臨朐，在青州市（當時的東陽）東南。(107)壬申　四月初六。(108)不其城　不其縣的縣城。不其縣在今山東即墨東南，青島城北。(109)譙梁彭沛　四郡名，譙郡郡治即今安徽亳州，梁國的都城即今河南商丘，彭城郡治即今江蘇徐州，沛郡郡治在今安徽濉溪縣西。(110)帥渠帥　率領著一些蠻族的部落頭領。渠帥，大頭領。(111)汝潁　二水名，都流經今河南的東南部，匯入淮水。(112)魏世　曹魏政權的統治時期（西元二二〇—二六五年）。(113)晉　此指西晉的司馬氏政權，其統治時期為西元二六五至三一六年。(114)劉石亂中原　即劉淵、劉聰、劉曜的前趙與石勒、石虎的後趙存在時期。前趙的存在年代為西元三〇四至三二九年，後趙的存在年代為西元三一八至三五一年。(115)伊闕　山口名，在今洛陽南的伊水上，兩岸有山，對立如門，故稱「伊闕」。(116)滿於山谷　胡三省認為這些蠻族即古代盤瓠的後代。(117)河西世子政德　即沮渠政德，沮渠蒙遜之子。(118)晉昌　郡名，郡治在今甘肅安西縣東南。晉昌郡於劉宋永初二年被北涼之叛將唐契所據，見本卷前文。(119)伊吾　在今新疆哈密西。(120)遺民　忠於前一個王朝政權的遺老遺少。(121)柔然　當時居住在今蒙古國境內的少數民族名，也寫作「蠕蠕」、「芮芮」。(122)奄有　廣泛地佔有。(123)夏人　匈奴人赫連勃勃建立的政權，建都於統萬。(124)不足與　不值得與之較量。與，打交道。(125)奕世　累世；一連幾代。(126)讖　一種陰謀家所編造的用來蠱惑人心的政治預言。(127)莫者阿胡　人名，任尚書郎之職。(128)閏月丁未　閏四月十一。(129)太行　太行山，今河北、山西兩省交界上的大山，最南端就在當時的河內郡，郡治在今河南沁陽北。(130)高都　縣名，縣治在今山西晉城東北。(131)湖陸　今山東魚臺東南。(132)項城　今河南沈丘。(133)高橋　在今安徽壽縣附近。(134)丁巳　閏四月二十一。(135)己未　閏四月二十三。(136)司兗豫　三州名，西晉時司州的州治即今河南洛陽，兗州的州治廩丘，在今山東鄆城西北，豫州的州治即今河南淮陽。東晉時多變化不定。這次劉宋潰敗後，司州全部被魏人佔領，兗州自湖陸以南，豫州自項城以南尚屬劉宋，此文說「悉定」不符合事實。(137)河南　河南尹的郡治所在地，即今洛陽。(138)自劾　自責，自己要求受處罰。(139)吳郡　郡治即今蘇州。(140)豫政事　指參與國家的重大決策。(141)不堪　不能。(142)稱　假說。(143)作詔　傅亮當時任中書監，主管為皇帝起草詔令。(144)角巾步出掖門　意即換上便衣出殿省回家為民。角巾，古代隱者所戴的頭巾。掖門，皇宮頭道正門（即端門）兩側的旁門。(145)六月己亥　六月初四。(146)宜都文成王穆觀　穆觀是穆崇之子，北魏前期的名臣。傳見《魏書》卷二十七。宜都王是穆觀的封號，文成是謚。(147)丙辰　六月二十一。(148)參合陂　在今內蒙古涼城東的岱海東南角。(149)七月癸酉　七月初八。(150)帝母張夫人　劉裕的夫人，劉義符的生母。傳見《宋書》卷四十一。(151)三會屋侯泉　三會河邊的屋侯泉。三會河流經今山西沂州城南，在今定襄東北入滹沱河。(152)八月辛丑　八月初七。(153)馬邑　漢縣名，即今山西朔州。(154)灅源　灅水的源頭。灅水是桑乾河的上游，其源頭在當時的馬邑（今山西朔縣）城南。(155)河西　今內蒙古與寧夏鄰近的黃河以西地區。(156)九月乙亥　九月十一。(157)汝南南陽南頓新蔡　此四郡都在劉裕的管轄區，但因司馬楚之把這幾個郡的一些百姓、士兵帶到了北魏管區，於是便仿照北人南渡後在南方建立僑郡的辦法，也在北方建立起南方來人的僑郡。(158)以益豫州　以增加豫州的人口數量。當時北魏的豫州州治曾暫設在成皋，今河南滎陽西北的大伾山上。(159)十月癸卯　十月初十。(160)廣西宮外垣　擴大西宮的外部苑牆。廣，擴大。西宮，在其國都平城，當年拓跋珪所造。(161)禿髮傉檀之死　禿髮傉檀被乞伏熾磐打敗，投降後又被毒死，見本書卷一百十六義熙十年。(162)番禾西安　二郡名，番禾郡治在今甘肅永昌，西安郡治在今甘肅張掖東南。(163)仇讎　冤家對頭。讎，對。(164)時宜　臨時制宜，是沒有辦法的事。(165)非天命　不是正常地命終而死，指被人所殺。(166)遺令不治　禿髮傉檀喝了乞伏熾磐送來的毒酒後，迅速發作，左右勸他解救，傉檀為了使子女得全，遂不救而死。事見本書卷一百十六義熙十年。不治，不搶救。(167)全濟　全活，使其避免被殺。(168)臣妾於仇讎　給仇人做臣妾。(169)潁川　郡名，郡治在今河南漯河市東北。(170)項　即上下文所說的「項城」。(171)戊辰　十一月初五。(172)汝陽　郡名，郡治在今河南商水縣西南。(173)夷　平；鏟平。(174)鍾城　在今山東禹城東南。(175)以立封疆　毀掉許昌城、鍾城，用其材料建立魏國南境的界牆。(176)己巳　十一月初六。(177)魏太宗　即拓跋嗣，號明元皇帝，死時三十二歲。(178)壬申　十一月初九。(179)世祖　即拓跋燾，拓跋嗣之子，字佛狸。(180)庚子　十二月初八。(181)金陵　拓跋氏的帝陵都叫「金陵」。拓跋珪的「金陵」在盛樂（今內蒙古和林格爾北），拓跋嗣的「金陵」則在平城。(182)密皇后　謚曰密，不是姓密。(183)司衛監猶如漢代的衛尉，負責守衛宮廷。[184]劉庫仁　與什翼犍時的劉庫仁同名，不是一個人。[185]四部　指東西南北四個政區。當時魏國將其全境總共劃為天、地、東、南、西、北六個政區。[186]古真　即尉古真，拓跋珪的佐命元勳。傳見《魏書》卷二十六。[187]外都大官　當時魏國有「外都大官」、「內都大官」之職。[188]三十六曹　猶今國務院之各部委。[189]精爽　猶言「精力」、「精氣神」。[190]忠慤　忠厚、誠實。[191]長秋卿　猶如漢代之「大長秋」，主管皇后宮中的各項事務。[192]練習　熟悉。[193]關掌　過問、執掌。[194]矯誣　不合人情地故意做作。[195]老耼習禮　老耼即通常所說的老子。老耼熟悉古禮，孔子向他學習的事情見《史記・老子韓非列傳》。耼，同「聃」。[196]敗法　敗壞先王的禮法。指老子、莊子攻駁儒家的仁義道德、規矩倫理之說。[197]何為事此胡神　為什麼要供奉這些來自番邦的神靈。[198]毀　誹謗；說人壞話。[199]以公歸第　指免去一切職務，只帶著原有的爵位回家養老。[200]纖妍潔白　皮膚潔白細嫩。妍，美好；好看。[201]張良　劉邦的開國元勳，字子房，有運籌帷幄之大功，與蕭何、韓信一道被人稱為「漢三傑」。事見《史記・留侯世家》。[202]稽古過之　在精通古書，熟悉前代故實方面，比張良強。稽，是「考察」的意思。[203]服食養性　指道家方士所倡導的煉丹吃藥，以求益壽延年等事，吃「五石散」是其一宗。[204]讚　即寇讚，原仕於姚秦，姚秦滅後歸魏，曾為南雍州刺史。傳見《魏書》卷四十二。[205]張道陵　東漢人，道教的創立者，被稱為張天師。道教以符水咒語、降神捉妖、長生不老、日月飛升等欺騙百姓，淺陋荒唐，但為南北朝貴族所追奉。[206]嘗遇老子降　曾見過老子下界。老子即先秦思想家老耼，被道教的創始者拉去梳妝打扮，說成是道教世界中的大神，可參考《封神演義》。[207]辟穀輕身之術　道教所宣揚的一種據說不吃五穀，減輕體重，可以修煉成仙的方法。[208]科戒　道教的清規戒律。[209]圖籙真經　道教的經典。[210]北方太平真君　指拓跋魏的帝王。為宏揚道教，編神話以尋求庇護者的伎倆，與漢代公羊派儒生蠱惑漢武帝尊儒的伎倆相同。[211]天宮靜輪之法　道教經典名。[212]李君　即指李譜文。[213]贊明　協助闡明。[214]河圖洛書　漢代陰陽五行家編造的一種說法。據說遠古時，黃河中曾有龍馱著「圖」出來，伏羲氏就是依照「河圖」來畫八卦的。又說洛水中有龜背著「書」出來，禹就是根據這種書來制定了九種大法。[215]寄言於蟲獸之文　意即都是藉著「龍」、「龜」這些動物說事。[216]人神接對　神靈下界直接與人當面交談，即寇謙之所謂「嘗遇老子降」，又蒙李譜文下界贈書云云。[217]世俗常慮　指那些不相信他們這些鬼話的觀點。[218]上靈　猶言「上帝」。[219]謁者　帝王的侍從官員，掌管傳達、收發等事。[220]迎致　迎取，迎接到平城宮中。[221]顯揚新法　鼓吹宣傳寇謙之所編造的這一套新玩藝。[222]天師道場　道教念經祭神的場所。[223]廚會　招待道教門徒的宴會。[224]同死生　認為有生必有死，生不必樂，死不必哀，這是道家比較唯物達觀的一種人生看法。[225]輕去就　把出仕、入仕看得很淡很輕，不像儒家那樣追求功名，追求立德、立功、立言等等。[226]服餌　服食各種藥物。[227]輕舉　即指升天、成仙。[228]鍊

草石為金銀　即指煉金術，煉鐵、煉石成金等等騙人勾當。(229)正相戾　正好相背、相矛盾。言漢以後的道教所言與先秦道家學派的學問相違背。(230)劉歆七略　劉歆編撰的一本目錄書。劉歆是西漢末人，劉向之子，著有《七略》，是我國最早的目錄書。《老子》、《莊子》，在書中都屬於「諸子略」。(231)神仙為方技　「神仙家」在《七略》中歸於「方技略」。「方技」在古代指各種方藥、技術。這個門類中的學問，有科學技術，也有大量的荒唐迷信。「神仙」諸書就屬於後者。(232)符水禁呪之術　張道陵的道教就搞這一套。(233)合而為一　既有老、莊的哲學，又有方士的騙術。(234)其訛甚矣　其荒謬可就大了去啦。指把道家學派與神仙方術混為一談。(235)臧文仲祀爰居　臧文仲是春秋末年魯國的大夫，他看到有一種名叫「爰居」的水鳥，落在魯國的東門外，一連待了三天。臧文仲覺得奇怪，於是就叫魯國人給牠上供。事見《國語・魯語》。(236)孔子以為不智　孔子認為臧文仲是個蠢貨。《左傳》文公二年，孔子有所謂「臧文仲不仁者三，不智者三。下展禽，廢六關，妾織蒲，三不仁也；作虛器，縱逆祀，祀爰居，三不智也。」(237)其為爰居亦大矣　他的荒謬程度比起臧文仲的祀爰居，可就更不可同日而語了。(238)詩三百　《詩經》中有作品三百篇。(239)一言以蔽之二句　《詩經》全部作品的內容可以用一句話來概括：他們的思想都端正無邪的。見《論語・為政》。(240)君子之於擇術二句　一個正派人在選擇職業、選擇技術的時候，能不慎重對待嗎。按，司馬光批評崔浩的「信奉」道教是擇術不慎，這沒有說到點子上。寇謙之的玩弄騙術，崔浩應該是心如明鏡的。但由於他身受讒害而官路不通，而他又偏偏沒有老子、莊子那種「同生死，輕去就」的度量，今忽逢道教這麼一種可以博得帝王歡心的進身術，於是見利忘義，也就不擇手段地為虎作倀而心甘如飴了。

【校記】①士　原作「土」。張敦仁《通鑑刊本識誤》作「士」，今從改。②軍　據章鈺校，甲十六行本、乙十一行本、孔天胤本皆作「兵」。③千　據章鈺校，乙十一行本此上有「一」字。④追　張敦仁《通鑑刊本識誤》改作「退」。⑤多　據章鈺校，甲十六行本、乙十一行本、孔天胤本此上皆有「輒」字，熊羅宿《胡刻資治通鑑校字記》同。⑥莫　據章鈺校，甲十六行本、乙十一行本皆作「漠」。按，《通志・氏族略》載「莫者氏」。⑦范道基　嚴衍《通鑑補》改作「沈道基」。⑧癸酉　原無此二字。據章鈺校，甲十六行本、乙十一行本、孔天胤本皆有此二字，張敦仁《通鑑刊本識誤》、張瑛《通鑑校勘記》同，今據補。⑨有寵　原無此二字。據章鈺校，甲十六行本、乙十一行本、孔天胤本皆有此二字，張敦仁《通鑑刊本識誤》、張瑛《通鑑校勘記》同，今據補。⑩主　原作「王」。據章鈺校，甲十六行本、乙十一行本、孔天胤本皆作「主」，熊羅宿《胡刻資治通鑑校字記》同，今據改。

【語譯】營陽王

景平元年（癸亥 西元四二三年）

春季，正月初一日己亥，宋國實行大赦，改年號為「景平」。〇初三日辛丑，宋國少帝劉義符親自到南郊舉行祭天大典。

北魏黑矟將軍于栗磾率軍攻打金墉城。正月初五日癸卯，宋國擔任河南太守的王涓之放棄洛陽逃走。〇北魏皇帝拓跋嗣任命于栗磾為豫州刺史，鎮守洛陽。〇北魏皇帝拓跋嗣向南巡視恆山，十八日丙辰，到達鄴城。

正月二十一日己未，宋國少帝劉義符下詔將擔任豫章太守的蔡廓召回京師，任命他擔任吏部尚書。蔡廓對擔任尚書令的傅亮說：「如果把選拔、任免官員的權力全部交給我負責，我沒有別的話可說；不然的話，我不會接受吏部尚書這個職務。」傅亮將蔡廓的意思轉告給擔任錄尚書的徐羨之，徐羨之說：「把黃門侍郎、散騎常侍以下官員的任免權交給蔡廓，我們可以不再過問；但這些職位以上官員的任免，應該共同商議之後再做出決定。」蔡廓說：「只在徐干木決定好的文件末尾簽名畫押的事情我不幹！」遂拒絕接受吏部尚書的任命。干木，是徐羨之的小名。選部任免、升遷官員簽呈的文件一律寫在黃紙上，錄尚書與吏部尚書要同時在上面簽名才能生效，所以蔡廓才這樣說。

沈約評論說：「蔡廓堅決推辭吏部尚書的職務，認為委屈自己聽從他人是一種恥辱，難道他不知道吏部尚書與錄尚書事應該對許多大事共同參酌、共同負責，不能一個人說了算嗎？其實是因為當時君主昏庸，世道艱難，蔡廓不願意幹這種負責選拔官員的工作罷了。這個做法真是夠高明的！」

正月二十二日庚申，宋國鎮北將軍檀道濟將軍隊駐紮在彭城。

北魏楚兵將軍叔孫建率軍攻入宋國所屬的臨淄，大軍所向，宋國各城邑全部潰敗。宋國擔任青州刺史的竺夔把周圍的百姓都集中到東陽城內一同堅守，那些不願意進入東陽城的人，竺夔就令他們依靠山勢險要進行防守，令百姓提前將農田裡的莊稼全部收割乾淨。等魏軍到達之後，沒有辦法就地取得糧食。宋國擔任濟南太守的垣苗放棄了歷城，率領部眾前往東陽城投靠竺夔。

北魏建義將軍刁雍前往鄴城，晉見北魏皇帝拓跋嗣，北魏皇帝拓跋嗣說：「楚兵將軍叔孫建等進入青州之後，青州的百姓全都躲避起來，叔孫建等攻城又攻不下。那裡的人一向敬服你的威嚴與信義，現在我就派你前去幫助他們。」於是任命刁雍為青州刺史，撥給他一些騎兵，讓他一邊前進一邊招募兵馬，以攻取青州。北魏的軍隊渡過黃河向青州進發的總計有六萬名騎兵，刁雍一路又招募了五千人，他對青州境內的官紳庶民極力撫慰，於是他們都為刁雍的軍隊提供糧草。

柔然軍南下侵入北魏的邊境。二月初一日戊辰，北魏開始修築長城，東部從赤城開始，向西一直到五原，連延二千多里，並在各處要塞設置戍卒，以防禦柔然的進攻。

二月初十日丁丑，宋國劉裕的繼母太皇太后蕭氏去世。

北涼河西王沮渠蒙遜以及吐谷渾王慕容阿柴全都派遣使者到宋國的京師建康納貢。二月十三日庚辰，宋國少帝劉義符下詔任命北涼河西王沮渠蒙遜為都督涼、秦、河、沙四州諸軍事、驃騎大將軍、涼州牧、河西王；任命慕容阿柴為督塞表諸軍事、安西將軍、沙州刺史、澆河公。

三月十五日壬子，宋國將太皇太后蕭氏安葬在興寧陵，諡號為「孝懿皇后」。

北魏晉兵大將軍奚斤、吳兵將軍公孫表等聯合攻打宋國所屬的虎牢，北魏皇帝拓跋嗣從鄴城派兵前來助戰。宋國司州刺史毛德祖在虎牢城內挖掘地道，地道深達七丈，共挖掘了六條地道，直接通到北魏軍的包圍圈以外，然後招募了四百名敢死士，令擔任參軍的范道基等率領著從地道中出城，在魏軍的背後突然發動襲擊。北魏軍驚慌失措，宋國的敢死隊斬殺了數百名魏軍，焚毀了魏軍攻城的工具，然後返回虎牢城內。北魏軍雖然一時潰散，然而不久就又集結起來，對虎牢展開更加猛烈的攻勢。

北魏晉兵大將軍奚斤從虎牢率領著三千名步兵、騎兵攻打宋國潁川太守李元德等所據守的許昌，李元德等兵敗逃走。北魏任命潁川人庾龍為潁川太守，戍守許昌。

宋國司州刺史毛德祖率軍出城與北魏吳兵將軍公孫表等展開大戰，從早晨一直拼殺到午後四點前後，宋軍殺死了數百名魏軍。正遇上北魏晉兵大將軍奚斤率軍從許昌得勝而回，他與公孫表等前後合擊毛德祖，將毛德祖打得大敗，毛德祖喪失了一千多名士卒，只得退回虎牢，繼續設防堅守。

北魏皇帝拓跋嗣又派遣一萬多人馬從白沙渡口渡過黃河，駐紮在濮陽以南。

宋國朝廷認為項城距離北魏南征軍不遠，僅靠輕裝部隊很難抵抗，遂令豫州刺史劉粹將擔任治中的高道瑾召回壽陽；如果沈叔貍已經到達懸弧，也應該令他撤回。豫州刺史劉粹於是上疏給朝廷說：「魏軍進攻虎牢，並沒有繼續南下，如果急忙命令軍隊退回壽陽，捨棄項城，那麼淮河以西各郡便將失去依靠。沈叔貍目前已經進駐肥口，也不應該急於撤退。」當時潁川太守李元德從許昌敗退之後，率領著二百名殘敗士卒到達項城，劉粹便令李元德協助高道瑾戍守項城，請求朝廷寬宥李元德敗逃之罪，朝廷對劉粹的請求全部批准。

三月初八日乙巳，北魏皇帝拓跋嗣在韓陵山打獵，遂趁機前往汲郡，又抵達枋頭。

當初，宋國擔任司州刺史的毛德祖在北方的時候，與北魏的吳兵將軍公孫表有交情。公孫表有權術、有謀略，毛德祖很擔憂此人，於是便與公孫表進行書信往來，卻又祕密派人到晉兵大將軍奚斤那裡行使離間計，說公孫表與毛德祖祕密勾結。毛德祖每次給公孫表回信，都會有多處塗改。公孫表把毛德祖的信件拿給奚斤看，奚斤就更加疑心，便將公孫表與毛德祖暗中聯絡的事情告訴了魏國皇帝拓跋嗣。先前，公孫表與擔任太史令的王亮在年輕的時候曾經同在一個營盤裡當兵，公孫表經常欺侮王亮。王亮此時便趁機進行報復，他向拓跋嗣奏報說：「公孫表將軍隊屯駐在虎牢以東，沒有在要害地段進行布防，故意不按時消滅毛德祖。」北魏皇帝拓跋嗣一向喜好算卦、相面之類的活動，便認為奚斤、王亮等反映的情況屬實，同時又勾起以前的舊憤，於是便派人在夜間進入公孫表的營帳，將公孫表勒死。

三月十八日乙卯，北魏皇帝拓跋嗣從靈昌津渡過黃河南下，前往東郡、陳留。

北魏楚兵將軍叔孫建率領三萬名騎兵逼近東陽城，東陽城中文武官兵總計才一千五百人，竺夔、垣苗竭盡全力進行堅守，並不時地出動奇兵襲擊魏軍，將叔孫建擊敗。北魏的步兵、騎兵圍繞著東陽城排兵列陣，縱深十多里，他們大量製造攻城的工具準備攻城。青州刺史竺夔在城外挖掘了四道壕溝護衛城池，北魏軍已經填平了三道，還專門製造了用來撞擊城牆的橦車，準備對東陽城發起猛攻。竺夔就派人從地道中出去，用粗麻繩將檣車拉翻，令其折斷。北魏軍又在東陽城外構築起長長的圍牆，攻勢更加猛烈。經歷的時間一長，東陽城的城牆便開始崩塌，守城的戰士死傷很多，其餘的人也都又困又乏，眼看著東陽城即將陷落。鎮北將軍檀道濟率軍抵達彭城，因為司州、青州情況都十分緊急，而檀道濟所率領的兵力又很少，不能分別派兵救援，青州距離彭城路近，青州刺史竺夔的兵力又弱，於是便與徐州刺史王仲德倍道兼程先去救援東陽城。

三月二十七日甲子，宋國擔任豫州刺史的劉粹派擔任潁川太守的李元德率軍襲擊許昌，斬殺了北魏新任命的潁川太守庾龍。李元德遂留駐許昌，安撫民眾，並收取許昌一帶的糧食，送往懸瓠供應劉粹軍。

北魏皇帝拓跋嗣到達盟津。于栗磾在黃河的冶阪津搭建浮橋。三月二十八日乙丑，北魏皇帝拓跋嗣率軍向北渡過黃河，然後向西前往河內郡。娥清、周幾、閭大肥到宋國所屬的湖陸、高平奪取地盤，湖陸、高平的民眾便聚集而居，人自為戰，向入侵的魏軍射箭反擊。娥清等攻破了高平郡所轄的各縣，誅滅了數千家，擄掠了一萬多口人。宋國擔任兗州刺史的鄭順之戍守湖陸，因為兵少，沒敢出戰。

北魏皇帝拓跋嗣又派遣擔任并州刺史的伊樓拔援助晉兵大將軍奚斤攻打虎牢。毛德祖隨機應變，進行抵抗，殺死了很多魏軍，而手下的將士也日漸減少。

夏季，四月初一日丁卯，北魏皇帝拓跋嗣前往成皋，截斷了虎牢從黃河取水的通道。在成皋停留三天之後，便親自督促眾軍攻城，竟然沒有攻下，於是便前往洛陽觀看《石經》。又派遣使者祭祀嵩山。

北魏楚兵將軍叔孫建率軍攻打東陽城，東陽城北城被毀掉了三十來步。北魏青州刺史刁雍請求趕快從攻克的缺口處入城，而叔孫建不允許，遂沒有將東陽城攻克。等到得知宋國鎮北將軍檀道濟等率領援軍即將趕到的消息，刁雍又對叔孫建說：「東陽城中的賊眾懼怕魏國的勇猛騎兵，所以才把所有戰車連結起來作為防禦工事，形成方陣。大峴山以南，道路都很狹窄，兩輛車不能並行，我請求率領我所招募的五千名士兵佔據險要進行伏擊，一定能將宋軍打敗。」當時已經進入暑熱季節，北魏軍中很多人都染上瘟疫。叔孫建說：「軍隊當中患病的已經超過一半，如果再相持不下，我們的士兵就要死光了，何必還要再戰？現在應該保存實力，安全撤退，才是上策。」四月初三日己巳，宋國鎮北將軍檀道濟駐軍於臨朐。初六日壬申，北魏楚兵將軍叔孫建等燒毀了營寨以及器械，撤走。檀道濟到達東陽的時候，糧食已經吃光，因此無法追擊撤退中的北魏軍。青州刺史竺夔認為東陽城牆已經被毀壞，難以堅守，遂將青州鎮所遷移到不其城。

北魏楚兵將軍叔孫建從東陽率軍撤往滑臺，宋國鎮北將軍檀道濟派遣徐州刺史王仲德率軍前往尹卯。檀道濟率軍停駐在湖陸，王仲德還沒有到達尹卯，得知魏兵已經走遠，於是又率軍返回與檀道濟會合。北魏青州刺史刁雍遂留在尹卯鎮守，他招集了譙郡、梁郡、彭城、沛郡的五千多戶居民，設置為二十七營，進行集中管理。

蠻王梅安率領著數十名蠻族的部落首領前往北魏的都城平城，向魏國進貢。當初，那些蠻族人原本居住在長江、淮河流域，後來因為人口繁衍越來越多，於是分布到好幾個州內，向東蔓延到壽春，向西到達巴、蜀，向北延伸到汝水、潁水一帶，在這一廣大區域內隨處都有蠻族人居住。在曹魏時期，他們造成的禍患還不算很大；西晉時期，這些少數民族人口逐漸繁多，勢力逐漸強盛，於是便越來越兇暴地進行騷擾和劫掠；等到前趙劉氏、後趙石氏在中原建立起政權的時候，這些蠻夷就更加肆無忌憚，並開始逐漸地向北方遷徙，伊闕以南，已經布滿山谷。

北涼河西王沮渠蒙遜的世子沮渠政德率軍攻擊晉昌，將晉昌攻克。唐契和他的弟弟唐和、外甥李寶一同逃往伊吾，他們繼續招集忠於前朝的遺老遺少，前往歸附他們的達到二千多家，唐契臣服於柔然；柔然任命唐契為伊吾王。

西秦王乞伏熾磐對屬下的臣僚說：「如今宋國雖然廣泛地佔有整個江南地區，夏王赫連勃勃雄踞於關中，然而都不值得我們與之進行較量。只有北魏，一連幾代皇帝都很英明雄武，有才能的人都願意為他效力；而且有預言說『恆代以北當有真人出現』，我要率領全國來聽命於魏國。」於是便派遣擔任尚書郎的莫者阿胡等前往魏國晉見魏國皇帝拓跋嗣，向魏國進獻黃金二百斤，同時陳述討伐夏國的方略。

閏四月十一日丁未，北魏皇帝拓跋嗣前往河內郡，登上太行山，然後又抵達高都。

北魏楚兵將軍叔孫建從滑臺向西前往虎牢，與晉兵大將軍奚斤會合，共同攻打虎牢。虎牢已經被魏軍圍困了二百天，在這期間，沒有一天沒有戰鬥，守城的精銳士卒幾乎全部戰死，而北魏增援的軍隊卻越來越多。魏軍毀壞了虎牢的外城，司州刺史毛德祖就在城內又修築起三重城進行抵抗；魏軍又將修築起來的三重摧毀了二重，毛德祖只保有最後一城，由於日夜防守、奮戰，將士們眼睛都生了瘡。毛德祖以恩義安撫他們，眾將士始終沒有離叛之心。當時，鎮北將軍檀道濟正率軍駐紮在湖陸，豫州刺史劉粹率軍駐紮在項城，龍驤將軍沈叔貍駐紮在高橋，都懼怕魏軍的強大而不敢前往虎牢救援。二十一日丁巳，北魏軍挖掘地道，將虎牢城中的井水洩走。水井深達四十丈，山勢險峻陡峭，沒有辦法進行防範。虎牢城中人馬因為缺水而陷入乾渴、困乏之中，受傷的人已經流不出血，再加上飢餓、瘟疫，已經完全喪失了作戰能力，而魏軍仍然猛攻不止。二十三日己未，虎牢城被魏軍攻陷。守軍將士想要攙扶著毛德祖出城逃走，毛德祖說：「我發誓要與虎牢城共存亡，絕對沒有城池失陷而我還活在世上的道理！」北魏皇帝拓跋嗣下令給魏國的將士：「一定要活捉毛德祖。」魏軍將領代郡人豆代田活捉了毛德祖，押送給拓跋嗣。毛德祖屬下將佐凡是在虎牢城中的全都被魏軍俘虜，只有擔任參軍的范道基率領著二百人突破重圍回到南方。北魏軍中的士卒被瘟疫奪去生命的也有十分之二、三。

北魏晉兵大將軍奚斤等全部佔領了宋國司州、兗州、豫州的各郡縣，並為各郡縣設置了太守、縣令，進行安撫、管理。北魏皇帝拓跋嗣命令擔任宋兵將軍、交州刺史的周幾鎮守河南，河南人也只得安心於魏人的統治。

宋國擔任司空的徐羨之、擔任中書監、尚書令的傅亮、擔任領軍將軍、代理中書令的謝晦因為喪失了國土，遂上表給少帝劉義符，進行自責，請求處分，劉義符下詔不予追究。

宋國司空徐羨之的姪子、擔任吳郡太守的徐珮之經常插手朝政，他與擔任侍中的王韶之、程道惠、擔任中書舍人的邢安泰、潘盛結成朋黨。當時，擔任領軍將軍兼任代理中書令的謝晦因為長期生病，不能接見賓客，徐珮之等遂懷疑謝晦是在家裝病，暗中一定另有陰謀，於是就稱說是司空徐羨之的意思，將自己的懷疑告訴了擔任中書監、尚書令的傅亮，想要傅亮代替皇帝劉義符下達詔書誅殺謝晦。傅亮說：「我與徐羨之、謝晦一同接受了先帝的顧命，輔佐少帝，豈能自相殺戮！你們幾位如果非要殺掉謝晦，我傅亮就棄官不做，穿上平民的衣服，從側門走出皇宮。」徐珮之等這才沒有堅持殺死謝晦。

五月，北魏皇帝拓跋嗣從虎牢回到京師平城。

六月初四日己亥，北魏宜都文成王穆觀去世。○二十一日丙辰，北魏皇帝拓跋嗣到魏國的北部巡視，抵達參合陂。

秋季，七月初八日癸酉，宋少帝劉義符尊奉自己的母親張夫人為皇太后。

北魏皇帝拓跋嗣前往三會河邊的屋侯泉。八月初七日辛丑，前往馬邑，觀看灅水的源頭。

柔然出兵進犯北涼，北涼河西王沮渠蒙遜令世子沮渠政德率軍迎戰入侵的柔然軍。沮渠政德率領輕騎兵迎戰，結果被柔然所殺，沮渠蒙遜遂立次子沮渠興為世子。

九月十一日乙亥，北魏皇帝拓跋嗣返回平城的皇宮。他將奚斤召回平城，留下軍隊守衛虎牢；派娥清、周幾鎮守枋頭；將司馬楚之所率領的部眾安置在汝南、南陽、南頓、新蔡四個僑郡之中，以增加豫州的人口數量。

冬季，十月初十日癸卯，北魏派人擴建平城西宮的外部苑牆，周圍二十里。

當初，南涼王禿髮傉檀被西秦王乞伏熾磐毒死的時候，北涼河西王沮渠蒙遜派人誘騙南涼故太子禿髮虎臺，許諾將番禾、西安二郡讓給他，還答應借兵給禿髮虎臺，令禿髮虎臺討伐西秦，為自己的父親禿髮傉檀報仇，重新奪回故土。禿髮虎臺暗中答應了沮渠蒙遜，然而因為事情洩露而沒有施行。西秦王乞伏熾磐的王后，是禿髮虎臺的妹妹，所以乞伏熾磐對待禿髮虎臺還像從前一樣。而禿髮王后卻與自己的哥哥禿髮虎臺密謀說：「秦國本來是我們的冤家對頭，雖然還當做姻親看待，也只不過是一時的權宜之計，先王之死，又不是因為自然的生老病死，他臨死之時令人不要救治，是為了要保全自己的子孫。我們作為兒女，豈能甘心做仇人的臣妾，而不想報仇呢？」於是，便與武衛將軍越質洛城密謀殺死西秦王乞伏熾磐。王后的妹妹是乞伏熾磐的左夫人，很受秦王的寵愛，她知道了王后與虎臺的陰謀，就向乞伏熾磐告發了他們。乞伏熾磐遂將禿髮王后和禿髮虎臺等十多人殺死。

十一月，北魏宋兵將軍周幾率領魏軍進犯宋國剛剛收復的許昌，許昌守軍潰散，擔任穎川太守的李元德逃奔項城。初五日戊辰，北魏軍包圍了宋國的汝陽，汝陽太守王公度也逃往項城。豫州刺史劉粹派遣屬下將領姚聳夫等率軍協助守衛項城。北魏軍鏟平了許昌城，毀壞了鍾城，用其材料建立起魏國南境的界牆，然後撤回。

十一月初六日己巳，北魏太宗拓跋嗣去世。初九日壬申，世祖拓跋燾即皇帝位，實行大赦。十二月初八日庚子，北魏將魏明元帝拓跋嗣安葬於金陵。廟號「太宗」。

北魏太武帝拓跋燾追尊自己的母親杜貴嬪為密皇后。從擔任司徒的長孫嵩以下，普遍提升爵位。任命襄城公盧魯元為中書監，任命會稽公劉絜為尚書令，任命擔任司衛監的尉眷、擔任散騎侍郎的劉庫仁等八個人分別掌管東、西、南、北四部。尉眷，是尉古真的姪子。

北魏太武帝拓跋燾任命擔任河內守將的代郡人羅結為侍中、外都大官，總理三十六個部門的事務。羅結當時已經一百零七歲，卻精神矍鑠，一點也不見衰老，北魏皇帝拓跋燾認為羅結為人忠厚誠實，所以親近他、重用他，令他兼任長秋卿，總管後宮事務，可以隨時出入皇帝的寢宮。一直到一百一十歲的時候，才批准羅結告老回家；然而每當朝廷有重大事件，都會派使者騎馬前往羅結的府中進行諮詢；又過了十年，羅結去世。

北魏擔任左光祿大夫的崔浩對儒家經典以及治國之道很有研究，熟悉各種典章制度，凡是有關朝廷的禮儀，軍國詔令，全部由崔浩掌管。崔浩不喜歡老子、莊子之書，他說：「老子、莊子的學說，都是違反常理、不合人情的故意做作。老子李聃熟悉古代禮儀，孔子還要向他學習，這樣的人怎麼可能寫出敗壞先王禮法的書籍來擾亂先王的治國之道呢？」崔浩尤其不相信佛法，他說：「為什麼要供奉這些來自番邦的神靈？」等到世祖拓跋燾即位，拓跋燾身邊的很多人都詆毀崔浩。太武帝拓跋燾迫不得已，令崔浩以公爵的身分回家養老。然而一向知道崔浩賢能，每當遇到疑難之事，就召見崔浩，向崔浩請教。崔浩生得肌膚白皙，姣好得如同美女，曾經自認為才幹可以和漢代的張良相媲美，而在考辨古制方面更超過張良。崔浩解職回家之後，開始修煉服食養性之術。

當初，嵩山道士寇謙之，是寇讚的弟弟，修煉道家人物張道陵所傳授的法術，他自己說，曾經遇到老子從天而降，老子令他繼承張道陵，擔任「天師」，並傳授給他「不吃五穀」以減輕體重、飛騰升空等法術以及《科戒》二十卷，令他清理、整頓道教。後來又遇到神人李譜文，說是老子李聃的玄孫，授予他《圖籙真經》六十多卷，令他去輔佐北方的太平真君。還交給寇謙之一部《天宮靜輪之法》，其中有幾篇，是李譜文親手所寫。寇謙之將這部書奉獻給北魏太武帝拓跋燾。而不論朝廷還是民間，很多人都不相信。只有崔浩把寇謙之當做老師，跟隨寇謙之學習法術，並且還上疏給太武帝拓跋燾，協助寇謙之闡明其事說：「我聽說聖明的君主接受天命，上天必定會有祥瑞之事與之相應，《河圖》、《洛書》都是借助於『龍』『龜』等這些動物說事，都不如今天的神靈下界直接與人當面交談，手書筆跡明晰燦爛，言辭旨意高深奧妙，自古以來，無與倫比。豈能因為世俗之人不相信而忽視了上帝的旨意？我感到非常的恐懼。」太武帝於是非常高興，立即派遣主管接待賓客的謁者帶著寶玉、綢緞、豬牛羊等祭品到嵩山祭祀，並將在嵩山修煉的寇謙之的弟子接到平城，為了尊奉天師、宣揚道士寇謙之所編造的所謂新法而布告天下。在平城東南修建了供道教念經祭神的天師道場，道壇高五層，為一百二十名道士提供衣食，每月在道場舉行一次宴會，招待數千名道教門徒。

司馬光說：「老子、莊子之書，其主要的意思是要人們認識到有生必有死，生不必樂，死不必哀；要人們把出仕、入仕看得很輕很淡，不要像儒家那樣追求功名。而修煉神仙的人，則靠服食丹藥進行修煉，以求得升天成仙；燒煉草石，希望能將草石變成黃金白銀，神仙家的法術與老、莊的道家思想相違背。所以漢代的劉歆在《七略》中把道家列入諸子略，而把神仙家歸入方技略。後來更發展為符水、咒語等。到了寇謙之，竟把老、莊的哲學與方士的騙術合而為一，直至今天還在因循，其荒謬程度簡直是太大了！崔浩不喜歡佛、老之書，卻相信寇謙之的話，這是什麼緣故呢？春秋末年魯國的大夫臧文仲讓人祭祀從海上飛到魯國東門避風名叫『爰居』的水鳥，孔子認為臧文仲這件事做得很愚蠢；而像寇謙之這樣的人，他的荒謬程度比起臧文仲的祭祀爰居鳥，那就更不可同日而語了。『《詩經》三百篇，用一句話來概括，就是思想端正，沒有邪惡。』

一個正派人在選擇職業、選擇技術的時候，能不慎重對待嗎！」

【研　析】本卷寫宋高祖永初元年（西元四二〇年）至營陽王景平元年（西元四二三年）共四年間的各國大事。從西元四二〇年起，中國的古代歷史結束了「魏、晉」，開始進入「南北朝」。在南方的標誌是劉裕篡晉建宋，在北方的標誌是「五胡十六國」的局面基本結束，拓跋氏建立的魏國基本上統一了北方，整個中國由南方的宋、齊、梁、陳與北方的魏國與北齊、北周相互對立，直到隋朝統一南北兩方而止。在此以前的北方的所謂「五胡」是指匈奴、鮮卑、羯、氐、羌；在東晉時期北方曾經出現過的所謂「十六國」是：匈奴人劉淵、劉聰、劉曜的漢（前趙），羯人石勒、石虎的後趙，氐人苻堅、苻登的前秦，羌人姚萇、姚興的後秦，鮮卑人乞伏國仁、乞伏乾歸的西秦，氐人李雄、李壽的成（漢），匈奴人赫連勃勃的夏，鮮卑人慕容廆、慕容皝的前燕，鮮卑人慕容垂、慕容寶的後燕，鮮卑人慕容德的南燕，漢人馮跋的北燕，漢人張駿、張祚的前涼，氐人呂光的後涼，鮮卑人禿髮烏孤、禿髮傉檀的南涼，漢人李暠的西涼，匈奴人沮渠蒙遜的北涼。這些國家到劉裕建宋，「南北朝」開始時，只還剩下北涼的一些殘餘勢力還在與魏國做最後的鬥爭，其他國家都已經不存在了。

劉裕篡晉做皇帝，可以說是順應天心民意的，因為在此以前的東晉實在太腐朽了，而劉裕在他創業的二十年間所建立的功勳與表現出的人格，也的確是震古鑠今的。明代袁俊德《歷史綱鑑補》讚揚劉裕的用兵說：「劉裕用兵，有進無退。聞何無忌敗，而兼行濟江；聞盧循逼建康，而固守石頭，皆所謂計不反顧者。觀其『不能草間求活』之言，具見英雄智略。王仲德深明大勢，宜所言針芥相投，卒亦因此集事。」清代王夫之《讀通鑑論》讚揚劉裕的歷史功勳說：「劉裕之為功於天下不一，而自力戰以討孫恩始，破之於海澨，破之於丹徒，破之於郁州，蹙之窮而赴海以死。當其時，桓玄操逆志於上流，道子、元顯亂國政於中朝，王凝之、謝琰以庸劣而當巨寇，若鴻毛之試於烈焰。微劉裕，晉不亡於桓玄，則即亡於妖寇；即不亡，而三吳全盛之勢，士民所集，死亡且無遺也。裕全力以破賊，而不恤其他，可不謂大功乎？」

說到劉裕的篡晉，王夫之說「裕之時，僭竊相乘之時也。裕之所事者，無信之劉牢之；事裕者，懷逆徼功之劉穆之、傅亮、謝晦也。是以終於篡，而幾與蕭道成等伍。當其奮不顧身以與逆賊爭生死之日，豈嘗早畜覬覦之情，謂晉祚之終歸己哉？於爭亂之世而有取焉，捨裕其誰也？」

劉裕的生活儉樸是歷代帝王所少有的，文中說他：「帝清簡寡欲，嚴整有法度，被服居處，儉於布素，遊宴甚稀，嬪御至少。嘗得後秦高祖從女，有盛寵，頗以廢事。謝晦微諫，即時遣出。財帛皆在外府，內無私藏。嶺南嘗獻入筒細布，一端八丈，帝惡其精麗勞人，即付有司彈太守，以布還之，并制嶺南禁作此布。公主出適，遣送不過二十萬，無錦繡之物。內外奉禁，莫敢為侈靡。」尤其值得稱道的是，劉裕做了皇帝後，把一些他所穿過的衣服、用過的農具，都收藏在太廟裡，用以教育子孫，人是不應該忘本的。作為一個國家的統治者，有沒有這種艱苦奮鬥的思想，直接影響著他一切方針政策的制定，一切方方面面的工作的推行。

本卷寫了魏主拓跋嗣晚年多病，聽從崔浩與長孫嵩建議，及早地立拓跋燾為太子，「使之居正殿臨朝，為國副主；以長孫嵩及山陽公奚斤、北新公安同為左輔，坐東廂，西面；崔浩與太尉穆觀、散騎常侍代人丘堆為右弼，坐西廂，東面。百官總己以聽焉。帝避居西宮，時隱而窺之，聽其決斷，大悅。謂侍臣曰：『嵩宿德舊臣，歷事四世，功存社稷；斤辯捷智謀，名聞遐邇；同曉解俗情，明練於事；觀達於政要，識吾旨趣；浩博聞彊識，精察天人；堆雖無大用，然在公專謹。以此六人輔相太子，吾與汝曹巡行四境，伐叛柔服，足以得志於天下矣。』」拓跋嗣的這種行為、做法，說話的這種語氣神情，都恰似當年的趙武靈王。一個國家的興旺，一種事業的發達，沒有這樣豪邁的一位君主，沒有一群大公無私、通力協作的大臣是怎麼也不能成功的。魏國自拓跋珪以來，其君主一個強似一個，其疆域日大，兵力日強，制度日好，整個北方逐漸都進入了它的統治之下，這絕不是偶然的。

本卷還寫了劉宋將領毛德祖堅守虎牢，與魏軍所進行的英勇卓絕的戰鬥。在當時的河南西部，劉宋與北魏的邊境大體上是以黃河為界。景平元年（西元四二三年），「魏奚斤、公孫表等共攻虎牢，魏主自鄴遣兵助之。毛德祖於城內穴地入七丈，分為六道，出魏圍外，募敢死之士四百人，使參軍范道基等帥之，從穴中出，掩襲其後。魏軍驚擾，斬首數百級，焚其攻具而還。魏兵雖退散，隨復更合，攻之益急。」「魏主又遣并州刺史伊樓拔助奚斤攻虎牢。毛德祖隨方抗拒，頗殺魏兵，而將士稍零落。夏，四月丁卯，魏主如成皋，絕虎牢汲河之路。停三日，自督眾攻城，竟不能下。」「虎牢被圍二百日，無日不戰，勁兵戰死殆盡，而魏增兵轉多。魏人毀其外城，毛德祖於其內更築三重城以拒之；魏人又毀其二重，德祖唯保一城，晝夜相拒，將士眼皆生創。德祖撫之以恩，終無離心。時檀道濟軍湖陸，劉粹軍項城，沈叔貍軍高橋，皆畏魏兵彊，不敢進。丁巳，魏人作地道以洩虎牢城中井，井深四十丈，山勢峻峭，不可得防。城中人馬渴乏，被創者不復出血，重以飢疫，魏仍急攻之。己未，城陷。將士欲扶德祖出走。德祖曰：『我誓與此城俱斃，義不使城亡而身存也！』魏主命將士：『得德祖者，必生致之。』將軍代人豆代田執德祖以獻。將佐在城中者，皆為魏所虜，唯參軍范道基將二百人突圍南還。」如此悲壯慘烈的戰鬥，自東晉建國以來，一百多年沒有見到過了。不期今天在毛德祖堅守虎牢的戰場上見到了。

毛德祖所進行的是像當年漢將李陵所進行的以少抗多，而又沒有任何援兵的戰鬥；而令人氣憤的又是「檀道濟軍湖陸，劉粹軍項城，沈叔貍軍高橋」，當時分明又有三支宋軍駐紮在離此不遠的地方，但他們「皆畏魏兵強，不敢進」，這就分明又像韓愈在〈張中丞傳後敘〉中所敘述的「擁強兵，坐而觀者，相環也」的情形了。眼睜睜地看著一群無糧、無水、無指望的英雄志士在為國家、為民族而戰，周圍竟沒有一支軍隊向他們伸出救援的手，這是多麼令人喪氣的事！辛棄疾在一首〈賀新郎〉詞中寫過：「將軍百戰身名裂，向河梁，回頭萬里，故人長絕。……啼鳥還知如許恨，料不啼清淚長啼血！」毛德祖被魏人俘去了，沒有聽說劉宋王朝對毛德祖及其部下進行過任何褒獎，倒是魏人對這位名將格外敬重，他們一定要生俘他，俘去之後又將魏國的公主許配與他。但毛德祖沒有任何反應，而是在過了幾年之後，又輾轉地逃回了南朝。如此感人的故事，真可以寫一部悲壯的電視劇了，但可恨的劉宋王朝仍然沒有對這位將軍做出任何應有的表彰，至今令讀者為之憤慨！

卷第一百二十

宋紀二 起閼逢困敦（甲子 西元四二四年），盡彊圉單閼（丁卯 西元四二七年），凡四年。

【題解】本卷寫宋文帝元嘉元年（西元四二四年）至元嘉四年共四年間的劉宋與北魏等國的大事，主要寫了徐羨之、謝晦等以皇帝劉義符「狎近小人」與「在宮中練兵」為口實將其廢黜，並將其殘酷殺害；寫了徐羨之等以廬陵王劉義真親近顏延年、謝靈運等為「構扇異同，非毀執政」，先將其廢為庶人，又將其殺害；寫傅亮率朝廷百官到江陵迎接宜都王劉義隆進京為帝，劉義隆在其心腹僚屬王華、王曇首等人的輔佐下，進京取得帝位；寫了劉義隆以準備北伐為名，實際安排對徐羨之、傅亮、謝晦三人動手；劉義隆下詔公布諸人的罪惡，徐羨之自殺，傅亮被捕殺，謝晦在荊州起兵造反，聲言要清君之側；謝晦東下之軍被劉義隆所派的檀道濟、到彥之等大破於彭城洲，江陵人心瓦解，守將周超投降，謝晦欲北逃魏國，中途被安陸戍主光順之所獲，檻送建康被誅於市；寫劉義隆寵用王華、劉湛、王曇首、殷景仁，稱他們為「一時之秀」；寫了魏主拓跋燾五道並進，討伐柔然，柔然部落大駭，絕跡北走；寫魏主拓跋燾乘夏主赫連勃勃死，赫連昌新立、兄弟互鬥之際，起兵攻夏，大破夏兵，焚統萬之西門，虜獲其大量人口牲畜而還；次年又乘魏將奚斤與夏將赫連定相持於長安之際，大舉伐夏，魏主退軍示弱，夏主出兵追之，魏軍伏兵數道出擊，大破夏軍；夏主逃保上邽，魏主遂佔據統萬城；歷史家詳細描寫了魏主拓跋燾的此次破夏方略，並集中評論了拓跋燾的為人；夏之長安守將赫連定聞統萬城陷，棄長安西奔上邽，魏將娥清、丘堆、奚斤追擊至雍，遂略定關中地區；於是秦、雍之氐羌、北涼王蒙遜、氐王楊玄等皆遣使歸附於魏，魏封楊玄為梁州刺史、南秦王；以及劉宋王朝的重臣王華死、鄭鮮之死、交州刺史杜弘文被詔還京，中途病死於廣州等等。

太祖文皇帝❶上之上

元嘉元年（甲子　西元四二四年）

春，正月，魏改元「始光」。○丙寅❷，魏安定殤王彌❸卒。

營陽王❹居喪無禮，好與左右狎暱❺，遊戲無度。特進致仕❻范泰上封事❼曰：「伏聞陛下時在後園，頗習武備，鼓鞞❽在宮，聲聞于外。黷武掖庭❾之內，諠譁省闥❿之間，非徒不足以威[1]四夷，衹生遠近之怪⓫。陛下踐阼，委政宰臣，實同高宗諒闇之美⓬；而更親狎小人，懼非社稷至計，經世⓭之道也。」不聽。泰，甯⓮之子也。

南豫州⓯刺史廬陵王義真⓰，警悟⓱愛文義⓲，而性輕易⓳，與太子左衛率謝靈運⓴、員外常侍顏延之㉑、慧琳道人㉒情好款密㉓。嘗云：「得志㉔之日，以靈運、延之為宰相，慧琳為西豫州㉕都督。」靈運，玄之孫也，性褊傲㉖，不遵法度，朝廷但以文義處之㉗，不以為有實用㉘。靈運自謂才能宜參權要㉙，常懷憤邑㉚。

延之，含[31]之曾孫也，嗜酒放縱。徐羨之等惡義真與靈運等遊，義真故吏范晏從容戒之[32]，義真曰：「靈運空疏[33]，延之隘薄[34]，魏文帝[35]所謂『古今文人類不護細行[36]』者也；但性情所得[37]，未能忘言於悟賞[38]耳。」於是羨之等以為靈運、延之構扇異同[39]，非毀執政[40]，出靈運為永嘉[41]太守，延之為始安[42]太守。

義真至歷陽[43]，多所求索[44]，執政每裁量[45]不盡與。義真深怨之，數有不平之言，又表求還都。諮議參軍廬江何尚之[46]屢諫，不聽。時羨之等已密謀廢帝，而次立者應在義真；乃因義真與帝有隙，先奏列其罪惡，廢為庶人，徙新安郡[47]。前吉陽令堂邑張約之[48]上疏曰：「廬陵王少蒙先皇優慈[49]之遇，長受陛下睦愛之恩，故在心必言[50]，所懷必亮[51]，容犯臣子之道[52]，致招驕恣之愆[53]；至於天姿夙成[54]，實有卓然之美[55]。宜在容養[56]，錄善掩瑕[57]，訓盡義方[58]，進退以漸[59]。今猥加剝辱[60]，幽徙遠郡，上傷陛下常[2]棣之篤[61]，下令遠近怛然失圖[62]。臣伏思大宋開基造次[63]，根條未繁，宜廣樹藩戚[64]，敦睦以道[65]。人誰無過，貴能自新。以武皇之愛子，陛下之懿弟[66]，豈可以其一眚[67]，長致淪棄[68]哉？」書奏，以約之為梁州府[69]參軍，尋殺之[70]。

夏，四月甲辰[71]，魏主東巡大寧[72]。

秦王熾磐遣鎮南將軍吉毗等帥步騎一萬，南伐白苟、車孚、崔提、旁為[73]四國，皆降之。

徐羨之等以南兗州刺史檀道濟先朝舊將[74]，威服殿省，且有兵眾，乃召道濟及江州刺史王弘[75]入朝；五月，皆至建康，以廢立之謀[76]告之。

甲申[77]，謝晦以領軍府[78]屋敗，悉令家人出外，聚將士於府內；又使中書舍人邢安泰、潘盛為內應[79]。夜，邀檀道濟同宿，晦悚動[80]不得眠，道濟就寢便熟，晦以此服之。

時帝於華林園[81]為列肆[82]，親自沽賣[83]，又與左右引船[84]為樂；夕，遊天淵池，即龍舟而寢。乙酉詰旦[85]，道濟引兵居前，羨之等繼其後，入自雲龍門[86]；安泰等先誡宿衛[87]，莫有禦[88]者。帝未興[89]，軍士進殺二侍者，傷帝指，扶出東閤，收璽綬。羣臣拜辭，衛送故太子宮[90]。

侍中程道惠勸羨之等立皇弟南豫州刺史義恭，羨之等以宜都王義隆[91]素有令望[92]，又多符瑞[93]，乃稱皇太后令[94]，數帝過惡，廢為營陽王，以宜都王纂承大統[95]；赦死罪以下。又稱皇太后令：「奉還璽紱[96]」，并廢皇后為營陽王妃，遷營陽王於吳[97]。使檀道濟入守朝堂。王至吳，止金昌亭[98]。六月癸丑[99]，羨之等使邢安泰就弒之。王多力，突[100]走出昌門[101]，追者以門關[102]踣[103]而弒之。

裴子野[104]論曰：「古者人君養子，能言[105]而師授之辭[106]，能行而傅相之禮[107]。宋之教誨[108]，雅異於斯[109]，居中則任僕妾[110]，處外則近趨走[111]。太子、皇子，有帥，有侍[112]，是二職者，皆臺皁[113]也。制其行止[114]，授其法則，導達臧否[115]，罔弗由之[116]。言不及於禮義，識不達於今古，謹敕[117]者能勸之以吝嗇[118]，狂愚者或誘之以凶慝[119]。雖有師傅，多以耆艾[120]大夫為之；雖有友及文學[121]，多以膏粱年少[122]為之。具位[123]而已，亦弗與遊[124]。幼王臨州[125]，長史行事[126]；宣傳教命〔3〕，又有典籤[127]。往往專恣，竊弄威權，是以本根〔4〕雖茂[128]而端良甚寡[129]。嗣君[130]沖幼[131]，世繼姦回[132]。雖惡物醜類，天然自出，然習則生常[133]，其流遠矣。降及太宗[134]，舉天下而棄之[135]，亦昵比之為[136]也。嗚呼！有國有家[137]，其鑒之矣[138]！」

傅亮帥行臺[139]百官奉法駕迎宜都王于江陵。祠部尚書[140]蔡廓至尋陽[141]，遇疾不堪前[142]。亮與之別。廓曰：「營陽[143]在吳，宜厚加供奉[144]。一旦不幸，卿諸人有弒主之名。欲立於世，將可得邪？」時亮已與羨之議害營陽王，乃馳信[145]止之，不及[146]。羨之大怒曰：「與人共計議[147]，如何旋背[148]即賣惡於人[149]邪？」羨之等又遣使者殺前廬陵王義真於新安。

羨之以荊州地重[150]，恐宜都王至，或別用人，乃亟[151]以錄命[152]除[153]領軍將軍謝晦行[154]都督荊、湘等七州諸軍事、荊州刺史，欲令居外為援，精兵舊將，悉以配之[155]。

秋，七月，行臺至江陵，立行門[156]於城南，題曰「大司馬門」[157]。傅亮帥百僚詣門上表[158]，進璽紱[159]，儀物甚盛。宜都王時年十八，下教[160]曰：「猥[161]以不德[162]，謬降大命[163]，顧己兢悸[164]，何以克堪[165]？輒當暫歸朝廷[166]，展哀陵寢[167]，并與賢彥[168]申寫所懷[169]。望體其心，勿為辭費[170]。」府州佐史[171]並稱臣[172]，請題牓諸門[173]，一依宮省。王皆不許。教州、府、國綱紀[174]宥所統內見刑[175]，原逋責[176]。

諸將佐聞營陽、廬陵王死，皆以為疑，勸王不可東下。司馬王華[177]曰：「先帝有大功於天下，四海所服。雖嗣主不綱[178]，人望未改。徐羨之中才寒士[179]，傅亮布衣諸生[180]，非有晉宣帝[181]、王大將軍[182]之心明矣；受寄崇重，未容[183]遽敢背德。畏廬陵[184]嚴斷[185]，將來必不自容[186]；以殿下寬叡慈仁，遠近所知，且越次奉迎[187]，冀以見德[188]。悠悠之論[189]，殆必不然。又，羨之等五人[190]，同功並位，孰肯相讓？就[191]懷不軌，勢必不行。廢王若存[192]，慮其[193]將來受禍，致此殺害[194]。蓋由貪生過深[195]，寧敢一朝頓懷逆志[196]？不過欲握權自固，以少主仰待[197]耳。殿下但當長驅六轡[198]，以副[199]天人之心。」王曰：「卿復欲為宋昌[200]邪？」長史王曇首[201]、南蠻校尉到彥之[202]皆勸王行。曇首仍陳天人符應[203]，王乃曰：「諸公受遺[204]，不容背義[205]。且勞臣舊將，內外充滿，今兵力[206]又足以制物[207]，夫何所疑？」乃命王華總後任，留鎮荊州。王欲使到彥之將兵前驅[208]，彥之曰：「了彼不反[209]，便應朝服順流[210]；若使有虞[211]，此師[212]既不足恃，更開嫌隙之端[213]，非所以副遠邇之望[214]也。」會雍州刺史褚叔度卒，乃遣彥之權鎮襄陽[215]。

甲戌[216]，王發江陵，引見傅亮，號泣，哀動左右。既而問義真及少帝薨廢本末，悲哭嗚咽，侍側者莫能仰視。亮流汗沾背，不能對；乃布腹心[217]於到彥之、王華等，深自結納[218]。王以府州文武嚴兵自衛，臺所遣百官眾力[219]不得近部伍[220]。中兵參軍[221]朱容子抱刀處王所乘舟戶外，不解帶者累旬[222]。

魏主還宮[223]。

秦王熾磐遣太子暮末帥征北將軍木弈干等步騎三萬，出貂渠谷[224]，攻河西白草嶺[225]、臨松郡[226]，皆破之，徙民二萬餘口而還。

八月丙申[227]，宜都王至建康，羣臣迎拜於新亭[228]。徐羨之問傅亮曰：「王可方誰？」亮曰：「晉文、景[229]以上人。」羨之曰：「必能明我赤心[230]。」亮曰：

「不然[231]。」

丁酉[232]，王謁初寧陵[233]，還，止中堂[234]。百官奉璽綬，王辭讓數四，乃受之，即皇帝位于中堂。備法駕[235]入宮，御[236]太極前殿，大赦，改元，文武賜位二等[237]。

戊戌[238]，謁太廟。詔復廬陵王先封[239]，迎其柩及孫脩華[240]、謝妃[241]還建康。

庚子[242]，以行荊州刺史謝晦為真[243]。晦將行，與蔡廓別，屏人問曰：「吾其免乎[244]？」廓曰：「卿受先帝顧命[245]，任以社稷[246]，廢昏立明，義無不可；但殺人二兄[247]而以之北面[248]，挾震主之威，據上流之重[249]，以古推今，自免為難[250]。」晦始懼不得去[251]，既發，顧望石頭城，喜曰：「今得脫矣！」

癸卯[252]，徐羨之進位司徒，王弘[253]進位司空，傅亮加開府儀同三司，謝晦進號衛將軍[254]，檀道濟進號征北將軍[255]。

有司奏車駕[256]依故事[257]臨華林園聽訟[258]。詔曰：「政刑多所未悉[259]，可如先者[260]，二公推訊[261]。」

帝以王曇首、王華為侍中，曇首領[262]右衛將軍。華領驍騎將軍，朱容子為右軍將軍。

甲辰[263]，追尊帝母胡婕妤曰章皇后[264]。封皇弟義恭為江夏王[265]，義宣為竟陵王[266]，義季為衡陽王[267]。仍以義宣為左將軍，鎮石頭[268]。

徐羨之等欲即以到彥之為雍州[269]，帝不許；徵彥之為中領軍，委以戎政[270]。彥之自襄陽南下[271]，謝晦已至鎮[272]，慮彥之不過己[273]。彥之至楊口[274]，步往江陵[275]，深布誠款[276]，晦亦厚自結納。彥之留馬及利劍、名刀以與晦，晦由此大安。

柔然紇升蓋可汗聞魏太宗[277]殂，將六萬騎入雲中[278]，殺掠吏民，攻拔盛樂宮[279]。魏世祖自將輕騎討之，三日二夜至雲中。紇升蓋引騎圍魏主五十餘重，騎逼馬首[280]，相次如堵[281]。將士大懼，魏主顏色自若，眾情乃安。紇升蓋以弟子於陟斤[282]為大將，魏人射殺之。紇升蓋懼，遁去。尚書令劉絜言於魏主曰：「大檀[283]自恃其眾，必將復來。請俟收田畢，大發兵為二道，東西並進以討之。」魏主然之。

九月丙子[284]，立妃袁氏為皇后，耽之曾孫[285]也。

冬，十月，吐谷渾威王阿柴卒。阿柴有子二十人，疾病，召諸子弟謂之曰：「先公車騎[286]，以大業之故[287]，捨其子拾虔而授孤。孤敢私於緯代[288]而忘先君之志[289]乎？我死，汝曹當奉慕璝為主。」緯代者，阿柴之長子。慕璝者，阿柴之母弟、叔父烏紇提[290]之子也。

阿柴又命諸子各獻一箭，取一箭授其弟慕利延使折之，慕利延折之；又取十九箭使折之，慕利延不能折。阿柴乃諭之曰：「汝曹知之乎？孤則易折，眾則難摧。汝曹當勠力(291)一心，然後可以保國寧家。」言終而卒。

慕璝亦有才略，撫納[5]秦、涼失業之民及氐、羌雜種至五六百落，部眾轉盛。

十二月，魏主命安集將軍長孫翰、安北將軍尉眷北擊柔然，魏主自將屯柞山(292)。柔然北遁，諸軍追之，大獲而還。翰，肥(293)之子也。

詔拜營陽王母張氏為營陽太妃。

林邑王范陽邁(294)寇日南、九德(295)諸郡。

宕昌王梁彌怱(296)遣子彌黃入見于魏。宕昌，羌之別種也。羌地東接中國，西通西域，長數千里，各有酋帥，部落分地(297)，不相統攝(298)。而宕昌最彊，有民二萬餘落，諸種畏之。

夏主將廢太子璝(299)而立少子酒泉公倫(300)。璝聞之，將兵七萬北伐倫。倫將騎三萬拒之，戰于高平(301)，倫敗死。倫兄太原公昌將騎一萬襲璝，殺之，并其眾八萬五千，歸于統萬(302)。夏主大悅，立昌為太子。

夏主好自矜大，名其四門：東曰「招魏(303)」，南曰「朝宋(304)」，西曰「服涼(305)」，北曰「平朔(306)」。

【章　旨】以上為第一段，寫宋文帝元嘉元年（西元四二四年）一年間的大事。主要寫了徐羨之、謝晦等以皇帝劉義符「狎近小人」與「在宮中練兵」為口實將其廢黜，並將其殘酷地殺害在吳縣；寫了徐羨之等以廬陵王劉義真親近顏延年、謝靈運、慧琳和尚為「構扇異同，非毀執政」，先將其廢為庶人，又將其殺害於新安；寫傅亮率朝廷百官到江陵迎接宜都王劉義隆進京為帝，劉義隆的僚屬王華、王曇首、到彥之等分析形勢後，勸劉義隆火速進京；寫劉義隆進京後即位為帝，對徐羨之、傅亮、謝晦等都加官進爵，極力將其穩住，而傅亮則已經預感到大難就要臨頭了；此外還寫了柔然人乘魏主拓跋燾新上臺之際南侵雲中，攻佔盛樂宮，拓跋燾射殺其大將，柔然人退走；吐谷渾王阿柴臨終傳位於其弟並教訓諸子團結合作；以及夏國內部的叛亂與夏主赫連勃勃的「好自矜大」等等。

【注　釋】❶太祖文皇帝　名義隆，劉裕之第三子，劉義符與劉義真之弟。太祖是廟號，文字是諡。❷丙寅　正月初四。❸安定殤王彌　即拓跋彌，拓跋嗣之子，拓跋燾之弟，安定是其封號，殤是其諡。❹營陽王　即當時的皇帝劉義符，被廢黜後始稱營陽王。傳見《宋書》卷四。❺狎暱　不嚴肅、不正當的親近。❻特進致仕　以「特進」的封號退休在家。特進，官號名，凡大臣功德優盛為朝廷所敬重，則賜號「特進」，位在三公之下。致仕，交出職權退休。❼封事　給皇帝上表章的一種，因是封裝於函內，不令別的人看，故稱「封事」。按，出頭上封事者是范泰，背後指使者肯定是當時掌大權的野心家。❽鼓鞞　軍中的戰鼓。❾黷武掖庭　在皇宮裡操練士兵，舞刀弄槍。黷武，好武；好戰。看似愛好，實為褻瀆。這是當時權臣們加給劉義符的「罪名」。掖庭，指妃嬪所居住的皇宮正殿兩側的屋舍。這裡泛指宮廷。❿省闥　宮省的大門。⓫生遠近之怪　讓身邊的人與遠方的人都感到奇怪。⓬實同高宗諒闇之美　是想讓你學習商朝武丁在他為父親守孝期間只管悲哀，不過問朝廷的一切政事的美德。高宗，指商朝的帝王武丁，廟號高宗，是商朝中期最有作為的帝王。事見《史記‧殷本紀》。諒闇，躲在屋裡守孝，朝政一概委之大臣。據說武丁上臺後，曾「諒闇」三年。劉義符身邊的權臣們當然希望劉義符也能如此。⓭經世　治理國家。⓮甯　即范甯，東晉後期的著名經學家，著有《穀梁傳集解》，孝武帝時曾為豫章太守。傳見《晉書》卷七十五。⓯南豫州　州治歷陽，即今安徽和縣。⓰廬陵王義真　即劉義真，劉裕的第二子，被封為廬陵王。傳見《宋書》卷六十一。⓱警悟　聰明。⓲愛文義　喜愛並擅長文章、文學一類的事物。⓳輕易　不穩重，好輕舉妄動。這也是當時諸臣所加的評語。⓴謝

靈運　東晉名將謝玄之孫，山水詩的開創者，時任太子警衛軍的統領。傳見《宋書》卷六十七。㉑員外常侍顏延之　員外常侍是員外散騎常侍的簡稱，皇帝的侍從人員，以備參謀顧問。顏延之字延年，當時有名的文學家。傳見《宋書》卷七十三。㉒慧琳道人　這裡的「道人」指和尚，名慧琳。㉓情好款密　感情密切。㉔得志　指篡位稱帝。㉕西豫州　即劉宋的豫州，州治壽陽，即今安徽壽縣。㉖褊傲　狹隘、傲慢。㉗以文義處之　只給他一個文祕方面的職務。㉘不以為有實用　不認為他有處理政務的才能。㉙宜參權要　應該參與國家大政的決策。㉚憤邑　憤慨、鬱悶。㉛含　即顏含，東晉初期的名臣，在家以孝友著稱，為官有政績。傳見《晉書・孝友傳》。㉜從容戒之　隱約委婉地勸告他。㉝空疏　眼高手低，大言無實。㉞隘薄　狹隘、淺薄。㉟魏文帝　曹操之子曹丕，三國曹魏政權的建立者，西元二二〇至二二六年在位，死後諡曰文。㊱古今文人類不護細行　語見曹丕的〈又與吳質書〉。不護細行，即不修小節。㊲性情所得　猶言「感情上合得來」。㊳未能忘言於悟賞　不能捨棄這種彼此的知心、理解。忘言，指忘懷、丟掉。悟賞，欣賞、理解。㊴構扇異同　猶今之所謂「挑撥矛盾」、「煽動是非」。㊵非毀執政　誹謗執政大臣，即指徐羨之、傅亮等人。㊶永嘉　郡名，郡治即今浙江溫州。㊷始安　郡名，郡治即今廣西桂林。㊸至歷陽　來到南豫州刺史的任上。劉義真在劉裕死前已被任為南豫州刺史，但因喪事耽擱，過後才來上任。㊹多所求索　指向朝廷要職要權。㊺裁量　壓抑、減少。㊻何尚之　劉裕時代的部屬，此時為劉義真的諮議參軍。傳見《宋書》卷六十六。㊼新安郡　郡治在今浙江淳安西北。㊽前吉陽令堂邑張約之　曾經任過吉陽縣令的堂邑郡人張約之。吉陽縣的縣治即今江西吉水縣。堂邑是郡名，郡治在今江蘇六合北。㊾優慈　優待、寵愛。㊿在心必言　心裡有什麼就說什麼。51所懷必亮　所想的都是大公無私的事情。52容犯臣子之道　也許在做臣、做子的規矩上有些過失。容，或許；可能。53致招驕恣之愆　從而犯下了一些驕縱放任的毛病。54天姿夙成　生來的本質天性。姿，同「資」。55實有卓然之美　其品質實在是很優秀的。56容養　寬容；包涵。57錄善掩瑕　取其長，藏其短。58訓盡義方　應該用好的方法努力地加以教導。59進退以漸　即使要貶斥也得循序漸進。漸，逐漸；按步驟。60猥加剝辱　強行罷官摧辱，指廢為庶人，竄流遠郡。猥，曲加。61常棣之篤　指兄弟友愛之情。因《詩經・常棣》是一篇寫兄弟情誼的詩，故後代常以此代指兄弟情誼。62恇然失圖　茫然不知如何是好。63開基造次　指建國的時間不長。造次，匆忙之間。64廣樹藩戚　更多地封立兄弟子姪為王為侯。藩戚，為王為侯的親屬。65敦睦以道　以正道加強內部的團結。66懿弟　品質美好的兄弟。67一眚　一點小過失。68長致淪棄　被長期地拋棄在下層。69梁州府　梁州都督府。梁州的州治即今陝西漢中。70尋殺之　不久又將張約之殺掉。按，在此之前徐羨之等已為劉義真強加了不少罪名，讀者或不能看破。現又詳載張約之的一道表章，已為劉義真洗刷清楚。為此徐羨之竟將張約之置於死地，其狼子野心已昭然若揭。(71)四月甲辰　四月十四。(72)大寧　今河北張家口。(73)白苟車孚崔提旁為　皆當時的少數民族部落名，大約活動在今青海東南部、四川西北部一帶地區。(74)先朝舊將　上一輩皇帝手下的老將。(75)王弘　王導的曾孫，劉裕的親信。傳見《晉書》卷四十一。(76)廢立之謀　廢掉現任皇帝，另立他人為帝的陰謀。(77)甲申　五月二十四。(78)領軍府即謝晦的官舍。當時謝晦任領軍將軍，負責皇帝劉義符的警衛工作。(79)內應　邢安泰、潘盛任中書舍人，負責為皇帝起草、管理文件，是皇帝身邊的官員，故召之為內應。(80)悚動　內心緊張不安。(81)華林園　與下文的「天淵池」都是洛陽宮廷裡的建築。東晉建國後，在建康城內重建宮苑，有些仍以洛陽的園池為名。華林園在建康宮廷內的北部。(82)列肆　櫃臺；買賣攤點。(83)沽賣　售貨。(84)引船　拉縴。(85)乙酉詰旦　五月二十五的凌晨。(86)入自雲龍門　從雲龍門殺了進來。(87)先誡宿衛　事先告訴守門值勤的士兵。(88)禦　抵抗。(89)未興　尚未起床。(90)故太子宮　此前為太子時所住的宮殿。(91)宜都王義隆　即劉義隆，劉裕的第三子，被封為宜都郡王。宜都郡的郡治即今湖北宜都，在宜昌東南，都城建康的西方。(92)令望　好名聲。(93)多符瑞　有很多與劉義隆相關的「吉祥」徵兆。據記載，景平初，曾有「黑龍」出現於西方，五色雲隨之；二年，江陵上空有紫雲，望氣者以為這都是新帝王將出現之符，當在西方。又說，江陵一帶的長江中有九十九個小洲，當地的歌謠有所謂「洲滿百，當出王者」，這時江中忽然又冒出了一個小洲云云。(94)乃稱皇太后令　以皇太后的名義下命令。(95)纂承大統　繼承皇帝位。(96)奉還璽紱　命令劉義符交回皇帝的印璽和綬帶。(97)吳　即今江蘇蘇州。(98)金昌亭　位於當時蘇州城的閶門內。(99)六月癸丑　六月二十四。(100)突　衝出。(101)昌門　今寫作「閶門」，當時吳都城的西郭門。(102)門關　門栓。(103)踣　跌倒，這裡指打倒。(104)裴子野　南朝梁代的文史學家，著有《宋略》。下面的文字即引自該書。(105)能言　開始學說話。(106)師授之辭　有專門的老師教給他說話。師，周代「師氏」的簡稱，負責教育國子（帝王、王公的子弟）。(107)傅相之禮　有專門的師傅幫著他學習禮儀。傅，與上文「師」的職責略同，後代有「太子太傅」、「太子少傅」等官。相，幫助，這裡也是「教導」的意思。(108)宋之教誨　宋代的教育子弟。誨，也是「教」的意思。(109)雅異於斯　素來與古代的這種傳統做法不一樣。雅，素來；一貫。斯，此。(110)居中則任僕妾　在宮裡的時候是交給太監、宮女們侍候。(111)處外則近趨走　派到地方上為官時便和一些供役使的人混合一起。趨走，指跟前聽使喚、供差遣的下級官吏。趨，小步疾行，臣子、下級在君父、長官跟前走路的一種特定姿勢。(112)有帥二句　帥，指負責警衛的武官、將領。侍，指充當顧問的文職人員。(113)皆臺皁　（對於太子、皇子而言）都是奴僕一類的人。臺、皁都是奴僕的不同稱呼，《左傳》中有所謂「士臣皁，僕臣臺」云云。(114)制其行止　管制太子、皇子的能幹什麼與不准幹什麼。(115)導達臧否　引導、告訴太子、皇子什麼叫好，什麼叫壞。臧，善。否，不善。(116)罔弗由之　沒有一樣不是按著他們的意思辨。[117]謹敕　指為人謹慎、小心。[118]勸之以吝嗇　勸導、鼓勵他們省吃儉用，當守財奴。[119]誘之以凶慝　引誘太子、皇子們為非作歹。[120]耆艾　指年老的人。[121]友及文學　太子友、太子文學，都是太子、皇子周圍的輔導官名。[122]膏粱年少　猶言「紈袴子弟」。膏粱，富人家的吃食，這裡即指富人。[123]具位　猶言「掛名」、「充數」，任其職而不管事。[124]弗與遊　不與太子、皇子們一起活動，根本就不見面。[125]幼王臨州　年幼的皇子被派到外面擔任州刺史。劉裕滅秦後，留劉義真在關中主事，當時劉義真十二歲；劉義隆任荊州刺史時也是十二歲。[126]長史行事　由長史代替他行使職權。長史是官名，三公、將軍、刺史等大員的高級僚屬，為諸史之長，位高權重。行事，行使州刺史的大權。[127]典籤　官名，在諸王身邊主管文書。因為當時諸王年幼，典籤多為皇帝派出的親信充任，所以權力甚大。[128]本根雖茂　指帝王的兒女眾多。[129]端良甚寡　正直、善良的不多。[130]嗣君　剛上臺的小皇帝。[131]沖幼　年齡幼小。沖，虛弱。[132]世繼姦回　在朝掌權的大臣又都是一批接一批的壞人。姦，險惡。回，心術不正。[133]習則生常　風氣形成，見怪不怪。[134]降及太宗　發展到宋明帝劉彧。劉彧的廟號太宗，西元四六五至四七一年在位。[135]舉天下而棄之　指劉彧死後，國家政權遂落入蕭道成之手，此後再經過兩個小傀儡的短暫過渡，劉宋王朝遂被蕭氏所篡奪。[136]亦昵比之為　也是寵幸其身邊小人的結果。昵，不正當的親近。[137]有國有家　指後代的帝王。[138]其鑒之矣　可要引此為教訓哪。[139]行臺　中央朝廷的派出機構，其格局與朝廷略同。因朝廷不能離開京城，故稱赴江陵迎駕的百官群體叫「行臺」。[140]祠部尚書　主管國家的禮儀、祭祀活動的主官，後世改稱為「禮部尚書」。[141]尋陽　即今江西九江。[142]不堪前　不能再向西走了。按，蔡廓不滿意徐羨之、傅亮等人的廢立陰謀，但又不敢公然反對，於是用裝病的手段避開這種「廢舊立新」的具體操作過程。[143]營陽　指被廢的劉義符，時稱營陽王，被拘押在吳郡。[144]厚加供奉　好好地對待他，盡量讓他生活得好一些。[145]馳信　派使者飛快地趕到京城。信，信使；使者。[146]不及　沒能趕上，指徐羨之已經把營陽王劉義符殺了。[147]與人共計議　和我商量好的事情。人，此處即稱自己。[148]旋背　猶今之所謂「一轉身」，極言其快。[149]賣惡於人　把壞名聲推給別人，指去對別人私下言講。[150]地重　地位重要。[151]亟　迅速。[152]以錄命　用錄尚書事的命令。當時徐羨之任錄尚書事。[153]除　選任；任命。[154]行　代理。[155]悉以配之　全部調撥給謝晦支配。[156]行門　行臺的正門，也就是臨時宮殿的正門。[157]題曰大司馬門　意即在劉義隆稱皇帝之前先任以為「大司馬」之職。大司馬在群臣中是地位、權力最高的官。[158]上表　意即尊劉義隆為皇帝。[159]進璽紱　猶言「進璽綬」，即將玉璽及其綬帶進呈給劉義隆。紱，印的綬帶。[160]教　文體名，古代以稱諸侯王或將相大臣所下的命令、條教。[161]猥　謙詞，猶言「曲蒙」，亦即今天所說的「不好意思」。[162]不德　謙稱自己。[163]謬降大命　意即將任命為皇帝的命令下達給我。謬，也是謙詞。以上兩句連起來的意思是，就憑我這麼個才德不高的人，曲蒙你們讓我去當皇帝。(164)顧己兢悸　審視自己的德能，深感戰慄不安。顧己，自省。(165)何以克堪　我怎麼承擔得起呢。(166)輒當暫歸朝廷　我應該首先回到朝廷。暫，立即；首先。(167)展哀陵寢　哭祭父親（劉裕）的陵墓，向先人稟告現在的一切。(168)賢彥　指朝廷裡的英賢，即眼下的掌權人物。(169)中寫所懷　猶今之所謂「談談我的想法」。(170)勿為辭費　即「不要再說沒用的話」。(171)府州佐史　指都督府和刺史府裡的僚屬們。(172)並稱臣　都向劉義隆稱「臣」，意即稱劉義隆為皇帝。(173)題牓諸門　給現在居住的房子題名為某宮某殿。牓，書寫並懸掛匾額。(174)教州府國綱紀　命令荊州刺史府、都督府、宜都王府三個機構中的主要僚屬。綱紀，猶今所謂「骨幹」，指高級僚屬，如長史、司馬、典籤等職。(175)宥所統內見刑　意即在各自所統轄的範圍內實行大赦。宥，寬饒。所統，劉義隆所統轄的部門與區域之內。見刑，現被拘押、服刑的犯人。(176)原逋責　赦免百姓們過去所欠州、府、國的各種賦稅。逋責，所虧欠的錢糧。逋，逃，這裡即指虧欠。責，同「債」。(177)王華　字子陵，劉裕的舊部屬，後成為劉義隆的元勳。傳見《宋書》卷六十三。(178)嗣主不綱　指劉義符被廢，沒能繼承統治下去。(179)中才寒士　一個中等才幹的出身門第不高的人。寒士，寒門出身的人，與「士族」、「豪族」相對而言，並非指窮人與被壓迫階級。(180)布衣諸生　一個寒門出身的知識分子。布衣，非門閥士族出身的人，不是指平民、百姓。前文永初三年也稱徐羨之「起自布衣」。諸生，指從小念儒家經典。《宋書・傅亮傳》說他「博涉經史，尤善文詞」。(181)晉宣帝　指司馬懿，曾殺掉曹魏大將軍曹爽，將魏主曹芳拘為自己的傀儡。事見本書卷七十五嘉平元年。(182)王大將軍　指王敦，曾擁兵進京自己稱帝。事見本書卷九十三太寧二年。(183)未容　不會；不可能。(184)廬陵　指廬陵王劉義真。(185)嚴斷　嚴明、有決斷。(186)必不自容　絕對饒不了他們。(187)越次奉迎　越過哥哥立弟弟。劉義真是劉義隆之兄，為立劉義隆而殺死了劉義真。(188)冀以見德　希望日後您能感念他們的恩情。(189)悠悠之論　外面的一般淺俗看法，指「勸王不可東下」者之所說。(190)羨之等五人　即徐羨之、傅亮、謝晦、檀道濟、王弘五人。(191)就　即便。(192)廢主若存　如果讓被廢的皇帝劉義符活著。(193)慮其　擔心他們自己。(194)致此殺害　因此他們才將廢帝殺害了。(195)貪生過深　是由於他們過於怕死，過於為他們的安全作考慮。(196)頓懷逆志　突然興起造反篡位之心。(197)以少主仰待　想把您當做小孩子看待。仰待，意即對待，由於是對著皇帝說話，故用「仰」字，以示委婉。(198)長驅六轡　指毫不遲疑地快馬進京。當初周勃、陳平誅滅諸呂派人至代迎劉恆時，劉恆當即「乘六乘傳」入長安。事見本書卷十三呂后八年。六轡，即漢文帝的「六乘傳」，六匹馬拉的車子。(199)副　滿足；順應。(200)復欲為宋昌　也想當「宋昌」啦。宋昌是漢文帝為代王時的中尉。周勃、陳平滅諸呂後，派人至代迎代王進京，許多人勸代王不要相信，宋昌分析形勢，力勸代王速往。事見本書卷十三呂后八年。(201)王曇首　王弘之弟，先為劉裕部屬，後成為劉義隆的元勳。傳見《宋書》卷六十三。(202)到彥之姓到名彥之，劉裕部下的名將，後為南蠻校尉，遂成為劉義隆的僚屬。傳見《南史》卷二十五。203仍陳天人符應　大量引用有關劉義隆的種種奇特現象，即前文所講過的「紫雲」、「黑龍」等鬼話。天人符應，「天人感應」說法中所講的「祥瑞」、「災異」以及「河圖」、「洛書」等等。204諸公受遺　指徐羨之、傅亮等接受劉裕的遺詔。205不容背義　不可能背叛道義。206兵力　指劉義隆荊州地區的武裝力量。207足以制物　完全可以控制形勢，制服叛逆。物，人。208將兵前驅　統兵為先遣隊，以掃除障礙。209了彼不反　既然斷定他們不會造反。了，猶言「明白」、「確信」。210朝服順流　身穿朝服不帶任何武裝地順長江而下。211若使有虞　如果朝廷有變故。虞，慮；變故。212此師　這支先遣隊。213更開嫌隙之端　更引起別人對我們的更大的不相信。214非所以副遠邇之望　這不是順應全國人心的做法。胡三省曰：「彥之此言誠合大理，而亦自知其才不足以制檀道濟也。」215權鎮襄陽　臨時代理雍州刺史褚叔度之職。當時晉宋時期的雍州州治即在襄陽，今湖北襄樊之襄陽區。216甲戌　七月十五。217布腹心　傾訴衷情，以求得人家理解。218深自結納　努力與他們搞好關係。219臺所遣百官眾力　朝廷所派來的迎駕百官與各種服務人員。臺，指朝廷。眾力，各種勞力，侍候人的奴僕。220不得近部伍　不能接近劉義隆身邊的團隊。221中兵參軍　劉義隆貼身警衛的頭領。222累旬　幾十天。223還宮　由大寧返回京城王宮。224貂渠谷　在今青海大通西北。225白草嶺　在今青海大通北。226臨松郡　郡治在今甘肅民樂西。227丙申　八月初八。228新亭　在當時建康城南的長江邊。229晉文景　晉文帝司馬昭、晉景帝司馬師，西晉政權的奠基者。事見《晉書》卷二。230明我赤心　明白我們對他的忠心。231不然　不一定。按，此時傅亮已預感到難以自免。232丁酉　八月初九。233初寧陵　劉裕的陵墓。234中堂　當時的太學所在地，在建康的臺城以南，秦淮河以北。235法駕　《史記索隱》引《漢官儀》曰：「天子鹵簿有大駕、法駕。大駕，公卿奉引，大將軍參乘，屬車八十一乘；法駕，公卿不在鹵簿中，唯京兆尹、執金吾、長安令奉引，侍中參乘，屬車三十六乘。」由此可知，「法駕」是僅次於「大駕」的一種儀仗隊。236御　用，這裡即指登上。237賜位二等　即今之所謂「升兩級」。238戊戌　八月初十。239先封　原有的封爵。240孫脩華　劉義真的生母。脩華是妃嬪的級別稱號，為九嬪之一，不是人名。241謝妃　劉義真之妃。242庚子　八月十二。243以行荊州刺史謝晦為真　以行……為真，由臨時代理改為正式任命。244吾其免乎　我可以免掉死亡了嗎。245顧命　臨終囑託。246任以社稷　把江山社稷委託給你們。247殺人二兄　殺了人家的兩個哥哥，指劉義符、劉義真。248以之北面　讓弟弟即位為帝，指立劉義隆為帝。249據上流之重　指位任荊州刺史。250自免為難　難以獲得活命。251懼不得去　害怕不能離開京城。252癸卯　八月十五。253王弘　王導的曾孫，王曇首之兄，劉裕的重要部屬。傳見《宋書》卷四十二。254進號衛將軍　謝晦原任領軍將軍，現進位為衛將軍。255進號征北將軍　檀道濟原為鎮北將軍，現進號為征北將軍。256車駕　此處是用以代稱皇帝。(257)依故事　按照過去的舊例。(258)臨華林園聽訟　皇帝到華林園聽有關官員審問犯人。此制度從曹魏以來形成。(259)多所未悉　很多事情自己不懂。(260)可如先者　可按先前的辦法做。(261)二公推訊　由司徒徐羨之、司空王弘兩位公爵進行審理。推訊，推問、審理，指朝廷複查重大的要案、疑案。(262)領　兼任。(263)甲辰　八月十六。(264)章皇后　劉裕之妃，劉義隆的生母。章字是謚。(265)義恭為江夏王　劉義恭為江夏郡王。江夏郡的郡治即今之武漢。(266)義宣為竟陵王　劉義宣為竟陵郡王。竟陵郡的郡治即今湖北鍾祥。(267)義季為衡陽王　劉義季為衡陽郡王。衡陽郡的郡治在今湖南衡山縣東北。(268)鎮石頭　以左將軍的職務駐兵石頭城。石頭城在當時建康城的西側，是當時京城的重要軍事區。(269)為雍州　即任雍州刺史。在此以前到彥之是「權鎮襄陽」，徐羨之欲用以為「真」。(270)委以戎政　因為中領軍當時不僅統率禁兵，而且還負責各軍事將領的考察、任命。(271)自襄陽南下　由漢水順流而下進入長江。(272)已至鎮　已經到了荊州刺史的任上。荊州的州治江陵，即今湖北荊州之江陵區。(273)不過己　不繞道來拜訪自己。過，過訪；拜會。(274)楊口　楊水與漢水的匯口名，在今湖北潛江縣北。楊水西端起自江陵，東端即是楊口，溝通了長江與漢水，從襄陽往江陵，應在楊口轉彎，進入楊水。(275)步往江陵　極力表示謙卑，極好的穩軍計。(276)深布誠款　努力表達誠摯友好之情。(277)魏太宗　指已去世的魏主拓跋嗣，廟號太宗。(278)雲中　郡名，郡治在今內蒙古和林格爾北，即下文所說的盛樂。(279)盛樂宮　盛樂是魏國先人什翼犍時代的都城，什翼犍曾建築新城於舊城之南八里，並建造了盛樂宮以居之。(280)騎逼馬首　柔然的騎兵一直逼到拓跋燾的馬前。(281)相次如堵　一道道地排列著像牆壁一樣。(282)於陟斤　人名，紇升蓋可汗之姪。(283)大檀　即紇升蓋可汗，名大檀。「紇升蓋」在鮮卑語中是制勝的意思。(284)九月丙子　九月十八。(285)眈之曾孫　新皇后是袁眈的曾孫女。袁眈字彥道，以參與平蘇峻之亂，封秭歸男。傳見《晉書》卷八十三。(286)先公車騎　我們的先人車騎將軍。吐谷渾的上代國君即樹洛干，阿柴之兄，曾自號為車騎將軍。(287)以大業之故　為了國家政權的安穩。(288)私於緯代　偏向自己的兒子緯代，把國家政權傳給他。(289)先君之志　指要建立一個強大的部族國家。(290)烏紇提　阿柴之叔。阿柴之父視羆死後，烏紇提妻阿柴母而生慕璝、慕利延。故阿柴與慕璝、慕利延為同母異父。(291)勠力　併力；合力。(292)柞山　約在今山西右玉西。(293)肥　即長孫肥，拓跋珪的著名將領。傳見《魏書》卷二十六。(294)林邑王范陽邁　林邑國的國王名范陽邁。林邑是越南境內的古代小國名，當時的疆域約在今越南中南部地區。(295)日南九德　二郡名，日南郡的郡治象林，即今越南順化，九德郡的郡治即今越南榮市，二郡當時都屬劉宋。(296)宕昌王梁彌怱　宕昌是羌族部落名，當時居住在今甘肅東南部，其頭領名梁彌怱，首都宕昌城，在今甘肅宕昌縣西南。(297)部落分地　各部落分佔一方。(298)不相統攝　誰也不能管轄誰。(299)太子璝　即赫連璝，當時為錄南臺事，駐兵長安。(300)酒泉公倫　即赫連倫。(301)高平　今寧夏固原。(302)統萬　當時夏國的都城，即今內蒙古烏審旗西南的白城子。303招魏　招魏國來降。304朝宋　使劉宋來朝。305服涼　使沮渠蒙遜的北涼歸服。306平朔　蕩平遙遠的北方，指柔然等部族。

【校　記】1威　據章鈺校，甲十六行本作「畏」。2常　據章鈺校，孔天胤本作「棠」。3命　據章鈺校，孔天胤本作「令」，熊羅宿《胡刻資治通鑑校字記》同。4根　據章鈺校，甲十六行本、乙十一行本、孔天胤本皆作「枝」。5納　原無此字。據章鈺校，甲十六行本、乙十一行本、孔天胤本皆有此字，張敦仁《通鑑刊本識誤》同，今據補。

【語　譯】太祖文皇帝上之上

元嘉元年（甲子　西元四二四年）

春季，正月，北魏改年號為「始光」。○初四日丙寅，北魏安定殤王拓跋彌去世。

宋少帝劉義符在給自己的父親宋武帝劉裕服喪期間，違背禮法規定，與自己身邊的侍從人員經常有一些不嚴肅、不正當的親密舉動，而且嬉戲遊耍，毫無節制。以「特進」的封號告老還鄉的范泰給宋少帝劉義符上了一道密封的奏章，范泰在密奏中說：「聽說陛下時常到後園演練武功，宮中擂動戰鼓的聲音都傳到了皇宮以外。在皇宮之內操練士兵，舞刀弄槍，宮門以內喧譁吵鬧，陛下這樣做不但不能威懾四方的夷族，反倒足以令身邊的人與遠方的人感到奇怪。陛下登上皇帝寶座，把朝政委託給宰輔大臣，是想讓陛下學習商朝高宗武丁在為他父親守孝期間只管悲哀，不過問朝廷的一切政事的美德；然而，陛下卻親近那些卑微的小人物，恐怕不是從維護國家利益的角度考慮，為治理國家考慮。」少帝沒有接受老臣范泰的規勸。范泰，是東晉後期著名經學家范甯的兒子。

宋國擔任南豫州刺史的廬陵王劉義真，為人機警，悟性很強，又喜愛文學，擅長寫作文章一類的事物，只是性情不夠穩重，好輕舉妄動，他與擔任太子左衛率的謝靈運、擔任員外常侍的顏延之、慧琳道人關係親密友好。廬陵王劉義真曾經說：「一旦我做了皇帝，一定要任用謝靈運、顏延之為宰相，任用慧琳道人為西豫州都督。」謝靈運，是謝玄的孫子，為人心胸狹隘，態度傲慢，不遵守法度，所以朝廷只給了他一個文祕方面的職務，不認為他有處理政務的才能。謝靈運卻認為憑自己的才能應該參與國家大政的決策，因此心中一直感到懷才不遇而憤憤不平。顏延之，是顏含的曾孫，嗜酒如命，行為放縱。擔任司空的徐羨之等討厭廬陵王劉義真與謝靈運、顏延之等人交往，劉義真的舊部下范晏也曾經隱約委婉地規勸過廬陵王劉義真，劉義真卻說：「謝靈運眼高手低，好說大話卻缺乏實際才能，顏延之心胸狹隘，見識淺薄，正是魏文帝曹丕所說的『從古到今，文人大多都不拘小節』的那種人；只是與他們性情相投，不能捨棄這種彼此的知心、理解罷了。」於是徐羨之等人便認為謝靈運、顏延之挑撥矛盾、煽動是非，誹謗、詆毀執政的朝廷大臣，遂將謝靈運外放為永嘉太守，外放顏延之為始安太守。

宋國廬陵王劉義真來到歷陽之後，便經常向朝廷索要職權，在朝中執政的大臣往往對劉義真的索求進行壓抑或減少，不完全滿足劉義真的要求。劉義真因此對擔任司空的徐羨之等朝廷重臣深懷怨恨，多次表達內心的不滿情緒，又上表請求返回京師建康。擔任諮議參軍的廬江人何尚之屢次對劉義真進行規勸，劉義真都不肯聽從。當時徐羨之等已經在密謀廢掉少帝劉義符，如果按照長幼次序，當立者應該是劉義真，這是徐羨之等最不願意看到的；於是便利用劉義真與少帝之間的矛盾，先行奏請，並開列了劉義真的許多罪狀，少帝劉義符遂剝奪了劉義真的爵位，將廬陵王劉義真貶為平民，流放到新安郡。曾經擔任過吉陽縣令的堂邑郡人張約之上疏給少帝劉義符說：「廬陵王劉義真從小蒙受先帝的寵愛和優待，長大之後，又受到陛下和睦、友愛之恩，所以才心裡有什麼，嘴裡就說什麼，所想的都是大公無私的事情，或許會違背一些做臣、做子的規矩，致使犯下驕縱放任的毛病；但在他生來就有的本質與天性之中，確實具有超眾的才華。所以對他應該給以包容，任用他的長處，掩蓋他的短處，應該用好的方式方法努力地對他進行教導，即使要貶斥他也得有步驟過渡。如今卻一下子將他的一切爵位剝奪，廢為庶人，流放到遠方的邊郡，對上而言，有傷於陛下敦篤友愛的兄弟之情，對下而言，會使遠近的臣民驚慌失措。我俯首沉思，大宋建國的時間不長，皇室的枝葉還不繁茂，陛下應該更多地封立兄弟子姪為王為侯，與兄弟之間和睦相處，用正道來加強內部的團結。人生誰能不犯錯誤，貴在能夠知錯改錯。廬陵王劉義真，是武皇帝劉裕的愛子，是陛下品質美好的弟弟，豈能因為犯了一點小過失，就長期地將他捨棄放逐呢？」張約之的奏疏呈遞之後，朝廷便任命張約之為梁州府參軍，不久又將張約之殺死。

夏季，四月十四日甲辰，北魏太武帝拓跋燾前往魏國的東部地區巡視，抵達大寧。

西秦王乞伏熾磐派遣擔任鎮南將軍的吉毗等率領一萬名步兵、騎兵向南討伐白苟、車孚、崔提、旁為四個少數民族部落，這四個少數民族部落全都向西秦投降。

宋國擔任司空的徐羨之等認為擔任南兗州刺史的檀道濟是上一輩皇帝宋武帝劉裕手下的老將，其威望震懾朝廷，而且又手握強大的兵權，於是便將檀道濟以及擔任江州刺史的王弘徵召入朝；五月，檀道濟和王弘全都抵達京師建康，徐羨之等遂將準備廢掉少帝劉義符、另立他人為帝的陰謀告訴了檀道濟和王弘。

五月二十四日甲申，謝晦以領軍府房屋破敗為由，令家人全部離開，暫時搬到別處去住，而後在領軍府內集結將士；又派擔任中書舍人的邢安泰、潘盛在宮中作為內應。夜間，謝晦邀請檀道濟同住，謝晦因為心內緊張不安而無法入睡，而檀道濟沾枕頭就睡著了，謝晦因此對檀道濟非常佩服。

當時，宋少帝劉義符在華林園中排列了許多櫃臺、買賣攤點，並親自站在櫃臺前進行售貨，又與身邊的侍從一起拉縴取樂；到了傍晚，又到天淵池遊玩，當天晚上，就睡在龍舟之上。五月二十五日乙酉凌晨，檀道濟率軍在前，徐羨之等跟隨其後，從雲龍門進入皇宮；中書舍人邢安泰等已經事先告訴了擔任宿衛的軍士，因此，檀道濟等入宮，並沒有遭遇抵抗。少帝劉義符當時還沒有起床，軍士上前殺掉了二位侍從，碰傷了少帝劉義符的手指，然後挾持少帝離開東閣，收繳了他身上佩戴的皇帝璽印。群臣向少帝拜別，由軍士護送劉義符回到他當太子時所居住的宮殿。

擔任侍中的程道惠勸說司空徐羨之等擁立少帝的弟弟、擔任南豫州刺史的劉義恭，徐羨之等認為宜都王劉義隆一向享有很好的名聲，又有很多與劉義隆相關的祥瑞徵兆出現，於是便以皇太后的名義頒布命令，列數少帝劉義符的種種過錯，遂將劉義符廢黜為營陽王，擁立宜都王劉義隆繼承大統，登上皇帝寶座，赦免除去死刑犯以外的一切罪犯。又宣稱奉皇太后命令，令劉義符：「交回皇帝的印璽和綬帶」；同時將皇后司馬氏廢為營陽王妃，將營陽王劉義符遣送到吳郡。令檀道濟入朝守衛朝廷。營陽王劉義符到達吳郡，被軟禁在金昌亭。六月二十四日癸丑，徐羨之等指使擔任中書舍人的邢安泰前往金昌亭弒殺營陽王劉義符。營陽王劉義符力氣很大，他衝出昌門逃走，追殺的人用門閂將營陽王擊倒，然後殺死。

裴子野評論說：「古代的君主教養兒子，剛開始學習說話，就有專門的老師教他說話，剛會走路，就有專門的師傅幫助他學習禮儀。宋國皇帝對皇子的教育一向與古代的這種傳統做法不一樣，在皇宮之內，則把皇子交給太監、宮女們侍候，派到地方上為官時便和一些供役使的人混雜在一起。太子、皇子，都有負責擔任警衛的武官、將領和充當顧問的文職人員，而擔任這兩種職務的人都是地位很低的奴僕一類的人。管制太子、皇子能幹什麼與不應該幹什麼，以及引導、告訴太子、皇子們什麼叫好，什麼是壞，沒有一樣不是按照他們的意思去辦。而這些人口中從不談論什麼禮義，又見識短淺，不懂古今，為人謹慎小心的只是勸導、鼓勵太子、皇子吝惜財物，而那些生性狂妄愚蠢的人甚至會引誘太子、皇子為非作歹，走上邪惡的道路。宋朝雖然也為太子、皇子安排師傅，然而大多都是一些年紀在五、六十歲以上的老人擔任；雖然也為太子、皇子們設置了太子友、太子文學等輔導官員圍繞在太子、皇子的周圍，而大多又都由紈袴子弟充任。不過裝個樣子而已，即使如此，太子、皇子也不與這些人一起活動。年幼的皇子就被派到地方擔任州刺史，而代行州刺史職責的是那些擔任長史的人，由長史去推行教化、執行朝命；刺史府中還專門設有主管文書的典籤官。這些人往往竊弄權柄、專行恣肆、作威作福，所以宋國帝王的兒女雖然眾多，而正直、善良的卻不多。即位的皇帝年紀很小，懵懂無知，而在朝中掌權的大臣又都是一批接一批的壞人。雖然惡物醜類出自天生，可是風氣形成，見怪不怪，卻由來已久了。等到了宋明帝劉彧，竟然連整個國家政權都丟掉了，這都是因為寵幸身邊那些奸佞小人的結果。哎呀！有國有家的人，應該引為借鑑啊！」

擔任中書監、尚書令的傅亮率領朝廷的文武官員，帶著皇帝的車駕前往江陵迎接擔任荊州刺史的宜都王劉義隆。擔任祠部尚書的蔡廓到達尋陽時，因為生病不能繼續前行。傅亮在與蔡廓分別時，蔡廓對傅亮說：「營陽王劉義符在吳郡，你們要好好的對待他，讓他盡量地生活得好一些。如果一旦發生不幸，你們這些人就要背上一個弒殺皇帝的惡名。背著這樣的惡名聲而想繼續活在這個世上，怎麼可能呢？」當時，傅亮已經與司空徐羨之商定了謀殺營陽王劉義符之事，於是趕緊派使者飛快地趕往京城給徐羨之送信，阻止他派人弒殺營陽王，然而已經來不及了。徐羨之接到傅亮的傳信之後，立即大怒說：「跟別人一同商議決定好的事情，怎麼能一轉身就把罪名推卸到別人的身上呢？」徐羨之等又派使者前往新安，殺死了廬陵王劉義真。

宋國司空徐羨之認為荊州地理位置十分重要，擔心宜都王劉義隆到京師建康之後，或許會任用別人繼任荊州刺史，於是便迅速地以錄尚書事的名義任命擔任領軍將軍的謝晦為代理都督荊、湘等七州諸軍事、荊州刺史，想令謝晦居於朝廷之外，互為聲援，他把精銳部隊和能征慣戰的將領全部調撥給謝晦支配。

秋季，七月，出行的朝廷抵達江陵之後，便在江陵城南豎起臨時宮殿的正門，上面題寫著「大司馬門」。擔任中書監、尚書令的傅亮率領文武百官前往「大司馬門」，向宜都王劉義隆呈遞表章，進獻皇帝璽印，儀仗、器物非常盛大。宜都王劉義隆當時十八歲，他下教令說：「就憑我這樣一個才德不高的人，承蒙諸位大臣的錯愛，擁戴我去當皇帝，我審視自己的德能，深感戰慄不安，我如何擔當得起這樣的重任？我現在應該立即返回朝廷，到祖先的陵寢去一展我的哀思，向先人稟告現在的一切，並與諸位賢能的大臣說說心裡話。希望諸位能夠體諒我的心情，不要再浪費口舌，讓我做別的事情。」劉義隆所在州府的僚屬全都向宜都王稱臣，同時請求宜都王依照皇宮的樣子，給現在居住的房子題名為某宮某殿。宜都王劉義隆全都不予批准。宜都王指示荊州刺史府、都督府、宜都王府中的主要僚屬：寬宥轄區之內被關押、服刑的犯人和無力償還所欠州府、國各種賦稅的人。

宜都王劉義隆身邊的將佐聽到營陽王劉義符、廬陵王劉義真都已經遇害的消息，都對宜都王劉義隆回京當皇帝之事表示懷疑，於是勸說宜都王劉義隆不要東下進京。擔任司馬的王華說：「先帝劉裕為天下立有大功，四海之內全都敬服。雖然繼承人劉義符被廢，沒能繼續統治國家，然而皇家的威望並沒有因此而受到影響。司空徐羨之是一個才能中等、出身門第不高的人士，尚書令傅亮是一個寒門出身的知識分子，他們沒有晉宣帝司馬懿、大將軍王敦那樣的野心，這是很明顯的；他們受先帝顧命輔政的重任，不可能這麼快就背棄了先帝的恩德。只是因為懼怕廬陵王劉義真的嚴明、有決斷，將來一定饒不下他們，所以才殺死廬陵王；他們認為殿下為人寬厚、睿智、仁慈，遠近所聞，所以才超越長幼次序前來奉迎，希望殿下以此對他們的恩德心懷感激。外面那些膚淺的議論，恐怕是不對的。再說，徐羨之、傅亮、謝晦、檀道濟、王弘五個人，功勞相當，地位相等，誰肯服誰？就是想要圖謀不軌，也勢必行不通。如果讓被廢掉的營陽王劉義符還活在世上，他們擔心將來會有一天大禍臨頭，所以才將營陽王殺害。主要是因為他們過於為自己的安全考慮，豈敢在一朝之間就突然興起造反篡位之心？只不過是想要牢牢地把握住手中的權力，想把皇帝當做小孩子看待罷了。殿下只管坐上六匹馬拉的車子，長驅直入京師，以順應天下民心。」宜都王說：「你是不是也想當宋昌那樣的人物？」擔任長史的王曇首、擔任南蠻校尉的到彥之都勸說宜都王前往京師即皇帝位。王曇首還大量引用有關宜都王劉義隆的種種奇特現象來說服宜都王劉義隆，宜都王劉義隆才下定決心說：「徐羨之等諸位公卿接受先帝遺詔輔佐朝政，他們不可能背信棄義。而且功臣舊將充滿朝廷內外，如今手下所掌握的荊州地區的現有兵力完全可以控制局勢、制服叛軍，還有什麼可疑慮的？」於是命王華接替自己，留在江陵鎮守荊州。宜都王劉義隆想讓南蠻校尉到彥之率軍先行，到彥之說：「如果確信徐羨之等不會謀反，就應該身穿朝服，不帶任何武裝，順長江東下京師建康；如果朝廷發生變故，我所率領的這支先遣隊也管不了事，反倒引發別人對我們的更大不信任，這可不是符合遠近民望的做法。」正遇上擔任雍州刺史的褚叔度去世，遂派遣到彥之暫且接任褚叔度的雍州刺史職務，鎮守襄陽。

　　七月十五日甲戌，宜都王劉義隆從江陵出發，他接見中書監傅亮時，嚎啕痛哭，悲哀之情感動了身邊所有的人。接著他向傅亮問起廬陵王劉義真以及少帝劉義符被廢、被殺的經過，不禁低聲啜泣，在旁邊侍奉的人都不敢抬頭看他。傅亮此時汗流浹背，難以回答宜都王的提問，於是便與宜都王劉義隆的心腹到彥之、王華推心置腹傾訴衷情，以求得人家的理解，並努力與到彥之、王華等搞好關係。宜都王劉義隆用荊州刺史府、都督府、宜都王府的文武官員率兵擔任警戒，加強自衛，朝廷派來迎駕的文武百官和各種服務人員，不能靠近宜都王劉義隆身邊的團隊。擔任中兵參軍的朱容子抱著刀守衛在宜都王劉義隆所乘坐的艦船船艙門外，一連幾十天衣不解帶。

北魏太武帝拓跋燾返回平城的皇宮。

西秦王乞伏熾磐派太子乞伏暮末率領征北將軍木弈干等以及三萬名步兵、騎兵從貂渠谷出發，進攻北涼所屬的白草嶺、臨松郡，將白草嶺、臨松郡的守軍全部擊敗，俘虜了二萬多口居民而後班師。

八月初八日丙申，宋國宜都王劉義隆抵達京師建康，滿朝文武官員都到新亭跪拜迎接。擔任司空的徐羨之向擔任尚書令的傅亮詢問說：「宜都王劉義隆可以和誰相比？」傅亮回答說：「在晉文帝司馬昭、晉景帝司馬師之上。」徐羨之說：「他一定能夠明白我們對他的一片赤誠之心。」傅亮回答說：「不一定。」

八月初九日丁酉，宜都王劉義隆前往初寧陵拜謁自己的父親宋武帝劉裕，返回之後，途中在中堂稍事停留。文武百官向他呈上皇帝璽印，宜都王劉義隆再三推辭，最後才接受下來，於是便在中堂即皇帝位。然後乘坐法駕進入皇宮，登上太極殿，實行大赦，改年號為「元嘉」，文武官員全都升級二等。

八月初十日戊戌，宋文帝劉義隆拜謁太廟。下詔恢復劉義真原有的「廬陵王」爵位，將其靈柩以及劉義真的母親孫脩華、王妃謝氏迎回京師建康。

八月十二日庚子，將臨時代理荊州刺史的謝晦正式任命為實任荊州刺史。謝晦即將前往江陵赴任，在與祠部尚書蔡廓告別的時候，他避開其他人，向蔡廓詢問說：「我能夠逃脫被殺的下場嗎？」蔡廓回答說：「你受先帝的臨終囑託，先帝把江山社稷託付給你們，你們廢掉昏君另立明主，從道理上來說沒有什麼不可以；但你們卻殺死了人家的二位兄長，令弟弟南面稱帝，自己又面向北做人家的臣屬，挾有使主上感到震恐的威權，位居荊州刺史，據守著長江上游的重鎮，以古代來推測現在，想要自免其禍是很難的。」謝晦開始還懼怕不能離開京師，等到出發之後，回頭看著石頭城，不禁高興的說：「如今我終於脫離虎口了！」

八月十五日癸卯，擔任司空的徐羨之晉升為司徒，擔任江州刺史的王弘晉升為司空，加授擔任中書監、尚書令的傅亮開府儀同三司，擔任荊州刺史的謝晦從領軍將軍進位為衛將軍，擔任鎮北將軍的檀道濟進位為征北將軍。

宋國朝廷的有關部門奏請宋文帝劉義隆，依照過去的舊例，皇帝應該親臨華林園聽取有關官員審問犯人。

宋文帝劉義隆下詔說：「我對政令刑法還有很多方面不熟悉，可以像先前一樣，由司徒徐羨之、司空王弘二位進行審理。」

宋文帝劉義隆任命王曇首、王華為侍中，令王曇首兼任右衛將軍。令王華兼任驍騎將軍，任命朱容子為右軍將軍。

八月十六日甲辰，宋文帝劉義隆追尊自己的生母胡婕妤為「章皇后」。封自己的弟弟劉義恭為江夏王，劉義宣為竟陵王，劉義季為衡陽王。任命竟陵王劉義宣為左將軍，鎮守石頭城。

擔任司徒的徐羨之等想要任命到彥之為雍州刺史，宋文帝劉義隆沒有批准；而是徵調到彥之回到京師擔任中領軍，令他統領禁軍，同時負責各軍事將領的考察與任命。到彥之奉命從雍州治所襄陽出發南下時，擔任荊州刺史的謝晦已經抵達江陵任所，他擔心到彥之不會繞道來拜訪自己。而到彥之到達楊口之後，便棄舟登岸，從陸路前往江陵，極力向謝晦表達了自己的誠摯友好之情，謝晦也對到彥之推心置腹，深情結納。到彥之還把自己的名馬、利劍、名刀留下贈送給謝晦，謝晦因此感到自己的安全有了保障。

柔然紇升蓋可汗郁久閭大檀聽到魏太宗拓跋嗣去世的消息，立即率領六萬名騎兵攻入魏國所屬的雲中郡，屠殺劫掠官吏和居民，並攻克了盛樂宮。魏世祖拓跋燾親自率領輕騎兵討伐柔然，只用了三天二夜就到達了雲中。紇升蓋可汗郁久閭大檀率領騎兵將北魏皇帝拓跋燾裡裡外外包圍了五十多重，柔然的騎兵一直逼近到拓跋燾的馬前，一道又一道，排列得如同牆壁一樣。北魏的將士都非常恐懼，而北魏皇帝拓跋燾卻神情自若，眾人的情緒才逐漸安定下來。紇升蓋可汗郁久閭大檀任用自己的姪子郁久閭於陟斤為大將，北魏軍便用箭將郁久閭於陟斤射死。紇升蓋可汗郁久閭大檀很害怕，便率軍撤走了。北魏擔任尚書令的劉絜對太武帝拓跋燾說：「郁久閭大檀仗著自己人多勢眾，肯定還會回來入侵。請等待農田裡的莊稼收穫完畢，便出動大軍，分為東西二路，同時進攻，討伐柔然。」北魏皇帝拓跋燾同意了劉絜的建議。

九月十八日丙子，宋文帝劉義隆立王妃袁氏為皇后，袁皇后，是袁耽的曾孫女。

冬季，十月，吐谷渾威王慕容阿柴去世。慕容阿柴有二十個兒子。慕容阿柴在病重期間，將所有的子弟叫到面前，對他們說：「先公車騎將軍慕容樹洛干為了維護汗國政權的穩定，沒有讓自己的兒子慕容拾虔繼位，而是傳給了我。我怎麼敢出於私心，將王位傳給我的兒子慕容緯代，而忘記先君慕容樹洛干想要建立一個強大的部族國家的遺志呢？我死之後，你們這些人要尊奉慕容慕璝為國主。」慕容緯代，是慕容阿柴的長子。慕容慕璝是慕容阿柴的同母弟、叔父慕容烏紇提的兒子。

吐谷渾威王慕容阿柴又讓自己的兒子們每人獻出一枝箭，慕容阿柴從中抽取一枝箭交給自己的弟弟慕容慕利延，讓慕容慕利延將其折斷，慕容慕利延很容易地將一枝箭折斷了；慕容阿柴又把其餘的十九枝箭交給慕容慕利延，讓慕容慕利延將其合在一起同時折斷，慕容慕利延無法將十九枝合在一起的箭折斷。慕容阿柴就以這些箭作比喻說：「你們知道嗎？一枝箭很容易折斷，很多箭合在一起就難以折斷了。你們這些人要同心協力，然後才能保衛國家、安定人民。」說完之後就去世了。

吐谷渾新任君主慕容慕璝也很有才幹和謀略，他安撫、接納那些從秦州、涼州來的無業遊民以及氐族、羌族和其他各少數民族五六百落，部眾越來越多，勢力逐漸強盛起來。

十二月，北魏太武帝拓跋燾命令擔任安集將軍的長孫翰、擔任安北將軍的尉眷率軍向北攻打柔然，北魏皇帝拓跋燾親自率軍屯駐在柞山。柔然人向北逃遁，北魏各路人馬隨後追擊，大獲全勝而回。長孫翰，是長孫肥的兒子。

宋文帝劉義隆下詔，封營陽王劉義符的母親張氏為營陽太妃。

林邑王范陽邁出兵進犯宋國的日南郡、九德郡。

宕昌王梁彌怱派遣自己的兒子梁彌黃前往北魏的都城平城朝見魏太武帝拓跋燾。宕昌，是羌族的一個支派。羌人的地盤向東與中國相連，向西一直通到西域，東西長數千里，各部落有各部落的首領，各自佔領著一塊地盤，相互之間誰也不歸誰管轄。而宕昌部落最為強大，有二萬多落的民眾，其他各部落都很懼怕他。

夏王赫連勃勃準備廢掉太子赫連璝而改立最小的兒子酒泉公赫連倫為太子。赫連璝得知消息，立即出動七萬兵馬，從長安出發，向北討伐赫連倫。赫連倫則率領三萬名騎兵進行抵抗，兄弟二人在高平展開決戰，赫連倫戰敗身亡。赫連倫的同胞哥哥、太原公赫連昌率領一萬名騎兵襲擊太子赫連璝，將赫連璝殺死，接管了赫連璝屬下的八萬五千名兵眾，回到夏國的都城統萬。夏王赫連勃勃非常高興，遂立赫連昌為太子。

夏王赫連勃勃喜好妄自尊大，他給都城統萬的四座城門分別命名：東門叫做「招魏」，南門叫做「朝宋」，西門叫做「服涼」，北門叫做「平朔」。

二年（乙丑　西元四二五年）

春，正月，徐羨之、傅亮上表歸政❶；表三上，帝乃許之。丙寅❷，始親萬機。羨之仍❸遜位還第❹，徐珮之、程道惠❺及吳興太守王韶之❻等並謂非宜，敦勸甚苦，乃復奉詔視事❼。

辛未❽，帝祀南郊，大赦。

己卯❾，魏主還平城。

二月，燕有女子化為男❿。燕王以問羣臣，尚書左丞傅權對曰：「西漢之末，雌雞化為雄，猶有王莽之禍⓫；況今女化為男，臣將為君之兆也。」

三月丙寅⓬，魏主尊保母竇氏為保太后⓭。密后⓮之殂也，世祖尚幼，太宗以竇氏慈良，有操行，使保養之。竇氏撫視有恩，訓導有禮，世祖德之，故加以尊號，奉養不異所生⓯。

丁巳[16]，魏以長孫嵩為太尉，長孫翰為司徒，奚斤為司空。

夏，四月，秦王熾磐遣平遠將軍叱盧犍等，襲河西鎮南將軍沮渠白蹄於臨松[17]，擒之，徙其民五千餘戶于枹罕[18]。

魏主遣龍驤將軍步堆等來聘[19]，始復通好[20]。

六月，武都惠文王楊盛[21]卒。初，盛聞晉亡，不改義熙[22]年號，謂世子玄曰：「吾老矣，當終為晉臣；汝善事宋帝。」及盛卒，玄自稱都督隴右諸軍事、征西大將軍、開府儀同三司、秦州刺史、武都王，遣使來告喪，始用「元嘉」年號。

秋，七月，秦王熾磐遣鎮南將軍吉毗等南擊黑水羌酋丘擔[23]，大破之。

八月，夏武烈帝[24]殂，葬嘉平陵，廟號「世祖」。太子昌即皇帝位，大赦，改元「承光」。

王弘自以始不預定策[25]，不受司空；表讓彌年[26]，乃許之。乙酉[27]，以弘為車騎大將軍、開府儀同三司。

冬，十月，丘擔以其眾降秦，秦以擔為歸善將軍；拜折衝將軍乞伏信帝為平羌校尉以鎮之。

癸卯[28]，魏主大舉[1]伐柔然，五道並進：長孫翰等從東道出黑漠[29]，廷尉卿長孫道生等出白、黑二漠之間㉚，魏主從中道，東平公娥清出栗園㉛，奚斤等從西道，出爾寒山㉜。諸軍至漠南㉝，舍輜重，輕騎，齎十五日糧，度漠擊之。柔然部落大驚，絕迹北走。

十一月，以武都世子玄為北秦州㉞刺史、武都王。

初，會稽孔甯子為帝鎮西諮議參軍㉟，及即位，以甯子為步兵校尉㊱。與侍中王華並有富貴之願㊲，疾徐羨之、傅亮專權，日夜構之於帝㊳。會謝晦二女當適㊴彭城王義康㊵、新野侯義賓㊶，遣其妻曹氏及長子世休送女至建康。帝欲誅羨之、亮，并發兵討晦㊷，聲言當伐魏，取河南㊸[2]；又言拜京陵㊹，治行裝艦㊺。亮與晦書曰：「薄伐河朔㊻，事猶未已㊼；朝野之慮㊽，憂懼者多㊾。」又言：「朝士多諫北征，上當遣外監㊿萬幼宗往相諮訪(51)。」時朝廷處分異常(52)，其謀頗泄(53)。

【章　旨】以上為第二段，寫宋文帝元嘉二年（西元四二五年）一年間的大事。主要寫了劉義隆上臺四個月後親自掌管政權，徐羨之、傅亮欲退職家居，其黨羽徐珮之等堅持請其留任，二人遂又繼續理事；新寵孔甯子、王華等日夜煽動、構陷，劉義隆遂以準備北伐為名，安排對徐羨之、傅亮、謝晦三人動手；寫了魏主拓跋燾遣使與宋通好，拓跋燾五道並進，討伐柔然，柔然部落大駭，絕跡北走；寫了武都王楊盛死，其子楊玄繼位，始用元嘉年號，宋廷予以加封；寫了夏主赫連勃勃死，其子赫連昌繼位；以及西秦主乞伏熾磐襲擊北涼，又南攻黑水羌等等。

【注　釋】❶歸政　將政權交還皇帝自己管理。劉義隆於去年八月即位，四個月來尚未親政。❷丙寅　正月初十。❸仍　同「乃」。於是。❹遜位還第　退職回家。❺徐珮之程道惠　徐珮之是徐羨之之姪，時為丹陽尹、吳郡太守。傳見《宋書》卷四十三。程道惠在劉義符為帝時任侍中、輔國將軍、江夏內史，與下文所說的王韶之都是徐羨之等的死黨。內史，諸侯封國的行政長官，職同郡太守。❻王韶之　字休泰，晉末宋初的詞臣。傳見《宋書》卷六十。❼乃復奉詔視事　於是繼續擔任原職。胡三省曰：「速徐、傅之死者，珮之諸公也。」❽辛未　正月十五。❾己卯　正月二十三。❿女子化為男　陰陽五行家認為這是重大「災變」，於是多方附會。⓫王莽之禍　即篡奪西漢政權，自立為「新」朝之事。王莽字巨君，西漢末年的外戚，篡奪孝平皇帝的政權後，自建國號曰「新」。事見《漢書・王莽傳》。⓬三月丙寅　三月十一。⓭保太后　姓竇，拓跋嗣之妃，拓跋燾的養母。保是稱號。⓮密后　姓杜，拓跋嗣之妃，拓跋燾的生母。密是諡。⓯不異所生　和親生的母親一樣。⓰丁巳　三月初二。疑此句錯簡，應調到上段的「丙寅」二字前。⓱臨松　郡名，郡治在今甘肅民樂西。⓲枹罕　古城名，在今甘肅臨夏東北，當時為河州的州治所在地。⓳來聘　來作友好訪問。⓴始復通好　前劉裕滅後秦，取吳中，與魏國開始緊張；後魏取宋虎牢，攻宋青州，雙方遂成敵國。㉑武都惠文王楊盛　楊盛是武都地區的氐族首領，幾世以來一直佔據仇池（今甘肅成縣西）一帶，其中雖也有過反覆，但基本上歸屬東晉。所以舊史對他們的稱呼與對待甘肅西部的張軌、李暠等稱呼相同，都特別尊崇。武都王是他的稱號，惠文是諡。楊盛的事跡見《魏書》卷一百一。㉒義熙　晉安帝司馬德宗的年號（西元四〇五—四一八年）。不改義熙年號，表示忠於晉王朝，不承認劉宋政權。㉓黑水羌酋丘擔　黑水羌是羌族的部落名，其頭領名叫丘擔，當時居住在今甘肅舟曲西南。㉔夏武烈帝　即赫連勃勃，匈奴人，夏政權的建立者。《魏書》、《晉書》都有傳。㉕不預定策　沒有參加推翻劉義符、另立劉義隆為帝的政變活動。㉖表讓彌年　上表推辭不受司空的職務足有一年。彌，滿。㉗乙酉　八月初二。㉘癸卯　十月二十一。㉙黑漠　約在今河北西北角的尚義一帶。㉚白黑二漠之間　約在今內蒙古集寧東。當時集寧與河北尚義之間的一帶地區叫長川，長川的東部叫黑漠，西部叫白漠。㉛栗園　地址不詳。㉜爾寒山　地址不詳，與上文「栗園」都應在今內蒙古集寧以西。㉝漠南　蒙古高原大沙漠以南，約當今內蒙古自治區的邊境一帶。㉞北秦州　劉宋時有南秦州，州治在今陝西漢中，故稱楊玄所據的武都一帶為「北秦州」。這句話的主語是劉宋王朝。㉟鎮西諮議參軍　劉義隆任鎮西將軍時的參謀人員。㊱步兵校尉　主管京城苑囿的屯兵。㊲富貴之願　謀取將相高位的想法。㊳構之於帝　在宋文帝跟前說徐羨之等人的壞話。構，羅織罪名，挑撥煽動。胡三省曰：「史言徐、傅偪上固當誅，而王華等之構間亦非也。」㊴適　出嫁；嫁給。㊵彭城王義康　即劉義康，劉裕之子，劉義隆之弟，被封為彭城王。傳見《宋書》卷六十八。㊶新野侯

義賓　即劉義賓，劉裕之兄劉道憐之子，被封為新野侯。傳見《宋書》卷五十一。㊷發兵討晦　時謝晦任荊州刺史，統兵於江陵。㊸河南　郡名，郡治即今洛陽。㊹京陵　即興寧陵。劉裕父親的墳墓，在今江蘇鎮江市東南。㊺治行裝艦　收拾行李裝船。㊻薄伐河朔　指討伐拓跋魏。河朔指黃河以北的河北、山西、內蒙古等一帶地區。「薄伐河朔」一語是從《詩經・六月》的「薄伐玁狁」一語套來。「薄」字是虛詞。㊼事猶未已　這裡的意思是尚未最後確定。㊽朝野之慮　猶言「朝野慮之」，大家對此都很擔心。㊾憂懼者多　人心惶惶。㊿外監　官名，主管兵器的製造與儲存。(51)往相諮訪　到你處徵求你的意見。(52)處分異常　許多安排、部署都很反常。處分，安排；調動。(53)頗泄　有些洩露。頗，不多。

【校　記】[1]魏主大舉　原作「魏王大伐」。據章鈺校，甲十六行本、乙十一行本、孔天胤本皆作「魏主大舉」，熊羅宿《胡刻資治通鑑校字記》同，今據改。[2]取河南　原無此三字。據章鈺校，甲十六行本、乙十一行本、孔天胤本皆有此三字，張敦仁《通鑑刊本識誤》、張瑛《通鑑校勘記》同，今據補。

【語　譯】二年（乙丑　西元四二五年）

春季，正月，徐羨之、傅亮上表給宋文帝劉義隆，請求將自己手中的權力交還給皇帝自己掌管；奏章一連呈遞了三次，宋文帝才批准了他們的請求。初十日丙寅，宋文帝劉義隆開始親自處理朝政。徐羨之乃辭職返回自己的私宅，徐珮之、程道惠以及擔任吳興太守的王韶之等都認為徐羨之這樣做不合適，懇切地進行勸說，徐羨之這才接受宋文帝的詔命，上朝任職。

正月十五日辛未，宋文帝劉義隆到京師的南郊舉行祭天典禮，實行大赦。

正月二十三日己卯，北魏太武帝拓跋燾返回京師平城。

二月，北燕國有一名女子變成了男人。北燕天王馮跋就此事向文武群臣徵求意見，擔任尚書左丞的傅權回答說：「西漢末年，曾經發生過母雞變成公雞的事情，尚且有王莽篡奪政權之禍；何況現在是女人變成男人，這是臣屬變成君主的預兆。」

三月十一日丙寅，北魏太武帝拓跋燾尊奉自己的保母竇氏為保太后。太武帝拓跋燾的母親密后去世的時候，拓跋燾的年紀還很小，太宗拓跋嗣認為拓跋燾的保母竇氏為人很慈愛善良，品行又好，所以就讓竇氏撫養拓跋燾。竇氏對拓跋燾非常疼愛，訓導也很得體，太武帝拓跋燾很感激她，所以給她奉上保太后的尊號，對竇氏的奉養與親生的母親沒有什麼兩樣。

三月初二日丁巳，北魏太武帝拓跋燾任命長孫嵩為太尉，任命長孫翰為司徒，任命奚斤為司空。

夏季，四月，西秦王乞伏熾磐派遣擔任平遠將軍的叱盧犍等率軍襲擊北涼鎮南將軍沮渠白蹄所鎮守的臨松，將沮渠白蹄活捉，將臨松的五千多戶居民強制遷徙到西秦的都城枹罕。

北魏太武帝拓跋燾派遣龍驤將軍步堆等到宋國的京師建康進行友好訪問，兩國之間又開始互通友好。

六月，被東晉封為武都王的氐族首領楊盛去世。當初，武都王楊盛雖然得知東晉滅亡的消息，然而仍然堅持使用晉安帝司馬德宗的「義熙」年號，他對自己的世子楊玄說：「我已經老了，應當始終做晉國的臣屬；你要好好地侍奉宋國的皇帝。」等到楊盛去世之後，世子楊玄遂自稱都督隴右諸軍事、征西大將軍、開府儀同三司、秦州刺史、武都王，並派遣使者到建康向宋國朝廷報告武都王楊盛去世的消息，同時開始使用宋國「元嘉」的年號。

秋季，七月，西秦王乞伏熾磐派遣鎮南將軍乞伏吉毗等率軍南下，攻擊黑水羌人部落首領丘擔，將丘擔打得大敗。

八月，夏國武烈帝赫連勃勃去世，埋葬在嘉平陵，廟號「世祖」。夏國太子赫連昌即皇帝位，實行大赦，改年號為「承光」。

宋國被任命為司空的王弘因為從始至終沒有參與廢黜少帝劉義符以及擁立宋文帝劉義隆的決策，所以堅決辭讓司空的任命；他上表推辭了將近一年，宋文帝才予以批准。八月初二日乙酉，宋文帝劉義隆任命王弘為車騎大將軍、開府儀同三司。

冬季，十月，黑水羌人部落首領丘擔帶領自己的部眾投降了西秦，西秦王乞伏熾磐任命丘擔為歸善將軍；任命擔任折衝將軍的乞伏信帝為平羌校尉，負責鎮撫黑水羌。

十月二十一日癸卯，北魏太武帝拓跋燾出動大軍，對柔然展開大規模的進攻，他兵分五路，同時並進：

令擔任司徒的長孫翰等率軍從東路進發，穿越黑漠向北進發；令擔任廷尉卿的長孫道生等率軍從白、黑二漠之間穿過向北挺進；太武帝拓跋燾親自率軍從中路北進，令東平公娥清率軍穿過栗園向北進發；令擔任司空的奚斤等率軍從西部穿越爾寒山，向北進軍。諸路大軍到達漠南之後，便捨棄輜重，只用輕騎兵，帶夠十五天的糧食，向北渡過大漠，突然向柔然發起攻擊。柔然部落驚慌失措，便向更加遙遠的北方逃走。

十一月，宋國任命武都王楊盛的世子楊玄為北秦州刺史、武都王。

當初，會稽人孔甯子在宋文帝劉義隆擔任鎮西將軍的時候，曾經在他的屬下擔任過鎮西諮議參軍，等到劉義隆坐上皇帝寶座，遂任命孔甯子為步兵校尉。擔任步兵校尉的孔甯子與擔任侍中的王華都有謀取將、相高位的強烈願望，所以非常忌恨徐羨之、傅亮的專擅權柄，於是便日夜在宋文帝劉義隆面前詆毀徐羨之、傅亮。碰巧遇上謝晦準備把自己的兩個女兒分別嫁給彭城王劉義康和新野侯劉義賓，他派自己的妻子曹氏以及長子謝世休護送兩個女兒到達建康。宋文帝劉義隆準備誅殺徐羨之、傅亮，同時出兵討伐謝晦，遂聲稱要出兵討伐魏國，攻取河南郡；又說要到京口的興寧陵祭拜自己的祖父母，遂整治行裝，裝載艦船。傅亮尚且茫然不知，他在寫給謝晦的書信中說：「看來馬上就要出兵討伐黃河以北，但尚未最後決定；因為不論官府還是民間，對此感到擔憂、恐懼的人很多。」傅亮又說：「朝中的官員大多都勸阻皇帝北伐，皇帝應當會派擔任外監的萬幼宗到你那裡去徵求你的意見。」當時朝廷的許多安排、部署都很反常，使得宋文帝誅殺徐羨之、傅亮等人的計畫有些走漏風聲。

三年（丙寅　西元四二六年）

春，正月，謝晦弟黃門侍郎皭❶馳使告晦❷。晦猶謂不然，以傅亮書示諮議參軍何承天❸曰：「計幼宗一二日必至，傅公慮我好事❹，故先遣此書❺。」承天曰：「外問所聞[6]，咸謂西討[7]已定，幼宗豈有上理[8]？」晦尚謂虛妄，使承天豫立答詔啟草[9]，言伐虜宜須明年[10]。江夏內史程道惠得尋陽人書[11]，言「朝廷將有大處分，其事已審[12]」，使其輔國府[13]中兵參軍樂冏封以示晦。晦問承天曰：「若果爾[14]，卿令我云何[15]？」對曰：「蒙將軍殊顧[16]，常思報德。事變至矣，何敢隱情[17]？然明日戒嚴，動用軍法[18]，區區所懷[19]，懼不得盡[20]。」晦懼曰：「卿豈欲我自裁[21]邪？」承天曰：「尚未至此。以王者之重，舉天下以攻一州，大小既殊，逆順[22]又異。境外求全[23]，上計也。其次以腹心將兵屯義陽[24]，將軍自帥大眾戰於夏口[25]；若敗，即趨義陽以出北境，其次也。」晦良久曰：「荊州用武之地，兵糧易給[26]，聊且決戰[27]，走復何晚！」乃使承天造立表檄[28]，又與衛軍諮議參軍琅邪顏邵[29]謀舉兵[30]，邵飲藥而死。

晦立幡戒嚴，謂司馬庾登之曰：「今當自下[31]，欲屈卿以三千人守城，備禦劉粹[32]。」登之曰：「下官親老在都，又素無部眾[33]，情計二三[34]，不敢受此旨。」晦仍問諸將佐：「戰士三千足守城否？」南蠻司馬[35]周超對曰：「非徒守城而已，若有外寇，可以立功。」登之因曰：「超必能辦[36][1]，下官請解司馬、南郡[37]以授之。」晦即於坐命超為司馬，領南義陽[38]太守；轉登之為長史，南郡如故。登之，蘊[39]之孫也。

帝以王弘、檀道濟始不預廢弒之謀，弘弟曇首又為帝所親委，事將發，密使報弘，且召道濟，欲使討晦。王華等皆以為不可，帝曰：「道濟止於脅從，本非創謀，殺害之事，又所不關[40]。吾撫而使之，必將無慮。」乙丑[41]，道濟至建康。丙寅[42]，下詔暴羨之、亮、晦殺營陽、廬陵王之罪，命有司誅之。且曰：「晦據有上流，或不即罪[43]，朕當親帥六師[44]為其過防[45]。可遣中領軍到彥之即日電發[46]，征北將軍檀道濟駱驛繼路，符[47]衛軍府州[48]，以時收翦[49]。已命雍州刺史劉粹等斷其走伏[50]。罪止元凶，餘無所問。」

是日，詔召羨之、亮。羨之行至西明門[51]外，謝皭正直[52]，遣報亮云：「殿內有異處分[53]。」亮辭以嫂病暫還，遣使[2]報羨之。羨之還西州[54]，乘內人問訊車[55]出郭，步走至新林[56]，入陶竈[57]中自經死。亮乘車出郭門，乘馬奔兄迪墓，屯騎校尉郭泓收之。至廣莫門[58]，上遣中書舍人以詔書[59]示亮，并謂曰：「以公江陵之誠[60]，當使諸子無恙。」亮讀詔書訖，曰：「亮受先帝布衣之眷[61]，遂蒙顧託[62]。黜昏立明，社稷之計[63]也。欲加之罪，其無辭乎[64]！」於是誅亮而徙其妻子於建安[65]。誅羨之二子，而宥其兄子珮之。又誅晦子世休，收繫謝皭。

帝將討謝晦，問策於檀道濟，對曰：「臣昔與晦同從北征[66]，入關十策[67]，晦有其九，才略明練，殆為少敵。然未嘗孤軍決勝[68]，戎事恐非其長。臣悉晦智，晦悉臣勇。今奉王命以討之，可未陳而擒[69]也。」丁卯[70]，徵王弘為侍中、司徒、錄尚書事、揚州刺史，以彭城王義康為都督荊、湘等八州諸軍事、荊州刺史。

樂問[71]復遣使告謝晦以徐、傅及嚼等已誅。晦先舉羨之、亮哀[72]，次發子弟凶問[73]，既而自出射堂勒兵[74]。晦從高祖征討，指麾處分，莫不曲盡其宜，數日間，四遠投集，得精兵三萬人。乃奉表稱羨之、亮等忠貞，橫被冤酷。且言：「臣等若志欲執權，不專為國，初廢營陽，陛下在遠，武皇之子尚有童幼，擁以號令，誰敢非之？豈得泝流三千里，虛館七旬[75]，仰望鸞旗[76]者哉？故廬陵王，於營陽之世積怨犯上[77]，自貽非命[78]。不有所廢，將何以興[79]？耿弇不以賊遺君父[80]，臣亦何負於宋室[81]邪？此皆王弘、王曇首、王華險躁[82]猜忌，讒構[83]成禍。今當舉兵以除君側之惡[84]。」

秦王熾磐復遣使如魏，請用師于夏[85]。

初，袁皇后生皇子劭，后自詳視，使馳白帝曰：「此兒形貌異常，必破國亡家，不可舉[86]。」即欲殺之。帝狼狽[87]至后殿戶外，手撥幔[88]禁之，乃止。以尚在諒闇[89]，故祕之[90]。閏月丙戌[91]，始言劭生。

帝下詔戒嚴，大赦，諸軍相次進路以討謝晦。晦以弟遯為竟陵[92]內史，將萬人總留任[93]，帥眾二萬發江陵，列舟艦自江津[94]至于破冢[95]，旌旗蔽日，歎曰：「恨不得以此為勤王之師[96]！」

晦欲遣兵襲湘州[97]刺史張邵，何承天以邵兄益州刺史茂度與晦善，曰：「邵意趣[98]未可知，不宜遽擊之。」晦以書招邵，邵不從。

二月戊午[99]，以金紫光祿大夫[100]王敬弘為尚書左僕射，建安太守鄭鮮之為右僕射。敬弘，廙[101]之曾孫也。

庚申[102]，上發建康。命王弘與彭城王義康居守，入居中書下省[103]；侍中殷景仁[104]參掌留任[105]；帝姊會稽長公主[106]留止臺內[107]，總攝六宮[108]。

謝晦自江陵東下，何承天留府[109]不從。晦至江口[110]，到彥之已至彭城洲[111]。庚登之據巴陵[112]，畏懦不敢進。會霖雨連日，參軍[113]劉和之曰：「彼此共有雨耳，檀征北[114]尋至，東軍方彊，惟宜速戰。」登之恇怯，使小將陳祐作大囊，貯茅懸於帆檣，云可以焚艦，用火宜須晴，以緩戰期。晦然之，停軍十五日。乃使中兵參軍孔延秀攻將軍蕭欣[115]於彭城洲，破之。又攻洲口柵，陷之。諸將咸欲退還夏口，到彥之不可，乃保隱圻[116]。晦又上表自訟[117]，且自矜其捷，曰：「陛下若梟四凶於廟庭[118]，懸三監於絳闕[119]，臣便勒眾旋旗，還保所任[120]。」

初，晦與徐羨之、傅亮為自全之計，以為晦據上流，而檀道濟鎮廣陵，各有彊兵，足以制朝廷；羨之、亮居中秉權，可得持久。及聞道濟帥眾來上[121]，惶懼無計。

道濟既至，與到彥之軍合，牽艦緣岸[122]。晦始見艦數不多，輕之，不即出戰。至晚，因風帆上[123]，前後連咽[124]；西人離沮，無復鬬心。戊辰[125]，臺軍至忌置洲尾[126]，列艦過江[127]，晦軍一時皆潰。晦夜出，投巴陵，得小船還江陵。

先是，帝遣雍州刺史劉粹自陸道帥步騎襲江陵，至沙橋[128]，周超帥萬餘人逆戰，大破之，士卒[3]傷死者過半。俄而晦敗問[129]至。初，晦與粹善，以粹子曠之為參軍。帝疑之，王弘曰：「粹無私，必無憂也。」及受命南討[130]，一無所顧，帝以此嘉之。晦亦不殺曠之，遣還粹所。

丙子[131]，帝自蕪湖東還。

晦至江陵，無他處分[132]，唯愧謝周超而已。其夜，超捨軍單舸詣到彥之降。晦眾散略盡，乃攜其弟遯等七騎北走。遯肥壯，不能乘馬，晦每待之，行不得速。

己卯[133]，至安陸延頭[134]，為戍主光順之[135]所執，檻送建康[136]。

到彥之至馬頭[137]，何承天自歸[138]。彥之因監[139]荊州府事[140]，以周超為參軍。劉粹以沙橋之敗告[141]，乃執之。於是誅晦、皭、遯及其兄弟之子，并同黨孔延秀、周超等。晦女彭城王妃被髮徒跣[142]，與晦訣曰：「大丈夫當橫尸戰場，柰何狼籍都市[143]！」庾登之以無任[144]，免官禁錮[145]；何承天及南蠻行參軍新興王玄謨[146]等皆見原[147]。晦之走[148]也，左右皆棄之。唯延陵蓋[149]追隨不捨，帝以蓋為鎮軍功曹督護[150]。

晦之起兵，引魏南蠻校尉王慧龍[151]為援。慧龍帥眾一萬拔思陵戍[152]，進圍項城[153]。聞晦敗，乃退。

益州刺史張茂度受詔襲江陵，晦敗，茂度軍始至白帝。議者疑茂度有貳心[154]，帝以茂度弟邵有誠節，赦不問，代[4]還[155]。

三月辛巳[156]，帝還建康，徵謝靈運為祕書監[157]，顏延之為中書侍郎[158]，賞遇甚厚。

帝以慧琳道人善談論，因與議朝廷大事，遂參權要[159]，賓客輻湊，門車[160]常有數十兩[161]，四方贈賂相係[162]，方筵七八[163]，座上恆滿。琳著高屐[164]，披貂裘，置通呈、書佐[165]。會稽孔覬嘗詣[166]之，遇賓客填咽[167]，暄涼而已[168]。覬慨然曰：「遂有黑衣宰相[169]，可謂冠屨失所[170]矣！」

夏，五月乙未[171]，以檀道濟為征南大將軍、開府儀同三司、江州刺史，到彥之為南豫州刺史。遣散騎常侍袁渝等十六人分行[172]諸州郡縣，觀察吏政，訪求民隱[173]；又使郡縣各言損益[174]。丙午[175]，上臨延賢堂[176]聽訟[177][5]，自是每歲三訊[178]。

左僕射王敬弘[179]，性恬淡，有重名，關署文案[180]，初不省讀[181]。嘗預聽訟[182]，上問以疑獄[183]，敬弘不對。上變色，問左右：「何故不以訊牒[184]副僕射[185]？」敬弘曰：「臣乃得訊牒讀之[186]，正自不解[187]。」上甚不悅，雖加禮敬，不復以時務及之[188]。

六月，以右衛將軍王華為中護軍[189]，侍中如故。華以王弘輔政，王曇首為上所親任，與己相埒[190]，自謂力用不盡[191]，每歎息曰：「宰相頓有數人[192]，天下何由得治？」是時，宰相無常官[193]，唯人主所與議論政事、委以機密者，皆宰相也，故華有是言。亦有任侍中[194]而不為宰相者。然尚書令、僕[195]、中書監、令[196]、侍中、侍郎[197]、給事中[198]，皆當時要官也。

華與劉湛、王曇首、殷景仁俱為侍中，風力局幹[199]，冠冕一時[200]。上嘗與四人於合殿[201]宴飲，甚悅。既罷出，上目送良久，歎曰：「此四賢，一時之秀[202]，同管喉脣[203]，恐後世難繼也！」

黃門侍郎謝弘微[204]與華等皆上所重，當時號曰「五臣」。弘微，琰[205]之從孫也。精神端審[206]，時然後言[207]，婢僕之前不妄語笑，由是尊卑大小[6]，敬之若神。從叔混[208]特重之，常曰：「微子[209]異不傷物[210]，同不害正[211]，吾無間[212]然。」

上欲封王曇首、王華等，拊御牀[213]曰：「此坐非卿兄弟[214]，無復今日[215]。」因出封詔[216]以示之。曇首固辭曰：「近日之事，賴陛下英明，罪人斯得[217]。臣等豈可因國之災以為身幸？」上乃止。

魏主詔問公卿：「今當用兵，赫連、蠕蠕[218]，二國何先？」長孫嵩、長孫翰、奚斤皆曰：「赫連土著[219]，未能為患。不如先伐蠕蠕，若追而及之，可以大獲；不及，則獵於陰山[220]，取其禽獸皮角以充軍實[221]。」太常崔浩曰：「蠕蠕鳥集獸逃[222]，舉大眾追之則不能及，輕兵追之又不足以制敵。赫連氏土地不過千里，政刑殘虐，人神所棄，宜先伐之。」尚書劉絜、武京侯安原[223]請先伐燕。於是魏主自雲中西巡至五原[224]，因畋[225]於陰山，東至和兜山[226]。秋，八月，還平城。

詔[227]殿中將軍吉恆聘于魏。

燕太子永[228]卒，立次子翼為太子。

秦王熾磐伐河西[229]，至廉川[230]，遣太子暮末等步騎三萬攻西安[231]，不克，又攻番禾[232]。河西王蒙遜發兵禦之，且遣使說夏主，使乘虛襲枹罕[233]。夏主遣征南大將軍呼盧古將騎二萬攻苑川[234]，車騎大將軍韋伐將騎三萬攻南安[235]。熾磐聞之，引歸。九月，徙其境內老弱、畜產於澆河[236]及莫河仍寒川[237]，留左丞[7]相曇達守枹罕。韋伐攻拔南安，獲秦秦州刺史翟爽、南安太守李亮。

吐谷渾握逵等帥部眾二萬[8]落叛秦，奔昴川[238]，附於吐谷渾王慕璝。

大旱，蝗[239]。

左光祿大夫范泰上表曰：「婦人有三從之義[240]，無自專之道。謝晦婦女[241]猶在尚方[242]，唯陛下留意。」有詔原之[243]。

魏主聞夏世祖[244]殂，諸子相圖[245]，國人不安，欲伐之。長孫嵩等皆曰：「彼若城守，以逸待勞；大檀[246]聞之，乘虛入寇，此危道也。」崔浩[247]曰：「往年以來，熒惑[248]再守羽林、鉤己[249]而行，其占秦亡[250]；今年五星[251]并出東方，利以西伐。天人相應[252]，不可失也。」嵩固爭[253]之。帝大怒，責嵩在官貪污，命武士頓辱[254]之。於是遣司空奚斤帥四萬五千人襲蒲阪[255]，宋兵將軍周幾[256]帥萬人襲陝城[257]，以河東太守薛謹為鄉導。謹，辯[258]之子也。

魏主欲以中書博士[259]平棘李順[260]總前驅之兵[261]，訪於崔浩，浩曰：「順誠有籌略；然臣與之婚姻，深知其為人果於去就[262]，不可專委。」帝乃止。浩與順由是有隙。

冬，十月丁巳[263]，魏主發平城。

秦左丞相曇達與夏呼盧古戰於嵻崀山[264]，曇達兵敗。十一月，呼盧古、韋伐進攻枹罕。秦王熾磐遷保定連[265]。呼盧古入南城[266]，鎮京將軍趙壽生率死士三百人力戰卻之。呼盧古、韋伐又攻沙州[267]刺史出連虔于湟河[268]，虔遣後將軍乞伏萬年擊敗之。又攻西平[269]，執安西將軍庫洛干，阬戰士五千餘人，掠民二萬餘戶而去。

仇池氐楊興平[270]求內附[271]。梁、南秦二州[272]刺史吉翰遣始平[273]太守龐諮據武興[274]。氐王楊玄遣其弟難當將兵拒諮，諮擊走之。

魏主行至君子津[275]，會天暴寒，冰合，戊寅[276]，帥輕騎二萬濟河襲統萬。壬午[277]，冬至，夏主方燕羣臣[278]，魏師奄至[279]，上下驚擾。魏主軍於黑水[280]，去城三十餘里。夏主出戰而敗，退走入城。門未及閉，內三郎豆代田[281]帥眾乘勝入西宮[282]，焚其西門。宮門閉，代田踰宮垣而出。魏主拜代田勇武將軍。魏軍夜宿城北。癸未[283]，分兵四掠，殺獲數萬，得牛馬十餘萬。魏主謂諸將曰：「統萬未可得也，它年當與卿等取之。」乃徙其民萬餘家而還。

夏弘農太守曹達聞周幾將至，不戰而走。魏師乘勝長驅，遂入三輔[284]。會幾卒于軍中，蒲阪守將東平公乙斗[285]聞奚斤將至，遣使詣統萬告急。使者至統萬，魏軍已圍其城；還，告乙斗曰：「統萬已敗矣。」乙斗懼，棄城西奔長安，斤遂克蒲阪。夏主之弟助興[286]先守長安，乙斗至，與助興棄長安，西奔安定[287]。十二月，斤入長安，秦、雍氐羌[288]皆詣斤降。河西王蒙遜及氐王楊玄聞之，皆遣使附魏。

前吳郡太守徐珮之[289]聚黨百餘人，謀以明年正會[290]於殿中作亂，事覺，壬戌[291]，收斬之。

營陽太妃[292]張氏卒。

秦征南將軍吉毗鎮南漒[293]，隴西人辛澹帥戶三千據城逐毗，毗走還枹罕，澹南奔仇池[294]。

魏初得中原[295]，民多逃隱。天興[296]中，詔采諸漏戶[297]，令輸繒帛[298]。於是自占[299]為紬繭羅縠戶[300]者甚眾，不隸郡縣[301]，賦役不均[302]。是歲，始詔一切罷之，以屬郡縣（ㄒㄧㄢˋ）[303]。

【章　旨】以上為第三段，寫宋文帝元嘉三年（西元四二六年）一年間的大事。主要寫了謝晦得到朝廷要討伐他的消息，於是在荊州起兵造反；劉義隆下詔公布徐羨之等人的罪惡，下令逮捕徐羨之、傅亮，徐羨之自殺，傅亮被捕殺；謝晦在荊州為徐羨之、傅亮發喪，上表自辯無罪，指訴王弘、王曇首等為惡人，聲言要清君之側；謝晦東下之軍先破劉義隆所派的到彥之軍於彭城洲，繼而劉義隆所派的檀道濟軍又到，匯合到彥之軍，乘風共攻謝晦軍，謝晦軍潰，單身逃回江陵；劉義隆派雍州刺史劉粹南襲江陵，謝晦的部將周超大破之；待謝晦在東路作戰失敗的消息傳開後，江陵人心瓦解，周超投降到彥之，謝晦與其弟欲北逃魏國，中途在安陸縣被戍主光順之所獲，檻送建康被誅於市；寫了劉義隆寵用王華、劉湛、王曇首、殷景仁，稱他們為「一時之秀，同管喉脣，恐後世難繼」；再加上受寵信的謝弘微，被當時稱做「五臣」；寫了秦王乞伏熾磐進攻北涼，沮渠蒙遜求救於夏王赫連勃勃；夏王派兵攻秦，彼此互有勝負；寫了魏主拓跋燾乘夏主赫連勃勃死，赫連昌新立，兄弟互鬥之際，起兵攻夏，拓跋燾率輕騎襲統萬，夏主戰敗，魏軍一度攻入西宮，焚其西門，虜獲大量人口牲畜而還；寫了魏將奚斤破夏兵於蒲阪，並進而與夏將赫連定相持於長安，於是秦、雍之氐羌、北涼王沮渠蒙遜、氐王楊玄等皆遣使歸附於魏等等。

【注　釋】❶黃門侍郎皭　即謝皭。黃門侍郎是皇帝身邊的侍從官員。❷馳使告晦　派使者飛馬奔馳報告謝晦情況緊急。❸何承天　宋初比較有見識的官吏，也是有名的學者。傳見《宋書》卷六十四。❹好事　好鬧事，沉不住氣。❺先遣此書　意即朝中暫時還沒有向我們動手的跡象。❻所聞　所傳說。❼西討　西來討伐謝晦。❽幼宗豈有上理　萬幼宗哪裡會來荊州找你徵求意見。上，逆流而上，指來江陵。❾豫立答詔啓草　預先寫好一份回答詔書有關北伐意見的草稿。❿宜須明年　應該等到明年。須，等待。⓫尋陽人書　尋陽方面的人來信。尋陽，即今江西九江。⓬已審　已經是確定無疑。⓭輔國府　輔國將軍府，當時程道惠實任江夏內史，而帶有輔國將軍的職銜。⓮果爾　果真如此。⓯卿令我云何　你認為我該怎麼辦。⓰殊顧特殊的關照；特殊的寵遇。⑰隱情　隱瞞真實的想法。⑱明日戒嚴二句　指公開地進行調兵遣將，出兵征討。明日，明目張膽，公開行動。動用軍法，下令出兵。⑲區區所懷　意即「在我看來」、「按我的想法」。⑳懼不得盡　怕是不能達到目的。㉑自裁　自盡；自殺。㉒逆順　以臣抗君謂之逆，以君討臣謂之順。㉓境外求全　指北逃魏國。㉔義陽　郡名，郡治即今河南信陽。㉕夏口　即今湖北武漢的漢口區。㉖易給　易於調集充足。㉗聊且決戰　意即先跟他們打一仗。㉘造立表檄　寫作表章、檄文，表章上給朝廷，檄文發給各州郡。㉙衛軍諮議參軍琅邪顏邵　自己的參謀琅邪人姓顏名邵。衛軍，衛將軍的簡稱，當時謝晦兼有衛將軍之職。琅邪是郡國名，原地在今山東境內，東晉以來在南方設有僑郡，郡治在今江蘇句容北。㉚舉兵　指首先起兵造反。㉛自下　自己率軍順流東下。㉜備禦劉粹　防備劉粹。劉粹當時任雍州刺史，駐兵襄陽。㉝素無部眾　意謂沒有單獨帶過兵，沒有自己親信的部下。㉞情計二三　猶言「考慮再三」。㉟南蠻司馬　南蠻校尉的司馬。㊱必能辦　一定能辦得到。㊲司馬南郡　當時庾登之任衛軍司馬，兼南郡太守。㊳南義陽　設立在荊州境內的僑郡名，以安置昔日由今河南信陽一帶遷到荊州的流民。㊴蘊　庾冰之子，曾任廣州刺史，桓溫弒廢帝司馬奕，庾蘊自殺。㊵又所不關　又沒有參與。關，參與。㊶乙丑　正月十五。㊷丙寅　正月十六。㊸不即罪　不服罪，指試圖反抗。㊹六師　猶言「六軍」，指天子的軍隊。古代天子六軍，大國諸侯三軍。㊺為其過防　《宋書・徐羨之傳》作「為其遏防」，意即「堵塞他的逃竄之路」。㊻電發　迅速出發。㊼符　下文書告知。㊽衛軍府州　謝晦所統領的衛將軍府、州刺史府與都督府。㊾以時收翦　即刻將謝晦逮捕。㊿斷其走伏　截斷他北逃魏國或潛藏他方的通道。(51)西明門　原是洛陽城西出的城門名，建康城仿洛陽命名，此即建康的西門。(52)正直　正在宮內值班。(53)異處分　異常的舉動。(54)還西州　即返回其揚州刺史的官署。當時揚州刺史的官署在臺城西，故曰「西州」。(55)內人問訊車　婦女探親乘坐的車子。(56)新林　即新林浦，長江上的渡口名，在建康城西南的新亭與板橋之間。(57)陶竈　燒陶器的窯。(58)廣莫門　建康城的北門。(59)詔書　宣布討伐徐、傅、謝三人的詔書。全文見《宋書・徐羨之傳》。(60)江陵之誠　指傅亮前往江陵迎劉義隆時所表現的誠懇。(61)布衣之眷　像平民之間的平等真摯的朋友交情。眷，關心；關照。(62)遂蒙顧託　就成了接受顧命的大臣。(63)社稷之計　是為了國家社稷作打算。(64)欲加之罪二句　如果想殺某個人，想找點理由還不容易嗎。這兩句是春秋時晉國大臣里克殺掉奚齊、卓子，立了晉惠公，又被晉惠公所殺時說的話。見《左傳》僖公十年。(65)建安　郡名，郡治即今福建建甌。(66)同從北征　指當年一道跟劉裕北伐後秦事。見本書卷一百十八義熙十三年。(67)入關十策　指消滅姚泓的各項方針謀略。(68)孤軍決勝　指率軍獨當一面。(69)未陳而擒　不用等到擺好陣式就可以將其擒獲。(70)丁卯　正月十七。(71)樂冏　當時在江夏內史、輔國將軍程道惠府中任參軍。(72)先舉羨之亮哀　先為徐羨之、傅亮治喪舉哀。(73)次

發子弟凶問　而後再發布其子、其弟遇難的消息。問，同「聞」。消息。(74)自出射堂勒兵　自己到演武廳檢閱部隊。射堂，猶今所謂「演武廳」。(75)虛館七旬　指皇位無人達七十天之久。五月乙酉劉義符被廢，八月丙申劉義隆進宮，其間相隔七十天。(76)仰望鸞旗　意即仰望您的大駕光臨。鸞旗，帝王的旌旗，這裡指劉義隆從荊州來的旗號。(77)積怨犯上　指劉義真與謝靈運、顏延之等人一起胡說八道，對劉義符不滿。(78)自貽非命　猶言自己找著被殺。貽，給。非命，非正常死亡。(79)不有所廢二句　他們不被殺，怎麼會輪到你做皇帝。這兩句也是當年里克說的話，見《左傳》僖公十年。(80)耿弇不以賊遺君父　耿弇要在漢光武到達前把應消滅的敵人消滅乾淨。耿弇是漢光武帝劉秀的將領。耿弇討伐張步，受到挫折，劉秀將率兵來援。耿弇對部下說：「豈能以賊遺君父？」遂迅即發動進攻，消滅了敵人，以勝利迎接了劉秀的到來。事見本書卷四十一建武五年。謝晦在這裡用以比喻殺劉義真。(81)何負於宋室　有什麼對不起劉義隆的朝廷。(82)險躁　險惡、粗暴。(83)讒構　讒毀、羅織。(84)除君側之惡　消除皇帝身邊的惡人。(85)請用師于夏　乞伏熾磐早在營陽王景平元年就入貢於魏，並請求伐夏，今又再次提出。(86)不可舉　不能養活。舉，給新生兒的洗沐禮，通常即借指養育。(87)狼狽　匆忙趕來的樣子。(88)手撥幔　親手打開門簾。皇帝親手撥簾，極言其心急之狀。(89)諒闇　指正在為其父劉裕守孝。(90)祕之　瞞起沒說。因古代兒女在為父母守孝的三年期間不能有婚娶同房等事。(91)閏月丙戌　閏正月初六。(92)竟陵　諸侯王國名，都城即今湖北鍾祥。(93)總留任　總管留守荊州的事務。(94)江津　長江渡口名，在江陵城南。(95)破冢　長江渡口名，在江陵東南三十里的長江東岸。(96)勤王之師　為皇帝分憂討逆的軍隊。勤，幫助。(97)湘州　州治即今湖南長沙。(98)意趣　思想動向。(99)戊午　二月初九。(100)金紫光祿大夫　即光祿大夫，當時多為加官名，備參謀顧問。以其佩金印紫綬，故稱「金紫光祿大夫」。(101)廙　即王廙，東晉初期人，王導的堂兄弟，晉元帝的姨表兄弟，人品不高。傳見《晉書》卷七十六。(102)庚申　二月十一。(103)中書下省　當時中書省有上、中、下三省，是皇帝之下的最高權力機關，負責為皇帝起草文件、制定政策。(104)殷景仁　宋初名臣，劉義隆的親信。傳見《宋書》卷六十三。(105)參掌留任　參與掌管留守朝廷的一切事宜。(106)會稽長公主　劉裕之女，劉義隆的姐妹。「會稽」是其封地名。「長公主」，是對皇帝姐妹的稱呼。(107)留止臺內　在宮廷內住宿，以表示其晝夜不離宮廷。(108)總攝六宮　總管後宮的一切事務。攝，管理。(109)留府　留守謝晦在江陵的統帥府。(110)江口　也叫西江口，或叫夏浦，在今湖北監利東南。(111)彭城洲　在今湖南岳陽東北長江中。(112)巴陵　即今湖南岳陽。(113)參軍　庾登之的參軍。(114)檀征北　即檀道濟，時任征北將軍，統領著接續在到彥之之後的討伐大軍。(115)將軍蕭欣　此指朝廷方面的將領。下文「諸將」也是指朝廷方面的將領。(116)隱圻　也稱「隱磯」，在彭城洲東北（今湖南臨湘東北）的長江北岸。(117)自訟　自己申辯，表白無罪。(118)梟四凶於廟庭　把「四凶」一樣的壞人的人頭懸掛在太廟門前的高竿。四凶指舜時的四個大壞人，即共工、驩兜、三苗、鯀。這裡代指王華、王曇首、王弘等劉義隆的親信。119懸三監於絳闕　把「三監」一樣的壞人的人頭懸掛在宮廷的正門外。「三監」指西周成王時的管叔、蔡叔、霍叔。周公派他們三人去監視被封在朝歌的殷紂王的兒子武庚祿父，結果他們反而串聯武庚祿父一道反對朝廷。這裡也是比喻王華、王曇首、王弘等人。絳闕，宮廷正門的門樓。120還保所任　回到我受任的荊州地面上去。121來上　率兵到建康的上游來討伐謝晦了。122牽艦緣岸　把戰船都停靠在岸邊。123因風帆上　趁著風勢船帆向上游移來。124前後連咽　前後相連，堵塞江面，極言其多。125戊辰　二月十九。126忌置洲尾　忌置洲的東部邊沿。忌置洲在今湖南岳陽北的長江中。127列艦過江　擺開戰船，排成浮橋，軍隊通過浮橋登上西岸。128沙橋　在江陵城北。129晦敗問　謝晦失敗的消息。130南討　當時劉粹駐兵襄陽，江陵在襄陽之南，故曰「南討」。131丙子　二月二十七。132無他處分　沒有再做別的部署。133己卯　二月三十。134安陸延頭　安陸縣的延頭，在今湖北安陸西南。在江陵去北義陽（今河南信陽）的途中。135戍主光順之　地方軍事據點的頭領姓光名順之。136檻送建康　裝進囚車押送到建康。檻，囚車。137馬頭　馬頭戍，在江陵城南的長江南岸，北對江津戍。138自歸　猶言「自首」，自己送上門來。139監　監管；臨時代管。140荊州府事　即荊州刺史府的一切事務。141以沙橋之敗告　因周超曾在沙橋打得劉粹慘敗，故劉粹阻止到彥之任用周超。142被髮徒跣　披散頭髮、光著腳，這是古代給君親送葬的一種禮儀。143柰何狼藉都市　怎麼能讓人家拖到街頭開刀問斬。144無任　指不受謝晦任用，不對他的罪行負責。145禁錮　指不准再進入仕途。146南蠻行參軍新興王玄謨　代理南蠻校尉參軍的新興郡人王玄謨。行，代理；試用。新興郡的郡治即今山西忻州。王玄謨是一個大言無實的官僚。傳見《宋書》卷七十六。147見原　被寬赦。148走　指出逃江陵時。149延陵蓋　姓延陵，名蓋。150鎮軍功曹督護　鎮軍將軍到彥之的功曹參軍兼督護。151王慧龍　王愉之孫。王愉被劉裕所殺，王慧龍逃到北魏，魏以為南蠻校尉。傳見《魏書》卷三十八。152思陵戍　在今河南淮陽西北。153項城　縣名，縣治在今河南沈丘南。154疑茂度有貳心　張茂度是劉裕的元勳，但與謝晦「素善」，故有人疑之。155代還　令他人往代其任，召其本人回朝。156三月辛巳　三月初二。157祕書監　祕書省的長官，下管太史、著作二局。158中書侍郎　中書監與中書令的屬官。中書省負責起草詔命，制定國家章程。159參權要　參與國家大政方針的決策。160門車　停在門前的前來拜會的車輛。161兩　同「輛」。162相係　接連不斷。163方筵七八　每天都要擺一丈見方的筵席七八桌，極言其結交的人士之多。164著高屐　穿著帶有高齒的拖板鞋。165置通呈書佐　置有通呈、書佐兩個侍從。通呈負責通報、傳話；書佐負責記錄與起草文件。166詣　到，前去拜訪他。167填咽　擁擠不通。168暄涼而已　只能寒暄兩句，顧不上說別的話。169遂有黑衣宰相　國家竟然有了穿黑衣服的宰相。黑衣，指和尚穿的衣服。170冠屨失所　國家執政者的冠履，竟然讓和尚穿戴起來了。冠履，官員們的帽靴。這裡真正的意思是，朝廷執政者的權柄轉到和尚的手裡去了。(171)五月乙未　五月十七。(172)分行　分道下去視察。(173)民隱　百姓們不敢說的事情，實即民間的疾苦。(174)各言損益　都說說自己的優點和缺點、成績與不足。(175)丙午　五月二十八。(176)延賢堂　在建康的華林園內。(177)聽訟　旁聽法官判案。(178)每歲三訊　指華林園這種表演性的「審判」，一年要舉行三回。(179)王敬弘　一個出身大士族、居高官而不任事的人，王胡之之孫。傳見《宋書》卷六十六。(180)關署文案　在下屬請求批覆的文件上簽字。(181)初不省讀　從來不審查把關。初，從來。省讀，閱讀。(182)預聽訟　指跟著皇帝一道旁聽法官判案。預，參與；參加。(183)疑獄　有問題的案例。(184)訊牒　指有關該犯人的口供、定案資料。訊，口供。(185)副僕射　把副本送給僕射看。副，這裡用如動詞。(186)乃得訊牒讀之　訊牒我已讀過了。(187)正自不解　我根本看不懂。(188)不復以時務及之　不再與他商談國家當前要解決的問題。(189)中護軍　中護軍將軍的簡稱，負責統領警衛朝廷的軍隊，並主管國家各將領的選拔與任用。(190)與己相埒　都與自己的地位和受寵信的程度不相上下。相埒，相等。(191)自謂力用不盡　自己覺得力量得不到充分發揮。實即對前兩個人瞧不起。(192)頓有數人　設立著好幾個。頓，置；設有。(193)無常官　無固定的官職，不確定究竟哪個職務算是宰相。(194)侍中　門下省的長官，帝王身邊參謀顧問的人員之長，在當時通常即宰相之職。(195)尚書令僕　即尚書令與尚書僕射。(196)中書監令　中書監與中書令。(197)侍郎　即黃門侍郎。(198)給事中　任職於殿中，以備參謀顧問。(199)風力局幹　氣度、才幹。(200)冠冕一時　為當時群臣之首。(201)合殿　也稱西殿，即當時宮中大殿後的西堂。(202)一時之秀　一個時期內的最優秀人才。(203)同管喉脣　都是我的咽喉與脣舌，指諸官為皇帝起草詔令，出納王命而言。(204)謝弘微　謝安的族人，自幼職位顯要，為官清廉。傳見《宋書》卷五十八。(205)琰　謝安之子。傳見《晉書》卷七十九。(206)精神端審　指為人正直、謹慎。(207)時然後言　到了該說話的時候才說話，即俗所謂「不苟言笑」。(208)混　即謝混，謝安之孫，謝琰之子。傳見《晉書》卷七十九。(209)微子　對謝弘微的愛稱。(210)異不傷物　不同意別人的意見時能不傷人。(211)同不害正　贊同別人的意見時能堅持不失正道。(212)無間　找不到漏洞；挑不出毛病。(213)拊御牀　摸著皇帝的寶座。(214)非卿兄弟　指王華、王曇首，二人是同族兄弟。(215)無復今日　我沒有這一天，不可能坐到這個地方來。(216)封詔　準備封賞他們的詔書。(217)罪人斯得　犯罪的人都得到了應有的懲處。(218)蠕蠕　即柔然。(219)土著　是居住在城郭屋舍的人，以別於游牧民族。(220)陰山　內蒙古境內的東西走向的大山，橫亙在呼和浩特、包頭以北。(221)軍實　軍用物資。(222)鳥集獸逃　來時如鳥之集，逃時如獸之散，極言其鬆散難以捕捉。(223)安原　魏國名臣安同之子，被封為武京侯。傳見《魏書》卷三十。(224)五原　郡名，郡治在今內蒙古包頭西。(225)畋　打獵。(226)和兜山　約在今內蒙古集寧西北。(227)詔　命令，這句的主語是劉宋政權。(228)燕太子永　即馮永，馮跋的太子。(229)河西　指建都於今甘肅武威的沮渠蒙遜政權。歷史上稱之為「北涼」。因其地處黃河之西，故北涼的統治者自己也稱為「河西王」。(230)廉川　即今青海的樂都。(231)西安　郡名，郡治在今甘肅張掖東南。(232)番禾　郡名，郡治即今甘肅永昌。(233)枹罕　當時西秦乞伏氏政權的都城，在今甘肅臨夏東北。(234)苑川　古城名，在今甘肅蘭州東北。(235)南安　郡名，郡治在今甘肅隴西縣東。(236)澆河　郡名，郡治即今青海貴德。(237)莫河仍寒川　即莫賀川，在當時的澆河郡西南，今青海共和的南方。(238)昴川　即今四川阿壩藏族自治州。(239)大旱二句　既大旱，又有蝗災。這句話是寫劉宋王朝的統治區。(240)三從之義　指在家從父，既嫁從夫，夫死從子。(241)婦女　妻子和女兒。(242)尚方　官署名，負責為皇帝製造各種用品。這裡指謝晦的妻女被發在這裡為奴。(243)原之　赦免了她們。(244)夏世祖　即赫連勃勃。(245)諸子相圖　指赫連璝攻殺赫連倫，赫連昌又攻殺赫連璝。(246)大檀　當時柔然族的首領。(247)崔浩　魏國文臣，在拓跋珪時代很受寵任，拓跋燾繼位以來，被放回家賦閒，頗不甘寂寞。事見本書卷一百十九〈宋紀〉一。(248)熒惑　即今之火星。(249)再守羽林鉤己　兩次擦羽林、鉤己二星而過。守，靠近。羽林、鉤己，都是星宿名。事見本書卷一百十七義熙十一年。(250)其占秦亡　它所表達的意思就是秦國將要滅亡。占，神祕現象所兆示的含義，猶今之所謂「預示」。(251)五星　指金、木、水、火、土五星。(252)天人相應　上天已經指示了人間應做的事情。(253)固爭　堅決反對崔浩的言論，反對出兵伐秦。(254)頓辱　抓著人的頭往地上撞，以此來侮辱之。(255)蒲阪　黃河渡口名，也是歷來的軍事要地，在今山西風陵渡的北面，當時屬夏。(256)宋兵將軍周幾　魏國的「宋兵將軍」姓周名幾。宋兵將軍，猶言「伐宋將軍」，以攻取的對象為名，如漢代之「貳師將軍」、「匈河將軍」是也。(257)陝城　陝縣縣城，陝縣在今河南三門峽市西。(258)辯　即薛辯，原為姚秦的河北太守，劉裕進取河南、關中時，薛辯投降劉裕，被任為平陽太守。夏人攻佔關中，薛辯投降魏國。傳見《魏書》卷四十二。(259)中書博士　中書省裡的博士官，以知識淵博充參謀顧問之用。(260)平棘李順　平棘人李順。平棘，即今河北趙縣。(261)總前驅之兵　總管先頭部隊。(262)果於去就　不把改換門庭、另找主子當成一回事，意即容易叛變。(263)十月丁巳　十月十一。(264)嵻峎山　在今甘肅臨夏東南。(265)定連　城名，約在今四川西北部的阿壩一帶。(266)南城　枹罕的南面的城門。(267)沙州　州名，州治即今青海樂都。(268)湟河　郡名，郡治即今青海尖扎。(269)西平　古城名，即今青海西寧。(270)楊興平　仇池一帶的氐族人，是稱藩於劉宋的楊玄的部下。(271)內附　指想歸附劉宋，成為劉宋的郡縣。(272)梁南秦二州　屬一個刺史管轄，州治在今陝西漢中。(273)始平　郡名，郡治在今陝西興平東南。(274)武興　即今陝西略陽。(275)君子津　渡口名，在今內蒙古清水河縣與托克托之間的黃河上。(276)戊寅　十一月初三。(277)壬午　十一月初七。(278)䜩羣臣　宴享群臣。䜩，這裡同「宴」。(279)奄至　突然來到。(280)黑水　無定河的上游，流經當時統萬城（今內蒙古烏審旗南的白城子）的東北側。(281)內三郎豆代田　魏國皇帝的侍衛，名豆代田。內三郎，魏國皇帝的宮內衛士，上屬於幢將。282西宮　統萬城內赫連昌的西宮。283癸未　十一月初八。284三輔　指京兆尹、左馮翊、右扶風，即管轄當時的長安城及其四周的三個郡。285東平公乙斗　夏國的東平公，名叫乙斗。286助興　赫連助興，赫連昌之弟。287安定　郡名，郡治在今甘肅涇川縣西北。288秦雍氐羌　秦、雍二州的氐人與羌人。秦州的州治即今甘肅天水市，雍州的州治即當時的長安。289徐珮之　徐羨之之姪。徐羨之被殺時，劉義隆特別赦免了他。290正會　正月初一大臣朝賀天子的集會。291壬戌　十二月十七。292營陽太妃　營陽王劉義符的生母，劉裕之妃。293南漒　縣名，縣治在今青海東南部西傾山附近。294仇池　在今甘肅成縣西，當時為稱藩於劉宋的氐王楊玄的首府。295初得中原　指打敗後燕，佔據燕都中山（今河北定州）之時，事在晉安帝隆安元年（西元三九七年）。296天興　拓跋珪的年號（西元三九八—四〇三年），共六年。297采諸漏戶　清查不上戶口的人。298令輸繒帛　罰他們向國家上交絲綢。繒，紅色的絲綢。299自占　自報。300紬繭羅縠戶　為政府抽絲織綢的專業戶。紬，這裡的意思同「抽」。301不隸郡縣　不歸當地的郡縣管轄。302賦役不均　與其他農業戶的待遇不平等，交納的賦稅與所出勞役的多少不同。303一切罷之二句　指撤銷對這些所謂「紬繭羅縠」專業戶的管理章程，把他們納入所在郡縣的管轄之內。

【校　記】1辦　原作「辨」。據章鈺校，甲十六行本、乙十一行本、孔天胤本皆作「辦」，熊羅宿《胡刻資治通鑑校字記》同，今據改。2使　據章鈺校，甲十六行本、乙十一行本皆作「信」。3卒　據章鈺校，甲十六行本、乙十一行本、孔天胤本皆作「眾」。4代　據章鈺校，乙十一行本作「使」。5訟　據章鈺校，乙十一行本作「訊」。6大小　據章鈺校，甲十六行本、乙十一行本、孔天胤本二字皆互乙。7丞　原誤作「承」。據章鈺校，甲十六行本、乙十一行本、孔天胤本皆作「丞」，今據改。8萬　據章鈺校，甲十六行本、乙十一行本、孔天胤本「萬」下皆有「餘」字。

【語　譯】三年（丙寅　西元四二六年）

春季，正月，荊州刺史謝晦的弟弟、擔任黃門侍郎的謝皭派人騎馬飛速趕往江陵，將宋文帝準備出兵前去討伐的消息通知給謝晦。謝晦還認為不可能，他把傅亮寫給自己的書信拿給擔任諮議參軍的何承天看，並說：「我估計萬幼宗在這一兩天之內就能到達，傅亮擔心我好鬧事，所以先派人送給我這封書信。」何承天說：「外面的傳聞，全都說朝廷西來征討的事情已經確定下來，萬幼宗豈有西上荊州找你徵求意見的道理？」謝晦還是認為外面的傳聞不可靠，遂命何承天預先起草回答皇帝有關北伐意見的草稿，建議討伐北方的賊虜應該等到明年進行。擔任江夏內史的輔國將軍程道惠接到一封尋陽方面的來信，說「朝廷即將採取大動作，事情已經是確定無疑」，讓在輔國將軍府中擔任中兵參軍的樂冏祕密送信給謝晦。謝晦向諮議參軍何承天詢問說：「如果事情真的如此，你認為我該怎麼辦？」何承天回答說：「承蒙將軍對我的特殊恩寵，我常常想要報答將軍對我的恩德。事變已經發生，我怎敢向你隱瞞我的真實想法？然而一旦公開進行調兵遣將，出兵征討，在我看來，恐怕是不能達到目的。」謝晦這才感到恐懼，他說：「你是不是想讓我自殺？」何承天說：「還不至於到這種程度。但憑藉帝王的威勢，傾盡全國的兵力來攻取一個荊州，實力大小已經相差懸殊，且以朝廷討伐地方，臣抗君就叫做逆，君討臣叫做順，雙方所處地位的差異又如此之大。所以逃往國外以求得保全性命，這是最好的方案。其次，派遣自己的心腹率軍屯駐在義陽，將軍親自率領荊州的軍隊前往夏口迎戰朝廷軍；如果失敗，就趕緊撤回義陽，然後向北逃離國境，這是次一等方案。」謝晦沉思了很久，說：「荊州乃是用武之地，兵員、糧草都容易調集補充，暫且先與朝廷打一仗，如果不能取勝，再走也不算晚！」於是派何承天撰寫上奏朝廷的表章、發布各郡的檄文，又與擔任衛軍諮議參軍的琅邪人顏邵商議起兵反抗朝廷的計畫，顏邵服毒自殺。

謝晦豎起反抗朝廷的大旗，宣布進入緊急戰備狀態，他對擔任司馬的庾登之說：「現在我要親自率軍東下，想委屈你率領三千人馬守衛江陵城，防禦雍州刺史劉粹的進攻。」庾登之回答說：「我那年邁的父母都在京師建康，而我又一向沒有獨自帶過兵，沒有自己親信的部下，考慮再三，我還是不敢接受你的命令。」謝晦又詢問其他各將佐說：「三千名戰士能不能守住江陵城？」擔任南蠻校尉司馬的周超回答說：「不僅能夠守住江陵，如果有外敵進犯，還可以立功呢。」庾登之順水推舟地說：「周超一定能把事情辦好，我請求辭去衛軍司馬、南郡太守的職務，轉讓給周超。」謝晦當時就在座位上簽署命令，任命周超為衛軍司馬，兼任南義陽太守；將庾登之改任為長史，仍然兼任南郡太守。庾登之，是庾蘊的孫子。

宋文帝劉義隆因為王弘與檀道濟在開始的時候並沒有參與廢黜、殺害少帝劉義符的陰謀，王弘的弟弟王曇首又是宋文帝劉義隆所親近並委以重任的人，所以在即將對徐羨之、傅亮等採取行動時，祕密派人通報給王弘，並且徵召檀道濟，準備令檀道濟率軍討伐謝晦。擔任侍中的王華等人都認為不能這樣做，宋文帝說：「征北將軍檀道濟只是一個脅從，廢黜少帝之事並不是他的創意，而殺害少帝之事又與檀道濟無關。我安撫他，同時派給他任務，肯定不會有其他顧慮。」正月十五日乙丑，檀道濟抵達京師建康。

正月十六日丙寅，宋文帝劉義隆下詔，宣布了徐羨之、傅亮以及謝晦殺害營陽王劉義符、廬陵王劉義真的罪行，下令有關部門將其立即逮捕誅殺。詔書中還說：「謝晦佔據長江上游，或許他不肯服罪，試圖反抗，我要親自統帥六軍前去堵塞他的逃亡之路。可以派遣擔任中領軍的到彥之即日起火速出發，征北將軍檀道濟率軍緊隨其後，相繼出發，已經發下文書告知衛將軍府以及荊州刺史府、都督府，即刻將謝晦逮捕歸案。已經命令擔任雍州刺史的劉粹等率軍截斷謝晦北逃魏國或潛藏他方的通道。懲治罪犯只限於罪魁禍首謝晦一人，其餘人等，一律不予追究。」

就在十六日的當天，宋文帝劉義隆下詔召見司徒徐羨之、尚書令傅亮。徐羨之走到西明門外的時候，擔任黃門侍郎的謝曬正在宮內值班，他火速派人通知尚書令傅亮說：「皇宮之內有異常的舉動。」傅亮遂以自己的嫂子有病為藉口暫且返回自己家中，他立即派人通知徐羨之。徐羨之遂返回設在西州的揚州刺史府，然後乘坐著婦女探親乘坐的車子迅速離開建康城，步行來到新林，進入一個燒製陶器的窯裡上吊自殺了。傅亮乘坐著車子出了建康城，然後騎上快馬跑到自己哥哥傅迪的墓地，被擔任屯騎校尉的郭泓逮捕。當郭泓押著傅亮走到廣莫門的時候，宋文帝劉義隆派中書舍人將皇帝的詔書拿給傅亮看，並且向傅亮傳達宋文帝的話說：「因為當初你到江陵迎接我的時候，態度誠懇，所以我會饒恕你的子孫，保證他們安然無恙。」傅亮讀完皇帝的詔書，說：「我傅亮蒙受先帝待以平民之間的那種平等真摯的友情，遂成了接受託孤輔政的大臣。廢黜昏庸的皇帝，另立英明的君主，這完全是為國家社稷的利益考慮。如果想要殺死我，想找點理由還不容易嗎！」於是將傅亮殺死，而將傅亮的妻子兒女流放到建安。誅殺了徐羨之的二個兒子，卻寬恕了徐羨之的姪子徐珮之。又誅殺了謝晦的兒子謝世休，逮捕、囚禁了謝曬。

宋文帝劉義隆即將率軍討伐擔任荊州刺史的謝晦，於是向征北將軍檀道濟詢問計策，檀道濟回答說：「我過去曾經與謝晦一同跟隨先帝劉裕北征後秦，當時得以入關消滅後秦主姚泓的十條計策中，就有九條是謝晦提出來的，謝晦的才能、謀略精明老練，很少遇到敵手。然而卻從未率軍獨當一面而取勝，恐怕在軍事方面不是他的特長。我熟悉謝晦的智謀，謝晦瞭解我的勇敢。現在奉了君主之命去討伐謝晦，不用等他列好陣勢就可將他擒獲。」正月十七日丁卯，宋文帝劉義隆徵召擔任車騎大將軍的王弘回到京師擔任侍中、司徒、錄尚書事、揚州刺史，任命彭城王劉義康為都督荊、湘等八州諸軍事、荊州刺史。

擔任輔國中兵參軍的樂冏派人前往荊州，將徐羨之、傅亮被殺以及謝皭被逮捕關押的消息告訴謝晦。謝晦於是先為徐羨之、傅亮治喪舉哀，然後又發布自己的兒子和弟弟被殺的消息，做完這些事情之後，謝晦便親自來到射堂檢閱部隊，調集兵馬。謝晦曾經跟隨高祖劉裕東征西討，所以發號施令、調度指揮，沒有一處不恰當合宜，只幾天的功夫，人們就從四面八方前來投效，聚集起三萬名精銳。謝晦上疏給宋文帝劉義隆，稱讚徐羨之、傅亮等人是忠貞不二之臣，卻突然蒙冤遭到殺害。謝晦說：「我與徐羨之、傅亮等如果真想要執掌權柄，不專心為國，當初廢黜營陽王的時候，陛下尚在遙遠的江陵，武皇帝劉裕的兒子中還有更為幼小的孩童，如果擁立他們為皇帝，以之號令四方，誰敢說個不字？何必還要從京師建康逆流而上三千里前往江陵，使得宮廷皇位無人達七十天之久，以仰望陛下的大駕光臨呢？已故的廬陵王劉義真，在營陽王為帝的時候，就因為與營陽王素有積怨而犯上，導致自己死於非命。如果當時他們不被廢黜、不被殺死，如何會輪到陛下做皇帝？耿弇要在漢光武帝到達之前把應該消滅的敵人全部消滅乾淨，而不把賊寇遺留給君父，我又有哪一點對不起宋國皇室呢？這些都是因為王弘、王曇首、王華的陰險、粗暴、猜忌，對我等進行讒毀、羅織罪名而引發的災禍。我現在就要起兵，用以清除皇帝身邊的奸惡之徒。」

西秦王乞伏熾磐再次派遣使者前往北魏，請求出兵攻伐夏國。

當初，宋文帝劉義隆的皇后袁氏生下皇子劉劭的時候，皇后親自端詳這個孩子，然後派使者飛快地向宋文帝奏報說：「這個孩子的相貌非同一般，必然會導致國破家亡，不可以將他養大成人。」當時就準備把劉劭殺死。宋文帝慌慌張張地來到寢宮的門外親手撥開門簾進行阻止，袁皇后才沒有殺死劉劭。因為當時還是在為先帝守孝期間，所以便將劉劭出生之事隱瞞了下來。一直到閏正月初六日丙戌，才對外宣布了劉劭誕生的消息。

宋文帝下詔進入緊急戰備狀態，實行大赦，各路大軍按照次序相繼出發，前往荊州討伐謝晦。謝晦任命自己的弟弟謝遯為竟陵內史，率領一萬人，總管留守江陵的一切事務，謝晦自己則率領二萬名士卒從江陵出發，各種船艦在江面排開，從江津一直排列到破冢，旌旗招展，遮天蔽日，謝晦感慨地說：「遺憾的是沒有把這支軍隊用在為皇帝分憂討逆方面！」

謝晦準備派兵去襲擊湘州刺史張邵，擔任諮議參軍的何承天因為張邵的哥哥、擔任益州刺史的張茂度與謝晦關係很好，於是勸阻說：「張邵究竟是什麼態度，現在還不得而知，所以不應該急於攻擊他。」謝晦寫信約請張邵，張邵沒有聽從。

二月初九日戊午，宋文帝劉義隆任命擔任金紫光祿大夫的王敬弘為尚書左僕射，任命擔任建安太守的鄭鮮之為尚書右僕射。王敬弘，是王廙的曾孫。

二月十一日庚申，宋文帝劉義隆率領大軍從京師建康出發。他命王弘與彭城王劉義康留守京師，進住中書下省；命擔任侍中的殷景仁參與掌管留守朝廷的一切事務；宋文帝的姐姐會稽長公主住在皇宮，總管後宮的一切事務。

謝晦率軍從江陵出發，順長江東下，擔任諮議參軍的何承天留在江陵，沒有跟隨謝晦東下。謝晦率軍抵達江口，在朝廷擔任中領軍的到彥之已經率軍到達彭城洲。庾登之此時據守巴陵，他懼怕朝廷軍而不敢向前。恰巧遇到淫雨連綿，一連幾天不見天氣放晴，在庾登之手下擔任參軍的劉和之說：「我們遭遇連綿淫雨，對方也同樣遭遇連綿淫雨，征北將軍檀道濟不久即將率軍到來，東方的朝廷軍士氣正盛，我們只能採取速戰速決的戰略。」而庾登之始終膽怯，他派小將陳祐製作了一個大口袋，裡面裝滿了茅草，懸掛在桅桿上，聲稱可以燒毀敵人的艦船，但縱火需要等到天晴，遂以此為藉口來拖延交戰的時間。謝晦認為庾登之說得有道理，遂停止不前，一耽擱就是十五天。之後才派擔任中兵參軍的孔延秀率軍攻擊將軍蕭欣所鎮守的彭城洲，將蕭欣擊敗。然後又進攻彭城洲口朝廷軍的營寨，將營寨攻陷。朝廷軍一連遭遇兩次失敗，於是諸將全都想要退回夏口，只有到彥之不同意，於是進駐隱圻據守。謝晦此時再次上疏給宋文帝劉義隆，為自己進行無罪申辯，而且誇耀自己所取得的勝利，謝晦說：「陛下如果把『四凶』一樣的壞人的人頭懸掛在太廟前的高竿上，把『三監』一樣的惡人的首級懸掛在宮廷的正門外，我便立即停止東進，調轉軍旗，返回我的江陵任所。」

當初，謝晦與徐羨之、傅亮為了能夠保障自己的安全，以為有謝晦佔據長江上游，而檀道濟鎮守廣陵，各自手下都擁有強大的軍隊，完全可以制約朝廷；而徐羨之、傅亮身居朝廷，手握重權，可以保證永遠平安無事。等到得知檀道濟率軍西上，為朝廷來討伐謝晦的時候，謝晦不禁感到驚慌失措，無計可施。

征北將軍檀道濟率領朝廷軍到達隱圻之後，便與中領軍到彥之等會合，將艦船沿著長江岸邊停靠下來。謝晦一開始看見朝廷軍的艦船不多，便有些輕敵，因而沒有立即出兵迎戰。到了晚上，颳起了東風，檀道濟等趁著風勢揚起風帆，逆流而上，江上的戰船前後相連，塞滿了江面；謝晦所率領的西路軍面對朝廷軍如此強大的陣容，不禁人心離散，士氣沮喪，早就沒有了鬥志。二月十九日戊辰，朝廷軍挺進到忌置洲的東部邊沿，擺開船艦，登上西岸，謝晦軍一時之間全部潰敗。謝晦趁黑夜逃走，投奔巴陵，後來得到一艘小船，才得以返回江陵。

先前，宋文帝劉義隆派雍州刺史劉粹率領步兵、騎兵從陸路襲擊江陵，劉粹抵達江陵城北的沙橋，周超率領一萬多人前來迎戰，將劉粹所率領的雍州軍打得大敗，士卒死傷了一大半。不久謝晦戰敗的消息便傳到沙橋。當初，謝晦與劉粹的私人關係很好，謝晦任用劉粹的兒子劉曠之為參軍。宋文帝劉義隆因此對劉粹的忠誠深表懷疑。擔任侍中、司空的王弘向宋文帝劉義隆解釋說：「劉粹大公無私，陛下不必擔憂。」等到劉粹接受詔命，率軍南下征討謝晦時，毫無顧忌，宋文帝因此對劉粹十分讚許。謝晦也沒有因為劉粹率軍討伐自己而殺掉劉粹的兒子劉曠之，而是令劉曠之回到劉粹的身邊。

二月二十七日丙子，宋文帝劉義隆從蕪湖向東返回京師建康。

謝晦逃回江陵之後，沒有進行任何部署，只是非常慚愧地向周超道歉而已。當天夜間，周超放棄了自己的軍隊，乘坐著一艘小船，前往中領軍到彥之的軍前投降。謝晦的部屬此時幾乎全部逃散，謝晦遂帶著自己的弟弟謝遯等七個人騎著馬向北方逃走。謝遯體格健壯肥胖，騎不得馬，謝晦等人只得不斷的停下來等待他，所以逃走的速度不快。二月三十日己卯，謝晦一行逃到安陸縣延頭的時候，被地方軍事據點的頭領光順之捉獲，裝入囚車押送到京師建康。

中領軍到彥之進抵馬頭，謝晦的諮議參軍何承天主動送上門來。到彥之遂臨時代管荊州府的一切事務，他任命周超為參軍。劉粹將周超率領一萬多人在沙橋將自己打敗的事情告訴了到彥之，到彥之遂將周超逮捕。於是誅殺了謝晦、謝皭、謝遯以及他們的子姪，同時被誅殺的還有他們的同黨孔延秀、周超等。謝晦的女兒——彭城王劉義康的王妃披散著頭髮光著兩隻腳，與謝晦訣別說：「大丈夫應該為國家而戰死沙場，怎麼能夠被人家拖到街頭開刀問斬！」庾登之因為在謝晦背叛朝廷的時候沒有為謝晦出力，所以只被免除官職，並且終身不許出來做官；何承天以及在南蠻校尉屬下擔任代理南蠻校尉參軍的新興郡人王玄謨等都受到寬大處理。在謝晦逃出江陵的時候，謝晦身邊的人全都離開了謝晦，只有延陵蓋始終追隨，不肯離去。宋文帝劉義隆便任命延陵蓋為鎮軍將軍到彥之擔任功曹參軍兼督護。

謝晦在開始起兵的時候，曾經聯絡北魏擔任南蠻校尉的王慧龍作為外援。王慧龍遂率領一萬人馬攻克了宋國的思陵戍，進而包圍了項城，在得知謝晦失敗之後，才率軍撤走。

宋國擔任益州刺史的張茂度接受了宋文帝劉義隆的詔令襲擊謝晦的老巢江陵，謝晦失敗的時候，張茂度的軍隊才抵達白帝城。於是有人懷疑張茂度對朝廷有二心，宋文帝劉義隆因為張茂度的弟弟、擔任湘州刺史的張邵具有忠誠的節操，因而赦免了張茂度，沒有進行追究，只是派人接替了張茂度的職務，把張茂度召回京師建康。

三月初二日辛巳，宋文帝劉義隆回到京師，徵調永嘉太守謝靈運為祕書監，始安太守顏延之為中書侍郎，給他們的賞賜、待遇都很優厚。

宋文帝劉義隆因為慧琳道人善於談論，便時常與他一同探討朝廷大事，慧琳道人遂得以參與國家大政方針的決策，於是賓客從四面八方前來登門拜訪，門前經常停留著數十輛前來拜會的車輛，四方饋贈、賄賂的禮物接連不斷，每天都要擺設一丈見方的筵席七八桌，座上的賓客常滿。慧琳道人腳上穿著高齒的拖板鞋，身上披著貂皮大衣，專門設置了通呈、書佐兩名侍從。會稽人孔覬曾經登門拜訪慧琳道人，看到賓客擁擠不通，只能與慧琳道人寒暄兩句而已。孔覬感慨地說：「國家居然有穿黑衣服的宰相，朝廷執政者的權柄竟然轉移到和尚的手中！」

夏季，五月十七日乙未，宋國任命征北將軍檀道濟為征南大將軍、開府儀同三司、江州刺史，任命中領軍到彥之為南豫州刺史。又派遣擔任散騎常侍的袁渝等十六人分別前往各州、郡、縣考察各級官員的執政情況、訪求民間疾苦；又令各郡縣分別上疏奏陳自己在執政方面的優點、缺點、政績與不足。二十八日丙午，宋文帝劉義隆駕臨延賢堂旁聽法官判案，從此以後，皇帝每年三次親自前往華林園旁聽審案。

宋國擔任左僕射的王敬弘，性情恬淡，負有盛名，而在下屬請求批覆的文件上簽字的時候，竟然從來都不審查把關。他曾經陪同宋文帝一同旁聽法官判案，宋文帝就一件有疑問的案件向王敬弘諮詢，王敬弘竟然回答不出。宋文帝馬上變了臉色，質問身邊的人說：「你們為何不把有關該犯人的口供、定案資料等案卷的副本送給左僕射觀看？」王敬弘回答說：「我已經看過他們送來的副本，但我根本看不懂。」宋文帝非常不高興，雖然對王敬弘依然以禮相待，但不再跟他談論時政要務。

六月，宋國任命右衛將軍王華為中護軍，依然擔任侍中。王華因為王弘輔佐朝政，王曇首深受皇帝的寵幸與信任，二人的地位和受寵信的程度都與自己不相上下，便覺得自己的能力無法發揮，往往歎息說：「宰相的職務一下子就設置了好幾個，天下怎麼能治理得好呢？」當時，宰相職務並沒有固定的官職，只要皇帝與誰一起商談政事，把機要大事委託給誰，誰就是宰相，所以王華才說出這樣的話。也有雖然擔任侍中職務，卻不算宰相的人。然而，尚書令與尚書僕射、中書監與中書令、侍中、黃門侍郎、給事中，都是當時的重要高級官員。

擔任中護軍的王華與劉湛、王曇首、殷景仁同時擔任侍中，他們的氣度、才幹，在當時為群臣之首。宋文帝劉義隆曾經與他們四人在合殿一同宴飲，宋文帝非常高興。宴飲結束之後，四個人告辭，走出皇宮，宋文帝望著他們離去的背影看了好久，然後歎息了一聲說：「這四位賢才，是一個時期之內最優秀的人才，共同輔佐朝政，恐怕後世很難再有這樣的情形出現！」

宋國擔任黃門侍郎的謝弘微與擔任侍中的王華等四人都受到皇帝器重，當時把他們合稱為「五臣」。謝弘微，是謝琰的堂孫子。其為人正直、嚴謹，到了該說話的時候才開口發表意見，在奴僕婢女面前從來都不苟言笑，因此不論地位尊卑、年紀大小，都像敬重神明一樣敬重謝弘微。他的堂叔謝混特別看重他，常說：「謝弘微在不同意別人觀點的時候也不會傷害別人，在贊同別人意見的時候也能堅持不失正道，我找不出他的毛病。」

宋文帝劉義隆想要封賞王曇首、王華等人，他撫摸著御座說：「這個寶座，如果不是因為有了你們兄弟，就不會有今天的我。」於是便把準備封賞他們的詔書拿給王曇首、王華等人觀看。王曇首堅決推辭說：「近來所發生的事情，全賴陛下的英明，使犯罪的人得到了應有的懲罰。而我等怎麼能因為國家發生災禍，而自己得到好處呢？」宋文帝這才作罷。

北魏太武帝拓跋燾下詔向公卿大臣徵求意見說：「現在我要出兵攻打赫連氏的夏國和柔然，你們認為應該首先攻擊哪一個？」擔任太尉的長孫嵩、擔任司徒的長孫翰、擔任司空的奚斤都回答說：「赫連氏是居住在城郭屋舍之內的人，還沒有成為國家的禍患。不如先討伐柔然，如果能夠將柔然人追上，就會有很大的收穫；如果追趕不上，也可以利用這個機會在陰山進行一次大規模的狩獵活動，用得到的禽獸皮毛骨角來充實軍用物資。」擔任太常的崔浩說：「柔然人來的時候就像飛鳥一樣，霎時就聚集在一起，而離去的時候又像野獸一樣，霎那間就逃散得無影無蹤，出動大軍進行追擊又追擊不上，派遣輕騎兵追擊又不能將其制服。而赫連氏所佔據的土地不超過一千里，政治殘暴，刑罰酷虐，國民和上天全都拋棄了他，所以應該首先討伐赫連氏。」擔任尚書的劉絜、武京侯安原則請求首先討伐北燕。於是北魏太武帝便親自從雲中郡向西巡視，一直到達五原，趁機在陰山腳下進行狩獵，然後向東抵達和兜山。秋季，八月，返回京師平城。

宋文帝劉義隆下詔令擔任殿中將軍的吉恆為使者出使北魏。

北燕太子馮永去世，北燕王馮跋立次子馮翼為太子。

西秦王乞伏熾磐率軍攻伐北涼河西王沮渠蒙遜，大軍抵達廉川，乞伏熾磐派遣太子乞伏暮末等率領三萬名步兵、騎兵進攻西安，太子乞伏暮末等沒有將西安攻克，便轉而去攻打番禾。北涼河西王沮渠蒙遜出兵抵禦西秦軍的入侵，同時派遣使者前往夏國遊說夏國皇帝赫連昌，想讓赫連昌趁西秦都城枹罕防守空虛的機會出兵襲擊枹罕。夏國皇帝赫連昌遂派遣征南大將軍呼盧古率領二萬名騎兵進攻西秦所屬的苑川，派車騎大將軍韋伐率領三萬名騎兵進攻南安。西秦王乞伏熾磐得知夏國出兵的消息，立即率軍返回。九月，西秦王乞伏熾磐將其境內的老弱、牲畜、資產全部遷移到澆河以及莫河仍寒川，留下左丞相曇達負責守衛都城枹罕。夏國的車騎大將軍韋伐攻克了南安，擒獲了西秦擔任秦州刺史的翟爽、南安太守李亮。

歸附於西秦的吐谷渾部落首領慕容握逹等率領屬下的二萬落部眾背叛了西秦，投奔昴川，依附於吐谷渾王慕容慕璝。

宋國發生了嚴重的旱災，又遭遇了蝗災。

宋國擔任左光祿大夫的范泰上疏給宋文帝劉義隆說：「婦女在家要聽從父母，出嫁之後要聽從丈夫，如果丈夫去世就要聽從兒子，沒有自作主張的道理。謝晦的妻子、女兒還被羈押在尚方官署做苦工，希望陛下留意此事。」宋文帝遂下詔赦免了她們。

北魏太武帝拓跋燾得知夏國世祖赫連勃勃去世，赫連勃勃的幾個兒子之間發生內鬥，國內政局不穩的消息，就想出兵討伐夏國。擔任太尉的長孫嵩等都勸阻說：「夏國人如果堅守城池，可以以逸待勞；而柔然可汗郁久閭大檀得知我們出兵夏國的消息，趁我們國內防守空虛的機會入侵我國，那可就危險了。」擔任太常的崔浩說：「近年以來，熒惑星兩次擦過羽林星和鉤己星，它所兆示的涵義是西秦將要滅亡；今年金、木、水、火、土五星同時出現在東方，顯示出兵西討必然獲利。上天已經指示了人間應該做的事情，機不可失。」長孫嵩極力反對崔浩的言論，堅決反對出兵討伐西秦。太武帝拓跋燾於是大怒，責備長孫嵩利用職權進行貪汗，下令武士按住長孫嵩的頭向地上碰撞，以此來侮辱他。拓跋燾於是派遣擔任司空的奚斤率領四萬五千人馬襲擊夏國所屬的蒲阪，派擔任宋兵將軍的周幾率領一萬人馬襲擊陝城，令擔任河東太守的薛謹為嚮導。薛謹，是薛辯的兒子。

北魏太武帝拓跋燾準備任用擔任中書博士的平棘人李順統領前鋒部隊，便去徵求太常崔浩的意見，崔浩說：「李順確實很有謀略；然而我與李順有姻親關係，所以深知他的為人，此人不把改換門庭、另找主子當成一回事，所以不能讓他獨自擔當如此重任。」太武帝遂打消了重用李順的想法。崔浩與李順之間也因此事而產生矛盾。

冬季，十月十一日丁巳，北魏太武帝拓跋燾從都城平城出發。

西秦擔任左丞相的曇達率軍與夏國的征南大將軍呼盧古在嵻峎山展開激戰，曇達被呼盧古所率領的夏國軍打敗。十一月，夏國的征南大將軍呼盧古與車騎大將軍韋伐聯合進攻西秦的都城枹罕。西秦王乞伏熾磐遂將都城從枹罕遷往定連城，進行堅守。呼盧古率軍進入枹罕城的南城，西秦擔任鎮京將軍的趙壽生率領三百人的敢死隊拼死力戰，才將呼盧古和韋伐所率領的夏軍擊退。呼盧古、韋伐又轉而進攻沙州刺史出連虔所據守的湟河，出連虔派遣後將軍乞伏萬年率軍將其擊敗。呼盧古、韋伐又率軍進攻西平城，活捉了守衛西平的安西將軍庫洛干，活埋了五千名俘虜，劫持了二萬多戶居民而後離去。

仇池一帶的氐族部落首領楊興平請求歸附宋國。宋國擔任梁、南秦二州刺史的吉翰派遣擔任始平太守的龐諮進駐武興。氐王楊玄派自己的弟弟楊難當率軍抗拒龐諮，被龐諮趕走。

北魏太武帝拓跋燾行至君子津時，突然遭遇嚴寒，黃河水面堅冰驟合。十一月初三日戊寅，拓跋燾率領二萬名輕騎兵渡過黃河襲擊夏國的都城統萬。初七日壬午，是冬至日，夏國皇帝赫連昌正在設宴招待群臣，北魏的軍隊突然來到，夏國君臣驚慌失措、擾動不安。北魏太武帝拓跋燾將軍隊駐紮在黑水，距離統萬城還有三十多里。夏國皇帝赫連昌率軍出戰，結果大敗而回，退入統萬城中。城門還沒有來得及關閉，北魏擔任內三郎的豆代田已經乘勝攻入統萬城內的西宮，縱火焚毀了皇宮的西門。夏國朝廷下令關閉了所有宮門，豆代田遂從宮牆翻越而出。北魏太武帝拓跋燾立即提升豆代田為勇武將軍。北魏軍夜間駐紮在統萬城以北。初八日癸未，北魏軍分別出動，到四方進行大肆的搶劫擄掠，殺死、俘虜了數萬人，搶奪的牛馬有十多萬頭。北魏太武帝拓跋燾對諸將說：「夏國的都城統萬，我們這次還不能得到它，來年我要與諸位愛卿再來奪取它。」於是裹挾著一萬多戶居民返回魏國。

夏國擔任弘農太守的曹達得知北魏宋兵將軍周幾率領一萬人馬即將到達的消息，不敢迎戰，棄城逃走。北魏的軍隊遂長驅直入，深入夏國境內的三輔地區。不巧的是周幾很快便病死軍中，夏國蒲阪守將東平公赫連乙斗聽說北魏司空奚斤即將率軍到來的消息，便立即派使者前往都城統萬，向朝廷告急求救。使者到達統萬的時候，北魏的軍隊已經包圍了統萬城；使者又立即返回蒲阪，向赫連乙斗報告說：「都城統萬已經被魏軍打敗了。」赫連乙斗聽到這樣的消息，心中非常恐懼，立即丟棄了蒲阪城，向西逃往長安，魏國的奚斤遂順利地佔領了蒲阪。夏國皇帝赫連昌的弟弟赫連助興原先本來還在守衛著長安，赫連乙斗來到長安之後，便與赫連助興一同丟棄了長安，繼續向西逃往安定。十二月，魏國司空奚斤率領魏軍進入長安，秦州、雍州的氐族人、羌族人全都到奚斤的軍前投降。北涼河西王沮渠蒙遜以及氐王楊玄得知魏軍在夏國境內連連獲勝的消息，全都派遣使者前往北魏，表示願意臣附於魏國。

宋國徐羨之的姪子、前吳郡太守徐珮之聚集了一百多名黨羽，密謀在明年正月初一大臣朝賀天子的聚會時在金鑾殿中發動叛亂，事情不密，被發覺，十二月十七日壬戌，徐珮之被逮捕、斬首。

宋國營陽王劉義符的母親、劉裕的妃子張氏去世。

西秦擔任征南將軍的吉毗鎮守南漒，隴西人辛澹率領三千戶居民佔據了南漒城，驅逐吉毗，吉毗逃回了西秦的都城枹罕，辛澹則向南投奔了仇池。

北魏剛剛打敗後燕，佔據燕都中山的時候，中原地區的很多居民或是逃往他處，或是藏匿起來。道武帝拓跋珪天興年間，下詔清查那些沒有納入戶籍的人家，懲罰他們向朝廷繳納絲綢。於是自己申報為政府抽絲、紡織絲綢的專業戶很多，這些人不歸當地的郡縣管轄，因此造成與其他農業戶繳納的賦稅與所出勞役的不平等。本年度，太武帝拓跋燾開始下詔，廢止對這些抽絲、紡織絲綢專業戶的舊有管理章程，把他們全部納入所在郡縣的管轄之內。

四年（丁卯　西元四二七年）

春，正月辛巳❶，帝祀南郊。

乙酉❷，魏主還平城❸。統萬徙民在道多[1]死，能至平城者什纔六、七❹。

己亥❺，魏主如幽州❻。夏主遣平原公定❼帥眾二萬向長安。魏主聞之，伐木陰山，大造攻具，再謀伐夏。

山羌❽叛秦。二月，秦王熾磐遣左丞相曇達招慰武始❾諸羌，征南將軍吉毗招慰洮陽❿諸羌。羌人執曇達送夏；吉毗為羌所擊，奔還，士馬死傷者什八、九。

魏主還平城。

乙卯⓫，帝如丹徒⓬；己巳⓭，謁京陵⓮。初，高祖既貴，命藏微時⓯耕具以示子孫。帝至故宮⓰見之，有慚色。近侍或進曰：「大舜躬耕歷山⓱，伯禹親事水土⓲。陛下不覩遺物，安知先帝之至德，稼穡之艱難乎？」

三[2]月丙子⓳，魏主遣高涼王禮⓴鎮長安。禮，斤之孫也。又詔執金吾㉑桓貸造橋於君子津。○丁丑[22]，魏廣平王連[23]卒。

丁亥[24]，帝還建康。○戊子[25]，尚書右僕射鄭鮮之[26]卒。

秦王熾磐以輔國將軍段暉為涼州刺史，鎮樂都[27]；平西將軍麴景為沙州刺史，鎮西平[28]；寧朔將軍出連輔政為梁州刺史，鎮赤水[29]。

夏，四月丁未[30]，魏員外散騎常侍[31]步堆等來聘。

庚戌[32]，以廷尉王徽之為交州[33]刺史，徵[34]前刺史杜弘文。弘文有疾，自輿[35]就路。或勸之待病愈，弘文曰：「吾杖節三世[36]，常欲投軀帝庭[37]，況被徵乎！」遂行，卒於廣州。弘文，慧度之子也。

魏奚斤與夏平原公定相持於長安。魏主欲乘虛伐統萬，簡[38]兵練士，部分[39]諸將：命司徒長孫翰等將三萬騎為前驅，常山王素[40]等將步兵三萬為後繼，南陽王伏真等將步兵三萬部送[41]攻具，將軍賀多羅將精騎三千為前候[42]。素，遵之子也。五月，魏主發平城，命龍驤將軍代人陸俟[43]督諸軍鎮大磧[44]，以備柔然。辛巳[45]，濟君子津。

壬午[46]，中護軍王華卒。

魏主至拔鄰山[47]，築城，捨輜重，以輕騎三萬倍道先行。羣臣咸諫曰：「統萬城堅，非朝夕可拔。今輕軍討之，進不可克，退無所資(48)，不若與步兵、攻具一時俱往。」帝曰：「用兵之術，攻城最下(49)。必不得已，然後用之。今以步兵、攻具皆進，彼必懼而堅守。若攻不時拔(50)，食盡兵疲，外無所掠，進退無地。不如以輕騎直抵其城，彼見步兵未至，意必寬弛(51)。吾羸形(52)以誘之，彼或出戰，則成擒(53)矣。所以然者，吾之軍士去家二千餘里，又隔大河(54)，所謂『置之死地而後生(55)』者也。故以之攻城則不足，決戰則有餘矣。」遂行。

六月癸卯朔(56)，日有食之。

魏主至統萬，分軍伏於深谷，以少眾至城下。夏將狄子玉降魏，言：「夏主聞有魏師，遣使召平原公定，定曰：『統萬堅峻，未易攻拔。待我擒奚斤，然後徐往。內外擊之，蔑不濟(57)矣。』故夏主[3]堅守以待之。」魏主患之(58)，乃退軍以示弱，遣娥清(59)及永昌王健(60)帥騎五千西掠居民。

魏軍士有得罪亡奔夏者，言魏軍糧盡，士卒食菜，輜重在後，步兵未至，宜急擊之。夏主從之。甲辰(61)，將步騎三萬出城。長孫翰等皆言：「夏兵步陳難陷(62)，宜避其鋒。」魏主曰：「吾遠來求賊(63)，惟恐不出。今既出矣，乃避而不擊，彼奮我弱，非計也。」遂收眾偽遁，引而疲之。

夏兵為兩翼，鼓譟追之，行五六里，會有風雨從東南來，揚沙晦冥。宦者趙倪，頗曉方術(64)，言於魏主曰：「今風雨從賊上來，我向之，彼背之，天不助人(65)；且將士飢渴，願陛下攝騎(66)避之，更待後日。」崔浩叱之曰：「是何言也！吾千里制勝(67)，一日之中，豈得變易(68)？賊貪進不止，後軍已絕(69)，宜隱軍分出(70)，掩擊不意(71)。風道在人(72)，豈有常也！」魏主曰：「善！」乃分騎為左右隊以掎(73)之。魏主馬蹶而墜(74)，幾為夏兵所獲。拓跋齊(75)以身捍[4]蔽，決死力戰，夏兵乃退。魏主[5]騰馬得上(76)，刺夏尚書斛黎文，殺之；又殺騎兵十餘人，身中流矢，奮擊不輟，夏眾大潰。齊，翳槐(77)之玄孫也。

魏人乘勝逐夏主至城北(78)，殺夏主之弟河南公滿及兄子蒙遜，死者萬餘人。夏主不及入城，遂奔上邽(79)。魏主微服(80)逐奔者，入其城(81)。拓跋齊固諫，不聽。夏人覺之，諸門悉閉。魏主因與齊等入其宮中，得婦人裙，繫之槊上，魏主乘之而上(82)，僅乃得免。會日暮，夏尚書僕射問至(83)奉夏主之母出走。長孫翰將八千騎追夏主至高平(84)，不及而還。

乙巳(85)，魏主入城，獲夏王[6]、公、卿、將[7]、校及諸母、后妃、姊妹、宮人以萬數，馬三十餘萬匹，牛羊數千萬頭，府庫珍寶、車旗、器物不可勝計，頒賜將士有差[86]。

初，夏世祖性豪侈，築統萬城，高十仞[87]，基厚三十步[88]，上廣十步，宮牆高五仞，其堅可以厲刀斧[89]。臺榭壯大，皆雕鏤圖畫，被以綺繡，窮極文采。魏主顧謂左右曰：「蕞爾[90]國而用民如此[91]，欲不亡，得乎！」

得夏太史令張淵、徐辯，復以為太史令。得故晉將毛脩之[92]、秦將軍庫洛干[93]，歸庫洛干於秦，以毛脩之善亨調，用為太官令[94]。魏主見夏著作郎天水趙逸所為文，譽夏主太過，怒曰：「此豎[95]無道，何敢如是[96]！誰所為邪？當速推之[97]！」崔浩曰：「文士褒貶，多過其實，蓋非得已，不足罪也。」乃止。魏主納夏世祖三女為貴人。

奚斤與夏平原公定猶相拒於長安。魏主命宗正娥清、太僕丘堆帥騎五千略地關右[98]。定聞統萬已破，遂奔上邽。斤追至雍[99]，不及而還。清、堆攻夏貳城[100]，拔之。

魏主詔斤等班師。斤上疏[8]言：「赫連昌亡保上邽，鳩合餘燼[101]，未有蟠據[102]之資，今因其危，滅之為易。請益鎧馬[103]，平昌而還。」魏主不許。斤固請，乃許之，給斤兵萬人，遣將軍劉拔送馬三千[9]匹，并留娥清、丘堆使共擊夏。

辛酉[104]，魏主自統萬東還，以常山王素為征南大將軍、假節，與執金吾桓貸、莫雲[105]留鎮統萬。雲，題[106]之弟也。

秦王熾磐還枹罕。

秋，七月己卯[107]，魏主至柞嶺[108]。柔然寇雲中，聞魏已克統萬，乃遁去。

秦王熾磐謂羣臣曰：「孤知赫連氏必無成，冒險歸魏[109]，今果如孤言。」八月，遣其叔父平遠將軍渥頭等入貢于魏。

壬子[110]，魏主還至平城，以所獲頒賜留臺[111]百官有差。

魏主為人壯健鷙勇，臨城對陳[112]，親犯矢石，左右死傷相繼，神色自若，由是將士畏服，咸盡死力。性儉率[113]，服御飲膳[114]，取給而已[115]。羣臣請增峻京城及修宮室曰：「易云：『王公設險，以守其國[116]。』又蕭何云：『天子以四海為家，不壯不麗，無以重威[117]。』」帝曰：「古人有言：『在德不在險[118]。』屈丐[119]蒸土築城而朕滅之，豈在城也[120]？今天下未平，方須民力，土功之事，朕所未為。蕭何之對，非雅言也[121]。」每以為財者軍國之本，不可輕費。至於賞賜，皆死事勳績之家，親戚貴寵未嘗橫有所及[122]。命將出師，指授[123]節度[124]，違之者多致負敗。明於知人，或拔士於卒伍之中，唯其才用所長，不論本末[125]。聽察精敏[126]，下無遁情(127)，賞不違賤，罰不避貴，雖所甚愛之人，終無寬假(128)。常曰：「法者，朕與天下共之，何敢輕也。」然性殘忍，果於殺戮，往往已殺而復悔之。

九月丁酉(129)，安定(130)民舉城降魏。

氐王楊玄遣將軍苻白作(131)圍秦梁州刺史出連輔政于赤水。城中糧盡，民執輔政以降。輔政至駱谷(132)，逃還。冬，十月，秦以驍騎將軍吳漢為平南將軍、梁州刺史，鎮南漒。

十一月，魏主遣軍司馬公孫軌兼大鴻臚(133)，持節(134)策拜楊玄為都督荊、梁等四州諸軍事、梁州刺史、南秦王(135)。及境，玄不出迎，軌責讓之，欲奉策以還(136)，玄懼而郊迎。魏主善之(137)，以軌為尚書(138)。軌，表(139)之子也。

十二月，秦梁州刺史吳漢為羣羌所攻，帥戶二千還于枹罕。

魏主行如中山(140)，癸卯(141)，還平城。

【章旨】以上為第四段，寫宋文帝元嘉四年（西元四二七年）一年間的大事。主要寫了魏將奚斤與夏將赫連定相持於長安，魏主乘虛大舉伐統萬，夏主堅守等援，城堅難下；魏主退軍示弱，夏主出兵追之，魏軍伏兵數道出擊，大破夏軍；夏主逃保上邽，魏主遂佔據統萬城；夏之長安守將赫連定聞統萬城陷，棄長安西奔上邽，魏將娥清、丘堆、奚斤追擊至雍，遂略定關中地區；歷史家詳細描寫了魏主拓跋燾的此次破夏方略，並集中評論了拓跋燾之為人，拓跋燾除酷苛好殺一項外，其他生活儉樸，不事豪華，知人善任，賞罰分明，是很好的一代明君；此外還寫了氐王楊玄破秦將於赤水，魏主封楊玄為梁州刺史、南秦王；以及劉宋王朝的重臣王華、鄭鮮之死、交州刺史杜弘文被詔還京，中途病死於廣州等。

【注釋】❶正月辛巳　正月初七。❷乙酉　正月十一。❸魏主還平城　自統萬前線返回平城。❹什繈六七　僅有十分之六七。❺己亥　正月二十五。❻幽州　郡治即今北京市，距當時北燕的邊界不遠。❼平原公定　即赫連定，赫連勃勃之子。❽山羌　當時居住在武始、洮陽附近山區的羌族人。❾武始　郡名，郡治勇田，在今甘肅臨洮西北。❿洮陽　在今甘肅臨潭西南。⓫乙卯　二月十一。⓬丹徒　舊縣名，在今江蘇鎮江市南，劉裕的舊居在這裡。⓭己巳　二月二十五。⓮京陵　即興寧陵，劉裕父親的墳墓。⓯微時　貧賤的時候。⓰故宮　即劉裕少時的舊居。⓱躬耕歷山　親自在歷山從事農田勞動。歷山的地址說法不一，其一說在今濟南東南。舜耕歷山的故事見《史記・五帝本紀》。⓲親事水土　大禹親自治水的故事見《史記・夏本紀》。⓳三月丙子　即三月初三。⓴高涼王禮　即拓跋禮，拓跋斤的孫子。拓跋斤是拓跋珪的堂兄弟，事跡見本書卷一百四太元元年。㉑執金吾　也稱中尉，首都的警察局長。㉒丁丑　三月初四。㉓廣平王連　即拓跋連，拓跋珪之子。㉔丁亥　三月十四。㉕戊子　三月十五。㉖鄭鮮之　原為劉裕的部屬，甚見寵信，為人率直，言無所隱，曾為都官尚書、丹陽尹，文帝時為尚書僕射。傳見《宋書》卷六十四。㉗樂都　郡名，郡治即今青海樂都。㉘西平　郡名，郡治即今青海西寧，在當時也是沙州的州治所在地。㉙赤水　在今青海共和東南的黃河邊，在當時也是西秦的梁州州治所在地。㉚四月丁未　四月初四。㉛員外散騎常侍　與散騎常侍職務略同，以備參謀顧問。㉜庚戌　四月初七。㉝交州　州治龍編，在今越南河內東北，當時屬於東晉。㉞徵　詔；召其到朝廷。㉟自輿　讓人抬著。㊱杖節三世　杖節指受朝廷任命，專治一方。節，旌節，朝廷授與使者或方面大員的信物。以竹為之，以旄牛尾為之飾。三世，指其祖杜瑗，其父杜慧度，與杜弘文。杜慧度的事跡見《晉書・良吏傳》。㊲投軀帝庭　意即有幸到朝廷拜見皇帝。㊳簡　選拔。㊴部分　部署、分配。㊵常山王素　即拓跋素，拓跋遵之子。拓跋遵是拓跋珪之弟。傳見《魏書》卷五十一。㊶部送　運送。㊷前候　在大軍之前，負責偵察、哨探。候，偵察。㊸陸俟　魏初名將。傳見《魏書》卷四十。㊹大磧　猶言「大漠」，謂駐兵於今內蒙古北境的大沙漠之南。磧，沙石地。㊺辛巳　五月初九。㊻壬午　五月初十。㊼拔鄰山　在今陝西橫山縣西北，當時統萬城東北的黑水以東。㊽退無所資　退下來無所憑依。資，藉；依靠。㊾攻城最下　《孫子・謀攻》：「上兵伐謀，其次伐交，其次伐兵，下政攻城。」㊿不時拔　不能及時攻下。

(51)寬弛　鬆懈。(52)羸形　故意示敵以弱形。羸，瘦弱。(53)成擒　現成的俘虜。(54)隔大河　指遠離本土，懸軍於黃河之西。(55)置之死地而後生　《孫子·九地》：「投之亡地然後存，陷之死地然後生。」(56)六月癸卯朔　六月初一是癸卯日。(57)蔑不濟　沒有不成功的。蔑，不。(58)患之　患其堅守不出戰。(59)娥清　北魏前期的名將。傳見《魏書》卷三十。(60)永昌王健　即拓跋健，拓跋燾之弟。傳見《魏書》卷十五。(61)甲辰　六月初二。(62)步陳難陷　步兵排列的陣式難以攻破。(63)求賊　尋求與敵軍開戰。(64)方術　此處指帶有迷信色彩的天文氣象之術。(65)天不助人　老天爺不向著我們。人，此處指我方。(66)攝騎　猶言「收兵」。(67)千里制勝　從好遠的地方來奔襲敵軍。(68)一日之中二句　怎能突然之間說變就變。(69)後軍已絕　已經沒有後續部隊。(70)隱軍分出　把軍隊隱蔽起來，分成幾支輪番交替地派出去。(71)掩擊不意　出其不意地對他們發起攻擊。掩，襲擊。(72)風道在人　意謂風向是固定的，關鍵在於人的利用。(73)掎　拖；牽制。即攻擊他的側翼。(74)馬蹶而墜　因為馬倒從馬上掉下來。(75)拓跋齊　拓跋翳槐的後代，被封為河間公。傳見《魏書》卷十四。(76)騰馬得上　意即騰身上馬。(77)翳槐　什翼犍之兄，拓跋珪的伯父。(78)城北　指統萬城北。(79)上邽　即今甘肅天水市，當時秦州的州治所在地。(80)微服　便衣。(81)入其城　進入了夏都統萬城。(82)乘之而上　登著裙槊爬上城牆，翻城而出。(83)問至　人名，姓問，名至。(84)高平　即今寧夏固原。(85)乙巳　六月初三。(86)有差　根據功勞大小賞賜的多少不同。(87)十仞　一仞八尺，總高約八丈。(88)三十步　一步五尺，基寬約十五丈。(89)厲刀斧　當做磨刀石，磨厲刀槍。按，赫連勃勃修統萬城的情景見本書卷一百十六。其中有所謂「蒸土築城，錐入一寸，即殺作者而并築之」。(90)蕞爾　極言其微小的樣子。(91)用民如此　如此地耗費黎民的人力物力。(92)毛脩之　東晉將領，先隨劉裕攻取了長安，劉裕回京，關中大亂後，夏人攻佔長安，晉軍南撤途中毛脩之被夏人所獲，一直到現在。事見本書卷一百十八義熙十四年。(93)庫洛干　西秦乞伏氏的將領，上年被夏人俘獲於西平。(94)太官令　為帝王管理伙食的官員。(95)此豎　指趙逸。豎，奴才，罵人語。(96)何敢如是　指寫作如此昧著良心的稱譽赫連勃勃之文。(97)當速推之　要立即查辦他。推，推問；查辦。(98)略地關右　攻取關中地區的地盤。關右，即關西，指今函谷關以西的陝西中部地區。(99)雍　古城名，即今陝西鳳翔。(100)貳城　在今陝西黃陵西。(101)鳩合餘燼　猶言「集合起殘兵敗將」。鳩合，集聚。餘燼，燒剩下的灰。(102)蟠據　指堅守、存身。(103)鎧馬　鎧甲與戰馬，這裡即指人馬。(104)辛酉　六月十九。(105)執金吾桓貸莫雲　此句敘事疑有誤，一個執金吾不可能由兩個人擔任。(106)題　莫題，拓跋珪的部將。傳見《魏書》卷二十三。(107)七月己卯　七月初七。(108)柞嶺　即柞山，在今山西右玉西。(109)歸魏　乞伏氏歸附於魏，見本書上卷景平元年。(110)壬子　八月十一。(111)留臺　帝王在京的留守處。(112)臨城對陳　親自率軍攻城與親自率軍與敵對陣。陳，同「陣」。(113)儉率　檢樸、率真，即今所謂「不講究排場，不裝腔作勢」。(114)服御飲膳穿的用的吃的喝的。御，用。⓯取給而已 能維持生活需要就行。⓰王公設險二句 二語見《易經·坎卦·彖辭》。設險，指築城挖溝。國，此處指京城。⓱重威 提高其權威。重，加重；提高。以上三句見《史記·蕭相國世家》。⓲在德不在險 語見《史記·孫子吳起列傳》，是吳起對魏武侯說的話。⓳屈丐 即赫連勃勃。⓴也 同「耶」。反問虛詞。121非雅言也 不是好話，不應該奉為經典。122橫有所及 平空地加以佔有。橫，無端；無理。123指授 指點、傳授。124節度 指揮、調度。125不論本末 不論他的出生與歷史。126聽察精敏 聽其言，察其實，瞭解得清清楚楚。127無遁情 沒法弄虛作假。遁，隱瞞；欺騙。128終無寬假 意即有過必罰。寬假，寬大、饒恕。129九月丁酉 九月二十六。130安定 郡名，郡治即今甘肅涇川縣。131村白作 姓村，名白作。132駱谷 即當時的仇池，氐王楊玄的國都。133大鴻臚 朝官名，負責接待賓客。134持節 手持皇帝所授予的旌節，以顯示該使者的身分、規格之高。135南秦王 因當時乞伏熾磐在枹罕（今甘肅臨夏東北）稱秦王（歷史上的西秦），仇池（今甘肅成縣西）在枹罕東南，故稱楊玄為「南秦王」。136奉策以還 捧著魏主加封楊玄的策文回去，不給他加封了。策，皇帝加封某人為王時將詔令寫在竹簡或金玉製作的冊頁上，以示莊嚴。137善之 認為公孫軌這次出使的表現好。138尚書 即尚書郎，相當於今之部長一級。139表 即公孫表，魏初的主要將領之一。傳見《魏書》卷三十三。140中山 即今河北定州。141癸卯 十二月初四。

【校記】①多 張敦仁《通鑑刊本識誤》作「傷」。②三 原作「二」。據章鈺校，甲十六行本、乙十一行本皆作「三」，張敦仁《通鑑刊本識誤》同，今據改。③主 原作「王」。據章鈺校，甲十六行本、乙十一行本皆作「主」，熊羅宿《胡刻資治通鑑校字記》同，今據改。④捍 原作「桿」。據章鈺校，甲十六行本、乙十一行本皆作「捍」，熊羅宿《胡刻資治通鑑校字記》同，今據改。⑤主 原作「王」。據章鈺校，甲十六行本、乙十一行本皆作「主」，熊羅宿《胡刻資治通鑑校字記》同，今據改。⑥王 據章鈺校，甲十六行本、孔天胤本皆作「主」。⑦將 據章鈺校，甲十六行本、乙十一行本、孔天胤本皆無此字。⑧疏 原無此字。據章鈺校，甲十六行本、乙十一行本、孔天胤本皆有此字，張敦仁《通鑑刊本識誤》同，今據補。⑨千 原作「十」。據章鈺校，甲十六行本、乙十一行本、孔天胤本皆作「千」，今據改。

【語譯】四年（丁卯 西元四二七年）

春季，正月初七日辛巳，宋文帝劉義隆到京師建康的南郊舉行祭天典禮。

正月十一日乙酉，北魏太武帝拓跋燾返回都城平城。魏軍從夏國的都城統萬所俘虜的居民很多都死在了遷徙的途中，能夠到達平城的只有十分之六、七。

正月二十五日己亥，北魏太武帝拓跋燾前往幽州。夏國皇帝赫連昌派遣平原公赫連定率領二萬名部眾向長安進發，準備奪回長安。北魏太武帝拓跋燾得知消息，立即派人前往陰山採伐樹木，大規模的打造攻城的器械，準備再次出兵攻打夏國。

分布在武始、洮陽附近山中的羌族人背叛了西秦。二月，西秦王乞伏熾磐派擔任左丞相的曇達前去招撫武始郡境內的各羌人部落，派征南將軍吉毗招撫洮陽縣境內的各羌人部落。武始的羌人將左丞相曇達捉住，送給了夏國；征南將軍吉毗則受到洮陽羌人的攻擊，只得逃回枹罕，他們所率領的士卒馬匹死傷了十分之八、九。

北魏太武帝拓跋燾從幽州返回平城。

二月十一日乙卯，宋文帝劉義隆前往丹徒；二十五日己巳，拜謁京陵。當初，宋高祖劉裕顯貴之後，命令將自己收藏多年的貧賤之時所使用的耕田農具陳列出來讓子孫看。宋文帝劉義隆來到劉裕當年的故居，看見這些陳列的農具，臉上不禁露出羞愧的神色。身邊的侍從就有人上前進言說：「大舜曾經親自在歷山耕田種地，大禹親自與人民一起挖土鑿山，治理天下洪水。陛下如果不看到先帝的這些遺物，又怎能知道先帝那種高尚的品德以及在田間耕作的艱辛呢？」

三月初三日丙子，北魏太武帝拓跋燾派遣高涼王拓跋禮率軍鎮守長安。拓跋禮，是拓跋斤的孫子。太武帝又下詔令擔任執金吾的桓貸率人在君子津建造大橋。〇初四日丁丑，北魏廣平王拓跋連去世。

三月十四日丁亥，宋文帝劉義隆從丹徒返回京師建康。〇十五日戊子，宋國擔任尚書右僕射的鄭鮮之去世。

西秦王乞伏熾磐任命擔任輔國將軍的段暉為涼州刺史，鎮守樂都；任命擔任平西將軍的麴景為沙州刺史，鎮守西平；任命擔任寧朔將軍的出連輔政為梁州刺史，鎮守赤水。

夏季，四月初四日丁未，北魏擔任員外散騎常侍的步堆等到宋國進行回訪。

四月初七日庚戌，宋國任命擔任廷尉的王徽之為交州刺史，將前任交州刺史杜弘文召回京師。杜弘文當時正在患病，遂讓人抬著踏上返京之路。有人勸他等病好之後再走，杜弘文說：「我家祖孫三代擔任交州刺史，一直渴望能夠前往京師，到朝廷中拜見皇帝，何況現在是朝廷徵召呢！」於是帶病上路，竟然死在廣州。杜弘文，是杜慧度的兒子。

北魏司空奚斤率領魏軍與夏國平原公赫連定所率領的夏國軍在長安展開對峙。北魏太武帝拓跋燾準備趁夏國後方兵力空虛的機會攻伐夏國的都城統萬，於是精選士卒，調兵遣將：命令擔任司徒的長孫翰等率領三萬名騎兵擔任前部先鋒，令常山王拓跋素等率領三萬名步兵作為後續部隊，令南山王拓跋伏真等率領三萬名步兵負責運送攻城的工具，令將軍賀多羅率領三千名精銳騎兵在大軍前面負責偵查敵情。常山王拓跋素，是拓跋遵的兒子。五月，北魏太武帝拓跋燾從都城平城出發，他命擔任龍驤將軍的代郡人陸俟統領北方各路兵馬鎮守大磧，防範柔然人趁虛入侵。初九日辛巳，拓跋燾從君子津渡過黃河。

五月初十日壬午，宋國擔任中護軍的王華去世。

北魏太武帝拓跋燾到達拔鄰山，在拔鄰山修築城堡，留下輜重，然後率領三萬名輕騎兵，將兩天的路程合併為一天，先行進發。群臣全都勸阻說：「夏國的統萬城城池堅固，不是一朝一夕就能將其攻克的。如今率領輕騎兵前往討伐，如果不能很快將統萬城攻克，後退的時候，又沒有依靠，大軍將會陷入困境，不如讓這些輕騎兵和步兵以及攻城的工具同時前進。」太武帝拓跋燾回答說：「用兵打仗，攻取城池是最下策。只有到了迫不得已的時候才用兵攻城。現在如果與步兵、攻城的工具一同前進，對方一定因為懼怕而全力以赴進行守城。如果我們採用攻城的辦法，萬一不能很快將城攻下，軍糧吃盡，士卒疲憊不堪，在城外什麼東西也得不到，我們就會陷入進退維谷的窘境。不如率領輕騎兵逕直進逼統萬城下，他們看到我們的步兵還沒有到達，思想上必定產生鬆懈。我們故意將弱勢暴露給他們，來引誘他們上當，他們如果出城迎戰，一定會成為我軍的俘虜。我所以要這樣做，是因為我們的軍士是到遠離家鄉二千多里，中間又有大河阻隔，正所謂『置之死地而後生』。所以用三萬騎兵攻城則力量不足，如果用來決戰則是綽綽有餘了。」遂率軍先行。

六月初一日癸卯，發生日蝕。

北魏太武帝拓跋燾率領三萬名輕騎兵抵達夏國的都城統萬，將軍隊分別埋伏在山谷之中，只帶領少量軍隊抵達統萬城下。夏國將領狄子玉向魏國投降，狄子玉說：「夏國皇帝赫連昌聽到有魏國的軍隊入侵，便立即派遣使者徵調平原公赫連定，赫連定說：『統萬城城池堅固、地勢險峻，不容易被敵人攻克。等我擒獲了魏將奚斤，然後再慢慢地率軍前往統萬。到那時再對魏軍進行內外夾擊，沒有不能取勝的道理。』所以夏國皇帝赫連昌才決心堅守統萬，等待平原公赫連定的到來。」北魏太武帝對夏主赫連昌所採取的堅守不戰策略感到非常憂慮，於是便率軍撤退，向夏軍顯示自己的兵力並不是很強大，同時派遣中領軍娥清以及永昌王拓跋健率領五千名騎兵向西去劫掠居民。

北魏軍中有一名因為犯罪而逃往夏國的人，向夏國人述說北魏軍中的糧食已經吃盡，士卒每天靠吃野菜充飢，全部輜重全都遠在後方，步兵也沒有到來，應該趁機趕緊攻打。夏國皇帝赫連昌聽從了這名降者的意見。六月初二日甲辰，赫連昌率領三萬名步兵、騎兵出城迎戰魏軍。北魏司徒長孫翰等全都提醒太武帝拓跋燾說：「夏國步兵的陣勢恐怕難以攻破，應該暫且避一避他的鋒芒。」拓跋燾說：「我們率領大軍遠道而來尋求與賊軍開戰，唯恐他們不肯出戰。現在他們已經出城，卻要我避開不戰，就等於是在鼓勵敵人的士氣而消弱我軍的力量，這不是好辦法。」於是集結隊伍假裝逃跑，引誘夏軍前來追趕，以此來疲憊夏軍。

夏國軍兵分兩路，從左右兩側包抄過來，他們一面擂動進軍的戰鼓，一面喊殺連天地緊緊追趕魏軍，追趕了五、六里之後，遇到狂風暴雨從東南方向滾滾而來，風頭揚起的沙塵鋪天蓋地，大白天就如同黑夜一樣。宦官趙倪稍微懂得一些天文氣象，他對北魏太武帝拓跋燾說：「現在風雨從賊人的方向而來，我們是面對風雨，而賊人則是背對風雨，看來上天不肯幫助我們；再說將士已經是又飢又渴，希望陛下收兵暫且躲避，等來日再戰。」太常崔浩斥責他說：「這是什麼話！我國大軍從千里遠的地方前來奔襲敵人，就有必勝的把握，怎麼能在一天之中，因為遭遇風雨而突然改變計畫？賊人貪圖獲勝而追擊不止，他們後面已經沒有後續部隊，現在我們應該隱蔽軍隊，分成數批從賊人的背後出擊，殺他們一個出其不意。風向是固定的，關鍵在於人怎樣利用它，豈能一定認為是對我軍不利！」太武帝拓跋燾說：「太常說得很對！」於是便把騎兵分成兩隊，從左右兩翼向敵人發起攻擊。此時太武帝拓跋燾卻突然因為馬失前蹄而摔下馬來，差一點被夏軍活捉。拓跋齊一面用自己的身體掩護拓跋燾，一面拼死力戰，夏兵這才退走。太武帝拓跋燾騰身躍上戰馬，用手中的兵器逕直刺向夏國擔任尚書的斛黎文，將斛黎文殺死；又一連殺死了夏國的十多名騎兵，拓跋燾身上被流矢射中，但他仍然奮力拼殺不止，於是夏軍大敗。拓跋齊，是拓跋翳槐的玄孫。

北魏軍乘勝追擊夏國皇帝赫連昌，一直追到統萬城北，殺死了赫連昌的弟弟河南公赫連滿及其姪子赫連蒙遜，殺死了夏國一萬多名軍士。赫連昌來不及進入統萬城，遂逃奔上邽。北魏太武帝拓跋燾換上普通士卒的服裝親自追殺敗逃的夏軍，遂進入統萬城。拓跋齊堅決勸阻，拓跋燾不聽。夏國人發覺殺入城中的一名士卒像是北魏皇帝拓跋燾，於是立即關閉了所有的城門。太武帝拓跋燾趁機與拓跋齊等進入夏國的皇宮，搶到一條女人的裙子，便把裙子捆綁在槊上，太武帝拓跋燾登著裙槊爬上城牆，越城逃出，這才逃得性命。等到傍晚時分，夏國的尚書僕射問至保護著夏國皇帝赫連昌的母親出城逃走。北魏擔任司徒的長孫翰率領著八千名騎兵追趕夏主赫連昌，一直追到高平，沒有追上，只得返回。

六月初三日乙巳，北魏太武帝拓跋燾進入夏國的都城統萬，俘獲了夏國的王、公、卿、將、校以及赫連昌父親赫連勃勃的皇后、嬪妃，以及赫連昌的皇后、嬪妃、姐妹、宮女數以萬計，繳獲的馬匹有三十多萬匹，牛羊數千萬頭，府庫中的珍寶、車旗、器物多得無法統計，遂依照功勞的大小，分成不同等級賞賜給諸將士。

當初，夏國世祖赫連勃勃性情奢侈，所修築的統萬城，總高達十仞，城牆底部寬三十步，上面寬十步，宮牆高五仞，其堅固的程度，可以當做磨刀石，在上面磨礪刀斧。亭臺樓榭十分雄偉壯觀，上面全都雕鏤著各種圖案，再用各種絲綢錦繡作為裝飾，精緻豪華到了無以復加的程度。北魏太武帝拓跋燾回頭對身邊的人說：「這麼小的一個國家，竟然如此的耗費民力物力，還想不滅亡，怎麼能夠呢！」

北魏軍俘虜了夏國的太史令張淵、徐辯，太武帝拓跋燾任命他們做了魏國的太史令。俘獲了故東晉的將領毛脩之、西秦的將軍庫洛干，拓跋燾將庫洛干送歸西秦，因為毛脩之善於烹飪，遂任命毛脩之為太官令。

北魏太武帝拓跋燾看見了夏國擔任著作郎的天水人趙逸所寫的一篇讚頌夏主赫連氏的文章，認為讚美得太過分，不禁勃然大怒說：「這小子太沒道理，竟然昧著良心寫出這種讚譽赫連勃勃的文章！是誰寫的？趕緊把他查出來治罪！」擔任太常的崔浩勸解說：「文人褒貶，大多都言過其實，總體來說都是出於迫不得已，不值得治他們的罪。」拓跋燾這才不再追究。北魏太武帝拓跋燾把夏世祖赫連勃勃的三個女兒收入後宮，封為貴人。

北魏司空奚斤與夏國的平原公赫連定還在長安進行對峙。北魏太武帝拓跋燾命令擔任宗正的娥清、擔任太僕的丘堆率領五千名騎兵去攻取關右的地盤。夏國平原公赫連定得知都城統萬已經被魏軍攻破，遂拋棄長安，也逃往上邽。奚斤率軍追趕，一直追到雍城，沒有追上，便率軍返回。娥清、丘堆率領五千名騎兵進攻夏國的貳城，將貳城攻克。

北魏太武帝拓跋燾下詔命司空奚斤等班師。奚斤上疏給太武帝拓跋燾說：「夏主赫連昌逃往上邽據守，他雖然糾集起一些殘餘力量，卻沒有盤踞一方的實力，現在應該趁其危困之時，消滅他很容易。請求為我增加一些鎧甲與戰馬，我要先滅掉赫連昌而後再班師。」北魏太武帝拓跋燾沒有批准。奚斤一再請求，拓跋燾才批准了他的請求，於是撥給奚斤一萬名士兵，派將軍劉拔為奚斤送去三千匹馬，並留下宗正娥清、太僕丘堆，讓他們與奚斤一道掃平夏國的殘餘勢力。

六月十九日辛酉，北魏太武帝拓跋燾率領大軍從夏國的都城統萬返回東方的魏國，他任命常山王拓跋素為征南大將軍、假節，與擔任執金吾的桓貸、莫雲留下鎮守統萬城。莫雲，是莫題的弟弟。

西秦王乞伏熾磐返回西秦的都城枹罕。

秋季，七月初七日己卯，北魏太武帝拓跋燾抵達柞嶺。柔然出兵進犯魏國的雲中，當他們得知北魏軍已經攻克了夏國的都城統萬之後，立即全軍撤走。

西秦王乞伏熾磐對屬下群臣說：「我知道赫連氏一定會一事無成，所以才冒險歸附於魏國，現在果然像我所說的那樣。」八月，乞伏熾磐派自己的叔父、平遠將軍乞伏渥頭等人前往魏國進貢。

八月十一日壬子，北魏太武帝拓跋燾返回魏國的都城平城，把繳獲的戰利品按照不同等級賞賜給留守朝廷的文武百官。

北魏太武帝拓跋燾，身強體壯，性格穩健，又像兇猛的鷙鳥一樣勇猛，每當率軍攻城或與敵軍對陣，他總是親冒矢石，奮勇當先，即使是身邊的人一個接一個地倒下，拓跋燾依然神色自若，因此全軍將士對他既懼怕又敬服，全都願意為他拼死效力。拓跋燾生活儉樸、性格率真，穿的用的吃的喝的，只要能夠維持生活就可以了。群臣請求增高、加固京師平城的城牆，並為拓跋燾修繕宮室，他們說：「《易經》上說：『王公設置險要，為的是保家衛國。』漢代的蕭何也說過：『天子以四海為家，如果皇宮不夠壯觀、不夠華美，便不能提高皇帝的權威。』」拓跋燾說：「古人說過這樣的話：『只在恩德，不在險要。』赫連勃勃用蒸過的土來築城，卻被我滅掉，國家興亡的關鍵難道在於城牆的堅固不堅固嗎？如今天下還沒有完全平定，正是需要人力的時候，大興土木一類的事情，我不會去做。蕭何的話不是好話，不應該奉為經典。」拓跋燾常常認為：財富，是軍國的根本，不可以輕易地浪費。至於賞賜所及，都是為國立功而死的功勳之家，而那些皇親國戚、受寵信的臣屬則從未平空地加以佔有。派遣將領、調動軍隊出兵打仗，都要親自指點傳授，指揮調度，違背他指令的大多都會失敗。他具有知人之明，有時甚至在士卒之中選拔將領，對所提拔任用的人，只看他是否有才能可用，而不論他的出身與歷史。拓跋燾具有敏銳的分析、觀察能力，能夠洞察細微，屬下絕對沒有辦法弄虛作假來隱瞞他、欺騙他，該賞賜的一定賞賜，即使是對地位卑賤的人；該罰的一定要罰，即使是對地位尊貴的人、是自己最喜歡的人，也絕對不會有所寬宥。他常說：「法律，我與全國之人要共同遵守，怎麼敢輕視呢。」然而，拓跋燾生性殘忍，說殺人就殺人，殺過人之後又往往感到後悔。

九月二十六日丁酉，夏國所屬的安定郡的居民全部投降了北魏。

氐王楊玄派將軍苻白作率軍將西秦擔任梁州刺史的出連輔政包圍在赤水城。赤水城中的糧食已經吃盡，城中的民眾遂逮捕了出連輔政，向氐人投降。出連輔政被押送途中，抵達駱谷的時候伺機逃回了西秦。冬季，十月，西秦王乞伏熾磐任命擔任驍騎將軍的吳漢為平南將軍、梁州刺史，鎮守南漒。

十一月，北魏太武帝拓跋燾派遣擔任軍司馬的公孫軌兼任大鴻臚，手持符節前往仇池，任命氐王楊玄為都督荊、梁等四州諸軍事、梁州刺史、南秦王。公孫軌到達氐王的境內，楊玄竟然不肯出來迎接，公孫軌責備氐王楊玄，並準備捧著北魏太武帝拓跋燾加封楊玄的策文返回魏國，楊玄這才感到懼怕，趕緊到郊外迎接。北魏太武帝拓跋燾認為公孫軌出使時的表現很好，遂任命公孫軌為尚書。公孫軌，是公孫表的兒子。

十二月，西秦擔任梁州刺史的吳漢不斷受到羌人的攻擊，遂率領二千戶居民返回西秦的都城枹罕。

北魏太武帝拓跋燾前往中山巡視。十二月初四癸卯，從中山返回平城。

【研　析】本卷寫宋文帝元嘉元年（西元四二四年）至元嘉四年共四年間的各國大事，其中最重要的無過於徐羨之、謝晦、傅亮三個權臣強加罪名廢掉並殺死皇帝劉義符，與劉義隆繼位後毫不遲疑地誅滅徐羨之、傅亮、謝晦這三個孽臣了。謝晦的作孽早在上卷就已經開始了。首先他對皇太子不滿，他對劉裕說：「陛下春秋既高，宜思存萬世，神器至重，不可使負荷非才。」當劉裕問他第二個兒子劉義真的情況如何時，謝晦說：「臣請觀焉。」於是他去找廬陵王劉義真，劉義真是很想與他好好談談的，但謝晦不想說話，回來就對劉裕說：「德輕於才，非人主也。」劉裕已立與想立的兩個兒子都被謝晦否定了，那今後怎麼辦呢？劉裕沒有再說話，而謝晦的狼子野心已經暴露無遺。當劉裕一死，他們立刻編造罪名，掀起事端，他們先說劉義符「多狎羣小」，接著又說劉義符「居喪無禮」，接著又說劉義符「時在後園，頗習武備，鼓鞞在宮，聲聞于外」。劉義符受不了這幾個傢伙的氣，想訓練一批自己貼身的武裝，這已經是無可奈何之舉，想不到又成了新的罪名。讀書至此，不由得使我想到了曹操的孫輩曹髦，《漢晉春秋》寫曹髦之死說：「帝見威權日去，不勝其憤。乃召侍中王沈、尚書王經、散騎常侍王業，謂曰：『司馬昭之心，路人所知也。吾不能坐受廢辱，今日當與卿等自出討之。』……乃出懷中版令投地，曰：『行之決矣。正使死，何所懼？況不必死邪？』遂帥僮僕數百，鼓譟而出。文王弟屯騎校尉伷入，遇帝於東止車門，左右呵之，伷眾奔走。中護軍賈充又逆帝戰於南闕下。帝自用劍。眾欲退。成濟問賈充曰：『事急矣，當云何？』充曰：『畜養汝等，正為今日。今日之事，無所問也！』

濟即前刺帝，刃出於背。」劉義符的處境不也正是這種樣子嗎？由於練兵不成，日後遂連一個為他出力的人也沒有。劉義符被他們害得很慘，他們廢掉劉義符之後，先是把他押到了蘇州暫住，後來又派人去殺他。由於劉義符身高力大，幾個人制服不了，衝出了門外，於是這夥子人就在背後追趕，最後竟用門栓把劉義符活活打死了。

又由於劉義符死後，按次序應該立劉義真，而劉義真又是徐羨之、謝晦等所特別不願意的，於是他們就及早地為劉義真編造罪名，在未廢劉義符之前，先以劉義符的名義，將劉義真廢為庶人，又將其殺死。王夫之《讀通鑑論》對此感慨地說：「亂臣賊子敢推刃於君父，有欲篡而弒者，有欲有所援立而弒者，有禍將及身迫而弒者，又其下則女子小人狎侮而激其憤戾，愍不畏死，遂成乎弒者。若夫身為顧命大臣，以謀國自任，既無篡奪之勢，抑無攀立之主，身極尊榮，君無猜忌，而背憎翕訿，晨揣夕謀，相與協比而行彌天之巨惡，此則不可以意測，不可以情求者矣，而徐羨之、謝晦、傅亮以之。武帝託大臣以輔弼之任，豈不望其檢柙而規正之？乃范泰諫而羨之、亮、晦寂無一言。王誠終不可誨矣，顧命大臣苟盡忠夾輔以不底於大惡，亦未遽有必亡之勢也。惡有甫受遺詔以輔之，旋相與密謀而遽欲弒之，抑取無過之廬陵而先淩蔑之。至於弒逆已成，乃左顧右眄，迎立宜都，處心如此，誠不可以人理測者。」其實也很明顯，他們就是想找一個關係疏遠、勢力微弱，而又意想不到的人出來接班，以求對他們感恩戴德，以利於他們的專制朝權，為所欲為。這種心理與當年周勃、陳平滅掉諸呂之後，不立齊王劉襄，而迎立代王劉恆是同樣的道理。

而宜都王劉義隆果然也正像當年的代王劉恆一樣，他帶領群臣迅即來京，即皇帝位；與劉恆不同的是，他沒有對徐羨之、謝晦等表現任何的感謝之情，也沒有給徐羨之、謝晦等任何過渡的餘地，他很快地就把徐羨之、傅亮、謝晦等一一滅掉了。這倒也是一件大快人心的事。

徐羨之、傅亮、謝晦三人的死，自然是死有餘辜，但即使不像徐、傅、謝這樣作惡，但參與了統治集團內部父子、兄弟相殺的大臣，通常也難得有好下場。周勃、陳平滅掉了呂氏一黨，無少長皆殺之；隨後又誣衊齊王劉襄的親戚不好，而選來了代王劉恆，劉恆又與周勃、陳平異口同辭地誣衊惠帝後宮的諸子都不姓劉，也是「無少長皆殺之」。周勃、陳平算是為劉恆的做皇帝掃清了一切道路，但劉恆是否就感謝周勃、陳平了呢？沒有，是更加對他們害怕了。陳平是第二年病死，不用再管；而周勃則被漢文帝下了獄，最後死於淒淒惶惶之中。為什麼呢？漢文帝害怕。「你們過去能如此殘酷地對待我的兄弟，今後就不會如此殘酷地對待我麼？」《左傳》寫晉國的大臣里克，忠於公子重耳。晉獻公死後，受寵的小兒子卓子繼位，里克把他殺了；朝臣又立了卓子之弟，里克又把他殺了。里克迎立公子重耳，重耳害怕不敢來，里克只好立了公子夷吾。夷吾即位後，立即把里克殺了，理由是「弒君」。里克說：「我不弒君，能輪到您為君麼？」夷吾說：「你一連殺了我的兩個弟兄，你就必須死。」這就是捲入統治集團內部，給人「掃除道路」的結果。所以劉義隆不論從哪個角度考慮，都得殺了徐羨之、謝晦他們仨。

本卷寫了劉義隆王朝的一些執政大臣以及他們的君臣關係，如說：「華與劉湛、王曇首、殷景仁俱為侍中，風力局幹，冠冕一時。上嘗與四人於合殿宴飲，甚悅。既罷出，上目送良久，歎曰：『此四賢，一時之秀，同管喉唇，恐後世難繼也！』」像是劉義隆很有先見之明，以及劉宋的政治多麼好，其實不是。再過幾年，劉湛就與殷景仁鬧得水火不容，朝臣分做兩大派系，直到劉義隆下令將劉湛抓起來殺掉為止。既有今日，何必當初？這既表現了劉義隆的淺薄，也表現了歷史家文章的前後矛盾，既然後面如此之壞，前面的寫法怎能不留些餘地呢？

本卷還寫道：「初，高祖既貴，命藏微時耕具以示子孫。帝至故宮見之，有慚色。近侍或進曰：『大舜躬耕歷山，伯禹親事水土。陛下不覩遺物，安知先帝之至德，稼穡之艱難乎？』」劉裕的用心本來是很好的，想教育他的孩子別忘本，但佼佼如劉義隆這樣的兒子，居然「有愧色」，感到難以見人。明代袁俊德在《歷史綱鑑補》中寫道：「宋文帝以耕為愧事，雖較葛布籠燈差勝，若元英宗見遺衣縑素，木棉裡加補綴，嗟嘆良久，其識趣相越何啻霄壤！」

本卷還寫到魏主拓跋燾為人的一些特點：「魏主為人壯健鷙勇，臨城對陳，親犯矢石，左右死傷相繼，神色自若，由是將士畏服，咸盡死力。性儉率，服御飲膳，取給而已。羣臣請增峻京城及修宮室曰：『《易》

云：「王公設險，以守其國。」又蕭何云：「天子以四海為家，不壯不麗，無以重威。」』帝曰：『古人有言：「在德不在險。」屈丐蒸土築城而朕滅之，豈在城也？今天下未平，方須民力，土功之事，朕所未為。蕭何之對，非雅言也。』每以為財者軍國之本，不可輕費。至於賞賜，皆死事勳績之家，親戚貴寵未嘗橫有所及。」這段話的意思有三點：其一是魏國的帝王，歷代都是英姿勃勃，其國勢蒸蒸日上絕非偶然；其二是個人的生活儉樸，從不以帝王的身分而大搞特殊；其三是花錢要花在地方，「賞賜皆死事勳績之家，親戚貴寵未嘗橫有所及」，這話說得深刻。尤其批判蕭何在艱苦年代為劉邦大修未央宮的強詞奪理，更令人稱快。

卷第一百二十一

宋紀三

起著雍執徐（戊辰　西元四二八年），盡上章敦牂（庚午　西元四三〇年），凡三年。

【題解】本卷寫宋文帝元嘉五年（西元四二八年）至元嘉七年共三年間的劉宋與北魏等國的大事。主要寫了魏將奚斤等攻夏主赫連昌於上邽，裨將安頡誘赫連昌出戰而擒之，赫連昌之弟赫連定逃回平涼即位為夏王；魏將奚斤追擊赫連定於平涼，赫連定設伏邀擊，大敗魏軍，擒奚斤、娥清等，長安一帶遂又被夏人所佔據；寫了魏主出兵討伐柔然，群臣諫阻，崔浩分析了柔然與劉宋之形勢，預言宋兵必不敢北出，柔然必克，結果柔然在魏軍的突然攻擊下絕跡西走，其可汗紇升蓋竟因此憤悒而死，魏主獲得巨大勝利，佔據了大片領土，擁有了眾多的人口與牲畜，國家為之富饒；寫了宋文帝劉義隆派將軍到彥之率王仲德、竺靈秀等出兵北伐，魏主依據崔浩的形勢分析，令黃河南岸之洛陽、虎牢、滑臺、碻磝的各據點守兵一律撤至河北，宋將到彥之則昏昏然進佔各地，自東至西，所在置戍，戰線連延二千里；寫魏將安頡渡河攻金墉，劉宋守將杜驥、姚聳夫棄城走，洛陽、虎牢相繼被魏所取；到彥之聞洛陽、虎牢失守，不聽垣護之「派兵援守滑臺，率大軍進擬河北」之勸，竟在敵兵尚遠距千里時棄滑臺、燒舟船而南奔；部將竺靈秀亦棄須昌南逃，又被魏將大破於湖陸，劉宋之北伐遂告吹燈。「到彥之之北伐也，甲兵資實甚盛，及敗還，委棄蕩盡，府藏、武庫為之空虛」；劉宋王朝為此則只是斬竺靈秀，免到彥之、王仲德之官以塞責而已；寫了夏主赫連定原與劉宋相約聯合攻魏，魏主又用崔浩之謀，移兵大破夏主於鶉觚原，乘勝取安定、平涼，夏人西奔上邽，長安與整個關中又歸魏國所有；寫了秦主乞伏熾磐死，其子暮末繼立，北涼沮渠蒙遜兩次進攻西秦，都被秦主暮末所破；寫了燕主馮跋死，其弟馮弘乘機篡取政權，盡殺馮跋之子百餘人；寫了武都王楊玄死，其弟楊難當廢楊玄之子而自稱武都王；寫了劉宋王朝之權臣王弘辭職歸家，劉義隆之弟劉義康進朝輔政，劉義康貪權無厭，為其日後之取敗埋下伏筆；寫了劉宋詞臣謝靈運不服王曇首、殷景仁等之受寵握權，心存不滿，稱疾不朝，放情山水，被糾彈罷職等等。

太祖文皇帝上之中

元嘉五年（戊辰　西元四二八年）

春，正月辛未❶，魏京兆王黎❷卒。

荊州刺史、彭城王義康❸，性聰察，在州職事修治❹。左光祿大夫范泰❺謂司徒❻王弘曰：「天下事重，權要難居。卿兄弟盛滿❼，當深存降挹❽。彭城王，帝之次弟，宜徵還入朝❾，共參朝政。」弘納其言。時大旱，疾疫，弘上表引咎遜位❿，帝不許。

秦商州⓫刺史領澆河太守⓬姚濬叛，降河西⓭。秦王熾磐以尚書焦嵩代濬，帥騎三千討之。二月，嵩為吐谷渾元緒⓮所執。

魏改元「神䴥」⓯。

魏平北將軍尉眷⑯攻夏主於上邽，夏主退屯平涼⑰。奚斤進軍安定⑱，與丘堆、娥清[1]軍合。斤馬多疫死，士卒乏糧，乃深壘自固。遣丘堆督租⑲於民間，士卒暴掠，不設儆備。夏主襲之，堆兵敗，以數百騎還城。夏主乘勝，日來城下鈔掠⑳，不得芻牧㉑，諸將患之。監軍侍御史㉒安頡㉓曰：「受詔滅賊，今更為賊所困，退守窮城，若不為賊殺，當坐法誅㉔，進退皆無生理。而諸王公㉕晏然㉖曾不為計㉗乎？」斤曰：「今軍士無馬，以步擊騎，必無勝理。當須㉘京師救騎至，合擊之。」頡曰：「今猛寇遊逸㉙於外，吾兵疲食盡，不一決戰，則死在旦夕，救騎何可待乎！等於就死㉚，死戰，不亦可乎㉛！」斤又以馬少為辭。頡曰：「今斂㉜諸將所乘馬，可得二百匹，頡請募敢死之士出擊之，就㉝不能破敵，亦可以折其銳。且赫連昌狷㉞而無謀，好勇而輕，每自出挑戰，眾皆識之。若伏兵掩擊，昌可擒也。」斤猶難之。頡乃陰與尉眷等謀，選騎待之。既而夏主來攻城，頡出應之。夏主自出陳前搏戰㉟，軍士識其貌，爭赴之㊱。會天大風，揚塵，晝昏，夏主敗走。頡追之，夏主馬蹶而墜，遂擒之。頡，同㊲之子也。

夏大將軍、領司徒、平原王定㊳收其餘眾數萬，奔還平涼㊴，即皇帝位。大赦，改元「勝光」。

三月辛巳㊵，赫連昌至平城，魏主館之於西宮㊶，門內器用皆給㊷乘輿之副㊸；又以妹始平公主妻之，假㊹常忠將軍，賜爵會稽公。以安頡為建節將軍，賜爵西平公；尉眷為寧北將軍，進爵漁陽公。

魏主常使赫連昌侍從左右，與之單騎共逐鹿，深入山澗。昌素有勇名，諸將咸以為不可。魏主曰：「天命有在㊺，亦何所懼？」親遇㊻如初。

奚斤自以為元帥，而昌為偏裨㊼所擒，深恥之。乃捨輜重，齎三日糧，追夏主於平涼。娥清欲循水㊽而往，斤不從，自北道邀其走路㊾。至馬髦嶺㊿，夏軍將遁，會魏小將有罪亡歸於夏，告以魏軍食少無水。夏主乃分兵邀斤，前後夾擊之，魏兵大潰，斤及娥清、劉拔(51)皆為夏所擒，士卒死者六、七千人。

丘堆守輜重在安定，聞斤敗，棄輜重奔長安，與高涼王禮(52)偕奔蒲阪(53)，夏人復取長安。魏主大怒，命安頡斬丘堆，代將其眾，鎮蒲阪以拒之。

夏，四月，夏主遣使請和於魏，魏主以詔諭之使降。

壬子(54)，魏主西巡。戊午(55)，畋于河西(56)。大赦。

五月，秦文昭王熾磐卒(57)，太子暮末即位，大赦，改元「永弘」。平陸令河南成粲(58)復勸王弘遜位，弘從之，累表陳請。帝不得已，六月庚戌(59)，以弘為衛將軍、開府儀同三司[60]。

甲寅[61]，魏主如長川[62]。

葬秦文昭王于武平陵，廟號「太祖」。秦王暮末以右丞相元基為侍中、相國、都督中外諸軍、錄尚書事，以鎮軍大將軍、河州牧謙屯[63]為驃騎大將軍，徵[64]安北將軍、涼州刺史段暉為輔國大將軍、御史大夫，叔父右禁將軍千年為鎮北將軍、涼州牧，鎮湟河[65]，以征北將軍木弈干為尚書令、車騎大將軍，以征南將軍吉毗為尚書僕射、衛大將軍。

河西王蒙遜因秦喪，伐秦西平[66]。西平太守麴承謂之曰：「殿下若先取樂都[67]，則西平必為殿下之有；西平[2]苟望風請服[68]，亦明主[69]之所疾[70]也。」蒙遜乃釋西平，攻樂都。相國元基帥騎三千救樂都[71]，甫入城[72]，而河西兵至，攻其外城，克之；絕其水道，城中飢渴，死者太半。東羌乞提[73]從元基救樂都，陰與河西通謀，下繩引內其兵，登城者百餘人，鼓譟燒門。元基帥左右奮擊，河西兵乃退。

初，文昭王疾病，謂暮末曰：「吾死之後，汝能保境則善矣。沮渠成都[74]為蒙遜所親重，汝宜歸之[75]。」至是，暮末遣使詣蒙遜，許歸成都以求和。蒙遜引兵還，遣使入秦弔祭[76]。暮末厚資送成都，遣將軍王伐送之。蒙遜猶疑之，使恢武將軍[77]沮渠奇珍伏兵於捫天嶺[78]，執伐并其騎士三百人以歸。既而遣尚書郎王杼送伐還秦，并遣暮末馬千匹及錦罽銀繒[79]。秋，七月，暮末遣記室郎中[80]馬艾如河西報聘[81]。

魏主還宮。八月，復如廣甯觀溫泉[82]。

柔然紇升蓋可汗遣其子將萬餘騎寇魏邊。魏主自廣甯還，追之，不及。九月，還宮。

冬，十月甲辰[83]，魏主北巡。壬子[84]，畋于牛川[85]。

秦涼州牧乞伏千年，嗜酒殘虐，不恤[86]政事。秦王暮末遣使讓之，千年懼，奔河西[87]。暮末以叔父光祿大夫沃陵為涼州牧，鎮湟河。

徐州刺史王仲德[88]遣步騎二千伐魏濟陽[89]、陳留[90]。

魏主還宮。○魏定州[91]丁零鮮于臺陽[92]等二千餘家叛入西山[93]，州郡不能討。閏月，魏主遣鎮南將軍叔孫建[94]討之。

十一月乙未朔[95]，日有食之。

魏主如西河[96]校獵。十二月甲申[97]，還宮。

河西王蒙遜伐秦，至磐夷[98]，秦相國元基等將騎萬五千拒之。蒙遜還攻西平，征虜將軍出連輔政等將騎二千救之。

祕書監謝靈運，自以名輩才能，應參時政[99]。上唯接以文義[100]，每侍宴談賞[101]而已。王曇首、王華、殷景仁名位素出靈運下[102]，並見任遇[103]，靈運意甚不平，多稱疾不朝直[104]；或出郭遊行[105]，且二百里，經旬不歸，既無表聞[106]，又不請急[107]。上不欲傷大臣意，諷令自解[108]。靈運乃上表陳疾，上賜假，令還會稽[109]。而靈運遊飲自若[110]，為法司所糾[111]，坐免官。

是歲，師子王剎利摩訶[112]及天竺迦毗黎王月愛[113]，皆遣使奉表入貢，表辭皆如浮屠之言[114]。

魏鎮遠將軍平舒侯燕鳳[115]卒。

【章旨】以上為第一段，寫宋文帝元嘉五年（西元四二八年）一年間的大事。主要寫了魏將奚斤等攻夏主赫連昌於上邽，裨將安頡誘其出戰而破擒之，赫連昌之弟赫連定逃回平涼即位稱夏王，被擒之赫連昌在魏頗被魏主所寵愛，以妹妻之，賜爵會稽公，使之侍從左右；寫魏將奚斤追擊赫連定於平涼，赫連定設伏邀擊，大敗魏軍，擒奚斤、娥清等；丘堆棄安定、長安奔蒲阪，長安遂又被夏人所佔據；寫了秦主乞伏熾磐死，其子暮末繼立，北涼沮渠蒙遜趁機攻秦樂都，北涼不勝而退；秦主暮末趁勢放回北涼被俘之將沮渠成都，向北涼請和，北涼與秦暫時結好，後又連續攻秦；寫了劉宋的范泰、成粲勸王弘謙退，令其推薦文帝之弟劉義康進朝輔政；寫了劉宋之詞臣謝靈運不服王曇首、殷景仁等之受寵握權，心存不滿，稱疾不朝，放情山水，被糾彈罷職等等。

【注釋】❶正月辛未　正月初二。❷京兆王黎　即拓跋黎，拓跋珪之子。傳見《魏書》卷六。❸義康　即劉義康，劉裕之子，劉義隆之弟。傳見《宋書》卷六十八。❹職事修治　職權範圍內的事情都辦得很好。❺光祿大夫范泰　光祿大夫是閒散職務，在皇帝身邊充參謀顧問之用。范泰，范寧之子，晉宋時期的儒臣，曾為劉裕部下。傳見《宋書》卷六十。❻司徒　古代的三公之一，晉宋時期多用為朝廷宰輔的加官。❼兄弟盛滿　指王弘與其弟王曇首都身居要職。盛滿，以喻位高權大，無以復加。❽深存降挹　多想點謙卑自貶。存，思考。降挹，謙退。因古代有所謂「亢龍有悔」，「滿招損，謙受益」之古訓，故范泰誡之。❾徵還入朝　召回朝廷，在朝任職。當時劉義康任荊州刺史，駐節於江陵。❿引咎遜位　稱說由於自己為官有過，故而招致上天的譴責，應該提出辭職。漢代以來，根據陰陽五行家的說法凡是天降「災異」，就是意味著執政大臣有問題。今「大旱，疾疫」，故王弘引咎辭職。⓫商州　東晉前期張氏佔據河西時，張祚曾稱敦煌郡為商州，今乞伏氏又以「商州」遙稱敦煌。⓬領澆河太守　兼任澆河太守。領，兼任。澆河，郡名，郡治在今青海西寧西南。其實姚濬當時所佔據的就是澆河郡，所謂「商州刺史」只是一個虛名。⓭降河西　投降了沮渠蒙遜，時沮渠蒙遜自稱「河西王」，歷史上稱之為「北涼」。⓮吐谷渾元緒　吐谷渾的部落首領姓元名緒。⓯神䴥　䴥是鹿的一種，這年魏主打獵獲䴥，故以為年號。⓰尉眷　魏國名將，尉古真之姪。傳見《魏書》卷二十六。⓱平涼　古城名，在今甘肅華亭西。⓲安定　即今甘肅涇川縣，當時為安定郡的郡治所在地。⓳督租　實際就是搶糧。⓴鈔掠　搶東西、搶人。㉑不得芻牧　使得城裡的魏軍沒法出來割草、放牲口。㉒監軍侍御史　以朝廷侍御史的身分來奚斤軍中任監軍。侍御史是御史大夫的屬官，負責監察。㉓安頡　魏國名將安同之子。傳見《魏書》卷三十。㉔當坐法誅　指以敗軍之罪被殺。㉕諸王公　當時奚斤被封為宣城王，丘堆被封為臨淮公，娥清被封為東平公，故安頡如此相稱。㉖晏然　安然無事的樣子，指對這種局面一點都不著急。晏，安。㉗不為計　不進行考慮；不做打算。㉘須　等待。㉙遊逸　盛氣陵人地騎馬遊蕩。㉚等於就死　猶如陳涉之所謂「等死」，二者都是死。㉛死戰二句　《史記・陳涉世家》有所謂「今亡亦死，舉大計亦死，等死，死國可乎？」此處安頡的三句話完全模仿《史記》。㉜斂　搜集；集中使用。㉝就　即使。㉞狷　急躁。㉟搏戰　這裡即指挑戰。㊱爭赴之　猶今之所謂「一齊撲上去」。㊲同　即安同，魏國拓跋珪時代的名臣，為當時的八公之一。傳見《魏書》卷三十。㊳平原王定　即赫連定，赫連勃勃之子，赫連昌之弟。㊴平涼　郡名，郡治在今甘肅平涼西南，華亭之西側。㊵三月辛巳　三月十三。㊶館之於西宮　讓他住宿在自己的西宮裡。館，招待住宿。㊷給提供；給他使用。㊸乘輿之副　留著給帝王替換使用的東西，意即一切都和拓跋燾用的一樣。㊹假　加封；授予。㊺天命有在　意謂上天授命於我，讓我做皇帝。㊻親遇　親密對待。㊼偏裨　副將、小將，指自己身邊的副職與僚屬。㊽循水　指沿著涇水逆流而上。㊾邀其走路　截擊其向北逃跑的道路。邀，攔截。㊿馬髦嶺　在今寧夏固原東南，當時的平涼北面。51劉拔　魏國將領，上年曾與奚斤一同擊夏。52高涼王禮　即拓跋禮。53蒲阪　即今山西之蒲州，在今永濟西南的黃河邊。54王子　四月十五。55戊午　四月二十一。56畋于河西　在黃河以西打獵。此處之所謂「河西」乃君子津的黃河以西，即今內蒙古準噶爾旗的東北方。57熾磐卒　乞伏熾磐於晉安帝義熙八年即位，至此共在位十六年。乞伏熾磐傳見《晉書》卷一百二十五。58平陸令河南成粲　身任平陸縣令的河南郡人姓成名粲。平陸縣的縣治在今山東汶上西北，河南郡的郡治即今洛陽。59六月庚戌　六月十四。60開府儀同三司　加官名，意思是開府設置僚屬與使用儀仗的規格都和三公一樣。王弘原任侍中、司徒、揚州刺史、錄尚書，職為宰相。今免去侍中、司徒，仍留有揚州刺史、錄尚書，又新加了衛將軍與虛銜開府儀同三司。61甲寅　六月十八。62長川　古城名，在今內蒙古尚義西北。63河州牧謙屯　河州刺史姓謙名屯。河州的州治即乞伏氏政權的都城枹罕，在今甘肅臨夏東北。64徵　調，指調其入朝。當時段暉正帶兵駐紮於樂都。65湟河　郡名，郡治白土，在今青海同仁東北。66西平　古城名，即今青海西寧，當時為西平郡的郡治所在地。67樂都　郡名，郡治即今青海樂都。68西平苟望風請服　如果您的大軍一到，我們西平馬上就趕著向您投降。苟，如果。請服，請求臣服。69明主　尊稱沮渠蒙遜。70所疾　所恨；所惱怒。因為奉命守城，不戰而降，是「不忠」的表現，這種人誰也不喜歡，故麴承如此說。先取樂都截斷了西平與枹罕的聯繫，麴承再投降就有藉口了。71救樂都　由枹罕出發往援樂都。72甫入城　剛剛進入樂都城。甫，始；剛剛。73東羌乞提　東羌部落的頭領，名叫乞提，當時歸屬於乞伏氏。74沮渠成都　沮渠蒙遜的部將，前此於宋武帝永初三年伐秦時被乞伏熾磐所俘。事見本書卷一百十九。75歸之　放沮渠成都回國，藉以獲得兩國講和。76入秦弔祭　他國有喪，遣使祭弔，是一種有禮的表現。77恢武將軍　北涼人自己起的軍官名，恢武即擴大武功的意思。78捫天嶺　約在今甘肅武威東南。79錦罽銀繒　編織精美的毛製品和刺繡精美帶有銀飾的絲織品。80記室郎中　帝王身邊的文祕人員。81如河西報聘　到北涼的都城姑臧做禮節性的回訪。如，前往。報聘，回訪。82如廣甯觀溫泉　廣甯即今河北涿鹿。胡三省引《水經注》曰：「下洛縣故城，魏燕州廣甯縣，廣甯郡故治。」《魏土地記》曰：「下洛城東南四十里有橋山，山下有溫泉，泉上有祭堂，彫檐華宇，被于浦上；石池吐泉，湯湯其下。炎涼代序，是水灼焉無改，能治百疾，赴者若流。」83十月甲辰　十月初十。84壬子　十月十八。85牛川　平川名，在今內蒙古呼和浩特西南。86不恤　不憂慮；不關心。87奔河西　往投河西王沮渠蒙遜。88王仲

德　名懿，因犯晉諱，故以字行。先隨劉裕破盧循，後為劉裕的開國元勳，又為宋文帝時的名將。傳見《宋書》卷四十六。(89)濟陽　縣名，縣治在今河南蘭考東北。(90)陳留　縣名，縣治在今河南開封東南。(91)定州　古城名，即今河北定州，古代也叫中山，是漢代中山國的都城，慕容德建立的南燕也曾建都於此。(92)丁零鮮于臺陽　丁零族人姓鮮于，名臺陽。(93)叛入西山　叛變後逃入西山。西山即今河北曲陽西面的太行山，在當時的定州以西。(94)叔孫建　魏國名將，歷事拓跋珪、拓跋嗣、拓跋燾三朝。傳見《魏書》卷二十九。(95)十一月乙未朔　十一月初一是乙未日。(96)西河　即今內蒙古清水河縣、托克托一帶的黃河，因其地處於魏國都城平城（今大同）之西，故稱「西河」。(97)十二月甲申　十二月二十一。(98)磐夷　具體方位不詳，約在今甘肅永登附近。(99)應參時政　應該參與當時重大問題的決策。(100)接以文義　只是作為一個詞臣來對待。文義，即指文章辭藻。(101)每侍宴談賞　不時地陪著皇帝宴飲或是談論鑑賞詩文人物。每，經常；不時地。(102)素出靈運下　歷來處於謝靈運之下。(103)並見任遇　都得到了皇帝的信任、恩寵。(104)不朝直　不上朝、不到禁省裡值班。(105)遊行　遊歷、旅行。(106)無表聞　不上表奏明情況。(107)請急　請假。(108)諷令自解　示意讓他自己提出辭職，指辭去祕書監的職務。解，辭職。(109)令還會稽　讓他回到會稽閒居，但尚未免掉其職務。會稽是郡名，郡治即今浙江紹興，當時謝靈運的家在這裡。(110)遊飲自若　旅遊、縱酒，還與往常一樣。(111)為法司所糾　於是受到了執法官員的挾擊、檢舉。糾，彈劾。《宋書・謝靈運傳》作「為御史中丞傅隆所奏」。(112)師子王剎利摩訶　師子國的國王名叫剎利摩訶。師子國即今斯里蘭卡。(113)天竺迦毗黎王月愛　天竺國內的迦毗黎王名叫月愛。天竺，即今印度。當時的天竺國內有迦毗黎、蘇摩黎、斤陀利、婆黎等小國。(114)表辭皆如浮屠之言　表章上使用的語言都與和尚們說的話一樣。浮屠，這裡指和尚。(115)燕鳳　魏國的名臣，曾歷仕什翼犍、拓跋珪、拓跋嗣、拓跋燾四世。傳見《魏書》卷二十四。

【校　記】[1]娥清　據章鈺校，甲十六行本、乙十一行本皆作「娥青」。[2]西平　原無此二字。據章鈺校，甲十六行本、乙十一行本皆有此二字，今據補。

【語　譯】太祖文皇帝上之中

元嘉五年（戊辰　西元四二八年）

春季，正月初二日辛未，北魏京兆王拓跋黎去世。

宋國擔任荊州刺史的彭城王劉義康，性情聰慧、觀察敏銳，在荊州任上，凡是屬於自己職權範圍之內的事情都辦得很好。擔任左光祿大夫的范泰對擔任司徒的王弘說：「掌管國家大事，責任重大，而權要的位置很難長久保持。你和你的兄弟王曇首都身居要職，地位權勢都已經達到頂峰，滿則招損，應當多想一想謙退自貶之事，免得將來後悔。彭城王劉義康，是皇帝的二弟，應該將他召回朝廷，讓他在朝廷任職，共同參與朝政。」王弘採納了范泰的建議。當時正遭遇大旱災，瘟疫流行，王弘遂趁機上疏給宋文帝劉義隆，稱說由於自己為官有過，所以招致上天的譴責，應該引咎辭職，宋文帝沒有批准王弘的辭職申請。

西秦擔任商州刺史兼任澆河太守的姚濬背叛了西秦國，投降了北涼河西王沮渠蒙遜。西秦王乞伏熾磐令擔任尚書的焦嵩代替姚濬擔任商州刺史兼澆河太守，率領三千名騎兵討伐姚濬。二月，焦嵩被吐谷渾的部落首領慕容元緒擒獲。

北魏改年號為「神䴥」。

北魏擔任平北將軍的尉眷率領魏軍進攻夏主赫連昌所據守的上邽，夏主赫連昌撤出上邽，退往平涼據守。奚斤率軍進抵安定，他與丘堆、娥清所率領的魏軍會合。奚斤屬下的很多戰馬都死於瘟疫，士卒又缺乏糧食，因此無法向夏軍展開進攻，只得深挖壕溝，修築營壘進行自我保護。他派遣太僕丘堆到民間去徵收租糧，士卒到了民間之後，只顧大肆進行搶掠，而沒有進行警戒。夏主赫連昌趁機率軍襲擊，丘堆被打得大敗，在幾百名騎兵的護衛下逃回安定城。夏主赫連昌憑藉著戰勝後的士氣，每天率軍到安定城下進行搶掠，北魏軍得不到糧草，諸將都很發愁。擔任監軍侍御史的安頡說：「我們接受皇帝的詔命前來剿滅賊寇，如今反倒被賊寇所困，撤退到安定這樣一座孤城進行堅守，即使不被賊寇殺死，回國之後也會因為敗軍之罪而被殺頭，無論我們是前進還是後退，都沒有活路可走。而諸位王公竟如此安然地待在這裡一點也不著急，難道就不曾考慮應對的辦法嗎？」奚斤說：「如今軍士沒有馬匹，用步兵去攻擊騎兵，肯定沒有獲勝的道理。應當等到朝廷所派救援的騎兵到來，我們與他們會合之後再聯合進攻敵人。」安頡說：「如今兇猛的賊寇在安定城外騎馬遊蕩，而我軍已經疲憊不堪，又沒有糧食，如果不出城與夏軍決一死戰，那麼被夏軍消滅是早晚的事，又如何能夠等到救兵到來呢！反正左右都是死，與夏軍決死一戰，不是也可以嗎！」奚斤又以馬匹太少為藉口。

安頡說：「如果把諸將手下所有的戰馬集中起來，還能有二百匹，請允許我招募敢死隊出城去攻打敵人，即使不能將敵人打敗，也可以挫挫敵人的銳氣。再說夏主赫連昌氣量狹小，性情急躁而又缺少謀略，雖然好勇鬥狠，卻行動輕率，經常親自出來挑戰，士卒全都認識他。如果設好埋伏再去突襲，很可能將赫連昌擒獲。」奚斤還是很不情願。安頡於是便暗中與尉眷等進行謀劃，挑選出戰馬、騎士等待機會。不久，夏主赫連昌便親自率軍前來攻城，安頡出城迎戰。夏主赫連昌親自出到陣前與魏軍交戰，魏國的軍士都認出是夏主赫連昌，於是爭相赴敵。又恰好遇到狂風大作，飛沙走石，大白天變得如同黑夜，夏主赫連昌率軍敗走。安頡率軍猛追，夏主赫連昌突然馬失前蹄摔下馬來，隨即被安頡活捉。安頡，是安同的兒子。

夏國擔任大將軍兼任司徒的平原公赫連定招集起剩餘的數萬名兵眾，逃回了平涼，在平涼即位為夏國皇帝。實行大赦，改年號為「勝光」。

三月十三日辛巳，夏主赫連昌被押送到魏國的都城平城，北魏太武帝拓跋燾讓他住在自己的西宮裡，赫連昌在西宮之中，日常所需的東西，都與太武帝拓跋燾所使用的一樣；拓跋燾還把自己的妹妹始平公主嫁給赫連昌為妻，授予他常忠將軍的頭銜，封他為會稽公。任命安頡為建節將軍，賜爵為西平公；任命平北將軍尉眷為寧北將軍，晉升為漁陽公。

北魏太武帝拓跋燾常常讓常忠將軍、會稽公赫連昌跟隨在自己的身邊，還單人獨騎與赫連昌一起出去打獵，追逐麋鹿，深入深山峽谷。赫連昌一向以勇猛被人稱道，所以諸將都以為太武帝不應該這樣做。太武帝拓跋燾卻說：「上天授命於我，讓我做了皇帝，我還懼怕什麼？」對赫連昌依然像當初那樣親密對待。

魏國司空奚斤覺得自己身為統帥，而夏主赫連昌卻被屬下的副將活捉，這簡直是奇恥大辱。於是他下令軍隊捨棄所有的輜重，每人只帶著三天的糧食，全力以赴前往平涼追趕新即位的夏國皇帝赫連定。擔任宗正的娥清想要沿著涇水逆流而上，奚斤不同意，遂從北路趕往平涼，準備在赫連定向北逃跑的途中進行截擊。魏軍到達馬髦嶺，夏軍正準備逃走，正好魏軍中有一名小將因為犯了罪，為逃避處罰而歸降了夏軍，他將魏軍所攜帶的糧食很少，以及缺水等情況全都告訴了夏主赫連定。赫連定於是派兵分頭截擊奚斤所率領的北魏軍，他們採用前後夾擊的戰術向奚斤的軍隊展開進攻，結果魏軍被打得大敗，司空奚斤以及宗正娥清、將軍劉拔全都被夏軍活捉，士卒被殺死的有六、七千人。

北魏擔任太僕的丘堆正在安定守衛著奚斤留下來的輜重，他聽到奚斤戰敗被擒的消息之後，立即丟下輜重逃往長安，然後與高涼王拓跋禮一同逃奔蒲阪，夏國人重新奪回了長安。北魏太武帝拓跋燾得知消息後大怒，命令建節將軍、西平公安頡將丘堆斬首，然後接管丘堆的部眾，鎮守蒲阪，抵抗夏軍的進攻。

夏季，四月，夏主赫連定派使者前往北魏，請求和解，北魏太武帝拓跋燾下詔，命令赫連定向魏國投降。

四月十五日壬子，北魏太武帝拓跋燾到魏國的西部巡視。二十一日戊午，拓跋燾在黃河以西打獵。實行大赦。

五月，西秦文昭王乞伏熾磐去世，太子乞伏暮末即位為西秦王，實行大赦，改年號為「永弘」。

宋國擔任平陸縣令的河南人成粲又勸說擔任司徒的王弘急流勇退，王弘聽從了成粲的意見，於是連續上疏給宋文帝劉義隆，請求允許自己辭職。宋文帝迫不得已，於六月十四日庚戌，改任王弘為衛將軍、開府儀同三司。

六月十八日甲寅，北魏太武帝拓跋燾前往長川視察。

西秦將文昭王乞伏熾磐安葬於武平陵，廟號「太祖」。西秦王乞伏暮末任命擔任右丞相的乞伏元基為侍中、相國、都督中外諸軍事、錄尚書事；任命擔任鎮軍大將軍、河州牧的謙屯為驃騎大將軍；將擔任安北將軍、涼州刺史的段暉召回枹罕，改任為輔國大將軍、御史大夫；任命自己的叔父、擔任右禁將軍的乞伏千年為鎮北將軍、涼州牧，鎮守湟河；任命擔任征北將軍的木弈干為尚書令、車騎大將軍，任命擔任征南將軍的吉毗為尚書僕射、衛大將軍。

北涼河西王沮渠蒙遜趁著西秦國內辦理喪事的機會，出兵討伐西秦所屬的西平。西秦擔任西平太守的麴承對沮渠蒙遜說：「殿下如果首先攻取樂都，那麼西平必將為殿下所有；如果您的大軍一到，我們西平馬上就趕著向您投降，這恐怕也是聖明的君主您所最痛恨的。」沮渠蒙遜遂放棄攻打西平，轉而進攻樂都。西秦相國乞伏元基親自率領三千名騎兵從都城枹罕趕來救援樂都，乞伏元基剛剛進入樂都城，北涼的兵馬就已經來到了樂都城下，他們進攻樂都的外城，將外城攻陷；同時斷絕了城內的水源，城中立即陷入缺水的困境，被渴死的超過了一半。東羌部落首領乞提跟隨乞伏元基一同來救援樂都，卻暗中與北涼圍城的軍隊相勾結，他們從城牆上懸下繩索接應北涼軍入城，北涼有一百多名軍士便攀著繩索爬上了樂都城牆，他們一面吶喊著虛張聲勢，一面縱火燒毀了城門。乞伏元基率領左右的親兵奮力反擊，才將進入城中的北涼軍打退。

當初，西秦文昭王乞伏熾磐病重時，對太子乞伏暮末說：「我死之後，你如果能夠保全國境就已經很好了。沮渠成都是沮渠蒙遜最親近、最器重的人，你應該將他送回北涼。」到現在，西秦王沮渠暮末才派遣使者到北涼河西王沮渠蒙遜面前，請求送回沮渠成都，與北涼講和。沮渠蒙遜同意了西秦的講和條件，率軍返回，並派遣使者到西秦的都城枹罕弔唁文昭王乞伏熾磐。乞伏暮末贈送給沮渠成都一份豐厚的禮物，派將軍王伐護送他返回北涼。北涼河西王沮渠蒙遜對乞伏暮末的誠意依然表示懷疑，遂派恢武將軍沮渠奇珍率軍埋伏在捫天嶺，俘虜了西秦護送沮渠成都回國的王伐將軍及其手下的三百名騎士，回到姑臧。不久，沮渠蒙遜派遣擔任尚書的王杼送王伐返回秦國，同時還贈送給西秦王乞伏暮末一千匹馬以及其他一些編製精美的毛織品和刺繡精美並帶有銀飾的絲織品。秋季，七月，西秦王乞伏暮末派遣擔任記室郎中的馬艾為使者前往北涼進行禮節性的回訪。

北魏太武帝拓跋燾從長川返回平城的皇宮。八月，拓跋燾又前往廣甯觀看溫泉。

柔然紇升蓋可汗派遣自己的兒子率領著一萬多名騎兵進犯北魏的邊境。北魏太武帝拓跋燾從廣甯返回平城，便率軍迫擊入侵的柔然軍，沒有追上。九月，拓跋燾返回皇宮。

冬季，十月初十日甲辰，北魏太武帝拓跋燾到魏國的北方進行巡視。十八日壬子，在牛川進行狩獵活動。

西秦擔任涼州牧的乞伏千年，不僅嗜酒如命，而且性情殘暴酷虐，不關心政事。西秦王乞伏暮末派使者前去責備他，乞伏千年非常恐懼，便投降了北涼河西王沮渠蒙遜。乞伏暮末任命自己的叔父、擔任光祿大夫的乞伏沃陵為涼州牧，鎮守湟河。

宋國擔任徐州刺史的王仲德派遣二千名步兵、騎兵進攻北魏所屬的濟陽、陳留。

北魏太武帝拓跋燾從牛川返回平城的皇宮。〇北魏定州境內的丁零人鮮于臺陽等二千多家背叛了魏國，逃入西山，所在州郡沒有能力將其討平。閏十月，北魏太武帝拓跋燾派鎮南將軍叔孫建率軍討伐進入西山的鮮于臺陽等。

十一月初一日乙未，發生日蝕。

北魏太武帝拓跋燾前往西河舉行狩獵比賽。十二月二十一日甲申，返回皇宮。

北涼河西王沮渠蒙遜率軍討伐西秦，大軍抵達磐夷，西秦擔任相國的乞伏元基等率領一萬五千名騎兵反擊北涼的入侵。沮渠蒙遜轉而進攻西平，西秦擔任征虜將軍的出連輔政等率領二千名騎兵救援西平。

宋國擔任祕書監的謝靈運認為自己無論是名望、才幹，都應該參與當時重大問題的決策。而宋文帝劉義隆卻只把自己當做一個詞臣來看待，不時地陪同宋文帝宴飲，也只是談論一些鑑賞詩文人物而已。而同為侍中的王曇首、王華、殷景仁，原來的名望和地位一直都在自己之下，卻全都受到皇帝的重用和恩寵，謝靈運因此而憤憤不平，經常以生病為藉口不上朝、不到禁省裡當值；有時出城遊歷、旅行，一下子就走出二百多里，十天八天的不回朝，既不上表奏明情況，也不請假。宋文帝劉義隆不願意讓大臣丟了面子，就暗示謝靈運，讓他自己提出辭職。謝靈運於是上表給宋文帝，陳述自己的病情，宋文帝遂批准謝靈運休假，令他回到會稽養病。而謝靈運依然像過去那樣出遊、宴飲，於是遭到有關部門的彈劾、檢舉，遂被免官。

這一年，師子國國王剎利摩訶以及天竺迦毗黎王月愛全都派遣使者帶著表章到宋國的都城建康進貢，表章上使用的言辭全都與和尚們說的話一樣。

北魏擔任鎮遠將軍的平舒侯燕鳳去世。

六年（己巳　西元四二九年）

春，正月，王弘上表乞解州、錄❶，以授彭城王義康。帝優詔不許❷。癸丑❸，以義康為侍中、都督揚、南徐、兗三州諸軍事、司徒、錄尚書事、領南徐州刺史。弘與義康二府並置佐領兵❹，共輔朝政。弘既多疾，且欲委遠大權❺，每事推讓義康。由是義康專總內外之務。

又以撫軍將軍江夏王義恭❻為都督荊、湘等八州諸軍事、荊州刺史，以侍中劉湛❼為南蠻校尉，行府州事❽。帝與義恭書，誡之曰：「天下艱難，家國[1]事重，雖曰守成，實亦未易。隆替❾安危，在吾曹耳，豈可不感尋王業❿，大懼負荷⓫？汝性褊急⓬，志之所滯，其欲必行⓭；意所不存，從物回改⓮。此最弊事，宜念裁抑⓯。衛青遇士大夫以禮，與小人有恩⓰；西門、安于⓱，矯性齊美⓲；關羽、張飛⓳，任偏同弊⓴。行己㉑舉事，深宜鑒此！若事異今日㉒，嗣子幼蒙㉓，司徒㉔當周公之事㉕，汝不可不盡祗順㉖之理。爾時天下安危，決汝二人㉗耳。

「汝一月自用錢不可過三十萬，若能省此㉘，益美。西楚府舍㉙，略所諳究㉚，計當不須改作㉛，日求新異。凡訊獄㉜多決當時㉝，難可逆慮㉞，此實為難。至訊日，虛懷博盡㉟，慎無以喜怒加人。能擇善者而從之，美自歸己；不可專意自決，以矜獨斷之明㊱也！

「名器㊲深宜慎惜㊳，不可妄以假人㊴。昵近爵賜㊵，尤應裁量。吾於左右雖為少恩，如聞外論㊶不以為非㊷也。

「以貴凌物㊸，物不服；以威加人㊹，人不厭㊺。此易達事㊻耳。

「聲樂嬉遊㊼，不宜令過；蒲酒㊽漁獵，一切勿為；供用奉身㊾，皆有節度；奇服異器，不宜興長㊿。又宜數引見佐史(51)，相見不數(52)，則彼我不親；不親，無因得盡人情(53)；人情不盡，復何由知眾事也(54)？」

夏酒泉公雋(55)自平涼奔魏。〇丁零鮮于臺陽等請降於魏(56)，魏主赦之。

秦出連輔政等未至西平(57)，河西王蒙遜拔西平，執太守麴承。

二月，秦王暮末立妃梁氏為王[2]后，子萬載為太子。

三月丁巳(58)，立皇子劭為太子。戊午(59)，大赦。

辛酉(60)，以左衛將軍殷景仁為中領軍。帝以章太后(61)早亡，奉太后所生蘇氏(62)甚謹。蘇氏卒，帝往臨哭，欲追加封爵，使羣臣議之。景仁以為古典無之，乃止。

初，秦尚書(63)隴西辛進(64)從文昭王(65)遊陵霄觀，彈飛鳥，誤中秦王暮末之母，傷其面。及暮末即位，問母面傷之由，母以狀告。暮末怒，殺進，并其五族二十七人。

夏，四月癸亥[66]，以尚書左僕射王敬弘[67]為尚書令，臨川王義慶[68]為左僕射，吏部尚書濟陽江夷[69]為右僕射。

初，魏太祖命尚書鄧淵[70]撰國記[71]十餘卷，未成而止。世祖更命崔浩與中書侍郎鄧穎等續成之，為國書三十卷。穎，淵之子也。

魏主將擊柔然，治兵於南郊，先祭天，然後部勒行陳。內外羣臣皆不欲行，保太后[72]固止之，獨崔浩勸[73]之。

尚書令劉絜等共推太史令張淵、徐辯使言於魏主曰：「今茲己巳[74]，三陰之歲[75]，歲星襲月[76]，太白[77]在西方，不可舉兵，北伐必敗；雖克，不利於上。」羣臣因共贊[78]之曰：「淵等少時嘗諫苻堅南伐[79]，堅不從而敗，所言無不中，不可違也。」魏主意不決，詔浩與淵等[3]論難於前[80]。

浩詰淵、辯[81]曰：「陽為德，陰為刑，故日食脩德[82]，月食脩刑[83]。夫王者用刑，小則肆諸市朝[84]，大則陳諸原野[85]。今出兵以討有罪，乃所以脩刑[86]也。臣竊觀天文，比年[87]以來，月行掩昴[88]，至今猶然。其占[89]，三年天子大破旄頭之國[90]。蠕蠕、高車，旄頭之眾也，願陛下勿疑。」淵、辯復曰：「蠕蠕，荒外[91]無用之物，得其地不可耕而食，得其民不可臣而使，輕疾[92]無常，難得而制。有何汲汲[93]，而勞士馬以伐之？」浩曰：「淵、辯言天道，猶是其職[94]；至於人事形勢，尤非其所知。此乃漢世常談[95]，施之於今[96]，殊不合事宜。何則？蠕蠕本國家北邊之臣，中間叛去[97]。今誅其元惡[98]，收其良民，令復舊役[99]，非無用也。世人皆謂淵、辯通解數術[100]，明決成敗[101]，臣請試問之：屬者[102]統萬未亡之前，有無敗徵？若其不知，是無術也；知而不言，是不忠也。」時赫連昌在坐，淵等自以未嘗有言，慚不能對。魏主大悅。

既罷，公卿或尤[103]浩曰：「今南寇[104]方伺國隙，而捨之北伐；若蠕蠕遠遁，前無所獲，後有彊寇，將何以待之？」浩曰：「不然。今不先破蠕蠕，則無以待南寇。南人聞國家克統萬以來，內懷恐懼，故揚聲動眾以衛淮北[105]。比吾破蠕蠕，往還之間，南寇必不動也。且彼步我騎，彼能北來，我亦南往；在彼甚困，於我未勞。況南北殊俗，水陸異宜，設使國家與之河南[106]，彼亦不能守也。何以言之？以劉裕之雄傑，吞併關中，留其愛子[107]，輔以良將[108]，精兵數萬，猶不能守。全軍覆沒[109]，號哭之聲，至今未已。況義隆今日君臣非裕時之比。主上英武，士馬精彊，彼若果來，譬如以駒犢[110]鬭虎狼也，何懼之有！蠕蠕恃其絕遠，謂國家力不能制，自寬[111]日久，故夏則散眾放畜，秋肥乃聚，背寒向溫[112]，南來寇鈔。今掩其不備，必望塵駭散。牡馬護牝[113]，牝馬戀駒[114]，驅馳難制[115]，不得水草，不過數日，必聚而困弊，可一舉而滅也。蹔勞永逸，時不可失，患在上無此意。今上意已決，柰何止之？」寇謙之謂浩曰：「蠕蠕果可克乎？」浩曰：「必克。但恐諸將瑣瑣[116]，前後顧慮，不能乘勝深入，使不全舉[117]耳。」

先是，帝因魏使者還，告魏主曰：「汝趣歸我河南地[118]！不然，將盡我將士之力。」魏主方議伐柔然，聞之大笑，謂公卿曰：「龜鼈小豎[119]，自救不暇，夫何能為[120]？就使能來，若不先滅蠕蠕，乃是坐待寇至，腹背受敵，非良策也。吾行決矣。」

庚寅[121]，魏主發平城，使北平王長孫嵩、廣陵公樓伏連[122]居守。魏主自東道向黑山[123]，使平陽王長孫翰[124]自西道向大娥山[125]，同會柔然之庭[126]。

五月壬辰朔[127]，日有食之。

王敬弘固讓尚書令，表求還東[128]。癸巳[129]，更以敬弘為侍中、特進[130]、左光祿大夫[131]，聽其東歸。

丁未[132]，魏主至漠南，捨輜重，帥輕騎兼馬[133]襲擊柔然，至栗水[134]。柔然紇升蓋可汗先不設備，民畜滿野，驚怖散[4]去，莫相收攝[135]。紇升蓋燒廬舍，絕迹西走[136]，莫知所之。其弟匹黎先主東部[137]，聞有魏寇，帥眾欲就其兄。遇長孫翰，翰邀擊，大破之，殺其大人[138]數百。

夏主[139]欲復取統萬，引兵東至侯尼城[140]，不敢進而還。

河西王蒙遜伐秦。秦王暮末留相國元基守枹罕，遷保定連[141]。

南安[142]太守翟承伯等據罕幵谷[143]以應河西。暮末擊破之，進至治城[144]。○西安太守莫者幼眷[145]據汧川[146]以叛，暮末討之，為幼眷所敗，還于定連。

蒙遜至枹罕，遣世子興國進攻定連。六月，暮末逆擊興國於治城，擒之，追擊蒙遜至譚郊[147]。

吐谷渾王慕璝遣其弟沒利延，將騎五千會蒙遜伐秦。暮末遣輔國大將軍段暉等邀擊，大破之。

柔然紇升蓋可汗既走，部落四散，竄伏山谷，雜畜布野，無人收視。魏主循栗水西行，至菟園水[148]，分軍搜[5]討，東西五千里，南北三千里，俘斬甚眾。高車[149]諸部乘魏兵勢，鈔掠柔然。柔然種類前後降魏者三十餘萬落，獲戎馬百餘萬匹，畜產、車廬[150]，彌漫山澤，亡慮[151]數百萬。

魏主循弱水[152]西行，至涿邪山[153]，諸將慮深入有伏兵，勸魏主留止。寇謙之以崔浩之言(154)告魏主，魏主不從。秋，七月，引兵東還至黑山[6]，以所獲班賜將士有差。既而得降人言：「可汗先被病(155)，聞魏兵至，不知所為，乃焚穹廬，以車自載，將數百人入南山。民畜窘聚(156)，方六十里[7]無人統領，相去百八十里(157)。追兵不至，乃徐西遁，唯此得免。」後聞涼州賈胡(158)言：「若復前行二日，則盡滅之矣。」魏主深悔之。

紇升蓋可汗憤悒而卒，子吳提立，號敕連(159)可汗。

武都孝昭王楊玄(160)疾病，欲以國授其弟難當。難當固辭，請立玄子保宗而輔之，玄許之。玄卒，保宗立。難當妻姚氏勸難當自立，難當乃廢保宗，自稱都督雍・涼・秦三州諸軍事、征西大將軍、開府儀同三司、秦州刺史、武都王。

河西王蒙遜遣使送穀三十萬斛以贖世子興國于秦，秦王暮末不許。蒙遜乃立興國母弟菩提(161)為世子。暮末以興國為散騎常侍，以其妹平昌公主妻之。

八月，魏主至漠南(162)，聞高車東部屯巳尼陂(163)，人畜甚眾，去魏軍千餘里，遣左僕射安原等將萬騎擊之。高車諸部迎降者數十萬落，獲馬牛羊百餘萬。冬，十月，魏主還平城。徙柔然、高車降附之民於漠南，東至濡源(164)，西暨(165)五原(166)、陰山(167)，三千里中，使之耕牧而收其貢賦。命長孫翰、劉絜、安原及侍中代人古弼[168]同鎮撫之。自是魏之民間馬牛羊及氈皮為之價賤。

魏主加崔浩侍中、特進、撫軍大將軍，以賞其謀畫之功。浩善占天文，常置銅鋌[169]於酢器[170]中，夜有所見[171]，即以鋌畫紙作字以記其異。魏主每如浩家，問以災異，或[172]倉猝不及束帶[173]；奉進疏食，不暇精美，魏主必為之舉筯，或立嘗而還。魏主嘗引浩出入臥內，從容謂浩曰：「卿才智淵博，事朕祖考[174]，著忠三世，故朕引卿以自近。卿宜盡忠規諫，勿有所隱。朕雖或時忿恚，不從卿言，然終久深思卿言也。」嘗指浩以示新降高車渠帥[175]曰：「汝曹視此人尫纖[176]懦弱，不能彎弓持矛，然其胸中所懷，乃過於兵甲。朕雖有征伐之志而不能自決，前後有功，皆此人所教也。」又敕尚書[177]曰：「凡軍國大計，汝曹所不能決者，皆當咨浩[178]，然後施行。」

秦王暮末之弟軻殊羅烝[179]於文昭王左夫人[180]禿髮氏，暮末知而禁之。軻殊羅懼，與叔父什寅謀殺暮末，奉沮渠興國以奔河西[181]。使禿髮氏盜門鑰[182]，鑰誤，門者以告暮末。暮末悉收其黨殺之，而赦軻殊羅。執什寅，鞭之。什寅曰：「我負汝死，不負汝鞭[183]！」暮末怒，刳其腹，投尸于河。

夏主少凶暴無賴，不為世祖所知[184]。是月，畋于陰槃[185]，登苛藍山[186]，望統萬城泣曰：「先帝若以朕承大業者，豈有今日之事乎！」

十一月己丑朔[187]，日有食之，不盡如鉤；星晝見[188]，至晡方沒[189]；河北地闇[190]。

魏主西巡，至柞山[191]。

十二月，河西王蒙遜、吐谷渾王慕璝皆遣使入貢[192]。

是歲，魏內都大官[193]中山文懿公李先[194]、青·冀二州刺史安同[195]皆卒。先年九十五。

秦地震，野草皆自反[196]。

【章　旨】以上為第二段，寫宋文帝元嘉六年（西元四二九年）一年間的大事。主要寫了魏主出兵討伐柔然，群臣諫阻，唯崔浩勸其行，崔浩分析了柔然與劉宋之形勢，預言宋兵必不敢北出，柔然必克云云，高屋建瓴，句句精到；結果柔然可汗在魏軍的突然攻擊下絕跡西走，莫知所之，魏主獲得大片國土與牲畜、人口，柔然可汗紇升蓋竟因此憤悒而死；可惜魏主未能徹底堅持崔浩的方針，未能將柔然徹底蕩平，事後魏主深悔之；魏主遷柔然、高車等降附之民於漠南，使其耕牧而收其稅，派將鎮撫，以致民間馬牛羊及氈皮為之價賤；同時還寫了魏主接見降人時對崔浩才能、作用的高度評價；寫了北涼沮渠蒙遜攻取西秦之枹罕，派其世子興國進攻遷都定連之西秦，西秦主暮末大破之，並俘獲了蒙遜之世子興國，又破北涼與吐谷渾之聯軍，沮渠蒙遜倉皇逃走；寫了劉宋王朝之權臣王弘辭職歸家，劉義康總理朝政；劉義隆又以其弟劉義恭為荊州刺史，又為書誡劉義恭以克服褊急，不要以貴陵人等等；寫了武都王楊玄死，其弟楊難當廢楊玄之子而自稱武都王；以及夏主赫連定登山遙望統萬城而歎息，但又無力收復云云。

【注　釋】❶解州錄　請求免去揚州刺史與錄尚書事兩種重要職務。❷優詔不許　說客氣話，加以慰勉，不允許辭職。❸癸丑　正月二十。❹二府並置佐領兵　意謂讓劉義康和王弘兩處都設有錄尚書事的僚佐，都執掌兵權。《宋書・王弘傳》作：「義康由是代弘為司徒，與之分錄。」❺委遠大權　把大權交給別人，自己離大權遠點兒。❻義恭　即劉義恭，劉裕之子，劉義隆之弟。傳見《宋書》卷六十一。❼劉湛　字弘仁，曾是劉義隆所寵信、所倚靠的大臣之一。傳見《宋書》卷六十九。❽行府州事　代為處理劉義恭都督府及荊州刺史府的一切事務。行，代管；兼管。❾隆替　興隆與衰敗。❿感尋王業　意指深思王業創建的艱難，而尋找長治久安的治國辦法。⓫大懼負荷　非常害怕自己不能擔起治好國家的責任。《左傳》昭公七年有所謂「其父析薪，其子不克負荷」，後人引以為說不肖子弟不能繼承發展父祖的事業。⓬褊急　氣量小、性子急。⓭志之所滯二句　自己弄不明白的事情，還一定堅持要辦。⓮意所不存二句　自己沒有想過的事情，就隨著別人怎麼說就怎麼辦。存，想；思考。⓯宜念裁抑　應該注意加以克制。裁抑，猶今之所謂「克制」。⓰衛青遇士大夫以禮二句　語見《史記・淮南衡山列傳》。原文作：「大將軍遇士大夫以禮，於士卒有恩，眾樂為之用。」⓱西門安于　西門豹、董安于，都是戰國時人。⓲矯性齊美　都能改變自己的性情，揚名於後世。相傳西門豹性情剛急，常佩韋以提醒自己思緩；董安于性情寬緩柔弱，常佩弦以提醒自己思剛。⓳關羽張飛　都是三國時代劉備的部將，現已家喻戶曉。⓴任偏同弊　都因為偏狹任性，導致喪身辱國。關羽「剛而自矜」，陵侮麋芳、傅士仁，後與孫權作戰中，麋、傅倒戈，使關羽兵敗被殺。張飛「暴而無恩」，經常鞭打左右，後被帳下范強、張達所殺。事見本書卷六十九黃初二年。㉑行己　猶言「持身」，即為人處世。㉒事異今日　隱指日後自己身死。㉓幼蒙　年幼不懂事。㉔司徒　以稱劉義康，時劉義康任司徒之職。㉕當周公之事　指輔佐幼主，執掌政權。當年武王去世時，成王年幼，由周公輔佐成王，總理天下之事。㉖祗順　恭敬、順從。㉗決汝二人　決定在你們兄弟二人手裡，指掌管朝廷大政的劉義康與劉義恭。㉘省此　少於這個數目。㉙西楚府舍　即指荊州刺史府，前劉義隆曾居，今劉義恭正居此。㉚諳究　猶言「瞭解、熟悉」。㉛計當不須改作　我想不必再蓋新的。計，尋思；考慮。㉜訊獄　審判犯人。㉝多決當時　都是根據當時審問的情況隨即做出判決。㉞逆慮　事先考慮好。㉟虛懷博盡　自己要虛心地聽取別人的意見。㊱以矜獨斷之明　以誇耀自己見解的高明。矜，顯示；誇耀。㊲名器　指官職、爵位和與此相應的冠服、儀仗、信物等等。㊳慎惜　珍惜；慎重把握。㊴妄以假人　隨隨便便地封贈於人。假，給予。㊵昵近爵賜　對身邊親近的人封賜爵位或賞賜東西。昵近，親近，這裡指親近的人。(41)如聞外論　（當我聽到別人議論我「少恩」時，）我認為他們的說法錯誤。外，不在理；不合正道。(42)不以為非　不認為我自己做得不對。(43)以貴淩物　靠著出身高貴，盛氣陵人。淩物，蔑視人。物，人。(44)加人　壓人。加，壓；居人之上。(45)不厭　不滿；不平。(46)易達事　容易理解的道理。(47)聲樂嬉遊　歌舞、遊樂。(48)蒱酒　賭博、酗酒。蒱，樗蒱，古代的賭博用具，類似今之擲骰子。(49)供用奉身　指衣、食、住、行等各種生活需要。(50)興長　指喜愛、提倡。(51)數引見佐史　更多一點地和自己的僚屬們在一起。數，多；頻繁。佐史，當作「佐吏」，即參佐、僚屬。(52)相見不數　見面的次數不多。(53)無因得盡人情　沒法讓人家說出全部的心裡話。(54)復何由知眾事也　還怎麼能知道外面的各種事情呢。也，同「耶」。反問語詞。(55)酒泉公雋　即赫連雋。(56)請降於魏　去年鮮于臺陽等叛魏逃往西山，今又請降。(57)未至西平　還沒有到達西平。(58)三月丁巳　三月二十五。(59)戊午　三月二十六。(60)辛酉　三月二十九。(61)章太后　姓胡，劉義隆的生母。劉義隆五歲時，胡氏被譴身死。文帝即位後，諡之曰章。(62)太后所生蘇氏　此指章太后的生母，亦即劉義隆的外祖母，姓蘇。(63)尚書　此處即「尚書令」的簡稱。(64)隴西辛進　隴西郡人姓辛名進。隴西郡的郡治在今甘肅隴西縣東南。(65)文昭王　即乞伏熾磐，諡曰文昭。(66)四月癸亥　四月初二。(67)王敬弘　桓玄的姐夫，但不依附桓氏；劉裕執政後，為官亦若即若離。傳見《宋書》卷六十六。(68)臨川王義慶　劉義慶，劉裕弟劉道規之子。愛好文學，撰有《世說新語》。傳見《宋書》卷五十一。(69)江夷　字茂遠，隨劉裕討桓玄起家，為官貞正。傳見《宋書》卷五十三。(70)鄧淵　字彥海，明習舊事，對魏國典章制度的建立頗多貢獻。傳見《魏書》卷二十四。(71)國記　猶言「國史」，拓跋魏的創建及其發展的歷史。(72)保太后　姓竇，拓跋嗣之妃，拓跋燾的養母。保是稱號。(73)勸　鼓勵；慫恿。(74)今茲己巳　今年是「己巳」年。(75)三陰之歲　是個「三陰」的年頭。古人把「天干」中的甲、丙、戊、庚、壬稱為陽，把乙、丁、己、辛、癸稱為陰；把「地支」中的子、寅、辰、午、申、戌稱為陽，把丑、卯、巳、未、酉、亥稱為陰。己、巳本身都是陰，「己巳」年又由二陰合成，故稱「三陰」。(76)歲星襲月　木星將與月亮遇到一起。歲星，即今之木星。(77)太白　即今之金星，古人以為象徵戰爭。(78)贊　助；幫著說。(79)諫苻堅南伐　張淵原仕於苻堅，自己說當年曾指稱天文星象以勸阻苻堅的出兵伐晉。見《魏書‧術藝傳》。(80)論難於前　在魏主面前互相辯論。難，攻擊；駁斥。(81)詰淵辯　質問張淵、徐辯。詰，問；提出質問。(82)日食脩德　天空出現日蝕，這意味著上天對人間帝王提出警告，帝王就得檢討自己，就得提高自己的道德修養了。食，同「蝕」。(83)月食脩刑　天空出現月蝕，這是上天提示人間帝王應該使用刑罰。(84)小則肆諸市朝　小的用刑就是在市場處決犯人。(85)大則陳諸原野　大的用刑就是調兵遣將，討伐叛亂。陳諸原野，指行兵布陣，攻城略地。(86)乃所以脩刑　就是為了使用刑罰。(87)比年　近年；連年。(88)月行掩昴　月亮掩蔽了昴星。昴，星名，二十八宿之一。(89)其占　「月行掩昴」所預示的徵兆。占，含意；解釋。指天文、星象以及卜筮所表現的徵兆。(90)大破旄頭之國　大破北方的民族之國。旄頭即昴星所分野的國家，古人以昴星對應塞外民族。胡三省曰：「昴為旄頭，胡星也。」(91)荒外　荒服以外。古人將所知的領土劃為五圈，離天子都城最近的叫「甸服」，其次叫「侯服」，再次叫「綏服」，再次叫「要服」，最外叫「荒服」。意即荒遠，不可羈勒之意。(92)輕疾　指騎馬逐水草而居，時來時去。(93)有何汲汲　又何必辛辛苦苦、費勁勞神地去……。有，這裡同「又」。汲汲，辛勞匆忙的樣子。(94)猶是其職　還是他們分內的工作，意即還有談這種話的資格。(95)漢世常談　漢代反戰派們的口頭禪。漢武帝欲伐匈奴，韓安國以為「得其地不足以為廣，有其眾不足以為強」云云，見《史記·韓長孺列傳》。其後主父偃、嚴安又說過類似的意思，見〈平津侯主父列傳〉。(96)施之於今　用在今天。(97)中間叛去　柔然曾一度臣服於魏，後叛魏北走。見本書卷一百八太元十九年。(98)元惡　首惡；罪魁禍首。(99)令復舊役　使其仍歸我們統轄，為我們服役。(100)通解數術　懂得一些溝通天人關係的法術。此處指觀測天文星象以推測人世吉凶而言。(101)明決成敗　可以預先判明成功與失敗。(102)屬者　前不久。(103)尤　責備；怪罪。(104)南寇　指劉宋政權。(105)以衛淮北　以保衛淮河以北，約當今河南東南部與安徽、江蘇北部一帶地區，當時為劉宋與北魏的交界處。上年劉宋將領王仲德曾派小部隊攻擊濟陽、陳留，即崔浩所指。(106)河南　黃河以南，指今河南中部以及安徽、江蘇之西北部一帶地區，當時被魏所佔。(107)留其愛子　指十二歲的劉義真。(108)輔以良將　指王鎮惡、沈田子等人。(109)全軍覆沒　劉裕攻取關中的全部軍隊，駐守在長安、蒲阪、洛陽一線，後來都被夏人所消滅。事見本書卷一百十八義熙十四年。(110)駒犢　小馬駒、小牛犢。(111)自寬　指自己鬆懈、麻痺。(112)背寒向溫　想到南邊來找個溫暖的地方住著。(113)牡馬護牝　公馬護著母馬。牡，公畜。牝，母畜。(114)牝馬戀駒　母馬捨不得丟下小馬駒。(115)驅馳難制　指畜群難以驅趕。(116)瑣瑣　信心不足、不果斷的樣子。(117)不全舉　不能整個端掉，徹底消滅。(118)趣歸我河南地　趕緊把黃河以南的地區歸還我們。趣，同「促」。迅速。河南地，此指內蒙古的河套一帶地區。(119)龜鼈小豎　龜鱉一般的小豎子。因南方多水澤，故北方人以龜鱉罵江南人。(120)夫何能為　他們能幹什麼。夫，彼；他們。也可以說是發語詞。(121)庚寅　四月二十九。(122)樓伏連　魏國名將。傳見《魏書》卷三十。(123)黑山　也叫殺虎山，在今內蒙古呼和浩特東南。(124)長孫翰　魏國名將長孫肥之子，傳見《魏書》卷二十六。(125)大娥山　地址未詳。(126)柔然之庭　柔然可汗的大本營，在今蒙古烏蘭巴托西的哈爾和林西北。(127)五月壬辰朔　五月初一是壬辰日。(128)還東　指還餘杭縣的老家，在今浙江杭州西。(129)癸巳　五月初二。(130)特進　加官名，無實職。地位崇高，僅在三公之下。(131)光祿大夫　本屬光祿勳，給皇帝充當參謀顧問之用，這時也是加官，是一種榮譽稱號。(132)丁未　五月十六。(133)兼馬　一個人兩匹馬，以備替補。(134)栗水　在柔然可汗庭南，今蒙古國的達蘭扎達加德北。135莫相收攝　猶今之所謂「互不統屬」，誰也管不了誰。136絕迹西走　不留蹤跡地向西方逃去，極言其害怕之甚。137先主東部　本來主管東部地區。138大人　猶言「高官」，各部落的頭領。139夏主　指赫連定，赫連昌之弟。140侯尼城　約在今甘肅華亭附近。141遷保定連　遷移到定連，在定連堅守。定連約在今甘肅臨夏東南。142南安　郡名，郡治在今甘肅隴西縣東南，當時屬於乞伏氏政權。143罕幵谷　約在今甘肅臨夏附近。144治城　約在今甘肅臨夏東南。145西安太守莫者幼眷　西秦的西安郡太守姓莫者，名幼眷。此「西安郡」的地址不詳。146汧川　當在今甘肅臨夏附近。147譚郊　在今甘肅臨夏西北。148菟園水　在今蒙古烏蘭巴托西南，當時的栗水之西。149高車　當時北方的少數民族，分別居住在柔然以南的今內蒙古北部和柔然以北蒙古與俄羅斯交界處。150車廬　車子與帳篷。151亡慮　差不多；大概。152弱水　此「弱水」即指菟園水西的河水，史無明載。153涿邪山　在今蒙古的浚稽山西北。154崔浩之言　指「恐諸將瑣瑣，前後顧慮，不能乘勝深入，使不全舉」之語。155被病　患病；得病。156窘聚　無可奈何地擁擠在一起。157相去百八十里　指魏兵所追到的地點，距柔然人窘聚之所在只還有一百八十里。158涼州賈胡　從涼州到東方來做買賣的匈奴人。159敕連　鮮卑語是「神聖」的意思。160武都孝昭王楊玄　楊玄是仇池地區的氐族頭領，因其自動承認劉宋王朝為其宗主，故劉宋王朝加封其為武都王，孝昭是其死後的諡。161菩提　當時沮渠氏亦信佛，故以佛教語命名其子。162漠南　今內蒙古境內的大沙漠以南。163巳尼陂　約在今內蒙古太僕寺旗一帶。164濡源　地名，因濡水（今灤河）之源而得名，在今河北豐寧西北、赤城東北。165暨　此處意思同「及」。至；達到。166五原　縣名，縣治在今內蒙古包頭西，烏拉特前旗東。167陰山　橫亙於今呼和浩特、包頭以北的東西走向大山。168古弼　拓跋嗣、拓跋燾時代的名臣。傳見《魏書》卷二十八。169銅鋌　銅條。170酢器　盛醋的器皿。酢，同「醋」。銅條置於醋中，起化學變化，此銅條即可用以寫字。171夜有所見　見到天文星象有何變化。172或　有的時候。173倉猝不及束帶　為匆忙迎駕而來不及繫上袍帶。174祖考　祖指拓跋珪，考指拓跋嗣。175渠帥　大頭領。176尩纖　身材弱小。尩，通「尪」。177尚書　此指尚書省的諸官員。178咨浩　詢問崔浩；徵求崔浩的意見。179烝　晚輩男人姦淫上輩之婦女。180文昭王左夫人　乞伏熾磐的嬪妃。文昭是乞伏熾磐的諡。夫人是嬪妃的名號之一，有時也用作妃嬪的統稱。181奔河西　指前去投降沮渠蒙遜。182門鑰　暮末房門的鑰匙。183我負汝死二句　兩句的意思是，你可以殺我，但不能打我。負，欠。184不為世祖所知　得不到赫連勃勃的賞識。185畋于陰槃　在陰槃縣境打獵。陰槃縣的縣治在今甘肅平涼東。186苛藍山　在今甘肅華亭南，當時的陰槃縣西南。187十一月己丑朔　十一月初一是己丑日。188星晝見　白天出現了星星。189至晡方沒　直到申時才落下去。晡，申時，即今之下午三—五時。190河北地闇　黃河以北地區一片黑暗。191柞山　約在靠近今山西西北角的內蒙古境內，其地有魏國帝王的宮殿。192遣使入貢派遣使者向劉宋王朝進貢。《宋書・文帝紀》元嘉六年十二月有所謂「河南國、河西王遣史獻方物」。193內都大官 當時魏國有內都大官、外都大官、都坐大官，合稱「三都大官」。194中山文懿公李先 中山公是李先的封號，文懿是諡。李先是魏初名將。傳見《魏書》卷三十三。195安同 魏國名臣，安原與安頡之父。傳見《魏書》卷三十。196野草皆自反 野草倒伏的方向都反了過來。

【校記】1家國 據章鈺校，孔天胤本二字互乙。2王 原誤作「皇」。據章鈺校，甲十六行本、乙十一行本、孔天胤本皆作「王」，今據改。3等 據章鈺校，甲十六行本、乙十一行本、孔天胤本皆作「辯」。4散 據章鈺校，甲十六行本、孔天胤本皆作「走」。5搜 據章鈺校，甲十六行本作「收」。6黑山 據章鈺校，孔天胤本作「燕山」，張敦仁《通鑑刊本識誤》同。7方六十里 原無此四字。據章鈺校，甲十六行本、乙十一行本、孔天胤本皆有此四字，張敦仁《通鑑刊本識誤》、張瑛《通鑑校勘記》同，今據補。

【語譯】六年（己巳 西元四二九年）

春季，正月，王弘上疏給宋文帝劉義隆，請求解除自己所擔任的揚州刺史、錄尚書事職務，轉授給彭城王劉義康。宋文帝下詔對王弘進行慰勉，卻沒有批准王弘的請求。二十日癸丑，宋文帝任命彭城王劉義康為侍中、都督揚、南徐、兗三州諸軍事、司徒、錄尚書事，兼任南徐州刺史。令王弘與劉義康的府衙中都設有錄尚書事的僚佐，都執掌兵權，共同輔佐朝政。王弘本來已經體弱多病，再加上他又想把大權交給別人，使自己遠離權勢，所以每件事都推讓給劉義康。於是彭城王劉義康開始總攬朝廷內外大權。

宋文帝劉義隆又任命擔任撫軍將軍的江夏王劉義恭為都督荊、湘等八州諸軍事、荊州刺史，任命擔任侍中的劉湛為南蠻校尉，代為處理劉義恭都督府以及荊州刺史府的一切事務。宋文帝劉義隆在寫給江夏王劉義恭的信中，告誡江夏王說：「治理天下是一件非常艱鉅、非常困難的事情，家事、國事至關重大，雖然說只是守住現有的基業，其實也很不容易。是使國家興隆還是衰敗，是安全還是危險，就全靠我們這些人了，豈能不深思王業創建的艱辛，而尋求長治久安的治國辦法，時刻擔心自己不能擔負起治理好國家的責任？你的氣量小，性子又有些急躁，自己弄不明白的事情，還一定堅持要辦；自己沒有想過的事情，就隨著別人怎麼說就怎麼辦。這是最不好的事情，你應該時刻注意克制自己。漢代的大將軍衛青對士大夫全都以禮相待，即使是對待士卒，也施與恩德；戰國時代的西門豹性情急躁，董安于性情舒緩，他們都能改變自己的性格，使自己揚名於後世；蜀漢時期的關羽、張飛，都因為偏狹任性，導致喪身辱國。為人行事，一定要以此為借鑑！如果突然發生與今天完全不同的意外之事，我的兒子年紀還小，不懂事，擔任司徒的彭城王劉義康就要像周公那樣擔當起輔佐幼主、執掌政權的重任，到那時，你不可以對他不恭敬、不順從。到那時，國家的安危，就全都掌握在你們二人手中了。

「你每個月的私人開支不可以超過三十萬，如果能夠少於這個數目，那就更好。荊州刺史府，我大略有所瞭解，我想現在還不必再蓋新的，以追求新穎、與眾不同。凡是聽訟審案，大多都是根據當時審問的情況隨即做出判決，很難事先就考慮好，這確實是一件比較難辦的事情。在審案的時候，一定要虛懷若谷，認真聽取別人的意見，讓他們把要說的話說完，千萬不要讓自己被喜怒哀樂的情緒所左右。如果能夠採納好的意見，事情成功之後，美好的聲譽自然會屬於自己；切不可一意孤行，獨自決斷，藉以誇耀自己見解的高明！「對於官職、爵位和與其相應的冠服、儀仗、信物等，一定要珍惜，要慎重把握，不可以隨便地封贈給別人。對自己所親近、所喜歡的人進行封爵、賞賜，尤其應該慎重，要再三斟酌。我對於自己身邊的人很少給予封爵和賞賜，當我聽到外面有人議論我缺少恩德時，我認為他們的說法是錯誤的，我不認為自己這樣做是不對的。

「憑藉自己出身高貴，就盛氣陵人，別人不會心服；憑藉自己的權勢而壓人一頭，別人就會不滿意。這是最容易理解的道理。

「歌舞、遊樂，都不要過度；賭博、酗酒、捕魚、打獵，這一切都不要去做；凡是用來養生的各種生活需要，都要有所節制限度；對於奇裝異服、古玩珍寶，不應該喜好和提倡。還應該更多地與自己的參佐、僚屬們在一起，見面的次數太少，他們就不會親近我們；不親近我們，就沒有辦法讓人家說出全部的心裡話；人家連心裡話都不願意跟你說，你又如何能夠知道外面的各種事情呢？」

夏國酒泉公赫連雋從平涼逃往北魏。〇丁零人鮮于臺陽等向魏國請求投降，北魏太武帝拓跋燾赦免了他們叛逃的罪行。

西秦征虜將軍出連輔政率領二千名騎兵救援西平，他們還沒有到達西平，北涼河西王沮渠蒙遜已經攻克了西平，活捉了西秦擔任西平太守的麴承。

二月，西秦王乞伏暮末立太子妃梁氏為王后，立兒子乞伏萬載為太子。

三月二十五日丁巳，宋文帝劉義隆立皇子劉劭為太子。二十六日戊午，實行大赦。

三月二十九日辛酉，宋文帝劉義隆任命擔任左衛將軍的殷景仁為中領軍。宋文帝劉義隆因為自己的生母章太后胡氏死得早，所以對章太后的母親——自己的外祖母蘇氏感情非常深厚。外祖母蘇氏去世，宋文帝劉義隆親自到外祖母家中哭祭，還想為外祖母追加封爵，他就此事讓群臣進行商議，擔任中領軍的殷景仁認為古代沒有給外祖母封爵的先例，宋文帝劉義隆才打消了給外祖母封爵的想法。

當初，西秦擔任尚書的隴西郡人辛進跟隨文昭王乞伏熾磐遊覽陵霄觀，他在用彈弓射擊空中飛鳥的時候，不小心誤中了西秦王乞伏暮末的母親，射傷了她的臉。等到乞伏暮末即位為秦王之後，便詢問母親臉上的傷是怎麼來的，他的母親便將當時發生的事情詳細地告訴了乞伏暮末。乞伏暮末非常生氣，就殺死了辛進及其五族親屬中的二十七人。

夏季，四月初二日癸亥，宋國任命擔任尚書左僕射的王敬弘為尚書令，任命臨川王劉義慶為尚書左僕射，任命擔任吏部尚書的濟陽人江夷為右僕射。

當初，北魏太祖拓跋珪令擔任尚書的鄧淵撰寫《國記》十多卷，書未寫完便停止了。世祖拓跋燾又命擔任太常的崔浩與擔任中書侍郎的鄧穎等將其續寫完成，書名被稱為《國書》，共計三十卷。鄧穎，是鄧淵的兒子。

北魏太武帝拓跋燾準備進攻柔然，於是在平城的南郊舉行大規模的閱兵儀式，先祭天，然後開始組織軍隊排兵布陣。朝廷內外的臣僚都不願意發動這次戰爭，就連保太后竇氏都堅決阻攔，只有崔浩一個人極力慫恿對柔然用兵。

北魏擔任尚書令的劉絜等共同推舉擔任太史令的張淵、徐辯，讓他們向北魏太武帝拓跋燾進言說：「今年是己巳年，恰好是個三陰的年分，歲星將遮住月亮，太白星出現在西方，這些都預示不可以對外用兵，如果進行北伐，必定會失敗；即使獲勝，也會對皇帝不利。」群臣趁機全都表示贊同說：「張淵等年輕的時候曾經以天文星象勸阻前秦王苻堅不可以南征東晉，苻堅沒有接受，結果導致敗亡，張淵他們所判斷的事情沒有一件不應驗，所以不可以不採納他們的意見。」北魏太武帝拓跋燾不知道該聽誰的才對，於是下詔令太常崔浩與張淵等在自己面前當面進行辯論。

崔浩質問張淵、徐辯說：「陽剛象徵著恩德，陰柔象徵著刑罰，所以發生日蝕，就意味著上天對人間帝王提出警告，帝王就得檢討自己，提高自己的道德修養；發生月蝕，這是提示人間帝王應該使用刑罰。帝王動用刑罰，小的用刑就是在鬧市中處決犯人，大的用刑就是要調兵遣將，在原野上行兵布陣，攻城略地，在戰場上消滅叛逆。現在出兵討伐柔然，就是為了使用刑罰。我私下裡觀測天象，近年以來，月亮的運行，掩蔽了昴星，一直到現在還是如此。『月行掩昴』所預示的徵兆表明：三年之內，天子要大敗昴星所對應的北方塞外民族所建立的國家。柔然、高車，就是昴星所對應的塞外民族。希望陛下不要再對出兵攻打柔然有所懷疑。」張淵、徐辯又說：「柔然國，對我們來說，就是荒服之外沒有任何用途的一片土地，得到它也不能在上面耕田種地、收穫糧食以供我們食用，得到那裡的人口，也不能當做臣屬進行驅使，他們騎馬逐水草而居，行動飄忽迅速，出沒無常，很難把他們制服。有什麼必要非得辛辛苦苦、費力勞神地出動兵馬去討伐他們？」崔浩反駁他們說：「張淵、徐辯如果談論天道運行，還算是他們職責範圍之內的事情；至於人世間的事情以及對形勢的分析，那就尤其不是他們所能知道的了。他們所說的那一套，乃是漢代反戰派們的口頭禪，沒有什麼新鮮的，而他們卻把這樣的話拿到今天來用，就顯得特別的不合時宜。為什麼要這樣說呢？因為柔然原本是我們國家北部邊境的臣屬國，後來背叛了我們魏國向北方逃走。現在誅滅柔然的罪魁禍首，收回在其統治之下的善良百姓，讓他們還像過去一樣仍舊歸我們管轄，為我們服役，而並非無用。世上的人都認為張淵、徐辯懂得一些溝通天人關係的法術，能夠預知成敗，那我請問他們二位：此前不久，在夏國的都城統萬沒有被我們攻破之前，有沒有敗亡的徵兆？如果有而他們不知道，說明他們沒有這種預知成敗的能力；如果他們知道卻沒有明確地說出來，就是他們對夏國、對夏王的不忠。」當時故夏王赫連昌也在座，張淵等因為自己從來沒有跟當時的夏王赫連昌說起過，因而感到非常羞慚，一句話也回答不上來。北魏太武帝拓跋燾非常高興。

崔浩與張淵、徐辯的辯論結束之後，公卿大臣等有人責備崔浩說：「如今南方的賊寇正在虎視眈眈地尋找進攻的機會，而我們卻撇下他們北伐柔然；如果柔然向遠處逃得無影無蹤，我們的出兵征討將一無所獲，而背後卻有邊寇入侵，我們將採用什麼辦法來應對呢？」崔浩回答說：「你們的看法不對。現在如果不首先擊破柔然，就沒有辦法對付南方的賊寇。南方的宋國得知我國攻佔了夏國的都城統萬以來，內心已經十分恐懼，所以才宣稱要出動軍隊防守淮河以北。在我們出兵擊敗柔然、凱旋而歸的這段時間之內，南方的宋國肯定不會對我國採取軍事行動。再說，宋國主要是步兵，而我國是騎兵，他們能往北來，我們也能南往；對他們來說北來會累得要死，而我軍南下卻不會感到非常疲勞。何況南方、北方風俗不同，南方河道縱橫，北方一馬平川，就是我們把黃河以南白送給宋國，宋國也守不住。憑什麼這樣說呢？請看：就憑宋武帝劉裕那樣的英雄豪傑，他吞併了關中之後，留下自己的愛子桂陽公劉義真鎮守關中，同時為劉義真配備了王脩、王鎮惡、沈田子、毛德祖、傅弘之這樣優秀的將領，還有數萬名精兵，尚且不能守住關中。最後落得個全軍覆沒，將士家屬的嚎哭之聲，至今還沒有停止。何況今天的宋文帝劉義隆君臣，已經完全不能與劉裕時期相比。而我們的皇帝英明雄武，我們國家的軍隊兵強馬壯，宋國的軍隊如果敢來侵犯，其結果必然像小馬駒、小牛犢與虎狼搏鬥一樣，有什麼可以值得我們懼怕的！柔然仗恃著距離遙遠，以為我們的國家沒有力量將其制服，遂麻痺大意、放鬆戒備，時間已經很久，所以在夏天，他們四散放牧牲畜，到秋季戰馬肥壯之時才聚集在一起，他們為躲避北方的寒冷而南來尋找溫暖的地方，所以才不時地南來入侵劫掠。現在我們趁其不加防備，突然發動襲擊，他們必將嚇得望風逃散。公馬護著母馬，母馬眷顧著小馬駒，因此行動緩慢，很難驅趕著牲們快速馳騁，再加上不能及時找到水草，用不了幾天，他們一定會重新聚集在一起，而此時他們的處境勢必更加困頓窘迫，我們則可以一舉將其消滅。短時間的勞頓卻可以換來長久的安逸，機會不可喪失，最讓人擔憂的是皇帝沒有出兵柔然的決心。如今皇帝的決心已定，我們為什麼要勸阻他呢？」道士寇謙之深表懷疑地向崔浩詢問說：「我們真的能夠戰勝柔然麼？」崔浩堅定地回答說：「一定能。只怕出征的將領信心不足，瞻前顧後，不能果斷地乘勝深入，以至於不能徹底地消滅柔然罷了。」

先前，宋文帝劉義隆趁北魏使者返回的機會，令使者帶話給北魏太武帝拓跋燾說：「你要趕緊把黃河以南的土地歸還給我們！不然的話，我就要出動全軍將士將其奪回。」北魏太武帝拓跋燾正在與群臣商議北征柔然，聽到劉義隆說出這樣的話，不禁大笑著對公卿大臣們說：「龜鱉一樣的小孩子，他的將士用來自救都來不及，還能有什麼作為？即使宋軍能來，如果我們不首先滅掉柔然，而是坐在這裡等待賊寇到來，我們就會腹背受敵，這可不是好辦法。我已下定決心出兵討伐柔然了。」

四月二十九日庚寅，北魏太武帝拓跋燾從京都平城出發，他令北平王長孫嵩、廣陵公樓伏連留守京都。拓跋燾率領大軍從東路向黑山進發，派平陽王長孫翰率領大軍從西路向大娥山進發，約定時間在柔然可汗的大本營會師。

五月初一日壬辰，發生日蝕。

王敬弘堅決辭讓尚書令職位，他上疏給宋文帝劉義隆，請求返回東方的會稽郡。五月初二日癸巳，宋文帝劉義隆改任王敬弘為侍中、特進、左光祿大夫，准許他東歸。

五月十六日丁未，北魏太武帝拓跋燾率領大軍抵達大漠以南，他令全軍捨棄輜重，只率領輕騎兵，每名騎兵再另備一匹副馬，前往襲擊柔然，抵達栗水岸邊。柔然紇升蓋可汗郁久閭大檀早先並沒有布防進行戒備，人口、牲畜布滿原野，那些柔然人看到魏軍突然襲來，嚇得驚慌失措，立即四處逃散，沒有辦法將他們聚攏到一起。紇升蓋可汗郁久閭大檀遂燒毀了自己的房屋帳篷，不留蹤跡地向遙遠的西方逃走，沒有人知道他逃向了哪裡。郁久閭大檀的弟弟郁久閭匹黎原本統治著柔然的東部地區，他得知魏軍突然進犯，就率領自己的部眾準備到西部依附於自己的哥哥郁久閭大檀。途中遭遇北魏平陽王長孫翰，長孫翰指揮魏軍攔腰截擊，將郁久閭匹黎所率部眾打得大敗，殺死了郁久閭匹黎屬下的數百名部落首領。

夏主赫連定準備收復夏國的故都統萬城，他率領大軍向東抵達侯尼城，卻又不敢繼續前進，遂率軍返回。

北涼河西王沮渠蒙遜率軍攻伐西秦。西秦王乞伏暮末留下相國乞伏元基守衛都城枹罕，自己則遷移到定連據守。

西秦所任命的南安太守翟承伯等據守罕幵谷背叛了西秦，以聲援北涼河西王沮渠蒙遜的進攻。被西秦王乞伏暮末率軍擊敗，乞伏暮末乘勝進抵治城。○西秦擔任西安太守的莫者幼眷佔據汧川背叛了西秦，西秦王乞伏暮末率軍討伐莫者幼眷，卻被莫者幼眷打敗，只得退回定連。

北涼河西王沮渠蒙遜率軍進抵西秦的都城枹罕，他派自己的世子沮渠興國率軍進攻西秦王乞伏暮末所據守的定連。六月，乞伏暮末在治城迎戰沮渠興國，活捉了沮渠興國，並乘勝追擊河西王沮渠蒙遜，一直追到譚郊。

吐谷渾王慕容慕璝派自己的弟弟慕容沒利延率領五千名騎兵與北涼河西王沮渠蒙遜會合，共同討伐西秦。西秦王乞伏暮末派遣輔國大將軍段暉等率軍迎戰，將北涼、吐谷渾聯軍打得大敗。

柔然國紇升蓋可汗郁久閭大檀逃走之後，他的部落遂四分五裂，逃散到深山峽谷之中，各種牲畜散布在原野之間，根本就沒有人敢出來看管。北魏太武帝拓跋燾沿著栗水西行，一直到達菟園水，然後下令軍隊分頭進行搜剿，搜剿的範圍東西長五千里，南北寬三千里，俘虜、斬殺的人口非常多。高車族各部落也趁火打劫，他們借助魏國的軍威，進入柔然境內進行大肆的抄掠搶奪。柔然各部落的民眾先後向魏國投降的多達三十多萬落，北魏繳獲的戰馬一百多萬匹，其他各類牲畜、車輛、帳篷，滿山遍野，堆積得到處都是，大約有數百萬之多。

北魏太武帝拓跋燾沿著弱水繼續西行，抵達涿邪山，諸將都擔心繼續深入會遇到柔然的伏兵，於是勸阻太武帝拓跋燾就此停下來，不要再繼續西進。道士寇謙之將太常崔浩所說的「只怕出征的將領信心不足，瞻前顧後，不能果斷地乘勝深入，以至於不能徹底地消滅柔然」的話告訴北魏太武帝，太武帝沒有接受勸告。秋季，七月，太武帝拓跋燾率軍東返，到達黑山的時候，將繳獲的戰利品按照不同等次頒發給西征的全軍將士。不久，從投降的柔然人那裡得知：「柔然可汗郁久閭大檀前些時候正在患病，突然聽到魏國大軍即將襲來的消息，驚得不知如何是好，遂放火燒毀了房舍帳篷，乘著車子，帶著數百人進入南山。人和家畜無可奈何地擁擠在一起，佔據了方圓六十里的地面，根本沒有人出來統領，距離魏軍所到達的涿邪山只有一百八十里的路程。後來看到魏軍沒有繼續前來追趕，這才放慢速度，慢慢地向西逃走，因此得以幸免。」後來又從涼州到東方來做買賣的匈奴商人那裡得知：「如果再繼續向前搜尋兩天，就能將柔然徹底消滅了。」太武帝拓跋燾非常後悔。

柔然紇升蓋可汗郁久閭大檀憂憤交加，很快去世，他的兒子郁久閭吳提即位，號稱敕連可汗。

被宋國封為武都王的氐王楊玄患了重病，他想把王位傳給自己的弟弟楊難當。楊難當堅決推辭，請求立楊玄的兒子楊保宗為武都王，自己輔佐他治理仇池，楊玄同意了楊難當的意見。楊玄去世之後，楊保宗即位。楊難當的妻子姚氏則鼓動楊難當自立為王，楊難當便廢掉楊保宗，自稱都督雍、涼、秦三州諸軍事、征西大將軍、開府儀同三司、秦州刺史、武都王。

北涼河西王沮渠蒙遜派使者給西秦送去三十萬斛糧食，想以此贖回自己的世子沮渠興國，西秦王乞伏暮末沒有同意。沮渠蒙遜遂立沮渠興國的同母弟沮渠菩提為世子。西秦王乞伏暮末任命沮渠興國為散騎常侍，並把自己的妹妹平昌公主嫁給沮渠興國為妻。

八月，北魏太武帝拓跋燾率領大軍返回到大漠以南，他聽說高車東部的部落屯駐在巳尼陂，人口、牲畜非常多，距離魏軍有一千多里，遂派遣擔任左僕射的安原等率領一萬名騎兵前往襲擊高車。高車各部落迎著魏軍投降的有數十萬落，安原此行繳獲的馬牛羊有一百多萬頭。

冬季，十月，北魏太武帝拓跋燾返回京都平城。他將投降的柔然人、高車人安置在大漠以南，其範圍東到濡源，西到五原、陰山的三千里之中，讓他們耕種農田、放牧牛羊，國家向他們徵收賦稅。命平陽王長孫翰、尚書令劉絜、左僕射安原以及擔任侍中的代郡人古弼共同鎮守安撫。從此以後，魏國民間的馬牛羊以及皮貨都因此而降低了價錢。

北魏太武帝拓跋燾加授太常崔浩為侍中、特進、撫軍大將軍，用以獎賞他出謀劃策的功勞。崔浩精通占卜、天文，他經常把銅條放置在盛醋的器皿中，夜間如果看到天文星象發生變化，就用銅條在紙上記錄下來。北魏太武帝拓跋燾每次到崔浩的家中，都要向崔浩詢問災異，有時突然駕臨，崔浩趕緊出來迎接，倉促之間有時連官服上的腰帶都沒來得及繫好；崔浩為太武帝獻上的飲食，也由於來不及準備而不能烹調得很精美，但拓跋燾一定會拿起筷子多少吃一點，有時就站著嘗一下再回宮。太武帝拓跋燾曾經拉著崔浩進入自己的寢宮，從容地對崔浩說：「你有很高的才能和智慧，知識淵博，侍奉我的祖父、父親和我，忠心耿耿，三世聞名，所以我才把你當做最親信的近臣。你要竭盡忠誠，直言規勸，不要有所隱瞞。我雖然有時很生氣，不能接受你的意見，然而最終我還是會考慮你的意見的。」太武帝曾經指著崔浩，介紹給新投降的高車部落大頭領說：「你們別看這個人長得身材弱小，既不會彎弓射箭，又不能手持戈矛殺敵立功，然而他心中所蘊藏的智慧，卻超過百萬大軍。我雖然有征伐的志向，卻不能自我決斷，前前後後，每次建立的功勞，都是出自這個人的謀劃。」又下令給尚書省的官員們說：「凡是有關軍國大事，你們這些人所不能決定的，都應當詢問崔浩，徵得他的同意，然後再去執行。」

西秦王乞伏暮末的弟弟乞伏軻殊羅與自己父親文昭王乞伏熾磐的左夫人禿髮氏私通，乞伏暮末得知後嚴厲禁止。乞伏軻殊羅非常恐懼，就與自己的叔父乞伏什寅密謀殺害西秦王乞伏暮末，然後帶著沮渠興國投奔北涼。乞伏軻殊羅讓禿髮氏盜取乞伏暮末寢宮房門的鑰匙，而禿髮氏卻錯拿了別的門上的鑰匙，守門人遂報告給乞伏暮末。乞伏暮末將乞伏軻殊羅的黨羽全部逮捕、殺死，卻赦免了乞伏軻殊羅。乞伏暮末把乞伏什寅抓起來，用皮鞭抽打。乞伏什寅說：「你可以要我的命，卻不能用皮鞭打我！」乞伏暮末大怒，就剖開他的肚子，然後將屍體扔到河中。

夏主赫連定小的時候非常兇殘暴虐，是個無賴，一直得不到世祖赫連勃勃的賞識。本月，赫連定到陰槃縣境內打獵，他登上苛藍山，望著遠方的故都統萬城，不禁流下眼淚說：「先帝如果讓我繼承他的大業，怎麼會是今天這個樣子呢！」

十一月初一日己丑，發生日蝕，太陽只剩下像鉤子那樣的一小部分；大白天，天上的星辰清晰可見，一直到下午四點鐘左右才消失；黃河以北地區一片黑暗。

北魏太武帝拓跋燾到魏國的西部巡視，一直到達柞山。

十二月，北涼河西王沮渠蒙遜、吐谷渾王慕容慕璝全都派遣使者到宋國的都城建康進貢。

這一年，北魏擔任內都大官的中山文懿公李先、擔任青、冀二州刺史的安同全都去世。李先享年九十五歲。

西秦境內發生地震，野草倒的方向都反了過來。

七年（庚午　西元四三〇年）

春，正月癸巳❶，以吐谷渾王慕璝為征西將軍、沙州刺史、隴西公❷。

庚子❸，魏主還宮。壬寅❹，大赦。癸卯❺，復如廣甯，臨溫泉。

二月丁卯❻，魏平陽[1]威王長孫翰❼卒。○戊辰❽，魏主還宮。

帝❾自踐位以來，有恢復河南❿之志。三月戊子⓫，詔簡⓬甲卒五萬給右將軍到彥之，統安北將軍王仲德、兗州刺史竺靈秀舟師入河⓭。又使驍騎將軍段宏將精騎八千直指虎牢⓮，豫州刺史劉德武將兵一萬繼進，後將軍長沙王義欣⓯將兵三萬監征討諸軍事。義欣，道憐⑯之子也。

先遣殿中將軍田奇使於魏，告魏主曰：「河南舊是宋土，中為彼所侵⑰。今當脩復舊境，不關河北。」魏主大怒曰：「我生髮未燥⑱，已聞河南是我地。此豈可得！必若進軍，今當權斂戍⑲相避，須⑳冬寒[2]地淨，河冰堅合，自更取之。」

甲午㉑，以前南廣平㉒太守尹沖為司州㉓刺史。

長沙王義欣出鎮彭城㉔，為眾軍聲援；以游擊將軍胡藩㉕戍廣陵㉖，行府州事㉗。

壬寅㉘，魏封赫連昌為秦王㉙。

魏有新徙敕勒㉚千餘家，苦於將吏㉛侵漁，出怨言，期㉜以草生馬肥，亡歸漠北。尚書令劉絜、左僕射安原奏請及河冰未解，徙之河西㉝，向春冰解，使不得北遁。魏主曰：「此曹㉞習俗，放散日久，譬如囿中之鹿，急則奔突，緩之自定。吾區處自有道㉟，不煩徙也。」絜等固請不已，乃聽分徙三萬餘落于河西，西至白鹽池㊱。敕勒皆驚駭，曰：「圈我於河西，欲殺我也！」謀西奔涼州㊲。劉絜屯五原河北㊳，安原屯悅拔城㊴以備之。癸卯㊵，敕勒數千騎叛，北走，絜追討之。走者無食，相枕而死㊶。

魏南邊諸將表稱：「宋人大嚴[42]，將入寇。請兵三萬，先其未發，逆擊之，足以挫其銳氣，使不敢深入。」因請悉誅河北流民在境上者，以絕其鄉導[43]。魏主使公卿議之，皆以為當然。崔浩曰：「不可。南方下濕，入夏之後，水潦[44]方降，草木蒙密，地氣鬱蒸，易生疾癘，不可行師。且彼既嚴備，則城守必固，留屯久攻[45]，則糧運不繼；分軍四掠，則眾力單寡，無以應敵。以今擊之，未見其利。彼若果能北來，宜待其勞倦，秋涼馬肥，因敵取食[46]，徐往擊之，此萬全之計也。朝廷羣臣及西北守將，從陛下征伐，西平赫連[47]，北破蠕蠕[48]，多獲美女、珍寶，牛馬成羣。南邊諸將[49]聞而慕之，亦欲南鈔[50]以取資財，皆營私計[51]，為國生事，不可從也。」魏主乃止。

諸將復表[52]：「南寇已至，所部[53]兵少。乞簡幽州[54]以南勁兵助己戍守，及就漳水[55]造船嚴備[56]以拒之。」公卿皆以為宜如所請，并署[57]司馬楚之、魯軌、韓延之[58]等為將帥，使招誘南人。浩曰：「非長策也。楚之等皆彼所畏忌[59]，今聞國家[60]悉發幽州以南精兵，大造舟艦，隨以輕騎，謂國家欲存立司馬氏[61]，誅除劉宗[62]，必舉國震駭，懼於滅亡。當悉發精銳，并心竭力，以死爭之，則我南邊諸將無以禦之。今公卿欲以威力卻敵，乃所以速之[63]也。張虛聲而召實害，此之謂矣。故楚之徒，往則彼來[64]，止則彼息，其勢然也。且楚之等皆纖利小才[65]，止能招合輕薄無賴而不能成大功，徒使國家兵連禍結而已。昔魯軌說姚興以取荊州[66]，至則敗散，為蠻人[67]掠賣為奴，終於禍及姚泓[68]，此已然之效也。」魏主未以為然。浩乃復陳天時，以為南方舉兵必不利，曰：「今茲害氣在揚州[69]，一也；庚午自刑[70]，先發者傷，二也；日食晝晦，宿值斗、牛[71]，三也；熒惑伏於翼、軫[72]，主亂及喪，四也；太白[73]未出，進兵者敗，五也。夫興國之君，先脩人事，次盡地利，後觀天時，故萬舉萬全。今劉義隆新造之國，人事未洽[74]；災變屢見，天時不協[75]；舟行水涸[76]，地利不盡。三者無一可，而義隆行之，必敗無疑。」魏主不能違眾言，乃詔冀、定、相[77]三州造船三千艘，簡幽州以南戍兵[78]集河上以備之。

秦乞伏什寅母弟前將軍白養、鎮衛將軍去列，以什寅之死，有怨言，秦王暮末皆殺之[79]。

夏，四月甲子[80]，魏主如雲中。◯敕勒萬餘落復叛走，魏主使尚書封鐵追討，滅之。

六月己卯[81]，以氐王楊難當為冠軍將軍、秦州刺史、武都王。

魏主使平南大將軍、丹楊王大毗[82]屯河上；以司馬楚之為安南大將軍、荊州刺史[3]，封琅邪王，屯潁川[83]以備宋。

吐谷渾王慕璝將其眾萬八千襲秦定連，秦輔國大將軍段暉等擊走之。

到彥之自淮入泗，泗[4]水滲[84]，日行纔十里，自四月至秋七月，始至須昌[85]。乃泝河西上。

魏主以河南四鎮[86]兵少，命諸軍悉收眾北渡[87]。戊子[88]，魏碻磝[89]戍兵棄城去；戊戌[90]，滑臺[91]戍兵亦去。庚子[92]，魏主以大鴻臚陽平公杜超為都督冀．定．相三州諸軍事、太宰，進爵陽平王，鎮鄴，為諸軍節度。超，密太后[93]之兄也。庚戌[94]，魏洛陽、虎牢戍兵皆棄城去。

到彥之留朱脩之守滑臺，尹沖守虎牢，建武將軍杜驥守金墉。驥，預[95]之玄孫也。諸軍進屯靈昌津[96]，列守南岸，至于潼關。於是司、兗[97]既平，諸軍皆喜，王仲德獨有憂色，曰：「諸賢[98]不諳北土情偽[99]，必墮其計。胡虜雖仁義不足，而凶狡有餘，今斂戍北歸，必并力完聚[100]。若河冰既合，將復南來，豈可不以為憂乎？」

甲寅[101]，林邑[102]王范陽邁遣使入貢，自陳與交州不睦[103]，乞蒙恕宥。

八月，魏主遣冠軍將軍安頡督護諸軍，擊到彥之。丙寅(104)，彥之遣裨將吳興姚聳夫渡河攻冶坂(105)，與頡戰；聳夫兵敗，死者甚眾。戊寅(106)，魏主遣征西大將軍長孫道生(107)會丹楊王大毗屯河上以禦彥之。

燕太祖(108)寢疾，召中書監申秀、侍中陽哲於內殿，屬以後事。九月，病甚，輦而臨軒(109)，命太子翼攝國事，勒兵聽政，以備非常。

宋夫人欲立其子受居，惡翼聽政，謂翼曰：「上疾將瘳(110)，柰何遽(111)欲代父臨天下乎？」翼性仁弱，遂還東宮，日三往省疾。宋夫人矯詔絕內外，遣閹寺(112)傳問(113)而已。翼及諸子、大臣並不得見，唯中給事(114)胡福獨得出入，專掌禁衛。

福慮宋夫人遂成其謀，乃言於司徒、錄尚書事、中山公弘(115)。弘與壯士數十人被甲入禁中，宿衛皆不戰而散。宋夫人命閉東閤(116)，弘家僮庫斗頭勁捷有勇力，踰閤而入，至于皇堂(117)，射殺女御(118)一人。太祖驚懼而殂。弘遂即天王位，遣人巡城告曰：「天降凶禍，大行崩背(119)，太子不侍疾，羣公(120)不奔喪，疑有逆謀，社稷將危。吾備介弟之親(121)，遂攝大位以寧國家，百官扣門入(122)者，進陛[5]二等(123)。」

太子翼帥東宮兵出戰而敗，兵皆潰去，弘遣使賜翼死。太祖有子百餘人，弘皆殺之。諡太祖曰「文成皇帝」，葬長谷陵。

己丑(124)，夏主遣其弟謂以代(125)伐魏鄜城(126)[6]，魏平西將軍始平公隗歸等擊之，殺萬餘人，謂以代遁去。夏主自將數萬人邀擊隗歸於鄜城東，留其弟上谷公社干、廣陽公度洛孤守平涼(127)，遣使來求和(128)，約合兵滅魏，遙分河北：自恆山(129)以東屬宋，以西屬夏。

魏主聞之，治兵，將伐夏，羣臣咸曰：「劉義隆兵猶在河中(130)，捨之西行，前寇未必可克，而義隆乘虛濟河，則失山東(131)矣。」魏主以問崔浩，對曰：「義隆與赫連定遙相招引，以虛聲唱和，共窺大國(132)。義隆望定進，定待義隆前，皆莫敢先入(133)。譬如連雞(134)，不得俱飛，無能為害也。臣始謂(135)義隆軍來，當屯止河中(136)，兩道北上，東道向冀州，西道衝鄴，如此，則陛下當自討之，不得徐行。今則不然，東西列兵徑二千里(137)，一處不過數千，形分勢弱(138)。以此觀之，儜兒情見(139)，此不過欲固河自守，無北度意也。赫連定殘根易摧，擬之必仆(140)。克定之後，東出潼關(141)，席卷而前(142)，則威震南極(143)，江、淮以北無立草(144)矣。聖策獨發(145)，非愚近所及(146)，願陛下勿疑。」甲辰(147)，魏主如統萬(148)，遂襲平涼(149)，以衛兵將軍王斤鎮蒲坂(150)。斤，建(151)之子也。

秦自正月不雨，至于九月，民流叛者甚眾。

冬，十月，以竟陵王義宣[152]為南徐州[153]刺史，猶戍石頭[154]。○戊午[155]，立錢署[156]，鑄四銖錢[157]。○到彥之、王仲德沿河置守，還保東平[158]。

乙亥[159]，魏安頡自委粟津[160]濟河，攻金墉。金墉[7]不治既久，又無糧食。杜驥欲棄城走，恐獲罪。初，高祖滅秦，遷其鍾虡[161]於江南，有大鍾沒於洛水[162]，帝使姚聳夫將千五百人往取之。驥紿[163]之曰：「金墉城已修完，糧食亦足，所乏者人耳。今虜騎南渡，當相與併力禦之[164]。大功既立，牽鍾未晚[165]。」聳夫從之。既至，見城不可守，乃引去，驥遂南遁。丙子[166]，安頡拔洛陽，殺將士五千餘人。杜驥歸，言於帝曰：「本欲以死固守，姚聳夫及城遽走[167]，人情沮敗[168]，不可復禁。」上大怒，誅聳夫於壽陽[169]。聳夫勇健，諸偏裨[170]莫及也。

魏河北諸軍會於七女津[171]。到彥之恐其南渡，遣裨將王蟠龍泝流奪其船，杜超等擊斬之。安頡與龍驤將軍陸俟[172][8]進攻虎牢，辛巳[173]，拔之。尹沖及滎陽太守清河崔模降魏。

秦王暮末為河西[174]所逼，遣其臣王愷、烏訥闐請迎於魏[175]，魏人許以平涼、安定封之。暮末乃焚城邑，毀寶器，帥戶萬五千，東如上邽[176]。至高田谷[177]，給事黃門侍郎郭恆謀劫沮渠興國以叛[178]，事覺，暮末殺之。夏主聞暮末將至[179]，發兵拒之。暮末留保南安[180]，其故地[181]皆入於吐谷渾。

十一月乙酉[182]，魏主至平涼，夏上谷公社干等嬰城固守。魏主使赫連昌招之，不下；乃使安西將軍古弼等將兵趣安定[183]。夏主自鄜城還安定，將步騎二萬北救平涼，與弼遇，弼偽退以誘之；夏主追之，魏主使高車[184]馳擊之，夏兵大敗，斬首數千級。夏主還走，登鶉觚原[185]，為方陳以自固。魏兵就圍之。

壬辰[186]，加征南大將軍檀道濟都督征討諸軍事，帥眾伐魏。

甲午[187]，魏壽光侯叔孫建、汝陰公長孫道生濟河而南。

到彥之聞洛陽、虎牢不守，諸軍相繼奔敗，欲引兵還。殿中將軍垣護之[188]以書諫之，以為宜使竺靈秀助朱脩之守滑臺，自帥大軍進擬河北[189]，且曰：「昔人有連年攻戰，失眾乏糧，猶張膽爭前，莫肯輕退。況今青州豐穰[190]，濟漕流通[191]，士馬飽逸，威力無損。若空棄滑臺[192]，坐喪成業[193]，豈朝廷受任之旨[194]邪？」彥之不從。護之，苗[195]之子也。

彥之欲焚舟步走，王仲德曰：「洛陽既陷，虎牢不守，自然之勢也。今虜去我[196]猶千里，滑臺尚有彊兵，若遽捨舟南走，士卒必散。當引舟入濟[197]，至馬耳谷口[198]，更詳所宜[199]。」彥之先有目疾，至是大動；且將士疾疫，乃引兵自清入濟[200]，南至歷城[201]，焚舟棄甲，步趨彭城。竺靈秀棄須昌，南奔湖陸[202]，青、兗大擾[203]。長沙王義欣在彭城，將佐恐魏兵大至，勸義欣委鎮還都，義欣不從。

魏兵攻濟南[204]，濟南太守武進[205]蕭承之[206]帥數百人拒之。魏眾大集，承之使偃兵[207]，開城門。眾曰：「賊眾我寡，奈何輕敵之甚！」承之曰：「今懸守窮城[208]，事已危急，若復示弱，必為所屠，唯當見彊[209]以待之耳。」魏人疑有伏兵，遂引去。

魏軍圍夏主數日，斷其水草，人馬飢渴。丁酉[210]，夏主引眾下鶉觚原。魏武衛將軍丘眷擊之，夏眾大潰，死者萬餘人。夏主中重創，單騎走，收其餘眾，驅民五萬，西保上邽。魏人獲夏主之弟丹楊公烏視拔、武陵公禿骨及公侯以下百餘人。是日，魏兵乘勝進攻安定[211]，夏東平公乙斗棄城奔長安，驅略數千家，西奔上邽。

戊戌[212]，魏叔孫建攻竺靈秀於湖陸，靈秀大敗，死者五千餘人。建還屯范城[213]。

己亥[214]，魏主如安定。庚子[215]，還，臨平涼，掘塹圍之。安慰初附，赦秦、雍之民，賜復[216]七年。夏隴西守將降魏。

辛丑[217]，魏安頡督諸軍攻滑臺。

河西王蒙遜遣尚書郎宗舒等入貢于魏。魏主與之宴，執崔浩之手以示舒等曰：「汝所聞崔公，此則是也。才略之美，於今無比。朕動止咨之[218]，豫陳成敗[219]，若合符契[220]，未嘗失也。」

魏以叔孫建都督冀、青等四州諸軍事。

魏尚書庫結[221]帥騎五千迎秦王暮末。秦衛將軍吉毗以為不宜內徙[222]，暮末從之，庫結引還。

南安諸羌萬餘人叛秦，推安南將軍、督八郡諸軍事、廣甯[223]太守焦遺為主，遺不從，乃劫遺族子長城護軍亮[224]為主，帥眾攻南安。暮末請救於氐王楊難當，難當遣將軍苻獻帥騎三千救之，暮末與之合擊諸羌。諸羌潰，亮奔還廣甯，暮末進軍攻之，以手令與焦遺使取亮。十二月，遺斬亮首出降，暮末進遺號鎮國將軍。

秦略陽[225]太守弘農楊顯以郡降夏。

辛酉[226]，以長沙王義欣為豫州刺史，鎮壽陽。壽陽土荒民散，城郭頹敗，盜賊公行。義欣隨宜經理[227]，境內安業，道不拾遺，城府完實[228]，遂為盛藩[229]。芍陂[230]久廢，義欣修治隄防，引河水[231]入陂，溉田萬餘頃，無復旱災。

丁卯[232]，夏上谷公社干、廣陽公度洛孤出降，魏克平涼。

關中侯豆代田得奚斤、娥清等[233]，獻於魏主。魏主以夏主之后賜代田，命斤膝行執[9]酒以奉代田，謂斤曰：「全汝生者，代田也。」賜代田爵井陘侯[234]，加散騎常侍、右衛將軍，領[235]內都幢將[236]。夏長安、臨晉[237]、武功[238]守將皆走，關中悉入於魏。魏主留巴東公延普鎮安定，以鎮西將軍王斤鎮長安。壬申[239]，魏主東還，以奚斤為宰士[240]，使負酒食以從[241]。

王斤驕矜不法，信用左右，調役[242]百姓，民不堪命，南奔漢川[243]者數千家。魏主案治[244]得實，斬斤以徇[245]。

右將軍到彥之、安北將軍王仲德皆下獄免官，兗州刺史竺靈秀坐棄軍伏誅。上見垣護之書而善之，以為北高平[246]太守。

彥之之北伐也，甲兵資實[247]甚盛；及敗還，委棄盪盡，府藏[248]、武庫[249]為之空虛。它日，上與羣臣宴，有荒外[250]降人在坐。上問尚書庫部郎[251]顧琛：「庫中仗[252]猶有幾許？」琛詭對[253]：「有十萬人仗[254]。」上既問而悔之，得琛對，甚喜。琛，和[255]之曾孫也。

彭城王義康與王弘並錄尚書[256]，義康意猶怏怏，欲得揚州[257]，形於辭旨[258]；以弘弟曇首居中[259]，為上所親委，愈不悅。弘以老病，屢乞骸骨，曇首自求吳郡[260]，上皆不許。義康謂人曰：「王公久病不起，神州詎宜臥治[261]？」曇首勸弘減府中文武[262]之半以授義康。上聽割二千人[263]，義康乃悅。

【章旨】以上為第三段，寫宋文帝元嘉七年（西元四三〇年）一年間的大事。主要寫了宋文帝劉義隆派將軍到彥之率王仲德、竺靈秀等出兵北伐；魏主聽眾將所言，欲搶先發動南侵，後聽崔浩之言而止；魏主又聽眾議，欲令司馬氏之降者為將帥以招誘南人，崔浩又言這容易令南方理解為魏欲助司馬氏謀取復辟，反而強化劉宋部下抗戰之決心；崔浩並預言劉宋北伐之舉必敗；寫魏主令黃河南岸之洛陽、虎牢、滑臺、碻磝，各據點守兵一律撤至河北，到彥之則進據各地，自東至西，所在置戍，戰線連延二千里；寫魏將安頡渡河攻金墉，劉宋守將杜驥、姚聳夫棄城走，洛陽、虎牢遂相繼被魏所取；到彥之聞洛陽、虎牢失守，不聽垣護之「派兵援守滑臺，率大軍進擬河北」之勸，竟在遠距敵兵千里之時棄滑臺，燒舟船而南奔彭城，竺靈秀則棄須昌，南奔湖陸；魏將又攻湖陸，大破竺靈秀軍，劉宋之北伐遂告吹燈。「到彥之之北伐也，甲兵資實甚盛，及敗還，委棄盪盡，府藏、武庫為之空虛」；劉宋王朝為此則只是斬竺靈秀，免到彥之、王仲德了事；寫夏主赫連定原與劉宋相約聯合攻魏，滅魏後以恆山為界中分其地；魏主聞其謀，即欲移兵伐夏，群臣勸阻，崔浩則分析劉宋之北伐，不過「欲固河自守，無北渡意」，摧毀赫連定，返而攻宋不遲；於是魏主遂移兵大破夏主於鶉觚原，乘勝取安定、平涼，夏人西奔上邽，長安與整個關中都歸魏所有；此外還寫了燕主馮跋臨死前託後事於申秀、陽哲，以輔太子馮翼；馮跋的寵妃宋氏欲立其子受居，隔絕內外消息，結果被馮跋之弟馮弘乘機篡取政權，盡殺馮跋之子百餘人；還寫了劉義隆之弟劉義康貪權無厭，為其取敗做鋪墊；寫了劉義欣為豫州刺史鎮壽陽，「隨宜經理，境內安業，脩陂溉田，遂為強藩」等政績。

【注釋】❶正月癸巳　正月初六。❷以吐谷渾王慕璝為征西將軍二句　此句的主語是「劉宋王朝」。上年十二月有「河西王蒙遜、吐谷渾王慕璝皆遣使入貢」之語，這裡是劉宋王朝對之做出回答。又因對沮渠蒙遜以前曾有過加封，故這次不再提；吐谷渾王慕璝是首次派使來朝，故對之加封。❸庚子　正月十三。❹壬寅　正月十五。❺癸卯　正月十六。❻二月丁卯　二月初十。❼平陽威王長孫翰　平陽王是長孫翰的封號，威字是諡。❽戊辰　二月十一。❾帝　此指宋文帝劉義隆。❿河南　此「河南」指今河南內之黃河以南地區。⓫三月戊子　三月初二。⓬簡　選拔，這裡即指調撥。⓭舟師入河　水軍由汴水進入黃河。⓮虎牢　關名，在今河南滎陽西北的古汜水鎮，古成皋城的南側。⓯義欣　即劉義欣，劉義隆的堂兄弟。傳見《宋書》卷五十一。⓰道憐　劉裕之弟。傳見《宋書》卷五十一。⓱為彼所侵　被爾等所佔據。指營陽王景平元年劉宋軍大敗，河南大片地區被魏軍所佔事。見本書卷一百十九。⓲我生髮未燥　從我剛降生頭髮未乾的時候起。⓳權斂戍　暫時收兵後退。斂戍，撤退駐守的將士。⓴須　等。㉑甲午　三月初八。㉒南廣平　劉宋的僑置郡名，在今湖北襄樊。㉓司州　州治洛陽，現屬北魏。劉義隆欲奪取河南，故先任命司州刺史。㉔彭城　即今江蘇徐州。㉕胡藩　劉裕的心腹部下，幫劉裕篡晉很有力。傳見《宋書》卷五十。㉖廣陵　即今江蘇揚州。㉗行府州事　劉義欣當時為南兗州刺史，州治廣陵，今率軍駐彭城，故以胡藩代管其都督府與刺史的日常職務。㉘壬寅　三月十六。㉙封赫連昌為秦王　舊夏主赫連昌被俘後一直被拘在拓跋燾身邊，且娶拓跋燾之妹為妻。㉚新徙敕勒　即上年襲擊巳尼陂所勒令搬遷來的敕勒人。敕勒，也叫「鐵勒」，即高昌族人。㉛將吏　指看管他們的魏國將吏，即長孫翰、劉絜、安原等人的部下。㉜期　準備；約好時間。㉝徙之河西　把他們遷居到黃河以西，指今內蒙古伊克昭盟及所鄰近的陝西、寧夏北部一帶地區。㉞此曹　猶言「這些人」。㉟區處自有道　有辦法安排、處置他們。㊱白鹽池　在今寧夏鹽池縣北。㊲西奔涼州　往投沮渠蒙遜。涼州，指甘肅走廊一帶地區，首埠姑臧，即今甘肅武威。㊳五原河北　五原郡的黃河以北地區。五原是郡名，郡治在今內蒙古包頭西，地處黃河以北。㊴悅拔城　也叫代來城，在今內蒙古東勝西，杭錦旗東。㊵癸卯　三月十七。㊶相枕而死　一個挨一個地死去。相枕，相互枕藉，極言其多而密。㊷大嚴　大規模處於軍事狀態。㊸絕其鄉導　以防止他們給劉宋的軍隊當嚮導。㊹水潦　雨水。㊺留屯久攻　指魏軍長時間地留下來攻打城市。㊻因敵取食　到敵人的佔領區去就地解決糧食問題。㊼西平赫連　指攻拔統萬，活捉赫連昌。事見本書上卷元嘉四年。㊽北破蠕蠕　即指上年大破柔然。㊾南邊諸將　守衛南部邊境的將領。㊿南鈔　向南抄掠劉宋王朝。鈔，同「抄」。抄掠。(51)皆營私計　都是為了個人的私利。(52)復表　又上表請求。(53)所部　自己所統領的部眾。(54)幽州　州治薊城，即今北京市，當時屬魏國管轄。(55)漳水　發源於今山西東南部，其故道流經今河北滋縣南，東北流經今肥鄉、廣宗、武強、滄州，到天津市東南入海。(56)嚴備　指嚴加防備各條河流的渡口。(57)署　任命；派遣。(58)司馬楚之魯軌韓延之　都是晉王朝的將領，因不滿劉裕篡晉逃歸魏國。事見本書卷一百十八。(59)彼所畏忌　因為司馬楚之等都打著反對劉氏政權、復辟晉王朝的旗號。(60)國家　崔浩自指魏國。(61)存立司馬氏　意即恢復東晉王朝。(62)誅除劉宗　誅滅劉裕家族。(63)乃所以速之　反而更招引敵人更快地來進攻我們。(64)往則彼來　司馬楚之等一去挑釁，就會把劉宋軍隊招惹來攻。(65)纖利小才　意即耍一些小聰明、玩一些小手段。(66)魯軌說姚興以取荊州　事在晉安帝義熙十二年，「秦王興使魯宗之將兵寇襄陽，未至而卒。其子軌引兵入寇，雍州刺史趙倫之擊敗之」。見本書卷一百十七。(67)蠻人　指晉朝軍隊。(68)禍及姚泓　指劉裕北伐，滅掉了姚氏的後秦政權。事在晉安帝義熙十三年（西元四一七年）。見本書卷一百十八。(69)害氣在揚州　胡三省曰：「揚州於辰在丑，而是歲在午。丑為金庫，午為火旺，以火害金，故害氣在揚州。」(70)庚午自刑　胡三省曰：「歲在庚午。庚，金也；午，火也，以火尅金，故為自刑。」(71)宿值斗牛　意謂去年十一月初一日蝕的時候，太陽正運行到斗、牛二星之間。斗、牛是吳地的分野，日蝕發生在這裡，預示著時局對劉宋不利。(72)熒惑伏於翼軫　火星運行到了翼、軫二星之間。熒惑，即今之火星，古人認為這是一顆災星。翼、軫，二十八宿中的星名，是楚地的分野。熒惑伏於翼、軫，意味著楚地將有死喪之禍。(73)太白　即今之金星，古人認為這顆星表示兵象。太白未出，就不利於出兵。(74)未洽　未融洽，指人心不穩，對政權不滿意。(75)不協　不順。(76)水涸　河水乾枯。(77)冀定相　三州名，冀州的州治即今河北冀州，定州的州治即今河北定州，相州的州治鄴城，在今河北臨漳西南。(78)戍兵　各軍事據點上的駐兵。(79)暮末皆殺之　胡三省曰：「暮末淫刑以逞，眾叛親離，不亡得乎？」(80)四月甲子　四月初八。(81)六月己卯　六月二十四。(82)丹楊王大毗　即拓跋大毗。(83)屯潁川　駐兵於潁川。潁川郡的郡治在今河南長葛東北。(84)泗水滲　指泗水中的水位越來越低。(85)須昌　在今山東東平西北，當時的濟水邊上，離黃河不遠。(86)河南四鎮　指碻磝、滑臺、虎牢、金墉四大駐兵重地。(87)收眾北渡　把黃河以南的軍隊都收縮到黃河以北。(88)戊子　七月初四。(89)碻磝　當時的黃河渡口名，在今山東東阿西北、聊城東南。(90)戊戌　七月十四。(91)滑臺　在今河南滑縣東南的古黃河南岸。(92)庚子　七月十六。(93)密太后　拓跋燾的生母，姓杜，密字是謚。(94)庚戌　七月二十六。(95)預　即杜預，晉初名將，曾與王濬等共滅東吳，又著有《春秋經傳集解》。傳見《晉書》卷三十四。(96)靈昌津　也叫延津，古黃河渡口名，在今河南汲縣東。(97)司兗　二州名，司州的州治洛陽，轄今黃河以南的河南中部地區，兗州，舊時的州治廩丘（今山東鄆城西北），轄黃河以南的今河南東部與山東西南部一帶地區。(98)諸賢　指到彥之等北伐諸將。(99)不諳北土情偽　不瞭解魏國的真實情況。諳，瞭解；熟悉。情偽，猶言「虛實」。(100)并力完聚　意即積蓄力量。(101)甲寅　七月三十。(102)林邑　南方小國名，也叫「占城」、「占婆」，其地在今越南國的中南部。(103)與交州不睦　林邑自范奴文稱王以來，常與交州發生戰爭。交州的州治龍編在今越南河內東北，當時屬劉宋。(104)丙寅　八月十二。(105)治坂　在今河南孟州西、洛陽西北的黃河北岸。(106)戊寅　八月二十四。(107)長孫道生　拓跋燾的名將，長孫嵩之姪。傳見《魏書》卷二十五。(108)燕太祖　即馮跋，歷史上稱他的王朝叫「北燕」。(109)臨軒　出來坐在殿前的廊簷下。(110)瘳　病癒。(111)柰何遽　怎麼能這麼迫不及待地……。遽，匆忙；立即。(112)閹寺　閹指看守宮門的人，寺指帝王的侍者。閹寺在這裡即指太監。(113)傳問　傳達消息。(114)中給事　即給事中。在宮廷內侍候帝王並充當參謀顧問的人，權力甚大。(115)中山公弘　即馮弘，字文通，馮跋之弟。(116)東閣　後宮的東門。(117)皇堂　內殿門前的設有四壁的廳堂。(118)女御　侍妾。(119)大行崩背　老皇帝去世。大行，古稱已經去世，但尚未安葬的帝王。崩背，即指去世。背，離開。(120)羣公　指太子以外的其他皇子。(121)吾備介弟之親　我作為老皇帝的大弟弟。介，大。(122)扣門入　指自覺投靠、擁護我馮弘的人。(123)進陛二等　官爵提升兩級。(124)己丑　九月初六。(125)謂以代　人名。(126)鄜城　縣名，在今陝西黃陵與黃龍之間。(127)平涼　在今甘肅平涼西。(128)來求和　來與劉宋求和。(129)恆山　在今河北曲陽西的太行山上。這裡實則即指河北與山西交界的太行山，(130)河中　猶言「河上」，亦即黃河岸邊。(131)失山東　此指太行山、恆山以東，即今河北南部一帶地區。(132)共窺大國　共同打我們魏國的主意。窺，偷看；陰謀下手。(133)皆莫敢先入　誰也不敢先對魏國發起進攻。(134)連雞　兩隻拴在一起的雞。(135)始謂　起先估計。(136)屯止河中　集中兵力於黃河的中段，即今河南的黎陽、浚縣一帶。(137)徑二千里　戰線拉得寬達二千里。(138)形分勢弱　兵力分散，形勢衰弱。(139)儜兒情見　這個孬種的心思已經暴露無遺。儜兒，猶今之所謂「孬種」，指劉義隆。情，心思；心理。(140)擬之必仆　對準用力，必然倒斃。擬，對準，這裡即指攻擊。仆，倒斃。(141)潼關　古代陝西、河南兩地間的重要關塞，即今之陝西潼關縣城，在兩省的交界線上。(142)席卷而前　指由西向東地收拾宋軍。(143)南極　南方的盡頭，指劉宋全境。(144)無立草　如同大風一過，草皆倒伏。(145)聖策獨發　主意只能由您自己提出。(146)非愚近所及　不是那些見識短淺的人所能理解。(147)甲辰　九月二十一。(148)統萬　已被魏國所佔的夏國都城，即今內蒙古烏審旗西南的白城子。(149)平涼　古城名，在今甘肅平涼西南，當時的平涼郡治所在地。(150)蒲坂　古代的黃河渡口名，即今山西風陵渡北的古蒲州城。(151)建　即王建，拓跋珪的女婿。傳見《魏書》卷三十。(152)竟陵王義宣　即劉義宣，劉裕之子，劉義隆之弟。傳見《宋書》卷六十八。(153)南徐州　東晉以來的僑置郡，在今江蘇鎮江市。(154)猶戍石頭　劉義宣既任南徐州刺史，則應駐兵京口（今鎮江市），但戰爭時期，京城緊要，故仍令之駐守石頭城。

(155)戊午 十月初五。(156)錢署 鑄造錢幣的衙門。(157)四銖錢 一種重量為四銖的銅錢。銖，一兩的二十四分之一。(158)還保東平 他們自己的行轅則設在東平郡。劉宋的東平郡治當時在須昌，今山東東平西北。(159)乙亥 十月二十二。(160)委粟津 黃河渡口名，約在洛陽城東北，洛陽城東南有委粟山。(161)鍾虡 泛稱廟堂裡的樂器。虡是懸鐘磬的架子。(162)洛水 自西南流來，流經洛陽城南，東北至成皋西匯入黃河。(163)紿 欺騙。(164)併力禦之 意即留姚聳夫在洛陽一道守城。(165)牽鍾未晚 再打撈大鐘也不遲。(166)丙子 十月二十三。(167)及城遽走 到達了金墉又急速逃去。(168)人情沮敗 人心渙散、崩潰。(169)壽陽 即今安徽壽縣。(170)諸偏裨 指劉宋當時的一般將領。偏裨，偏將；副將。(171)七女津 約在今山東范縣東南的黃河上。(172)龍驤將軍陸俟 魏初名將，傳見《魏書》卷四十。(173)辛巳 十月二十八。(174)河西 指沮渠蒙遜政權。(175)請迎於魏 投降魏國，請魏國派兵來迎。(176)東如上邽 向東方的上邽城進發。上邽，即今甘肅天水市。(177)高田谷 約在今甘肅隴西縣一帶，還在上邽以西。(178)劫沮渠興國以叛 想帶著沮渠興國一道去投沮渠蒙遜。沮渠興國是沮渠蒙遜的太子，在此之前侵秦，被秦人所俘，被秦王暮末一直帶在身邊。(179)夏主聞暮末將至 當時夏主赫連定率兵在鄜城，即今陝西黃陵與黃龍之間。(180)南安 郡名，郡治在今甘肅隴西縣東南。(181)其故地 指今甘肅的蘭州、青海的西寧及其以南的大片地區。(182)十一月乙酉 十一月初三。(183)趣安定 往攻其現時的都城安定。趣，同「趨」。(184)高車 此指歸附於魏國的高車族人。(185)鶉觚原 在今甘肅靈臺北。(186)壬辰 十一月初十。(187)甲午 十一月十二。(188)垣護之 劉宋時期的著名將領。傳見《宋書》卷五十。(189)進擬河北 做出個要渡河向北進軍的樣子。(190)青州豐穰 青州地區年豐糧足。青州的州治東陽，即今山東青州。穰，豐收。(191)濟漕流通 濟水中的糧食運輸暢通無阻。當時的濟水可從須昌直通今山東北部的濟南、渤海、樂陵等郡。(192)空棄滑臺 毫無理由地放棄滑臺不守。滑臺，即今河南滑縣，當時在黃河邊上，為軍事重鎮。(193)坐喪成業 白白地喪失掉前已取得的業績。(194)豈朝廷授任之旨 這難道是朝廷授命予你的意思嗎。受任，即委任。(195)苗 即垣苗，原仕於南燕慕容超，後歸劉裕。傳見《宋書》卷五十。(196)去我 距離我等。(197)引舟入濟 把黃河中的戰船都開進濟水。(198)馬耳谷口 即馬耳關，在今山東諸城西南。(199)更詳所宜 再詳細地商量下一步該怎麼辦。(200)自清入濟 從清口把船隻開進了濟水。清口即汶水與濟水的匯口，在今山東梁山縣東南。(201)歷城 即今山東濟南。(202)湖陸 縣名，在今山東魚臺東南。(203)青兗大擾 青州、兗州一片混亂。(204)濟南 郡名，郡治即歷城。(205)武進 縣名，縣治在今江蘇丹陽東南。(206)蕭承之 蕭道成之父。(207)偃兵 放倒武器，故意示敵以不在乎、不畏懼。(208)懸守窮城 遠離大後方的孤軍防守已處於窮途末路的城池。(209)見彊 表現出強有力。(210)丁酉 十一月十五。(211)安定 今甘肅涇川縣，當時為安定郡的郡治所在地。(212)戊戌 十一月十六。(213)范城 范縣縣城，在今山東梁山縣西北。(214)己亥 十一月十七。(215)庚子 十一月十八。

(216)賜復　免除勞役稅賦。(217)辛丑　十一月十九。(218)動止咨之　一舉一動都要聽取一下他的意見。(219)豫陳成敗　預言未來的成功與失敗。豫，同「預」。(220)若合符契　都與合符、合契一樣地準確無誤。兵符、契約都是一分為二，雙方各執其一半，到時相合以為驗。(221)庫結　原姓庫傉官，後改為庫氏，史家紀事取其簡便，故預先如此稱呼。(222)不宜內徙　不應該搬遷到魏國境內去。(223)廣甯　郡名，郡治在今甘肅隴西縣南。(224)長城護軍亮　以護軍的身分兼理長城縣事務的焦亮。長城縣治在今甘肅平涼西北。(225)略陽　郡名，郡治在今甘肅秦安東北。(226)辛酉　十二月初九。(227)隨宜經理　因地制宜地加以經營管理。(228)完實　完好、充實。(229)盛藩　富庶強盛的諸侯國。藩，籬。諸侯自稱為中央天子的藩籬。(230)芍陂　湖泊名，在今安徽壽縣西南。陂，堤壩；湖泊的邊沿。(231)河水　指淝河水。(232)丁卯　十二月十五。(233)得奚斤娥清等　由於奚斤的錯誤指揮，奚斤、娥清等被夏軍打敗俘獲。見本書前文元嘉五年。(234)井陘侯　豆代田原為關中侯，即漢之所謂「關內侯」，有侯爵，無封邑，比列侯級低。今為「井陘侯」，則有了封邑。井陘縣在今河北石家莊西。(235)領　兼任。(236)內都幢將　宮廷禁衛軍中的將官。(237)臨晉　縣名，在今陝西大荔東，靠近黃河。(238)武功　郡名，郡治美陽，在今陝西周至西北。(239)壬申　十二月二十。(240)宰士　伙食管理員。(241)負酒食以從　背著酒水食物跟在魏主身後。以其喪師被俘，故辱之如此。(242)調役　徵調、奴役。(243)漢川　即指漢水，由西向東流經今陝西南部的略陽、漢中、安康入河南。這一帶地區當時屬劉宋。(244)案治　考察、審問。(245)徇　持其首或載其屍巡行示眾。(246)北高平　郡名，郡治湖陸，在今山東魚臺東南。(247)資實　指各種軍用物資。(248)府藏　指貯藏貨幣或各種物資的國庫。(249)武庫　指貯藏鎧甲兵械的軍用倉庫。(250)荒外　這裡即指國境以外。(251)庫部郎　掌管國家倉庫的部長。(252)庫中仗　武庫中的兵器。(253)詭對　隱瞞實際情況地回答。(254)有十萬人仗　有可供十萬人使用的武器。仗，武器。(255)和　即顧和，東晉初期的名臣。傳見《晉書》卷八十三。(256)並錄尚書　同時掌管尚書省，等於為左右二宰相。(257)欲得揚州　想再兼任揚州刺史。揚州由於是國家都城所在的州，故其刺史權位極重，通常由皇帝最親信的人兼理。(258)形於辭旨　說話時常流露出來。(259)居中　在宮中任職，指任侍中。(260)自求吳郡　要求辭掉相權，去任吳郡太守。吳郡的郡治即今蘇州。(261)詎宜臥治　怎能讓一個病人躺在床上治理國家。臥治，實指掛空名，不管事。(262)府中文武　指錄尚書府中的參佐僚屬。減府中文武之半以授義康，即將自己所管的事情連同管這些事情的下屬官員撥出一半並給了劉義康。意思是自己只管四分之一，讓劉義康管四分之三。(263)上聽割二千人　皇帝沒有答應王弘自己請求的「減府中文武之半」，只同意了減少兩千人。按，以上種種，都為劉義康日後的犯事倒臺做伏筆。

【校記】1平陽　原作「陽平」。據章鈺校，甲十六行本、乙十一行本、孔天胤本二字皆互乙，今據改。按，《魏書・長孫翰傳》作「平陽王」。2寒　據章鈺校，甲十六行本作「至」。3荊州刺史　原無此四字。據章鈺校，甲十六行本、乙十一行本、孔天胤本皆有此四字，張敦仁《通鑑刊本識誤》、張瑛《通鑑校勘記》同，今據補。4泗泗　此字原不重。據章鈺校，甲十六行本、孔天胤本此字皆重，張敦仁《通鑑刊本識誤》同，今從補。5陛　胡三省注云：「陛，階級也；謂進階也。」據章鈺校，甲十六行本作「階」。6鄜城　據章鈺校，甲十六行本作「鄜城」。7金墉　據章鈺校，甲十六行本、乙十一行本、孔天胤本「墉」下皆有「城」字。8陸俟　原作「陸侯」。胡三省注云：「按《北史》，『陸侯』當作『陸俟』。」據章鈺校，甲十六行本、乙十一行本皆作「陸俟」，今據改。9執　原作「埶」。據章鈺校，甲十六行本、乙十一行本皆作「執」，今據改。

【語譯】七年（庚午　西元四三〇年）

春季，正月初六日癸巳，宋國文皇帝劉義隆任命吐谷渾王慕容慕璝為征西將軍、沙州刺史、隴西公。

正月十三日庚子，北魏太武帝拓跋燾從西部返回平城的皇宮。十五日壬寅，實行大赦，十六日癸卯，拓跋燾又前往廣甯，到達溫泉。

二月初十日丁卯，北魏平陽威王長孫翰去世。○十一日戊辰，北魏太武帝拓跋燾從溫泉返回平城的皇宮。

宋文帝劉義隆自從即位以來，就一直懷有收復黃河以南地區的雄心壯志。三月初二日戊子，劉義隆下詔，令調撥五萬名全副武裝的士卒，交給右將軍到彥之指揮，令到彥之統領安北將軍王仲德、兗州刺史竺靈秀率領水軍由汴水乘坐艦船進入黃河。又令擔任驍騎將軍的段宏率領八千名精銳騎兵直指虎牢，令擔任豫州刺史的劉德武率領一萬名士卒隨後進發，又令擔任後將軍的長沙王劉義欣率領三萬名士卒，擔任監征討諸軍事。劉義欣，是劉道憐的兒子。

大軍出動之前，宋文帝劉義隆先派擔任殿中將軍的田奇出使北魏，告訴北魏太武帝拓跋燾說：「黃河以南地區過去原本是宋國的領土，後來被你們國家所侵佔。現在宋國要恢復舊日的疆界，與黃河以北沒有關係。」北魏太武帝拓跋燾大怒說：「從我剛剛出生，頭髮還沒乾的時候起，就聽說黃河以南是我們魏國的疆土。你們豈能妄想得到它！如果你們一定要出兵奪取黃河以南，我將會暫時收軍後退，等到冬季天氣寒冷，農田裡的莊稼已經收穫乾淨，黃河結成厚厚的冰層時，我自然會再次將黃河以南之地奪回來。」

三月初八日甲午，宋文帝劉義隆任命前南廣平太守尹沖為司州刺史。

長沙王劉義欣鎮守彭城，作為各路出征大軍的聲援；令擔任游擊將軍的胡藩戍守廣陵，代替長沙王劉義欣管理都督府與南兗州刺史府的日常事務。

三月十六日壬寅，北魏太武帝拓跋燾封被俘虜的故夏王赫連昌為秦王。

北魏境新近遷移來的一千多家敕勒人，因為不堪忍受看管他們的北魏將領、官吏的壓迫和侵奪，於是口出怨言，並約定等到春草萌生、牧馬肥壯之時，便逃往大漠以北。擔任尚書令的劉絜、擔任左僕射的安原向太武帝拓跋燾奏請：趁著黃河還沒有解凍，趕緊將這些敕勒人遷徙到黃河以西，等到春天黃河解凍之後，他們就無法向北逃走。北魏太武帝拓跋燾說：「這些人長期過著游牧生活，放蕩、散漫已經成為習俗，現在遷徙到我們魏國境內，就像是被關在動物園中的麋鹿，你把牠逼得太急，牠就要亂跑亂撞，稍微緩和一下，牠自己就會安定下來。我自有辦法安排、處置他們，不必自找麻煩，再次將他們遷移。」劉絜等堅決請求將敕勒人遷移，拓跋燾遂允許他們把其中的三萬多落遷往黃河以西，西部到達白鹽池。那些敕勒人都非常驚慌恐懼，說：「把我們圈到黃河以西，這是想要殺死我們吧！」於是密謀向西逃往涼州投奔北涼河西王沮渠蒙遜。尚書令劉絜率軍屯駐在五原郡的黃河以北地區，左僕射安原率軍屯駐在悅拔城以防範敕勒人逃走。三月十七日癸卯，數千名敕勒族騎兵背叛了魏國向北方逃走，劉絜率軍隨後追擊。逃走的敕勒騎兵進入大漠之後，因為既缺水又缺糧，遂在逃亡的途中一個挨一個地死去。

北魏南部邊境的守將向太武帝拓跋燾奏報：「宋國已經進入大規模緊急戰備狀態，即將進犯我國。請求增援三萬人，在宋軍沒有出動之前，我們先發制人，一定能夠挫敗宋軍的銳氣，令他們不敢深入我國境內。」並趁機請求將在邊境上的黃河以北地區的流民全部殺掉，以防止他們為宋軍充當嚮導。北魏太武帝拓跋燾就這個問題令朝中的公卿大臣進行商議，大臣全都認為應當如此。只有擔任侍中的崔浩持反對意見，他說：「我們不能這樣做。南方地勢低窪潮溼，進入夏季之後，雨水增多，草木生長旺盛，地氣蒸騰，天氣悶熱，最容易生病，不利於出兵打仗。而且宋國既然已經嚴加戒備，則必然牢固地堅守城池，如果我們久攻不下，軍隊就得長時間留下來攻打城市，則糧食運輸必然接濟不上；如果分散軍隊四處劫掠，則兵力分散，就會導致勢孤力單，沒有辦法應付宋軍的進攻。現在出兵攻打宋國，我看不出有什麼好處。宋軍如果真的北上，我們應該等到宋軍已經疲憊不堪，秋季天氣涼爽，戰馬肥壯，然後到敵人的佔領區去就地解決糧食問題，慢慢地出兵進行反擊，這才是萬全之計。朝廷中的文武大臣以及西北邊境上的守將，跟隨陛下征伐，向西平定了夏國的赫連氏，向北擊敗了柔然，得到了許多的美女、珍寶，牛馬成群。南部邊境的守將得知消息之後心裡非常羨慕，所以也想向南出征以抄掠宋國的資財，其實都是為個人的私利考慮，會給國家招惹是非，他們的意見不可以聽從。」北魏太武帝才沒有出兵。

南方邊境的守將又上表給太武帝拓跋燾說：「宋軍已經開始入侵我國，我們屬下的兵力太少。請朝廷從幽州以南挑選精銳士卒南下增援我們戍守邊境，並請在漳水建造艦船，嚴加防備各條河流的渡口，以抗拒宋軍的進攻。」朝中的公卿大臣都認為應該批准邊疆守將的請求，並任命司馬楚之、魯軌、韓延之等為將帥，招降引誘宋國的人民歸附魏國。擔任侍中的崔浩又反對說：「這不是長久之計。司馬楚之等人都是打著反抗劉氏政權、復辟晉王朝的旗號，所以深受宋國畏懼和忌恨的人，如果他們聽說我們國家已經出動幽州以南所有的精銳部隊，又大量的打造艦船，再配以輕騎兵，必定認為我們國家想要恢復司馬氏政權，誅滅劉氏家族，必定舉國上下驚恐不安，擔心被滅亡。就會動員全國所有的精銳部隊，並同心合力拼死與我們相爭，那樣一來，我國南部邊境的諸位守將將沒有辦法抵擋他們的進攻。現在滿朝的公卿大臣想要依靠軍隊的威力來使宋國退軍，反而招致敵人更快地前來進攻我們。虛張聲勢卻招來實實在在的災禍，就是說的這種情況。所以，司馬楚之等一旦前去挑釁，就會招惹宋軍北來進攻，如果司馬楚之等不去挑釁，宋軍必然不會出兵北進，這是勢所必然。而且司馬楚之等人都是眼光短淺、只貪圖眼前小利而沒有多大才能的人物，讓他們去招納宋國人，只能招來一些輕薄無賴，而不能成就什麼大功勞，白白地導致國家兵連禍結而已。過去魯軌曾經勸說後秦王姚興攻取東晉所屬的荊州，而後秦軍剛一進入東晉境內，就被東晉軍擊敗，軍士四處逃散，被東晉人抓獲，賣為奴隸，這場災禍一直延續到姚泓時期，劉裕出兵北伐，終於滅掉了後秦政權，這是過去活生生的例證。」太武帝拓跋燾不以為然。崔浩於是又向拓跋燾講述天象的變異，認為宋國如果發動這場戰爭，肯定會損兵折將，對自己不利，崔浩說：「今年的害氣在揚州，這是其一；今年是庚午年，庚屬金；午屬火，以火剋金，先發動戰爭的一定損傷巨大，這是其二；去年十月初一發生日蝕的時候，白晝如同黑夜，太陽正運行到斗、牛二星之間，預示對宋國不利，這是其三；熒惑星運行到翼、軫二星之間，預示楚地將有死喪之災禍，這是其四；象徵兵象的太白星沒有出現，主動出兵的一方必定遭遇失敗，這是其五。能夠使國家興旺的君主，一定要首先處理好人世間的事情，其次是盡地利，然後再觀看天時，所以做什麼事情都能獲得成功。如今宋國皇帝劉義隆所面對的是一個剛剛建立不久的國家，人心還不穩定；各種災變多次出現，天時也很不順；河水乾涸，船行困難，可見地利也很不順暢。天時、地利、人事，三個方面沒有一方面令人滿意，而劉義隆竟然要發動戰爭，肯定必敗無疑。」北魏太武帝拓跋燾不能違背眾臣的意見，遂下詔令冀州、定州、相州打造三千艘戰船，從幽州以南各地的駐軍當中揀選精銳到黃河邊集結，防備宋軍的入侵。

西秦乞伏什寅的同母弟擔任前將軍的乞伏白養、擔任鎮衛將軍的乞伏去列，都因為乞伏什寅被剖腹而死，頗有怨言，西秦王乞伏暮末索性將他們一併殺死。

夏季，四月初八日甲子，北魏太武帝拓跋燾前往雲中。〇一萬多落敕勒族人又背叛了北魏逃走，北魏太武帝拓跋燾派擔任尚書的封鐵率軍追擊，將叛逃的敕勒人全部消滅。

六月二十四日己卯，宋文帝劉義隆任命氐王楊難當為冠軍將軍、秦州刺史、武都王。

北魏太武帝拓跋燾令擔任平南大將軍的丹楊王拓跋大毗率軍駐紮在黃河沿岸；任命司馬楚之為安南大將軍、荊州刺史，封為琅邪王，率軍駐紮在潁川，防備宋軍的進攻。

吐谷渾王慕容慕璝率領自己的一萬八千名部眾襲擊西秦所屬的定連，被西秦擔任輔國大將軍的段暉等擊退。

到彥之從淮河進入泗水，由於天旱泗水水位淺，艦船每天只能前進十里，從四月到秋季七月，才到達須昌，然後進入黃河，逆流西上。

北魏太武帝拓跋燾因為黃河以南的金墉、虎牢、滑臺、碻磝四鎮的守軍很少，遂下令各處駐軍全部收縮到黃河以北。七月初四日戊子，北魏戍守碻磝的軍隊放棄了碻磝撤走；十四日戊戌，戍守滑臺的軍隊也棄城撤往黃河以北。十六日庚子，北魏太武帝拓跋燾任命擔任大鴻臚的陽平公杜超為都督冀州、定州、相州三州諸軍事、太宰，提升爵位為陽平王，率軍鎮守鄴城，統領前方各路人馬。杜超，是密太后杜氏的哥哥。二十六日庚戌，北魏洛陽、虎牢的守軍全部棄城撤到黃河以北。

宋國右將軍到彥之留下朱脩之守衛滑臺，留下擔任司州刺史的尹沖率軍戍守虎牢，留下建武將軍杜驥率軍戍守金墉。杜驥，是杜預的玄孫。諸軍進駐靈昌津，沿著黃河南岸列陣據守，一直到達潼關。此時司州、兗州全部平定，諸軍毫不費力地奪取了黃河以南，都很歡喜，只有安北將軍王仲德臉上露出憂愁的神色，他說：「諸位賢能不瞭解北魏軍的真實情況，一定會落入他們的圈套。胡虜雖然不夠仁義，但在兇狠狡詐方面卻綽綽有餘，現在他們把黃河以南的守軍全部撤到黃河以北，必定是為了積蓄力量。一旦到了冬季，黃河水面冰封，他們肯定會再次南下，豈能不令人為此感到擔憂呢？」

七月三十日甲寅，林邑王范陽邁派使者到宋國的都城建康進貢，並向朝廷述說自己曾經與宋國所屬的交州多次交兵，請求宋國原諒。

八月，北魏太武帝拓跋燾派擔任冠軍將軍的安頡統領各路人馬，迎戰宋國右將軍到彥之所統領的北伐軍。十二日丙寅，宋國右將軍到彥之派遣副將吳興人姚聳夫率軍向北渡過黃河，進攻冶坂，與安頡展開激戰；姚聳夫所率領的宋軍被北魏軍打敗，傷亡慘重。二十四日戊寅，北魏太武帝拓跋燾派遣擔任征西大將軍的長孫道生會合丹楊王拓跋大毗率軍駐紮在黃河沿岸，抵抗到彥之所率領的宋軍。

北燕太祖馮跋身患重病，他在內殿召見擔任中書監的申秀、擔任侍中的陽哲，將自己死後的事情託付給他們二人。九月，馮跋病勢逐漸沉重，他乘坐著輦車出來坐在殿前的廊簷下，命令太子馮翼代理朝政，令軍隊聽命於太子，用以防範突然發生的意外。

北燕王馮跋的夫人宋氏想立自己所生的兒子馮受居為燕王，她對太子馮翼代理朝政感到非常痛恨，就對馮翼說：「燕王的病即將痊癒，你為何這麼急著想要代替你的父親統治燕國呢？」馮翼生性仁慈、懦弱，他聽了宋夫人的話之後，就退回自己的太子宮，只是每天三次到燕王馮跋的面前探視、問安。宋夫人遂假傳北燕王馮跋之命，斷絕內外交通，有什麼事情，只派宦官進行傳話。太子馮翼以及諸位王子、朝廷大臣全都無法見到燕王，只有擔任中給事的胡福可以自由出入燕王馮跋的寢宮，負責安全警衛。

胡福擔心宋夫人的陰謀得逞，於是便將宋夫人的所作所為告訴了擔任司徒、錄尚書事的中山公馮弘。馮弘遂率領數十名全副武裝的勇士進入後宮，在後宮擔任宿衛的禁衛軍全都不戰而散。宋夫人急忙讓人關閉了後宮的東門，馮弘的家僮庫斗頭行動敏捷，很有勇力，他翻牆越過東門，進入皇堂，一箭就射死了太祖馮跋身邊的一位侍女。太祖馮跋受驚而死。馮弘遂即位為北燕天王。他派人到龍城的大街小巷宣布說：「上天降下災禍，天王馮跋已經駕崩，太子馮翼不能在天王病榻旁邊侍奉湯藥，各位公爵不來奔喪，恐怕會有什麼陰謀，國家面臨著覆亡的危險。我作為已故天王的大弟弟，已經登上天王的寶座，用以安定國家，文武百官凡是擁戴我，就到朝廷報到，每人官爵提升二級。」

北燕太子馮翼率領東宮的衛隊討伐馮弘，結果被馮弘打敗，衛兵全都潰散而去，馮弘派使者逼迫馮翼自殺而死。太祖馮跋有一百多個兒子，馮弘把他們全部殺死。給太祖馮跋所上謚號為「文成皇帝」，埋葬在長谷陵。

九月初六日己丑，夏主赫連定派遣自己的弟弟赫連謂以代率軍攻伐北魏的鄜城，北魏擔任平西將軍的始平公拓跋隗歸等率軍反擊，殺死了夏軍一萬多人，赫連謂以代逃走。夏主赫連定又親自率領數萬人前往鄜城以東攔擊拓跋隗歸，他留下自己的弟弟上谷公赫連社干、廣陽公赫連度洛孤守衛平涼，同時派使者到宋國求和，與宋國約定聯合起來消滅北魏，並預先規定好了瓜分北魏的方案：從恆山以東劃歸宋國，恆山以西劃歸夏國。

北魏太武帝拓跋燾得知夏國、宋國準備聯合進攻魏國的消息，便整頓兵馬，想要出兵討伐夏國，群臣都發表意見說：「宋國皇帝劉義隆的軍隊還停留在黃河岸邊，捨棄宋軍而向西攻打夏國，不僅未必能夠戰勝夏國，而後方劉義隆的軍隊如果趁虛渡過黃河，則山東地區就不再屬於魏國所有。」北魏太武帝拓跋燾又去諮詢擔任侍中的崔浩，崔浩回答說：「宋國的劉義隆與夏國的赫連定隔著千山萬水，遙相勾結，用空無實際的語言互相應和，共同窺伺強大的魏國。劉義隆希望赫連定首先進兵，赫連定等待劉義隆先於自己出兵，結果是誰也不敢率先對魏國發起進攻。這就如同兩隻綁在一起的雞，哪一隻也飛不起來，不會給我們造成危害。我開始的時候還認為劉義隆的軍隊北來之後，會將兵力集中在黃河的中段，然後兵分兩路，同時北上，東路軍進攻冀州，西路軍攻取鄴城，這樣的話，就必須要陛下親自率軍前往討伐，行動還要迅速，不得怠慢。現在看來則不是這樣，宋軍沿著黃河設防，東西戰線拉開有二千里，而每處的兵力不超過數千人，兵力過於分散，就顯得力量薄弱。以此看來，劉義隆這個孬種心中所想的已經是一目瞭然：只不過是沿著黃河自守，並沒有北渡黃河的意思。赫連定只是一個沒有拔淨的殘根餘孽，很容易摧折，只要對準他一用力，他就會倒斃。攻克了赫連定之後，再東出潼關，由西向東席捲而進，收拾宋軍，則魏國的聲威將震動整個宋國，長江、淮河以北地區，就如同被大風颳過，恐怕所有直立的野草全都倒伏了。陛下獨自做出的英明決策，不是一般性情愚鈍、見識短淺的人所能理解的，希望陛下不要猶疑不決。」九月二十一日甲辰，北魏太武帝拓跋燾前往統萬城，遂趁勢襲擊了平涼，然後令擔任衛兵將軍的王斤鎮守蒲坂。王斤，是王建的兒子。

西秦自從正月以來就沒有下過雨，一直延續到九月，由於旱情嚴重，所以便不斷有人逃亡、叛變。

冬季，十月，宋文帝劉義隆任命竟陵王劉義宣為南徐州刺史，仍然令他率軍駐守石頭城。〇初五日戊午，宋國設立鑄造錢幣的衙署，開始鑄造重量為四銖的銅錢。〇宋國的右將軍到彥之、安北將軍王仲德沿著黃河布防、設置守衛之後，便返回東平據守。

十月二十二日乙亥，北魏擔任冠軍將軍的安頡率領魏軍從委粟津向南渡過黃河，奪取金墉城。金墉城已經很久沒有經過整修，城內又沒有屯糧。守將宋國建武將軍杜驥遂準備放棄金墉撤退，又擔心會因此被判罪。當初宋高祖劉裕滅掉後秦的時候，將洛陽的鐘虡等全都遷移到了江南，有一口大鐘落入洛水之中。宋文帝劉義隆此時派副將姚聳夫率領一千五百人前往洛水打撈那口大鐘。杜驥遂欺騙姚聳夫說：「金墉城已經整修完畢，城中的糧食也很充足，所欠缺的就是人太少。如今魏國的騎兵已經向南渡過黃河，我們應當同心協力抵禦魏軍的進攻。等到擊退魏軍，建立了大功之後，再來打撈大鐘也不算晚。」姚聳夫接受了杜驥的建議，遂率領著一千五百人來到金墉城。當他看到金墉城根本無法堅守，便率軍離去。杜驥趁機放棄金墉城，率軍向南撤走。二十三日丙子，安頡率軍攻克了洛陽，殺死宋軍將士五千多人。杜驥回到建康，對宋文帝劉義隆說：「本來正準備拼死據守金墉城，不料副將軍姚聳夫一到金墉就立即逃走，引起軍心動搖，士氣沮喪，再也無法禁止。」宋文帝不禁大怒，就在壽陽將姚聳夫斬首。姚聳夫勇猛雄健，當時的許多副將都比不上他。

北魏駐紮在黃河以北的各路軍馬全部到七女津集結。宋國右將軍到彥之擔心魏軍會向南渡過黃河，便派遣副將王蟠龍率人逆流而上，企圖奪取魏軍的船隻，結果被杜超等擊敗、斬首。北魏冠軍將軍安頡與龍驤將軍陸俟率軍進攻虎牢，十月二十八日辛巳，將虎牢攻克。尹沖以及擔任滎陽太守的清河人崔模投降了北魏。

西秦王乞伏暮末承受不了北涼的逼迫，遂決計歸降魏國，他派遣屬臣王愷、烏訥闐為使者前往北魏，請求北魏派軍隊前來迎接，魏國人許諾將平涼、安定分封給乞伏暮末。乞伏暮末於是放火焚毀了自己所在的城邑，搗毀了國家的各種寶器，然後率領著一萬五千戶向東進發，前往上邽。當他們走到高田谷的時候，乞伏暮末手下擔任給事黃門侍郎的郭恆企圖劫奪沮渠興國，然後一道去投奔北涼河西王沮渠蒙遜，事情被發覺，乞伏暮末遂將郭恆殺死。夏主赫連定聽到西秦王乞伏暮末即將經過的消息，便派兵迎擊。乞伏暮末不敢繼續東進，只得在南安停留下來據守，而西秦故地則全部被吐谷渾所佔有。

十一月初三日乙酉，北魏太武帝拓跋燾抵達夏國的平涼，夏國上谷公赫連社干等在平涼城四周設防堅守。拓跋燾令夏國故王赫連昌招降平涼的守軍，平涼守軍不肯向北魏投降；拓跋燾遂令擔任安西將軍的古弼等率軍往攻其都城安定。夏主赫連定從鄜城返回安定，然後親自率領二萬名步兵、騎兵向北救援平涼，路上與古弼相遇，古弼假裝撤退引誘夏主赫連定；赫連定果然上當受騙，率軍隨後追擊，北魏太武帝拓跋燾下令高車人組成的軍隊飛速出擊，夏軍被打得大敗，被殺死了數千人。夏主赫連定回身逃走，登上鶉觚原，將殘兵敗將結成方陣用以自保。北魏軍趕來，將赫連定團團圍困在鶉觚原。

十一月初十日壬辰，宋文帝劉義隆加授征南大將軍檀道濟為都督征討諸軍事，率領諸軍討伐北魏。

十一月十二日甲午，北魏壽光侯叔孫建、汝陰公長孫道生率領魏軍向南渡過黃河。

到彥之聽到洛陽、虎牢已經失守，各軍相繼戰敗逃亡的消息，就準備率軍撤回。擔任殿中將軍的垣護之寫信勸諫到彥之，垣護之認為應該派遣擔任兗州刺史的竺靈秀率軍增援朱脩之戍守滑臺，到彥之則應該自率大軍做出要渡過黃河向北進軍的樣子，垣護之說：「過去有人連年攻戰，即使在損兵折將、軍隊缺乏糧草的情況下，尚且勇敢地奮勇爭先，不肯輕易地向後退卻。何況今年青州地區糧食獲得了大豐收，濟水中糧食運輸暢通無阻，軍隊、戰馬飽暖安逸，軍威和實力並沒有受到損失。如果在這種情況下毫無理由地放棄滑臺，白白地喪失掉此前已經獲取的功勞，這難道是朝廷授命於你的本意嗎？」到彥之沒有接受垣護之的意見。垣護之，是垣苗的兒子。

宋國右將軍到彥之準備將所有艦船燒毀，然後率軍徒步返回，擔任安北將軍的王仲德說：「洛陽已經陷落，虎牢恐怕也守不住，這是形勢發展的必然結果。如今魏軍距離我軍還有一千里，滑臺還有比較強大的守軍，如果我們急忙捨棄艦船向南逃走，士卒必定會逃散。應當把所有艦船開進濟水，等到達馬耳谷口的時候，再根據實際情況做出下一步的行動方案。」到彥之原先就患有眼病，現在病情發作；而且將士中也有很多人生病，於是便從清口把船隻開進濟水，向南抵達歷城，然後便焚毀所有艦船，丟棄了所有鎧甲，徒步奔赴彭城。兗州刺史竺靈秀也放棄了須昌，向南逃往湖陸，青州、兗州立即陷入一片混亂。宋國長沙王劉義欣鎮守彭城，他屬下的將佐擔心會有魏國大軍到來，所以都勸說長沙王劉義欣放棄彭城，返回建康，劉義欣沒有同意。

北魏軍攻打宋國所屬的濟南。宋國擔任濟南太守的武進人蕭承之率領數百人進行抵抗。而北魏軍越來越多，蕭承之下令軍隊全都放倒兵器，大開城門。眾人都說：「敵眾我寡，為什麼還要這樣輕敵！」蕭承之說：「如今我們這樣一支遠離大後方的孤軍據守著一座已經陷入窮途末路的城池，形勢本來已經非常危險，如果我們再向敵人示弱，必然會遭到魏軍的屠殺，所以我們要向敵人顯示出我們的強大，以等待敵人的進攻。」魏軍懷疑濟南城內設有埋伏，遂率軍撤退。

北魏軍將夏主赫連定圍困在鶉觚原已經好幾天，同時切斷了鶉觚原所有的水源和運送糧草的通道，夏國軍人馬飢渴難忍。十一月十五日丁酉，夏主赫連定率領眾人衝下鶉觚原。魏國擔任武衛將軍的丘眷率軍向夏軍發起攻擊，夏軍立時潰敗，被殺死了一萬多人。夏主赫連定也身負重傷，遂單人獨騎落荒而逃，他招集起殘兵敗將，劫持著五萬居民向西據守上邽。魏軍俘獲了夏主赫連定的弟弟丹楊公赫連烏視拔、武陵公赫連禿骨以及公爵、侯爵以下的高官貴族一百多人。這一天，北魏軍乘勝進攻安定，夏國東平公赫連乙斗棄城逃奔長安，後來又驅趕著數千戶居民，向西逃奔上邽。

十一月十六日戊戌，北魏壽光侯叔孫建率軍進攻宋國兗州刺史竺靈秀所據守的湖陸，竺靈秀被打得大敗，損失了五千多人。叔孫建率軍撤到范城駐紮。

十一月十七日己亥，北魏太武帝拓跋燾前往安定。十八日庚子，從安定返回，然後親臨平涼，他一面下令在平涼城四周挖掘戰壕，將平涼城重重包圍起來；一面安撫新歸附的居民，下詔免除秦州、雍州居民七年的田賦租稅。夏國隴西守將向魏軍投降。

十一月十九日辛丑，北魏冠軍將軍安頡督促各軍加緊攻打滑臺。

北涼河西王沮渠蒙遜派遣擔任尚書郎的宗舒等人前往魏國進貢。北魏太武帝拓跋燾設宴招待宗舒等人，席間，太武帝拉著侍中崔浩的手讓宗舒等人看，他說：「你們所聽說的崔公，就是這個人。其才能、謀略之高，在當今之世沒有人能與他相比。我的一舉一動，都要向他諮詢，聽取他的意見，他預言未來的成功與失敗，就像合符、合契一樣準確無誤，從來沒有過失誤。」

北魏任命壽光侯叔孫建為都督冀州、青州等四州諸軍事。

北魏擔任尚書的庫結率領五千名騎兵前往南安迎接西秦王乞伏暮末。西秦擔任衛將軍的吉毗勸說乞伏暮末不應該搬遷到魏國境內去住，乞伏暮末聽從了吉毗的意見，北魏尚書庫結遂率領原班人馬返回魏國。

西秦王乞伏暮末所在的南安，有一萬多羌人背叛了西秦，他們推戴安南將軍、督八郡諸軍事的廣甯太守焦遺為盟主，遭到焦遺的拒絕，這些羌人就劫持了焦遺的姪子——擔任長城護軍的焦亮為盟主，焦亮率領著這一萬多羌族人進攻據守南安的西秦王乞伏暮末。乞伏暮末趕緊派人向氐王楊難當求救，楊難當派將軍苻獻率領三千名騎兵前往南安救援，乞伏暮末與苻獻會合後聯合攻擊諸羌人。羌人被擊敗後四散潰逃，被羌人推舉為盟主的焦亮也逃往廣甯，乞伏暮末率軍進攻廣甯，他手書詔令讓安南將軍焦遺誅殺焦亮。十二月，焦遺將自己的姪子焦亮斬首，出城向西秦王乞伏暮末投降，乞伏暮末晉升焦遺為鎮國將軍。西秦擔任略陽郡太守的弘農人楊顯獻出略陽投降了夏國。

十二月初九日辛酉，宋文帝劉義隆任命長沙王劉義欣為豫州刺史，鎮守壽陽。壽陽地區土地荒蕪，居民流散，城郭坍塌頹敗，盜賊在光天化日之下就敢公開搶劫。劉義欣因地制宜地加以經營管理，豫州境內很快便恢復了正常的社會秩序，人民安居樂業，遺失在路上的東西也沒有人拾取，城池經過重新整修，已經完好無損，府庫充實，已然成為一個富庶強盛的諸侯國。芍陂年久失修，劉義欣便派人修築堤防，將淝河之水引入其中，可以灌溉一萬多頃良田，此後這一地區便再也沒有發生過旱災。

十二月十五日丁卯，夏國平涼守將上谷公赫連社干、廣陽公赫連度洛孤出城投降，北魏遂佔領了平涼。北魏關中侯豆代田救出了被夏國俘虜的魏國司空奚斤、宗正娥清等，送給北魏太武帝拓跋燾。拓跋燾將夏主赫連定的皇后賞賜給豆代田，並命令司空奚斤捧著酒，膝行，向豆代田敬酒，拓跋燾對奚斤說：「保全你性命的是豆代田。」遂賜封豆代田為井陘侯，加授散騎常侍、右衛將軍，兼任內都幢將。

夏國所屬長安、臨晉、武功的守將全都棄城逃走，關中地區遂全部歸入北魏的版圖。北魏太武帝拓跋燾留下巴東公拓跋延普鎮守安定，令擔任鎮西將軍的王斤鎮守長安。十二月二十日壬申，北魏太武帝拓跋燾班師返回東方，任命奚斤為宰士，令他每天背著酒水食物跟隨在自己身邊。

王斤為人傲慢，不遵守國家法度，信任身邊的親信，隨意地徵調、役使百姓，人民不堪忍受他的統治，向南逃往宋國所屬漢川的就有數千家。北魏太武帝拓跋燾對此事進行深入追究、審問，查出實情之後，遂將鎮西將軍王斤斬首後巡行示眾。

宋國右將軍到彥之、安北將軍王仲德因為北伐失敗而被下獄、免官，兗州刺史竺靈秀因為棄軍罪而被誅殺。宋文帝劉義隆看到了殿中將軍垣護之寫給到彥之的勸諫信，非常欣賞，遂任命垣護之為北高平郡太守。

宋國右將軍到彥之率軍北伐的時候，所攜帶的武器以及各種軍用物資非常充實；等到失敗撤軍而回的時候，將所攜帶的武器、軍用物資全部丟光，儲藏貨幣或各種物資的國庫、儲藏鎧甲兵器的軍用倉庫因此而變得空無所有。有一天，宋文帝劉義隆與群臣一同飲宴，當時有境外歸附的人在座。宋文帝劉義隆向擔任尚書庫部郎的顧琛詢問說：「武庫中的兵器還有多少？」顧琛便隱瞞實情地回答說：「還有可供十萬人使用的兵器。」宋文帝問過之後就感到後悔，聽了顧琛的回答，不禁十分高興。顧琛，是顧和的曾孫。

宋國彭城王劉義康與王弘同時擔任錄尚書事，劉義康心中仍然怏怏不快，他還想得到揚州刺史這一職務，並在言談話語中時常流露出來；又因為王弘的弟弟王曇首擔任侍中，在宮中任職，深受宋文帝劉義隆的寵幸與信任，於是更加不高興。王弘遂以自己年老多病為由，多次請求辭職回家養老，王曇首也主動請求辭去侍中職務，希望去擔任吳郡太守，宋文帝劉義隆都沒有批准。彭城王劉義康對人說：「王弘長期患病不起，豈能讓一個躺在床上的病人來治理國家？」王曇首勸說自己的哥哥王弘將自己所管的事情連同負責這些事情的下屬官員撥出一半給彭城王劉義康。宋文帝劉義隆沒有答應，只同意分出二千人給劉義康，劉義康這才高興起來。

【研　析】本卷寫宋文帝元嘉五年（西元四二八年）至元嘉七年共三年間的各國大事，其中最值得議論的是魏主拓跋燾聽從崔浩的建議，率軍北伐，大破柔然的勝利情景。魏主想伐柔然，群臣提出各種理由反對，崔浩一一駁斥之，以為必勝；群臣提出擔心劉宋出兵來伐，崔浩說：「南人聞國家克統萬以來，內懷恐懼，故揚聲動眾以衛淮北。比吾破蠕蠕，往還之間，南寇必不動也。且彼步我騎，彼能北來，我亦南往；在彼甚困，於我未勞。……以劉裕之雄傑，吞併關中，留其愛子，輔以良將，精兵數萬，猶不能守。全軍覆沒，號哭之聲，至今未已。況義隆今日君臣非裕時之比。主上英武，士馬精彊，彼若果來，譬如以駒犢鬭虎狼也，何懼之有！蠕蠕恃其絕遠，謂國家力不能制，自寬日久，故夏則散眾放畜，秋肥乃聚，背寒向溫，南來寇鈔。今掩其不備，必望塵駭散。牡馬護牝，牝馬戀駒，驅馳難制，不得水草，不過數日，必聚而困弊，可一舉而滅也。……但恐諸將瑣瑣，前後顧慮，不能乘勝深入，使不全舉耳。」這種分析問題的思路我們是很熟悉的，當年曹操破袁紹後，欲出兵北伐三郡烏桓，眾謀士都怕荊州的劉表、劉備出兵來襲。郭嘉力排眾議，料定劉表必不敢斷然來襲，而三郡烏桓必可以短時間內將其剿滅，全軍勝利而回。曹操採納了郭嘉的建議，事實證明了郭嘉謀略的無比正確。現在魏主也斷然聽取了崔浩的建議，事實又恰如崔浩所言。而且果然又是由於諸將未能趁勢窮追，致使柔然的殘部得以僥倖逃走。文章說：「魏主至漠南，捨輜重，帥輕騎兼馬襲擊柔然，至栗水。柔然紇升蓋可汗先不設備，民畜滿野，驚怖散去，莫相收攝。紇升蓋燒廬舍，絕迹西走，莫知所之。……紇升蓋可汗既走，部落四散，竄伏山谷，雜畜布野，無人收視。魏主循栗水西行，至菟園水，分軍搜討，東西五千里，南北三千里，俘斬甚眾。……柔然種類前後降魏者三十餘萬落，獲戎馬百餘萬匹，畜產、車廬，彌漫山澤，亡慮數百萬。魏主循弱水西行，至涿邪山，諸將慮深入有伏兵，勸魏主留止。……既而得降人言：『可汗先被病，聞魏兵至，不知所為，乃焚穹廬，以車自載，將數百人入南山。民畜窘聚，方六十里無人統領，相去百八十里。追兵不至，乃徐西遁，唯此得免。』……魏主深悔之。紇升蓋可汗憤悒而卒。」這是多麼精彩的戰爭描寫！即使如司馬遷《史記》之文筆能趕上這種文章的也不算多。

魏主嘗引崔浩到他的臥室，推心置腹地對他說：「卿才智淵博，事朕祖考，著忠三世，故朕引卿以自近。卿宜盡忠規諫，勿有所隱。朕雖或時忿恚，不從卿言，然終久深思卿言也。」魏主又曾指著崔浩對新投降的高車人說：「汝曹視此人尫纖懦弱，不能彎弓持矛，然其胸中所懷，乃過於兵甲。朕雖有征伐之志而不能自決，前後有功，皆此人所教也。」又告訴尚書說：「凡軍國大計，汝曹所不能決者，皆當咨浩，然後施行。」像這樣的君臣知遇，即使如劉邦之與張良，劉備之與諸葛亮，苻堅之與王猛，恐怕都難以超過。誰能想到就是這樣一位大臣後來還是被魏主滅門了。掩卷深思，世事真是難以預料，難以索解。

另外，本卷又寫了劉義隆的派將出兵北伐，最後竟落得喪師辱國，狼狽而歸。文章說：當時魏主令黃河南岸之洛陽、虎牢、滑臺、碻磝各個據點的守兵都一律撤至黃河北，而宋將到彥之則是逐個地派兵進佔各地，結果從東至西，到處派兵防守，戰線竟連延了兩千里，這是一個有戰略頭腦的將軍所會採取的行兵布陣麼？而每個戰略要地的守將，又都怯懦無比，簡直與當年的東晉守將沒有什麼差別。當魏將安頡渡黃河進攻金墉時，宋將杜驥、姚聳夫棄城逃走，於是洛陽、虎牢遂兵不血刃地相繼被魏軍所佔領。而大將到彥之聽到洛陽、虎牢失守的消息時，不聽部下垣護之「派兵援守滑臺，率大軍進擬河北」的勸告，竟在遠距敵兵尚有千里之遙時棄滑臺、燒舟船而南奔彭城；部將竺靈秀則是棄須昌，南奔湖陸；魏將追攻湖陸，大破竺靈秀軍。劉義隆的所謂「北伐」就是這樣幾乎沒有經過什麼戰鬥的以潰逃失敗而可恥地著之於歷史。「彥之之北伐也，甲兵資實甚盛；及敗還，委棄盪盡，府藏、武庫為之空虛。」失敗的責任應該追究誰？到彥之該不該送上軍事法庭？檀道濟當時在什麼地方？要不要負敗軍的責任？結果只以「右將軍到彥之、安北將軍王仲德皆下獄免官，兗州刺史竺靈秀坐棄軍伏誅」草草了事。王仲德是有過建言的，罪魁禍首是到彥之。到彥之為什麼沒有受到嚴厲懲處呢？就因為他在劉義隆解決謝晦、徐羨之、傅亮的問題上起過作用，所以劉義隆就對他網開一面了。到彥之、竺靈秀等人在與魏軍作戰上的表現，看不出與東晉的將領有何差別，都是同樣的腐朽、怯懦、自私。當年劉牢之、劉裕等人身上「北府兵」的那種勇敢無畏的氣概，到此已經喪失淨盡了。

最後應該說到的是，在劉義隆這次「北伐」可恥潰敗的濁流汙水中閃現了兩點悅目的光輝，一個是蕭承之，一個是劉義欣。蕭承之當時任濟南太守，當到彥之的大軍向南狼狽逃走後，濟南這座孤城就呈現在了魏兵的直接攻擊之下，文章說：「魏兵攻濟南，濟南太守武進蕭承之帥數百人拒之。魏眾大集，承之使偃兵，開城門。眾曰：『賊眾我寡，柰何輕敵之甚！』承之曰：『今懸守窮城，事已危急，若復示弱，必為所屠，唯當見彊以待之耳。』魏人疑有伏兵，遂引去。」嘿！精彩，事隔二百年，又完全像諸葛亮對付司馬懿一樣演了一場「空城計」，卻又出奇地奏效了，真是不可思議。

劉義欣是劉裕的小兒子，劉義隆的小弟，當時被委派率領一支軍隊駐守彭城，當到彥之率大軍向南潰去後，徐州將很快被魏軍所攻時，劉義欣的將佐們「恐魏兵大至，勸義欣委鎮還都，義欣不從」。有志氣，也有勇氣，不像到彥之、竺靈秀那種軟骨頭，還像是劉裕的兒子。不久，劉義隆改派劉義欣鎮守壽陽（今之安徽壽州），「壽陽土荒民散，城郭頹敗，盜賊公行。義欣隨宜經理，境內安業，道不拾遺，城府完實，遂為盛藩。芍陂久廢，義欣修治隄防，引河水入陂，溉田萬餘頃，無復旱災。」表明劉宋還有人才，劉裕的兒子中還有幾個能成氣候的，這個小王朝還能支撐若干年。

卷第一百二十二

宋紀四

起重光協洽（辛未 西元四三一年），盡旃蒙大淵獻（乙亥 西元四三五年），凡五年。

【題解】本卷寫宋文帝元嘉八年（西元四三一年）至十二年共五年間的劉宋與北魏等國的大事。寫了宋將檀道濟率王仲德、段宏救滑臺，軍至歷城，乏食不能進，在行將崩潰之際，夜間以「唱籌量沙」之法，穩定軍心，全軍而返；寫了魏兵猛攻滑臺，宋將朱脩之堅守數月，城破被俘，受到魏人的欽敬；寫了魏主拓跋燾起兵伐燕，燕之十郡降魏，魏主發其民以圍燕都和龍，燕王馮弘的舊太子馮崇與其弟馮朗、馮邈在遼西率部降魏；燕王向魏國稱藩求和，願送女、送回扣留的使臣于什門等，但堅持不送其子為質；又向劉宋稱藩入貢，又請降於高句麗，請求高句麗出兵相迎；寫了劉宋的益州刺史劉道濟與其長史費謙等聚斂興利，傷政害民，引起民變，民變者詐稱司馬飛龍，北依氐王楊難當，楊難當資之以兵，使之為亂於益州，於是蜀地的土著與僑居者一時皆叛；變民圍攻成都，劉道濟與部將裴方明多方拒之；其後劉道濟死，梁儁之、裴方明、周籍之等大破變民頭領程道養、趙廣，變民奔散入山；寫了劉宋的梁、秦二州刺史甄法護政刑不治，失氐羌之和，朝廷起用蕭思話以代甄法護，氐王楊難當乘機襲梁州，甄法護棄州逃走，梁州遂為楊難當所佔據，朝廷誅甄法護；蕭思話到梁州後，與楊難當戰，部將蕭承之大破楊難當，悉收復漢中故地；寫了劉宋之權臣殷景仁引劉湛入朝共執朝政，劉湛不滿居於殷景仁之下，借助司徒劉義康之力，對殷景仁極盡挑撥排擠之能事，甚至欲派殺手刺殺之，因有皇帝維護，劉湛未能得手；寫了夏主赫連定攻南安伐秦，秦主乞伏暮末窮蹙降夏，被夏主所殺，西秦遂滅；夏主赫連定欲渡河西擊沮渠蒙遜，結果被吐谷渾王慕容慕璝擊敗俘獲，送與魏國，夏政權亦從此滅亡；寫了魏主拓跋燾派拓跋範、崔徽等鎮守關中，輕徭薄賦，政刑簡易，關中遂安；寫了吐谷渾、柔然、北涼都遣使歸附於魏，龜茲、疏勒等西域九國入貢於魏，魏國的勢力空前強大；寫了魏主獲勝後「理廢職，舉遺民」，更定法令，起用賢才，而崔浩要「大整流品」，「明辨族姓」，搞魏晉以來的門閥制度，由是得罪於眾人；寫了劉宋之臣謝靈運因好山澤之遊，被人奏為有異志，謝靈運詣朝廷自明，被用為臨川內史；又因遊放自若，廢棄郡事，被有司所糾，謝靈運拒捕逃逸，並作詩以晉之「貞臣」自居，被棄市於廣州；此外還寫了北涼主沮渠蒙遜死，其子沮渠牧犍對魏、對宋兩面稱藩進貢，敦煌有謠言預言北涼將亡等等。

太祖文皇帝上之下

元嘉八年（辛未　西元四三一年）

春，正月壬午朔❶，燕大赦，改元「大興」。

丙申❷，檀道濟等自清水❸救滑臺，魏叔孫建、長孫道生拒之。丁酉❹，道濟至壽張❺，遇魏安平公乙旃眷❻。道濟帥寧朔將軍王仲德、驍騎將軍段宏奮擊，大破之；轉戰至高梁亭❼，斬魏濟州❽刺史悉煩庫結❾。

夏主擊秦將姚獻，敗之；遂遣其叔父北平公韋伐❿帥眾一萬攻南安⓫。城中大饑，人相食。秦侍中・征虜將軍出連輔政、侍中・右衛將軍乞伏延祚、吏部尚書乞伏跋跋踰城奔夏。秦王暮末窮蹙⑫，輿櫬出降⑬，并沮渠興國⑭送於上邽⑮。秦太子司直⑯焦楷奔廣寧⑰，泣謂其父遺曰：「大人荷國寵靈⑱，居藩鎮重任。今本朝顛覆，豈得不率見眾⑲唱大義以殄⑳寇讎？」遺曰：「今主上已陷賊庭，吾非愛死而忘義，顧以大兵追之，是趣絕其命㉑也。不如擇王族之賢者，奉以為主而伐之，庶有濟㉒也。」楷乃築壇誓眾，二旬之間，赴者萬餘人。會遺病卒，楷不能獨舉事，亡奔河西㉓。

二月戊午㉔，以尚書右僕射江夷㉕為湘州刺史。

檀道濟等進至濟上㉖，二十餘日間，前後與魏三十餘戰，道濟多捷。軍至歷城㉗，叔孫建等縱輕騎邀其前後，焚燒草穀[1]。道濟軍乏食，不能進，由是安頡、司馬楚之等得專力攻滑臺，魏主復使楚兵將軍王慧龍㉘助之。朱脩之㉙堅守數月，糧盡，與士卒熏鼠食之。辛酉㉚，魏克滑臺，執脩之及東郡㉛太守申謨，虜獲萬餘人。謨，鍾㉜之曾孫也。

癸酉㉝，魏主還平城，大饗，告廟，將帥及百官皆受賞，戰士賜復㉞十年。於是魏南鄙㉟大水，民多餓死。尚書令劉絜言於魏主曰：「自頃邊寇內侵，戎車屢駕[36]，天贊聖明[37]，所在克殄[38]。方難[39]既平，皆蒙優錫[40]。而郡國之民，雖不征討，服勤農桑，以供軍國，實經世[41]之大本，府庫之所資[42]。今自山以東[43]，偏遭水害，應加哀矜，以弘覆育[44]。」魏主從之，復[45]境內一歲租賦。

檀道濟等食盡，自歷城引還。軍士有亡降魏者，具告之。魏人追之，眾恟懼[46]，將潰。道濟夜唱籌量沙[47]，以所餘少米覆其上。及旦，魏軍見之，謂道濟資糧有餘，以降者為妄而斬之。時道濟兵少，魏兵甚盛，騎士四合。道濟命軍士皆被甲，己白服乘輿[48]，引兵徐出。魏人以為有伏兵，不敢逼，稍稍引退。道濟全軍而返。

青州刺史蕭思話[49]聞道濟南歸，欲委鎮保險[50]，濟南太守蕭承之固諫，不從。丁丑[51]，思話棄鎮奔平昌[52]；參軍劉振之戍下邳[53]，聞之，亦委城走。魏軍竟不至，而東陽積聚[54]已為百姓所焚。思話坐徵[55]，繫尚方[56]。

燕王立夫人慕容氏為王后。

庚戌[57]，魏安頡等還平城。魏主嘉朱脩之守節[58]，拜侍中[2]，妻以宗女。

初，帝之遣到彥之也，戒之曰：「若北國兵動，先其未至，徑前入河；若其不動，留彭城勿進。」及安頡得宋俘，魏主始聞其言。謂公卿曰：「卿輩前謂我用崔浩計[59]為謬，驚怖固諫。常勝之家，始皆自謂踰人[60]，至於歸終，乃不能及。」

司馬楚之上疏，以為諸方已平，請大舉伐宋。魏主以兵久勞，不許。徵[61]楚之為散騎常侍，以王慧龍為滎陽太守[62]。

慧龍在郡十年，農戰並脩[63]，大著聲績，歸附者萬餘家。帝縱反間於魏，云：「慧龍自以功高位下，欲引宋人入寇，因執司馬楚之以叛。」魏主聞之，賜慧龍璽書[64]曰：「劉義隆畏將軍如虎，欲相中害[65]，朕自知之。風塵之言[66]，想不足介意。」帝復遣刺客[67]呂玄伯刺之，曰：「得慧龍首，封二百戶男[68]，賞絹千匹。」玄伯詐為降人，求屏人[69]有所論；慧龍疑之，使人探其懷，得尺刀。玄伯叩頭請死，慧龍曰：「各為其主耳。」釋之。左右諫曰：「宋人為謀未已，不殺玄伯，無以制將來。」慧龍曰：「死生有命，彼亦安能害我？我以仁義為扞蔽[70]，又何憂乎？」遂捨之。

夏，五月庚寅[71]，魏主如雲中。

六月乙丑[72]，大赦。

夏主殺乞伏暮末及其宗族五百人。

夏主畏魏人之逼，擁秦民[73]十餘萬口，自治城[74]〔3〕濟河，欲擊河西王蒙遜而奪其地。吐谷渾王慕璝遣益州[75]刺史慕利延[76]、寧州[77]刺史拾虔[78]帥騎三萬，乘其半濟邀擊之，執夏主定以歸(79)，沮渠興國被創(80)而死。拾虔，樹洛干(81)之子也。

魏之邊吏獲柔然邏者(82)二十餘人，魏主賜衣服而遣之，柔然感悅。閏月乙未(83)，柔然敕連可汗遣使詣魏，魏主厚禮之。○魏主遣散騎侍郎周紹來聘，且求昏，帝依違(84)答之。

荊州刺史江夏王義恭年寖長(85)，欲專政事，長史劉湛每裁抑(86)之，遂與湛有隙(87)。帝心重湛，使人詰讓(88)義恭，且和解之。是時，王華、王曇首皆卒(89)，領軍將軍殷景仁素與湛善，白帝以時賢零落(90)，徵湛為太子詹事(91)，加給事中，共參政事。以雍州刺史張邵(92)代湛為撫軍長史(93)、南蠻校尉(94)。

頃之，邵坐在雍州營私蓄聚(95)，贓滿二百四十五萬，下廷尉(96)，當死(97)。左衛將軍謝述(98)上表，陳邵先朝舊勳(99)，宜蒙優貸(100)。帝手詔酬納(101)，免邵官，削爵土。述謂其子綜曰：「主上矜邵夙誠(102)，特加曲恕(103)，吾所言謬會(104)，故特見酬納耳。若此迹宣布(105)，則為侵奪主恩(106)，不可之大者也。」使綜對前焚之(107)。帝後謂邵曰：「卿之獲免，謝述有力焉。」

秋，七月己酉(108)，魏主如河西(109)。

八月乙酉(110)，河西王蒙遜遣子安周入侍于魏。

吐谷渾王慕璝遣侍郎謝太寧奉表于魏，請送赫連定。己丑(111)，魏以慕璝為大將軍、西秦王[4]。

左僕射臨川王義慶固求解職(112)。甲辰(113)，以義慶為中書令，丹楊尹如故。

九月癸丑(114)，魏主還宮。庚申(115)，加太尉長孫嵩柱國大將軍，以左光祿大夫崔浩為司徒，征西大將軍長孫道生為司空。道生性清儉(116)，一熊皮鄣泥(117)，數十年不易。魏主使歌工歷頌羣臣(118)曰：「智如崔浩，廉若道生。」

魏主欲選使者詣河西，崔浩薦尚書李順。乃以順為太常(119)，拜河西王蒙遜為侍中、都督涼州・西域・羌・戎諸軍事、太傅、行征西大將軍、涼州牧、涼王，王武威、張掖、敦煌、酒泉、西海、金城、西平七郡。冊(120)曰：「盛衰存亡，與魏升降(121)。北盡窮髮(122)，南極庸、岷(123)，西被崐嶺(124)，東至河曲(125)，王實征之(126)，以夾輔皇室(127)。置將相、羣卿、百官，承制假授(128)，建天子旌旗，出入警蹕(129)，如漢初諸侯王故事(130)。」

壬申(131)，魏主詔曰：「今二寇(132)摧殄，將偃武脩文，理廢職(133)，舉逸民(134)。范陽盧玄、博陵崔綽、趙郡李靈、河間邢穎、勃海高允、廣平游雅、太原張偉等，皆賢儁之冑(135)，冠冕州[5]邦(136)。易曰：『我有好爵，吾與爾縻(137)之。』如玄之比者，盡敕州郡以禮發遣[138]。」遂徵玄等及州郡所遣至者數百人，差次敘用[139]。崔綽以母老固辭。玄等皆拜中書博士。玄，諶[140]之曾孫；靈，順[141]之從父兄也。

玄舅崔浩，每與玄言，輒歎曰：「對子真[142]使我懷古之情更深。」浩欲大整流品[143]，明辨姓族[144]。玄止之曰：「夫創制立事，各有其時；樂為此者，詎有幾人[145]？宜加三思。」浩不從，由是得罪於眾。

初，魏昭成帝[146]始制法令：「反逆者族。其餘當死者聽入金、馬贖罪。殺人者聽與死家牛馬、葬具以平[147]之。盜官物，一備五[148]；私物，一備十。」四部大人[149]共坐王庭決辭訟[150]，無繫訊連逮之苦，境內安之。太祖[151]入中原，患前代律令[152]峻密，命三公郎王德刪定[153]，務崇簡易。季年被疾[154]，刑罰濫酷[155]；太宗[156]承之，吏文[157]亦深。冬，十月戊寅[158]，世祖命崔浩更定律令，除五歲、四歲刑[159]，增一年刑。巫蠱[160]者，負羖羊[161]、抱犬沈諸淵。初令官階九品[162]者得以官爵除刑[163]。婦人當刑而孕，產後百日乃決[164]。闕左[165]懸登聞鼓[166]，以達冤人[167]。

魏主如漠南。十一月丙辰[168]，北部敕勒莫弗庫若干[169]帥所部數萬騎，驅鹿數百萬頭，詣魏主行在[170]。魏主大獵以賜從官。十二月丁丑[171]，還宮。

是歲，涼王[172]改元「義和」。

林邑王范陽邁寇九德(173)，交州(174)兵擊卻之。

【章　旨】以上為第一段，寫宋文帝元嘉八年（西元四三一年）一年間的大事。寫了宋將檀道濟率王仲德、段宏救滑臺，軍至歷城，乏食不能進，在行將崩潰之際，夜間以「唱籌量沙」之法，穩定軍心，全軍而返；寫了魏兵猛攻滑臺，宋將朱脩之堅守數月，城破被俘，受到魏人的欽敬；魏軍獲勝後，以王慧龍為滎陽太守，王慧龍農戰並修，治郡大有聲績，劉義隆行反間於魏，魏主不受其騙，對王慧龍下璽書褒獎；寫了夏主赫連定攻南安伐秦，秦主乞伏暮末窮蹙降夏，被夏主所殺，西秦遂滅；寫了夏主赫連定欲渡河西擊沮渠蒙遜，結果被吐谷渾王慕容慕璝擊敗俘獲，送與魏國，夏政權亦從此滅亡；寫了吐谷渾、柔然、沮渠蒙遜都遣使歸附於魏；魏主拓跋燾封吐谷渾王慕容慕璝為西秦王；封沮渠蒙遜為涼王，王河西一帶之七郡，魏國空前強大；寫了魏主獲勝後之「理廢職，舉遺民」，更定法令，起用賢才等等；而崔浩要「大整流品」，「明辨族姓」，搞魏晉以來的門閥制度，由是得罪於眾人；寫了劉義隆之弟荊州刺史劉義恭與其長史劉湛爭權，劉義隆調劉湛進京，進入核心集團，而劉義恭的前景呈現凶兆等等。

【注　釋】❶正月壬午朔　正月初一是壬午日。❷丙申　正月十五。❸清水　即清口，在今山東梁山縣東南。❹丁酉　正月十六。❺壽張　縣名，縣治在今山東東平西南。❻安平公乙旃眷　姓拓跋，名乙旃眷，北魏的宗室，被封為安平公。❼高梁亭　約在今山東東平北。❽濟州　當時北魏的濟州州治即在碻磝城，今山東東阿西北的古黃河邊。❾悉煩庫結　人名，姓悉煩，名庫結。❿北平公韋伐　姓赫連，名韋伐，被封為北平公。⓫南安　郡名，郡治在今甘肅隴西縣東南，去年西秦王乞伏暮末逃居於此。⓬窮蹙　指勢力消耗殆盡。⓭輿櫬出降　拉著棺材，以表示請罪，這是古代帝王、諸侯向人投降的一種儀式。按，乞伏氏政權歷經乞伏國仁、乞伏乾歸、乞伏熾磐、乞伏暮末，前後共歷四十九年。⓮并沮渠興國　連同沮渠興國。沮渠興國於元嘉六年被乞伏氏所擒，今將其一道送歸夏國。⓯送於上邽　當時夏國的都城統萬已被魏國所佔，夏主赫連定這時逃居在上邽。⓰太子司直　太子的屬官，執掌監察、彈劾等事。⓱廣寧　西秦的郡名，郡治在今甘肅漳縣西南。⓲荷國寵靈　蒙受國家的恩寵。荷，蒙受。寵靈，恩寵。⓳見眾　現有的兵力。見，同「現」。⓴殄　滅。㉑趣絕其命　因秦國的追兵迫夏人過急，可能促使夏人殺掉秦主暮末。趣，促；加速。㉒庶有濟　或許能有所成。濟，成功。㉓亡奔河西　往投沮渠蒙遜。㉔二月戊午　二月初七。㉕江夷　晉宋之際的名臣。傳見《宋書》卷五十三。㉖濟上　濟水邊上。㉗歷城　即今山東濟南，在當時的濟水南岸。㉘楚兵將軍王慧龍　王慧龍原是晉人，降魏後被任為楚兵將軍。㉙朱脩之　劉宋時期的名臣，朱序之孫。傳見《宋書》卷七十六。㉚辛酉　二月初十。㉛東郡　郡治白馬，即當時的滑臺，在今河南滑縣東南。㉜鍾　即申鍾，後趙石鑒時，曾任司徒。事見《晉書》卷一百七。㉝癸酉　二月二十二。㉞賜復　免除其勞役、賦稅，為賞賜其北伐柔然、西伐夏、南禦劉宋之功。㉟南鄙　南部邊境地區。㊱戎車屢駕　兵車屢次出動。㊲天贊聖明　老天爺幫助聖明的君主。聖明，以稱魏主拓跋燾。㊳所在克殄　打到誰，誰就被消滅。㊴方難　四方邊境上的寇亂。㊵優錫　優待、賞賜。錫，賜。㊶經世治國。㊷所資　所憑藉；所依賴。㊸自山以東　謂恒山、太行山以東。㊹弘覆育　擴大關懷面。覆，謂天之所覆蓋。育，指造化之撫育萬物。這裡都比喻帝王的恩德。㊺復　免除。㊻眾恟懼　檀道濟的人馬都恐懼糧食斷絕。㊼唱籌量沙　唱著數字量沙土。㊽白服乘輿　身著白色便服，坐著轎車，以表現其從容閒暇。㊾蕭思話　劉裕舅舅的兒子。傳見《宋書》卷七十八。㊿委鎮保險　指丟掉東陽城（今山東青州），另依托險要的地方防守。鎮，州刺史與督軍的駐防地點。保，依托；依靠。(51)丁丑　二月二十六。(52)平昌　縣名，在今山東安丘西南。(53)下邳　在今江蘇邳州西南。(54)積聚　指政府倉庫的各種物資。(55)坐徵　因此被調到京城。(56)繫尚方　關押在尚方署的監獄裡。(57)庚戌　二月初一是「壬子」，本月中無「庚戌」日，疑字有誤。(58)守節　指忠於劉宋，堅守滑臺抗魏事。(59)崔浩計　崔浩不主張首先對劉宋展開進攻，認為劉宋如對魏發動進攻則必敗。事見本書卷一百二十一元嘉七年。(60)自謂踰人　總以為自己比別人強。(61)徵　召；使之入朝。(62)滎陽太守　滎陽郡的郡治即今滎陽東北的古滎鎮。胡三省曰：「魏雖置滎陽太守，實以虎牢為重鎮。」按，虎牢關在今滎陽西北的古汜水鎮，也就是楚漢戰爭時的成皋城的南側，在當時滎陽城的西方。(63)並脩　都搞得很好。(64)璽書　蓋著皇帝璽印的書信，極表其鄭重、寵信。(65)中害　中傷、陷害。(66)風塵之言　沒有根據的謠傳，猶今之所謂「流言蜚語」。(67)復遣刺客　此即魏主所謂「劉義隆畏將軍如虎」者也。(68)封二百戶男　封給二百戶的采邑，賜之為男爵。(69)屏人　打發開周圍的人。屏，同「摒」。支開。(70)以仁義為扞蔽　意即以仁義待人，使人不忍加害。(71)五月庚寅　五月十一。(72)六月乙丑　六月十六。(73)秦民　此指滅掉乞伏暮末後所俘獲的西秦部眾。(74)治城　約在今甘肅蘭州西南的黃河邊。(75)益州　州治成都。(76)慕利延　慕璝之弟。(77)寧州　州治在今雲南晉寧東北。但在這裡「益州」、「寧州」僅是吐谷渾人的一種官號。(78)拾虔　樹洛干之子，慕璝的堂弟。(79)執夏主定以歸　夏主定即赫連定。按，夏政權自赫連勃勃建國，經赫連昌，至赫連定被吐谷渾人所滅，共歷二十六年。胡三省曰：「自是中原及西北之地一歸於魏矣。」(80)被創　被兵器所傷。(81)樹洛干　前代的吐谷渾王，視羆之子，繼其叔烏紇提為王。樹洛干卒於晉安帝義熙十三年，其弟阿柴即位。阿柴死，其兄之子慕璝繼位，即今之吐谷渾王。(82)邏者　探子。(83)閏月乙未　閏六月十六。(84)依違　似依似違，像同意又不同意，即今之所謂「模稜兩可」。(85)寖長　漸漸長大。(86)裁抑　壓制；不讓插手。(87)有隙　自劉裕開始，封其幼子為州刺史，派心腹人為之任長史，掌握一切權力。今幼子長大，故與長史「有隙」。(88)詰讓　質問、責備。(89)王華王曇首皆卒　王華卒於元嘉四年（西元四二七年），年四十三歲；王曇首卒於元嘉七年。(90)時賢零落　眼下的賢臣死喪殆盡。時賢，一時之內的賢才。(91)太子詹事　掌管皇后與太子宮中的事務，下有太子家令、家丞等職。按，太子詹事並不是多麼重要的官，關鍵在於有下面的「加給事中」，可以進宮陪侍皇帝，於是就進入了核心集團。(92)張卲　劉裕的親信，對劉裕的北伐、篡晉都有汗馬之功，後又為劉義隆所親信，任雍州刺史。傳見《宋書》卷四十六。劉宋時的雍州州治僑居於襄陽，即今湖北襄樊之襄陽區。(93)撫軍長史　撫軍將軍的長史，當時劉義恭任撫軍將軍。(94)南蠻校尉　荊州刺史的下屬，主管南方的蠻族事宜，是荊州地區重要的統兵將軍之一。(95)蓄聚　貪贓枉法地聚斂錢財。(96)下廷尉　交由全國最高的司法長官審判治罪。廷尉，猶如後代的刑部尚書。(97)當死　判處死刑。當，判定。(98)謝述　劉裕的僚屬，後又為劉義隆所賞識。傳見《宋書》卷五十二。(99)先朝舊勳　給上代皇帝立過功勳的人，指曾助劉裕討伐桓玄，又不依附劉毅者。(100)優貸　待遇應從優，有罪應寬赦。(101)手詔酬納　親手寫回信表明採納。(102)矜卲夙誠　體憐張卲舊日的一向忠誠。矜，憐念。夙，平素；舊日。(103)曲恕　不該恕而恕；網開一面的加以饒恕。(104)謬會　剛好碰巧了。「謬」字是客氣用語。(105)若此迹宣布　這件事如果傳揚出去。此迹，指勸文帝寬待張卲事。(106)侵奪主恩　即今所謂「掠人之美」，搶著做人情。(107)對前焚之　當面把上書的草稿燒掉了。(108)七月己酉　七月初一。(109)河西　今黃河以西的內蒙古、寧夏一帶地區。(110)八月乙酉　八月初七。(111)己丑　八月十一。(112)固求解職　當時劉義慶任尚書左僕射，並領有丹楊尹之職。(113)甲辰　八月二十六。(114)九月癸丑　九月初六。(115)庚申　九月十三。(116)清儉　清靜、儉樸。(117)熊皮鄣泥　用熊皮製作的馬鞍下的墊布，下垂於馬腹兩側，以障塵土。(118)歷頌羣臣　逐個地把大臣們歌頌一遍。(119)太常　朝官名，負責禮樂、祭祀諸事。(120)冊　也寫作「策」，皇帝加封子弟與功臣時所使用的一種文體，內容包括對該受封者所加的封號，所賜予的疆土，以及對受封者所告誡、勉勵的言語等等。(121)與魏升降　猶言與魏國同盛衰、共存亡。劉邦分封功臣時有所謂「黃河如帶，泰山若礪，國土永存，爰及苗裔」，意思與此相似。(122)北盡窮髮　向北直到極遠的不毛之地。(123)南極庸岷　向南直到上庸、岷山。上庸，縣名，縣治有今湖北竹山縣西南，也是上庸郡的郡治所在地。岷山，在今四川松潘北，是四川北部與甘肅鄰近地區的大山。(124)西被崐嶺　向西直到昆侖山。被，加，這裡也是「到達」

的意思。(125)河曲　猶言「河套」，即今內蒙古巴彥淖爾盟一帶地區。(126)王實征之　意思是在以上廣大的區域內，凡有不遵王命、不服管教的勢力，你都可以征討。《史記・齊太公世家》寫周天子封姜太公為齊國君主時有所謂「五侯九伯，女實征之，以夾輔周室」；又賜太公履，曰「東至於海，西至於河，南至於穆陵，北至於無棣」云云，魏主之冊文乃效《史記》。(127)夾輔皇室　以扶助、輔佐我們魏國的皇家。夾，挾；左右攙扶。皇室，指拓跋氏政權。(128)承制假授　以魏主的名義分封、任命所屬地區的官爵。假授，委任。假，加；予。(129)警蹕　指帝王出門時的清道、戒嚴。(130)如漢初諸侯王故事　像西漢初期所封的諸侯王韓信、彭越等那種樣子。西漢初期諸侯王國的政權建置與中央天子相同，諸侯王有自己任命丞相、都尉以外其他官吏的權力。(131)壬申　九月二十五。(132)二寇　指西秦乞伏氏與夏赫連氏政權。(133)理廢職　重振已經荒廢了的職業、事業。(134)舉逸民　選拔任用遺漏在山村草野的卓越人才。(135)皆賢儁之胄　都是前代賢人的子孫。胄，後裔。(136)冠冕州邦　都是各州郡的佼佼者。(137)我有好爵二句　二句見《易經・中孚卦》。意思是我有好的爵位，要與你共同享受。縻，繫，把印綬繫在你身上，即「加封」、「委任」的意思。(138)以禮發遣　按照禮節發送他們到朝廷來。(139)差次敘用　排出等級順序，依次任用。按，上述諸人，盧玄傳見《魏書》卷四十七、李靈傳見《魏書》卷四十九、游雅傳見《魏書》卷五十四、張偉傳見《魏書・儒林傳》。(140)諶　即盧諶，東晉初人，字子諒，曾任敵後抗戰英雄劉琨的從事中郎，劉琨死前曾寫過〈重贈盧諶〉詩。其後盧諶輾轉於石氏之間，冉閔之敗，遂死於兵。傳見《晉書》卷四十四。(141)順　即李順，字德正，拓跋燾時的名臣。傳見《魏書》卷三十六。(142)子真　即盧玄，字子真。(143)整流品　指清理朝野士人的人品等級。(144)明辨姓族　查清各家族姓氏統系的源流。(145)詎有幾人　猶言「能有幾人」，意謂贊成者不多。詎，也寫作「渠」，意思相同。(146)昭成帝　即什翼犍，魏國的前代君主，諡曰昭成。(147)平　抵償。(148)一備五　指偷一賠五。備，賠償。(149)四部大人　指東、西、南、北四大區的最高官長。(150)決辭訟　審判案件。(151)太祖　指拓跋珪，時稱道武帝，廟號太祖。(152)前代律令　指中原地區前代實行的律令。(153)三公郎王德刪定　事見本書卷一百十隆安二年。三公郎，官名，尚書省各部門的郎官之一，猶如今之中央各部部長。(154)季年被疾　拓跋珪因服寒食散，晚年時常犯病，暴躁無常。季年，晚年；末年。(155)刑罰濫酷　拓跋珪刑罰濫酷的情景，見本書卷一百十隆安四年。(156)太宗　拓跋嗣，時稱明元帝，廟號太宗。(157)吏文　指法律條文。(158)十月戊寅　十月初一。(159)五歲四歲刑　指五年、四年期限的徒刑。(160)巫蠱　以巫術陷人於病、死。(161)羖羊　黑羊。(162)官階九品　謂九品以上的官員。(163)以官爵除刑　讓出官爵以減免刑罰。(164)決　猶今之所謂「執行」。(165)闕左　宮門的左側。闕，古代的雙闕，即後代的宮門兩側的五鳳樓。(166)懸登聞鼓　懸掛在宮前讓有事者自己擊鼓以求見。(167)達冤人　使有冤情者得以上達。(168)十一月丙辰　十一月初十。(169)敕勒莫弗庫若干　敕勒族（即高車）的君主名叫庫若干。莫弗，猶匈奴之所謂「單于」，是臣民對其君長的稱呼。(170)詣魏主行在　把野獸驅趕到魏主出巡中途停息的地方。天子以四海為家，停宿哪裡，就稱那裡為「行在」，或「行在所」。(171)十二月丁丑　十二月初一。(172)涼王　即北涼王沮渠蒙遜。(173)九德　郡名，郡治即今越南榮市，上屬於交州，當時為劉宋所管轄。(174)交州　州治龍編，在今越南河內東北，當時屬劉宋王朝所管轄。

【校　記】[1]草穀　據章鈺校，甲十一行本、乙十一行本、孔天胤本二字皆互乙。[2]拜侍中　原無此三字。據章鈺校，甲十一行本、乙十一行本、孔天胤本皆有此三字，張敦仁《通鑑刊本識誤》同，今據補。[3]治城　原作「治城」。據章鈺校，甲十一行本、乙十一行本皆作「治城」，今據改。[4]西秦王　據章鈺校，乙十一行本「西」上有「封」字。[5]州　原作「周」。胡三省注云：「『周』當作『州』。」據章鈺校，甲十一行本、乙十一行本皆作「州」，今據改。

【語　譯】太祖文皇帝上之下

元嘉八年（辛未　西元四三一年）

春季，正月初一日壬午，北燕實行大赦，改年號為「大興」。

正月十五日丙申，宋國征南大將軍檀道濟等率軍從清水出發，救援滑臺，北魏壽光侯叔孫建、征西大將軍長孫道生率軍進行抵抗。十六日丁酉，檀道濟等抵達壽張，遭遇北魏安平公拓跋乙旃眷。檀道濟率領寧朔將軍王仲德、驍騎將軍段宏奮力反擊，將北魏拓跋乙旃眷打得大敗；然後轉戰至高梁亭，斬殺了北魏擔任濟州刺史的悉煩庫結。

夏主赫連定率領夏軍進攻西秦將領姚獻，將姚獻打敗；遂乘勝派自己的叔父北平公赫連韋伐率領一萬人進攻西秦王乞伏暮末所據守的南安。南安城中發生了嚴重的饑荒，人們為了活命，已經到了人吃人的境地。西秦侍中・征虜將軍出連輔政、侍中・右衛將軍乞伏延祚、吏部尚書乞伏跋跋全都翻越城牆出來向夏軍投降。西秦王乞伏暮末的實力已經消耗殆盡，在走投無路的情況下，只得拉著棺材出城，向夏軍投降，夏國北平公赫連韋伐將乞伏暮末，連同沮渠興國一同送往上邽。西秦擔任太子司直的焦楷逃往廣寧，哭著對老父焦遺說：「父親大人蒙受國家的恩寵，擔任鎮守廣寧、藩護朝廷的重任。如今國家已經覆亡，您怎麼不率領現有的兵眾，高舉義旗，號召各方起兵消滅寇仇呢？」焦遺回答說：「如今秦王乞伏暮末已經落入賊寇之手，我並不是懼怕死亡而忘記忠君愛國的大義，只是有所顧慮，擔心我們率軍追趕夏人過急，會促使夏人很快殺死秦王。我們不如從王族中選擇一名賢能，擁戴他為國王，然後出兵討伐夏國，或許還有成功的希望。」焦楷於是築起一座高臺，聚眾盟誓，只用了二十天的時間，前來投奔的就有一萬多人。然而遺憾的是焦遺偏偏在這時候生病去世，焦楷沒有能力獨自承擔起兵抗擊夏軍的大任，遂逃往北涼投奔了河西王沮渠蒙遜。

二月初七日戊午，宋文帝劉義隆任命擔任尚書右僕射的江夷為湘州刺史。

檀道濟等率軍抵達濟水岸邊，在二十多天的時間裡，前後與魏軍交戰三十多次，多數情況下都是檀道濟所率領的宋軍獲得勝利。宋軍遂進抵歷城，北魏壽光侯叔孫建等派出輕騎兵展開游擊戰，不斷地或從前方、或從背後向檀道濟所率領的宋軍展開攻擊，並焚燒了宋軍的糧草。檀道濟的軍中因為缺乏糧食而無法繼續前進，使得北魏冠軍將軍安頡、安南大將軍司馬楚之等得以集中力量進攻滑臺，北魏太武帝拓跋燾又令擔任楚兵將軍的王慧龍前往增援安頡等。朱脩之堅守了數月，滑臺城中糧食已盡，便與士卒一起用濃煙薰出洞裡的老鼠，用來充飢。二月初十日辛酉，北魏軍攻陷了滑臺，活捉了朱脩之以及擔任東郡太守的申謨，被魏軍俘虜的有一萬多人。申謨，是申鍾的曾孫。

二月二十二日癸酉，北魏太武帝拓跋燾返回平城，舉行盛大的祭祀典禮，將北伐柔然、西伐夏國、南禦宋國的成功祭告祖廟中的先王，所有出征的將帥以及文武百官全都接受了賞賜，出征的士卒所受到的獎賞是十年不用繳納賦稅、不服勞役。

此時，北魏的南部邊境地區發生了大水災，當地的居民餓死了很多。擔任尚書令的劉絜向北魏太武帝拓跋燾建議說：「自從不久之前，四方賊寇入侵邊境以來，兵車屢次出動，老天爺也在幫助聖明的君主，大軍所到之處攻無不克，戰無不勝，打到誰，誰就被消滅。如今四方邊境上的寇亂都已經被削平，有功的將帥以及文武百官、全軍士卒，全都蒙受了陛下的優待和賞賜。而各郡、封國之內的百姓，雖然沒有參加征討，然而他們辛勤地在田間耕種莊稼、植桑養蠶，用來供應國家和軍隊的需要，他們是治理國家的根本，國家府庫中各種儲備的來源全要依靠他們。現在從恆山、太行山以東，到處都遭遇了洪水的災害，陛下應該同情他們、顧念他們，擴大陛下負載萬物、撫育萬民的恩德。」太武帝拓跋燾採納了劉絜的建議，下詔免除全國人民一年的租稅。

宋國征南大將軍檀道濟等因為軍中已經沒有了糧食，遂率軍從歷城撤回。軍中有人投降了魏軍，他們把檀道濟軍中缺糧的情況告訴了魏軍。魏軍遂尾隨追擊，檀道濟所率領的宋軍將士也都因為擔心糧食斷絕而人心惶恐，眼看就要自行崩潰。檀道濟便利用夜間作掩護，令軍士一面稱量沙土，一面大聲地數著數，然後將剩餘的僅有一點糧食覆蓋在沙土上面。等到天亮之後，魏軍看見檀道濟軍中糧食充足，便認為投降的宋軍有意欺騙他們，遂將那些降卒全部斬首。當時檀道濟的軍隊人數很少，而北魏軍人數眾多、兵力強盛，騎兵從四面八方向歷城包圍過來。檀道濟就下令軍士全都穿上鎧甲，自己則身穿白色的便服，坐著車子，率領軍隊從容閒暇地出城而去。北魏軍認為宋軍一定設有埋伏，所以不僅不敢向前逼近，反而漸漸向後撤退。檀道濟才得以保全實力撤回宋國境內。

宋國擔任青州刺史的蕭思話得知征南大將軍檀道濟向南撤退的消息，就準備放棄青州治所所在地東陽城，撤退到其他險要的地方據守，擔任濟南太守的蕭承之一再地進行勸阻，蕭思話都不肯聽從。二月二十六日丁丑，蕭思話放棄了東陽城逃往平昌；擔任參軍的劉振之正在戍守下邳，得知蕭思話棄城逃走的消息，便也放棄下邳逃走。然而北魏的軍隊並沒有到達東陽城，而東陽城由於無人鎮守，城中官府倉庫中的各種物資儲備遂被城中百姓全部焚毀。蕭思話因此被判有罪而被調回京師建康，關押在尚方署的監獄中。

北燕王馮弘立夫人慕容氏為王后。

庚戌日，北魏冠軍將軍安頡等回到魏國的都城平城。北魏太武帝拓跋燾讚揚朱脩之忠於宋國、堅守節操，遂任命朱脩之為侍中，並將宗室的女兒嫁給朱脩之為妻。

當初，宋文帝劉義隆派遣右將軍到彥之率軍北伐的時候，曾經告誡到彥之說：「如果北方魏國的軍隊已經出動，你要趕在他們未到之前，逕直向前北渡黃河；如果魏軍沒有動靜，你就留在彭城不要貿然前進。」

等到北魏冠軍將軍安頡捉到了宋軍的俘虜，北魏太武帝拓跋燾才得知宋文帝所囑咐的這番話。拓跋燾對屬下的公卿大臣們說：「你們這些人以前還認為我聽信崔浩的計策是錯誤的，竟然嚇得驚慌失措，一再地加以阻攔。一直打勝仗的人，開始的時候都認為自己比別人強，直到最後，才知道自己趕不上別人。」

司馬楚之上疏給太武帝拓跋燾，他認為四方的強敵都已經被削平，因此請求出兵大舉進攻宋國。北魏太武帝拓跋燾因為軍隊長期在外征戰，已經非常疲勞，因此沒有批准司馬楚之的建議。而是將司馬楚之調回京師平城，任命為散騎常侍，任命擔任楚兵將軍的王慧龍為滎陽太守。

北魏擔任滎陽太守的王慧龍在滎陽任職十年，他既抓農業又修戰備，政績斐然，聲望顯著，前去投奔他的有一萬多家。宋文帝劉義隆遂派人到魏國去行使反間計說：「滎陽太守王慧龍認為自己的功勞雖高卻職位低下，所以就想勾引宋軍入侵魏國，自己趁機抓獲司馬楚之作為向宋國的獻禮，然後背叛北魏投降宋國。」北魏太武帝拓跋燾聽到這些傳言，遂賜給王慧龍一封蓋有皇帝璽印的書信，說：「宋國皇帝劉義隆懼怕將軍，就像懼怕老虎一樣，所以才想方設法要中傷將軍、陷害將軍，我心裡很清楚。對那些流言蜚語，希望你不要介意。」宋文帝劉義隆又派遣呂玄伯為刺客，前去刺殺王慧龍，宋文帝劉義隆對呂玄伯說：「如果能夠將王慧龍的首級砍下來帶回，我就封給你二百戶的采邑，賜你為男爵，還賞賜給你一千匹絲綢。」呂玄伯遂假裝向王慧龍投降，並請求王慧龍摒退身邊所有的侍從，自己有話需要單獨與王慧龍談；王慧龍對此非常懷疑，便讓人上前搜查他的全身，果然從他的懷中搜出一把長約一尺的刀來。呂玄伯向王慧龍磕頭，請求速死，王慧龍說：「你不過是為自己的主人盡忠罷了。」便將呂玄伯釋放。王慧龍身邊的人都勸諫說：「宋國人的陰謀不會就此停止，如果不殺掉呂玄伯，又如何杜絕以後不再發生此類事件呢。」王慧龍說：「什麼時候生、什麼時候死，都是命中註定的，宋國人又怎能害得了我呢？我以仁義待人，使人不忍心加害於我，又何必擔憂呢？」還是堅持釋放了呂玄伯。

夏季，五月十一日庚寅，北魏太武帝拓跋燾前往雲中。

六月十六日乙丑，宋國實行大赦。

夏主赫連定殺死了向自己投降的西秦王乞伏暮末以及乞伏氏家族的五百人。

夏主赫連定懼怕北魏的逼迫，便脅迫著滅掉西秦王乞伏暮末時所俘獲的十多萬西秦民眾，從治城渡過黃河，準備襲擊北涼河西王沮渠蒙遜，奪取沮渠蒙遜的地盤。吐谷渾王慕容慕璝派遣擔任益州刺史的慕利延、擔任寧州刺史的慕容拾虔率領三萬名騎兵，趁著夏國軍隊剛剛有一半人渡過黃河的機會，突然向夏軍發動襲擊，遂活捉了夏主赫連定，得勝而回，沮渠興國身受重傷而死。慕容拾虔，是慕容樹洛干的兒子。

北魏的邊防官員活捉了柔然的二十幾名探子，北魏太武帝拓跋燾不僅沒有殺死他們，反而賞賜給他們衣服，釋放他們回柔然。柔然人深深地被北魏的這一友好舉動所感動。閏六月十六日乙未，柔然敕連可汗郁久閭吳提派使者前往北魏，北魏太武帝拓跋燾非常友好、熱情地接待了他們。〇北魏太武帝拓跋燾派遣擔任散騎侍郎的周紹前往宋國進行回訪，並且請求與宋國皇室結為婚姻，宋文帝劉義隆模稜兩可地答覆了北魏的使者。

宋國擔任荊州刺史的江夏王劉義恭，年紀逐漸長大，於是便想由自己來處理荊州的政務，而擔任長史的劉湛卻總是壓制他，不讓他插手政務，劉義恭與劉湛之間遂產生了矛盾。宋文帝劉義隆心中很器重劉湛，於是便派使者到荊州去質問、責備江夏王劉義恭，同時為他們進行調解。當時，王華、王曇首全都已經去世，擔任領軍將軍的殷景仁一向與劉湛關係密切，遂向宋文帝進言，提醒宋文帝：眼下的賢臣已經死喪殆盡，宋文帝劉義隆於是徵調劉湛回到朝廷，擔任掌管皇后與太子宮中事務的太子詹事，加授給事中，與殷景仁共同參與朝政。令擔任雍州刺史的張邵接替劉湛，擔任撫軍長史、南蠻校尉。

不久，張邵被指控在雍州刺史任上營私舞弊，聚斂私財，收受贓款達二百四十五萬，遂被交付廷尉審判治罪，廷尉判定張邵死罪。擔任左衛將軍的謝述上疏給宋文帝劉義隆，替張邵求情，認為張邵是為上代皇帝宋武帝劉裕立過功勳的老臣，應該受到特別的優待，有罪應當寬赦。宋文帝劉義隆接受了謝述的意見，並親手寫回信答覆謝述；免去張邵的官職，並取消他的爵位、封地。謝述告訴他的兒子謝綜說：「皇上念在張邵一片忠誠，所以才特別網開一面，加以饒恕，而我所上的奏章不過是碰巧之事，所以才破例被採納。如果把我勸說皇帝寬待張卲這件事傳揚出去，就等於搶了皇帝的恩德，作為自己的人情，這是絕對不可以的事情。」便讓謝綜當著自己的面將所上奏章的草稿燒掉了。宋文帝劉義隆後來對張卲說：「你這次能僥倖地死裡逃生，全靠謝述為你求情。」

秋季，七月初一日己酉，北魏太武帝拓跋燾前往黃河以西巡視。

八月初七日乙酉，北涼河西王沮渠蒙遜派自己的兒子沮渠安周到北魏的都城平城充當人質。

吐谷渾王慕容慕璝派擔任侍郎的謝太寧前往北魏進獻表章，請求將俘虜的夏國國王赫連定獻給魏國。八月十一日己丑，北魏任命慕容慕璝為大將軍、西秦王。

宋國擔任左僕射的臨川王劉義慶一再請求解除自己所擔任的尚書左僕射、丹楊尹職務。八月二十六日甲辰，任命臨川王劉義慶為中書令，依然擔任丹楊尹。

九月初六日癸丑，北魏太武帝拓跋燾從河西地區返回平城的皇宮。十三日庚申，太武帝拓跋燾加授擔任太尉的長孫嵩為柱國大將軍，任命擔任左光祿大夫的崔浩為司徒，任命擔任征西大將軍的長孫道生為司空。長孫道生為人清靜，生活節儉，一塊用熊皮製作的馬鞍下面的墊布，一連用了幾十年也沒有更換過。北魏太武帝拓跋燾讓皇家樂隊逐個地把大臣歌頌了一遍，他們稱頌說：「智慧如崔浩，廉潔若道生。」

北魏太武帝拓跋燾準備選派一名使者出使北涼，擔任司徒的崔浩便向太武帝推薦了擔任尚書的李順。太武帝拓跋燾遂任命李順為太常，令他帶著冊書前往北涼的都城姑臧，冊封河西王沮渠蒙遜為侍中、都督涼州・西域・羌・戎諸軍事、太傅、行征西大將軍、涼州牧、涼王，轄區包括武威、張掖、敦煌、酒泉、西海、金城、西平，總計七個郡。冊書上說：「涼王與魏國同盛衰、共存亡。向北直到極其遙遠的不毛之地，向南直到上庸、嵴山，向西直到崑崙山，向東直到河套地區，在以上這個廣大的區域之內，凡是有不遵從王命，不服從管教的勢力，涼王都有權進行征伐，以扶助、輔佐我們魏國的皇室。在自己轄區之內的將帥、宰相、公卿、文武百官，有權以皇帝的名義直接進行任命，可以豎立天子的旗幟，出入時可以像皇帝出行時那樣進行清道、戒嚴，就像漢朝初年所封的諸侯王韓信、彭越等那種樣子。」

九月二十五日壬申，北魏太武帝拓跋燾下詔說：「現在西秦乞伏氏和夏國赫連氏這兩個賊寇已經分別被消滅，我們將停止戰爭和武備，轉而致力於文化教育，重振已經荒廢了的職業、事業，選拔任用被遺漏在山村草野之中的卓越人才。范陽的盧玄、博陵的崔綽、趙郡的李靈、河間的邢穎、勃海的高允、廣平的游雅、太原的張偉等，都是前代賢人的後裔，他們都是所在州郡中的佼佼者。《周易》上說：『我有好的爵位，我要與你共同享受。』像盧玄這類的人物，要敕令他們所在的州郡，按照禮節將他們發送到朝廷來。」於是徵聘盧玄等以及各州郡所選送的各類人才總計數百人，根據他們的才能排出等級順序，依次加以任用。博陵的崔綽以母親年老為由一再推辭。盧玄等全都被任命為中書博士。盧玄，是盧諶的曾孫；李靈，是李順的堂兄。

盧玄的舅舅是擔任司徒的崔浩，每次與盧玄談話，都要歎息著說：「面對著盧玄，我的懷古幽情更加濃厚。」崔浩準備下大力氣清理朝野士人的人品等級，查清各家族姓氏統系的源流。盧玄勸阻他說：「創立大業、修訂制度，都要根據當時的形勢需要；贊成這種做法的能有幾個人？應該三思而後行。」崔浩沒有聽從外甥盧玄的意見，而是按照自己的意願行事，結果得罪了很多人。

當初，北魏昭成皇帝拓跋什翼犍時期所制定的法令法規中規定：「謀反、叛逆的人誅滅全族。其他被判處死罪的人可以通過向朝廷繳納錢物、馬匹進行贖罪。殺人的人，允許向受害者家屬以牛馬和喪葬費作為抵償。盜取官府財物的，要賠償五倍；盜取私人財物的，要賠償十倍。」由東、西、南、北四部大人共同坐在王庭中，審判案件，沒有羈押、刑訊、拖延不決的痛苦，境內之人全都習以為常。道武帝拓跋珪進入中原之後，擔心中原地區前代實行的律令過於嚴峻細密，遂下令擔任三公郎的王德進行刪改修定，務必要使法律條文簡單明瞭。但是道武帝到了晚年，由於疾病纏身，刑罰反而越來越嚴峻殘酷；太宗拓跋嗣繼承前代的遺風，法律條文更加的苛刻嚴酷。冬季，十月初一日戊寅，世祖拓跋燾令司徒崔浩修訂律令，刪除四年、五年的有期徒刑，增加一年的有期徒刑條款。凡是從事巫蠱活動的，就令其背著黑公羊、抱著狗，投入深水之中。開始允許官階在九品以上的官員讓出官爵以減免刑罰。婦女在判刑期間如果懷有身孕，就等到產下孩子以後一百天再執行。又規定：宮門的左側要設立「登聞鼓」，以便於含冤負屈之人擊鼓鳴冤，使冤情得以上達。

北魏太武帝拓跋燾前往大漠以南。十一月初十日丙辰，魏國北部的敕勒族君主庫若干率領自己部下的數萬名騎兵，把數百萬頭麋鹿驅趕到北魏太武帝拓跋燾的臨時住地。北魏太武帝拓跋燾遂舉行了一場盛大的狩獵活動，用以賞賜隨從的官員。十二月初一日丁丑，拓跋燾返回平城的皇宮。

這一年，北涼王沮渠蒙遜更換年號為「義和」。

林邑王范陽邁率軍進犯宋國所屬的九德郡，被交州兵擊退。

九年（壬申　西元四三二年）

春，正月丙午❶，魏主尊保太后竇氏❷為皇太后，立貴人赫連氏為皇后，子晃為皇太子。大赦，改元「延和」。

燕王❸立慕容后之子王仁❹為太子。

三月庚戌❺，衛將軍王弘進位太保，加中書監。丁巳❻，征南大將軍檀道濟進位司空，還鎮尋陽❼。

壬申❽，吐谷渾王慕璝送赫連定于魏，魏人殺之。慕璝上表曰：「臣俘擒僭逆❾，獻捷王府，爵秩雖崇而土不增廓❿，車旗既飾⓫而財不周賞⓬。願垂⓭鑒察。」魏主下其議⓮。公卿以為：「慕璝所致⓯唯定而已，塞外之民皆為己有，而貪求無厭，不可許也。」魏主乃詔曰：「西秦王⓰所得金城、枹罕、隴西⓱之地，朕即與之，乃[1]是裂土⑱，何須復廓⑲？西秦款至⑳，綿絹隨使疏數，臨時增益㉑，非一賜而止㉒也。」自是慕璝貢使至魏者稍簡。

魏方士祁纖奏改代為萬年㉓，以[2]代尹㉔為萬年尹，代令㉕[3]為萬年令。崔浩曰：「昔太祖應天受命，兼稱代、魏㉖以法殷商㉗。國家積德，當享年萬億，不待假名以為益㉘也。纖之所聞㉙，皆非正義，宜復舊號。」魏主從之。

夏，五月壬申㉚，華容文昭公王弘㉛卒。弘明敏有思致，而輕率少威儀，性褊隘㉜，好折辱人，人以此少㉝之。雖貴顯，不營財利㉞；及卒，家無餘業。帝聞之，特賜錢百萬，米千斛㉟。

魏主治兵於南郊，謀伐燕。

帝遣使者趙道生聘㊱于魏。

六月戊寅㊲，司徒、南徐州刺史彭城王義康改領揚州刺史㊳。◯詔分青州置冀州㊴，治歷城㊵。

吐谷渾王慕璝遣其司馬趙敘入貢，且來告捷㊶。

庚寅㊷，魏主伐燕。命太子晃錄尚書事，時晃纔五歲。又遣左僕射安原、建寧王崇㊸等屯漠南以備柔然。

辛卯㊹，魏主遣散騎常侍鄧穎來聘。

乙未㊺，以吐谷渾王慕璝為都督西秦・河・沙三州諸軍事、征西大將軍、西秦、河二州刺史，進爵隴西王，且命慕璝悉歸㊻南方將士先沒於夏者㊼，得百五十餘人。

又加北秦州刺史楊難當征西將軍。難當以兄子保宗為鎮南將軍，鎮宕昌㊽；以其子順為秦州刺史，守上邽。保宗謀襲難當，事泄，難當囚之。

壬寅㊾，以江夏王義恭為都督南兗等六州諸軍事、開府儀同三司、南兗州刺史，臨川王義慶為都督荊・雍[4]等七州諸軍事、荊州刺史，竟陵王義宣㊿為中書監，衡陽王義季(51)為南徐州刺史。初，高祖以荊州居上流之重，土地廣遠(52)，資實(53)兵甲居朝廷之半，故遺詔令諸子居之(54)。上以義慶宗室令美(55)，且烈武王(56)有大功於社稷，故特用之。

秋，七月己未(57)，魏主至濡水(58)。庚申(59)，遣安東將軍奚斤發幽州民及密雲丁零(60)萬餘人，運攻具，出南道，會和龍(61)。魏主至遼西(62)，燕王遣其侍御史崔聘奉牛酒犒師。己巳(63)，魏主至和龍。

庚午(64)，以領軍將軍殷景仁為尚書僕射，太子詹事劉湛為領軍將軍。

益州刺史劉道濟，粹之弟也。信任長史費謙、別駕張熙等，聚斂興利(65)，傷政害民，立官治(66)，禁民鼓鑄(67)而貴賣鐵器，商賈失業，吁嗟滿路。流民許穆之，變姓名稱司馬飛龍，自云晉室近親，往依氐王楊難當。難當因民之怨，資飛龍以兵，使侵擾益州(68)。飛龍招合蜀人，得千餘人，攻殺巴興令(69)，逐陰平(70)太守。道濟遣軍擊斬之。

道濟欲以五城(71)人帛氐奴(72)、梁顯為參軍督護(73)，費謙固執不與。氐奴等與鄉人趙廣構扇(74)縣人，詐言司馬殿下(75)猶在陽泉山(76)中，聚眾得數千人，引向廣漢(77)；道濟參軍程展會治中(78)李抗之，將五百人擊之，皆敗死。巴西(79)人唐頻聚眾應之。趙廣等進攻涪城(80)，陷之。於是涪陵(81)、江陽(82)、遂寧(83)諸郡守皆棄城走，蜀土僑、舊俱反(84)。

燕石城(85)太守李崇等十郡降于魏。魏主發其民三萬穿圍塹(86)以守和龍(87)。崇，績(88)之子也。

八月，燕王使數萬人出戰，魏昌黎公丘(89)等擊破之，死者萬餘人。燕尚書高紹帥萬餘家保羌胡固(90)。辛巳(91)，魏主攻紹，斬之。平東將軍賀多羅攻帶方(92)，撫軍大將軍永昌王健(93)攻建德(94)，驃騎大將軍樂平王丕(95)攻冀陽(96)，皆拔之。

九月乙卯[97]，魏主引兵西還，徙營丘、成周、遼東、樂浪、帶方、玄菟[98]六郡民三萬家於幽州。

燕尚書郭淵勸燕王送款[99]獻女於魏，乞為附庸[100]。燕王曰：「負釁[101]在前，結忿已深，降附取死，不如守志更圖也。」

魏主之圍和龍也，宿衛之士多在戰陳，行宮[102]人少。雲中鎮將朱脩之[103]謀與南人襲殺魏主，因入和龍[104]，浮海南歸。以告冠軍將軍毛脩之[105]，毛脩之不從，乃止。既而事泄，朱脩之逃奔燕。魏人數伐燕，燕王遣脩之南歸求救。脩之汎海至東萊[106]，遂還建康，拜黃門侍郎[107]。

趙廣等進攻成都，劉道濟嬰城自守。賊眾屯聚日久，不見司馬飛龍，欲散去。廣懼，將三千人及羽儀[108]詣陽泉寺[109]，詐云迎飛龍。至則謂道人枹罕程道養曰：「汝但自言是飛龍，則坐享富貴；不則斷頭！」道養惶怖許諾。廣乃推道養為蜀王、車騎大將軍、益‧梁二州牧，改元「泰始」[110]，備置百官。以道養弟道助為驃騎將軍、長沙王，鎮涪城；趙廣、帛氏奴、梁顯及其黨張尋、嚴遐皆為將軍，奉道養還成都。眾至十餘萬，四面圍城，使人謂道濟曰：「但送費謙、張熙來，我輩自解去。」道濟遣中兵參軍裴方明、任浪之各將千餘人出戰，皆敗還。

冬，十一月乙巳[111]，魏主還平城。

王子[112]，以少府[113]中山甄法崇[114]為益州刺史[115]。

初，燕王嫡妃王氏，生長樂公崇，崇於兄弟為最長。及即位，立慕容氏為王后，王氏不得立，又黜崇，使鎮肥如[116]。崇母弟廣平公朗、樂陵公邈相謂曰：「今國家將亡，人無愚智皆知之。王復受慕容后之譖[117]，吾兄弟死無日矣！」乃相與亡奔遼西，說崇使降魏，崇從之。會魏主使給事中[118][5]王德招崇，十二月己丑[119]，崇使邈如魏，請舉郡降。燕王聞之，使其將封羽圍崇於遼西。

魏主徵諸名士之未仕者，州郡多逼遣之。魏主聞之，下詔令守宰以禮申諭[120]，任其進退[121]，毋得逼遣。

初，帝以少子紹為廬陵孝獻王[122]嗣，以江夏王義恭子朗為營陽王[123]嗣。庚寅[124]，封紹為廬陵王[125]，朗為南豐縣[126]王。

裴方明等復出擊程道養營，破之，焚其積聚。

賊黨江陽楊孟子將千餘人屯城南[127]，參軍梁儁之統南樓[128]，投書說諭孟子，邀使入城見劉道濟。道濟版為主簿[129]，克期討賊。趙廣知其謀，孟子懼，將所領奔晉原[130]，晉原太守文仲興與之同拒守。趙廣遣帛氏奴攻晉原，破之，仲興、孟子皆死。裴方明復出擊賊，屢戰，破之，賊遂大潰。程道養收眾得七千人，還廣漢，趙廣別將五千餘人還涪城。

先是，張熙說道濟糶倉穀，故自九月末圍城至十二月，糧儲俱盡。方明將二千人出城求食，為賊所敗，單馬獨還，賊眾復大集。方明夜縋[131]而上，道濟為設食，涕泣不能食。道濟曰：「卿非大丈夫，小敗何苦？賊勢既衰，臺兵垂至[132]，但令卿還[133]，何憂於賊？」即減左右以配之[134]。賊於城外揚言，云「方明已死」，城中大恐。道濟夜列炬火，出方明以示眾，眾乃安。道濟悉出財物於北射堂[135]，令方明募人[136]。時城中或傳道濟已死[137]，莫有應者。梁儁之說道濟遣左右給使[138]三十餘人出外，且告之曰：「吾病小損[139]，各聽歸家休息[140]。」給使既出，城中乃安，應募者日有千餘人。

初，晉謝混[141]尚晉陵公主[142]。混死，詔公主與謝氏絕婚[143]。公主悉以混家事委混從子弘微[144]。混仍世宰輔[145]，僮僕千人，唯有二女，年數歲。弘微為之紀理生業[146]，一錢尺帛[147]有文簿[148]。九年而高祖即位[149]，公主降號東鄉君[150]，聽還謝氏[151]。入門，室宇倉廩，不異平日；田疇墾闢，有加於舊[152]。東鄉君歎曰：「僕射[153]平生重此子[154]，可謂知人；僕射為不亡[155]矣！」親舊見者為之流涕。是歲，東鄉君卒，公私咸謂貲財宜歸二女，田宅、僮僕應屬弘微。弘微一無所取，自以私祿[156]葬東鄉君。

混女夫殷叡好摴蒱[157]，聞弘微不取財物，乃奪其妻妹及伯母、兩姑之分以還戲責[158]。內人[159]皆化弘微之讓[160]，一無所爭。或譏之[161]曰：「謝氏累世財產，充殷君一朝戲責[162]。理之不允[163]，莫此為大。卿視而不言，譬棄物江海以為廉耳。設使立清名[164]而令家內不足[165]，亦吾所不取[166]也。」弘微曰：「親戚爭財，為鄙之甚[167]。今內人尚能無言，豈可導之使爭[168]乎？分多共少[169]，不至有乏[170]，身死之後，豈復見關也[171]？」

禿髮保周[172]自涼奔魏，魏封保周為張掖公[173]。

魏李順復奉使至涼，涼王蒙遜遣中兵校郎[174]楊定歸謂順曰：「年衰多疾，腰髀不隨，不堪拜伏。比[175]三五日消息小差[176]，當相見。」順曰：「王之老疾，朝廷所知；豈得自安[177]，不見詔使[178]！」明日，蒙遜延順入至庭中[179]，蒙遜箕坐隱几[180]，無動起之狀。順正色大言曰：「不謂此叟無禮乃至於此！今不憂覆亡而敢陵侮天地[181]，魂魄逝矣[182]，何用見之[183]！」握節將出[184]。涼王使定歸追止之，曰：「太常[185]既雅恕衰疾[186]，傳聞朝廷[187]有不拜之詔[188]，是以敢自安耳。」順曰：「齊桓公[189]九合諸侯[190]，一匡天下[191]，周天子賜胙[192]，命無下拜[193]，桓公猶不敢失臣禮，下拜登受[194]。今王雖功高，未如齊桓；朝廷雖相崇重，未有不拜之詔。而遽自偃蹇[195]，此豈社稷之福[196]邪？」蒙遜乃起，拜受詔。

使還，魏主問以涼事。順曰：「蒙遜控制河右踰三十年[197]，經涉艱難，粗識機變[198]，綏集荒裔[199]，羣下畏服，雖不能貽厥孫謀[200]，猶足以終其一世[201]。然禮者德之輿[202]，敬者身之基[203]也。蒙遜無禮、不敬，以臣觀之，不復年[204]矣。」魏主曰：「易世[205]之後，何時當滅？」順曰：「蒙遜諸子，臣略見之，皆庸才也。如聞敦煌太守牧犍[206]，器性粗立[207]，繼蒙遜者，必此人也。然比之於父，皆云不及。此殆[208]天之所以資聖明[209]也。」魏主曰：「朕方有事東方[210]，未暇西略。如卿所言，不過數年之外，不為晚也。」

初，罽賓沙門[211]曇無讖，自云能使鬼治病，且有祕術[212]。涼王蒙遜甚重之，謂之「聖人」，諸女及子婦皆往受術。魏主聞之，使李順往徵[213]之。蒙遜留不遣，仍殺之[214]。魏主由是怒涼。

蒙遜荒淫猜虐，羣下苦之。

【章 旨】以上為第二段，寫宋文帝元嘉九年（西元四三二年）一年間的大事。主要寫了魏主拓跋燾起兵伐燕，燕之石城太守等十郡降魏，魏主發其民以圍燕都和龍，燕王馮弘的舊太子馮崇與其弟馮朗、馮邈在遼西率部降魏，燕王派兵往圍之；寫了魏臣李順出使北涼，斥責沮渠蒙遜之倨傲無禮，並預言其不過一年，蒙遜將死、北涼將滅云云；寫了劉宋的益州刺史劉道濟與其長史費謙等聚斂興利，傷政害民，引起民變，民變者詐稱司馬飛龍，為晉室近親，率部北依氐王楊難當，楊難當資之以兵，使之為亂於益州，劉道濟之僚屬敗死，變民攻陷涪城，涪陵、江陽、遂寧諸郡的長官皆棄城走，蜀地的土著與僑居者一時皆叛；變民將領圍攻成都，劉道濟與部將裴方明百方拒之，城中始得少安；寫了吐谷渾王慕容慕璝向魏主求封求賞不果，又遣使入朝於劉宋，劉宋封之為隴西王；寫了謝弘微當年在謝混被殺，受謝混之妻晉陵公主之託，為謝混家持家理財，其後一無所取之清廉無私；寫了劉宋的權臣王弘死，家無餘財，以及劉義隆之弟劉義康又領揚州刺史；劉義慶為荊州刺史，劉義恭為南兗州刺史等等。

【注 釋】❶正月丙午 正月初一。❷保太后竇氏 拓跋嗣之妃，拓跋燾的養母。保字是諡。❸燕王 馮跋之弟馮弘。❹王仁 即馮王仁。❺三月庚戌 三月初六。❻丁巳 三月十三。❼還鎮尋陽 由歷城還軍建康，又由建康回尋陽。尋陽即今江西九江，當時的軍事重地，又是江州的州治所在地。❽壬申 三月二十八。❾僭逆 稱王作亂者，指赫連定。❿土不增廓 地盤沒有增加、擴大。⓫車旗既飾 儀仗隊是有了。車旗，指王者的車駕旌旗。⓬財不周賞 指所得的錢財不多，還不夠賞賜部下之用。二句指與沮渠蒙遜所受的獎賞相比而言。⓭垂 謙詞，猶言「請您留意」。⓮下其議 把他的請求交給群臣討論。⓯所致 所送來的東西。⓰西秦王 指吐谷渾王慕璝，魏主新封之為西秦王。⓱金城枹罕隴西 三郡名，金城郡的郡治在今蘭州西北側，枹罕郡的郡治在今甘肅臨夏東北側，隴西郡的郡治在今甘肅隴西縣東南側，以上地區是西秦的地盤，也有時被沮渠蒙遜或赫連氏政權所佔有。此時都被吐谷渾所佔據。⓲乃是裂土 這就等於是我所分封給你的土地了。但從實際而言那是慕容慕璝自己開拓來的。⓳何須復廓 哪裡還用我再給你另加擴大。⓴西秦款至 西秦歸附的使者一到平城。款，真情，這裡指銜命而來的使者。㉑綿絹隨使疏數二句 隨著使臣來的次數多少，臨時決定增減其賞賜數額。疏數，疏密。㉒非一賜而止 我已經賞賜過你們好多次了。㉓改代為萬年 把代縣改名叫萬年縣，把代郡改名叫萬年郡。㉔代尹 代郡的行政長官，與「太守」的職務、級別都相同。就晉、宋的情況看，國家都城所在的郡，其行政長官稱「尹」，如「丹楊尹」是也。㉕代令　代縣縣令。㉖兼稱代魏　既可稱代國，也可稱魏國。就如同商朝也可稱殷朝一樣。㉗以法殷商　以取法於「殷朝」也可以稱為「商朝」。㉘不待假名以為益　沒必要靠著一個好名稱來延長我們的年頭。假，借用。益，延長。㉙所聞　所奏聞；所稟報。㉚五月壬申　五月二十九。㉛華容文昭公王弘　華容公是王弘的封號，文昭是王弘的諡。㉜褊隘　狹隘、急躁。㉝少　短；瞧不起。㉞不營財利　不善於理財，不積累財富。㉟斛　容量單位，等於一石，十斗。㊱聘　訪問。㊲六月戊寅　六月初五。㊳改領揚州刺史　原來王弘任揚州刺史，今王弘死，故由劉義康兼任。領，兼任。㊴置冀州　劉宋的僑置冀州下屬廣川、平原、清河、樂陵、魏郡、河間、頓丘、高陽、勃海九郡。㊵治歷城　州治設在歷城，即今山東濟南。㊶告捷　指俘獲赫連定之捷。㊷庚寅　六月十七。㊸建寧王崇　即拓跋崇，拓跋燾之弟。㊹辛卯　六月十八。㊺乙未　六月二十二。㊻悉歸　全部放回。㊼南方將士先沒於夏者　指景平二年劉義真由長安潰敗時被夏人俘去的將士，後吐谷渾滅夏，這些人又到了吐谷渾。㊽宕昌　在今甘肅宕昌西南。㊾壬寅　六月二十九。㊿竟陵王義宣　即劉義宣，劉義隆之弟。傳見《宋書》卷六十八。(51)衡陽王義季　即劉義季，劉義隆之弟。傳見《宋書》卷六十一。(52)土地廣遠　指荊州所屬的地盤大。(53)資實　指各種後勤物資。(54)令諸子居之　讓他的兒子們輪流地在荊州任職。(55)宗室令美　皇族中的優秀人物。令，也是「美」的意思，偏於指人的品德才幹而言。(56)烈武王　指臨川王劉道規，烈武是諡。劉道規是劉裕之弟，在討伐桓玄與消滅盧循的戰役中建有大功。傳見《宋書》卷五十一。(57)七月己未　七月十七。(58)濡水　今灤河上游，流經今河北的沽源、承德、盧龍，在樂亭南入海。(59)庚申　七月十八。(60)密雲丁零　居住在密雲的丁零族人。密雲曾是郡名，郡治白檀，在今北京市密雲水庫東北的長城邊上。(61)和龍　也叫龍城，即今遼寧朝陽，當時為北燕馮氏政權的都城。(62)遼西　郡名，北魏的遼西郡治肥如，在今河北遷安東北。(63)己巳　七月二十七。(64)庚午　七月二十八。(65)聚斂興利　搜刮民財，牟利賺錢。(66)立官治　開設官辦的煉鐵與製造事業。(67)禁民鼓鑄　不許百姓鼓風鑄造鐵工具。(68)益州　州治即今四川成都。(69)巴興令　巴興縣令。巴興，即今四川蓬溪縣。(70)陰平　郡名，郡治在今四川劍閣縣西北。(71)五城　即今四川三臺。(72)帛氐奴　人名。(73)參軍督護　都督帳下的軍官名。(74)構扇　編造事端、挑撥煽動。(75)司馬殿下　指司馬飛龍。(76)陽泉山　陽泉縣的山區。陽泉縣在今四川德陽西。(77)廣漢　郡名，郡治雒縣，在今四川廣漢北。(78)治中　官名，州刺史的高級僚屬。(79)巴西　郡名，郡治在今四川綿陽東。(80)涪城　在今四川三臺北。(81)涪陵　郡名，郡治在今重慶市涪陵東南。(82)江陽　郡名，郡治即今四川瀘州。(83)遂寧　郡名，郡治即今四川蓬溪縣。(84)蜀土僑舊俱反　居住在蜀地的北方流民和舊有居民全都造反了。僑，指僑置郡縣的流亡人口。(85)石城　郡名，郡治在今遼寧建昌西。(86)穿圍塹　環城挖深溝，使城中人不能出來。(87)以守和龍　將和龍圍困住。(88)績　前燕慕容儁的部下。事見本書卷一百升平三年。(89)昌黎公丘　即拓跋丘。(90)羌胡固　具體方位不詳。(91)辛巳　八月初九。(92)帶方　郡名，郡治在今朝鮮平壤南的沙里苑東南。按，北燕馮氏政權的領域似難達此處，疑另有帶方在今遼寧西部。(93)永昌王健　即拓跋健，拓跋燾之弟。傳見《魏書》卷十七。(94)建德　北燕郡名，郡治在今遼寧建昌西北。(95)樂平王丕　即拓跋丕，拓跋燾之弟。傳見《魏書》卷十七。(96)冀陽　郡名，在今朝鮮平壤南。此處之「冀陽」疑亦在今遼寧西部。(97)九月乙卯　九月十四。(98)營丘成周遼東樂浪帶方玄菟　都是後燕以來取用他處地名，在今遼寧西部設置的小郡。(99)送款　指送表稱臣，表示歸降。(100)乞為附庸　請求做魏國境內的諸侯國。(101)負釁　猶言「結仇」，指扣押北魏使者于什門。事見《魏書·節義傳》。(102)行宮　指魏主拓跋燾在外的臨時住所。(103)朱脩之　原是劉宋將領，孤軍堅守滑臺，英勇卓絕，城破被魏人所俘，魏主任以為將軍。事見本書上卷。傳見《宋書》卷七十六。(104)因入和龍　當時馮氏政權與劉宋通好，故可以向北燕借路南歸。(105)毛脩之　原為劉裕的將領，劉義真關中撤退時，被夏兵俘獲。後來夏主赫連昌被魏人所滅，毛脩之遂又失落於魏國，為魏主做飯。傳見《宋書》卷四十八。(106)東萊　郡名，郡治即今山東掖縣。(107)黃門侍郎　皇帝身邊的侍從官員。(108)羽儀　指用羽毛裝飾的儀仗，這裡即指儀仗隊。(109)陽泉寺　陽泉山中的寺廟。(110)改元泰始　「泰始」是西晉司馬炎的年號（西元二六五—二七四年），趙廣等以復晉為名，故仍用西晉年號以喚起人心。(111)十一月乙巳　十一月初四。(112)壬子　十一月十一。(113)少府　朝官名，主管為宮廷製造各種器物並負責為皇家理財。(114)中山甄法崇　中山郡人甄法崇。中山郡的郡治即今河北定州。(115)為益州刺史　以取代貪饕而又無能的劉道濟。(116)肥如　當時為遼西郡的郡治，在今河北遷安東北。(117)譖　說人壞話。(118)給事中　皇帝的侍從官員。(119)十二月己丑　十二月十九。(120)申諭　說明情況。(121)任其進退　入朝為官還是在野為民都任其自便。(122)廬陵孝獻王　即劉義真，劉裕之子，劉義隆之兄，被徐羨之等所殺。廬陵王是其封號，孝獻是諡。(123)營陽王　即廢帝劉義符，劉義隆之兄。(124)庚寅　十二月二十。(125)廬陵王　廬陵郡王。廬陵郡的郡治在今江西吉水縣北。(126)南豐縣　縣治在今江西廣昌東。(127)城南　江陽縣城南。當時的江陽縣即今四川瀘州。(128)統南樓　居於南門城樓，負責南城的守衛。統，管理。(129)版為主簿　任以為主簿。版，猶如今之委任狀。主簿，州刺史的高級僚屬，掌管文書。(130)晉原　郡名，郡治在今四川崇州西北。(131)縋　用繩子吊。(132)臺兵垂至　朝廷的軍隊很快就要到來。(133)但令卿還　意謂只要你回來了就好。但，只。(134)減左右以配之　把自己身邊的人撥出一部分歸他統領。(135)射堂　刺史衙門裡的演武廳。(136)募人　招募軍隊。(137)已死　已經病死。(138)左右給使　身邊聽候支使的人。(139)吾病小損　我的病情減輕。(140)各聽歸家休息　你們可以回家休息幾天了。聽，任便。按，稱自己的病情轉好，令身邊的人回家休息，是故意示人以從容閒暇。141謝混　謝安之孫，謝琰之子。傳見《晉書》卷七十八。142尚晉陵公主　娶晉安帝之女為妻。尚，上配，即「娶」。143與謝氏絕婚　謝混是劉毅一黨，因反對劉裕被劉裕所殺，晉安帝為保護女兒只好將女兒召回娘家。謝混被殺在晉安帝義熙八年。144弘微　劉裕時的名臣，謝思之子，謝混之堂姪，過繼於謝混之弟謝峻。傳見《宋書》卷五十八。145仍世宰輔　一連幾代為輔相之臣。仍，意思同「頻」。146紀理生業　管理其全家的生計、生活。紀理，經營、管理。147一錢尺帛　一文錢，一尺帛，以言其一切開支。148有文簿　都要登記上帳。149高祖即位　指劉裕篡晉稱帝。150降號東鄉君　劉裕篡晉後，自己的女兒稱「公主」，舊時晉朝皇帝的女兒則一律降號稱「君」，故晉陵公主也就成了「東鄉君」。151聽還謝氏　允許她還回到婆家去住。152有加於舊　比過去經營得還要好。153僕射　指謝混，謝混曾為尚書左僕射。154平生重此子　生前一向誇獎這個孩子。155不亡　猶今之所謂「瞑目」、「死而無憾」。156私祿　自己的俸祿。157摴蒱　也作「樗蒲」。古代的賭博工具，近似於今之擲色子。158戲責　賭債。戲，博戲，即上所謂「摴蒱」。責，同「債」。賭輸所欠的錢。159內人　指謝氏的家裡的人。160化弘微之讓　被謝弘微不貪錢財的行為所感動。化，被……所感動。161譏之　譏諷謝弘微。162充殷君一朝戲責　被殷叡這個小子用來還了一個早晨的賭債。163理之不允　世界上最不公平的事情。不允，不公平。164立清名　空立一個「清廉」的好名聲。165而令家內不足　到頭來把家裡弄得缺吃少穿。166亦吾所不取　這也是我們所不贊成的。167為鄙之甚　這是最鄙陋的事情了。168導之使爭　引導他們為財產而爭競起來。169分多共少　猶言取有餘補不足。共，同「供」。170不至有乏　意即能勉強過得去也就行了。171身死之後二句　等人死了之後，還有人關心這些錢財的事情嗎。也，同「耶」。反問語氣詞。172禿髮保周　禿髮傉檀之子，義熙十年禿髮氏被乞伏氏所滅後，禿髮保周等往投沮渠蒙遜，今又往投魏國。173張掖公　本書卷一百十六作「張掖王」，互相抵迕。174中兵校郎　帝王的侍衛軍官名。175比　及；等。猶今之所謂「再過」。176消息小差　病症略好。177自安　貪圖自己的舒適。178詔使　朝廷派來的使者。179庭中　宮中。180箕坐隱几　直伸兩腿，上身還趴在小桌上。古人的所謂「坐」，即跪坐。如果臀部落席，直伸兩腿，其狀如箕，這叫「箕坐」，是一種不禮貌、沒有規矩的坐姿。隱几，上身趴在小几上，這是一種懶散、休息的樣子。181陵侮天地　以喻其對魏國皇帝無禮。天地，以喻帝王，帝王對臣民如天之覆，如地之載。182魂魄逝矣　這個人的靈魂已經離開軀體，已經成了死人。183何用見之　還有什麼必要再見他。184握節將出　準備立即回去，向魏國皇帝覆命。節，旌節，以竹為之，以旄牛尾為飾，是皇帝特派人員所持的憑證。185太常　敬稱李順，李順在魏任太常。186雅恕衰疾　寬容了我的有病。雅，感謝對方的謙詞。187傳聞朝廷　我聽說魏國。188不拜之詔　有允許臣子可以不拜謝的詔令。189齊桓公　名小白，春秋時代的齊國諸侯，西元前六八五至前六四三年在位，是有名的「春秋五霸」之首。190九合諸侯多次召集諸侯會盟。(191)一匡天下　指穩定了周襄王的統治地位，維持了周王朝的統治秩序。周襄王之弟王子帶勾結戎狄顛覆周襄王之統治事，見《左傳》與《史記・齊太公世家》。(192)賜胙　把祭天祭祖用過的祭肉送給齊桓公。周天子將祭祀天地的肉分與諸侯大臣，是對該諸侯大臣的尊寵。(193)命無下拜　當時告訴齊桓公，讓他不要下座位行拜謝之禮。(194)下拜登受　但齊桓公還是堅持走下臺階行跪拜禮，再上臺去接過祭肉。按，《左傳》僖公九年記此事說：「周天子使宰孔賜齊侯胙，齊侯將下拜，孔曰：『且有後命。天子使孔曰：以伯舅耋老，加勞，賜一級，無下拜。』」齊桓公說：「天威不違顏咫尺，小白，余敢貪天子之命無下拜？恐隕越于下，以遺天子羞，敢不下拜？」於是他「下拜登受」。(195)遽自偃蹇　竟然擺出一種如此高傲怠慢的樣子。遽，居然；竟然。(196)此豈社稷之福　你這樣的表現會對你們國家有好處麼。(197)踰三十年　超過了三十年。按，沮渠蒙遜於晉安帝隆安五年（西元四〇一年）殺段業自立為王，至今已三十一年。(198)粗識機變　很有一套權謀與隨機應變的能力。粗識，稍微明白一點。這是在帝王面前說話的一種婉轉藝術，也可以用為自己的謙詞。(199)綏集荒裔　討伐並安定了荒遠的邊地。綏集，猶言安撫。(200)貽厥孫謀　為其兒孫作打算，意即傳國於他的後代。(201)猶足以終其一世　在他統治涼州的時候，是不會被人消滅的。(202)禮者德之輿　意即重禮是有德的表現。(203)敬者身之基　對人恭敬是立身的基礎。(204)不復年　不能再活過一年。(205)易世　改代，指沮渠蒙遜死後，其子上臺。(206)牧犍　沮渠蒙遜之子。(207)器性粗立　氣質、人格大致具備。粗，大致；初步。與前文「粗識機變」的「粗」字用法相同。(208)殆　大概；差不多。(209)天之所以資聖明　老天爺用這種辦法來幫助聖明的帝王完成統一天下的大業。資，助。(210)有事東方　指討伐北燕。(211)罽賓沙門　罽賓國來的和尚。罽賓是西域國名，在今喀什米爾一帶，是佛教大乘教派的發源地。沙門，意即和尚。(212)祕術　如所謂使婦女多子等。(213)徵　調，調其到魏國京城。(214)仍殺之　乃將其殺死，大概是不希望讓魏國君主的兒子太多。仍，這裡同「乃」。

【校　記】[1]乃　嚴衍《通鑑補》改作「便」。[2]以　原無此字。據章鈺校，乙十一行本有此字，今據補。[3]代令　原作「以代令」。據章鈺校，甲十一行本、乙十一行本皆無「以」字，今據刪。[4]荊雍　據章鈺校，孔天胤本二字互乙。[5]給事中　原作「給事郎」。嚴衍《通鑑補》改作「給事中」，今據以校正。按，《魏書・島夷馮跋列傳》作「給事中」。

【語　譯】九年（壬申　西元四三二年）

春季，正月初一日丙午，北魏太武帝拓跋燾尊奉保太后竇氏為皇太后，冊封貴人赫連氏為皇后，立皇子拓跋晃為皇太子。實行大赦，改年號為「延和」。

北燕王馮弘立王后慕容氏所生的兒子馮王仁為王太子。

三月初六日庚戌，宋國擔任衛將軍的王弘晉升為太保，加授中書監。十三日丁巳，提升擔任征南大將軍的檀道濟為司空，檀道濟從京師建康返回尋陽鎮守。

三月二十八日壬申，吐谷渾王慕容慕璝將俘虜的夏國國王赫連定押送給北魏，北魏將赫連定殺死。慕容慕璝上表給北魏太武帝拓跋燾說：「我出兵俘虜了背叛魏國、自稱尊號的赫連定，把勝利的捷報呈獻給朝廷，陛下雖然將崇高的爵位和官階賞賜給我，然而我的地盤並沒有因此而增加，我雖然有了代表地位、榮耀的儀仗隊，而所得到的財物不多，還不夠我賞賜部下之用。希望陛下能夠體察下情。」北魏太武帝拓跋燾把吐谷渾王慕容慕璝的請求交給公卿大臣討論。公卿大臣都認為：「吐谷渾王慕容慕璝送來的只是一個赫連定，而塞外的居民則全部被慕容慕璝佔為己有，卻仍然貪求無厭，不能答應他的要求。」太武帝拓跋燾遂下詔給慕容慕璝說：「西秦王所攻佔的金城、枹罕、隴西等地，我已經承認歸你所有，這就等於是我分封給你的土地了，哪裡還用再給你另外擴大？西秦歸附的使者來到平城，我們每次都會將綿絹等物品賞賜給你們，至於每次賞賜的多少，要根據你所派使者次數的多少而臨時進行決定，我對你的賞賜已經不止一次了。」從此以後，吐谷渾王慕容慕璝派往北魏進貢的使者遂逐漸減少。

北魏的方士祁纖奏請太武帝拓跋燾，要求把代縣改名為萬年縣，把代郡改稱萬年郡；把代縣縣令改稱萬年令，把代尹改稱萬年尹。擔任司徒的崔浩說：「過去太祖拓跋珪順應民心，接受天命，遂既可以稱為代國，又可以稱為魏國，以取法於『殷朝』也可以稱為『商朝』。如果能夠積恩累德，國運自然會享受萬年、億年，並不需要借助於一個美好的名稱來延長國家的壽命。祁纖所奏報的，都不屬於正義，還是應該使用原來的名稱。」太武帝拓跋燾接受了崔浩的意見。

夏季，五月二十九日壬申，華容文昭公王弘去世。王弘思維敏捷，很有政治頭腦，然而言行很隨便，缺少威儀，性情又狹隘、急躁，喜歡折服人、侮辱人，人們因此不太瞧得起他。王弘雖然官高位顯，卻從不為自家積累財富；等到王弘去世，家中竟然沒有多餘的財富。宋文帝劉義隆聽說以後，特別賞賜給王弘的家屬一百萬錢、一千斛米。

北魏太武帝拓跋燾到南郊訓練軍隊，打算出兵討伐北燕。

宋文帝劉義隆派趙道生為使者前往北魏進行訪問。

六月初五日戊寅，宋國改由擔任司徒、南徐州刺史的彭城王劉義康兼任揚州刺史。〇宋文帝劉義隆下詔將青州劃分出一部分，設置為冀州，冀州的州治設在歷城。

吐谷渾王慕容慕璝派遣擔任司馬的趙敘為使者，到宋國的都城建康進貢，並將活捉夏主赫連定的事情報告給宋國朝廷。

六月十七日庚寅，北魏太武帝拓跋燾率軍討伐北燕。他令太子拓跋晃擔任錄尚書事，當時拓跋晃只有五歲。又派遣擔任左僕射的安原、建寧王拓跋崇等率軍屯駐在大漠以南，防備柔然趁虛出兵入侵。

六月十八日辛卯，北魏太武帝拓跋燾派遣擔任散騎常侍的鄧穎到宋國進行回訪。

六月二十二日乙未，宋國任命吐谷渾王慕容慕璝為都督西秦・河・沙三州諸軍事、征西大將軍、西秦、河州二州刺史，進爵為隴西王，同時命隴西王慕容慕璝全部放回被夏國俘虜的一百五十多名宋國將士。

宋國又加授北秦州刺史楊難當為征西將軍。楊難當任命自己哥哥的兒子楊保宗為鎮南將軍，鎮守宕昌；任命自己的兒子楊順為秦州刺史，守衛上邽。楊保宗陰謀襲擊楊難當，結果陰謀洩露，楊難當遂將楊保宗囚禁起來。

六月二十九日壬寅，宋文帝劉義隆任命江夏王劉義恭為都督南兗等六州諸軍事、開府儀同三司、南兗州刺史，任命臨川王劉義慶為都督荊・雍等七州諸軍事、荊州刺史，任命竟陵王劉義宣為中書監，任命衡陽王劉義季為南徐州刺史。當初宋高祖劉裕因為荊州地處長江上游，地位重要，所轄地域遼闊，各種物資以及軍隊數量幾乎佔了國家的一半，所以留下遺詔，必須由自己的幾位皇子輪流到荊州任職。宋文帝劉義隆認為臨川王劉義慶既是皇族中的優秀人物，又有很好的聲譽，而且劉義慶的父親烈武王劉道規又為國家立有大功，所以破例任用劉義慶為荊州刺史。

秋季，七月十七日己未，北魏太武帝拓跋燾率領討伐北燕的大軍抵達濡水。十八日庚申，拓跋燾派遣擔任安東將軍的奚斤徵調幽州的民眾以及居住在密雲境內的丁零族人，總計一萬多人，為大軍運送攻城的工具，令他們從南路進發，到北燕的都城和龍與征討大軍會合。北魏太武帝拓跋燾進抵遼西，北燕王馮弘派遣擔任侍御史的崔聘帶著牛、酒等前來慰勞魏軍。二十七日己巳，北魏太武帝拓跋燾抵達和龍。

七月二十八日庚午，宋文帝劉義隆任命擔任領軍將軍的殷景仁為尚書僕射，任命擔任太子詹事的劉湛為領軍將軍。

宋國擔任益州刺史的劉道濟，是劉粹的弟弟。他信任擔任長史的費謙、擔任別駕的張熙等，為了搜刮民財、牟利賺錢，竟然不惜損傷官府的威信和人民的生計，他開設官辦的冶煉與製造業，禁止民間鼓風鑄鐵打造工具，而由他掌管的官府高價出賣鐵器，導致行商坐賈全部失去了賴以謀生的職業，轄區內的民眾因此怨聲載道。

益州流民許穆之，改名換姓為司馬飛龍，他自稱是晉室宗親，前往依附於氐王楊難當。楊難當遂利用益州人對官府的怨恨，資助司馬飛龍一些兵力，讓司馬飛龍侵擾益州。司馬飛龍招集蜀地之人，得到了一千多人，司馬飛龍便率領著這些人進攻巴興，殺死了巴興縣縣令，又驅逐了陰平郡太守。益州刺史劉道濟派軍隊擊敗、斬殺了司馬飛龍。

宋國擔任益州刺史的劉道濟準備任用五城人帛氏奴、梁顯為參軍督護，擔任長史的費謙堅決反對。帛氏奴等遂與自己的同鄉趙廣編造事端、挑撥煽動五城縣的民眾，謊稱司馬飛龍還在陽泉山中，於是便聚集起了數千人，由帛氏奴等率領著進攻廣漢；在劉道濟屬下擔任參軍的程展會同擔任治中的李抗之率領五百人前往征討，結果全部戰敗身亡。巴西郡人唐頻聚眾起兵，響應帛氏奴。趙廣等率領部眾進攻涪城，將涪城攻陷。此時涪陵、江陽、遂寧各郡太守全都棄城逃走，居住在蜀地境內的北方流民和舊有的居民全都起來謀反。

北燕石城太守李崇等十個郡全部投降了北魏。北魏太武帝拓跋燾便向其徵調三萬名民眾，圍繞著北燕的都城和龍深挖壕溝，將和龍圍困起來。李崇，是李績的兒子。

八月，北燕王馮弘派數萬人出城作戰，結果全被北魏昌黎公拓跋丘等所擊敗，北燕軍損失了一萬多人。北燕擔任尚書的高紹率領著一萬多戶居民保衛羌胡固。初九日辛巳，北魏太武帝拓跋燾親自率軍進攻守衛羌胡固的高紹，將高紹擊敗、斬首。北魏擔任平東將軍的賀多羅率領魏軍進攻帶方郡，擔任撫軍大將軍的永昌王拓跋健率領魏軍進攻建德郡，擔任驃騎大將軍的樂平王拓跋丕率軍進攻冀陽，所到之處，全部告捷。

九月十四日乙卯，北魏太武帝拓跋燾率軍西返，他將營丘、成周、遼東、樂浪、帶方、玄菟六郡的居民總計三萬戶遷徙到幽州安置。

北燕擔任尚書的郭淵勸說北燕王馮弘向北魏送表稱臣，同時將女兒獻給北魏太武帝拓跋燾，請求做北魏境內的諸侯國。北燕王馮弘說：「在此之前，我們就已經與北魏結下仇怨，而且仇怨很深，即使是投降魏國，也只是前去送死，還不如立志堅守，以後看情況再決定下一步的行動計畫。」

北魏太武帝拓跋燾在包圍北燕都城和龍的時候，平時負責保護皇帝的禁衛軍將士大多都在前方衝鋒陷陣，留在拓跋燾臨時住所的警衛人員很少。朱脩之此時正在魏國雲中擔任鎮將，他陰謀策動來自南方的漢人一起襲擊、殺死太武帝拓跋燾，事成之後，便奔往北燕的都城和龍，然後從和龍渡海返回宋國。他將自己的意圖告訴了冠軍將軍毛脩之，毛脩之不同意他的意見，朱脩之遂沒有採取行動。不久密謀之事逐漸洩露出去，朱脩之懼怕被殺，遂逃往北燕。魏軍屢次攻伐北燕，北燕王馮弘派遣朱脩之回到南方向宋國求救。朱脩之遂乘船渡海抵達東萊，終於返回宋國的京師建康，宋文帝劉義隆任命朱脩之為黃門侍郎。

趙廣等率領部眾進攻成都，劉道濟在成都城四周設防，進行堅守。叛民已經在成都城下聚集了很久，仍然看不到司馬飛龍的蹤影，就準備各自散去。趙廣看到這種情形，心裡害怕，遂率領著三千人和儀仗隊前往陽泉寺，對外謊稱是去迎接司馬飛龍。趙廣到達陽泉寺之後，便對寺中的道士枹罕人程道養說：「你只要說自己是司馬飛龍，這樣一來，你就可以坐享榮華富貴；否則的話，我立即就砍下你的腦袋！」程道養驚恐萬狀，只好答應。趙廣於是推舉道士程道養為蜀王、車騎大將軍、益、梁二州牧，改年號為「泰始」，並設置文武百官。任命程道養的弟弟程道助為驃騎將軍、長沙王，鎮守涪城；叛民首領趙廣、帛氏奴、梁顯及其黨羽張尋、嚴遐全都自稱將軍，擁著程道養回到成都。此時叛民已經聚集起十多萬人，他們從四面八方包圍了成都，又派人對劉道濟說：「你只要把費謙、張熙送出來，我們就解圍而去。」劉道濟派遣擔任中兵參軍的裴方明、任浪之各自率領一千多人出城與叛民作戰，全都大敗而回。

冬季，十一月初四日乙巳，北魏太武帝拓跋燾回到京師平城。

十一月十一日壬子，宋國任命擔任少府的中山郡人甄法崇為益州刺史，以取代劉道濟。

當初，北燕王馮弘的原配夫人王氏，生下長樂公馮崇，馮崇在兄弟排行中年紀最大。等到馮弘即位為燕王之後，卻封慕容氏為王后，王氏沒有能夠當上王后，燕王馮弘又廢黜馮崇，讓馮崇出去鎮守肥如。馮崇的同母兄弟廣平公馮朗、樂陵公馮邈互相議論說：「如今國家面臨著即將覆滅的危險，對於這一點，不論是有智慧的人還是愚蠢的人都看得很清楚。而父王又聽信慕容王后的讒言，我們兄弟恐怕是死到臨頭了！」於是一同逃往遼西投奔長樂公馮崇，並勸說馮崇派使者投降北魏，馮崇接受了他們的意見。又恰好遇到北魏太武帝拓跋燾派擔任給事中的王德前來招降馮崇，十二月十九日己丑，馮崇派遣馮邈前往北魏，請求獻出全郡投降北魏。北燕王馮弘聽到馮崇等投降北魏的消息，立即派將領封羽率軍將馮崇等圍困在遼西。

北魏太武帝拓跋燾徵聘那些還沒有出來做官的知名人士，各州郡大多都採用強制的手段遣送他們前往京師平城。太武帝拓跋燾得知消息以後，遂下詔令各郡縣的太守縣令要禮貌地向他們說明情況，是願意入朝做官還是願意在野為民，都尊重他們本人的意願，官府不得進行強迫。

當初，宋文帝劉義隆把自己的小兒子劉紹過繼給廬陵孝獻王劉義真為後，把江夏王劉義恭的兒子劉朗過繼給營陽王劉義符為後。十二月二十日庚寅，宋文帝劉義隆封劉紹為廬陵郡王，封劉朗為南豐縣王。

裴方明等再次出兵攻打被叛民推舉為蜀王的程道養的營寨，將營寨攻破，焚毀了他們積聚的各種軍用物資。

叛民的黨羽江陽人楊孟子率領一千多名部眾駐紮在江陽城南，在益州擔任參軍的梁儁之居於南門城樓，負責南城的守衛，他寫信給楊孟子，勸說楊孟子歸降朝廷，並邀請他入城晉見益州刺史劉道濟。劉道濟遂任命楊孟子為主簿，與他約定日期，共同消滅叛民。叛民首領趙廣得知了他們的計畫，楊孟子非常恐懼，遂率領自己的屬下逃奔晉原，擔任晉原太守的文仲興遂與楊孟子共同堅守晉原，抗擊叛民。趙廣派帛氏奴率領叛民進攻晉原，將晉原攻陷，文仲興以及楊孟子全都戰死。中兵參軍裴方明再次率軍出擊，經過多次苦戰，終於將叛民擊敗，叛民於是徹底崩潰。蜀王程道養招集起七千名殘兵敗將，退回廣漢，趙廣則帶領著另外的五千多人回到涪城。

先前，擔任別駕的張熙曾經勸說益州刺史劉道濟出售倉庫中的糧食，所以，從九月末叛民包圍成都開始，到了十二月，糧食儲備就全部被吃光用盡。中兵參軍裴方明只得率領二千人出城尋找糧食，結果被叛民擊敗，裴方明只剩得單人獨騎逃走，而叛民則乘勝重新聚集起來，再次包圍了成都。裴方明趁黑夜逃到成都城下，城上垂下繩索將其吊上城去，劉道濟為裴方明準備好飲食，裴方明淚流滿面，根本無法下嚥。劉道濟勸解說：「你哪裡像個男子漢大丈夫，這麼一點小小的失敗有什麼好痛苦的？叛民的士氣已經逐漸衰落，朝廷的救兵即將到來，只要你回來了就好，何必擔憂叛賊不被消滅？」劉道濟遂把自己身邊的親兵撥出一部分給裴方明。叛民在成都城外大聲宣傳，說「裴方明已經被我們殺死了」，城中人聽了更加恐懼。劉道濟為了安定人心，便在夜間令人點燃火把，讓大家都看到裴方明還活著，眾人這才安下心來。劉道濟把所有的財物全部拿出來擺放在刺史衙門裡的演武廳，令裴方明招募軍隊。當時成都城中都在傳說益州刺史劉道濟已經病死，因此沒有人前來應募。參軍梁儁之建議劉道濟令在自己身邊的三十多名僕從各自回家，並且告訴他們說：「我的病已經稍微好些了，你們這些人可以回家休息幾天了。」這些僕從回到各自的家中之後，關於劉道濟病死的謠言也就平息下去，城中人心安定下來，前來應募的人每天都有一千多人。

當初，東晉擔任尚書左僕射的謝混娶了皇帝的女兒晉陵公主為妻。後來謝混遭到劉裕的誣陷被殺，晉安帝司馬德宗遂下詔，令晉陵公主與謝家斷絕關係。晉陵公主便把謝混家的事務全部委託給謝混的姪子謝弘微管理。謝混家一連幾代都在朝廷中擔任宰輔之臣，家中的僮僕就有一千人，卻只有兩個女兒，才幾歲。謝弘微替謝混家細心經營，即使是一文錢、一尺布都記入帳簿。九年之後，宋高祖劉裕即位，他將晉陵公主降號為東鄉君，允許她返回謝家去。東鄉君回到謝家一看，房舍、倉廩與當初沒有什麼兩樣；農田按時耕種，荒地得到開墾，比過去經營得還要好。東鄉君感慨地說：「尚書僕射謝混在世的時候最器重這個孩子，真可以算是有知人之明；僕射死也瞑目了！」謝家的親朋故友看到這種情形全都感動得痛哭流涕。這一年，東鄉君去世，無論是官府還是私人，都認為謝家的財物應該歸謝混的兩個女兒所有，而田產、房屋、僮僕等則應該歸屬於謝弘微。謝弘微卻一無所取，他拿出自己的俸祿，安葬了東鄉君。

謝混的女婿殷叡嗜好賭博，他聽說謝弘微拒絕接受謝混家的財物，於是便把自己妻子的妹妹以及伯母、兩個姑姑應得的家產奪走，拿去償還自己欠下的賭債。而謝氏家裡的人全都被謝弘微的不貪錢財的行為所感動，竟然沒有人對殷叡的行為提出抗議。於是就有人譏諷謝弘微說：「謝家幾代人積累起來的財產，竟然被殷叡這小子用來還了一個早晨所欠的賭債。世界上最不公平的事情，沒有比這個再大的了。而你看在眼裡卻連一句話都不說，這就如同把東西扔到江海裡，還認為自己很廉潔。如果只為空立一個清廉的名聲，而使家中財用不足、缺吃少穿，這是鄙陋至極的事情。」謝弘微回答說：「親戚之間為了錢財而發生爭鬥，這是最卑鄙的事情了。如今我的家裡人尚且不說什麼，我又豈能引導他們為了財產而去爭競呢？截長補短，總能勉強過得去就行了，身死之後，誰還去關心那些身外之物？」

投奔北涼的禿髮保周逃出北涼，投奔了北魏，北魏封禿髮保周為張掖公。

北魏擔任太常的李順再次奉命出使北涼，北涼河西王沮渠蒙遜派遣擔任中兵校郎的楊定歸對李順說：「涼王沮渠蒙遜已經年老體衰，加上身患多種疾病，腰腿行動不便，不能向魏國皇帝下跪叩拜。等過個三五天身體稍微有些好轉，再請與使者相見。」李順回答說：「涼王年老多病，朝廷早已知道；然而豈能貪圖自己的舒適，而不接見朝廷派來的使者呢！」第二天，北涼王沮渠蒙遜邀請李順來到宮中，沮渠蒙遜伸開兩腿，上身還依靠在小几上，見了李順，根本就沒有準備站起來迎接的意思。李順表情嚴肅，大聲地說：「沒有料到這個老頭竟然無禮到這種程度！不擔心國家被滅亡，竟敢對魏國皇帝如此無禮，我看他的靈魂已經離開軀體，變成了一個死人，我還有什麼必要見他！」於是手握符節就要返回魏國向皇帝拓跋燾覆命。涼王沮渠蒙遜趕緊令楊定歸前去追趕他，並對李順說：「太常既然已經寬容涼王年老力衰、體弱多病，聽說魏國朝廷已經有允許臣子可以不行跪拜之禮的詔令，所以才敢這樣自我安閒。」李順駁斥說：「齊桓公多次招集諸侯會盟，才穩定了周襄王的統治地位，維持了周王朝的統治秩序，周天子把祭祀天地祖先用過的祭肉送給齊桓公，告訴齊桓公不要下座位行跪拜之禮，但齊桓公卻不敢有失臣屬的禮節，仍然走下臺階行過跪拜之禮，然後才上臺去接受祭肉。如今大王雖然功高，卻比不上齊桓公；朝廷雖然對你很尊重，卻沒有可以不下拜的詔命。而大王竟然擺出一副如此高傲怠慢的樣子，這樣的表現會對你們的國家有好處嗎？」沮渠蒙遜這才起身，下拜，接受詔命。

北魏太常李順在北涼完成使命之後，返回北魏的都城平城，北魏太武帝拓跋燾向李順詢問北涼的情況。李順回答說：「北涼王沮渠蒙遜控制河右地區，已經超過了三十年，他經歷過各種艱難，很有一套權謀與隨機應變的能力，他討伐並安定了荒遠邊地的民族，部屬對他也很敬畏，雖然沒有長謀遠慮，為兒孫留下完善的基業，但在他統治涼州的時候，是不會被人消滅的。不過，重禮是有德的表現，對人恭敬是立身的基礎。沮渠蒙遜既傲慢無禮，又不懂得恭敬，依我看，沮渠蒙遜大概活不過一年了。」太武帝拓跋燾說：「沮渠蒙遜的後代繼承他的王位之後，什麼時候會滅亡？」李順回答說：「沮渠蒙遜的幾個兒子，我粗略地觀察了一下，全都是些庸才。好像聽說擔任敦煌太守的沮渠牧犍，其氣度品性大致還可以，繼承沮渠蒙遜的一定會是他。然而沮渠牧犍與他的父親沮渠蒙遜相比較，都說他比不上沮渠蒙遜。這恐怕是上天在用這種辦法幫助聖明的陛下完成統一天下的偉大功業吧。」北魏太武帝拓跋燾說：「我正對東方的燕國用兵，沒有時間顧及向西方發展。如果真的像你所說的那樣，滅掉北涼也不過是幾年之後的事情，還不算晚。」

當初，從罽賓國來的和尚曇無讖，自稱能夠驅使鬼神為人治病，並且有祕密法術。北涼王沮渠蒙遜非常尊敬他，把他稱作「聖人」，沮渠蒙遜的幾個女兒以及兒媳婦全都到曇無讖那裡讓他傳授如何多生子女的法術。北魏太武帝拓跋燾得知消息，就派遣擔任太常的李順前往北涼徵召曇無讖。北涼王沮渠蒙遜卻留住曇無讖不放，最後竟然將曇無讖殺死。北魏太武帝拓跋燾對北涼王沮渠蒙遜的行為非常憤怒。

北涼王沮渠蒙遜荒唐淫亂、猜忌暴虐，部屬深受其苦。

十年（癸酉　西元四三三年）

春，正月乙卯❶，魏主遣永昌王健督諸軍救遼西❷。

己未❸，大赦。

丙寅❹，魏以樂安王範❺為都督秦・雍等五州諸軍事、衛大將軍、開府儀同三司、長安鎮都大將❻。魏主以範年少，更選舊德❼平西將軍崔徽、征北大將軍鴈門張黎為之副，共鎮長安。徽，宏❽之弟也。範謙恭寬惠，徽務敦大體❾，黎清約❿公平，政刑簡易，輕傜薄賦，關中遂安。

二月庚午⓫，魏主以馮崇為都督幽・平・東夷諸軍事、車騎大將軍、幽・平二州牧，封遼西王，錄其國尚書事⓬，食遼西十郡，承制假授⓭尚書、刺史、征虜⓮已下官。

魏平涼休屠⓯征西將軍金崖、羌涇州刺史狄子玉⓰與安定鎮將⓱延普爭權。崖、子玉舉兵攻普，不克，退保胡空谷⓲。魏主以虎牢鎮大將⓳陸俟為安定鎮大將，擊崖等，皆擒之。

魏主徵陸俟為散騎常侍，出為懷荒⑳鎮大將。未期歲㉑，高車諸莫弗㉒訟俟㉓嚴急無恩，復請前鎮將郎孤。魏主徵俟還，以孤代之。俟既至，言於帝曰：「不過期年，郎孤必敗，高車必叛。」帝怒，切責之，使以建業公歸第㉔。明年，諸莫弗果殺郎孤而叛。帝大驚，立召俟問之曰：「卿何以知其然也？」俟曰：「高車不知上下之禮㉕，故臣臨之以威，制之以法，欲以漸訓導㉖，使知分限㉗。而諸莫弗惡臣所為，訟臣無恩，稱孤之美。臣以罪去，孤獲還鎮，悅其稱譽，益收名聲，專用寬恕待之。無禮之人，易生驕慢，不過期年，無復上下，孤所不堪，必將復以法裁之。如此，則眾心怨懟，必生禍亂㉘矣。」帝笑曰：「卿身雖短，思慮何長也！」即日復以為散騎常侍。

壬午㉙，魏主如河西，遣兼散騎常侍宋宣來聘，且為太子晃求婚。帝依違㉚答之。

劉道濟卒，梁儁之、裴方明等密埋其尸於齋後，詐為道濟教命㉛以答籤疏㉜，雖其母、妻亦不知也。程道養於毀金橋㉝登壇郊天㉞，方明將三千人出擊之，道養等大敗，退保廣漢㉟。

荊州刺史臨川王義慶以巴東㊱太守周籍之督巴西㊲等五郡諸軍事，將二千人救成都。

三月，亡人㊳司馬天助降於魏，自稱晉會稽世子元顯㊴之子。魏人以為青、徐二州刺史、東海公㊵。

壬子㊶，魏主還宮。

趙廣等自廣漢至郪㊷，連營百數。周籍之與裴方明等合兵攻郪，克之，進擊廣等於廣漢，廣等走還涪及五城㊸。夏，四月戊寅㊹，始發劉道濟喪。

帝聞梁、南秦二州㊺刺史甄法護刑政不治，失氐、羌之和，乃自徒中㊻起蕭思話為梁、南秦二州刺史。法護，法崇㊼之兄也。

涼王蒙遜病甚，國人共議，以世子菩提幼弱，立菩提之兄敦煌太守牧犍為世子，加中外都督、大將軍、錄尚書事。蒙遜卒，謚曰「武宣王」，廟號「太祖」。牧犍即河西王位，大赦，改元「永和」。立子封壇為世子，加撫軍大將軍、錄尚書事，遣使請命于魏㊽。牧犍聰穎好學，和雅有度量，故國人立之。

先是，魏主遣李順迎武宣王女為夫人，會卒。牧犍稱先王遺意，遣左丞宋繇送其妹興平公主于魏，拜右昭儀㊾。

魏主謂李順曰：「卿言蒙遜死，今則驗矣；又言牧犍立，何其妙哉！朕克涼州，亦當不遠。」於是賜絹千匹，廄馬一乘[50]，進號安西將軍。寵待彌厚，政事無巨細，皆與之參議。

遣順拜牧犍都督涼・沙・河三州[51]・西域羌戎諸軍事、車騎將軍、開府儀同三司、涼州刺史、河西王，以宋繇為河西王右相。牧犍以無功受賞，留順，上表乞安、平一號[52]。優詔不許[53]。

牧犍尊敦煌劉昞為國師[54]，親拜之[55]，命官屬以下皆北面受業[56]。

五月己亥[57]，魏主如山北[58][1]。

林邑王[59]范陽邁遣使入貢，求領交州[60]。詔答以道遠，不許。

裴方明進軍向涪城，破張尋、唐頻，擒程道助，斬嚴遐，於是趙廣等皆奔散。

六月，魏永昌王健、左僕射安原督諸軍擊和龍，將軍樓勃[61]別將五千騎圍凡城[62]。燕守將封羽以凡城降，收其三千餘家而還。

辛巳[63]，魏人發秦、雍兵一萬，築小城於長安城內。

秋，八月，馮崇上表請說降其父，魏主不聽。

九月，益州刺史甄法崇至成都，收費謙，誅之。程道養、張尋將二千餘家逃入郪山[64]，餘黨各擁眾藏竄山谷，時出為寇不絕。

戊午[65]，魏主遣兼大鴻臚崔賾持節，拜氐王楊難當為征南大將軍、開府儀同三司、秦・梁二州牧、南秦王。賾，逞[66]之子也。

楊難當因蕭思話未至，甄法護將下[67]，舉兵襲梁州，破白馬[68]，獲晉昌[69]太守張範，敗法護參軍魯安期等；又攻葭萌[70]，獲晉壽[71]太守范延朗。冬，十一月丁未[72]，法護棄城[73]奔洋川之西城[74]。難當遂有漢中之地，以其司馬趙溫為梁、秦二州刺史。

甲寅[75]，魏主還宮。

十二月己巳[76]，魏大赦。○辛未[77]，魏主如陰山[78]之北。○魏寧朔將軍盧玄來聘。

前祕書監謝靈運，好為山澤之遊，窮幽極險[79]，從者數百人，伐木開徑，百姓驚擾，以為山賊。會稽[80]太守孟顗與靈運有隙，表其有異志[81]，發兵自防。靈運詣闕自陳[82]，上以為臨川內史[83]。

靈運遊放自若，廢棄郡事，為有司所糾[84]。是歲，司徒遣使隨州從事[85]鄭望生收靈運[86]。靈運執望生，興兵逃逸[87]，作詩曰：「韓亡子房奮[88]，秦帝魯連恥[89]。」追討，擒之。廷尉奏靈運率眾反叛，論正斬刑。上愛其才，欲免官而已。彭城王義康堅執，謂不宜恕。乃降死一等，徙廣州[90]。久之，或告[91]靈運令人買兵器，結健兒，欲於三江口[92]篡取[93]之，不果。詔於廣州棄市。靈運恃才放逸[94]，多所陵忽[95]，故及於禍。

魏立徐州於外黃[96]，以刁雍[97]為刺史。

十一年（甲戌　西元四三四年）

春，正月戊戌[98]，燕王遣使請和於魏，魏主不許。

楊難當以克漢中告捷於魏，送雍州[99]流民七千家於長安。蕭思話至襄陽，遣橫野司馬[100]蕭承之為前驅。承之緣道收兵，得千人，進據磝頭[101]。楊難當焚掠漢中，引眾西還，留趙溫守梁州；又遣其魏興[102]太守薛健據黃金山[103]。思話遣陰平[104]太守蕭坦攻鐵城戍[105]，拔之。

二月，趙溫、薛健與其馮翊太守蒲甲子合攻坦營，坦擊破之，溫等退保西水[106]。臨川王義慶遣龍驤將軍裴方明將三千人助承之拔黃金戍而據之。溫棄州城[107]，退據小城，健、甲子退保下桃城[108]。思話繼至，與承之共擊趙溫等，屢破之。行參軍王靈濟別將出洋川[109]，攻南城[110]，拔之，擒其守將趙英。南城空無所資[111]，靈濟引兵還，與承之合。

魏主以西海公主[112]妻柔然敕連可汗，又納其妹為夫人，遣潁川王提[113]往逆之。丁卯[114]，敕連遣其異母兄禿鹿傀送妹，并獻馬二千匹。魏主以其妹為左昭儀。提，曜[115]之子也。

辛卯[116]，魏主還宮。三月甲寅[117]，復如河西。

楊難當遣其子和將兵與蒲甲子等共擊蕭承之，相拒四十餘日，圍承之數十重，短兵接，弓矢無所復施。氐[118]悉衣犀甲[119]，戈矛所不能入。承之斷矟[120]長數尺，以大斧椎之，一矟輒貫數人。氐不能當，燒營走，據大桃[121]。閏月，承之等追擊之至南城。氐敗走，斬獲甚眾。悉收漢中故地，置戍於葭萌水[122]。

初，桓希既敗[123]，氐王楊盛據漢中。梁州刺史范元之、傅歆皆治魏興[124]，唯得魏興、上庸、新城三郡[125]。及索邈為刺史[126]，乃治南城。至是，南城為氐所焚，不可復固，蕭思話徙鎮南鄭。

甲戌[127]，赫連昌叛魏西走[128]。丙子[129]，河西侯將[130]格殺之。魏人并其羣弟誅之。

己卯[131]，魏主還宮。

辛巳[132]，燕王遣尚書高顒上表稱藩，請罪于魏，乞以季女[133]充掖庭[134]。魏主乃許之，徵其太子王仁入朝[135]。

燕王送魏使者于什門[136]還平城。什門在燕二十一年，不屈節。魏主下詔褒稱，以比蘇武[137]，拜治書御史[138]，賜羊千口，帛千匹，策告宗廟，頒示天下。戊子[139]，休屠金當川[140]圍魏陰密[141]。夏，四月乙未[142]，魏征西大將軍常山王素[143]擊之。丁未[144]，魏主行如河西[145]。壬戌[146]，獲當川，斬之。

甄法護坐委鎮[147]賜死於獄。楊難當遣使奉表謝罪，帝下詔赦之。

河西王牧犍遣使上表，告嗣位[148]。戊寅[149]，詔以牧犍為都督涼・秦等四州諸軍事、征西大將軍、涼州刺史、河西王。

六月甲辰[150]，魏主還宮。

燕王不遣太子質魏[151]，散騎常侍劉滋諫曰：「昔劉禪[152]有重山之險[153]，孫晧[154]有長江之阻，皆為晉擒[155]。何則？彊弱之勢異也。今吾弱於吳、蜀而魏彊於晉，不從其欲，將有危亡之禍。願亟遣太子，而修政事，撫百姓，收離散，賑飢窮，勸農桑，省賦役，社稷猶庶幾[156]可保。」燕王怒，殺之。

辛亥[157]，魏主遣撫軍大將軍永昌王健等伐燕，收其禾稼，徙民[158]而還。

秋，七月壬午[159]，魏主如美稷[160]，遂至隰城[161]，命陽平王它[162]督諸軍擊山胡白龍[163]於西河[164]。它，熙之子也。

魏主輕山胡，日引數十騎登山臨視之。白龍伏壯士十餘處掩擊[165]之，魏主墜馬，幾為所擒。內入行長[166]代人[167]陳建以身扞之，大呼奮擊，殺胡數人，身被十餘創，魏主乃免。

九月戊子[168]，大破胡眾，斬白龍，屠其城。冬，十月甲午[169]，魏人破白龍餘黨於五原[170]，誅數千人，以其妻子賜將士。

十一月，魏主還宮。十二月甲辰[171]，復如雲中[172]。

十二年（乙亥　西元四三五年）

春，正月己未朔[173]，日有食之。◯辛酉[174]，大赦。◯辛未[175]，上祀南郊[176]。

燕王數為魏所攻，遣使詣建康稱藩奉貢。癸酉[177]，詔封為燕王。江南謂之黃龍國[178]。

甲申[179]，魏大赦，改元「太延」。

有老父投書於敦煌[180]東門，求之，不獲。書曰：「涼王三十年若七年[181]。」河西王牧犍以問奉常[182]張慎，對曰：「昔虢[183]之將亡，神降于莘[184]。願陛下崇德脩政，以享三十年之祚。若盤于遊田[185]，荒于酒色，臣恐七年將有大變。」牧犍不悅。

二月丁未(186)，魏主還宮。

三月癸亥(187)，燕王遣大將湯燭入貢於魏，辭以太子王仁有疾，故未之遣。

領軍將軍劉湛與僕射殷景仁素善，湛之入也，景仁實引之(188)。湛既至，以景仁位遇(189)本不踰己(190)，而一日居前，意甚憤憤；俱被時遇(191)，以景仁專管內任(192)，謂為間己(193)，猜隙漸生。知帝信仗景仁，不可移奪(194)。時司徒義康專秉朝權，湛嘗為義康上佐(195)，遂委心自結，欲因宰相之力(196)以回上意(197)，傾黜(198)景仁，獨當時務(199)。

夏，四月己巳(200)，帝加景仁中書令、中護軍，即家為府(201)；湛加太子詹事(202)。湛愈憤怒，使義康毀景仁於帝，帝遇之益隆。景仁對親舊歎曰：「引之令入，入便噬人！」乃稱疾解職。表疏累上，帝不許，使停家養病。

湛議(203)遣人若劫盜者(204)於外殺之，以為帝雖知，當有以解之(205)，不能傷義康至親之愛(206)。帝微聞之，遷護軍府(207)於西掖門(208)外，使近宮禁，故湛謀不行。

義康僚屬及諸附麗湛(209)者，潛相約勒(210)，無敢歷(211)殷氏之門。彭城王主簿(212)沛郡劉敬文父成，未悟其機，詣景仁求郡(213)。敬文遽往謝湛(214)曰：「老父悖耄(215)，遂就殷鐵干祿(216)。由敬文闇淺(217)，上負生成(218)，闔門慚懼，無地自處。」唯後將軍司馬[219]。庚炳之[220]遊二人之間，皆得其歡心，而密輸中忠於朝廷。景仁臥家不朝謁[221]，帝常使炳之銜命往來，湛不疑也。炳之，登之[222]之弟也。

燕王遣右衛將軍孫德來乞師。

五月庚申[223]，魏主進宜都公穆壽[224]爵為王，汝陰公長孫道生為上黨王，宜城公奚斤為恆農[225]王，廣陵公樓伏連為廣陵王。加壽征東大將軍。壽辭曰：「臣祖父崇所以得効功前朝，流福於後者，由梁眷[226]之忠也。今眷元勳未錄[227]，而臣獨奕世受賞[228]，心實愧之。」魏主悅，求眷後，得其孫，賜爵郡公。壽，觀之子也。

龜茲、疏勒、烏孫、悅般、渴槃陁、鄯善、焉耆、車師、粟持[229]九國入貢于魏。魏主以漢世雖通西域，有求則卑辭而來，無求則驕慢不服。蓋自知去中國絕遠，大兵不能至故也。今報使往來，徒為勞費，終無所益，欲不遣使。有司固請，以為：「九國不憚險遠，慕義入貢，不宜拒絕，以抑將來[230]。」乃遣使者王恩生等二十輩[231]使西域。恩生等始度流沙[232]，為柔然所執。恩生見敕連可汗，持魏節不屈。魏主聞之，切責敕連，敕連乃遣恩生等還。竟[233]不能達西域。

甲戌[234]，魏主如雲中。

六月甲午[235]，魏主以時和年豐，嘉瑞沓臻[236]，詔大酺[237]五日，徧祭百神，用答天旣[238]。

丙午[239]，高句麗王[2]璉遣使入貢于魏，且請國諱[240]。魏主使錄帝系[241]及諱以與之，拜璉都督遼海諸軍事、征東將軍、遼東郡公、高句麗王。璉，釗[242]之曾孫也。

戊申[243]，魏主命驃騎大將軍樂平王丕、鎮東大將軍徒河屈垣[244][3]等帥騎四萬伐燕。

揚州諸郡大水。己酉[245]，運徐、豫、南兗穀以賑之。揚州西曹主簿[246]沈亮建議，以為酒糜穀[247]而不足療飢，請權[248]禁止；詔從之。亮，林子[249]之子也。

秋，七月，魏主畋于棝陽[250]。

己卯[251]，魏樂平王丕等至和龍。燕王以牛酒犒軍，獻甲三千。屈垣責其不送侍子[252]，掠男女六千口而還。

八月丙戌[253]，魏主如河西。九月甲戌[254]，還宮。

魏左僕射河間公安原，恃寵驕恣。或告原謀為逆。冬，十月癸卯[255]，原坐族誅。

甲辰[256]，魏主如定州。十一月乙丑[257]，如冀州。己巳[258]，畋于廣川[259]。丙子[260]，如鄴[261]。

魏人數伐燕，燕日危蹙，上下憂懼。太常楊崏復勸燕王速遣太子入侍。燕王曰：「吾未忍為此。若事急，且東依高麗以圖後舉。」崏曰：「魏舉天下[262]以擊一隅[263]，理無不克。高麗無信，始雖相親，終恐為變。」燕王不聽，密遣尚書陽伊請迎於高麗[264]。

丹楊尹蕭摹之上言：「佛化被于中國[265]，已歷四代[266]，形像塔寺[267]，所在千數[268]。自頃以來，情敬浮末[269]，不以精誠為至，更以奢競[270]為重。材竹銅綵，糜損無極；無關神祇[271]，有累人事[272]。不為之防[273]，流遁未息[274]。請自今欲鑄銅像及造塔寺者，皆當列言[275]，須報乃得為之。」詔從之。摹之，思話從叔也。

魏秦州刺史薛謹擊吐沒骨[276]，滅之。

楊難當釋楊保宗[277]之囚，使鎮童亭[278]。

【章　旨】以上為第三段，寫宋文帝十年（西元四三三年）至十二年共三年間的大事。主要寫了魏主拓跋燾派拓跋範、崔徽等鎮守關中，輕徭薄賦，政刑簡易，關中遂安；寫了魏主派陸俟為懷荒鎮大將，管理高車諸部，刑法嚴明，諸部咸怨；魏主改用郎孤，郎孤寬鬆縱容，遂致高車叛亂，魏主復用陸俟後，稱讚陸俟的料事之明；寫了魏主幾次出兵伐燕，多掠其人口而歸，燕主向魏國稱藩求和，願送女、送回扣留的使臣于什門等，但堅持不送其子為質；又向劉宋稱藩入貢，又請降於高句麗，請求高句麗出兵來迎；寫了益州刺史劉道濟死，梁儁之、裴方明、周籍之等大破變民頭領程道養、趙廣，變民部眾奔散入山；朝廷派甄法崇為益州刺史，誅劉道濟之脅從費謙；寫了梁、秦二州刺史甄法護政刑不治，失氐羌之和，朝廷起用蕭思話以代甄法護，氐王楊難當乘機襲梁州，甄法護棄州逃走，梁州遂為楊難當所佔據，朝廷誅甄法護；蕭思話到梁州後，與楊難當戰，部將蕭承之大破楊難當，悉收漢中故地；寫了謝靈運因好山澤之遊，被人奏為有異志，謝靈運詣朝廷自明，被用為臨川內史；又因遊放自若，廢棄郡事，被有司所糾，謝靈運拒捕逃逸，並作詩以晉之「貞臣」自居，被斬於廣州；寫了劉宋之權臣殷景仁引劉湛入朝共執朝政，劉湛不滿居於殷景仁之下，借助司徒劉義康之力，極盡挑撥排擠之能事，甚至欲派殺手刺殺之，因有皇帝維護，劉湛未能得手；此外還寫了北涼主沮渠牧犍對魏、對宋兩面稱藩進貢，敦煌有謠言預言北涼將亡，以及西域九國入貢於魏等等。

【注釋】❶正月乙卯　正月十五。❷救遼西　馮弘之子馮崇以遼西郡（郡治肥如）降魏，馮弘派兵圍之，故魏主發兵相救。❸己未　正月十九。❹丙寅　正月二十六。❺樂安王範　即拓跋範，拓跋燾之弟。❻長安鎮都大將　長安軍事區的最高長官，位同刺史，只管軍事。胡三省曰：「都大將在鎮大將之上。」❼舊德　德高望重的老人。❽宏　崔浩之父。傳見《魏書》卷二十四。❾務敦大體　注意搞好大的方面。敦，注意；講究。❿清約　清靜、儉樸。⓫二月庚午　二月初一。⓬錄其國尚書事　總管燕國尚書省的一切事務。錄，管理。⓭承制假授　以魏主的名義任命所轄地區的官吏。⓮征虜　指征虜將軍。⓯魏平涼休屠　魏國平涼郡的休屠人。休屠是匈奴族的部落之一。北魏平涼郡的郡治在今甘肅華亭西。⓰羌涇州刺史狄子玉　任北魏涇州刺史的羌族人狄子玉。北魏的涇州州治臨涇，在今甘肅涇川縣西北。⓱安定鎮將　鎮守安定郡的將軍。安定郡的郡治在今甘肅涇川縣西北，當時的臨涇之南，相距不遠。⓲胡空谷　在今陝西彬縣西南，本書前文曾有所謂「胡空堡」，即其地也。⓳虎牢鎮大將　虎牢關軍事區域的長官，地位低於鎮都大將，高於鎮將。虎牢關在今河南滎陽西北的古汜水鎮，在古成皋城的南側。⓴懷荒　即今河北的張北縣。㉑未期歲　不到一週年。㉒高車諸莫弗　高車族的各個部落酋長。莫弗，猶如其他少數民族的酋長。㉓訟俟　告陸俟的狀。㉔歸第　意即免其現有職務，帶著「建業公」的爵位回家為民。㉕不知上下之禮　不懂下級應該服從上級的道理。㉖以漸訓導　慢慢地加以教育。漸，逐漸。㉗分限　本分、限度，指等級約束。㉘必生禍亂　以上經驗首見於《左傳》昭公二十年子產教導子太叔之治鄭。㉙壬午　二月十三。㉚依違　似依似違，即今之所謂「模稜兩可」。㉛詐為道濟教命　假託劉道濟的口氣發布命令。教命，文體名，指王公將相以及方面大員給下屬部門所發的文件、文告。㉜以答籤疏　以批覆各種往來的公文、案牘。㉝毀金橋　應在成都城外不遠。㉞郊天　帝王在都城南面的祭天。㉟廣漢　郡名，郡治在今四川廣漢城北，當時稱作雒縣。㊱巴東　郡名，郡治魚復，在今重慶市奉節東。㊲巴西　郡名，郡治在今四川綿陽東北。㊳亡人　逃亡者。㊴元顯　即司馬元顯，會稽王司馬道子之子，被桓玄叛亂所殺。事見本書卷一百十二元興元年。㊵東海公　東海郡公。東海郡的郡治在今江蘇新沂南，當時屬劉宋，此處是用以為封號。㊶壬子　三月十三。㊷郫　縣名，縣治在今四川郫縣東。㊸五城　縣名，也寫作「伍城」，即今四川中江縣，在當時的廣漢郡東。㊹四月戊寅　四月初十。㊺梁南秦二州　州治都在今之陝西漢中。㊻徒中　服勞役的囚犯中。蕭思話原任青州刺史，因被魏人打敗，丟失領土而被朝廷下獄。事見本書卷一百二十元嘉元年。㊼法崇　即甄法崇。㊽請命于魏　請求魏主拓跋燾予以承認。㊾右昭儀　昭儀是嬪妃的稱號，有左右二人，地位僅低於皇后。㊿廄馬一乘　皇家御馬棚中的馬四匹。廄，馬棚。乘，四匹。古稱一車四馬為一乘，這裡即指四匹馬。(51)涼沙河三州　涼州的州治即今甘肅武威，沙州的州治即今甘肅酒泉，河州的州治枹罕在今甘肅臨夏東北。(52)乞安平一號　請求加封為「安西將軍」或是「平西將軍」。(53)優詔不許　在朝廷回覆的詔書中說了不少表揚、安慰的話，但對乞求「安、平一號」事，婉言不許。(54)國師　國家、朝廷的老師。(55)親拜之　親自給劉昞行跪拜之禮。(56)北面受業　像弟子一樣恭敬地向老師學習。北面，老師面南而坐，弟子面北叩見。(57)五月己亥　五月初一。(58)山北　武周山之北。武周也作「武州」，即今山西大同。(59)林邑王　林邑是越南境內的古代小國名，轄境在今越南國的中南部。(60)交州　州治龍編，在今越南河內東北，當時屬劉宋政權管轄。(61)樓敦　人名，《魏書・世祖紀》寫作「樓勃」，二字相同。(62)凡城　在今河北平泉境內。(63)辛巳　六月十四。(64)郪山　郪縣境內的山。郪縣縣治在今四川射洪西南。(65)戊午　九月二十二。(66)逞　即崔逞，原仕於慕容寶，後歸拓跋珪，因對答傲慢被殺。傳見《魏書》卷三十二。(67)將下　將離任而去。(68)白馬　即白馬戍，在今陝西勉縣西的沔水北岸。(69)晉昌　郡名，郡治長樂，在今陝西西鄉東。(70)葭萌　縣名，也稱葭萌關，縣治在今四川廣元西南，劍門關的東南。(71)晉壽　郡名，郡治即葭萌關。(72)十一月丁未　十一月十二。(73)棄城　棄梁州的州治南鄭。(74)洋川之西城　洋川郡的郡治西城，即今陝西西鄉。(75)甲寅　十一月十九。(76)十二月己巳　十二月初五。(77)辛未　十二月初七。(78)陰山　橫亙於今內蒙古呼和浩特、包頭、河套以北的東西走向的大山。(79)窮幽極險　專門攀登那些隱蔽險要、人所不至的地方。(80)會稽　郡名，郡治即今浙江紹興。(81)表其有異志　上表告發謝靈運想造反。(82)詣闕自陳　自己到朝廷說明情況。(83)臨川內史　臨川王國的行政長官，級別相當於郡太守。臨川郡治在今江西撫州西。(84)為有司所糾　被監察部門的官員所糾察、彈劾。(85)隨州從事此語疑有誤，當時無「隨州」之名，只有隨縣，在今湖北境內，當時屬於安陸郡。胡三省以為當時鄭望生是任「江州從事」，江州的州治即今江西九江。從事，即從事史，州刺史的高級僚屬。(86)收靈運　逮捕謝靈運。收，拘捕。(87)興兵逃逸　舉兵反抗，後又逃跑。(88)韓亡子房奮　子房是劉邦謀臣張良的字，張良的祖輩在戰國時期的韓國任宰相，韓國被秦始皇滅掉後，張良奮起為韓國報仇，先找刺客行刺秦始皇於博浪沙，未成；後佐劉邦終於推翻了秦王朝。事見《史記・留侯世家》。(89)秦帝魯連恥　魯連即魯仲連，戰國時期齊國的俠義之士。秦兵圍邯鄲，魏人辛垣衍勸趙王尊秦為帝，魯仲連駁斥了辛垣衍的投降主義論調，並說：「秦若肆然而為帝，過而遂正於天下，則連有赴東海而死矣，吾不忍為之民也。」事見《戰國策・趙策三》與《史記・魯仲連鄒陽列傳》。按，謝靈運先以不服王弘、王曇首之獲寵掌權，以自己不能「參機要」而耿耿於懷；今又以張良、魯仲連自比，把自己打扮成晉王朝的忠貞之士，反覆無常，言不由衷，如同李斯之末路。(90)徙廣州　流放於廣州。(91)或告　有人舉報。按，史文用語如此，乃暗示其強加罪名。(92)三江口　即今廣州東南的珠江與東江的匯口。因北江與西江在廣州西合成珠江，再合東江為三江，故稱「三江口」。(93)篡取　武力劫取。(94)放逸　放縱。(95)多所陵忽　對很多人、很多事表現傲慢，目空一切。(96)外黃　縣名，縣治在今河南蘭考東南。(97)刁雍　原晉人，刁暢之子，刁逵之姪。劉裕滅桓玄，刁氏曾因得罪過劉裕，被挾私滅門。刁雍被救送後秦，後又奔魏，遂成為鐵杆的反劉裕勢力。事見本書〈晉紀〉四十。(98)正月戊戌　正月初四。(99)雍州　北魏的雍州州治在長安。「雍州流民」指長安一帶過去流亡到漢中地區去的百姓。(100)橫野司馬　橫野將軍的司馬，當時蕭思話任橫野將軍。(101)磝頭　即當時的安康縣，在今陝西漢陰西北。(102)魏興　郡名，郡治在今陝西安康之西北側。(103)黃金山　在今陝西洋縣東，山下有黃金戍，為軍事要地。(104)陰平　郡名，郡治在今四川劍閣縣西北。(105)鐵城戍　在黃金山上，與山下的黃金戍相對。(106)西水　胡三省注引《水經注》，以為當作「酉水」。酉水，漢水上游的支流，流經今陝西洋縣東，離當時的黃金山不遠。(107)州城　即梁州的州城南鄭，今之陝西漢中。(108)下桃城　在當時的南鄭城東。(109)洋川　即洋水，流經今陝西西鄉東，在當時的南鄭城東北流入漢水。(110)南城　即褒中縣，在當時的南鄭西南。(111)無所資　無所憑藉，指沒有吃的、用的，無法防守。(112)西海公主　拓跋燾之女。(113)潁川王提　拓跋燾的堂兄弟。傳見《魏書》卷十六。(114)丁卯　二月初四。(115)曜　即拓跋曜，魏主拓跋燾之叔。(116)辛卯　二月二十八。(117)甲寅　三月二十一。(118)氐　指楊難當的部下，楊難當是當時氐族頭領。(119)衣犀甲　身穿犀牛皮製的鎧甲。(120)斷矟　把矛的長柄截短。矟，長矛。(121)大桃　即大桃戍，在今陝西略陽東。(122)葭萌水　即白水，自西北流來，在今四川廣元西南入嘉陵江。因其經過葭萌（今廣元西南）城下，故亦稱葭萌水。(123)桓希既敗　事在晉安帝元興三年。桓希是桓玄的族人，桓玄篡位時桓希任梁州刺史。桓玄失敗後，桓希被益州刺史毛璩所攻殺。

見本書卷一百十三。(124)皆治魏興　因梁州的州治南鄭（今漢中）被楊盛所據，故東晉所派的梁州刺史范元之、傅歆等人只好以魏興郡當做梁州的州治。魏興郡治在今陝西安康西北。(125)唯得魏興上庸新城三郡　當時東晉的梁州只能管轄魏興、上庸、新城三個郡。上庸郡的郡治在今湖北竹山縣西南，新城郡的郡治即今湖北房縣。(126)索邈為刺史　事在晉安帝義熙九年。譙縱據蜀叛亂，梁州仍被仇池楊氏所佔。譙縱被滅後，索邈被劉裕任為梁州刺史。事見本書卷一百十六。(127)甲戌　閏三月十一。(128)赫連昌叛魏西走　夏主赫連昌於宋文帝元嘉五年被魏將安頡所擒，魏主寵待之，賜爵會稽公，又以妹始平公主妻之。至今乃又叛走。(129)丙子　閏三月十三。(130)河西候將　巡邏在河西地區的魏國的偵察兵將領。此處的「河西」指今內蒙古烏海、磴口一帶的黃河之西。(131)己卯　閏三月十六。(132)辛巳　閏三月十八。(133)季女　最小的女兒。(134)充掖庭　充當嬪妃。掖庭，指帝王的後宮。(135)入朝　意即到魏國充當人質。(136)于什門　魏國的堅貞之臣，於晉安帝義熙十年出使燕國，被燕人所扣留，持節不屈至今。事見本書卷一百十六及《魏書・節義傳》。(137)蘇武　西漢武帝時人，出使匈奴被扣留十九年，執漢節不屈，昭帝時始被放回。事見《漢書・蘇武傳》。(138)治書御史　帝王身邊的侍從官，負責管理平議廷尉所上報的案件。(139)戊子　閏三月二十五。(140)休屠金當川　匈奴族休屠部落的頭領名叫金當川。(141)陰密　縣名，在今甘肅靈臺西南。(142)四月乙未　四月初三。(143)常山王素　即拓跋素，拓跋燾之叔。(144)丁未　四月十五。(145)河西　指內蒙古伊克昭盟一帶的黃河之西。(146)壬戌　四月三十。(147)委鎮　指其棄梁州城逃向洋州西城。(148)告嗣位　沮渠牧犍前已向北魏「告嗣位」，今又向劉宋「告嗣位」，兩面都不得罪。(149)戊寅　五月十六。(150)甲辰　六月十三。(151)質魏　到魏國為質。(152)劉禪　即阿斗，劉備之子，三國時的蜀後主，西元二二三至二六三年在位。蜀國建都於成都。(153)有重山之險　指與曹魏隔著秦嶺。(154)孫晧　孫權之孫，三國時吳國的亡國之君，西元二六四至二八〇年在位。吳國建都於今之南京。(155)皆為晉擒　劉禪被滅於魏元帝景元二年，見本書卷七十八。其時晉雖尚未代魏，但國家政權早已為司馬氏所掌握。孫晧被滅於晉武帝太康元年，見本書卷七十九。(156)庶幾　或許。(157)辛亥　六月二十。(158)徙民　實即劫掠其人口。(159)七月壬午　七月二十一。(160)美稷　舊縣名，縣治在今山西汾陽西北。(161)隰城　縣名，即今山西汾陽，當時為西河郡的郡治所在地。(162)陽平王它　即拓跋它，拓跋珪之孫，拓跋熙之子。傳見《魏書》卷十六。(163)山胡白龍　山胡族的頭領名叫白龍。山胡是匈奴族的一支，當時居住在今山西離石以西、甘肅涇川縣以東的陝西中北部地區。(164)西河　此指今山西與陝西交界的黃河。(165)掩擊　突然襲擊。(166)內入行長　武官名。北魏置，掌宿衛，在魏主臥室內值班的衛士之長。內入，可以進入臥室，意即貼身衛士。行長，猶言「隊長」。(167)代人　代郡人。代郡的郡治即今河北蔚縣東北的代王城。(168)九月戊子　九月二十八。(169)十月甲午　十月初五。(170)五原　郡名，郡治在今內蒙古包頭西。(171)十二月甲辰　十二月十六。(172)雲中郡名，郡治盛樂，在今內蒙古托克托東北。(173)正月己未朔　正月初一是己未日。(174)辛酉　正月初三。(175)辛未　正月十三。(176)上祀南郊　劉宋皇帝到都城的南郊祭天。(177)癸酉　正月十五。(178)黃龍國　因其首都在和龍，故如此稱。到金朝建國時有所謂「黃龍府」，亦指此地。(179)甲申　正月二十六。(180)敦煌　在今甘肅敦煌西，當時沮渠牧犍逃居於此。(181)涼王三十年若七年　涼王可以在位三十年，也可以在位七年。若，或。(182)奉常　也叫太常，執掌國家的禮樂、祭祀諸事。(183)虢　春秋時代的小諸侯國名，國都在今河南陝縣東南，僖公五年被晉國所滅。(184)神降于莘　虢國境內的莘地，有鬼神下界。莘，在今陝縣硤石鎮西。《左傳》莊公三十二年，有所謂「神降于莘」。史嚚感慨地說：「虢其亡乎！吾聞之：國將興，聽于民；將亡，聽于神。」後七年，虢被晉所滅。(185)盤于遊田　只顧追求打獵行遊的樂趣。盤，樂。(186)二月丁未　二月二十。(187)三月癸亥　三月初六。(188)景仁實引之　是殷景仁建議讓皇帝把劉湛召到朝廷的。見本書卷一百二十一元嘉八年。(189)位遇　地位、待遇。(190)本不踰己　本來在自己之下。(191)俱被時遇　等被召進朝廷，兩個人走紅的程度差不多了。時遇，猶今之所謂「走紅」、「受寵」。(192)內任　當時殷景仁為侍中，負責為皇帝起草詔令，下達旨意。(193)謂為間己　認為殷景仁挑撥自己與皇帝的關係。(194)不可移奪　沒法改變皇帝對殷景仁的寵信。(195)上佐　高級僚屬，劉湛曾為劉義康任長史。(196)宰相之力　指劉義康的力量，當時劉義康任司徒，位同宰相，總攬國政。(197)回上意　改變劉義隆對殷景仁的態度。(198)傾黜　即今之所謂「擠下去」。(199)獨當時務　讓自己來「獨攬朝權」。(200)四月己巳　四月初一是「丁亥」，本月中無「己巳」，疑字有誤。(201)即家為府　把中書令、中護軍的辦事機構都搬到殷景仁家裡，亦即在家裡辦公。(202)湛加太子詹事　此句敘事可疑，前文已有「徵湛為太子詹事，加給事中，共參政事」，此處何煩再「加」太子詹事。(203)議　準備；想要。(204)遣人若劫盜者　派人裝扮成土匪模樣。若，像是。(205)有以解之　有辦法進行分說。(206)義康至親之愛　劉義康與劉義隆的兄弟手足之情。(207)護軍府　即上述「中護軍」的辦事機關。(208)西掖門　皇宮正門旁邊的西側門。(209)附麗湛　趨附、巴結劉湛。麗，也是「附」的意思。(210)潛相約勒　彼此相互約束。(211)歷　過；前往。因知二人的矛盾之深，故有事也不敢往求。(212)彭城王主簿　劉義康的祕書長。劉義康被封為彭城王。(213)求郡　請求獲得一個郡太守之位。(214)遽往謝湛　趕緊去找劉湛解釋。(215)悖耄　猶今之所謂「老糊塗」。(216)遂就殷鐵干祿　竟然跑到殷景仁那裡討官做。殷鐵，殷景仁的小名。稱人小名，表示輕蔑。干祿，討官。(217)闇淺　愚昧；不懂事。(218)上負生成　辜負了「生我者，養我者」的人。生成，生養、成就。(219)後將軍司馬　劉義隆之子始興王劉濬的高級僚屬。劉濬當時任後將軍。司馬是軍中執法的官。(220)庾炳之　字仲文，劉義隆時代的權臣之一。傳見《宋書》卷五十三。(221)不朝謁　不到朝廷拜見皇帝。(222)登之　東晉權臣庾冰的曾孫。傳見《宋書》卷五十三。(223)五月庚申　五月初四。(224)穆壽　穆崇之孫，穆觀之子。穆崇在拓跋珪危難之際，曾為之報信讓其逃脫。穆觀任職於拓跋嗣時代，頗受倚重。穆壽為拓跋燾的將領。穆氏諸傳見《魏書》卷二十七。225恆農　即弘農，郡名，郡治在今河南三門峽市西南，後世為獻文帝拓跋弘避諱，改稱「恆農」。226梁眷　匈奴族劉顯的部下。拓跋珪勢力尚弱時，亦屬於劉顯。劉顯欲殺拓跋珪，梁眷使穆崇給拓跋珪報信，使拓跋珪得以逃脫。227元勳未錄　大功尚未褒獎。未錄，未敘，沒有提上日程。228奕世受賞　一連幾代地蒙受褒獎。229龜茲疏勒烏孫悅般渴槃陁鄯善焉耆車師粟持　都是當時的西域國名，龜茲、疏勒、烏孫、鄯善、焉耆、車師都是漢以來的古國，在今新疆自治區內，悅般在今新疆西北部與哈薩克斯坦境內，渴槃陁在今新疆西部與阿富汗境內，粟持在蔥嶺西的塔吉克斯坦境內。230以抑將來　以至於堵塞了日後別的國家慕義前來的道路。231二十輩　二十夥人；二十個使團。輩，猶今之所謂「批」、「起」。232流沙　即今甘肅敦煌以西、新疆羅布泊以東的白龍堆沙漠。233竟　到底；始終。234甲戌　五月十八。235六月甲午　六月初八。236嘉瑞沓臻　好的神祕徵兆屢屢出現。嘉瑞，猶言「祥瑞」，陰陽五行家所鼓吹的神祕徵兆，如鳳凰出、麒麟降、嘉苗生等等。沓臻，屢至；屢屢出現。臻，至；到來。237大酺　全國性的歡聚痛飲。古代有時對飲酒有限制，故國家下令允許暢飲也寫入歷史。238天貺　上天的賞賜。239丙午　六月二十。240請國諱　即詢問魏主拓跋燾的名字。要高句麗也為「燾」字避諱。241帝系　拓跋魏的帝王世系表。242釗　東晉初時的高麗王，成帝咸康八年被慕容皝打敗，被百濟人所殺。243戊申　六月二十二。244徒河屈垣　徒河地區的鮮卑人姓屈名垣。徒河，即今遼寧錦州。245己酉　六月二十三。246揚州西曹主簿　揚州刺史府的西曹主簿。胡三省注：「自晉以來，公府分東、西曹，各有掾屬、主簿。」247酒縻穀　造酒浪費糧食。縻，耗；費。248權　暫時。249林子　即沈林子，沈約的祖父，劉裕部下的名將，在破盧循、破司馬休之及收復關中之役中立有大功。傳見《宋書》卷一百。250稒陽　縣名，在今內蒙古包頭一帶。251己卯　七月二十四。252侍子　即質子。燕王馮弘答應送太子入魏為質，而至今未送。253八月丙戌　八月初一。254九月甲戌　九月二十。255十月癸卯　十月十九。256甲辰　十月二十。257十一月乙丑　十一月十二。258己巳　十一月十六。259廣川　縣名，縣治在今河北景縣西南。260丙子　十一月二十三。261鄴　古城名，在今河北臨漳西南，石勒、石虎時代的都城。262舉天下　以魏國全國的兵力。263一隅　一個角落，指小小的燕國。264請迎於高麗　意即投降高句麗，請高句麗派兵來接。因為他們已經不可能自己率部前往。265佛化被于中國　佛教文化流行於中國。被，加；流行。266四代　指東漢、魏、晉、宋。267形像塔寺　塑造的神像與興建的佛塔與寺廟。268所在千數　到處都成百上千。269情敬浮末　都是追求一些表面的東西，把真正的恭敬、信仰放在其次。270奢競　奢侈豪華。271無關神祇　與佛教的神靈不沾邊。272有累人事　對於百姓的生活影響可就大啦。有累，有損；有害。人事，人的生活。273不為之防　如不加以限制、管理。防，限制。274流遁未息　指越發展越壞。[275]列言　指向上提出申請。[276]吐沒骨　當時的少數民族部落名，生活地區不詳。[277]楊保宗　氐王楊盛之孫，楊玄之子。楊玄死後，楊難當奪楊保宗之位自立為「大秦王」。楊保宗謀襲楊難當，事洩被囚，見前文元嘉九年。[278]童亭　在今甘肅天水市東南。

【校　記】[1]北　張敦仁《通鑑刊本識誤》作「南」。[2]高句麗王　據章鈺校，甲十一行本、乙十一行本皆無「句」字。[3]屈垣　嚴衍《通鑑補》改作「屈恆」。按，《魏書》作「屈垣」。

【語　譯】十年（癸酉　西元四三三年）

春季，正月十五日乙卯，北魏太武帝拓跋燾派遣永昌王拓跋健率領各路大軍前往遼西救援準備投降北魏的馮崇。

正月十九日己未，宋國實行大赦。

正月二十六日丙寅，北魏任命樂安王拓跋範為都督秦・雍等五州諸軍事、衛大將軍、開府儀同三司、長安鎮都大將。太武帝拓跋燾因為樂安王拓跋範年紀太小，所以就又挑選德高望重的老前輩平西將軍崔徽、征北大將軍雁門人張黎作為他的副手，共同鎮守長安。崔徽，是崔宏的弟弟。拓跋範為人謙恭寬厚，好施恩惠，崔徽為人注重抓大事，張黎清靜儉樸，辦事公平，政事簡單，刑罰公正，注意減輕人民的賦稅和徭役，關中地區逐漸安定下來。

二月初一日庚午，北魏太武帝拓跋燾任命馮崇為都督幽・平・東夷諸軍事、車騎大將軍、幽州・平州二州州牧，封為遼西王，總管燕國尚書省的一切事務，劃分遼西等十個郡作為馮崇的封地，在自己的王國之內可以以魏國皇帝的名義直接任命自己轄區內的尚書、刺史、征虜將軍以下級別的官吏。

北魏擔任征西將軍的平涼地區匈奴休屠部落人金崖、擔任涇州刺史的羌族人狄子玉與擔任安定鎮將的延普之間為爭奪權力。金崖遂與狄子玉出兵攻打延普，沒有取勝，便撤退到胡空谷據守。北魏太武帝拓跋燾任命擔任虎牢鎮大將的陸俟為安定鎮大將，率軍攻打金崖等，將他們全部抓獲。

北魏太武帝拓跋燾徵調擔任安定鎮大將的陸俟回到朝廷擔任散騎常侍，接著又出任懷荒鎮大將。陸俟在懷荒鎮大將任上不到一年的時間，高車族各部落首領便向朝廷控告陸俟執法嚴苛、性情急躁、沒有恩德，請求允許原任鎮將郎孤擔任懷荒大將。北魏太武帝拓跋燾遂將陸俟召回，令郎孤代替陸俟擔任懷荒大將。陸俟回到朝廷之後，對太武帝拓跋燾說：「用不了一年，郎孤必然失敗，高車人肯定會發動叛亂。」太武帝拓跋燾非常憤怒，對陸俟嚴加責備，令陸俟帶著建業公的爵位回家賦閒。第二年，高車各部落首領果然殺死了懷荒大將郎孤，起兵叛變。太武帝不禁大吃一驚，立即召見陸俟，向陸俟詢問說：「你是怎麼知道高車部落首領會殺死郎孤叛變的？」陸俟回答說：「高車人不懂得下級應該服從上級的道理，所以我只能用威嚴對待，運用法律進行制裁，準備採用循序漸進的辦法慢慢引導他們知曉禮儀，懂得上尊下卑的等級約束。而各部落首領開始怨恨我的所作所為，遂向朝廷控告我沒有恩德，而稱讚郎孤。我便被認為有罪而免去官職，離開了懷荒鎮，而郎孤得以重新回到懷荒鎮。郎孤感激高車人稱讚自己，於是更加注重收買人心，以博取聲望，遂專用寬厚來對待他們。不懂得禮儀的人，最容易滋生傲慢情緒，不會超過一年，這些高車部落首領就會放縱到與郎孤不分上下的程度，郎孤再也無法容忍，必將用嚴刑峻法加以整頓。這樣一來，高車部落首領就又會心懷怨恨，禍亂也就發生了。」太武帝笑著說：「你的身材雖然很短，而你的思慮卻如此長遠呀！」當天就又任命陸俟為散騎常侍。

二月十三日壬午，北魏太武帝拓跋燾前往河西地區，他派遣兼任散騎常侍的宋宣前往宋國進行訪問，並且為太子拓跋晃向宋文帝劉義隆求婚。宋文帝劉義隆的態度仍然是模稜兩可。

宋國擔任益州刺史的劉道濟去世，擔任參軍的梁儁之、擔任中兵參軍的裴方明等祕密地將劉道濟的屍體埋葬在書齋的後面，並假託劉道濟的口氣發布命令，批覆各種往來的公文、案牘等，即使是劉道濟的母親、妻子也不知道劉道濟已經去世。蜀王程道養在毀金橋登上高臺祭祀上天，中兵參軍裴方明率領三千人出城攻擊，程道養等被官軍打得大敗，退回廣漢據守。

宋國擔任荊州刺史的臨川王劉義慶任命擔任巴東太守的周籍之為督巴西等五郡諸軍事，率領二千人前往成都救援。

三月，四處逃亡的東晉皇族成員司馬天助投降了北魏，他自稱是東晉會稽王世子司馬元顯的兒子。魏國人任命司馬天助為青．徐二州刺史、東海郡公。

三月十三日王子，北魏太武帝拓跋燾從河西返回平城的皇宮。

趙廣等從廣漢一直到郪縣，連營一百座。周籍之與裴方明等聯合進攻郪縣，將郪縣攻克，然後乘勝進攻趙廣等所據守的廣漢，趙廣等分別逃往涪城和五城。夏季，四月初十日戊寅，裴方明等對外發布了益州刺史劉道濟已經去世的消息，才為劉道濟發喪。

宋文帝劉義隆聽說擔任梁、南秦州二州刺史的甄法護因為政刑措施處理不得法，因而與氐族人、羌族人產生了矛盾，於是起用正在服刑的原青州刺史蕭思話為梁、南秦二州刺史。甄法護，是甄法崇的哥哥。

北涼河西王沮渠蒙遜病勢沉重，國中的貴族一同商議，認為世子沮渠菩提年紀太幼小，遂擁立沮渠菩提的哥哥、擔任敦煌太守的沮渠牧犍為世子，加授沮渠牧犍為中外都督、大將軍、錄尚書事。涼王沮渠蒙遜去世，諡號為「武宣王」，廟號「太祖」。沮渠牧犍即位為河西王，實行大赦，改年號為「永和」。河西王沮渠牧犍立自己的兒子沮渠封壇為世子，加授撫軍大將軍、錄尚書事，然後派使者到北魏請求任命。沮渠牧犍聰明好學，為人和善文雅，有度量，所以國內的貴族擁戴他為河西王。

先前，北魏太武帝拓跋燾派李順迎娶沮渠蒙遜的女兒為夫人，卻正遇沮渠蒙遜去世。沮渠牧犍遂宣稱是父親的遺願，派遣擔任左丞的宋繇護送自己的妹妹興平公主前往北魏，北魏太武帝拓跋燾封興平公主為右昭儀。

北魏太武帝拓跋燾對太常李順說：「你曾經預言沮渠蒙遜會死，現在已經應驗了；你還說沮渠牧犍會繼承王位，現在也應驗了，這是多麼奇妙的事情啊！我攻克涼州，看來也為期不遠了。」於是賞賜給李順綢緞一千匹，皇家御馬棚中的馬四匹，同時提升李順為安西將軍。對李順特別的尊崇優待，朝廷方面的事務不論大小都要與李順商議。

拓跋燾派遣安西將軍李順為使者前往北涼，任命河西王沮渠牧犍為都督涼州．沙州．河州．西域羌戎諸軍事、車騎將軍、開府儀同三司、涼州刺史、河西王，任命北涼擔任左丞的宋繇為河西王右相。沮渠牧犍認為自己無功受賞，遂留下李順，然後上疏給太武帝拓跋燾，請求加封自己為安西將軍或是平西將軍。拓跋燾在回覆的詔書中對沮渠牧犍說了不少讚揚、安慰的話，但對加封安西將軍或是平西將軍的請求卻婉言拒絕了。

北涼河西王沮渠牧犍尊奉敦煌人劉昞為國師，親自向劉昞行跪拜之禮，並命令官屬以下人員都要像弟子一樣恭恭敬敬地向劉昞學習。

五月初一日己亥，北魏太武帝拓跋燾前往武周山以北地區巡視。

林邑王范陽邁派使者到宋國進貢，請求兼任交州刺史。宋文帝劉義隆藉口路途遙遠而拒絕了林邑王的要求。

裴方明率軍進攻叛民所盤踞的涪城，擊敗了張尋、唐頻，活捉了程道助，斬殺了嚴遐，其餘的叛民首領趙廣等遂四處逃散。

六月，北魏永昌王拓跋健、左僕射安原率領各路大軍襲擊北燕的都城和龍，魏國將軍樓教率領另外一支擁有五千名騎兵的隊伍包圍了凡城。北燕凡城守將封羽獻出凡城投降了北魏，北魏軍逮捕了三千多戶居民返回魏國。

六月十四日辛巳，北魏從秦州、雍州徵調了一萬兵力，在長安城內修築起一座小城。

秋季，八月，馮崇上疏給太武帝拓跋燾，請求允許他返回和龍勸說自己的父親馮弘投降北魏，太武帝拓跋燾沒有同意。

九月，宋國擔任益州刺史的甄法崇抵達成都，他立即逮捕了費謙，並將費謙斬首。蜀王程道養、將軍張尋率領著二千多家居民逃入郪山，其餘的黨羽各自率領著自己的部眾竄入深山峽谷之中，但仍然不時地出來進行騷擾搶劫。

九月二十二日戊午，北魏太武帝拓跋燾派遣兼任大鴻臚的崔賾手持符節封拜氐王楊難當為征南大將軍、開府儀同三司、秦・梁二州牧、南秦王。崔賾，是崔逞的兒子。

氐王楊難當趁著蕭思話尚未到任、而原任刺史甄法護還沒有離任的機會，率軍襲擊了宋國所屬的梁州，攻陷了白馬，活捉了宋國擔任晉昌太守的張範，打敗了在甄法護手下擔任參軍的魯安期等；然後又進攻葭萌，活捉了宋國擔任晉壽太守的范延朗。冬季，十一月十二日丁未，甄法護棄城逃往洋川郡的郡治所在地西城。氐王楊難當遂佔有了漢中之地，他任命擔任司馬的趙溫為梁、秦二州刺史。

十一月十九日甲寅，北魏太武帝拓跋燾返回平城的皇宮。

十二月初五日己巳，北魏實行大赦。○初七日辛未，北魏太武帝拓跋燾前往陰山之北。○北魏擔任寧朔將軍的盧玄到宋國訪問。

宋國前祕書監謝靈運，喜歡遊山玩水，尋幽探險，跟隨他的經常有好幾百人，他們砍伐樹木，開闢道路，鬧得百姓驚恐不安，以為是山上的土匪下來了。擔任會稽太守的孟顗與謝靈運有矛盾，遂上表給宋文帝劉義隆，指控謝靈運心懷不軌，想要謀反，同時發兵防範謝靈運攻擊自己。謝靈運遂前往京師建康，向朝廷說明情況，宋文帝劉義隆任命謝靈運為臨川內史。

然而謝靈運依然像過去一樣遊蕩放縱，荒廢了郡中的政務，遭到有關部門的彈劾。這一年，擔任司徒的彭城王劉義康派遣擔任隨州從事的鄭望生去逮捕謝靈運。謝靈運逮捕了鄭望生，同時起兵反抗，後來又逃跑，並且作詩說：「韓國被嬴秦滅亡，張良奮起抗擊秦國；秦王稱帝，魯仲連深以為恥。」朝廷出動軍隊追捕謝靈運，將謝靈運活捉。廷尉奏稱謝靈運率眾造反，判處謝靈運斬刑。宋文帝劉義隆因為愛惜謝靈運的文才，就打算免除他的官職而已。彭城王劉義康堅持認為，對謝靈運絕不能寬恕。宋文帝於是免除謝靈運的死罪，將謝靈運流放到廣州。

過了很久之後，有人舉報謝靈運讓人購買兵器，聚集勇士，想要在三江口發動叛亂，沒有成功。宋文帝劉義隆遂下詔，在廣州將謝靈運斬首示眾。謝靈運恃才傲物，行為放縱，對很多人、很多事都表現得很傲慢，目空一切，所以為自己招來殺身之禍。

北魏將外黃設為徐州，任命刁雍為徐州刺史。

十一年（甲戌　西元四三四年）

春季，正月初四日戊戌，北燕王馮弘派遣使者到北魏請求講和，北魏太武帝拓跋燾不答應。

氐王楊難當把自己攻克宋國漢中的勝利消息報告給北魏，並將長安一帶過去流亡到漢中地區的七千戶百姓送回長安。蕭思話到達襄陽，他派遣擔任橫野司馬的蕭承之擔任前鋒。蕭承之沿途招募新兵，得到了一千人，遂進駐磝頭。氐王楊難當在漢中燒殺劫掠了一番之後，率軍向西撤退，只留下趙溫守衛梁州；楊難當又派遣自己屬下擔任魏興太守的薛健據守黃金山。蕭思話派遣擔任陰平郡太守的蕭坦率軍進攻鐵城戍，將鐵城戍攻克。

二月，趙溫、薛健以及擔任馮翊太守的蒲甲子聯合進攻宋國陰平郡太守蕭坦的軍營，被蕭坦擊敗，趙溫等遂退往西水據守。臨川王劉義慶派遣龍驤將軍裴方明率領著三千人增援蕭承之，攻克了黃金戍，遂留在黃金戍據守。趙溫拋棄了梁州州城南鄭，退守小城，薛健、蒲甲子撤往南鄭城東面的下桃城據守。蕭思話率領大軍隨後趕來，與擔任前鋒的蕭承之會師後，共同攻打趙溫等，多次將趙溫打敗。擔任行參軍的王靈濟率領另外一支部隊穿越洋川，進攻南城，將南城攻克，活捉了南城守將趙英。因為南城已經空無所有，王靈濟只好率軍返回，與橫野司馬蕭承之會合。

北魏太武帝拓跋燾把自己的女兒西海公主嫁給柔然敕連可汗郁久閭吳提，又娶郁久閭吳提的妹妹為夫人，派潁川王拓跋提前往柔然迎娶。二月初四日丁卯，柔然敕連可汗郁久閭吳提派自己同父異母的哥哥郁久閭禿鹿傀護送自己的妹妹前往北魏，同時進獻給北魏二千匹馬。北魏太武帝拓跋燾封郁久閭吳提的妹妹為左昭儀。拓跋提，是拓跋曜的兒子。

二月二十八日辛卯，北魏太武帝拓跋燾返回皇宮。三月二十一日甲寅，拓跋燾又前往河西地區。

氐王楊難當派遣自己的兒子楊和率軍與馮翊太守蒲甲子等聯合進攻宋國橫野司馬蕭承之，雙方相互對峙了四十多天，將蕭承之裡裡外外包圍了好幾十重，兩軍用短兵器展開肉搏戰，弓矢全都派不上用途。氐族士兵全都身穿犀牛皮製作的鎧甲，宋軍的戈矛根本刺不透。蕭承之便下令軍中，把矛的長柄截短，僅留下幾尺長，然後用大斧捶擊，這樣一來，一矛刺過去就能同時刺穿幾個人。氐族士兵抵擋不住宋軍的進攻，遂燒毀了自己的營寨逃到大桃戍據守。閏三月，蕭承之等率領宋軍追擊氐軍，一直追到南城。氐兵敗走，宋軍斬殺、俘虜了很多氐族人。將失陷的漢中故有領土全部收復，然後在葭萌水留軍戍守。

當初，東晉的桓希失敗之後，氐王楊盛曾經佔據了漢中。東晉擔任梁州刺史的范元之、傅歆把魏興郡當做梁州的州治，梁州所轄只有魏興、上庸、新城三個郡。等到索邈擔任梁州刺史的時候，便把治所遷移到南城。現在，南城被氐族人焚毀，一時之間不可能修復，蕭思話遂把梁州州治遷到南鄭。

閏三月十一日甲戌，赫連昌從魏國向西叛逃。十三日丙子，北魏在河西地區擔任巡邏任務的將領將赫連昌殺死。北魏人遂趁機將赫連昌的弟弟們全部誅殺。

閏三月十六日己卯，北魏太武帝拓跋燾從河西地區返回平城的皇宮。

閏三月十八日辛巳，北燕王馮弘派遣擔任尚書的高顒前往魏國的都城平城向太武帝拓跋燾呈遞降表，願意做魏國的附屬國，並向魏國請罪，同時請求將自己的小女兒送入魏國的後宮充當嬪妃。北魏太武帝拓跋燾表示同意，同時下詔徵召北燕的王太子馮王仁到魏國朝廷充當人質。

北燕王馮弘送魏國的使者于什門返回平城。于什門在北燕被扣留了二十一年，一直沒有向北燕屈服。北魏太武帝拓跋燾下詔進行褒獎，將于什門比作是漢代出使匈奴的蘇武，並任命于什門為治書御史，賞賜給于什門一千頭羊，一千匹帛，並將其寫在簡策上，到太廟中祭告列祖列宗，並昭告全國。

閏三月二十五日戊子，匈奴族休屠部落首領金當川率領部眾包圍了魏國所屬的陰密。夏季，四月初三日乙未，北魏擔任征西大將軍的常山王拓跋素率兵出擊。十五日丁未，北魏太武帝拓跋燾前往河西地區。三十日壬戌，魏軍活捉了金當川，將金當川斬首。

宋國前益州刺史甄法護被指控犯有棄城逃亡罪，被逮捕下獄，並強迫其在獄中自殺身亡。氐王楊難當派使者帶著表章前往宋國的都城建康，向宋國朝廷請罪，宋文帝劉義隆下詔不予追究。

北涼河西王沮渠牧犍派使者到宋國的都城建康呈遞表章，將自己即位為河西王的事情奏報給宋國朝廷。

五月十六日戊寅，宋文帝劉義隆下詔，任命沮渠牧犍為都督涼・秦等四州諸軍事、征西大將軍、涼州刺史、河西王。

六月十三日甲辰，北魏太武帝拓跋燾返回皇宮。

北燕王馮弘不肯將王太子馮王仁送到北魏充當人質，擔任散騎常侍的劉滋勸諫說：「從前蜀漢後主劉禪擁有重山之險，東吳的孫皓擁有長江作為阻隔，結果全都被晉國擒獲。什麼原因呢？蜀、吳的實力與晉國的實力相比較，強弱相差懸殊所造成的。如今，我們的力量比蜀、吳還弱小，而魏國的力量比當初晉國的力量還要強大，如果我們不能滿足魏國的欲望，就會面臨亡國的災難。希望趕緊把太子送往魏國，然後安撫百姓、招徠離散逃亡的人民，賑濟飢餓貧窮，鼓勵人民種田養桑，減輕人民的賦稅和徭役，國家或許還有保全的可能。」燕王馮弘聽後勃然大怒，竟然將劉滋斬首。

六月二十日辛亥，北魏太武帝拓跋燾派遣擔任撫軍大將軍的永昌王拓跋健等率軍征伐北燕，搶收了北燕農田裡的莊稼，劫掠了大批的北燕居民，然後班師。

秋季，七月二十一日壬午，北魏太武帝拓跋燾前往美稷，又從美稷到達隰城，他命令陽平王拓跋它統領各軍襲擊匈奴族山胡部落首領白龍所佔據的西河。拓跋它，是拓跋熙的兒子。

北魏太武帝拓跋燾沒有把山胡部落放在眼裡，他每天都帶著數十名騎兵登上山頂向下瞭望。山胡部落首領白龍便在十多處拓跋燾可能出沒的地方埋伏下勇士，突然向拓跋燾發動襲擊，拓跋燾從馬背上跌落下來，差一點被山胡人活捉。幸虧擔任內入行長的代郡人陳建用自己的身體捍衛著拓跋燾，他大聲呼喊著奮起反擊，殺死了好幾名匈奴人，身上受了十多處傷，太武帝拓跋燾才幸免於難。

九月二十八日戊子，北魏軍將山胡部落打得大敗，斬殺了山胡部落首領白龍，屠滅了山胡人所據守的城池。冬季，十月初五日甲午，北魏軍又在五原擊敗了白龍的餘黨，誅殺了數千人，並將他們的妻子分別賞賜給軍中的將士。

十一月，北魏太武帝拓跋燾返回皇宮。十二月十六日甲辰，太武帝拓跋燾再次前往雲中。

十二年（乙亥　西元四三五年）

春季，正月初一日己未，發生日蝕。〇初三日辛酉，宋國實行大赦。〇十三日辛未，宋文帝劉義隆到建康城的南郊祭天。

北燕王馮弘因為多次遭到北魏軍的進攻，遂派遣使者到宋國的京師建康，向宋國稱臣、進貢。正月十五日癸酉，宋文帝劉義隆下詔，封馮弘為燕王。宋國稱北燕為黃龍國。

正月二十六日甲申，北魏實行大赦，改年號為「太延」。

有一名老翁，把書信放在北涼所屬的敦煌城東門，官府派人尋找投書的老翁，卻無論如何也找尋不到。老翁在書信中說：「涼王可以在位三十年，或者在位七年。」北涼河西王沮渠牧犍不明白是什麼意思，就詢問擔任奉常的張慎，張慎回答說：「過去虢國將要滅亡的時候，神仙降臨在虢國的莘地。過了七年，晉國滅掉了虢國。希望陛下能夠推廣恩德，勤於政務，國家還能維持三十年的國運。如果只顧追求出遊打獵的樂趣，沉迷於酒色而荒廢了朝政，我擔心七年之後，國家將會遭遇大變故。」河西王沮渠牧犍很不高興。

二月二十日丁未，北魏太武帝拓跋燾從雲中返回皇宮。

三月初六日癸亥，北燕王馮弘派遣大將湯燭前往北魏進貢，並向魏國解釋說因為太子馮王仁身體有病，所以沒有讓他到魏國來。

宋國擔任領軍將軍的劉湛與擔任尚書僕射的殷景仁一向關係友好，劉湛能夠入朝為官，實際上是殷景仁向皇帝的舉薦。劉湛到了朝廷之後，卻因為殷景仁的地位、待遇原本在自己之下，卻一朝之間位居自己之上，心裡便有些憤憤不平；劉湛與殷景仁受到宋文帝劉義隆的寵信程度差不多，而殷景仁位為侍中，專門負責為皇帝起草詔令，下達旨意，劉湛遂認為殷景仁在宋文帝面前挑撥離間，令宋文帝不信任自己，於是劉湛與殷景仁之間逐漸產生了矛盾。劉湛知道宋文帝劉義隆對殷景仁的信任與依重，自己是無法改變的。當時，擔任司徒的彭城王劉義康在朝廷中總攬朝政，劉湛曾經在劉義康的屬下擔任過高級僚佐，於是便千方百計地與劉義康交結，想要依靠劉義康的力量來改變宋文帝劉義隆對殷景仁的態度，以達到排擠殷景仁，而由自己獨攬朝權的目的。

夏季，四月己巳日，宋文帝劉義隆加授擔任尚書僕射的殷景仁為中書令、中護軍，並把中書令、中護軍的辦事機構都搬到殷景仁的家中；而對領軍將軍劉湛則只加授了太子詹事。劉湛因此更加憤怒，遂鼓動彭城王劉義康在宋文帝劉義隆面前詆毀殷景仁，而宋文帝劉義隆對殷景仁卻更加尊崇。殷景仁對自己的親朋故舊感慨地說：「我把劉湛引薦到朝廷，而劉湛到了朝廷之後就開始咬人！」於是便聲稱自己有病，請求辭職，奏章一連呈遞了好幾次，宋文帝劉義隆都沒有批准，只是令殷景仁安心在家中養病。

劉湛又準備派人裝作強盜，趁殷景仁外出時刺殺他，認為即使宋文帝知道了真相，也有辦法進行解釋，宋文帝也不會因為一個殷景仁而傷害了自己與劉義康之間的手足親情。宋文帝稍微聽到一點風聲，便立即把殷景仁的護軍府遷移到皇宮正門旁邊的西側門外面，使其靠近皇宮禁地，所以劉湛的陰謀沒有得逞。

宋國彭城王劉義康的僚屬以及那些趨附、巴結劉湛的人，彼此暗中互相約束，誰也不敢登殷景仁的家門。擔任彭城王主簿的沛郡人劉敬文的父親劉成，因為不清楚官場中的內幕，竟然跑到殷景仁家裡請求獲得一個郡太守的職位。劉敬文為此趕緊跑到劉湛那裡解釋說：「我的父親年老糊塗，竟然跑到殷景仁那裡去求官做。這也是因為我劉敬文愚昧，見識淺薄，對上辜負了『生我者，養我者』的人，我們全家都非常慚愧恐懼，感到無地自容。」只有擔任後將軍司馬的庾炳之能夠同時周旋於劉湛與殷景仁之間，二人都很喜歡他，而庾炳之暗中卻效忠於朝廷。殷景仁躺在家中不到朝廷參加朝會、拜見宋文帝，宋文帝便經常派庾炳之到殷景仁那裡往來傳遞消息，而劉湛一直沒有對庾炳之產生懷疑。庾炳之，是庾登之的弟弟。

北燕王馮弘派遣擔任右衛將軍的孫德到宋國請求出兵相救。

五月初四日庚申，北魏太武帝拓跋燾晉升宜都公穆壽為宜都王，晉升汝陰公長孫道生為上黨王，晉升宜城公奚斤為恆農王，晉升廣陵公樓伏連為廣陵王。加授宜都王穆壽為征東大將軍。穆壽推辭說：「我的祖父穆崇所以能夠效忠前朝、建立功勞，為子孫後代留下福澤，全靠梁眷忠心耿耿。如今，梁眷的元勳之功還沒有得到褒獎，而我卻獨自一連幾代人蒙受獎賞，心中實在感到愧疚。」北魏太武帝拓跋燾聽後非常高興，遂下詔尋求梁眷的後人，找到了梁眷的孫子，遂賜爵為郡公。穆壽，是穆觀的兒子。

地處西域的龜茲、疏勒、烏孫、悅般、渴槃陁、鄯善、焉耆、車師、粟持九個國家全都派使者到北魏進貢。北魏太武帝拓跋燾認為漢代雖然曾經通使西域，但是，西域各國只有在有求於中國的時候，才會言辭謙卑地前來歸附，一旦對中國無所求的時候，則態度傲慢，不肯順從。因為他們知道自己的國家距離中國太遙遠，中國的大軍絕對不能到達西域，對他們的背叛行為進行征討。現在西域派使節前來進貢，如果魏國也派出使節進行回訪，其實是白白地勞神費力，最終連一點好處也得不到，所以便不準備派使者前往西域。但有關部門的官員卻一再請求，他們認為：「這九個國家的使者不懼怕艱難險阻來到魏國，因為他們仰慕魏國的道德仁義，才千里迢迢前來進貢，所以不應該拒絕他們的好意，以至於堵塞了日後別的國家慕義前來的道路。」太武帝拓跋燾這才派王恩生等二十批人出使西域。王恩生等剛剛渡過大沙漠，就被柔然人擒獲。王恩生被押送去見柔然敕連可汗郁久閭吳提，王恩生手持魏國皇帝頒發的符節，堅決不肯屈服。北魏太武帝拓跋燾得到出使西域的王恩生等被柔然抓獲的消息，立即派遣使者前往柔然，對敕連可汗郁久閭吳提嚴加責備，敕連可汗才將王恩生等放回。魏國的使者始終沒有能夠到達西域。

五月十八日甲戌，北魏太武帝拓跋燾前往雲中。

六月初八日甲午，北魏太武帝拓跋燾因為當時國家政局穩定，風調雨順，五穀豐登，好的神祕徵兆屢屢出現，遂下詔允許全國人民歡聚暢飲五天，全面祭祀各種神靈，用來答謝上天的恩賜。

六月二十日丙午，高句麗國王高璉派使者到北魏進貢，同時請求告知當今皇帝以及皇帝祖先的名諱。北魏太武帝拓跋燾遂派人將皇帝的世系表以及名諱抄錄下來送給高句麗，任命高璉為都督遼海諸軍事、征東將軍、遼東郡公、高句麗王。高璉，是高麗句王高釗的曾孫。

六月二十二日戊申，北魏太武帝拓跋燾命令擔任驃騎大將軍的樂平王拓跋丕、擔任鎮東大將軍的徒河地區的鮮卑人屈垣等率領四萬名騎兵討伐北燕。

宋國揚州所屬各郡發生了大水災。六月二十三日己酉，將徐州、豫州、南兖州的糧食運送到揚州賑濟災民。擔任揚州西曹主簿的沈亮建議，認為釀酒太浪費糧食，卻不能解除人民的飢餓，請求暫且禁止釀酒；宋文帝劉義隆下詔批准。沈亮，是沈林子的兒子。

秋季，七月，北魏太武帝拓跋燾到稒陽打獵。

七月二十四日己卯，北魏擔任驃騎大將軍的樂平王拓跋丕等抵達北燕的都城和龍。北燕王馮弘派人帶著牛酒前來慰勞北魏的軍隊，並獻上三千副鎧甲。鎮東大將軍屈垣責備北燕王馮弘不將太子馮王仁送到魏國的朝廷侍奉皇帝，遂劫掠了六千名男女，然後班師。

八月初一日丙戌，北魏太武帝拓跋燾前往河西地區。九月二十日甲戌，拓跋燾返回皇宮。

北魏擔任左僕射的河間公安原，依仗太武帝對他的寵愛，遂驕橫跋扈，任意而行。於是便有人告發安原陰謀造反。冬季，十月十九日癸卯，安原被滅族。

十月二十日甲辰，北魏太武帝拓跋燾前往定州。十一月十二日乙丑，前往冀州。十六日己巳，到廣川打獵。二十三日丙子，前往鄴城。

北魏多次出兵攻打北燕，北燕的疆土一天比一天減少，局勢一天比一天危急，朝廷上下憂愁恐懼。擔任太常的楊岷又勸說北燕王馮弘趕快將太子馮王仁送往北魏充當人質。北燕王馮弘說：「我現在還不忍心這樣做。如果到了最後的危急時刻，我就暫且向東去依附於高麗，等待日後再尋找機會收復國土。」楊岷說：「北魏出動全國的兵力來攻打小小的燕國，就沒有不獲全勝的道理。高麗一向不守信用，開始投奔的時候可能對我們很友善，但最終恐怕靠不住。」北燕王馮弘聽不進楊岷的意見，他祕密派遣擔任尚書的陽伊前往高麗，請求派兵前來迎接。

宋國擔任丹楊尹的蕭摹之上疏給宋文帝劉義隆說：「佛教文化流行於中國，已經經歷東漢、魏、晉、宋四個朝代，所塑造的佛像與興建的佛塔、寺廟到處都成百上千。最近以來，世俗所追求的都是一些表面的東西，而把真正的恭敬、信仰放在了次要的地位，重在攀比奢侈豪華。所用的木料、竹材、黃銅、綢緞，浪費耗損的不計其數；這與佛教的神靈沒有什麼關係，反而給人間百姓的生活造成很大的負擔。如果不加以限制，流弊恐怕不會自行止息。請從今往後，凡是要鑄造銅像以及建造佛塔、寺廟的，都要事先向上級提出申請，等得到批覆同意之後才可以動工。」宋文帝劉義隆下詔批准。蕭摹之，是蕭思話的堂叔。

北魏擔任秦州刺史的薛謹率軍襲擊吐沒骨部落，將吐沒骨部落消滅。

氐王楊難當將自己的姪子楊保宗從監牢裡釋放出來，派他去鎮守童亭。

【研　析】本卷寫宋文帝元嘉八年（西元四三一年）至十二年共五年間的各國大事，其中值得議論的有如下幾點：

其一，寫了魏軍南攻宋鎮滑臺，宋將檀道濟率王仲德、段宏等北出往救，軍至歷城，乏食不能進，在行將崩潰之際，夜間以「唱籌量沙」之法，穩定軍心，全軍而返。其文曰：「檀道濟等進至濟上，二十餘日間，前後與魏三十餘戰，道濟多捷。軍至歷城，叔孫建等縱輕騎邀其前後，焚燒草穀。道濟軍乏食，不能進。……檀道濟等食盡，自歷城引還。軍士有亡降魏者，具告之。魏人追之，眾忷懼將潰。道濟夜唱籌量沙，以所餘少米覆其上。及旦，魏軍見之，謂道濟資糧有餘，以降者為妄而斬之。時道濟兵少，魏兵甚盛，騎士四合。道濟命軍士皆被甲，己白服乘輿，引兵徐出。魏人以為有伏兵，不敢逼，稍稍引退。道濟全軍而返。」作為一個獨當一面的將軍，能在緊急時刻迅速作出反應，麻痹、誤導敵人，使自己轉危為安，檀道濟的表現是令人敬佩的。明代楊一奇《史談補》說：「善用兵者，有餘而示之以不足，敵莫得以測其狀；不足而示之以有餘，敵莫得以擣其虛。孫臏之減灶，是所謂有餘示之以不足也；檀道濟之量沙，是所謂不足示之以有餘也。」

其二，本文寫了宋將朱脩之堅守滑臺，由於檀道濟的救兵被魏軍擋住，最後退回，於是使朱脩之的滑臺守軍遂陷於無望之中，但朱脩之還是在無望的戰鬥中表現了他的艱苦卓絕，其文曰：「由是安頡、司馬楚之等得專力攻滑臺，魏主復使楚兵將軍王慧龍助之。朱脩之堅守數月，糧盡，與士卒熏鼠食之。辛酉，魏克滑臺，執脩之及東郡太守申謨，虜獲萬餘人。」朱脩之的表現是可歌可泣的，就如同上卷所描寫過的毛德祖守虎牢，是東晉與南朝將領中所罕見的英雄人物。也正因此，相比之下更加對比出了檀道濟的無能。由於他未能完成救滑臺的任務，導致了滑臺這羣英雄守軍的全軍覆沒。而檀道濟斷送西線守軍不救，這已經是第二次了，其上次不救毛德祖的怯懦無能，至今尚令人心有餘痛。好在朱脩之也像毛德祖一樣，受到了魏國君主的敬重，後來也像毛德祖那樣又輾轉回到了南方。

其三，本卷還寫了魏主拓跋燾任用王慧龍為滎陽太守，王慧龍治理滎陽有方，引起宋文帝劉義隆的忌恨，招致劉義隆對之行反間，乃至派刺客前往行刺的卑鄙行徑。文章說：「慧龍在郡十年，農戰並脩，大著聲績，歸附者萬餘家。帝縱反間於魏，云：『慧龍自以功高位下，欲引宋人入寇，因執司馬楚之以叛。』魏主聞之，賜慧龍璽書曰：『劉義隆畏將軍如虎，欲相中害，朕自知之。風塵之言，想不足介意。』帝復遣刺客呂玄伯刺之，曰：『得慧龍首，封二百戶男，賞絹千匹。』玄伯詐為降人，求屏人有所論；慧龍疑之，使人探其懷，得尺刀。玄伯叩頭請死，慧龍曰：『各為其主耳。』釋之。左右諫曰：『宋人為謀未已，不殺玄伯，無以制將來。』慧龍曰：『死生有命，彼亦安能害我？我以仁義為扞蔽，又何憂乎？』遂捨之。」劉義隆身為南朝皇帝，竟使用如此卑下的手段；相反，魏主的表現竟能如此的高屋建瓴。歷史家用筆如此，其對南朝一群孬種的蔑視油然而出。王慧龍是什麼人呢？其祖父名叫王愉，在劉裕沒有發達以前，曾對劉裕有過不禮貌的表現。劉裕掌權後，為報私仇滅了王愉的滿門。當時王慧龍十四歲，被一個和尚所掩護，救了出來，為避難逃到了魏國。從此，王慧龍與刁雍、司馬楚之、司馬休之等聯合一起，共同反對劉裕，與劉宋政權進行不共戴天的鬥爭，這是由於劉裕沒有政治風度，心胸狹隘造下的惡果。劉義隆不能為其父道歉賠罪，反而出此下策，令人憎恨。

其四，本卷寫了東晉遺臣謝靈運的下場。謝靈運是東晉名將謝玄的孫子，有一個令人敬佩的出身。但謝靈運本人的表現令人討厭。首先他恃才傲物，目空一切。他瞧不起王華、王曇首等人，總覺得皇帝對他不重用，沒有讓他「參機要」，進入決策集團的範圍。於是縱酒狂放，在官場而不理政事，到處遊山玩水，攪得雞飛狗跳，讓人把他誤以為是土匪強盜，因而被監察部門一再彈劾。但謝靈運對此不僅沒有收斂，反而越發心懷不滿，乃至圖謀造反，於是被朝廷正法於廣州。迨至謝靈運被判死刑時，忽然又一變常態，反過來以東晉王朝的忠臣孝子自居，以忠於韓國、與暴秦誓不兩立的漢代張良及戰國時代的魯仲連自命，寫詩說什麼「韓亡子房奮，秦帝魯連恥。本自江海人，忠義感君子」，出爾反爾，言不由衷，完全像個獻身投靠趙高，最後又被趙高殺掉，臨死還以「忠臣」自命的秦朝的李斯。謝靈運在文學史上的貢獻是寫山水詩，人格上沒有什麼東西可講。

其五，本卷還寫了忘恩負義的劉宋的臣子劉湛。劉湛原是宋文帝劉義隆手下權臣殷景仁的朋友，由於殷景仁的推薦，劉義隆把劉湛調進朝廷，委以重任。劉湛獲任後，立即妒忌殷景仁，嫌殷景仁居他之前，處處設計陷害之，一心傾倒殷景仁，由他獨攬一切。劉湛勾結劉義隆之弟劉義康，甚至企圖派刺客刺殺殷景仁，多虧皇帝親自護持，才使劉湛未能得手。這些描寫都是為下卷劉義隆解決劉義康、劉湛的大舉動埋下伏筆。

此外還寫了魏臣李順出使北涼，斥責北涼主沮渠蒙遜的傲慢無理，情景略似於劉邦使者陸賈的出使南越，與粗魯無知的南越王趙佗對話的情景，故事詳見《史記・酈生陸賈列傳》；還寫了宋臣謝混被殺，謝弘微受謝混妻晉陵公主之託，為謝混理家之盡心盡力而又廉潔無私的故事，寫出了一個生活在道德淪喪氛圍中的出汙泥而不染的高尚形象。

卷第一百二十三

宋紀五

起柔兆困敦（丙子　西元四三六年），盡重光大荒落（辛巳　西元四四一年），凡六年。

【題　解】本卷寫了宋文帝元嘉十三年（西元四三六年）至元嘉十八年共六年間的劉宋與北魏等國的大事。主要寫了劉宋權臣劉義康、劉湛乘文帝劉義隆抱病之際殺害名將檀道濟及其諸子，自毀長城，致使魏人暗自竊喜；寫了劉義康專權跋扈，對皇帝無君臣之禮，天下進貢者首先進給劉義康，皇帝倒在其次；劉湛等藉著劉義康以傾軋殷景仁，使殷景仁處於病休狀態；文帝病時，劉湛等高唱要立長君，並預作了弟繼兄位的種種準備，使劉宋君相之間的怨隙已不可調和；寫了劉義隆乘劉湛在家丁母憂之際，突然起用殷景仁，收捕劉湛、劉斌等黨羽殺之，出劉義康為江州刺史，又移為都督江、交、廣三州諸軍事，徙廣州，朝臣扶令育上書勸止，被殺；賴有會稽長公主護持，劉義康得暫時無事；寫了殷景仁病死，朝廷任用王球、始興王劉濬、范曄、沈演之、沈璞等主持國事；寫了魏人起兵伐燕，燕王馮弘向高麗投降，馮弘入高麗後又向劉宋請迎，終被高麗人所殺，北燕遂滅；寫了魏主派使者招撫西域，西域歸附之者十六國，從此朝貢不絕；寫了魏主拓跋燾欲討北涼，奚斤、古弼、李順等人皆以其地無水草為由反對，獨崔浩、伊馛贊成之。魏主以源賀為嚮導，並使其居前以招撫禿髮氏之舊部，故軍事進展順利，最後姑臧城潰，牧犍面縛出降；寫了柔然乘魏取涼州之際，派兵進襲魏地，被魏人擊退；寫了魏主由涼州獲得了許多儒學、文學之士如胡叟、常爽、索暢等皆重用之，魏之儒風由此而振起；此外還寫了在劉宋的益州境內起事的流民將領程道養、趙廣等在堅持了五年的鬥爭後，終於被劉宋王朝所討平；寫了宋文帝劉義隆愛好學術，在都城立儒學、玄學、史學、文學，令雷次宗、何尚之、何承天、謝元四人分別主持之；寫了沮渠蒙遜之子沮渠無諱在國破之後堅持戰鬥，收復酒泉，又攻張掖；魏使拓跋健討之，沮渠無諱兵敗，欲西渡流沙，破鄯善而居之；寫了氐王楊難當謀據蜀地，宋將劉道真、劉道錫、裴方明等進行了有效的抵抗等等。

太祖文皇帝中之上

元嘉十三年（丙子　西元四三六年）

春，正月癸丑朔❶，上有疾，不朝會。

甲寅❷，魏主還宮❸。

二月戊子❹，燕王遣使入貢于魏，請送侍子❺。魏主不許❻，將舉兵討之。壬辰❼，遣使者十餘輩❽詣東方高麗等諸國告諭❾之。

司空、江州刺史、永脩公❿檀道濟，立功前朝⓫，威名甚重，左右腹心並經百戰，諸子又有才氣，朝廷疑畏之。帝久疾不愈，劉湛說司徒義康，以為「宮車一日晏駕⓬，道濟不復可制。」會帝疾篤⓭，義康言於帝，召道濟入朝⓮。其妻向氏謂道濟曰：「高世之勳⑮，自古所忌。今無事相召，禍其⑯至矣。」既至，留之累月。帝稍間⑰，將遣還，已下渚⑱，未發；會帝疾動，義康矯詔召道濟入祖道⑲，因執之。三月己未⑳，下詔稱：「道濟潛散金貨，招誘剽猾㉑，因朕寢疾，規肆禍心㉒。」收付廷尉㉓，并其子給事黃門侍郎㉔植等十一人誅之，唯宥其孫孺㉕。又殺司空參軍薛彤、高進之。二人皆道濟腹心，有勇力，時人比之關、張㉖。

道濟見收，憤怒，目光如炬，脫幘㉗投地曰：「乃壞汝萬里長城！」魏人聞之，喜曰：「道濟死，吳子㉘輩不足復憚㉙！」

庚申㉚，大赦。以中軍將軍南譙王義宣為江州刺史。

辛未㉛，魏平東將軍娥清、安西將軍古弼將精騎一萬伐燕，平州㉜刺史拓跋嬰帥遼西諸軍會之。

氐王楊難當自稱大秦王，改元「建義」，立妻為王后，世子為太子，置百官皆如天子之制。然猶貢奉宋、魏不絕。

夏，四月，魏娥清、古弼攻燕白狼城㉝，克之。

高麗遣其將葛盧孟光㉞將眾數萬隨陽伊㉟至和龍迎燕王，高麗屯于臨川㊱。燕尚書令郭生因民之憚遷㊲，開城門納魏兵。魏人疑之，不入。生遂勒兵攻燕王。

王引高麗兵入自東門，與生戰于闕下，生中流矢死。葛盧、孟光入城，命軍士脫弊褐[38]，取燕武庫精仗[39]以給之[40]，大掠城中。

五月乙卯[41]，燕王帥龍城見戶[42]東徙，焚宮殿，火一旬不滅。令婦人被甲居中[43]，陽伊等勒精兵居外，葛盧、孟光帥騎殿後[44]，方軌而進[45]，前後八十餘里。古弼部將高苟子帥騎欲追之，弼醉，拔刀止之，故燕王得逃去。魏主聞之，怒，檻車徵弼及娥清至平城，皆黜為門卒。

戊午[46]，魏主遣散騎常侍封撥使高麗，令送燕王。◯丁卯[47]，魏主如河西。

六月，詔寧朔將軍蕭汪之將兵討程道養。軍至郪口[48]，帛氐奴[49]請降。道養兵敗，還入郪山[50]。

赫連定之西遷[51]也，楊難當遂據上邽[52]。秋，七月，魏主遣驃騎大將軍樂平王丕、尚書令劉絜督河西、高平諸軍以討之。先遣平東將軍崔賾[53]齎詔書諭難當[54]。

魏散騎侍郎游雅來聘。

己未[55]，零陵王[56]太妃褚氏卒，追謚曰晉恭思皇后，葬以晉禮。

八月，魏主畋于河西[57]。◯魏主遣廣平公張黎發定州兵一萬二千通莎泉道[58]。

九月庚戌[59]，魏樂平王丕等至略陽[60]。楊難當懼，請奉詔[61]，攝[62]上邽守兵還仇池[63]。諸將議，以為「不誅其豪帥，軍還之後，必相聚為亂」；又，「大眾遠出，不有所掠，無以充軍實，賞將士」。丕將從之，中書侍郎高允[64]參丕軍事，諫曰：「如諸將之謀，是傷其向化[65]之心，大軍既還，為亂必速。」丕乃止，撫慰初附，秋毫不犯，秦、隴遂安。難當以其子順為雍州刺史，鎮[1]下辨[66]。

高麗不送燕王於魏，遣使奉表，稱「當與馮弘俱奉王化」。魏主以高麗違詔，議擊之，將發隴右[67]騎卒。劉絜曰：「秦、隴新民[68]，且當優復[69]，俟其饒實，然後用之。」樂平王丕曰：「和龍新定，宜廣脩農桑以豐軍實，然後進取，則高麗一舉可滅也。」魏主乃止。

癸丑[70]，封皇子濬為始興王，駿為武陵王。

冬，十一月己酉[71]，魏主如稒陽[72]，驅野馬於雲中[73]，置野馬苑。閏月壬子[74]，還宮。

初，高祖克長安，得古銅渾儀[75]，儀狀雖舉[76]，不綴七曜[77]。是歲，詔太史令錢樂之更鑄渾儀，徑六尺八分，以水轉之，昏明中星與天相應[78]。

柔然與魏絕和親[79]，犯魏邊。

吐谷渾惠王慕璝[80]卒，弟慕利延立。

十四年（丁丑　西元四三七年）

春，正月戊子[81]，魏北平宣王長孫嵩[82]卒。

辛卯[83]，大赦。

二月乙卯[84]，魏主如幽州。三月丁丑[85]，魏主以南平王渾[86]為鎮東大將軍、儀同三司，鎮和龍。己卯[87]，還宮。

帝遣散騎常侍劉熙伯如魏議納幣[88]，會帝女亡而止。

夏，四月，趙廣、張尋、梁顯等各帥眾降；別將[89]王道恩斬程道養，送首，餘黨悉平[90]。丁未[91]，以輔國將軍周籍之為益州刺史。

魏主以民官[92]多貪，夏，五月己丑[93]，詔吏民得[94]舉告守令不如法者。於是姦猾[95]專求牧宰[96]之失，迫脅在位[97]，橫於閭里；而長吏咸降心[98]待之，貪縱如故[99]。

丙申[100]，魏主如雲中。

秋，七月戊子[101]，魏永昌王健等討山胡白龍餘黨於西河[102]，滅之。

八月甲辰[103]，魏主如河西。九月甲申[104]，還宮。

丁酉[105]，魏主遣使者拜吐谷渾王慕利延為鎮西大將軍、儀同三司，改封西平王[106]。

冬，十月癸卯[107]，魏主如雲中。十一月壬申[108]，還宮。

魏主復遣散騎侍郎董琬、高明等多齎金帛使西域，招撫九國[109]。琬等至烏孫，其王甚喜，曰：「破落那[110][2]、者舌[111]二國皆欲稱臣致貢於魏，但無路自致[112]耳，今使君[113]宜過撫之[114]。」乃遣導譯[115]送琬詣破落那，明詣者舌。旁國聞之，爭遣使者隨琬等入貢，凡十六國。自是每歲朝貢不絕。

魏主以其妹武威公主妻河西王牧犍。河西王遣宋繇奉表詣平城謝，且問其母及[3]公主所宜稱[116]。魏主使羣臣議之，皆曰：「母以子貴，妻從夫爵。牧犍母宜稱『河西國太后』；公主於其國稱『王后』，於京師[117]則稱『公主』。」魏主從之。

初，牧犍娶涼武昭王[118]之女。及魏公主至，李氏與其母尹氏遷居酒泉，頃之，李氏卒，尹氏撫之，不哭，曰：「汝國破家亡[119]，今死晚矣[120]。」牧犍之弟無諱鎮酒泉，謂尹氏曰：「后諸孫在伊吾[121]，后欲就之[122]乎？」尹氏未測其意，紿[123]之曰：「吾子孫漂蕩，託身異域；餘生無幾，當死此，不復為氈裘之鬼[124]也。」未幾，潛奔伊吾。無諱遣騎追及之，尹氏謂追騎曰：「沮渠酒泉[125]許吾歸北[126]，何為復追？汝取吾首以往，吾不復還矣。」追騎不敢逼，引還。尹氏卒於伊吾。

牧犍遣將軍沮渠旁周入貢于魏，魏主遣侍中古弼、尚書李順賜其侍臣衣服，并徵世子封壇[127]入侍。是歲，牧犍遣封壇如魏。亦遣使詣建康，獻雜書及敦煌趙敗所撰甲寅元曆[128]，并求雜書數十種，帝皆與之。

李順自河西還，魏主問之曰：「卿往年言取涼州之策[129]，朕以東方有事[130]，未遑[131]也。今和龍已平，吾欲即以此年西征，可乎？」對曰：「臣疇昔[132]所言，以今觀之，私謂不謬[133]。然國家戎車屢動，士馬疲勞，西征之議，請俟他年[134]。」魏主乃止。

十五年（戊寅　西元四三八年）

春，二月丁未[135]，以吐谷渾王慕利延為都督西秦・河・沙[136]三州諸軍事、鎮西大將軍、西秦・河二[4]州刺史、隴西王。

三月癸未[137]，魏主詔罷[138]沙門年五十以下[139]者。

初，燕王弘至遼東，高麗王璉遣使勞之曰：「龍城王馮君，爰適野次[140]，士馬勞乎？」弘慚怒，稱制讓之[141]。高麗處之平郭[142]，尋徙北豐[143]。弘素侮[144]高麗，政刑賞罰，猶如其國[145]。高麗乃奪其侍人，取其太子王仁為質。弘怨高麗，遣使[5]上表求迎[146]。上遣使者王白駒等迎之，并令高麗資遣[147]。高麗王不欲使弘南來，遣將孫漱、高仇等殺弘于北豐，并其子孫十餘人，諡弘曰「昭成皇帝」。白駒等帥所領七千餘人掩討潄、仇，殺仇，生擒潄。高麗王以白駒等專殺，遣使執送[148]之。上以遠國，不欲違其意，下白駒等獄，已而原[149]之。

夏，四月，納故黃門侍郎殷淳女為太子劭妃。

五月戊寅[150]，魏大赦。

丙申[151]，魏主如五原[152]。秋，七月，自五原北伐柔然。命樂平王丕督十五將出東道，永昌王健督十五將出西道，魏主自出中道。至浚稽山[153]，復分中道為二：陳留王崇從大澤向涿邪山[154]，魏主從浚稽北向天山[155]，西登白皐[156]，不見柔然而還。時漠北大旱，無水草，人馬多死。

冬，十一月丁卯朔[157]，日有食之。

十二月丁巳[158]，魏主至平城。

豫章雷次宗[159]好學，隱居廬山[160]。嘗徵為散騎侍郎，不就。是歲，以處士徵至建康，為開館於雞籠山[161]，使聚徒教授。帝雅好藝文，使丹楊尹廬江何尚之[162]立玄學[163]，太子率更令何承天[164]立史學，司徒參軍謝元立文學，并次宗儒學為四學。元，靈運[165]之從祖弟也。帝數幸次宗學館，令次宗以巾褠[166]侍講[167]，資給[168]甚厚。又除給事中[169]，不就。久之，還廬山。

臣光曰：「易曰：『君子多識前言往行，以畜[170]其德。』孔子曰：『辭達而已矣[171]。』然則史者儒之一端[172]，文者儒之餘事[173]；至於老、莊虛無[174]，固非所以為教也[175]。夫學者所以求道，天下無二道[176]，安有四學哉？」

帝性仁厚恭儉，勤於為政，守法而不峻，容物而不弛[177]。百官皆久於其職[178]，守宰以六期為斷[179]，吏不苟免[180]，民有所係[181]。三十年間，四境之內，晏安[182]無事，戶口蕃息[183]；出租供徭，止於歲賦[184]，晨出暮歸，自事[185]而已。閭閻[186]之間，講誦相聞[187]；士敦操尚[188]，鄉恥輕薄。江左風俗，於斯[189]為美。後之言政治者，皆稱「元嘉」焉。

【章旨】以上為第一段，寫宋文帝元嘉十三年（西元四三六年）至元嘉十五年共三年間的大事。主要寫了劉宋權臣劉義康、劉湛乘文帝劉義隆抱病之際殺害名將檀道濟及其諸子，自毀長城，致使魏人聞之而喜；寫了魏人起兵伐燕，燕王馮弘向高麗投降，高麗乘機大掠龍城，馮弘入高麗後又向劉宋請迎，終被高麗人所殺，北燕遂滅；寫了在益州起事的流民將領程道養、趙廣等在歷經五年的鬥爭後，終於被劉宋王朝所討平；寫了魏主派使者招撫西域，西域歸附之者十六國，從此朝貢不絕；寫了魏主大舉伐柔然，結果找不到柔然人蹤影，人馬多死，無功而還；寫了宋文帝劉義隆愛好學術，在都城立儒學、玄學、史學、文學，令雷次宗、何尚之、何承天、謝元四人分別主持之，司馬光對此發表議論，並連帶評論了劉義隆在位期間政治建樹等等。

【注　釋】❶正月癸丑朔　正月初一是癸丑日。❷甲寅　正月初二。❸還宮　由廣川（今河北景縣西南）回歸平城的宮殿。❹二月戊子　二月初六。❺送侍子　送其子入侍於魏，即送兒子去魏國作人質。❻不許　因其屢次說送，屢次反悔。❼壬辰　二月初十。❽十餘輩　十多批；十多夥。❾告諭　把即將討伐燕國的事情通告諸國，令其不得助燕；若有奔逸，使不得容受。❿永脩公　永脩縣公是檀道濟的封號，其封地是永脩縣，縣治在今江西永修西北。⓫立功前朝　在劉裕為帝的時候立有大功，指佐助劉裕破桓玄、佐助劉裕北伐並輔之稱帝等等。⓬宮車一日晏駕　皇帝劉義隆忽然在某一天死去。宮車，皇帝乘坐的車子，這裡即指劉義隆。一日，猶今之所謂「忽然某一天」。晏駕，晚出。宮車不能按時出來上朝，隱指皇帝死。⓭疾篤　病勢沉重。⓮召道濟入朝　當時檀道濟為江州刺史，駐節於尋陽，即今江西九江。⓯高世之勳　高出於其他一切世人的功勳。高世，猶言「蓋世」，極言其大得無比。⓰其　表示推斷的虛詞，意思略同於「將」。大概；或許。⓱稍間　病情稍好。⓲下渚　指離開了秦淮河的碼頭，尚未正式開船。秦淮河流經當時建康城的南面、西面，在其西北角注入長江。渚，江中小島，這裡即指河邊、碼頭。⓳入祖道　入宮祭祀道神，實即令其入宮向皇帝告別。⓴三月己未　三月初八。㉑剽猾　勇猛險惡之徒。㉒規肆禍心　陰謀造反。規，圖謀；打算。肆，縱；實行。㉓收付廷尉　交由司法部門。收，逮捕。廷尉，朝官名，國家的最高司法長官。㉔給事黃門侍郎　官名，侍奉帝王周圍，以備參謀顧問。㉕唯宥其孫孺　只饒過了還在童孺中的各個孫子。宥，寬釋；饒過。㉖關張　關羽、張飛。劉備的結義兄弟，心腹猛將。㉗脫幘　揪下頭巾。㉘吳子　當時北朝人對南朝人的賤稱。㉙不足復憚　用不著再怕他們。㉚庚申　三月初九。㉛辛未　三月二十。㉜平州　北魏的平州州治在肥如，今河北遷安東北，當時也是遼西郡的郡治所在地。㉝白狼城　在今遼寧建昌西北，當時北燕的軍事重鎮。㉞葛盧孟光　人名。㉟陽伊　北燕人，去年奉命去高麗，請高麗派兵來迎。㊱臨川　在當時的和龍城東。㊲憚遷　害怕被強迫搬遷到高麗。㊳弊褐　破襖。㊴精仗　精良的兵器，這裡也包括新製的鎧甲。㊵以給之　把他們武裝起來、裝備起來。㊶五月乙卯　五月初五。㊷見戶　現有的人口。㊸居中　在隊伍的中心。㊹殿後　也稱「斷後」，即今之所謂「後衛」。㊺方軌而進　表示搬遷的人既多而且有秩序、不慌不忙的樣子。方軌，並車，有秩序的樣子。㊻戊午　五月初八。㊼丁卯　五月十七。㊽郪口　在今四川遂寧西北，當時的郪江入涪水之口。㊾帛氏奴　益州亂民的將領。㊿郪山　在當時的郪縣境內，今四川射洪西南。(51)赫連定之西遷　指赫連定畏魏國之逼，率眾西行渡河欲襲沮渠蒙遜之地以居之，結果被吐谷渾人俘去事。見本書卷一百十二元嘉八年。(52)上邽　今甘肅天水市。(53)崔賾　崔逞之子。傳見《魏書》卷三十二。(54)諭難當　為楊難當分析形勢，勸其退出所佔的上邽。(55)己未　七月初十。(56)零陵王　即被劉裕所篡權，隨後又將其殺害的晉恭帝司馬德文。(57)河西　此指內蒙古伊克昭盟一帶的黃河西岸地區。58莎泉道　從平城通往莎泉的道路。莎泉縣的縣治在今山西靈丘西。59九月庚戌　九月初二。60略陽　郡名，郡治隴城，在今甘肅秦安東北，當時的上邽以北。61請奉詔　請求允許按魏主的詔書行事，即退出上邽。62攝　收斂；約束。63仇池　郡名，郡治在今甘肅成縣西，楊氏家族長期佔據的地方。64高允　字伯恭，魏國的謀臣，曾與崔浩同修《國紀》。傳見《魏書》卷二十八。65向化　嚮往歸化。66下辨　縣名，縣治在今甘肅成縣西北，當時的仇池郡東。67隴右　隴山以西，即今甘肅東部、寧夏東南部一帶地區。68新民　新受魏國統治之民。69優復　優待，免除其賦稅勞役。70癸丑　九月初五。71己酉　十一月初一。72稒陽　縣名，縣治在今內蒙古包頭東。73雲中　郡名，郡治盛樂，在今內蒙古和林格爾北。74閏月壬子　閏十二月初五。75銅渾儀　銅製的渾天儀。76儀狀雖舉　渾天儀的樣子雖然大體尚好。77不綴七曜　上面所應具備的日、月與金、木、水、火、土五星都已經不存在了。不綴，不相連屬，這裡即指丟失、不存在。78昏明中星與天相應　渾天儀上的星宿運轉，不論早晨晚上都和天空中的實際情況一樣。79絕和親　斷絕了和親關係。柔然可汗於元嘉八年娶魏西海公主為妻，同時魏主納柔然可汗之妹為夫人。見本書卷一百二十二。80吐谷渾惠王慕璝　惠字是吐谷渾王慕璝的諡。81正月戊子　正月十二。82北平宣王長孫嵩　長孫嵩被封為北平郡王，宣字是諡，魏國的三代元勳。傳見《魏書》卷二十九。83辛卯　正月十五。84二月乙卯　二月初九。85三月丁丑　三月初二。86南平王渾　即拓跋渾，拓跋熙之子。傳見《魏書》卷十六。87己卯　三月初四。88議納幣　指商量送聘禮的問題。幣，禮品。北魏從元嘉十年已兩次向劉宋求婚，劉宋皆「依違答之」，現在同意了。89別將　另一支軍隊的部隊長。此「別將」是與益州的主將裴方明、梁儁之與荊州來的主將周籍之相對而言。90餘黨悉平　許穆之、趙廣等流民於元嘉九年起兵造反，歷時五年，至今始被削平。91丁未　四月初二。92民官　親民之官，指太守、縣令等。93五月己丑　五月十五。94得　可以。95姦猾　指奸詐狡猾的刁民。96牧宰　指州牧、縣令等地方官。97在位　指各級地方官僚。98降心　猶言「低聲下氣」。99貪縱如故　貪贓枉法和從前一樣，與前文「民官多貪」互相照應。100丙申　五月二十二。101七月戊子　七月十五。102西河　此指內蒙古阿拉善盟一帶的黃河以西地區。103八月甲辰　八月初一。104九月甲申　九月十二。105丁酉　九月二十五。106改封西平王　在此之前，魏主封慕璝為西秦王，今改封其弟為西平王。107十月癸卯　十月初一。108十一月壬申　十一月初一。109招撫九國　西域九國入貢於魏，見本書卷一百二十二元嘉十二年。110破落那　國名，國都貴山城，在新疆以西的吉爾吉斯境內，相當於漢代的大宛。111者舌　國名，即漢代的康居。在破落那的西北，今烏茲別克斯坦一帶。112無路自致　自己沒有門路送上門來。113使君　原是漢族人對刺史、太守的敬稱，這裡是對使者的尊稱，猶言「大使先生」。114宜過撫之　應該前去安撫一下。115導譯　嚮導兼翻譯。116且問其母及公主所宜稱　並向魏主請示他們對沮渠牧犍之母與對魏國下嫁到北涼的公主應該怎麼稱呼。[117]於京師　意即在魏國。[118]涼武昭王　即李暠，西涼政權（西元四〇〇—四二一年）的創建者。傳見《魏書》卷九十九。[119]國破家亡　西涼政權於宋武帝永初二年被沮渠蒙遜所滅。見本書卷一百十九。[120]今死晚矣　意謂早在自己國家滅亡時，就該殉國而死。[121]后諸孫在伊吾　你的幾個孫子現在都在伊吾。后，敬稱李氏之母尹氏。伊吾，在今新疆哈密西。沮渠蒙遜先後滅掉了李嵩的兒子李歆、李恂後，李暠的孫子李寶率眾西逃伊吾。事見本書卷一百十九景平元年。[122]就之　前往投奔他們。[123]紿　欺騙。[124]不復為氈裘之鬼　猶言「不想再死到生番化外去了」。氈裘，以稱少數民族之所居。[125]沮渠酒泉　指沮渠無諱，時為酒泉太守。[126]歸北　指往投在伊吾的諸孫。伊吾在酒泉西北，故云。[127]世子封壇　沮渠牧犍的世子，名叫封壇。[128]甲寅元曆　當時的一種曆法書。[129]取涼州之策　其言見本書卷一百二十二元嘉十年。[130]東方有事　指用兵於燕。[131]未遑　顧不上。[132]疇昔　從前；前些時候。[133]私謂不謬　我自己覺得沒有錯誤。[134]請俟他年　請等別的年頭。俟，等待。[135]二月丁未　二月初七。[136]西秦河沙　三州名，西秦州的州治苑川，在今甘肅蘭州東，河州的州治枹罕，今甘肅臨縣東北，沙州的州治即今甘肅酒泉。[137]癸未　三月十三。[138]罷　這裡是指令其還俗。[139]五十以下　指身體強壯，可以從事勞動、服兵役。[140]爰適野次　猶言「來到我們這個破地方」。爰，虛詞，此處義同「乃」。野次，荒野的處所，語似謙而帶嘲弄之辭。[141]稱制讓之　以帝王對臣民說話的口吻責備他。[142]平郭　縣名，縣治在今遼寧蓋縣西南。[143]尋徙北豐　不久又將其遷到北豐縣。尋，不久；很快。北豐縣的縣治在今瀋陽西北。[144]素侮　一向瞧不起。[145]政刑賞罰二句　對屬下臣民的發號施令、賞賜懲罰，仍和在龍城時一樣。[146]求迎　求劉宋派兵前往迎取。[147]資遣　出路費送其上路。[148]執送　逮捕押送回來。[149]原　寬免；釋放。[150]五月戊寅　五月初九。[151]丙申　五月二十七。[152]五原　郡名，郡治在今內蒙古包頭西。[153]浚稽山　在蒙古國境內的圖勒河與鄂爾渾河之間。[154]涿邪山　在浚稽山的西方。[155]天山　即今蒙古國的杭愛山東部，在當時的柔然可汗庭（今哈爾和林西北）的西面。[156]白阜　山名，胡三省疑即雪山，在天山之西的今杭愛山南面。[157]十一月丁卯朔　十一月初一是丁卯日。[158]十二月丁巳　十二月二十二。[159]豫章雷次宗　豫章郡人雷次宗，字仲倫，當時有名的隱士兼儒生，拜和尚慧遠為師。事見《宋書・隱逸傳》。豫章郡的郡治即今南昌。[160]廬山　中國名山之一，在今江西九江南。[161]雞籠山　也叫雞鳴山，在當時的臺城北，今南京內的解放門南。[162]何尚之　字彥德，一個地位很高但又持身謹慎的官僚。傳見《宋書》卷六十六。[163]玄學　當時一種專門研究玄虛的「學問」，以《老子》、《莊子》、佛學、《易經》等為主要談論對象。[164]太子率更令何承天　太子率更令是太子的屬官，為太子主管宮廷門戶與賞罰等事，有如朝官中的光祿勳、衛尉等職。何承天是當時著名的官僚兼學者。傳見《宋書》卷六十四。[165]靈運　即謝靈運，晉宋之交的著名山水詩人，東晉名將謝玄之孫，因謀反被宋廷所殺。傳見《宋書》卷六十七。(166)巾褠　巾指帽子，褠指單衣，是當時士大夫們交往時的一種比較講究的服飾，僅次於朝服。帝王讓國學博士穿著這種衣服給他講書，是表示不以君臣關係相對待。(167)侍講　給皇帝講課。侍，陪侍，表示對皇帝的尊重。(168)資給　賞賜、給予。(169)給事中　官名，皇帝的侍從官員。(170)畜　積累；提高。(171)辭達而已矣　話說明白就行了，不必追求詞藻的華麗。這句話見《論語·衛靈公》。(172)史者儒之一端　史學是儒家學問中的一項。(173)文者儒之餘事　文章之學是儒家學問中的細支末流，有時間就學一點。孔子有所謂「有餘力則學文」；一生追求雕章琢句，如司馬相如所為，非孔子所提倡。(174)老莊虛無　老子、莊子的學說都是講「虛無」，都以「清靜無為」為安身立命之基。(175)固非所以為教也　本來就不是拿來對人宣講的東西。(176)天下無二道　只有儒家的「聖人」之學一道而已。(177)容物而不弛　對人寬容，但又能堅守法紀。(178)久於其職　一個官職要做好多年，近於漢朝的「為官者長子孫」，甚至以官職為其姓氏。(179)守宰以六期為斷　做太守、縣令的長官最多可以做滿六年。(180)不苟免　意即堅持原則，不敷衍了事。(181)民有所係　百姓們都感到有依靠。(182)晏安　太平、安定。(183)戶口蕃息　人口增加。(184)止於歲賦　只有「歲賦」一項而已。歲賦，指一年一度的正常賦稅。(185)自事　為自己做事。(186)閭閻　猶今之所謂「里巷」、「胡同」，百姓的聚居之處。(187)講誦相聞　指彼此都在讀書、談學問。(188)士敦操尚　念書的人們都重視道德修養。(189)於斯　在這個時期。

【校　記】[1]鎮　據章鈺校，甲十一行本、乙十一行本、孔天胤本皆作「守」。[2]破落那　據章鈺校，甲十一行本、乙十一行本、孔天胤本皆作「破洛那」。[3]其母及　原無此三字。據章鈺校，甲十一行本、乙十一行本、孔天胤本皆有此三字，張敦仁《通鑑刊本識誤》、張瑛《通鑑校勘記》同，今據補。[4]二　原誤作「三」。據章鈺校，甲十一行本、乙十一行本、孔天胤本皆作「二」，今據改。[5]使　據章鈺校，甲十一行本、乙十一行本、孔天胤本此下皆有「來」字。

【語　譯】太祖文皇帝中之上

元嘉十三年（丙子　西元四三六年）

春季，正月初一日癸丑，宋文帝劉義隆因為患病，沒有到金鑾殿接受群臣的朝賀。

正月初二日甲寅，北魏太武帝拓跋燾從廣川返回平城的皇宮。

二月初六日戊子，北燕王馮弘派使者到北魏的都城平城向魏國進貢，請求將太子馮王仁送到魏國朝廷服侍。北魏太武帝拓跋燾沒有同意北燕的請求，他準備出兵討伐北燕。初十日壬辰，北魏派出十多批使節團前往東方的高麗等國，將魏國即將討伐北燕的事情通告各國。

宋國擔任司空、江州刺史的永脩縣公檀道濟，在前任皇帝在位的時候立下了大功勞，所以他的威望、名聲都很高，他身邊的親信也都身經百戰，檀道濟的幾個兒子又都很有才氣，所以朝廷對檀道濟既猜忌又懼怕。宋文帝劉義隆久病不癒，擔任領軍將軍的劉湛遂勸說擔任司徒的彭城王劉義康，劉湛認為「如果皇帝劉義隆突然在某一天去世，就再也沒有人能夠控制得住檀道濟。」恰巧宋文帝的病情轉重，彭城王劉義康遂向宋文帝提議，將擔任江州刺史的檀道濟召回京師。檀道濟的妻子向氏對檀道濟說：「高出於世上一切人的功勳，自古以來就遭到別人的忌恨。現在國家又沒有發生什麼事情，卻無緣無故將你召回京師，恐怕是大禍臨頭了。」檀道濟回到京師建康，在建康逗留了兩個月。宋文帝的病情逐漸好轉，遂打算令檀道濟返回尋陽任所，檀道濟的船隻已經離開了秦淮河碼頭，只是還沒有正式開船出發；而宋文帝劉義隆此時病情突然加重，彭城王劉義康遂假傳皇帝詔命，令檀道濟返回，入宮參加為他舉辦的祭祀路神以及飲宴送別活動，檀道濟遵命入宮之後，便被逮捕起來。三月初八日己未，宋文帝劉義隆下詔說：「檀道濟私自散發家財，招納、引誘那些勇猛險惡之徒，趁著皇帝生病的機會，陰謀造反。」遂將檀道濟交付給廷尉審理，連同檀道濟的兒子、擔任給事黃門侍郎的檀植等十一個人全部處死，只赦免了檀道濟尚在童稚之中的孫子。同時被殺死的還有擔任司空參軍的薛彤、高進之。因為他們二人都是檀道濟的心腹，又有勇力，當時的人都把他們比作劉備的結義兄弟關羽和張飛。

檀道濟被逮捕之後，憤怒已極，目光就像兩把燃燒的火炬，他揪下頭巾狠狠地摔在地上，憤恨地說：「你們竟然拆毀了自家的萬里長城！」北魏的人聽到檀道濟被殺死的消息，高興地說：「檀道濟已經死了，吳地的那些小子用不著再懼怕他們！」

三月初九日庚申，宋國實行大赦。任命擔任中軍將軍的南譙王劉義宣為江州刺史。

三月二十日辛未，北魏擔任平東將軍的娥清、擔任安西將軍的古弼率領一萬名精騎兵攻伐北燕，擔任平州刺史的拓跋嬰率領遼西的各路人馬前往與娥清等會合。

氐王楊難當自稱大秦王，改年號為「建義」，立自己的妻子為王后，立世子為太子，按照天子的制度設置文武百官。然而仍然不斷地派使者前往宋國、北魏進貢。

夏季，四月，北魏的平東將軍娥清、安西將軍古弼率軍進攻北燕的白狼城，將白狼城攻克。

高麗派遣將領葛盧孟光率領數萬人馬跟隨北燕的使者陽伊抵達北燕的都城和龍，來迎接北燕王馮弘前往高麗，高麗的人馬駐紮在和龍城東的臨川。北燕擔任尚書令的郭生因為百姓都懼怕被強迫遷移到遙遠的高麗，遂打開和龍的城門準備放北魏軍入城。而北魏軍卻對此心懷疑慮，不敢進入。郭生遂招集兵馬進攻北燕王馮弘。馮弘趕緊派人引領著高麗的兵馬從和龍城的東門入城，雙方在皇宮門口展開激戰，郭生被流矢射死。高麗將領葛盧孟光率軍進入和龍，他令軍士們脫下身上的破衣服，換上從北燕的武庫中拿出的新鎧甲，扔掉手裡的破兵器，換上從北燕武庫中挑選出來的精良的刀槍劍戟，把自己的部隊裝備起來，然後在城中大肆進行劫掠。

五月初五日乙卯，北燕王馮弘率領著和龍城中現有的居民向東遷移，他焚毀了和龍的宮殿，大火整整燒了十天還沒有熄滅。馮弘下令，讓婦女身穿鎧甲走在遷移隊伍的中間，令擔任尚書的陽伊等率領精兵在外圍擔任保衛，高麗的葛盧孟光率領騎兵殿後，兩車並行，前後拉開八十多里。北魏安西將軍古弼的部將高苟子率領騎兵想要前去追擊，古弼當時喝醉了酒，他拔出刀來進行阻止，所以北燕王馮弘才得以逃走。北魏太武帝拓跋燾得知消息，非常憤怒，就下令用囚車將安西將軍古弼和平東將軍娥清押回平城，把他們二人貶為看門的士卒。

五月初八日戊午，北魏派遣擔任散騎常侍的封撥出使高麗，令高麗將北燕王馮弘押送到北魏。〇十七日丁卯，北魏太武帝拓跋燾前往河西巡視。

六月，宋文帝劉義隆下詔，令寧朔將軍蕭汪之率軍前往蜀地討伐自稱蜀王的叛民首領程道養。蕭汪之率軍抵達郪口，叛民將領帛氐奴向官軍投降。程道養的軍隊於是潰敗，又逃回了郪山。

夏王赫連定向西遷移的時候，氐王楊難當遂趁機佔領了上邽。秋季，七月，北魏太武帝拓跋燾派遣擔任驃騎大將軍的樂平王拓跋丕、擔任尚書令的劉絜統領河西地區、高平地區的各路人馬討伐楊難當。在對楊難當發動攻擊之前，先派平東將軍崔賾帶著太武帝的詔書為楊難當分析形勢，勸說楊難當退出所佔領的上邽。

北魏擔任散騎侍郎的游雅到宋國進行訪問。

七月初十日己未，宋國零陵王太妃褚氏去世，被追謚為晉恭思皇后，用晉國皇家的禮儀將其安葬。

八月，北魏太武帝拓跋燾到黃河以西地區打獵。○北魏太武帝拓跋燾派遣擔任廣平公的張黎從定州徵調一萬二千名士兵修建從平城通往莎泉的道路。

九月初二日庚戌，北魏樂平王拓跋丕等率軍抵達略陽。氐王楊難當十分恐懼，遂請求按照魏國太武帝拓跋燾的詔令行事，收攏上邽的守軍返回仇池。諸將經過商議，都認為「如果不把楊難當屬下為首的殺掉，北魏軍一旦撤回之後，他們必然還會叛亂」；再有，「大軍遠征，如果沒有搶奪到什麼東西，就沒有辦法補充軍用物資、獎賞將士」。拓跋丕準備聽從諸將的意見，擔任中書侍郎的高允正在拓跋丕手下參與軍事，他勸諫拓跋丕說：「如果採納了諸將的意見，一定會傷害楊難當他們的嚮往歸化之心，大軍撤走之後，他們必定很快發動叛亂。」拓跋丕這才沒有按照諸將的意願行事，他安撫新歸附的民眾，軍紀嚴明，秋毫無犯，秦、隴地區遂安定下來。氐王楊難當任命自己的兒子楊順為雍州刺史，鎮守下辨。

高麗沒有按照北魏的意願，將北燕王馮弘送往北魏，而是上表給太武帝拓跋燾，請求「希望能與馮弘一同尊奉魏國的教化」。北魏太武帝拓跋燾因為高麗違背了自己的詔命，遂商議出兵攻打高麗，並準備徵調隴山以西一帶地區的騎兵。擔任尚書令的劉絜勸阻說：「秦、隴之民都是剛剛接受魏國統治的人，朝廷應當對他們格外優待，免除他們的賦稅勞役，等他們生活富裕、殷實的時候，再使用他們。」樂平王拓跋丕說：「和龍剛剛被平定，應該在那裡大規模的推廣種田植桑，用以充實軍用物資，然後再出兵進取，那樣的話，一次就可以把高麗徹底消滅。」北魏太武帝拓跋燾這才打消了立即出兵高麗的念頭。

九月初五日癸丑，宋文帝劉義隆封皇子劉濬為始興王，封劉駿為武陵王。

冬季，十一月初一日己酉，北魏太武帝拓跋燾前往稒陽，派人把野馬驅趕到雲中郡，在雲中郡設立了野馬苑。閏十二月初五日壬子，北魏太武帝拓跋燾返回平城的皇宮。

當初，宋高祖劉裕攻克長安的時候，得到了一臺古人用黃銅製作的渾天儀，這臺渾天儀的樣子雖然大體尚好，但上面應該具備的日、月、金、木、水、火、土七星卻都已經沒有了。這一年，宋文帝劉義隆下詔令擔任太史令的錢樂之重新製造渾天儀，渾天儀的直徑為六尺八分，用水作為動力，使渾天儀上的星宿能夠運轉起來，不論是早晨的日出還是晚上的日落，都與天空中的實際情況相符合。

柔然與北魏斷絕和親關係，繼續出兵進犯北魏的邊境。

吐谷渾惠王慕容慕璝去世，慕容慕璝的弟弟慕容慕利延即位。

十四年（丁丑　西元四三七年）

春季，正月十二日戊子，魏國北平宣王長孫嵩去世。

正月十五日辛卯，宋國實行大赦。

二月初九日乙卯，北魏太武帝拓跋燾前往幽州。三月初二日丁丑，北魏太武帝拓跋燾任命南平王拓跋渾為鎮東大將軍、開府儀同三司，鎮守和龍。初四日己卯，拓跋燾返回皇宮。

宋文帝劉義隆準備派遣擔任散騎常侍的劉熙伯前往北魏商議公主出嫁送聘禮的有關事宜，不料，宋文帝的女兒逝世，此事遂到此而止。

夏季，四月，宋國蜀地的叛民首領趙廣、張尋、梁顯等分別率領自己的部眾向朝廷投降；另一叛民將領王道恩斬殺了蜀王程道養，並將程道養的首級送往京師建康，流民的叛變至此遂全部平息。初二日丁未，宋國朝廷任命擔任輔國將軍的周籍之為益州刺史。

北魏太武帝拓跋燾因為地方官員大多貪贓枉法，夏季，五月十五日己丑，下詔說：官吏和百姓可以向朝廷檢舉、告發太守、縣令中那些違法亂紀者。於是一些奸詐、狡猾之徒便專門搜尋州牧、郡守、縣令的過失，藉此進行要挾勒索，在地方上橫行霸道；而有把柄落在他們手中的各級地方官員反倒低聲下氣的對待他們，與他們相互勾結，而貪贓枉法依然如故。

五月二十二日丙申，北魏太武帝拓跋燾前往雲中郡。

秋季，七月十五日戊子，北魏永昌王拓跋健等率軍討伐盤踞在黃河以西地區的山胡首領白龍的餘黨，將他們一網打盡。

八月初一日甲辰，北魏太武帝拓跋燾前往黃河以西地區巡視。九月十二日甲申，返回皇宮。

九月二十五日丁酉，北魏太武帝拓跋燾派使者任命吐谷渾王慕容慕利延為鎮西大將軍、開府儀同三司，改封其為西平王。

冬季，十月初一日癸卯，北魏太武帝拓跋燾前往雲中郡。十一月初一日壬申，拓跋燾返回平城的皇宮。

北魏太武帝拓跋燾又派遣擔任散騎侍郎的董琬、高明等帶著很多的金銀珍寶、綾羅綢緞等出使西域，招降、安撫西域的龜茲、疏勒、烏孫、悅般、渴槃陁、鄯善、焉耆、車師、粟持等九個國家。董琬等抵達烏孫，烏孫國王非常高興地說：「破落那、者舌二個國家都想向魏國稱臣、進貢，只是自己沒有門路前往魏國，現在使君應該到那兩個國家去安撫他們。」於是派遣嚮導、翻譯人員送董琬等前往破落那，送高明前往者舌。烏孫旁邊的國家聽說魏國的使者已經來到西域，都爭相派遣使者跟隨董琬等到魏國進貢，總計有十六個國家。從此以後，這些國家每年都派使者到魏國朝見皇帝，進獻貢品，從不間斷。

北魏太武帝拓跋燾把自己的妹妹武威公主嫁給北涼河西王沮渠牧犍為妻。河西王沮渠牧犍派擔任右相的宋繇帶著表章前往魏國的都城平城謝恩，並向太武帝拓跋燾請示他們對沮渠牧犍的母親以及從魏國下嫁到北涼的武威公主應該怎麼稱呼。北魏太武帝拓跋燾令群臣商議此事，群臣都說：「母以子貴，妻子隨從丈夫的爵位。沮渠牧犍的母親應該稱呼為『河西國太后』；武威公主在北涼則應該稱為『王后』，在魏國則應稱為『公主』。」拓跋燾聽從了群臣的意見。

當初，沮渠牧犍娶了西涼武昭王李暠的女兒為妻。等到北魏的武威公主來到之後，李氏遂與自己的母親尹氏遷居到酒泉，不久，李氏去世，她的母親尹氏撫摸著李氏的屍體，連哭都沒有哭一聲，只是說：「你已經國破家亡，現在死已經晚了。」沮渠牧犍的弟弟沮渠無諱鎮守酒泉，他對尹氏說：「太后，你的幾個孫子現在都在伊吾，你想不想前去投奔他們？」尹氏不知道沮渠無諱的真正用意，遂欺騙他說：「我的子孫已經流浪四方，漂泊在異國他鄉；我活在世上的時間已經不多了，只有死在這裡，不想再死到生番化外去了。」不久，尹氏便偷偷地逃往伊吾。沮渠無諱所派遣的騎兵追上了尹氏，尹氏對這些追兵說：「酒泉太守沮渠無諱已經允許我前往北方投奔我那些在伊吾的孫子，你們為何又來追趕？你們就把我的腦袋帶回去吧，我不會再返回酒泉。」追趕的騎兵不敢過於逼迫，只得返回。尹氏後來死在了伊吾。

沮渠牧犍派遣將軍沮渠旁周前往北魏進貢，北魏太武帝拓跋燾派遣擔任侍中的古弼、擔任尚書的李順前往北涼的都城姑臧，把侍從官員的衣服賞賜給北涼的文武群臣，並徵召北涼的世子沮渠封壇到魏國充當人質。本年度，沮渠牧犍派遣世子沮渠封壇前往北魏。同時也派遣使者前往宋國的京師建康，進獻各種雜書以及敦煌人趙𢾺所撰寫的《甲寅元曆》，同時向宋國索要數十種雜書，宋文帝劉義隆按照其要求，全數贈與。

北魏尚書李順從河西出使回來，北魏太武帝拓跋燾向他詢問說：「你往年曾經和我說過攻取涼州的策略，我那時因為征討北燕，沒有顧得上。現在北燕的都城和龍已經被我們平定，我想今年之內就出兵攻取涼州，你認為可以嗎？」李順回答說：「我過去跟陛下所說的話，現在看來，我覺得仍然不錯。然而國家屢次出兵，士卒馬匹都已疲憊不堪，出兵西征之事，希望等到以後再說。」北魏太武帝拓跋燾遂暫時終止了西征的計畫。

十五年（戊寅　西元四三八年）

春季，二月初七日丁未，宋國任命吐谷渾王慕容慕利延為都督西秦・河・沙三州諸軍事、鎮西大將軍、西秦・河二州刺史、隴西王。

三月十三日癸未，北魏太武帝拓跋燾下詔：佛門和尚，凡是五十歲以下的一律還俗。

當初，北燕王馮弘到達遼東的時候，高麗王高璉派遣使者前來安慰說：「龍城王馮先生，來到我們這個破地方，士卒馬匹想來一定都很疲勞吧？」馮弘又羞愧又憤怒，遂以國王對臣民說話的口氣責備高麗王。高麗人把馮弘等安置在平郭，不久又將他們遷徙到北豐。北燕王馮弘一向輕視高麗，對屬下臣民的發號施令、賞賜懲罰，仍然像在自己的龍城時一樣。高麗人遂強行奪走馮弘身邊所有的侍從，拘捕了馮弘的太子馮王仁作為人質。馮弘怨恨高麗，遂派使者前往宋國上表給宋文帝，請求宋國派兵前來迎接。宋文帝劉義隆遂派遣使者王白駒等前往高麗迎接馮弘，並命令高麗為馮弘準備路費，送馮弘前往宋國。高麗王高璉不願意讓馮弘南下，於是便派遣部將孫漱、高仇等到北豐，殺死了馮弘，連同馮弘的十多個子孫，給馮弘上謚號為「昭成皇帝」。王白駒遂率領自己手下的七千多人突襲了高麗的將領孫漱、高仇，將高仇殺死，將孫漱活捉。高麗王高璉認為王白駒等擅自誅殺高麗的將領，於是派使者將王白駒抓獲，並遣送到宋國。宋文帝劉義隆認為高麗是一個地處邊遠的國家，因而不願意令其感到失望，便把王白駒等關入監牢，不久又把王白駒等釋放。

夏季，四月，宋文帝劉義隆給皇太子劉劭娶故黃門侍郎殷淳的女兒為太子妃。

五月初九日戊寅，北魏實行大赦。

五月二十七日丙申，北魏太武帝拓跋燾前往五原。秋季，七月，拓跋燾從五原率軍向北討伐柔然。他令樂平王拓跋丕統領十五位將領從東路進發，令永昌王拓跋健率領十五位將領從西路進發，北魏太武帝拓跋燾親自率領大軍從中路進發。到了浚稽山，又將中路人馬分為兩路：由陳留王拓跋崇率領一路從大澤向涿邪山進發，北魏太武帝拓跋燾率領一路從浚稽山向天山進發，他向西登上白阜山，因為看不見一點柔然人的蹤影，遂率軍而回。當時，大漠以北遭遇大旱，找不到水草，人馬死了很多。

冬季，十一月初一日丁卯，發生日蝕。

十二月二十二日丁巳，北魏太武帝拓跋燾返回平城。

宋國豫章郡人雷次宗喜歡學習，隱居於廬山。朝廷曾經徵聘他為散騎侍郎，他不肯出山就職。本年度，雷次宗以隱士的身分被徵召到京師建康，朝廷特意在雞籠山開設了學館，令雷次宗招收學生，講授學業。宋文帝劉義隆一向喜好文學，遂令擔任丹楊尹的廬江人何尚之講授玄學，令擔任太子率更令的何承天講授史學，令擔任司徒參軍的謝元講授文學，加上雷次宗的儒學合計為四門學科。謝元，是謝靈運的族弟。宋文帝劉義隆多次駕臨雷次宗的學館，令雷次宗身穿士人的服裝為自己講授儒學，宋文帝給雷次宗的物質賞賜非常優厚。又任命雷次宗為給事中，雷次宗拒絕就職。很久之後，雷次宗又回到廬山過起了隱居生活。

司馬光說：「《易經》上說：『君子要多多地記取前人的言論與行事，使自己的品德不斷得到提高。』孔子說：『只要把意思表達清楚就可以了，不必追求辭藻的華麗。』這樣看來，史學只不過是儒家學問中的一項，而文章之學是儒家學問中的細支末流，有時間也可以學一點；至於老子、莊子的學說都是講究『虛無』，都以『清靜無為』為安身立命之本，本來就不是拿來對人宣講的東西。學習的目的就是為了尋求正確的道理，而尋求正確的道理只有儒家的『聖人』之學一道而已，怎麼會有四門學科呢？」

宋文帝性情仁厚、謙恭、節儉，勤於政務，嚴守法度，卻不苛刻，對人寬容，卻又能堅守法紀。文武百官都能長時間地擔任同一種職務，郡守、縣令以六年作為一個任期，官吏因而能夠堅持原則，不敷衍了事，百姓們都感到有所依靠。三十年間，國家內部太平、安定，人口得到繁衍，戶數增加；賦稅差役，只限於國家所規定的每年應繳納的部分，人們早上離家到田間耕作，太陽落山則回家休息，只為自己做事罷了。里巷、胡同之間授課、誦讀的聲音隨處都可以聽到；知識分子都重視道德修養，鄉下人也把為人輕薄看做是一種恥辱。江南的風俗，以這個時期為最好。後人在談論前朝的政治時，都會稱頌「元嘉時代」。

十六年（己卯　西元四三九年）

春，正月庚寅❶，司徒義康進位大將軍、領司徒❷，南兗州刺史、江夏王義恭進位司空。

魏主如定州❸。

初，高祖❹遺詔，令諸子次第居荊州❺。臨川王義慶在荊州八年，欲為之選代❻，其次應在南譙王❼義宣。帝以義宣人才凡鄙，置不用。二月己亥❽，以衡陽王義季為都督荊、湘等八州諸軍事、荊州刺史。義季嘗春月出畋[9]，有老父被苦[10]而耕，左右斥之[11]。老父曰：「盤于遊畋[12]，古人所戒[13]。今陽和布氣[14]，一日不耕，民失其時[15]。柰何以從禽之樂[16]而驅斥老農也[17]？」義季止馬曰：「賢者也！」命賜之食。辭曰：「大王不奪農時，則境內之民皆飽大王之食，老夫何敢獨受大王之賜乎！」義季問其名，不告而退。

三月，魏雍州刺史葛那寇上洛[18]。上洛太守鐔長生棄郡走。〇辛未[19]，魏主還宮。

楊保宗與兄保顯自童亭奔魏[20]。庚寅[21]，魏主以保宗為都督隴西諸軍事、征西大將軍、開府儀同三司、秦州牧、武都[22]王，鎮上邽[23]，妻以公主；保顯為鎮西將軍、晉壽公[24]。

河西王牧犍通於其嫂李氏，兄弟三人傳嬖之[25]。李氏與牧犍之姊共毒魏公主[26]，魏主遣解毒醫乘傳[27]救之，得愈。魏主徵李氏[28]，牧犍不遣，厚資給，使居酒泉。

魏每遣使者詣西域，常詔牧犍發導護[29]送出流沙[30]。使者自西域還，至武威[31]，牧犍左右有告魏使者曰：「我君承蠕蠕可汗[32]妄言云：『去歲魏天子自來伐我，士馬疫死，大敗而還。我擒其長弟樂平王丕㉝。』我君大喜，宣言於國。又聞可汗遣使告西域諸國，稱『魏已削弱，今天下唯我為彊，若更有魏使㉞，勿復供奉』。西域諸國頗有貳心。」使還，具以狀聞。魏主遣尚書賀多羅使涼州觀虛實㉟。多羅還，亦言牧犍雖外脩臣禮，內實乖悖㊱。

魏主欲討之，以問崔浩。對曰：「牧犍逆心已露，不可不誅。官軍往年北伐，雖不克獲，實無所損。戰馬三十萬匹，計在道死傷不滿八千，常歲羸死㊲亦不減萬匹㊳。而遠方乘虛，遽謂㊴衰耗不能復振。今出其不意，大軍猝至㊵，彼必駭擾，不知所為，擒之必矣。」魏主曰：「善！吾意亦以為然。」於是大集公卿議於西堂㊶。

弘農王奚斤等三十餘人皆曰：「牧犍，西垂下國，雖心不純臣，然繼父位以來，職貢㊷不乏；朝廷待以藩臣，妻以公主。今其罪惡未彰，宜加恕宥。國家新征蠕蠕，士馬疲弊，未可大舉。且聞其土地鹵瘠㊸，難得水草，大軍既至，彼必嬰城固守。攻之不拔，野無所掠，此危道也。」

初，崔浩惡尚書李順㊹。順使涼州凡十二返㊺，魏主以為能。涼武宣王㊻數與順遊宴，對其羣下時為驕慢之語，恐順泄之，隨以金寶納於順懷，順亦為之隱。

浩知之，密以白魏主，魏主未之信。及議伐涼州，順與尚書古弼皆曰：「自溫圉水㊼以西至姑臧，地皆枯石，絕無水草。彼人㊽言，姑臧城南天梯山㊾上，冬有積雪，深至丈餘，春夏消釋，下流成川，居民引以溉灌。彼聞軍至，決此渠口，水必乏絕。環城百里之內，地不生草，人馬飢渴，難以久留。斤等之議是也。」魏主乃命浩與斤等相詰難㊿。眾無復他言，但云「彼無水草」。浩曰：「漢書地理志稱『涼州之畜為天下饒』，若無水草，畜何以蕃(51)？又，漢人終不於(52)無水草之地築城郭、建郡縣也。且雪之消釋，僅能斂塵，何得通渠溉灌乎？此言大為欺誣(53)矣。」李順曰：「耳聞不如目見，吾嘗目見，何可共辯(54)？」浩曰：「汝受人金錢，欲為之遊說，謂我目不見便可欺邪？」帝隱聽(55)，聞之，乃出見斤等，辭色嚴厲。羣臣不敢復言，唯唯而已。

羣臣既出，振威將軍代人伊馛(56)言於帝曰：「涼州若果無水草，彼何以為國？眾議皆不可用，宜從浩言。」帝善之。

夏，五月丁丑(57)，魏主治(58)兵於西郊。六月甲辰(59)，發平城。使侍中宜都王穆壽輔太子晃監國，決留臺事(60)，內外聽焉。又使大將軍長樂王嵇敬[1]、輔國大將軍建寧王崇將二萬人屯漠南以備柔然。命公卿為書以讓河西王牧犍，數其十二罪，且曰：「若親帥羣臣委贄[61]遠迎，謁拜馬首，上策也；六軍[62]既臨，面縛輿櫬[63]，其次也；若守迷窮城[64]，不時悛悟[65]，身死族滅，為世大戮[66]。宜思厥中[67]，自求多福！」

己酉[68]，改封隴西王吐谷渾慕利延為河南王。

魏主自雲中濟河。秋，七月己巳[69]，至上郡屬國城[70]。壬午[71]，留輜重，部分[72]諸軍，使撫軍大將軍永昌王健、尚書令劉絜與常山王素為前鋒，兩道並進；驃騎大將軍樂平王丕、太宰陽平王杜超為後繼；以平西將軍源賀[73]為鄉導。

魏主問賀以取涼州方略，對曰：「姑臧城旁有四部鮮卑[74]，皆臣祖父[75]舊民。臣願處軍前，宣國威信[76]，示以禍福，必相帥歸命。外援既服，然後取其孤城，如反掌耳。」魏主曰：「善！」

八月甲午[77]，永昌王健獲河西畜產二十餘萬。

河西王牧犍聞有魏師，驚曰：「何為乃爾[78]？」用左丞姚定國計，不肯出迎，求救於柔然。遣其弟征南大將軍董來將兵萬餘人出戰於城南，望風奔潰。劉絜用卜者言，以為日辰不利，斂兵不追，董來遂得入城。魏主由是怒之。

丙申[79]，魏主至姑臧，遣使諭牧犍令出降。牧犍聞柔然欲入魏邊為寇，冀幸魏主東還，遂嬰城固守；其兄子祖(80)踰城出降。魏主具知其情(81)，乃分軍圍之。源賀引兵招慰諸部下(82)三萬餘落，故魏主得專攻姑臧，無復外慮。

魏主見姑臧城外水草豐饒，由是恨李順。謂崔浩曰：「卿之昔言，今果驗矣。」對曰：「臣之言不敢不實，類皆如此。」

魏主之將伐涼州也，太子晃亦以為疑。至是，魏主賜太子詔曰：「姑臧城東[2]西門外涌泉(83)合於城北，其大如河。自餘(84)溝渠流入漠中，其間乃無燥地(85)。故有此敕(86)，以釋汝疑。」

庚子(87)，立皇子鑠為南平王(88)。

九月丙戌(89)，河西王牧犍兄子萬年帥所領降魏。姑臧城潰，牧犍帥其文武五千人面縛請降。魏主釋其縛而禮之。收其城內戶口二十餘萬，倉庫珍寶不可勝計。使張掖王禿髮保周(90)、龍驤將軍穆羆[3]、安遠將軍源賀分徇諸郡，雜胡降者又數十萬。

初，牧犍以其弟無諱為沙州刺史、都督建康(91)以西諸軍事、領酒泉太守；宜得(92)為秦州刺史、都督丹嶺(93)以西諸軍事、領張掖太守；安周(94)為樂都(95)太守；從弟唐兒為敦煌太守。及姑臧破，魏主遣鎮南將軍代人奚眷擊張掖，鎮北將軍封沓擊樂都。宜得燒倉庫，西奔酒泉；安周南奔吐谷渾，封沓掠數千戶而還。奚眷進攻酒泉，無諱、宜得收遺民奔晉昌[96]，遂就唐兒於敦煌。魏主使弋陽公元絜守酒泉，及武威、張掖皆置將守之。

魏主置酒姑臧，謂羣臣曰：「崔公[97]智略有餘，吾不復以為奇；伊馛弓馬之士，而所見乃與崔公同，深[4]可奇也！」馛善射，能曳牛卻行，走及奔馬[98]，而性忠謹，故魏主特愛之。

魏主之西伐也，穆壽[99]送至河上[100]。魏主敕之曰：「吳提[101]與牧犍相結素深，聞朕討牧犍，吳提必犯塞，朕故留壯兵肥馬，使卿輔佐太子。收田既畢，即發兵詣漠南[102]，分伏要害以待虜至。引使深入，然後擊之，無不克矣。涼州路遠，朕不得救，卿勿違朕言！」壽頓首受命。壽雅信中書博士公孫質，以為謀主。壽、質皆信卜筮，以為柔然必不來，不為之備。質，軌[103]之弟也。

柔然敕連可汗聞魏主向姑臧，乘虛入寇。留其兄乞列歸與嵇敬、建寧王崇相拒於北鎮[104]，自帥精騎深入，至善無[105]七介山[106]，平城大駭，民爭走中城[107]。穆壽不知所為，欲塞[108]西郭門，請太子避保南山[109]，竇太后[110]不聽[111]而止。遣司空長孫道生、征北大將軍張黎拒之於吐頹山[112]。會嵇敬、建寧王崇擊破乞列歸於陰山[113]

之北，擒之，并其伯父他吾無鹿胡[114]及將帥五百人，斬首萬餘級。敕連聞之，遁去，追至漠南而還。

冬，十月辛酉[115]，魏主東還，留樂平王丕及征西將軍賀多羅鎮涼州[116]，徙沮渠牧犍宗族及吏民三萬戶于平城[117]。○癸亥[118]，禿髮保周帥諸部鮮卑據張掖叛魏。

十二月乙亥[119]，太子劭加元服[120]，大赦。劭美鬚[5]眉，好讀書，便弓馬[121]，喜延賓客，意之所欲，上必從之。東宮置兵[122]與羽林等[123]。

壬午[124]，魏主至平城，以柔然入寇，無大失亡，故穆壽等得不誅。魏主猶以妹壻待沮渠牧犍，征[6]西大將軍、河西王如故。牧犍母卒，葬以太妃之禮[7]，為武宣王[125]置守冢三十家。

涼州自張氏[126]以來，號為多士[127]。沮渠牧犍尤喜文學，以敦煌闞駰[128]為姑臧太守，張湛為兵部尚書，劉昞、索敞、陰興為國師助教[129]，金城宋欽為世子洗馬[130]，趙柔為金部郎[131]，廣平程駿、駿從弟弘為世子侍講[132]。魏主克涼州，皆禮而用之，以闞駰、劉昞為樂平王丕從事中郎[133]。安定胡叟，少有俊才，往從牧犍，牧犍不甚重之。叟謂程弘曰：「貴主[134]居僻陋之國而淫名[135]僭禮[136]，以小事大而心不純壹，外慕仁義而實無道德，其亡可翹足待也。吾將擇木[137]，先集于魏[138]。與子暫違，非久闊[139]也。」遂適魏。歲餘而牧犍敗。魏主以叟為先識，拜虎威將軍，賜爵始復男[140]。河內常爽[141]，世寓[142]涼州，不受禮命[143]，魏主以為宣威將軍。河西右相宋繇[144]從魏主至平城而卒。

魏主以索敞為中書博士[145]。時魏朝方尚武功，貴遊子弟[146]不以講學[147]為意。敞為博士十餘年，勤於誘導，肅而有禮，貴遊皆嚴憚[148]之，多所成立[149]，前後顯達至尚書、牧守[150]者數十人。常爽置館[151]於溫水[152]之右，教授[153]七百餘人。爽立賞罰之科，弟子事之如嚴君[154]。由是魏之儒風始振。高允[155]每稱爽訓厲有方，曰：「文翁[156]柔勝[157]，先生剛克[158]，立教雖殊，成人[159]一也。」

陳留[160]江強，寓居涼州，獻經、史、諸子千餘卷及書法[161]，亦拜中書博士。魏主命崔浩監祕書事[162]，綜理史職[163]；以中書侍郎高允、散騎侍郎張偉[164]參典著作[165]。浩啓稱：「陰仲達[166][8]、段承根[167]，涼土美才，請同脩國史。」皆除著作郎[168]。仲達，武威人；承根，暉[169]之子也。

浩集諸曆家[170]，考校[171]漢元以來[172]日月薄食[173]、五星行度[174]，并譏前史之失[175]，別為魏曆[176]，以示高允。允曰：「漢元年十月，五星聚東井[177]，此乃曆術之淺事[178]。今譏漢史而不覺此謬，恐後人之譏今猶今之譏古也。」浩曰：「所謬云何？」允曰：「按星傳[179]：『太白[180]、辰星[181]常附日而行[182]。』十月，日在尾、箕[183]，昏沒於申南[184]，而東井方出於寅北[185]，二星何得背日而行[186]？是史官欲神其事[187]，不復推之於理也。」浩曰：「天文[188]欲為變[189]者，何所不可[190]邪！」允曰：「此不可以空言爭，宜更審之[191]。」坐者咸怪允之言，唯東宮少傅游雅[192]曰：「高君精於曆數，當不虛也。」後歲餘，浩謂允曰：「先所論者，本不經心；及[9]更考究，果如君言。五星乃以前三月聚東井[193]，非十月也。」眾乃歎服。允雖明曆，初不推步[194]及為人論說，唯游雅知之。雅數以災異[195]問允，允曰：「陰陽災異，知之甚難；既已知之，復恐漏泄[196]，不如不知也。天下妙理至多，何遽[197][10]問此！」雅乃止。魏主問允：「為政何先？」時魏多封禁良田[198]，允曰：「臣少賤，唯知農事。若國家廣田積穀，公私有備，則饑饉不足憂矣。」帝乃命悉除田禁以賦百姓[199]。

吐谷渾王慕利延聞魏克涼州，大懼，帥眾西遁，踰沙漠[200]。魏主以其兄慕璝有擒赫連定[201]之功，遣使撫諭之，慕利延乃還故地。

氐王楊難當將兵數萬寇魏上邽，秦州[202]人多應之。東平呂羅漢[203]說鎮將拓跋意頭[204]曰：「難當眾盛，今不出戰，示之以弱，眾情離沮[205]，不可守也。」意頭遣羅漢將精騎千餘出衝難當陳，所向披靡，殺其左右騎八人，難當大驚。會魏主以璽書[206]責讓難當，難當引還仇池[207]。

南豐太妃[208]司馬氏卒，故營陽王之后也。

趙廣、張尋等復謀反[209]，伏誅。

【章　旨】以上為第二段，寫宋文帝劉義隆元嘉十六年（西元四三九年）一年間的大事。主要寫了魏主拓跋燾欲討北涼，奚斤、古弼、李順等人皆以其地無水草為由反對，獨崔浩、伊馛贊成之。魏主出兵前，先令大臣為書讓之，勸其歸降，牧犍不聽；魏主以源賀為嚮導，並使其居前以招撫禿髮氏之舊部，故軍事進展順利；魏軍圍姑臧，牧犍之兩姪前後出降，姑臧城潰，牧犍面縛出降，獲城內戶口二十餘萬，城外雜胡降者又十餘萬；魏命將鎮守武威、張掖、酒泉；寫了柔然乘魏取涼州之際，派兵進襲魏地，穆壽腐朽潰敗，竇太后遣長孫道生、張黎引兵拒之，嵇敬、拓跋崇大破柔然於陰山北，柔然遁去；寫了魏主由涼州獲得了許多儒學、文學之士如胡叟、常爽、索暢等皆重用之，魏之儒風由此而振；寫了崔浩、高允等人的精通曆法，駁正了一些前史所載的星變之謬；此外還寫了劉義隆之弟劉義季為荊州刺史能聽隱者之諫，止獵以不誤農時；以及楊難當攻魏上邽，魏將呂羅漢拒之，難當退回仇池等等。

【注　釋】❶正月庚寅　正月二十五。❷領司徒　兼任司徒。自漢朝以來「大將軍」位置在三公以上，故同時任「司徒」者，曰「兼任」。❸定州　即今河北定州，古代中山國的都城。❹高祖　指劉裕。❺諸子次第居荊州　每個兒子都輪流做一回荊州刺史。荊州是當時最大、最重要的州，州治江陵，在今湖北荊州之江陵區。❻選代　選擇下一任的代替者。❼南譙王　劉義宣的封號，封地在南譙州。❽二月己亥　二月初五。❾出畋　出去打獵。❿被苫　身披蓑衣。被，這裡的意思同「披」。⓫斥之　意即轟他走開，嫌他妨礙打獵。⓬盤于遊畋　迷戀打獵的快樂。盤，樂；迷戀。⓭古人所戒　這是古人曾告誡我們的。《尚書・無逸》中有「文王不敢槃於遊畋，以庶邦唯正之供」。又有「繼自今嗣王，則無淫於觀、於逸、於遊、於田，以萬民唯上之供」。據說這是周公告誡成王，讓他不要貪戀畋獵的詩。⓮陽和布氣　春天的陽光抒放暖氣，正是播植五穀的季節。

⑮民失其時　老百姓就要錯過農時。⑯從禽之樂　放縱鷹犬捕捉野獸之樂。從，同「縱」。⑰也　意思同「耶」，反問語氣詞。⑱上洛　郡名，郡治在今湖北鄖西縣西北，當時屬於劉宋。⑲辛未　三月初七。⑳自童亭奔魏　楊保宗之父原是氐族的頭領，其父死後，政權被其叔楊難當所篡取，楊保宗也被其叔所囚。後來被放出，使其鎮守童亭（今甘肅天水市東南），今楊保宗逃奔魏國。㉑庚寅　三月二十六。㉒武都　郡名，郡治在今甘肅成縣西北。㉓上邽　古城名，即今甘肅天水市。㉔晉壽公　晉壽縣公。晉壽縣的縣治在今四川閬中西北。㉕傳嬖之　輪替著寵愛她。㉖魏公主　即武威公主，拓跋燾之妹，嫁與沮渠牧犍為妃。㉗乘傳　乘驛車，以取其快。㉘徵李氏　召李氏回魏。㉙導護　嚮導與護送者。㉚送出流沙　送過白龍堆沙漠。流沙，即白龍堆沙漠，在今敦煌以西新疆東部的東西交通線上。㉛武威　郡名，郡治姑臧，即今甘肅武威，當時北涼政權的都城。㉜承蠕蠕可汗　聽到蠕蠕可汗說。「蠕蠕」也寫作「蚋蚋」，是魏人對柔然的賤稱，其可汗名吳提，號敕連可汗。㉝擒其長弟樂平王丕　此說純屬捏造。㉞更有魏使　再有魏國來使。㉟使涼州觀虛實　觀察北涼政權的實際狀況。㊱乖悖　乖背、傲慢。㊲羸死　疾病、瘦弱而死，即正常死亡。㊳不減萬匹　也不少於一萬匹。㊴遽謂　因此就說我們。㊵猝至　突然來到。㊶西堂　平城太極殿的西堂。㊷職貢　即進貢。職，也是「貢」的意思。㊸鹵瘠　指鹽鹼地，不長莊稼。㊹惡尚書李順　說尚書李順的壞話。崔浩與李順原是親戚，元嘉三年，魏主伐夏時想用李順，崔浩以為「不可專委」，矛盾從此開始。見本書卷一百二十。㊺十二返　十二次；十二個來回。㊻涼武宣王　即沮渠蒙遜，魏封之為涼王，武宣是其死後的諡。㊼溫圉水　河水名，胡三省以為當作「溫圍水」，可供參考。㊽彼人　那裡的人。㊾天梯山　在今甘肅武威西南。㊿詰難　攻駁、辯論。(51)蕃盛；繁殖得多。(52)終不於　無論如何不會在……。(53)大為欺誑　實在是以假話騙人。(54)何可共辯　怎能與我辯論。(55)隱聽　躲在後面偷聽。(56)伊馛　拓跋燾時的名將。傳見《魏書》卷四十四。(57)五月丁丑　五月十四。(58)治　集合、檢閱。(59)六月甲辰　六月十一。(60)決留臺事　處置留守朝廷的一切事務。(61)委贄　古代禮俗，解釋不一。胡三省的說法是：贄是見人所持的禮品。見人需要叩拜時，只能將禮品先放在地上，叩拜完畢再拿起禮物給人送上。(62)六軍　古代稱天子的大軍，這裡是拓跋燾自指。(63)面縛輿櫬　背縛雙手，車上拉著棺材。這是古代帝王、諸侯向人投降的一種儀式，表示認罪請死。面縛，因兩手背縛，前頭只見其面，故稱。(64)守迷窮城　意即堅守窮城，執迷不悟。(65)不時悛悟　不能及時地醒悟悔改。悛，悔改。(66)為世大戮　成為人世的最大恥辱。戮，辱。(67)宜思厥中　應該想想哪一種對你合適。(68)己酉　六月十六。(69)七月己巳　七月初七。(70)上郡屬國城　在今陝西榆林北的長城外，其中住著歸附於魏國的其他民族。(71)壬午　七月二十。(72)部分　部署、分配。(73)源賀　鮮卑人，禿髮傉檀之子。禿髮氏的南涼政權被乞伏熾磐所滅後，禿髮賀逃到了魏國，因受拓跋燾賞識，被封為平西

將軍，賜姓源，故稱「源賀」。[74]四部鮮卑　四個鮮卑部落。[75]臣祖父　源賀之父即禿髮傉檀，源賀之伯為禿髮烏孤與禿髮利鹿孤，源賀之祖為禿髮思復犍。傳皆見《晉書》卷一百二十六、《魏書》卷九十九。[76]宣國威信　向他們宣揚魏國的兵威與信義。[77]八月甲午　八月初二。[78]何為乃爾　為什麼會有這種事情。[79]丙申　八月初四。[80]兄子祖　即沮渠祖，沮渠牧犍哥哥的兒子。[81]具知其情　完全瞭解其城中的底細。[82]諸部下　禿髮氏南涼政權的老部下。[83]涌泉　謂東、西門外都有泉水湧出。[84]自餘　其他；別的。[85]乃無燥地　沒有一點乾燥不毛之地。乃，竟；根本。[86]故有此敕　我特別地寫這封信。敕，帝王的命令，這裡即指書信。[87]庚子　八月初八。[88]南平王　南平郡王。南平郡的郡治在今湖北公安西南。[89]丙戌　九月二十五。[90]禿髮保周　禿髮傉檀之子，源賀之兄，曾在乞伏氏政權當人質，禿髮政權被滅後，禿髮保周逃歸於魏，被封為張掖王。[91]建康　郡名，郡治在今甘肅酒泉。[92]宜得　即沮渠宜得，牧犍之弟。[93]丹嶺　即山丹嶺，在今甘肅山丹。[94]安周　即沮渠安周，牧犍之弟。[95]樂都　郡名，郡治即今青海樂都。[96]晉昌　郡名，郡治在今甘肅安西縣東南。[97]崔公　即指崔浩。[98]走及奔馬　可以跑步追上飛奔的馬。[99]穆壽　穆觀之子，拓跋燾的女婿。傳見《魏書》卷二十七。[100]河上　此指內蒙古清水河縣一帶的黃河邊上，在當時的平城之西。[101]吳提　即當時的柔然敕連可汗，名吳提。[102]漠南　蒙古大沙漠以南，即今之內蒙古中段的北部邊境邊區。[103]軌　即公孫軌，拓跋燾的將領，為人貪婪殘虐。傳見《魏書》卷三十三。[104]北鎮　指拓跋燾打敗高車後在北部沿邊設立的六個軍鎮，即懷荒鎮（今河北張北縣境）、柔玄鎮（今內蒙古興和西北）、撫冥鎮（今內蒙古四子王旗東南）、武川鎮（今內蒙古武川縣西）、懷朔鎮（今內蒙古固陽西南）、沃野鎮（今內蒙古烏拉特前旗東南）。[105]善無　郡名，郡治在今山西右玉東南，在當時的平城西南。[106]七介山　在善無郡治的西南。[107]中城　主城。當時平城除其主城外，尚有東城、西城。[108]塞　封閉。[109]避保南山　逃往南山以守之。南山，平城以南的山區。[110]竇太后　即保太后，拓跋燾之妃，拓跋燾的養母。[111]不聽　不允許。[112]吐頹山　在今山西平魯東北。[113]陰山　橫亙於今內蒙古呼和浩特、包頭城北的東西走向的大山。[114]他吾無鹿胡　人名，敕連可汗之伯父。[115]十月辛酉　十月初一。[116]涼州　州治即今甘肅武威。[117]徙沮渠牧犍宗族及吏民三萬戶于平城　從此北涼政權滅亡。北涼自段業建國（西元三九七年），歷沮渠蒙遜，至此沮渠牧犍滅亡，前後共四十二年。[118]癸亥　十月初三。[119]十二月乙亥　十二月十六。[120]加元服　即實行加冠典禮。男孩到了十八歲，實行加冠禮，表示已經到了成年。元服，帽子。[121]便弓馬　對騎馬挽弓很熟練。便，嫻熟。[122]東宮置兵　太子宮中所設置的衛戍軍隊。[123]與羽林等　與皇帝的警衛部隊羽林軍數量相同。[124]壬午　十二月二十三。[125]武宣王　指沮渠蒙遜。[126]張氏　指張寔、張駿等的前涼政權（西元三一四—三七六年），共歷時六十二年。[127]多士　人才多。[128]敦煌闞駰　敦煌人姓闞，名駰。[129]國師助教　太學裡的教官名。

國師相當於後來的「祭酒」，是最高領導。助教協助進行教學。這裡沒有「博士」，助教即是主要教官。[130]世子洗馬　同「太子先馬」，太子的侍從官員，在太子出行時為太子的儀仗及侍從隊伍充當前導。[131]金部郎　官名，主管國家的貨幣以及各種物資。[132]世子侍講　也叫「太子侍讀」，專門給太子講書的人。[133]從事中郎　官名，主管文書案卷，兼充參謀顧問之用。[134]貴主　你們主子，指稱沮渠牧犍。[135]淫名　隨便亂用帝王之名。[136]僭禮　使用自己不該用的禮儀。僭，越分。[137]擇木　擇木而棲的省略語，以比喻選擇好的君主。《左傳》哀公十一年，孔子曰：「鳥能擇木，木豈能擇鳥？」[138]先集于魏　意謂我先走一步，到魏國去等著你。[139]非久闊　不會離別很久的。闊，別離。[140]始復男　胡叟的爵位名。始復，是封地名，方位不詳。男，表示爵位的級別。有關胡叟的事跡見《魏書》卷五十二。[141]河內常爽　河內郡人姓常名爽。事見《魏書・儒林傳》。河內郡的郡治野王，即今河南沁陽。[142]寓　寄居。[143]不受禮命　不接受前此任何政權的聘任。[144]河西右相宋繇　沮渠牧犍的右丞相宋繇。傳見《魏書》卷五十二。[145]中書博士　中書省裡的博士官，以學識淵博充參謀顧問之用；也有一種博士是太學裡的教官，以教育貴族子弟為任務。索敞即第二種。[146]貴遊子弟　貴族出身而無官職的子弟，與後世的「紈袴子弟」意義略同。[147]講學　講書、學習，這裡即指學，學習文化知識。[148]嚴憚　敬重。[149]多所成立　有不少人在學問上獲得成就。[150]尚書牧守　尚書郎與州刺史、郡太守。[151]置館　設立學館。[152]溫水　河水名，在當時的桑乾城西，今山西山陰東。[153]教授　教育；教育學生。[154]嚴君　嚴厲的父親。[155]高允　字伯恭，拓跋燾時代的著名文臣與學者。傳見《魏書》卷四十八。[156]文翁　西漢時的蜀郡太守，以在蜀郡興辦文教事業聞名於世。事見《漢書・循吏傳》。[157]柔勝　指以誘導啟發的方式使當地逐步形成風氣。[158]剛克　以剛直嚴厲取勝。[159]成人　使人成材。[160]陳留　郡名，郡治即今安徽亳州。[161]書法　指有關漢字碑帖以及書法理論的著作。[162]監祕書事　即為祕書監，祕書省的最高長官，負責管理圖書祕籍以及撰寫歷史等。[163]綜理史職　管理歷史寫作方面的事情。[164]張偉　字仲業，魏國的儒學之臣。傳見《魏書・儒林傳》。[165]參典著作　參加管理文章寫作方面的事務。[166]陰仲達　姑臧人，少以文學聞名。傳見《魏書》卷五十二。[167]段承根　姑臧人，段暉之子。傳見《魏書》卷五十二。[168]著作郎　祕書省的官員，負責編寫國史。[169]暉　即段暉，西秦人，曾仕於乞伏熾磐、乞伏暮末父子。[170]集諸曆家　搜集各家有關天文、曆法的資料。[171]考校　考查核對。[172]漢元以來　漢高祖元年（西元前二〇六年）以來的。[173]日月薄食　即日蝕、月蝕。薄，迫，指星宿之間的相互逼近、遮掩。[174]五星行度　金、木、水、火、土五星運行的軌跡度數。[175]前史之失　前代歷史對天文星相記載的錯誤。[176]別為魏曆　另寫了一本名叫《魏曆》的曆法書。[177]五星聚東井　金、木、水、火、土五星同時出現在井宿附近。《漢書・高帝紀》：「元年冬十月，五星聚於東井，沛公至霸上。」[178]此乃曆術之淺事　這在曆法書上是很淺顯的錯誤。[179]按

星傳　根據《星傳》上說。《星傳》是古代記述各星宿運行的書。(180)太白　即金星。(181)辰星　即水星。(182)常附日而行　經常圍繞太陽一同運轉。準確一點說，即二星與太陽的角距離不大於四十五度。(183)日在尾箕　太陽運行到尾、箕二星附近。尾星是蒼龍七宿的第六宿，屬天蠍星座。箕星是蒼龍七宿的第七宿，也叫南箕，屬人馬座。(184)昏沒於申南　意謂太白、辰星在十月黃昏時應隨太陽沒於鶉尾方向。古代天文學用十二地支表示十二次，申代表鶉尾方向。(185)東井方出於寅北　意謂當太白與辰星沒於鶉尾方向的時候，東井星座剛剛從娵訾方向出來。古代天文學以寅代表娵訾，剛好與太白、辰星下落的方位相對。(186)何得背日而行　意謂十月黃昏時，太陽在鶉尾方向降落，如果太白（金星）、辰星（水星）這時跑到東井出現的娵訾方向去與木星、火星、土星相「聚」，那不就背離太陽了嗎。(187)神其事　指神化劉邦。說由於劉邦的入關，使天上的星宿也都出現了奇特的現象。(188)天文　指天上的星宿。(189)欲為變　想預示一下人世的變故。(190)何所不可　有什麼不可以呢。(191)宜更審之　應該更仔細地觀察驗證。(192)游雅　魏國的文學之士，著有〈太華殿賦〉。傳見《魏書》卷五十四。(193)五星乃以前三月聚東井　意謂西元前二〇六年的確發生過「五星聚東井」，也就是「五星連珠」的事情，但不是在秦曆的十月，而是在秦曆的七月。(194)初不推步　從來不搞藉天文變化以推斷人世禍福的那一套。推步，由漢代董仲舒等所帶頭搞起的根據星宿進行推斷人世吉凶的一種迷信活動。(195)災異　漢代儒生所宣傳的一種迷信活動，專門從自然界的異常現象來推斷人世的災變。(196)復恐漏泄　擔心講出去會給社會造成動盪，或給自己帶來災殃。(197)何遽　何必急著。(198)封禁良田　指把良田變成牧場，不允許人耕種。(199)以賦百姓　指讓百姓種地，向百姓收稅。(200)踰沙漠　逃到了今青海大沙漠的西南方。(201)擒赫連定　捉到了夏主赫連定，並將其送給魏國。事見本書卷一百二十元嘉八年。(202)秦州　州治即上邽，今之甘肅天水市。(203)東平呂羅漢　東平郡人姓呂名羅漢。東平郡的郡治范縣，在今山東范縣東南。(204)鎮將拓跋意頭　上邽軍鎮的將軍姓拓跋，名意頭。(205)離沮　渙散、分崩。(206)璽書　蓋著璽印的文書，極言其莊重、嚴厲。(207)仇池　楊氏政權的大本營所在地，在今甘肅成縣西。(208)南豐太妃　廢帝劉義符的皇后，晉恭帝的女兒海鹽公主。劉義隆讓劉義恭的兒子劉朗為劉義符之後，封以為南豐王，遂稱劉義符之后為「南豐太妃」。(209)復謀反　元嘉十四年趙廣、張尋等投降朝廷，到建康後，今又謀反。

【校　記】①嵇敬　原作「稽敬」。胡三省注云：「『稽敬』，《北史》作『嵇敬』，當從之。《魏書‧官氏志》，北方諸姓，紇奚氏改為嵇氏。」嚴衍《通鑑補》改作「嵇敬」，今據以校正。②東　原無此字。據章鈺校，甲十一行本、乙十一行本、孔天胤本皆有此字，張敦仁《通鑑刊本識誤》、張瑛《通鑑校勘記》同，今據補。③穆羆　據章鈺校，甲十一行本、乙十一行本、孔天胤本皆作「穆羅」。按，《魏書》、《北史》皆載「伏干弟羅襲爵，尚新平長公主」。④深　據章鈺校，甲十一行本、乙十一行本、孔天胤本「深」上皆有「此」字，張敦仁《通鑑刊本識誤》同。⑤鬢　據章鈺校，甲十一行本、乙十一行本皆作「鬢」，張敦仁《通鑑刊本識誤》同。⑥征　據章鈺校，孔天胤本此上有「拜」字。⑦之禮　據章鈺校，甲十一行本二字互乙，乙十一行本無「禮」字。⑧陰仲達　原作「陰仲逵」。據章鈺校，甲十一行本、乙十一行本皆作「陰仲達」，張敦仁《通鑑刊本識誤》同，今據改。⑨及　據章鈺校，甲十一行本、乙十一行本皆作「乃」。⑩遽　原作「以」。張敦仁《通鑑刊本識誤》作「遽」，今據改。

【語　譯】十六年（己卯　西元四三九年）

春季，正月二十五日庚寅，宋國擔任司徒的彭城王劉義康進位為大將軍、兼任司徒，擔任南兗州刺史的江夏王劉義恭進位為司空。

北魏太武帝拓跋燾前往定州。

當初，宋高祖劉裕留下遺詔，令自己的幾位皇子都輪流擔任一回荊州刺史。臨川王劉義慶在荊州擔任了八年刺史，宋文帝劉義隆想要選擇一個人去接替劉義慶擔任荊州刺史，按照次序應該輪到南譙王劉義宣，宋文帝認為劉義宣才能平庸，人格低下，便不肯令他擔任荊州刺史。二月初五日己亥，任命衡陽王劉義季為都督荊・湘等八州諸軍事、荊州刺史。衡陽王劉義季曾經在春天外出打獵，遇到一位老農身披蓑衣在農田裡耕種，衡陽王身邊的隨從便大聲地轟他走開。那個老農說：「迷戀於遊玩、打獵的快樂，這是古人曾經告誡我們的。如今春風和暖、陽氣上升，正是播種五穀的季節，農民一天不耕作，就要錯過農時，你怎麼能為了自己享受放縱鷹犬捕捉野獸的樂趣，而驅逐訓斥老農呢？」衡陽王劉義季聽到這番話，趕緊勒住自己的馬說：「這乃是一位賢者！」遂令從人將自己攜帶的飲食賞賜給這位老農，老農謝絕說：「大王如果能夠不讓百姓耽誤農時，則州境之內的百姓都能飽食大王的飲食，我這個老農怎敢獨自享用大王的賞賜呢！」劉義季問老農叫什麼名字，老農沒有告訴他，就告退了。

三月，北魏擔任雍州刺史的葛那率軍侵入宋國所屬的上洛郡。宋國擔任上洛太守的鐔長生放棄郡城逃走。

○初七日辛未，北魏太武帝拓跋燾返回平城的皇宮。

氐王楊難當的姪子楊保宗與自己的哥哥楊保顯從自己所鎮守的童亭逃奔北魏。三月二十六日庚寅，北魏太武帝拓跋燾任命楊保宗為都督隴西諸軍事、征西大將軍、開府儀同三司、秦州牧、武都王，鎮守上邽。並把公主嫁給楊保宗為妻；任命楊保顯為鎮西將軍、晉壽縣公。

北涼河西王沮渠牧犍與自己的嫂子李氏私通，他們兄弟三人輪流寵愛李氏。李氏與沮渠牧犍的姐姐合謀在魏國武威公主的飲食中下毒，想要毒死武威公主，北魏太武帝拓跋燾得知消息後，立即派解毒的醫生乘坐驛站的快車飛速趕到姑臧進行解救，才把武威公主救活。北魏太武帝拓跋燾徵召李氏前往魏國，而河西王沮渠牧犍不肯交出李氏，而是撥給李氏很多財產，將李氏送到酒泉居住。

北魏每次派遣使者前往西域，都要下詔令河西王沮渠牧犍派人充當嚮導與護送者，一直護送使者走出大沙漠。魏國的使者從西域返回，抵達武威，沮渠牧犍身邊的侍從有人告訴北魏的使者說：「我們河西王沮渠牧犍聽到柔然敕連可汗郁久閭吳提說：『去年北魏皇帝親自率軍討伐柔然，結果害上瘟疫，將士、戰馬死了很多，大敗而回。柔然還活捉了北魏皇帝拓跋燾的弟弟樂平王拓跋丕。』我們河西王聽後非常高興，還在涼州境內大肆宣傳。還聽說：柔然可汗郁久閭吳提派遣使者到西域各國宣揚說『魏國已經被柔然削弱，現在天下只有柔然最強大，如果再有魏國的使者到達西域，不要再為他們提供各種物資』。西域各國現在對魏國都懷有二心。」魏國的使者返回之後，便把自己聽到的消息奏報給北魏太武帝拓跋燾。北魏太武帝拓跋燾遂派遣擔任尚書的賀多羅出使北涼，以觀察北涼政權的實際狀況。賀多羅從北涼返回，也向太武帝奏報說：河西王沮渠牧犍表面上雖然對魏國稱臣，謹慎地遵守著臣屬的禮節，而內心卻對魏國懷有背叛之心。

北魏太武帝拓跋燾準備出兵討伐北涼河西王沮渠牧犍，遂去徵求擔任司徒的崔浩的意見。崔浩回答說：「沮渠牧犍的叛逆之心已經顯露出來，不能不對他進行討伐。官軍往年出征北伐，雖然沒有獲得勝利，實際上也沒有什麼損失。出征的戰馬有三十萬匹，估計在路上連死帶傷不會超過八千匹，而常年病死的也不會少於一萬匹。而遠方的北涼對此不瞭解，因此就認定我們國力消耗殆盡，再也無法振作起來。現在我們出其不意，率領大軍突然到達北涼境內，他們必然驚慌失措，不知如何是好，活捉沮渠牧犍那是毫無問題的。」北魏太武帝拓跋燾說：「你分析得很好！我也是這樣考慮的。」於是招集所有公卿大臣，在太極殿的西堂召開御前會議。

弘農王奚斤等三十多位大臣都說：「沮渠牧犍，只是西部邊陲上的一個小小附屬國，即使他心裡很不情願臣服魏國，然而自從他繼承了他父親沮渠蒙遜的王位以來，向我們魏國進貢卻從來沒有間斷過；朝廷也把他當做藩屬國對待，並把公主嫁給他為妻。如今沮渠牧犍的罪惡還沒有完全暴露出來，所以還是應該寬恕他。國家剛剛結束征討柔然，將士、戰馬都很疲憊，不可以大舉興兵。而且聽說北涼的土地貧瘠，到處都是鹽鹼地，不長莊稼，也很難找到水草，如果我們的大軍一到，他們必然堅守城池。我們攻打城池若攻不下，在野外又得不到糧草，那可是很危險的。」

當初，司徒崔浩厭惡尚書李順。而李順前後出使涼州十二次，太武帝拓跋燾遂認為李順很有才能。北涼武宣王沮渠蒙遜曾經多次與李順一起遊賞、宴飲，並在自己的臣僚面前不時說一些有辱魏國的傲慢無禮之言，又擔心李順將其洩露出去，於是便把一些金寶等塞入李順的懷中，李順因為得了沮渠蒙遜的好處，便為他隱惡揚善。崔浩知道了李順隱私，就祕密地報告了太武帝拓跋燾，拓跋燾開始時還不相信。等到商議出兵討伐涼州的時候，李順與擔任尚書的古弼都說：「從溫圉水往西一直到達姑臧，地面全是亂石，絕對沒有水草。那裡的人都說姑臧城以南的天梯山上，冬天有積雪，厚一丈多，到了春天、夏天，積雪融化，下流成川，當地的居民便把這些從山上流下來的水引入農田灌溉莊稼。如果他們知道大軍抵達，一定會掘開引水的溝渠，水源就會斷絕。圍繞著姑臧城一百里之內，地面寸草不生，人馬飢渴，很難在那裡久留。奚斤等人的看法是對的。」拓跋燾遂令司徒崔浩與奚斤等人互相進行辯論。眾人也沒有再講什麼話，只堅持說「那裡缺乏水草」。崔浩說：「《漢書．地理志》說『涼州地區的畜產，是全國最多的地方』，如果沒有水草，牲畜如何能夠繁殖很多？再說，漢代人無論如何不會在沒有水草的地方修築城郭、設置郡縣。而且，融化的雪水僅能壓壓灰塵，如何能夠挖渠引水，灌溉農田？這些話都是欺人之談。」李順說：「耳聽為虛，眼見為實，沒有水草，是我親眼所見，你憑什麼這樣跟我辯論？」崔浩說：「你接受了人家的金錢，就想替別人說話，你因為我沒有親眼所見，就可以隨便欺騙不成？」太武帝拓跋燾正躲在屏風背後偷聽，聽到這裡，便走出來召見奚斤等，聲色俱厲。群臣都不敢再言語，只是唯唯諾諾而已。

群臣都已經出宮而去，擔任振威將軍的代郡人伊馛對太武帝拓跋燾說：「如果涼州真的沒有水草，那他們靠什麼立國？眾人的意見都不可採用，還是應該聽從崔浩的意見。」太武帝認為伊馛的話說得很有道理。

夏季，五月十四日丁丑，北魏太武帝拓跋燾在平城的西郊集合、檢閱軍隊。六月十一日甲辰，便率領大軍從平城出發。拓跋燾令擔任侍中的宜都王穆壽留在平城，輔佐太子拓跋晃處置留守朝廷的一切事務，朝廷內外的事務全部聽任裁決。又派遣擔任大將軍的長樂王拓跋嵇敬、擔任輔國大將軍的建寧王拓跋崇率領二萬人駐紮在大漠以南防備柔然。又命令公卿大臣給河西王沮渠牧犍寫信，列數他的十二大罪狀，並且說：「你如果能夠親自率領屬下的文武群臣帶著禮品，出城遠迎，在太武帝的馬前下跪叩拜，這是上策；如果等到魏國的大軍進抵姑臧城下，你再背縛雙手，用車拉著棺材出城投降，這是中策；如果你執迷不悟，堅守孤城，頑抗到底，不及時醒悟悔改，其後果將是身死族滅，成為人世上最大的恥辱。你要反覆權衡、思之再三，想一想到底哪一種對你最合適，為自己求得多福！」

六月十六日己酉，宋國朝廷改封隴西王吐谷渾慕容慕利延為河南王。

北魏太武帝拓跋燾率領大軍從雲中渡過黃河。秋季，七月初七日己巳，抵達上郡屬國城。二十日壬午，將軍中的軍用物資、重武器裝備等就地留下，並部署任務、分配兵力：令擔任撫軍大將軍的永昌王拓跋健、擔任尚書令的劉絜與常山王拓跋素擔任前部先鋒，兵分兩路，齊頭並進；令擔任驃騎大將軍的樂平王拓跋丕、擔任太宰的陽平王杜超作為後續部隊，隨後進發；任命平西將軍源賀為嚮導。

北魏太武帝拓跋燾向源賀詢問攻取涼州的策略，源賀回答說：「北涼的都城姑臧旁邊有四個鮮卑部落，都是我祖父禿髮思復鞬的舊部下。我希望在大軍到達之前，先行抵達那裡，向鮮卑人宣傳魏國的兵威與信義，為他們分析禍福利害，他們必然會相繼投降。姑臧城外的人投降之後，城內就失去了外援，我們攻取一座毫無外援的孤城，就易如反掌了。」拓跋燾回答說：「很好！」

八月初二日甲午，北魏永昌王拓跋健奪取了北涼的二十多萬頭牲畜。

北涼河西王沮渠牧犍聽到魏國出動大軍前來征討的消息，不禁大驚失色，他說：「怎麼會有這樣的事情發生？」他聽信了擔任左丞的姚定國的計策，沒有帶著禮物出城遠迎，而是派人向柔然國求救。他派遣自己的弟弟、擔任征南大將軍的沮渠董來率領一萬多人出城，在城南迎戰魏軍，不料，這一萬多人剛剛聽到一點風聲就立時潰不成軍。北魏擔任尚書令的劉絜聽信了巫師的占卜，認為日期、時辰對魏軍不利，所以收兵，沒有追趕潰逃的北涼軍，沮渠董來才得以逃回姑臧城中。北魏太武帝拓跋燾對劉絜的行為非常憤怒。

八月初四日丙申，北魏太武帝拓跋燾到達姑臧城下，他派遣使者勸說沮渠牧犍出城投降。沮渠牧犍聽說柔然準備出兵入侵魏國的邊境，便認為太武帝拓跋燾一定會率軍東還，抗擊柔然，於是便在姑臧城四周布防堅守；沮渠牧犍的姪子沮渠祖卻翻牆出城，向北魏軍投降。北魏太武帝從沮渠祖的口中完全瞭解了姑臧城中的底細，於是便分兵將姑臧城包圍。源賀率領著一部分魏軍招撫禿髮氏政權的舊部下，立即就有三萬多落投降了北魏，所以拓跋燾才得以集中兵力圍攻姑臧，不必再擔心姑臧會有外援。

北魏太武帝拓跋燾看見姑臧城外水草豐茂，因此特別怨恨尚書李順。他對崔浩說：「你過去所說的話，現在果然應驗了。」崔浩回答說：「我說的話不敢不實事求是，而且一向如此。」

北魏太武帝拓跋燾準備出兵討伐北涼的時候，太子拓跋晃也對姑臧城周圍沒有水草表示懷疑。現在，拓跋燾便用詔書告訴太子拓跋晃說：「姑臧城的東、西門外，都有泉水湧出，這些泉水在姑臧城北會合到一起，水勢大如江河。從其他溝渠流入沙漠之中，這一帶根本沒有一點乾燥不毛之地。我所以要發這封詔書給你，就是為了解除你的疑慮。」

八月初八日庚子，宋文帝劉義隆立皇子劉鑠為南平郡王。

九月二十五日丙戌，北涼河西王沮渠牧犍的姪子沮渠萬年率領自己的部下投降了魏國。姑臧城內的守軍立即潰敗，河西王沮渠牧犍只得反綁雙臂，率領屬下的文武臣僚五千人出城向北魏投降。北魏太武帝拓跋燾為沮渠牧犍解開身上的繩索，以禮相待。北魏接收了姑臧城中的戶口二十多萬，倉庫中的珍寶多得不可勝數。太武帝拓跋燾令張掖王禿髮保周、龍驤將軍穆羆、安遠將軍源賀分別前往各郡攻佔地盤，各少數民族向北魏投降的又有好幾十萬人。

當初，北涼河西王沮渠牧犍任命自己的弟弟沮渠無諱為沙州刺史、都督建康以西諸軍事、兼酒泉太守；沮渠宜得為秦州刺史、都督丹嶺以西諸軍事、兼張掖太守，沮渠安周為樂都太守；任命自己的堂弟沮渠唐兒為敦煌太守。等到都城姑臧被北魏軍攻破，北魏太武帝拓跋燾派遣擔任鎮南將軍的代郡人奚眷率軍襲擊張掖，派遣鎮北將軍封沓率軍攻擊沮渠安周所鎮守的樂都。沮渠宜得燒毀了張掖倉庫，向西逃往酒泉；沮渠安周放棄了樂都，向南投奔了吐谷渾，北魏鎮北將軍封沓擄掠了數千戶居民後返回。鎮南將軍奚眷則率軍進攻酒泉，沮渠無諱與沮渠宜得一同放棄了酒泉，招集了一些遺民，投奔了晉昌，又從晉昌前往敦煌，投靠擔任敦煌太守的沮渠唐兒。北魏太武帝拓跋燾派弋陽公元絜守衛酒泉，武威、張掖，也都分別派遣將領擔任守衛。

北魏太武帝拓跋燾在姑臧擺設酒宴招待文武百官，拓跋燾對群臣說：「司徒崔浩足智多謀，我對此已經不以為奇；而振武將軍伊馛只不過是一個騎馬射箭的武夫，他的見解竟然與崔浩相同，實在是太令人感到驚奇了！」伊馛射箭的技藝很高超，又很有勇力，能拽著牛尾巴讓牛倒著走，跑起來速度極快，能追上飛奔的馬，而性情又很忠厚恭謹，所以太武帝拓跋燾非常喜愛他。

北魏太武帝拓跋燾率軍西征的時候，留守平城的宜都王穆壽從平城送太武帝拓跋燾一直送到黃河邊上。拓跋燾下令給他說：「柔然敕連可汗郁久閭吳提與北涼的河西王沮渠牧犍之間私人交情很深，他如果聽到我出兵征討沮渠牧犍，一定會出兵進犯我國的邊境，所以我才留下強壯的兵馬，令你輔佐太子拓跋晃。等到農田裡的莊稼收穫完畢，你要立即出兵前往大漠以南，派兵分別進入要害之地進行防守。等柔然軍到來之後，要引誘他們深入境內，然後再出兵攻擊，就能攻無不克。涼州路途遙遠，我無法回軍相救，你一定不要違背我今天的囑託！」穆壽叩拜，接受了指令。穆壽一向聽信擔任中書博士的公孫質，把公孫質當做自己的智囊。而穆壽、公孫質又都相信占卜，認為柔然一定不會出兵來犯，所以根本沒有進行戒備。公孫質，是公孫軌的弟弟。

柔然敕連可汗郁久閭吳提得知北魏太武帝拓跋燾率軍討伐北涼的消息，遂抓住北魏國內兵力空虛的機會率軍入侵北魏。他留下自己的哥哥郁久閭乞列歸率軍牽制北魏駐防北鎮的長樂王拓跋嵇敬、建寧王拓跋崇，郁久閭吳提親自率領精騎兵深入魏國境內，一直到達善無的七介山，北魏的都城平城得知柔然大軍前來進犯的消息，人心驚駭，百姓爭相跑入主城。宜都王穆壽此時驚慌得不知如何是好，他想關閉西城門，護送皇太子拓跋晃逃往平城南部的山中據守，因為竇太后不允許，穆壽才沒有能夠帶著太子逃跑。穆壽派遣擔任司空的長孫道生、擔任征北大將軍的張黎到吐頹山迎戰柔然軍。碰巧此時長樂王拓跋嵇敬、建寧王拓跋崇在陰山之北擊敗了柔然敕連可汗的哥哥郁久閭乞列歸，將郁久閭乞列歸俘虜，同時被俘虜的還有郁久閭吳提的伯父他吾無鹿胡以及將帥等五百人，斬殺了一萬多人。柔然敕連可汗郁久閭吳提得知自己的哥哥乞列歸兵敗被俘的消息後，立即率軍退走，北魏出兵追擊，一直追到大漠以南才返回。

冬季，十月初一日辛酉，北魏太武帝拓跋燾率軍東返，他留下樂平王拓跋丕以及征西將軍賀多羅鎮守涼州，將河西王沮渠牧犍、沮渠牧犍的族人以及北涼的官員、百姓總計三萬戶遷移到北魏的都城平城。〇初三日癸亥，北魏張掖王禿髮保周率領各鮮卑部落佔據張掖，背叛了北魏。

十二月十六日乙亥，宋國朝廷為皇太子劉劭舉行加冠典禮，實行大赦。太子劉劭長得眉清目秀，喜好讀書，對騎馬射箭也很熟練，又喜歡招攬賓客，無論他想要做什麼，宋文帝劉義隆無不依從。東宮設置的衛戍軍隊與皇帝的警衛部隊羽林軍的數量相等。

十二月二十三日壬午，北魏太武帝拓跋燾回到京師平城，認為柔然此次進犯，並沒有給國家造成多大損失，所以便沒有將宜都王穆壽等斬首。拓跋燾仍然把亡國之君沮渠牧犍當做自己的妹夫看待，令他照舊擔任征西大將軍、河西王。沮渠牧犍的母親去世，北魏按照太妃的禮節將其安葬，還安排三十戶人家負責為北涼武宣王沮渠蒙遜看守墳墓，進行祭掃和修護。

涼州自從張寔等建立前涼政權以來，號稱人才濟濟。河西王沮渠牧犍尤其喜歡文學，他任命敦煌人闞駰為姑臧太守，任命張湛為兵部尚書，任命劉昞、索敞、陰興為國師助教，任命金城人宋欽為世子洗馬，任命趙柔為金部郎，任命廣平人程駿、程駿的堂弟程弘為世子侍講。北魏太武帝拓跋燾攻克了涼州之後，對上述這些人全都以禮相待，並加以錄用：他任命闞駰、劉昞為樂平王拓跋丕擔任從事中郎。安定人胡叟，年少時就很有才華，他前去投奔河西王沮渠牧犍，而沮渠牧犍不太看重他，胡叟便對擔任世子侍講的程弘說：「你的主子身處偏僻簡陋的國度，卻隨便亂用帝王之名，使用自己不該使用的禮儀，以小國侍奉大國，卻又三心二意，缺乏誠心，外表上仰慕仁義道德而實際上卻毫無道德可言，看來距離滅亡沒有多長時間了。我要另外選擇一個可以棲身的國家，我準備先走一步，到魏國去等你。與你不會離別太久。」於是前往北魏。只過了一年多，沮渠牧犍的北涼就被北魏滅掉了。北魏太武帝拓跋燾認為胡叟有先見之明，遂任命胡叟為虎威將軍，封為始復男爵。河內郡人常爽，世代寄居在涼州，從來不接受前此任何政權的聘任，北魏太武帝拓跋燾任命常爽為宣威將軍。在河西王屬下擔任右相的宋繇跟隨太武帝拓跋燾到達平城便去世了。

北魏太武帝拓跋燾任命索敞為中書博士。當時北魏正在崇尚武功，貴族出身而沒有官職的子弟都不把學習文化知識當做一回事。索敞擔任中書博士十多年，他循循善誘，神情嚴肅而又懂禮，貴族子弟都很敬重他，有不少人在學問上獲得成就，先後身居顯要，擔任尚書郎與州刺史、郡太守的有好幾十人。常爽在溫水之西設立學館，招收、教育了七百多名學生。常爽在教育學生的時候，專門設有賞罰這一學科，學生對待他就像對待嚴厲的父親一樣。從此以後，北魏開始興起研讀儒學之風。高允每每稱讚常爽的教學嚴厲而有方法，他說：「文翁以善於誘導啟發的方式使當地逐步形成風氣，而先生則是以剛直嚴厲取勝，教育的方式雖然有所不同，然而造就人才則是一樣的。」

陳留郡人江強，寄居於涼州，他向北魏進獻了經書、史書、諸子百家之書一千多卷，還有一些有關漢字碑帖以及書法理論方面的書籍，因此也被任命為中書博士。拓跋燾命令司徒崔浩兼任掌管圖書祕籍以及撰寫歷史等事務的祕書監，全面負責修訂國史的工作；任命擔任中書侍郎的高允、擔任散騎侍郎的張偉共同參與管理文章寫作方面的事務。崔浩向太武帝啟奏說：「陰仲達、段承根，都是涼州有名的人才，請允許他們共同參與修訂國史的工作。」於是，陰仲達、段承根全都被任命為著作郎。陰仲達，是武威人；段承根，是段暉的兒子。

崔浩廣泛地搜集各家有關天文、曆法的資料，考查、核對漢高祖元年以來的日蝕、月蝕，以及金、木、水、火、土五星運行的軌跡度數，並對前代歷史對天文星相記載的錯誤進行抨擊，另行撰寫了一部名叫《魏曆》的曆法書，請中書侍郎高允過目。高允說：「漢高帝元年十月，金、木、水、火、土五星同時出現在東井星座附近，這在曆法書上是一個很淺顯的錯誤。現在批評漢代的史官，卻沒有發現這個錯誤，恐怕後人批評我們，就像我們今天批評古人一樣。」崔浩不解地問：「錯誤在什麼地方？」高允說：「按照《星傳》的記載：『太白星、辰星，經常圍繞太陽一同運轉。』十月的時候，太陽運行到尾宿、箕宿二個星座附近，太白星、辰星在十月的黃昏時應隨太陽隱沒於鶉尾方向，而此時東井星座則剛剛從娵訾方向升起，正好與太白星、辰星下落的方向相對，太白星、辰星怎麼可能背離太陽跑到東井星座出現的娵訾方向去與木星、火星、土星相聚呢？這是史官為了神話漢高祖劉邦，而不再詳細推究是否合乎情理。」崔浩堅持說：「天上的星宿想要預示一下人世的變故，也不是沒有這種可能！」高允說：「這不是靠空談、辯論所能解決的問題，應該更加仔細地觀察驗證才行。」在座的人全都對高允的看法感到奇怪，只有擔任東宮少傅的游雅說：「高先生精於曆法，所推算的應該不會錯。」過了一年多，崔浩對高允說：「先前咱們討論的問題，我原本沒有經過縝密的思考；後來經過仔細的考察推究，果然像先生所說的那樣。金、木、水、火、土五星聚集於東井的事情確實發生過，只不過不是發生在十月分，而是提前了三個月。」眾人這才對高允表示歎服。高允雖然精於天文曆法，然而卻從來不搞藉天文變化以推斷人世禍福那一套，也不與人談論，只有東宮少傅游雅深知他在這方面的高深造詣。游雅曾經多次就自然界所發生的各種異常現象請求高允推斷，高允說：「要想真正弄明白陰陽災變其實是非常困難的；即使弄明白了，還要擔心洩露天機會給社會造成動盪，給自己帶來災禍，所以還不如不明白的好。天下的奧祕很多，你何必急著問這方面的問題！」游雅遂不再問。北魏太武帝拓跋燾向高允詢問說：「治理國家，什麼是第一要務？」當時北魏把許多良田變成牧場，不允許百姓耕種，高允便有針對性地回答說：「我從小貧賤，只知道耕田種地方面的事情。如果國家能夠廣泛地開墾農田，多多的儲備糧食，無論是官府還是私人都有一定的糧食儲備，那麼遇到災荒年景就不用發愁了。」太武帝於是下令，全部解除有關農田的禁令，把良田全部交給百姓耕種，然後向百姓收稅。

吐谷渾王慕容慕利延聽到北魏攻克涼州的消息，非常恐懼，於是率領自己的部眾，越過大沙漠，向西方逃走。北魏太武帝拓跋燾因為慕容慕利延的哥哥慕容慕璝有擒獲夏主赫連定，並將赫連定送給魏國的功勞，遂派遣使者對慕容慕利延進行安撫、解釋，慕容慕利延這才率領部眾返回故地。

氐王楊難當率領數萬人馬進犯北魏所屬的上邽，秦州人很多都起兵響應。東平郡人呂羅漢對擔任鎮將的拓跋意頭說：「楊難當雖然人多勢眾，現在如果我們不出兵迎戰，就等於向他示弱，民心一旦瓦解，上邽可就守不住了。」拓跋意頭遂派遣呂羅漢率領一千多名精騎兵出城，逕直向楊難當的軍陣衝殺過去，銳不可當，所向披靡，殺死了八名楊難當身邊的侍衛騎兵，楊難當大為震驚。恰遇北魏太武帝拓跋燾派人送來蓋有皇帝璽印的文書，對楊難當的行為進行嚴厲的責備，楊難當遂藉機率眾返回仇池。

宋國南豐太妃司馬氏去世，司馬氏，是故營陽王劉義符的王后。趙廣、張尋等再次起兵謀反，被官府誅殺。

十七年（庚辰　西元四四〇年）

春，正月己酉❶，沮渠無諱❷寇魏酒泉。元絜輕之，出城與語。壬子❸，無諱執絜以圍酒泉。

二月，魏假通直常侍❹邢穎來聘。

三月，沮渠無諱拔酒泉。

夏，四月戊午朔❺，日有食之。

庚辰❻，沮渠無諱寇魏張掖，禿髮保周屯刪丹❼。丙戌❽，魏主遣撫軍大將軍永昌王健❾督諸將討之。

司徒義康專總朝權。上羸疾積年，心勞輒發❿，屢至危殆。義康盡心營奉，藥食非口所親嘗不進，或連夕不寐，內外眾事皆專決施行。性好吏職⓫，糾剔文案⓬，莫不精盡。上由是多委以事，凡所陳奏，入無不可。方伯以下⓭，並令義康選用；生殺大事，或以錄命斷之⓮。勢傾遠近，朝野輻湊⓯，每日⓰府門常有車數百乘。義康傾身引接⓱，未嘗懈倦。復能強記⓲，耳目所經，終身不忘，好於稠人廣席，標題所憶⓳以示聰明。士之幹練者，多被意遇⓴。嘗謂劉湛曰：「王敬弘㉑、王球㉒之屬，竟何所堪㉓？坐取富貴，復那可解。」然素無學術，不識大體，朝士有才用者皆引入己府㉔，府僚無施㉕及忤旨者乃斥為臺官㉖。自謂兄弟至親，不復存君臣形迹㉗，率心而行㉘，曾無猜防㉙。私置僮㉚六千餘人，不以言臺㉛。四方獻饋㉜，皆以上品薦㉝義康，而以次者供御㉞。上嘗冬月噉甘㉟，歎其形味並劣。義康曰：「今年甘殊有佳者㊱。」遣人還東府㊲取甘，大供御者三寸㊳。

領軍劉湛與僕射殷景仁有隙[39]，湛欲倚義康之重以傾[40]之。義康權勢已盛，湛愈推崇之，無復人臣之禮，上浸不能平[41]。湛初入朝，上恩禮甚厚。湛善論治道，諳[42]前代故事，敘致銓理[43]，聽者忘疲。每入雲龍門[44]，御者即解駕[45]，左右及羽儀[46]隨意分散，不夕不出，以此為常。及晚節驅煽[47]義康，上意雖內離[48]而接遇[49]不改，嘗謂所親曰：「劉班[50]方[1]自西還宮[51]，與語[52]，常視日早晚，慮其將去[53]；比入[54]，吾亦視日早晚，苦其不去[55]。」

殷景仁密言於上曰：「相王[56]權重，非社稷計[57]，宜少加裁抑[58]。」上陰然之[59]。

司徒左長史劉斌，湛之宗也；大將軍從事中郎[60]王履，謐[61]之孫也；及主簿[62]劉敬文，祭酒[63]魯郡孔胤秀，皆以傾諂[64]有寵於義康。見上多疾，皆謂：「宮車一日晏駕[65]，宜立長君。」上嘗疾篤，使義康具顧命詔[66]。義康還省[67]，流涕以告湛及景仁。湛曰：「天下艱難，詎是幼主所御[68]？」義康、景仁並不答。而胤秀等輒就尚書議曹[69]索晉咸康末立康帝舊事[70]，義康不知也。及上疾瘳[71]，微聞之。而斌等密謀，欲使大業終歸義康，遂邀結朋黨，伺察禁省[72]，有不與己同者，必百方構陷[73]之。又採拾景仁短長，或虛造異同[74]以告湛。自是主、相之勢分矣。

義康欲以劉斌為丹楊尹，言次[75]，啓上陳其家貧。言未卒，上曰：「以為吳郡[76]。」後會稽太守羊玄保求還[77]，義康又欲以斌代之，啓上曰：「羊玄保求[2]還，不審以誰為會稽？」上時未有所擬[78]，倉猝曰[79]：「我已用王鴻。」自去年秋，上不復往東府。

五月癸巳[80]，劉湛遭母憂[81]去職。湛自知罪釁已彰，無復全地[82]，謂所親曰：「今年必敗。常日正賴口舌爭[83]之，故得推遷[84]耳。今既窮毒[85]，無復此望[86]，禍至其能久乎！」

乙巳[87]，沮渠無諱復圍張掖，不克，退保臨松[88]。魏主不復加討，但以詔諭之。

六月丁丑[89]，魏皇孫濬[90]生，大赦，改元「太平真君」。取寇謙之神書[91]云「輔佐北方太平真君」故也。

太子劭詣京口[92]拜京陵[93]，司徒義康、竟陵王誕[94]等並從，南兗州刺史、江夏王義恭自江都會之[95]。

秋，七月己丑[96]，魏永昌王健擊破禿髮保周于番禾[97]，保周走，遣安南將軍尉眷追之。

丙申[98]，魏太后竇氏[99]殂。

壬子[100]，皇后袁氏[101]殂。

癸丑[102]，禿髮保周窮迫自殺。

八月甲申[103]，沮渠無諱使其中尉[104]梁偉詣魏永昌王健請降，歸酒泉郡及所虜將士元絜等。魏主使尉眷[105]留鎮涼州。

九月壬子[106]，葬元皇后[107]。

上以司徒彭城王義康嫌隙已著[108]，將成禍亂。冬，十月戊申[109]，收劉湛付廷尉，下詔暴其罪惡，就獄誅之，并誅其子黯、亮、儼及其黨劉斌、劉敬文、孔胤秀等八人；徙尚書庫部郎何默子等五人於廣州，因大赦。是日，敕義康入宿，留止中書省。其夕，分收湛等。青州刺史杜驥[110]勒兵殿內以備非常。遣人宣旨告義康以湛等罪狀。義康上表遜位[111]，詔以義康為江州刺史，侍中、大將軍如故，出鎮豫章[112]。

初，殷景仁臥疾五年[113]，雖不見上，而密函去來，日以十數，朝政大小，必以咨之，影迹周密，莫有窺其際[114]者。收湛之日，景仁使拂拭衣冠[115]，左右皆不曉其意。其夜，上出[116]華林園延賢堂，召景仁。景仁猶稱腳疾，以小牀[117]輿就坐[118]，誅討處分，一以委之。

初，檀道濟薦吳興沈慶之[119]忠謹曉兵，上使領隊防東掖門。劉湛為領軍[120]，嘗謂之曰：「卿在省[121]歲久，比當相論[122]。」慶之正色曰：「下官在省十年，自應得轉[123]，不復以此仰累[124]！」收湛之夕，上開門召慶之，慶之戎服縛袴[125]而入。上曰：「卿何意乃爾急裝[126]？」慶之曰：「夜半喚隊主[127]，不容[128]緩服。」上遣慶之收劉斌，殺之。

驍騎將軍徐湛之[129]，逵之[130]之子也，與義康尤親厚，上深銜之[131]。義康敗，湛之被收，罪當死。其母會稽公主[132]，於兄弟為長嫡[133]，素為上[134]所禮，家事大小，必咨而後行。高祖微時，嘗自於新洲[135]伐荻，有納布衫襖[136]，臧皇后手[137]所作也。既貴，以付公主，曰：「後世有驕奢不節者[3]，可以此衣示之。」至是，公主入宮見上，號哭，不復施臣妾之禮，以錦囊盛納衣擲地曰：「汝家本貧賤，此是我母為汝父[138]所作；今日得一飽餐，遽欲殺我兒邪？」上乃赦之。

吏部尚書王球，履之叔父也，以簡淡有美名，為上所重。履性進利[139]，深結義康及湛；球屢戒之，不從。誅湛之夕，履徒跣[140]告球，球命左右為取履，先溫酒與之，謂曰：「常日語汝云何？」履怖懼不得答。球徐曰：「阿父[141]在，汝亦何憂？」上以球故，履得免死，廢於家。

義康方用事，人爭求親暱[142]，唯司徒主簿江湛[143]早能自疏，求出為武陵內史[144]。檀道濟嘗為其子求婚於湛，湛固辭；道濟因義康以請之，湛拒之愈堅，故不染於二公之難。上聞而嘉之。湛，夷[145]之子也。

彭城王義康停省[146]十餘日，見上奉辭，便下渚[147]。上惟對之慟哭，餘無所言。上遣沙門慧琳視之，義康曰：「弟子有還理不[148]？」慧琳曰：「恨公不讀數百卷書[149]！」

初，吳興太守謝述[150]，裕[151]之弟也。累佐義康[152]，數有規益[153]，早卒。義康將南[154]，歎曰：「昔謝述惟勸吾退，劉班惟勸吾進。今班存而述死，其敗也宜哉！」上亦曰：「謝述若存，義康必不至此！」

以征虜司馬蕭斌為義康諮議參軍，領豫章太守，事無大小，皆以委之。斌，摹之[155]之子也。使龍驤將軍蕭承之將兵防守[156]。義康左右愛念[157]者，並聽隨從；資奉優厚，信賜相係[158]，朝廷大事皆報示之。

久之，上就會稽公主宴集，甚歡。主起，再拜叩頭，悲不自勝。上不曉其意，自起扶之。主曰：「車子[159]歲暮必不為陛下所容，今特請其命。」因慟哭。上亦流涕，指蔣山[160]曰：「必無此慮。若違今誓，便是負初寧陵[161]。」即封所飲酒賜義康，并書曰：「會稽姊飲宴憶弟，所餘酒今封送。」故終主之身，義康得無恙。

臣光曰：「文帝之於義康，友愛之情，其始非不隆[162]也。終於失兄弟之歡，虧君臣之義，迹其亂階[163]，正由劉湛權利之心無有厭已[164]。詩云：『貪人敗類[165]。』其是之謂乎！」

徵[166]南兗州刺史江夏王義恭為司徒、錄尚書事。戊寅[167]，以臨川王義慶為南兗州刺史；殷景仁為揚州刺史，僕射、吏部尚書如故。義恭懲彭城之敗[168]，雖為總錄[169]，奉行文書[170]而已，上乃安之。上年[171]給相府錢二千萬，他物稱此[172]。而義恭性奢[173]，用常不足，上又別給錢，年至千萬。

十一月丁亥[174]，魏主如山北[175]。

殷景仁既拜揚州，羸疾遂篤。上為之敕西州[176]道上不得有車聲。癸丑[177]，卒。

十二月癸亥[178]，以光祿大夫王球為僕射。戊辰[179]，以始興王濬[180]為揚州刺史。時濬尚幼，州事悉委後軍長史范曄[181]、主簿沈璞[182]。曄，泰[183]之子；璞，林子[184]之子也。曄尋遷左衛將軍，以吏部郎沈演之[185]為右衛將軍，對掌禁旅[186]；又以庾炳之[187]為吏部郎[188]，俱參機密。演之，勁[189]之曾孫也。

曄有雋才，而薄情淺行，數犯名教[190]，為士流所鄙。性躁競[191]，自謂才用不盡，常怏怏不得志。吏部尚書何尚之言於帝曰：「范曄志趨異常[192]，請出為廣州刺史。若在內釁成[193]，不得不加鈇鉞[194]。鈇鉞亟行[195]，非國家之美也。」帝曰：「始誅劉湛，復遷范曄，人將謂卿等不能容才，朕信受讒言。但共知其如此，無能為害也。」

是歲，魏寧南將軍王慧龍[196]卒。呂玄伯[197]留守其墓，終身不去。

魏主欲以伊馛為尚書，封郡公。馛辭曰：「尚書務殷[198]，公爵至重，非臣年少愚近所宜膺受[199]。」帝問其所欲，對曰：「中、祕二省[200]多諸文士，若恩矜[201]不已，請參其次[202]。」帝善之，以為中護軍將軍、祕書監[203]。

大秦王楊難當復稱武都王[204]。

十八年（辛巳　西元四四一年）

春，正月癸卯[205]，魏以沮渠無諱為征西大將軍、涼州牧、酒泉王。

彭城王義康至豫章，辭刺史[206]。甲辰[207]，以義康都督江、交、廣三州諸軍事。

前龍驤參軍巴東扶令育[208]詣闕上表，稱：「昔袁盎[209]諫漢文帝曰：『淮南王若道路遇霜露死[210]，陛下有殺弟之名。』文帝不用，追悔無及。彭城王義康，先朝[211]之愛子，陛下之次弟，若有迷謬之愆[212]，正可數之以善惡[213]，導之以義方，柰何信疑似之嫌(214)，一旦黜削，遠送南垂(215)？草萊黔首(216)，皆為陛下痛之(217)。廬陵往事(218)，足為龜鑑(219)。恐義康年窮命盡，奄忽(220)于南，臣雖微賤，竊為陛下羞之(221)。陛下徒知(222)惡枝之宜伐(223)，豈知伐枝之傷樹(224)！伏願亟召義康返于京甸(225)，兄弟協和，君臣輯睦(226)，則四海之望塞(227)，多言之路絕(228)矣。何必司徒公、揚州牧然後可以置彭城王哉(229)？若臣所言於國為非，請伏重誅以謝陛下。」表奏，即收付建康獄，賜死。

裴子野(230)論曰：「夫在上為善，若雲行雨施，萬物受其賜；及其惡也，若天裂地震，萬物所驚駭，其誰弗知？其誰弗見？豈戮一人之身，鉗一夫之口，所能攘逃(231)，所能弭滅(232)哉？是皆不勝其忿怒(233)而有增於疢疹(234)也。以太祖(235)之含弘(236)，尚掩耳(237)於彭城之戮，自斯以後，誰易由言(238)？有宋累葉(239)，罕聞直諒(240)，豈骨鯁之氣(241)、俗愧前古(242)？抑時王刑政(243)使之然乎？張約隕於權臣(244)，扶育斃於哲后(245)，宋之鼎鑊(246)，吁，可畏哉！」

魏新興王俊(247)荒淫不法，三月庚戌(248)，降爵為公。俊母先得罪死，俊積怨望(249)，有逆謀；事覺，賜死。○辛亥(250)，魏賜郁久閭乞列歸(251)爵為朔方王，沮渠萬年(252)為張掖王。

夏，四月，沮渠唐兒[253]叛沮渠無諱，無諱留從弟天周守酒泉，與弟宜得引兵擊唐兒，唐兒敗死。魏以無諱終為邊患，庚辰[254]，遣鎮南將軍奚眷[255]擊酒泉。

秋，八月辛亥[256]，魏遣散騎侍郎張偉來聘。

九月戊戌[257]，魏永昌王健卒。

冬，十一月戊子[258]，王球卒。己亥[259]，以丹楊尹孟顗為尚書僕射。

酒泉城中食盡，萬餘口皆餓死，沮渠天周殺妻以食戰士。庚子[260]，魏奚眷拔酒泉，獲天周，送平城，殺之。沮渠無諱乏食，且畏魏兵之盛，乃謀西度流沙，遣其弟安周西擊鄯善[261]。鄯善王欲降，會魏使者至，勸令拒守。安周不能克，退保東城[262]。

氐王楊難當傾國入寇，謀據蜀土，遣其建忠將軍苻沖出東洛[263]以禦梁州[264]兵。梁、秦二州刺史劉真道擊沖，斬之。真道，懷敬[265]之子也。難當攻拔葭萌[266]，獲晉壽[267]太守申坦，遂圍涪城[268]。巴西、梓潼二郡太守劉道錫嬰城固守。難當攻之十餘日，不克，乃還。道錫，道產[269]之弟也。十二月癸亥[270]，詔龍驤將軍裴方明[271]等帥甲士三千人，又發荊、雍二州兵以討難當，皆受劉真道節度。

晉寧[272]太守爨松子[273]反，寧州[274]刺史徐循討平之。○天門蠻田向求[275]等反，破漊中[276]，荊州刺史衡陽王義季遣行參軍曹孫念[277]討破之。

魏寇謙之[278]言於魏主曰：「今陛下以『真君』御世[279]，建『靜輪天宮之法』，開古以來，未之有也。應登受符書[280]，以彰[281]聖德。」帝從之。

【章　旨】以上為第三段，寫宋文帝元嘉十七（西元四四〇年）、十八年共兩年間的大事，主要寫了劉義康專權，對皇帝無君臣之禮，天下進貢者首先進給劉義康，皇帝倒在第二位；劉湛等藉著劉義康以傾軋殷景仁，使殷景仁處於病休狀態；文帝病時，劉湛等高唱要立長君，並預作了弟繼兄位的種種準備，兄弟之間怨隙已不可調和；寫了宋文帝劉義隆乘劉湛在家丁母憂之際，突然起用殷景仁，收捕劉湛、劉斌等黨羽殺之，出劉義康為江州刺史，又移為交、廣刺史，徙廣州，朝臣扶令育上書勸止，被殺；賴有會稽長公主護持，劉義康得暫時無事；寫了殷景仁病死，朝廷任用王球、始興王劉濬、范曄、沈演之、沈璞等主持國事；寫了沮渠蒙遜之子沮渠無諱在國破之後堅持戰鬥，收復酒泉，又攻張掖；魏使拓跋健討之，沮渠無諱兵敗，欲西渡流沙，破鄯善而居之；此外還寫了氐王楊難當謀據蜀地，宋將劉道真、劉道錫、裴方明等進行了有效的抵抗等等。

【注　釋】❶正月己酉　正月二十。❷沮渠無諱　沮渠牧犍之弟，為北涼的沙州刺史，此時尚堅持反魏。北涼的沙州州治即今甘肅酒泉。❸壬子　正月二十三。❹假通直常侍　臨時任命的「通直常侍」。通直常侍，晝夜供奉於帝王周圍的散騎常侍。假，借，以某官的名義，而實非其官。❺四月戊午朔　四月初一是戊午日。❻庚辰　四月二十三。❼刪丹　即今甘肅山丹。❽丙戌　四月二十九。❾永昌王健　即拓跋健，拓跋燾之子。傳見《魏書》卷十七。❿心勞輒發　用心一勞累就要犯病。⓫好吏職　精通也愛管各種行政事務。⓬糾剔文案　指發現、提出大臣們所送來的案卷中的問題。糾剔，挑出；指出。⓭方伯以下　指刺史、督軍以外的其他官員。方伯，一方的諸侯霸主，晉宋時代即指大州刺史與各州的督軍。⓮或以錄命斷之　有時就以錄尚書事的名義加以判決。當時劉義康任錄尚書事。⓯輻湊　猶車輪輻條之集中於車軸，以喻趨附者的人員之多，成為整個朝廷的中心。⑯每旦　每天早晨。⑰引接　迎接、接待。⑱強記　記憶力強。⑲標題所憶　引頭說他熟記的東西。⑳意遇　猶言「賞識」、「重用」。㉑王敬弘　本名王裕，性恬淡，樂山水，居高官而不理政務。傳見《宋書》卷六十六。㉒王球字倩玉，居高官不管事，以清虛淡泊自居。傳見《宋書》卷五十八。㉓竟何所堪　叫人如何忍受，指其居官不管事。㉔己府自己的王府與錄尚書（實即宰相）府。㉕無施　無所作為。㉖斥為臺官　打發到朝廷裡去做官。㉗不復存君臣形迹　不再保持君臣間的差別。存，想；保持。形迹，指等級差別。㉘率心而行　順著內心行事，怎麼想就怎麼說、怎麼做。率，循；順著。㉙曾無猜防　完全不避嫌疑、不存戒心。㉚僮　僕役。㉛不以言臺　沒有對朝廷講，也就是沒有對劉義隆講。㉜四方獻饋　各地方官給朝廷送禮。㉝薦　進獻。㉞供御　進呈給帝王。㉟噉甘　吃柑子。甘，同「柑」。㊱殊有佳者　很有些好東西。殊，很。㊲東府　宰相府。東晉以來宰相照例是居於東府，其地在建康城的東部，四周有城牆。㊳大供御者三寸　比進貢給皇帝的柑子大三寸。㊴有隙　有矛盾，指劉湛忌恨殷景仁，甚至想派人刺殺之。事見本書卷一百二十二元嘉十二年。㊵傾排擠；壓倒。㊶浸不能平　逐漸感到越來越不能容忍。浸，漸漸。㊷諳　熟悉；懂得。㊸敘致銓理　每當說起什麼事情，講起什麼道理。詮，解釋。㊹雲龍門　猶漢代之「司馬門」，在皇宮的正門外，文武百官到此下馬或下轎。㊺解駕　把馬從車上卸下，因為知道他這一進去時間就短不了。㊻羽儀　即儀仗隊，因為有些儀仗上飾有羽毛。㊼驅煽　促使、煽動。㊽內離內心裡厭惡。㊾接遇　接待；對待。㊿劉班　即劉湛，小名班虎。(51)方自西還宮　剛從西邊的刺史府回到宮裡來。(52)與語與他說話的時候。(53)慮其將去　擔心他又快要走了。(54)比入　如今他再進來。比，近；如今。(55)苦其不去　總是嫌他還不快點走。(56)相王　指劉義康，既是親王，又是宰相（司徒），故如此稱。(57)非社稷計　不是國家的長治久安之計。(58)宜少加裁抑　應該把他的權力、地位削減一點。少，同「稍」。裁抑；減損。(59)陰然之　內心裡贊同。(60)大將軍從事中郎　劉義康的僚屬，劉義康當時任大將軍，領司徒。(61)謐　即王謐，字稚遠，王導之孫，由於能早識劉裕於未達，在劉裕執政的晉宋之交位極通顯。傳見《晉書》卷六十五。(62)主簿　大將軍主簿。(63)祭酒　這裡指祭酒從事史，州刺史的屬官，當時劉義康領揚州刺史。(64)傾諂　邪惡、諂媚。(65)宮車一日晏駕　隱指皇帝的死。晏駕，沒能及時出來。(66)顧命詔　帝王臨終前安排後事的詔書。(67)還省　回到尚書省，當時劉義康任錄尚書事。(68)詎是幼主所御　這種局面豈是小皇帝可以駕御得了的。詎，豈。御，駕御。(69)尚書議曹　主管朝廷各種典禮、儀式的部門。按，「尚書議曹」於情理不合，當依胡三省說改作「尚書儀曹」。(70)索晉咸康末立康帝舊事　索取晉成帝末年議論立其弟晉康帝的有關記載，以備參考。「咸康」是晉成帝的年號，「咸康末」即指晉成帝死。胤秀等急於弄清成帝死後立其弟康帝的舊例，是為劉義隆死後立劉義康作準備。康帝，即司馬岳，明帝之子，成帝之弟。

成帝死後，被立以為帝。事見《晉書》卷七。(71)疾瘳　病癒。(72)伺察禁省　窺探宮廷內的動靜。(73)構陷　編造罪名，加以陷害。(74)虛造異同　即編造事實。(75)言次　說完應說的主要事情之後。(76)以為吳郡　讓他任吳郡太守。吳郡的郡治即今江蘇蘇州。(77)求還　乞求返回朝廷。(78)未有所擬　即沒有一定的目標。(79)倉猝曰　自己沒有一定的目標，還必須「倉猝」地說一個，就是為了不讓劉義康提出他的人選。(80)五月癸巳　五月初六。(81)母憂　母親去世。當時為官的人凡遇父母去世，都必須離職回家守孝。(82)無復全地　沒有保全的可能。(83)賴口舌爭　靠著說長道短為自己辯護。(84)推遷　推遲。(85)窮毒　指母親去世，兒子極端痛苦。毒，即痛苦。(86)無復此望　再不可能在朝為自己辯護。(87)乙巳　五月十八。(88)臨松　郡名，郡治在今甘肅民樂西。(89)六月丁丑　六月二十一。(90)皇孫濬　即拓跋濬，日後即為歷史上的「文成帝」。(91)寇謙之神書　嵩山道士寇謙之編造的鬼話。見本書卷一百十九景平元年。(92)京口　即今江蘇鎮江市。(93)京陵　也叫興寧陵，劉裕父親的墳墓，在今江蘇鎮江市南。(94)竟陵王誕　即劉誕，劉義隆之子。竟陵是封地名，竟陵郡的郡治即今湖北鍾祥。(95)自江都會之　由江都縣出發，一同去京口掃墓。當時劉義恭任南兗州刺史，州治廣陵，在今江蘇揚州西北。江都，縣名，在今揚州南。(96)七月己丑　七月初三。(97)番禾　郡名，郡治即今甘肅永昌。(98)丙申　七月初十。(99)太后竇氏　即「保太后」，拓跋嗣之妃、拓跋燾的生母。(100)壬子　七月二十六。(101)皇后袁氏　太子劉劭的生母。(102)癸丑　七月二十七。(103)八月甲申　八月二十九。(104)中尉　諸侯王國的武官名，略同於郡尉。(105)尉眷　魏國名將尉古真之姪。傳見《魏書》卷二十六。(106)九月壬子　九月二十七。(107)元皇后　即袁皇后，劉劭之母，謚曰元。(108)嫌隙已著　猶今之所謂「罪行已經昭彰」。嫌隙，矛盾；隔閡。這裡指罪行。(109)十月戊申　十月初一是「丙辰」，本月中無「戊申」，疑字有誤。《宋書・文帝紀》作「戊午」，戊午是十月初三。(110)杜驥　杜預的曾孫，剛被任為青州（州治即今山東青州）刺史，尚未赴任，還在京師。(111)遜位　請求辭職。(112)豫章　郡名，郡治即今江西南昌。(113)臥疾五年　殷景仁自元嘉十二年開始稱病。見本書卷一百二十二。(114)窺其際　看到其中任何跡象。際，邊沿，這裡指苗頭、破綻。(115)拂拭衣冠　抖掉塵土，準備穿戴。(116)出　出坐。(117)小牀　當時指椅子。(118)輿就坐　讓人抬到座位上。(119)沈慶之　字弘先，吳興郡（即今浙江湖州）人，原是檀道濟的部下，宋代著名的將領。傳見《宋書》卷七十七。(120)領軍　指領軍將軍，統領帝王的護衛部隊。(121)在省　指領軍省。當時沈慶之屬劉湛統領。(122)比當相論　很快地我要幫你說一說，猶今之所謂「推薦」、「說情」。(123)自應得轉　自然應該得到升遷。(124)不復以此仰累　不願拿這種事麻煩您。(125)戎服縛袴　一種參加戰鬥的裝束。(126)乃爾急裝　做如此緊急的一套裝束。(127)隊主　猶今之所謂「部隊首長」，不是具體的官名。(128)不容　容不下。(129)徐湛之　劉裕的女兒會稽公主之子，劉義隆的外甥。傳見《宋書》卷七十一。(130)逵之　即徐逵之，劉裕的女婿，死於劉裕討伐司馬休之之役。[131]深銜之　記恨在心。[132]會稽公主　劉裕之女，臧皇后所生。[133]於兄弟為長嫡　在諸兄弟姐妹中，會稽公主年最長，而且又是嫡出，即皇后所生。[134]上　指文帝劉義隆。[135]新洲　小島名，在當時建康城北的長江中。[136]納布衫襖　打著補丁的布衫。納，同「衲」。補丁。[137]手　親手。[138]汝父　指劉裕。會稽公主與文帝劉義隆同父異母，又已嫁人，且正在氣中，故稱曰「汝父」。[139]進利　貪進好利。[140]徒跣　光著雙腳，表示請罪。[141]阿父　當時江南人呼伯、叔為「阿父」。為人叔、伯者亦以「阿父」自稱。[142]求親暱　拉關係、求親近。[143]江湛　字徽淵，宋初的廉正之臣。[144]武陵內史　武陵王國的行政長官，職務相當於郡太守。武陵郡的郡治即今湖南常德。[145]夷　即江夷，曾為湘州刺史。[146]停省　停留在中書省，劉義康暫時被軟禁於此。[147]下渚　指船離秦淮渚，赴豫章貶地。[148]有還理不　有回來的可能嗎。[149]不讀數百卷書　言其不懂歷史，不知早自戒慎。[150]謝述　字景先，早年被劉裕所知賞，為官清廉儉樸。傳見《宋書》卷五十二。[151]裕　即謝裕，字景仁，謝安的姪孫，曾識劉裕於未達，晉末時對劉裕多有佐助。傳見《宋書》卷五十二。[152]累佐義康　謝述先後曾任劉義康驃騎長史、司徒左長史等職。[153]規益　規勸、補益。[154]將南　指南去豫章貶地。[155]摹之　即蕭摹之，蕭思話的堂叔，當時任丹陽尹。曾建議抑制鋪張事佛之風。見本書卷一百二十二元嘉十二年。[156]防守　指監督、看管。[157]愛念　所喜歡的人。[158]信賜相係　問訊及賞賜不斷。相係，相連。[159]車子　劉義康的小名。[160]指蔣山　指著蔣山發誓。蔣山，即今南京東的鍾山，劉裕的墳墓初寧陵就在這裡。[161]負初寧陵　意即對不起去世的父親。[162]隆　深厚；親密。[163]迹其亂階　考察、追溯災禍的由來。迹，追溯。亂階，禍亂的發展由來。[164]無有厭已　沒有個滿足、停止。[165]貪人敗類　語出《詩經・桑柔》，意謂貪婪的人不僅害了他自己，還要使他的家族親黨都遭到毀滅。類，群；輩。[166]徵　調；調其進朝。[167]戊寅　十月二十三。[168]懲彭城之敗　接受劉義康失敗的教訓。彭城，對劉義康的敬稱，因他被封為彭城王。[169]總錄　猶言「總理」。「尚書錄事」在當時總理一切政務。[170]奉行文書　指上傳下達，照章辦事。[171]上年　皇帝每年……。[172]他物稱此　賞賜的其他東西與此成比例。[173]性奢　應該說這是劉義恭的一種自我保護手段。當年劉穆之也曾使用過類似辦法。[174]十一月丁亥　十一月初三。[175]山北　指武周山之北。武周山在今山西大同西，即雲岡。[176]西州　當時揚州刺史府的所在地，因其在建康的臺城之西，故稱「西州」。[177]癸丑　十一月二十九。[178]十二月癸亥　十二月初九。[179]戊辰　十二月十四。[180]始興王濬　即劉濬，劉義隆之子，被封為始興王。事見《宋書・二凶傳》。[181]范曄　字蔚宗，《後漢書》的作者。傳見《宋書》卷六十九。[182]沈璞　沈林子之子。傳見《宋書》卷一百。[183]泰　范泰，字伯倫，經學家范寧之子，為人正直，深受劉裕賞識。傳見《宋書》卷六十。[184]林子　即沈林子，劉裕的名將，在攻取洛陽、長安當中功勳卓著。傳見《宋書》卷一百。[185]沈演之　字臺真，劉義隆的信臣。傳見《宋書》卷六十三。[186]禁旅　皇帝的警衛部隊。(187)庾炳之　東晉權臣庾冰的曾孫，庾登之之弟，當劉湛與殷景仁水火不容時，庾炳之獨能出入於兩家之門，並為皇帝與殷景仁傳遞信息。傳見《宋書》卷五十三。(188)吏部郎　即後代的吏部尚書。(189)勁　即沈勁，字世堅，晉穆帝升平中，慕容恪攻洛陽，沈勁守城，不屈而戰死，洗去了其父沈充助桓玄謀反的惡名。事見《晉書・忠義傳》。(190)數犯名教　屢屢做一些為當時的倫理道德所不容的事。(191)躁競　好鑽營，如今之所謂「官迷」，想當官。(192)志趨異常　志趣不同於平常人，指其似欲謀反。趨，同「趣」。(193)若在內釁成　如果在朝廷犯下罪過。內，朝內。釁，禍變。(194)加鈇鉞　將犯罪者斬首或腰斬。鈇，同「斧」。(195)鈇鉞亟行　指屢屢誅殺大臣。亟，屢。(196)王慧龍　晉末貴族王愉之孫，劉裕微時被王愉所不禮，劉裕掌權後遂滅王愉全家，年幼的王慧龍被一和尚所救，輾轉逃到魏國，立志為報家仇而堅決反劉裕，在魏宋兩國的邊境上屢次給檀道濟、到彥之等造成麻煩，被封為寧南將軍。為魏國治郡有方，宋朝廷曾派刺客行刺，竟被王慧龍所感化。傳見《魏書》卷三十八。(197)呂玄伯　原是劉宋派去刺殺王慧龍的刺客，結果受感動成了王的心腹。事見本書卷一百二十二元嘉八年。(198)務殷　事情繁多。(199)膺受　獲得、承受。(200)中祕二省　中書省和祕書省。(201)恩矜　猶今之所謂「關心」、「體恤」。(202)請參其次　請求去那裡充當一個工作人員。(203)祕書監　祕書省的長官。(204)復稱武都王　楊難當原稱「武都王」，元嘉十三年自稱「大秦王」，今又稱「武都王」。(205)正月癸卯　正月二十。(206)辭刺史　請求辭去江州刺史。(207)甲辰　正月二十一。(208)巴東扶令育　巴東郡人姓扶，名令育。巴東郡的郡治在今重慶市奉節東。(209)袁盎　西漢文帝、景帝時人。事見《史記・袁盎鼂錯列傳》。(210)遇霜露死　實際指被漢文帝手下的人所害死。淮南王劉長是漢文帝之弟，因謀反罪被流放巴蜀，袁盎勸文帝不要這樣做。事見本書卷十四文帝六年。(211)先朝　此指先朝皇帝，即劉裕。(212)迷謬之愆　因一時糊塗犯了罪過。(213)數之以善惡　給他分析哪是善，哪是惡。數，指說。(214)疑似之嫌　似是而非的罪名。(215)遠送南垂　發配到南方邊地。時劉義康被「任」為都督江、交、廣三州諸軍事，駐節於今廣州市。垂，同「陲」。邊地。(216)草萊黔首　普通的黎民百姓。(217)皆為陛下痛之　都為您的這種做法感到遺憾。(218)廬陵往事　指廬陵王劉義真被徐羨之等所殺害事。見本書卷一百二十元嘉元年。(219)足為龜鑑　已經夠我們吸取教訓的了。龜指龜甲，可以占吉凶；鑑是鏡子，可以照人形貌，二者連用都是給人提供教訓的意思。(220)奄忽　指死。(221)竊為陛下羞之　替陛下您感到羞愧。(222)徒知　光知道。(223)惡枝之宜伐　以比喻壞人之當除去。(224)伐枝之傷樹　剪除樹枝要傷害樹的本身。古語有所謂「木實大者繁其枝，披其枝者傷其心」，此處即從古語化來。(225)返于京甸　返回京城。甸的本義是郊區。(226)輯睦　和睦。(227)四海之望塞　天下人的願望得到滿足。塞，滿足。(228)多言之路絕　對朝廷的批評埋怨得以停息。多言，指眾人對朝廷的批評議論。(229)何必司徒公句　意即給他安置一個什麼樣的職務都行。(230)裴子野　梁朝的歷史家、文學家，著有《宋略》，下面的評論文字即出於該書。231擴逃 猶言「逃避」、「躲避」。232弭滅 壓制、消滅。233不勝其忿怒 克制不住生氣。234有增於疾疹 使病症變得更加厲害。235太祖 以稱宋文帝劉義隆，太祖是廟號。236含弘 寬容。237掩耳 不聽取；拒絕接受。238誰易由言 誰還肯於講真話。由，用。239有宋累葉 劉宋王朝的歷代皇帝。240罕聞直諒 很少能聽到正直、守信義的話語。直，正直。諒，守信。241骨鯁之氣 正直而剛強的氣概。242俗愧前古 現時的風氣不如古代。俗，風俗；風氣。243時王刑政 當時最高統治者所使用的刑法、所營造的政治環境。244張約隕於權臣 張約是劉宋初年人，曾任吉陽縣令。當徐羨之等盜用廢帝劉義符的名義把廬陵王劉義真貶到新安郡的時候，張約上書勸阻，被徐羨之殺害。事見本書卷一百二十元嘉元年。245扶育斃於哲后 現在扶令育又被宋文帝所殺。駢體文講究對偶，只好簡稱「扶育」以與「張約」相對。哲后，英明的帝王。劉義隆在南朝的歷代皇帝中應該算少有的佼佼者。246鼎鑊 古代的刑具，燒開水煮人，這裡代指劉宋時代的刑法。247新興王俊 即拓跋俊，拓跋嗣之子，拓跋燾之弟。傳見《魏書》卷十七。248三月庚戌 三月二十八。249怨望 怨恨。望，也是怨恨的意思。250辛亥 三月二十九。251郁久閭乞列歸 柔然可汗之兄，元嘉十六年進攻魏國時被魏國俘虜。252沮渠萬年 沮渠牧犍之姪，於元嘉十六年率眾以姑臧城降魏。253沮渠唐兒 沮渠牧犍的堂弟，時任敦煌太守。254庚辰 四月二十八。255奚眷 北魏初期的名將。傳見《魏書》卷三十。256八月辛亥 八月初一。257戊戌 九月十九。258十一月戊子 十一月初十。259己亥 十一月二十一。260庚子 十一月二十二。261鄯善 古西域國名，首都扞泥，即今新疆若羌。262東城 在今新疆若羌東北。263東洛 胡三省以為在晉壽縣界，晉壽在今四川劍閣縣東北。264以禦梁州 阻擋梁州出兵救蜀。梁州的州治即今陝西漢中，當時屬劉宋。禦，抵抗；阻擋。265懷敬 即劉懷敬，劉裕的表兄弟。劉裕的生母早死，劉裕即吃劉懷敬之母的奶水長大。266葭萌 縣名，縣治在今四川廣元西南。267晉壽 郡名，郡治即葭萌縣。268涪城 即今四川綿陽，當時為巴西、梓潼二郡的郡治所在地。269道產 彭城人，劉裕的同鄉，為地方官時甚有政績。傳見《宋書》卷六十五。270十二月癸亥 十二月十五。271裴方明 當時益州的名將，在破流民軍趙廣、程道養的戰鬥中建有大功。272晉寧 郡名，郡治即今雲南晉寧東北。273爨松子 人名。274寧州 州治即今雲南曲靖。275天門蠻田向求 天門郡的蠻族頭領名叫田向求。天門郡的郡治即今湖南石門。276漊中 縣名，縣治在今湖南慈利西北。277行參軍曹孫念 任代理參軍之職的曹孫念。行，代理。278寇謙之 當時有名的道士。279御世 統治國家。御，統治；駕御。280登受符書 登臺接受上天賜予的符書。281彰 顯揚。

【校 記】1方 據章鈺校，甲十一行本、乙十一行本、孔天胤本皆作「初」。2求 據章鈺校，甲十一行本、乙十一行本、孔天胤本皆作「欲」，張敦仁《通鑑刊本識誤》同。③者 原無此字。據章鈺校，孔天胤本有此字，張敦仁《通鑑刊本識誤》同，今從補。

【語 譯】十七年（庚辰 西元四四〇年）

春季，正月二十日己酉，沮渠無諱率領部眾企圖奪回被北魏佔領的酒泉。北魏酒泉守將弋陽公元絜根本就沒把沮渠無諱放在眼裡，他出城與沮渠無諱進行對話。二十三日壬子，沮渠無諱活捉了弋陽公元絜，趁勢包圍了酒泉。

二月，北魏臨時任命邢穎為通直常侍，派他出使宋國。

三月，故北涼沙州刺史沮渠無諱攻陷了酒泉。

夏季，四月初一日戊午，發生日蝕。

四月二十三日庚辰，沮渠無諱率眾進犯北魏所屬的張掖，禿髮保周率眾駐紮在刪丹。二十九日丙戌，北魏太武帝拓跋燾派遣擔任撫軍大將軍的永昌王拓跋健統領諸將討伐沮渠無諱。

宋國擔任司徒的彭城王劉義康總攬朝政大權。宋文帝劉義隆近年來一直患病，稍微有點勞累就會發病，曾經幾次病危。劉義康對宋文帝劉義隆盡心竭力地進行侍奉，宋文帝劉義隆所吃的藥，劉義康不親口嘗過，絕對不讓宋文帝吃下去，有時一連幾夜都不睡覺，朝廷內外的各種事務都由劉義康獨自裁決施行。劉義康精通並喜歡管理各種行政事務，審閱公文，發現並指出大臣們所送來的案卷中的各種問題，無不精心盡力。宋文帝因此便將許多事務都委託給劉義康辦理，凡是劉義康所奏請的事情，只要送入宮中，就沒有不被批准的。州刺史、督軍以外的其他官員，全部令劉義康獨自選拔任用；有關赦免、誅殺的大事，劉義康有時就以錄尚書事的名義進行判決。劉義康的勢力傾動朝野，不論是朝中的官員，還是民間的士人，就猶如車輪上的輻條集中於車軸一樣，從四面八方前來趨附，每天早上，司徒府門前經常停放著數百輛車。劉義康都親自接待，從未有過厭倦和懈怠。劉義康又有很強的記憶力，凡是眼睛所見、耳中所聞，就一輩子都不會忘記，他並喜好在稠人廣眾之中引頭說起自己所熟記的東西，以此來炫耀自己的聰明。那些辦事能力強、有經驗的知識分子，有很多都受到劉義康的賞識和重用。劉義康曾經對擔任領軍將軍的劉湛說：「王敬弘、王球這類的人，叫人如何能夠忍受？什麼事情也不幹，只會坐在那裡安享榮華富貴，真讓人不可理解。」然而，劉義康究竟是個不學無術的人，不識大體，朝廷中有才能的官員都被他延聘到自己的王府與錄尚書府，而司徒府中那些無所作為以及冒犯了他的僚屬，就都被他打發到朝廷裡去做官。他自認為與宋文帝劉義隆是親兄弟，是骨肉至親，所以在宋文帝面前就不太顧及君臣之間的差別，有點率性而為，想怎麼做就怎麼做，怎麼想就怎麼說，完全不避嫌疑、不存戒心。劉義康還私自設置了六千多名僮僕，既沒有對朝廷說明，也沒有跟宋文帝劉義隆講。各地地方官員給朝廷進獻禮品，都是把上等的進獻給劉義康，次一點的進獻給宋文帝劉義隆。宋文帝劉義隆在冬季的一天吃柑橘，他感歎柑橘的外形以及味道都太差。劉義康說：「今年的柑橘也很有些好東西。」於是便派人回宰相府去取柑橘，取來的柑橘比進貢給宋文帝的柑橘大三寸。

宋國擔任領軍將軍的劉湛與擔任尚書僕射的殷景仁之間有矛盾，劉湛想要利用彭城王劉義康的權勢排擠、壓倒殷景仁。劉義康的權勢已經很大，劉湛就更加推崇劉義康，而對宋文帝劉義隆，竟然一點也不顧及人臣對君主應有的禮節，致使宋文帝劉義隆對此越來越感到不能容忍。劉湛剛剛從荊州任上調入京師的時候，宋文帝劉義隆對劉湛特別恩寵。劉湛談論起治國之道頭頭是道，條條在理，對前朝的法律法規也很熟悉，每當說起什麼事情，講起什麼道理，聽的人幾乎都忘記了疲倦。每次劉湛進入通往皇宮的雲龍門，趕車的人就把馬從車上卸下來，跟隨的侍從以及儀仗隊也都四散走開，因為他們都知道，劉湛晉見宋文帝，不談論到天黑是不會出宮的，他們已經習以為常。等到後來，劉湛煽動彭城王劉義康，迫害尚書僕射殷景仁，宋文帝雖然心中對劉湛有些厭惡，但表面上對待劉湛的儀節依然沒有改變，宋文帝曾經對自己的心腹說：「劉湛剛從西方回到京師宮中的時候，每次與他一起談話，我常看看天色早晚，擔心他又快要走了；現在他再入宮，我也要看看天色早晚，總是嫌他還不快點走。」

尚書僕射殷景仁祕密地對宋文帝劉義隆說：「擔任宰相的彭城王劉義康權勢太重，這不是國家的長治久安之計，應該逐漸削減一些他的權力、地位。」宋文帝劉義隆心中表示贊同。

宋國擔任司徒左長史的劉斌，是劉湛的同宗；擔任大將軍從事中郎的王履，是王謐的孫子；再加上擔任主簿的劉敬文、擔任祭酒的魯郡人孔胤秀，都以極盡諂媚之能事而得到彭城王劉義康的寵幸。他們看見宋文帝劉義隆疾病纏身，都認為：「皇帝如果忽然在哪一天駕崩，應該擁戴年紀稍大的人為君主。」有一次，宋文帝劉義隆曾經一度病危，他讓彭城王劉義康為他準備臨終前安排後事的詔書。彭城王劉義康回到尚書省，流著眼淚告訴了劉湛和殷景仁。劉湛說：「國家正在遭遇艱難，這種局面豈是年幼的君主所能駕御得了的？」劉義康與殷景仁都沒有答話。而孔胤秀等竟然到尚書儀曹那裡索要晉成帝司馬衍末年議論立其弟晉康帝司馬岳為皇帝時的檔案資料，以備宋文帝劉義隆死後立彭城王劉義康為帝做參考，而彭城王劉義康毫不知情。等到宋文帝劉義隆病情好轉之後，慢慢地得到了一點消息。而司徒左長史劉斌等竟然密謀，想使皇帝寶座歸屬於劉義康，於是便交結朋黨，窺探宮廷內的動靜，遇到與自己意見不同的，一定千方百計編造罪名，加以陷害。又到處搜羅殷景仁的材料，甚至不惜捏造虛構，然後報告給劉湛。從此以後，宋文帝劉義隆與司徒劉義康在感情上已經徹底破裂。

劉義康想讓劉斌擔任丹楊尹，一次，他在宋文帝劉義隆面前說完應說的主要事情之後，便話題一轉，開始向宋文帝述說劉斌家境如何貧困。話還沒有說完，宋文帝便說：「那就讓他到吳郡去擔任太守吧。」後來擔任會稽郡太守的羊玄保請求返回朝廷，劉義康又想讓劉斌接替羊玄保去擔任會稽郡太守，於是便向宋文帝啟奏說：「羊玄保請求返回朝廷，不知陛下準備讓誰接替他去擔任會稽郡太守？」宋文帝劉義隆事先並沒有擬定好人選，倉促之間便回答說：「我已經任用王鴻為會稽郡太守。」從去年秋季以來，宋文帝沒有再到過劉義康所在的東府。

五月初六日癸巳，宋國擔任領軍將軍的劉湛因為母親去世，遂離職回家守喪。劉湛深知自己的惡行已經顯露，已經沒有保全性命的可能，因此便對自己的親信說：「今年之內一定會失敗。過去這段時日只是靠著說長道短為自己百般辯護，才得以使災禍推遲到來。如今遭遇母親去世之憂，再也沒有到朝廷之上為自己進行辯護的可能，災禍的到來，不會等很久了！」

五月十八日乙巳，故北涼沙州刺史沮渠無諱再次率軍圍攻張掖，沒有攻克，遂退回臨松據守。北魏太武帝拓跋燾此次沒有派兵前去征討，只是下詔勸說沮渠無諱投降。

六月二十一日丁丑，北魏太武帝拓跋燾的孫子拓跋濬降生，實行大赦，改年號為「太平真君」。因為嵩山道士寇謙之所編造的《神書》上有「輔佐北方太平真君」這樣的話，所以便用「太平真君」作為年號。

宋國皇太子劉劭前往京口拜謁京陵，擔任司徒的彭城王劉義康、竟陵王劉誕等全都跟隨太子前往，擔任南兗州刺史的江夏王劉義恭從江都縣出發，與太子一同前往京口掃墓。

秋季，七月初三日己丑，北魏永昌王拓跋健在番禾郡擊敗了背叛魏國的張掖王禿髮保周，禿髮保周率領殘餘部眾逃走，北魏派遣擔任安南冠軍的尉眷率軍追擊禿髮保周。

七月初十日丙申，北魏皇太后竇氏去世。

七月二十六日壬子，宋文帝劉義隆的皇后袁氏去世。

七月二十七日癸丑，張掖王禿髮保周走投無路，自殺而死。

八月二十九日甲申，故北涼沙州刺史沮渠無諱派屬下擔任中尉的梁偉前往北魏永昌王拓跋健軍中請求投降，並將奪取的酒泉郡以及俘虜的北魏將士元絜等送還魏國。北魏太武帝拓跋燾令安南將軍尉眷留在涼州鎮守。

九月二十七日壬子，宋國將元皇后袁氏安葬。

宋文帝劉義隆因為司徒彭城王劉義康已經罪行昭彰，即將釀成禍亂。冬季，十月戊申日，將擔任領軍將軍的劉湛逮捕，交付主管司法的廷尉進行審理，宋文帝劉義隆親自下詔揭露劉湛的罪行，並令人在獄中將劉湛殺死，同時被殺死的還有劉湛的兒子劉黯、劉亮、劉儼及其黨羽劉斌、劉敬文、孔胤秀等八個人；將擔任尚書庫部郎的何默子等五人流放到廣州，同時實行大赦。這一天，宋文帝劉義隆命令彭城王劉義康到宮中值班，遂將劉義康扣留在中書省。當天晚上，派人分頭將劉湛等逮捕。擔任青州刺史的杜驥率領禁衛軍在宮殿之內擔任警戒，以防發生意外事件。宋文帝劉義隆派人宣讀聖旨，將劉湛等所犯罪行告訴彭城王劉義康。彭城王劉義康上疏請求辭職，宋文帝劉義隆下詔任命彭城王劉義康為江州刺史，依舊擔任侍中、大將軍，離開京師前往豫章鎮守。

當初，擔任尚書僕射的殷景仁在家臥病五年，他雖然不能進宮晉見宋文帝劉義隆，然而與宋文帝之間通過信函祕密往來，每天多達十幾次，有關朝廷的事情不論大小，宋文帝都要向殷景仁諮詢，而且行蹤非常隱祕，沒有人能看到其中任何跡象。逮捕劉湛的那天，殷景仁讓人抖掉自己朝服官帽上的塵土，準備穿戴，他身邊的人都不明白他的意思。當天夜間，宋文帝劉義隆來到華林園中的延賢堂，召見殷景仁。殷景仁仍然說自己的腳有毛病，讓人用轎椅抬到座位上，宋文帝便把對劉湛等實行逮捕、誅殺等處分權全部授予殷景仁。

當初，擔任司空的檀道濟向皇帝舉薦吳興沈慶之為人忠誠謹慎，通曉軍事，宋文帝劉義隆遂任命沈慶之率軍守衛皇城的東掖門。劉湛擔任領軍將軍，曾經對沈慶之說：「你在領軍省已經很多年了，最近我要幫你說一說，使你盡快得到提升。」沈慶之神情嚴肅地說：「我在這個職位上已經十年，自然應該得到提升，不想以此事來麻煩您！」逮捕劉湛的那天晚上，宋文帝劉義隆打開東掖門召見沈慶之，沈慶之身穿軍服，褲管緊縛進入宮中。宋文帝劉義隆驚奇地詢問他說：「你為何要做這樣一副應對緊急的裝束？」沈慶之回答說：「半夜三更皇帝召見禁衛軍的隊長，一定有緊急之事，容不得身穿寬大衣服。」宋文帝劉義隆遂派遣沈慶之逮捕了劉斌，並將劉斌殺死。

宋國擔任驍騎將軍的徐湛之，是徐逵之的兒子，他與彭城王劉義康的關係尤其親密深厚，宋文帝劉義隆因此對徐湛之懷恨在心。劉義康勢敗，徐湛之被逮捕，論其罪行應當被處死。徐湛之的母親是會稽公主劉興弟，在諸多的兄弟姐妹當中，既是宋武帝的原配臧皇后所生，又年齡最長，一向受到宋文帝劉義隆的尊重和禮遇，皇帝的家事無論大小，宋文帝都要先徵求會稽公主的意見，然後再去施行。在宋高祖劉裕貧賤之時，曾經親自到新洲打草砍柴，穿著一件有打著補丁的布衫，是宋武帝的原配臧皇后親手縫製的。等到劉裕做了皇帝，全家享受榮華富貴之後，臧皇后便把那件帶補丁的布衫拿出來交給會稽公主說：「後代子孫如果有人驕傲奢侈，不懂得節儉，你就把這件衣服拿出來讓他們看。」現在，會稽公主入宮晉見宋文帝劉義隆，她只是嚎啕痛哭，也不按照臣妾朝見皇帝的禮節向宋文帝下跪叩拜，而是把絲綢袋子裡裝著的補丁衣服掏出來扔到地上，說：「你家原本出身貧賤，這件破衣服就是我母親親手為你父親做的；現在你能夠吃上飽飯，就想要殺死我的兒子嗎？」宋文帝於是赦免了徐湛之。

宋國擔任吏部尚書的王球，是王履的叔父，因為生活儉樸，性情恬淡而享有美名，受到宋文帝劉義隆的敬重。而王履卻與之相反，他貪進好利，千方百計交結劉義康與劉湛；王球為此多次向他提出警告，王履都不肯聽從。誅殺劉湛的那天晚上，王履光著兩腳跑來求告王球，王球令身邊的侍從給王履找來鞋子讓他穿上，又先溫了一杯酒遞給他壓驚，然後對他說：「我當初跟你說什麼來著？」王履已經嚇得答不出話來。王球這才慢慢地對王履說：「有叔父在，你還怕什麼？」宋文帝劉義隆果然看在王球的面上，赦免了王履的死罪，只是再也不允許他出來做官。

當彭城王劉義康權勢炙手可熱的時候，人們都爭相湊上去與他拉關係、求親近，只有擔任司徒主簿的江湛能夠早早地遠離劉義康，主動請求出京到武陵擔任內史。當時擔任司空的檀道濟曾經親自為自己的兒子向江湛求婚，江湛堅決拒絕；檀道濟又請求劉義康出面做媒，江湛拒絕得更加堅決，所以沒有被檀道濟、劉義康的災禍所牽連。宋文帝劉義隆得知此事後，對江湛非常讚賞。江湛，是江夷的兒子。

彭城王劉義康在中書省被軟禁了十多天，後來見到宋文帝劉義隆，便恭恭敬敬地獻上辭行的表章，然後便坐船離開秦淮渚，趕赴豫章。宋文帝只是對著他痛哭，什麼話也沒有對他說。宋文帝派佛門和尚慧琳前去看望劉義康，劉義康向慧琳詢問說：「我還有沒有返回京師的可能？」慧琳回答說：「遺憾的是你沒有讀過上百卷書！」

當初，擔任吳興太守的謝述，是謝裕的弟弟。謝述曾經先後在彭城王劉義康屬下任職，對劉義康多次進行規勸，使劉義康獲益匪淺，可惜的是謝述很早就去世了。劉義康準備南下前往豫章的時候，不由得歎息著說：「過去謝述一直勸我謙退，而劉班一直勸我進取。如今劉班還活著，而謝述已經死去，我的失敗也就勢所必然了！」宋文帝劉義隆也說：「如果謝述還活著的話，彭城王劉義康一定不會走到今天的地步！」

宋文帝劉義隆任命擔任征虜司馬的蕭斌為彭城王劉義康擔任諮議參軍，並兼任豫章太守，豫章的所有事情，不論大小，全部託付給他。蕭斌，是蕭摹之的兒子。又令擔任龍驤將軍的蕭承之率軍進行監督、看管，防備劉義康會有非常的舉動。劉義康所喜愛、惦念的人，全都聽任跟隨他前往豫章；宋文帝劉義隆送給彭城王劉義康的財物也非常優厚，而且問訊及賞賜不斷，朝廷有什麼大事也都會派人告知他。

過了很久之後，宋文帝劉義隆親自駕臨會稽公主的家中，宴飲聚會，感情十分融洽、愉快。會稽公主從座位上站起身來，再次向宋文帝下拜磕頭，悲傷之情簡直無法控制。宋文帝不明白自己的姐姐為何會如此，趕緊親手將她攙扶起來。會稽公主叫著劉義康的小名說：「陛下肯定不會容忍車子活到年底，現在我特地為他向陛下求情，請陛下饒他一命。」說罷便放聲痛哭。宋文帝也流下淚來，他用手指著蔣山發誓說：「你不要有這樣的顧慮。我如果違背了今天的誓言，便是對不起安葬在初寧陵中的父親。」遂把正在飲用的酒封存起來賞賜給遠在豫章的彭城王劉義康，並附上一封書信說：「我與會稽公主姐姐一同飲宴時想念起弟弟，現在將剩下的酒封好送給你。」所以在會稽公主活著的時候，彭城王劉義康得以安全無恙。

司馬光說：「宋文帝劉義隆對彭城王劉義康的手足之情，在開始的時候並非不深厚。最終兄弟之間感情破裂，使君臣大義受到虧損，考察、追溯災禍的由來，都是因為劉湛這樣的人利慾薰心，貪得無厭。《詩經》上說：『貪婪的人不僅僅害了他自己，還要使他的家族親黨都遭到毀滅。』大概說的就是這種情況吧！」

宋文帝將擔任南兗州刺史的江夏王劉義恭調回朝廷擔任司徒、錄尚書事。十月二十三日戊寅，任命臨川王劉義慶為南兗州刺史；任命殷景仁為揚州刺史，仍舊擔任尚書僕射、吏部尚書。劉義恭接受了彭城王劉義康失敗的教訓，因此雖然擔任了總理一切事務的錄尚書事，卻只是上傳下達、照章辦事而已，宋文帝這才放下心來。宋文帝每年撥給宰相府的錢有二千萬，賞賜的其他物品也與此成比例。然而劉義恭生性奢侈，總覺得經費不夠用，宋文帝就另外再撥給他錢，每年累計達到一千萬。

十一月初三日丁亥，北魏太武帝拓跋燾前往武周山以北。

殷景仁被任命為揚州刺史，到任之後，病情更加沉重。宋文帝為此下令通往西州的路上，車子不許發出聲響。十一月二十九日癸丑，殷景仁去世。

十二月初九日癸亥，宋文帝任命擔任光祿大夫的王球為僕射。十四日戊辰，任命始興王劉濬為揚州刺史。當時，劉濬年紀還很小，所以揚州的事務全部委託給擔任後軍長史的范曄和擔任主簿的沈璞。范曄，是范泰的兒子；沈璞，是沈林子的兒子。范曄不久便升任左衛將軍，遂又任命擔任吏部郎的沈演之為右衛將軍，雙雙掌管皇帝的警衛軍；又任命庾炳之為吏部郎，全都參與朝廷機密決策。沈演之，是沈勁的曾孫。

范曄很有才華，然而卻薄情寡義，行為不檢點，屢屢做出一些為當時的倫理道德所不容的事情來，因此受到當時士大夫階層的鄙視。范曄又熱衷於權勢，喜好鑽營，總認為自己是英雄沒有用武之地，為此常常悶悶不樂。擔任吏部尚書的何尚之對宋文帝說：「范曄的志趣與平常人不同，請讓他去擔任廣州刺史。如果仍然在朝中任職，一旦犯下罪過，就不得不將其斬首。屢屢誅殺大臣，對於國家來說可不是一件好事。」宋文帝說：「剛剛殺死了劉湛，再把范曄貶逐到廣州，別人將認為你們不能容人，而認為我聽信讒言。只要大家都知道范曄是怎樣的一個人，他就不能成為禍害了。」

本年度，北魏擔任寧南將軍的王慧龍去世。呂玄伯留下來為王慧龍看守墳墓，一直到死都沒有離去。

北魏太武帝拓跋燾準備任用伊馛為尚書，並封伊馛為郡公。伊馛推辭說：「尚書的任務繁重，公爵的地位崇高，不是像我這樣年輕愚鈍的人所應該獲得的。」太武帝問伊馛希望得到什麼，伊馛回答說：「中書省、祕書省中有很多的文人雅士，如果陛下關心我、體恤我，就請允許我去那裡充當一名工作人員。」太武帝很贊同伊馛的意見，遂任命伊馛為中護軍將軍、祕書監。

自稱為大秦王的氐族首領楊難當又恢復稱武都王。

十八年（辛巳　西元四四一年）

春季，正月二十日癸卯，北魏太武帝任命沮渠無諱為征西大將軍、涼州牧、酒泉王。

宋國彭城王劉義康到達豫章之後，便向朝廷辭去了江州刺史的職務。正月二十一日甲辰，宋文帝任命劉義康為都督江、交、廣三州諸軍事。前龍驤參軍巴東郡人扶令育前往皇宮門口上疏說：「漢代的袁盎勸諫漢文帝說：『淮南王劉長如果在流放的道路上遭遇雨雪風霜而死，陛下就將背負著一個殺死弟弟的壞名聲。』漢文帝沒有接受袁盎的意見，後來追悔莫及。彭城王劉義康，是先朝皇帝的愛子，是陛下的二弟，如果因為一時的糊塗而犯了罪，就應該對他進行教育，給他分析什麼是善、什麼是惡，引導他走上正確的道路，為什麼要相信那些似是而非的罪名，一天之內就罷了他的官、削了他的爵位，把他發配到遙遠的南部邊陲？即使是普通的黎民百姓，都為陛下的這種做法感到遺憾。廬陵王劉義真被驅逐、殺害的往事，已經足夠我們吸取教訓的了。我擔心彭城王劉義康天年已窮、壽命已盡，很快便會在南方死去，我雖然地位卑微、身分貧賤，尚且私下裡替陛下感到羞愧。陛下只知道壞樹枝應該砍去，卻不知道砍掉壞樹枝的同時也損傷了樹幹本身！希望陛下趕緊將劉義康召回京師，兄弟君臣和睦相處，這樣一來，天下人的願望得到滿足，對朝廷批評、埋怨的言論也就停止了。何必非要任用他為司徒、揚州牧，才能給彭城王安置一個職務呢？如果我說的話不利於國家，就請求將我殺死，以向陛下謝罪。」奏章呈遞上去之後，扶令育立即就被逮捕關入建康的監獄，隨後被勒令自殺。

裴子野評論說：「在上位的人做好事、善事，就像是天上的烏雲密集，及時降下的甘霖，地上的萬物都受到了恩澤；等到在上位的人做了壞事、惡事，就像是發生了天崩地裂，宇宙間的萬物無不為之驚慌恐懼，這種情況有誰不知？有誰不見？豈是殺戮一個人、堵住一個人的嘴，就能逃避天下人的議論，就能掩蓋自己的罪行？這都是因為控制不住自己的憤怒情緒而使病症變得更加厲害。以宋太祖劉義隆的寬容，尚且拒絕聽取別人的勸諫而堅持要誅殺彭城王劉義康，從此以後誰還敢再輕易地講真話？宋國自從開國以來，歷代皇帝都很少能聽到正直、守信義的話語，難道是正直而剛強的氣概、現時的風氣不如古代？還是因為當時的君主所施行的刑法、所營造的政治環境造成的這種局面呢？張約死於權臣之手，現在扶令育又被英明的君主劉義隆所殺，宋國刑罰的殘酷，唉，太可怕了！」

北魏新興王拓跋俊生活荒唐淫亂，不遵守法紀，三月二十八日庚戌，被降為公爵。拓跋俊的母親早先因為觸犯了太武帝拓跋燾而被處死，拓跋俊對太武帝積怨很深，於是陰謀叛亂；陰謀被發現，拓跋燾下詔令其自殺。○二十九日辛亥，北魏賜封郁久閭乞列歸為朔方王，賜封沮渠萬年為張掖王。

夏季，四月，沮渠唐兒背叛了沮渠無諱，沮渠無諱留下自己的堂弟沮渠天周守衛酒泉，自己則帶領自己的弟弟沮渠宜得率軍進攻沮渠唐兒，沮渠唐兒兵敗身死。北魏認為沮渠無諱最終會成為邊境上的禍害，於是便在二十八日庚辰，派遣擔任鎮南將軍的奚眷襲擊酒泉。

秋季，八月初一日辛亥，北魏派遣擔任散騎侍郎的張偉為使者前往宋國的都城建康進行訪問。

九月十九日戊戌，北魏永昌王拓跋健去世。

冬季，十一月初十日戊子，宋國擔任尚書僕射的王球去世。二十一日己亥，任命擔任丹楊尹的孟顗為尚書僕射。

酒泉城中的糧食已經吃光，一萬多口人被餓死，留守酒泉的沮渠天周殺死了自己的妻子，將妻子的屍體分割後分給戰士吃。十一月二十二日庚子，北魏鎮南將軍奚眷攻陷了酒泉，俘虜了沮渠天周，並將其押送到魏國的都城平城，沮渠天周在平城被殺。酒泉王沮渠無諱軍中缺糧，又懼怕魏軍的強大，於是便準備度過沙漠向西逃走，他派遣自己的弟弟沮渠安周率軍向西攻打鄯善國。鄯善國王正要向沮渠安周投降的時候，正遇上北魏的使者到來，北魏的使者勸說鄯善王據城堅守。沮渠安周沒有辦法攻克鄯善，遂退保東城。

氐王楊難當出動全部的兵力進犯宋國，謀求奪佔蜀地，他派遣屬下擔任建忠將軍的苻沖從東洛出兵，阻擋宋國的梁州兵。宋國擔任梁、秦二州刺史的劉真道率軍進攻苻沖，將苻沖斬首。劉真道，是劉懷敬的兒子。楊難當率軍攻佔了葭萌，活捉了宋國擔任晉壽太守的申坦，並乘勝包圍了涪城。宋國擔任巴西、梓潼二郡太守的劉道錫在涪城四周設防，進行堅守。楊難當進攻了十多天也沒有攻克，這才率軍撤走。劉道錫，是劉道產的弟弟。十二月十五日癸亥，宋文帝劉義隆下詔，令龍驤將軍裴方明等率領三千名全副武裝的軍士，又從荊州、雍州調兵前往征討楊難當，這些人全部接受劉真道的指揮。

宋國擔任晉寧太守的爨松子起兵謀反，被擔任寧州刺史的徐循率軍消滅。○宋國境內天門郡的蠻族首領田向求等起兵謀反，攻陷了漊中，宋國擔任荊州刺史的衡陽王劉義季派遣屬下擔任行參軍的曹孫念率軍將其擊敗。

北魏嵩山道士寇謙之向北魏太武帝拓跋燾進言說：「陛下是以真君之體統治天下，又建立了靜輪天宮之法，這是開天闢地以來所從來沒有過的事情。應該登壇接受上天賜予的符書，以此來顯揚陛下的聖德。」太武帝拓跋燾接受了寇謙之的建議。

【研　析】本卷寫了宋文帝元嘉十三年（西元四三六年）至元嘉十八年共六年間的各國大事，其中值得議論的有以下幾方面：

其一是寫了劉宋權臣劉義康、劉湛乘文帝劉義隆抱病之際殺害名將檀道濟及其諸子，自毀長城，致使魏人為之竊喜。其文曰：「司空、江州刺史、永脩公檀道濟，立功前朝，威名甚重，左右腹心並經百戰，諸子又有才氣，朝廷疑畏之。帝久疾不愈，劉湛說司徒義康，以為『宮車一日晏駕，道濟不復可制。』會帝疾篤，義康言於帝，召道濟入朝。其妻向氏謂道濟曰：『高世之勳，自古所忌。今無事相召，禍其至矣。』既至，留之累月。帝稍間，將遣還，已下渚，未發；會帝疾動，義康矯詔召道濟入祖道，因執之。三月己未，下詔稱：『道濟潛散金貨，招誘剽猾，因朕寢疾，規肆禍心。』收付廷尉，并其子給事黃門侍郎植等十一人誅之，唯宥其孫孺。又殺司空參軍薛彤、高進之。二人皆道濟腹心，有勇力，時人比之關、張。道濟見收，憤怒，目光如炬，脫幘投地曰：『乃壞汝萬里長城！』魏人聞之，喜曰：『道濟死，吳子輩不足復憚！』自古以來，大將功高震主、謀略超群，往往為當權的帝王所忌恨，必尋機會以除之，這是規律，如越王句踐之殺文種，秦昭王之殺白起，劉邦之殺韓信、彭越、黥布，司馬昭之殺鄧艾等等，不勝枚數，無須吃驚；但像是劉宋這樣，北方的魏國正不斷強大，偏安的劉宋小朝廷正風雨飄搖，而且劉義隆又剛剛「北伐」慘敗，居然也能向檀道濟揮起屠刀！真是自毀長城，為敵兵的長驅直入掃清道路，簡直就和宋高宗、秦檜的殺害岳飛一模一樣。但要說起這檀道濟，卻又與以往被殺的列位名將有點不同：一來是他的功勞不能算太大，而且又給後人留有可議之處；二來劉宋統治者對檀道濟的猜忌又是由來已久的。早在劉裕篡位前，在劉裕消滅桓玄的時候，劉裕的心腹劉穆之就對檀道濟存有懷疑，怕他中途倒戈；迨至劉裕將死，檀道濟雖然也列名於顧命大臣，但劉裕卻對太子劉義符說：「檀道濟雖有幹略，而無遠志，非如兄韶有難御之氣也。」這話雖不像是說謝晦「若有異同，必此人也」；但分明是對檀氏兄弟常存戒心，而不像說徐羡之、傅亮那樣地肯定地是「當無異圖」。到劉義隆抱病的時候，劉義康、劉湛是禀明劉義隆才把檀道濟調到京城看守起來的。因此雖說其中還有一些曲折，但檀道濟的被殺，應該說是出於劉義隆本人的意願。歷史家寫檀道濟的死，是充滿感情的，尤其是用檀道濟自己的話與用魏主拓跋燾的話，傾吐了深沉的感慨。

其二，本文接續著上卷進一步寫出了劉義康與劉湛狼狽為奸，企圖乘文帝劉義隆病死之際，劉湛徹底消滅政敵殷景仁，劉義康則趁機取皇帝位而有之。這兩個首惡與其黨羽沆瀣一氣，為所欲為，不料宋文帝與殷景仁早已暗中運籌布署，猶如當年鄭莊公之制服公叔段一樣地冷眼旁觀，靜待其條件成熟，待至劉湛一旦丁憂去職，殷景仁迅即復位，一聲令下，兇黨全部入網。劉義康是因為有長公主護佑，眼前暫時無虞；其他如劉湛、劉斌等等則頓時滿門誅滅。文章滿懷感情地寫了長公主為劉義康求情的情景；文章又全文著錄了大臣扶令育上書文帝，請求釋放劉義康的懇切陳辭。應該說，用意都是很好的，但文帝一概不理，而且立即將扶令育處死了。宋文帝的做法自然是有些過分，但劉湛、劉義康的罪孽深重，也的確絲毫不讓人同情。

其三，本文寫了北涼沮渠蒙遜政權的被魏國所滅，從此結束了在今甘肅境內曾前後存在過的五個涼國長達一百多年的分裂割據。五個涼國或此起彼伏，或相互並立，紛紜複雜，難以記住，今引用明代張大齡《玄羽外編》中的一段綜合語，以表見其始末：「昔晉室多難，張軌欲保據河西，而張氏九主俱能翼戴本朝，若茂、若駿、若重華，忠孝相傳，賢能為之用，故四海鼎沸而河西小康，其永世而九也宜哉（前涼）！呂光驕虐，一傳而亂（後涼）；李暠乘時挾詐（西涼），段業文懦無斷，及身幸矣，奚後之垂？蒙遜狡焉起疆，奸足以惑眾，力足以摧鄰，崛強三十載，神人先為之卜曆乎（北涼）？何燉煌老父之書與虢降于莘者如出一轍也？傉檀雄桀，籌略亦長，人多感慕而從之，功業未就，死于暴虜（南涼），此如劉虞見戕于公孫，姚襄受戮于鄧羌，要不可以成敗論。夫區區河西，五涼分割以五小郡，而與中原抗衡，劉、石、苻、姚，亶亶虎視，至魏而始定，此其故何也？蓋其土饒，饒則畜牧蕃；地險，險則關河隔；俗勁，勁則士卒獷悍：由是無事勤耕牧，有事便技擊。又有忠孝智勇之士起而維持。當漢之衰，馬超提一旅，曹孟德幾為所摧，況其餘乎？嗚乎，此涼之所以為涼也。」說得挺有意思。

其四，本卷寫了北燕主馮跋之死，其弟馮弘奪得政權；魏國起兵伐燕，馮弘東降於高句麗；投降後又不甘受其侮辱，又遣使南降於宋，結果馮弘被高句麗人所殺，北燕滅亡，拓跋氏的魏國政權從此統一北方。從此東起遼東，西至新疆，西南至秦嶺，向南逐漸接近淮河，向北接近蒙古，這其間的巨大區域，就是歷史上的所謂拓跋魏，也就是通常所謂的「北朝」。也正是從這個時期開始，南北雙方都開始尊崇儒術。宋文帝劉義隆令雷次宗建立儒學館，令何尚之建立玄學館，令何承天建立史學館，令謝元建立文學館，統稱「四館」。《通鑑》作者司馬光對此不滿，認為劉義隆沒有獨尊儒學。他說：「史者儒之一端，文者儒之餘事；至於老、莊虛無，固非所以為教也。夫學者所以求道，天下無二道，安有四學哉？」他認為只要儒家一門就夠了。魏主拓跋燾滅掉北涼後，從涼州得到了不少儒學之士，魏主都對他們加以重用。有常爽其人，因開帳授徒有方，被人比作漢代蜀地的文翁。說他「文翁柔勝；先生剛克，立教雖殊，成人一也。」崔浩又召集各地區的曆法學家，考校漢朝以來的曆法。他們指出班固《漢書・高帝紀》所寫的劉邦攻入咸陽時，有所謂「五星聚於東井」。他們說：這根本不是事實，是班固將那年七月發生的天文現象故意寫到了十月，目的是用以神化劉邦。這種見解真令人刮目相看，真叫人心曠神怡！

新譯范文正公選集
新譯蘇洵文選
新譯蘇軾文選
新譯蘇軾詞選
新譯蘇轍文選
新譯曾鞏文選
新譯王安石文選
新譯柳永詞集
新譯李清照集
新譯辛棄疾詞選
新譯陸游詩文選
新譯歸有光文選
新譯徐渭詩文選
新譯薑齋文集
新譯顧亭林文集
新譯方苞文選
新譯袁枚詩文選
新譯聊齋誌異選
新譯聊齋誌異全集
新譯閱微草堂筆記
新譯浮生六記
新譯弘一大師詩詞全編

教育類

新譯爾雅讀本
新譯顏氏家訓
新譯聰訓齋語
新譯曾文正公家書
新譯三字經
新譯百家姓
新譯幼學瓊林
新譯增廣賢文・千字文
新譯格言聯璧

歷史類

新譯史記
新譯漢書
新譯後漢書
新譯三國志
新譯資治通鑑
新譯史記——名篇精選
新譯尚書讀本
新譯周禮讀本
新譯逸周書
新譯左傳讀本
新譯公羊傳
新譯穀梁傳
新譯春秋穀梁傳
新譯戰國策
新譯國語讀本
新譯說苑讀本
新譯新序讀本
新譯吳越春秋
新譯西京雜記
新譯列女傳
新譯越絕書
新譯燕丹子
新譯東萊博議
新譯唐六典
新譯唐摭言

宗教類

新譯金剛經
新譯高僧傳
新譯碧巖集
新譯百喻經
新譯楞嚴經
新譯梵網經
新譯法句經
新譯六祖壇經
新譯禪林寶訓
新譯維摩詰經
新譯經律異相
新譯阿彌陀經
新譯無量壽經
新譯妙法蓮華經
新譯景德傳燈錄
新譯大乘起信論
新譯釋禪波羅蜜
新譯八識規矩頌
新譯永嘉大師證道歌
新譯華嚴經入法界品
新譯地藏菩薩本願經
新譯悟真篇
新譯无能子
新譯坐忘論
新譯列仙傳
新譯抱朴子
新譯神仙傳
新譯性命圭旨
新譯老子想爾注
新譯周易參同契
新譯道門觀心經
新譯養性延命錄
新譯樂育堂語錄
新譯沖虛至德真經
新譯長春真人西遊記
新譯黃庭經・陰符經

地志類

新譯山海經
新譯水經注
新譯佛國記
新譯大唐西域記
新譯洛陽伽藍記
新譯徐霞客遊記
新譯東京夢華錄

政事類

新譯商君書
新譯鹽鐵論
新譯貞觀政要

軍事類

新譯孫子讀本
新譯司馬法
新譯尉繚子
新譯三略讀本
新譯六韜讀本
新譯吳子讀本
新譯李衛公問對